珠江－西江经济带城市发展研究

（2010～2015）

居民生活卷

曾　鹏　钟学思　李洪涛等 著

中国财经出版传媒集团
经济科学出版社
Economic Science Press

图书在版编目（CIP）数据

珠江－西江经济带城市发展研究：2010－2015. 居民生活卷/曾鹏等著. —北京：经济科学出版社，2017. 12
ISBN 978－7－5141－8836－3

Ⅰ. ①珠…　Ⅱ. ①曾…　Ⅲ. ①城市经济－经济发展－研究报告－广东－2010－2015 ②城市经济－经济发展－研究包括－广西－2010－2015 ③居民生活－研究报告－广东－2010－2015 ④居民生活－研究报告－广西－2010－2015　Ⅳ. ①F299. 276 ②D669. 3

中国版本图书馆 CIP 数据核字（2017）第 307280 号

责任编辑：李晓杰　张　琪
责任校对：郑淑艳
责任印制：李　鹏

珠江－西江经济带城市发展研究（2010～2015）
居民生活卷
曾　鹏　钟学思　李洪涛等 著
经济科学出版社出版、发行　新华书店经销
社址：北京市海淀区阜成路甲 28 号　邮编：100142
教材分社电话：010－88191645　发行部电话：010－88191522
网址：www. esp. com. cn
电子邮件：esp@ esp. com. cn
天猫网店：经济科学出版社旗舰店
网址：http：//jjkxcbs. tmall. com
北京季蜂印刷有限公司印装
880×1230　16 开　18. 5 印张　800000 字
2017 年 12 月第 1 版　2017 年 12 月第 1 次印刷
ISBN 978－7－5141－8836－3　定价：106. 00 元
（图书出现印装问题，本社负责调换。电话：010－88191510）

作者简介

曾鹏，男，1981年7月生，汉族，广西桂林人，中共党员。广西师范大学经济学、法学双学士、管理学硕士，哈尔滨工业大学管理学博士，中国社会科学院研究生院经济学博士研究生（第二博士），中央财经大学经济学博士后，经济学教授，硕士研究生导师。历任桂林理工大学人文社会科学学院副院长（主持行政工作）、广西壮族自治区科学技术厅办公室副主任（挂职），现任桂林理工大学社会科学办公室主任、科技处副处长。入选中华人民共和国国家民族事务委员会“民族问题研究优秀中青年专家”、中华人民共和国国家旅游局“旅游业青年专家培养计划”、中华人民共和国民政部“行政区划调整论证专家”、广西壮族自治区人民政府“十百千人才工程”第二层次人选、广西壮族自治区教育厅“广西高等学校高水平创新团队及卓越学者计划”、广西壮族自治区教育厅“广西高等学校优秀中青年骨干教师培养工程”、广西壮族自治区知识产权局“广西知识产权（专利）领军人才”、广西壮族自治区文化厅“广西文化产业发展专家”。

曾鹏教授主要从事城市群与区域经济可持续发展、计量经济分析等方面的教学与科研工作。主持完成国家社会科学基金项目2项、中国博士后科学基金项目1项、国家民委民族问题研究项目1项、国家旅游局旅游业青年专家培养计划项目1项、广西哲学社会科学规划课题1项、广西教育科学规划课题2项、广西壮族自治区教育厅科研项目3项、广西高等教育教学改革工程项目1项、广西学位与研究生教育改革和发展专项课题1项、广西旅游产业人才小高地人才提升专项研究课题1项、广西壮族自治区社会科学界联合会研究课题2项、广西研究生科研创新项目1项；作为主研人员完成或在研国家社会科学基金项目7项。出版《面向后发地区的区域技术战略对企业迁移作用机理研究》《中国－东盟自由贸易区带动下的西部民族地区城镇化布局研究——基于广西和云南的比较》等著作4部；在《科研管理》《社会科学》《国际贸易问题》《农业经济问题》《数理统计与管理》《经济地理》《中国人口·资源与环境》《人文地理》《现代法学》等中文核心期刊、CSSCI来源期刊、EI来源期刊上发表论文87篇，在省级期刊上发表论文24篇，在《中国人口报》《广西日报》的理论版上发表论文29篇，在《海派经济学》等辑刊、国际年会和论文集上发表论文19篇。论文中有9篇被EI检索，有4篇被ISTP/ISSHP检索，有66篇被CSSCI检索，有2篇被《人大复印资料》《社会科学文摘》全文转载。学术成果获中华人民共和国国家民族事务委员会颁发的国家民委社会科学优秀成果奖二等奖1项、三等奖1项；广西壮族自治区人民政府颁发的广西壮族自治区社会科学优秀成果奖二等奖3项、三等奖6项；中国共产主义青年团中央委员会颁发的全国基层团建创新理论成果奖二等奖1项；中华人民共和国民政部颁发的民政部民政政策理论研究一等奖1项、二等奖1项、三等奖3项、优秀奖1项；教育部社会科学司颁发的高校哲学社会科学研究优秀咨询报告1项；中国共产主义青年团中央委员会办公厅颁发的全国社区共青团工作调研活动优秀调研奖一等奖1项；桂林市人民政府颁发的桂林社会科学优秀成果奖一等奖1项、二等奖1项、三等奖4项；广西壮族自治区教育厅颁发的广西教育科学研究优秀成果奖三等奖1项；广西壮族自治区教育厅颁发的广西高等教育自治区级教学成果奖二等奖1项；全国工商管理硕士教育指导委员会颁发的“全国百篇优秀管理案例”1项。

钟学思，男，1981年4月生，瑶族，广西柳州人，中共党员。广西师范大学经济学学士、教育学硕士，广西师范大学经济管理学院应用经济学教研室主任，副教授、硕士研究生导师，中南财经政法大学经济学博士研究生。主要从事城市化与区域经济可持续发展、少数民族文化产业发展等方面的教学与科研工作。主持国家社会科学基金项目1项、广西哲学社会科学规划课题1项、广西壮族自治区教育厅科研项目2项、广西高等教育教学改革工程项目1项；作为主研人员完成或在研国家社会科学基金项目4项。出版著作《珠江－西江经济带区域体育旅游发展研究：桂林案例》《桂林米粉》；在《体育学刊》《科技管理研究》《社会科学家》《旅游科学》《广西师范大学学报（哲学社会科学版）》《江苏农业科学》等中文核心期刊、CSSCI来源期刊上发表论文9篇，在省级期刊上发表论文22篇，其中有1篇被EI检索。学术成果获广西壮族自治区人民政府颁发的广西壮族自治区社会科学优秀成果奖三等奖1项；中华人民共和国民政部颁发的民政部民政政策理论研究一等奖1项；中国共产主义青年团中央委员会办公厅颁发的全国社区共青团工作调研活动优秀调研奖一等奖1项；广西壮族自治区科学技术协会、广西壮族自治区社会科学界联合会、共青团广西壮族自治区委员会联合颁发的广西青年学术年会优秀论文一等奖1项、二等奖1项；桂林市人民政府颁发的桂林社会科学优秀成果奖三等奖1项；广西壮族自治区教育厅颁发的广西高等教育自治区级教学成果奖一等奖1项、二等奖1项。

李洪涛，男，1993年3月生，汉族，广西桂林人，共青团员。桂林电子科技大学工学学士，桂林理工大学社会服务与管理专业硕士研究生，主要从事城市群与区域经济可持续发展方面的科研工作。参与国家社会科学基金项目2项，广西哲学社会科学规划课题1项。在《科技进步与对策》《海派经济学》等中文核心期刊、CSSCI来源期刊、集刊上发表论文3篇。学术成果获中华人民共和国国家民族事务委员会颁发的国家民委社会科学优秀成果奖三等奖1项，中华人民共和国民政部颁发的民政部民政政策理论研究三等奖2项。

参加本书撰写人员

曾　鹏　钟学思　李洪涛　杨莎莎　陈　薇

许杰智　陆凤娟　秦慧玲　徐静静　石志禹

韩晓涵　魏　旭　周林英　王俊俊　章昌平

陈　洁　梁仁海　陈　茳　邓国彬　邓小芹

黄　令　陈嘉浩　曹冬勤　邓闻静　杨　柳

前　言

《珠江－西江经济带城市发展研究（2010～2015）》（10卷本）是2016年度广西人文社会科学发展研究中心委托项目“珠江－西江经济带城市发展研究（2010～2015）”（课题编号：WT2016001）的核心成果，总字数约1000万字。课题于2016年6月立项，2017年6月结项，历时一年由桂林理工大学、广西师范大学共同完成，并于2017年12月在经济科学出版社出版。在课题的研究期间，课题组多次深入珠江－西江经济带各城市展开实际调研，收集到了极为丰富的一线材料和数据，为10卷本著作的撰写提供了坚实的写作基础。

纵观该10卷本著作，具有以下几个特点：

一是研究区域的独特性。《珠江－西江经济带城市发展研究（2010～2015）》（10卷本）研究的珠江－西江经济带是广西重点发展的核心区域，对促进广东、广西经济一体化，探索我国跨省区流域经济合作发展新模式具有十分重要意义。《珠江－西江经济带发展规划》于2014年7月经国务院批复上升为国家战略，同年8月，国家发展和改革委员会正式印发《珠江－西江经济带发展规划》全文。规划范围包括广东省的广州、佛山、肇庆、云浮4市和广西壮族自治区的南宁、柳州、梧州、贵港、百色、来宾、崇左7市。珠江－西江经济带是珠江三角洲地区转型发展战略腹地、西南地区重要出海通道，在全国区域协调发展与面向东盟开放合作中具有重要战略地位，旨在带动区域内城市协同发展；经济带自然禀赋优良、航运条件优越、产业基础较好、合作前景广阔、发展潜力巨大，是我国新兴的跨省区的经济合作平台，是国家开发轴带的重要组成部分，沿江区域更是产业集聚的重要载体，其产业布局将对未来沿江土地利用及城市经济发展产生重要影响。它的出现将给两广地区，特别是广西经济发展带来新的机遇。在当今新形势下，对珠江－西江经济带各城市发展进行评估，探悉加快推进珠江－西江经济带发展建设，有利于构建我国西南中南地区开放发展新的战略支点，培育我国新的区域经济带打造综合交通大通道，这也是适应我国经济新常态、推进供给侧结构性改革、带动区域内城市协同发展的必然要求。

二是研究内容的必要性。《珠江－西江经济带城市发展研究（2010～2015）》（10卷本）的研究是通过城市综合发展评估的形式，将经济带内各城市关乎国民经济发展的各项指标有机结合，突破单一层面研究的局限，从综合发展、人口就业、区域经济、农业生产、工业企业、基础设施、社会福利、居民生活、科教文卫、生态环境十个方面多视角、多维度深入探讨各城市发展现状，更加突出对城市发展现状的深入探索，全方位体现城市发展水平及差异。珠江－西江经济带建设发展的成效直接体现在经济带各城市综合发展过程。国内外现有的对各地区多视角的发展评估及所构建的评价指标体系，为开展珠江－西江经济带城市综合发展评估提供了前期基础。可以说，开展珠江－西江经济带城市综合发展评估是对珠江－西江经济带规划和城市发展评估理论的进一步深化与提升，符合国家加快实施《珠江－西江经济带发展规划》，对打造综合交通大通道，建设珠江－西江生态廊道，着力构建现代产业体系，着力构筑开放合作新高地，切实支持经济带加快发展、区域协调发展和流域生态文明建设提供示范具有重要的理论意义和现实意义。党的十九大报告强调，“我国经济已由高速增长阶段转向高质量发展阶段，正处在转变发展方式、优化经济结构、转换增长动力的攻关期，建设现代化经济体系是跨越关口的迫切要求和我国发展的战略目标。”建设现代化经济体系是我国目前重要的战略任务，要求从发展方式、经济结构和增长动力的高度对城市综合发展进行评估，探寻城市经济结构和增长动力的发展特点和趋势。因此，开展珠江－西江经济带城市综合发展评估正是顺应了我国建设现代化经济体系的趋势和要求，以综合发展水平的独特视角诠释城市所包含的关乎国民生产生活的方方面面。将发展方式、经济结构和增长动力从发展层面深化至具体绩效评价，为创新区域协调发展体制机制、优化区域空间开发格局，以及全面提高珠江－西江经济带城镇化质量提供理论依据和政策依据；为推进国家实施“一带一路”倡议、京津冀协同发展、长江经济带等战略布局提供可资借鉴的区域发展素材。

三是研究主题的先进性。《珠江－西江经济带城市发展研究（2010～2015）》（10卷本）对珠江－西江经济带各城市生产、生活等方方面面发展问题进行了深入的探讨研究，其涉及的评价内容均为当前我国经济发展过程中的关注点，且其选取的评价层面及提出的实现路径与党的十九大提出的相关政策不谋而合，具有高度前瞻性。如人口就业卷中对人口就业的发展评估顺应了党的十九大发出的实现更高质量和更充分就业的“动员令”；区域经济卷中关于区域经济发展现状评估顺应了党的十六届三中全会“五个统筹”中关于统筹区域发展的重要精神；农业生产卷关于农业生产发展现状评估体现了我国近年来重视发展农业现代化、推动新型城镇化建设重要战略思想；工业企业卷中关于工业企业发展现状评估与党的十九大提出的“建立以企业为主体、市场为导向、产学研深度融合的技术创新体系，加强对中小企业创新的支持，促进科技成果转化”发展思路高度吻合；基础设施卷中关于基础设施发展现状评估符合党的十九大提出的加强基础设施网络建设和建设“交通强国”的要求；社会福利卷中关于乡村社会福利的发展现状评估与党的十九大提出的“实施乡村振兴战略”高度一致；居民生活卷中关于居民生活的发展现状评估进一步分析了党的十九大的“人民日益增长的美好生活需要和不平衡不充分的发展之间的矛盾”的社会主要矛盾的变化。科教文卫卷中关于科教文卫的发展现状评估与“文化自信”思想一脉相承；生态环境卷中关于生态环境的发展现状评估集中体现了我国牢固树立绿色发展理念，加大生态保护力度，共享绿色发展成果，着力推进“五个协调”全面发展战略。

四是研究成果的独特性。《珠江－西江经济带城市发展研究（2010～2015）》（10卷本）通过构建珠江－西江经济带城市发展水平评价指标体系进行灰色关联度分析，运用SPSS、Arcgis等计量与地理信息软件将评估结果在地图上进行直观展示，最后将评估结果进行对比分析，做到定量和定性、理论和实践的有机统一，在进行珠江－西江经济带城市综合水平发展评估的研究中具有一定的创新性。该10卷本著作是第一部将公开渠道发布的数据进行全方位收集和整理的书籍；也是第一部全方位、多视角对珠江－西江经济带城市各方面发展水平进行综合评估的著作；著作中关于城市发展评估指标体系构建的完整与全面也是目前国内外少有的。

《珠江－西江经济带城市发展研究（2010～2015）》（10卷本）全面评价与揭示珠江－西江经济带城市发展现状，具有重大的理论指导意义。著作更是凝聚了课题组的心血和努力，从数据的全面性与完整性中明显反映出团队所花费的时间与精力，体现出当代学者所崇尚的刻苦钻研、积极进取的精神风貌。我们相信通过此系列成果能引起读者们对珠江－西江经济带城市发展现状有更深入的认识，也盼望能产生一些新的思考与启发。在国家推进西部大开发战略与“一带一路”倡议背景下，广西当前所面临的机遇和挑战是空前的。如果能引起更多学者重视新时代背景下珠江－西江经济带发展问题，探悉发展机制，剖析发展现状，发挥广西后起优势，促进珠江－西江经济带建设，则是我们热切盼望的。

曾　鹏

2017年12月

目　　录

第一章　珠江－西江经济带城市居民生活质量综合评估

一、珠江－西江经济带城市居民生活质量评估指标体系及测算方法构建

（一）珠江－西江经济带城市居民生活质量评估指标体系建立

1. 珠江－西江经济带城市居民生活质量的内涵及构成要素

居民生活作为城市文明提升的重要体现，是城市发展的基本载体和实现路径。居民生活的发展是城市完成高层次经济社会目标的基础，居民生活的优势可以保证地区劳动力、生产要素投入的高效化。高质量的居民生活有利于促进城市的经济结构升级、资源配置效率提升。

早在2010年，时任国家主席胡锦涛就曾经在中央党校省部级主要领导干部专题研讨班上强调，政府工作的重点放在“加快调整国民收入分配结构”中；2010年，时任国务院总理温家宝在“夏季达沃斯论坛”中也同样表示，“提高全国人民的物质文化生活水平是我国政府经济建设的最终目标。另外，缩小收入分配差距，实现社会公平正义，是政府的良心；党的十七届五中全会更是将居民生活问题放在更加突出的位置”。直到现在，党中央、国务院高度重视居民生活和切实改善民生的决心，充分表明当前居民生活问题已经不仅仅是一个经济问题，而是上升到关系国计民生、实现社会公平和稳定、影响政府公信力的政治层面。

改革开放以来，我国经济社会发展迅速，居民的生活质量水平也随之提高，原先只关注温饱的时代已经过去，人民对美好生活的要求提高；但是由于各地区发展不平衡是中国一直以来都存在的问题，而经济发展也是集中在大城市，所以在此过程中这个问题变得更加突出。尤其是旧的经济体制被打破，新的经济体制建立，其过程中产生的不平衡问题，如地区收入差距过大、农民工收入水平低、各阶层收入分配不规范等；将对居民生活水平的提高、社会的稳定、民族的团结产生重要影响。探讨并解决这些问题有利于政府加强对居民收入水平、消费水平、福利待遇的深入了解，有利于政府宏观政策的制定，更好地提高人民生活水平，促进经济和社会的同步发展。尤其是在党和国家高度重视收入分配问题的情况下，如何科学评价居民生活水平对政府制定收入、分配以及消费等公共政策及其公共管理有着重要的基础性作用。科学合理地解决这些问题，需要合理评估居民收入水平和生活水平。

随着我国经济社会快速发展，各地区居民生活不断改善、市场化进程不断加速，城市内部的组成要素发生巨大变化，居民生活反映出地区及城市的生产力情况及发展潜力。城市的居民生活质量与其经济产业发展有着直接联系，经济产业结构的调整将导致城市居民生活方式的转变，经济和产业发展为城市内部居民提供物质基础。经济及产业的调整是针对地区及城市生产要素分配、生产力及生产关系协调进行优化而实现的，生产力作为各类生产要素中最为活跃的部分，经济及产业的变化将第一时间反映在城市的居民生活层面。

居民生活质量也制约着城市的综合发展，生产力作为城市发展中最具能动性的要素，对协调各类要素资源的分配和经济产业结构升级均具有重要作用。居民生活的发展趋势对城市综合发展起到推动作用，生活水平的提升、生活环境的完善也将对城市经济转型、产业升级起到重要作用。因此，本研究将从生活水平和生活环境两大部分指标对珠江－西江经济带城市居民生活质量的影响进行评估。

（1）生活水平。

居民生活水平是指在国家发展建设以及国家内部社会生产发展过程中，居民对可以满足文化生活和物质消费所需的社会产品和劳务的消费程度。满足居民物质生活需要和精神生活需要的具体内容包括：居民的实际收入水平、消费水平和消费结构、劳动的社会条件和生产条件、社会服务的发达程度、闲暇时间的占有量和结构、卫生保健和教育普及程度等。因此，本研究将通过社会保障水平、居民工资发展水平、社会福利增长、城市人力资本等内容对城市生活水平进行评估分析。社会保障水平反映城市为居民提供社会保障的基本情况，以政府为主体，通过国民收入再分配对公民暂时性失去劳动能力以及因各种原因导致生活发生困难时给予物质帮助，保障其基本生活。社会保障水平越高，说明城市居民获得的公共保障权益越大，这对促进社会安定起着重要作用。居民工资发展水平反映城市居民生活水平和生活质量的实力，居民工资是其通过合法来源所得的收入总和，居民工资水平的高低直接影响市场容量的大小；其主要体现在，受到国家整体宏观经济状

况的影响，受到国家制定的收入分配政策以及消费政策方面的影响。当居民工资提高的时候，居民的收入也就随之提高，那么整体社会生活水平就得到进一步的提高。与之相反的，当居民工资降低时，其收入也将降低，居民的消费水平也就降低。社会福利水平的变化情况比社会保障所能够表现出来的更加宽泛，社会保障的主要功能是解决居民最基本的生活需求，而社会福利最主要的功能在于进一步提高居民的生活质量。社会福利的发展将直接反映在学有所教、住有所居、劳有所得、病有所医等方面。社会福利增长，说明城市居民的日常生活有进一步的保障，社会福利服务的供给能力进一步提高，更好地满足城市居民日益增长的福利服务需求。城市人力资本反映城市就业人员在社会经济活动中创造价值能力的情况，人力资本是凝聚在劳动者自身的知识、技能、健康及以思维模式为主的其他素质的质量水平的综合体现。城市人力资本程度越高，说明城市就业人员拥有越高的知识和技能水平，就业人员在各行业中的劳动效率越高，能为所在企业创造更多的效益，从而使城市经济社会实现持续快速健康发展。

（2）生活环境。

城市生活环境是城市居民生活质量的有力支撑。城市是工业革命后经济发展及社会发展的主要载体。随着城市生产生活水平不断提升，通过提升生活环境质量可以确保城市对人力资本的集聚吸引实力。生活环境质量反映城市的综合福利水平和居民实际生活环境，生活环境质量更好的城市的整体经济社会发展更具备优势，因此能够提供更具优势的生产生活基础条件。完善的生活环境系统是城市吸纳人力资本、优化就业结构、提升城市居民生活的重要保证。本研究从供电能力、供水能力、供气能力、公共服务提供能力等方面对生活环境进行评估。供电能力决定输电力系统对城市生产生活保障所提供的支撑力度，随着居民生活水平不断提升，日常生活对用电需求的程度也日益增长，城市供电负荷量也明显增长。对于许多城市而言，其在发展过程中存在城市原有电网长期维修资金不足，致使电网设备陈旧以及电网应用的技术无法及时更新，由此形成城市供电的“瓶颈”。一个城市的供电质量及其可靠性决定其能否满足用电需求日益增长的居民生活的需求。供电能力高，说明城市电网供电质量高、可靠性强，能满足城市日常的生活生产需求。供水能力反映城市所提供的供水保障水平，城市通过供水管道将生活用水或者工业用水直接提供给用水用户，以支持城市的正常生活和生产用水。供水能力越强，说明城市对供水设施的投资越多，城市供水管道密度越大。供气能力是城市所提供的居民生活用气量与城市供气管道密度之间的关系，供气能力越高的城市能够提供给全体居民的生活用气量更多，供气密度也越大。公共服务提供能力是对城市所在地区内能够反映公共服务客体的需求并能及时提供居民公共服务需求的能力，公共服务职能规模更强的城市说明其公共服务保障实力更强，所能够提供居民生活所需的基本服务更全面。总之，城市的生活环境是城市逐步完善居民生活的基础，良好的生活环境可以确保城市整体居民生活质量的稳定提升，是城市居民生活质量提升的重要保障。

2. 珠江－西江经济带城市居民生活质量评价指标体系及其评估方法

客观而全面地评价珠江－西江经济带城市居民生活质量，科学合理地掌握珠江－西江经济带及其内部各城市居民生活质量的各个方面及内在机理，需要对其居民生活质量展开综合评估。因此，需要一整套能够客观、准确、科学反映居民生活质量各个方面及其内在结构特征的指标体系，并能运用科学、合理的数学评价计量模型对指标体系进行分析、评价。基于中国及珠江－西江经济带城市居民生活发展现状及居民生活的内涵分析，努力探索构建出一整套内容丰富、符合实际发展需要的珠江－西江经济带城市居民生活质量评价指标体系及数学评价模型。

珠江－西江经济带城市居民生活质量评价指标体系由系统层、模块层、要素层三层指标构成，这三层指标分别对应1个一级指标、2个二级指标、18个三级指标。其中一、二、三级指标均属于合成性的间接指标，第三层要素层指标是通过对客观直接可测量指标的计算得到的。本研究将在下一节文中对具体的测算方法进行阐述分析。

由于研究所构建的三层、两个维度共计18个指标之间存在相互依存又彼此独立的关系，指标之间既有联系又存在区别，指标体系整体是一个完整的评估体系；通过生活水平和生活环境两个维度，全面、准确、科学地对珠江－西江经济带城市居民生活质量展开评估工作。

在确定评估权重和指标处理的过程中，对三级指标进行无量纲化处理，并对个别并非正向、负向的指标取与最优值之差构成为负向指标的方式进行处理。

对于正向性指标，可以通过公式（1－1）计算：

$$X_{ik} = \frac{Y_{ik} - \min_i Y_{ik}}{\max_i Y_{ik} - \min_i Y_{ik}} \times 100 \qquad (1-1)$$

对于负向性指标，可以通过公式（1－2）计算：

$$X_{ik} = \frac{\max_i Y_{ik} - Y_{ik}}{\max_i Y_{ik} - \min_i Y_{ik}} \times 100 \qquad (1-2)$$

所构建的珠江－西江经济带城市居民生活质量评估指标体系形成一个$Y_{11\times18}$的矩阵。由于所选取的指标数量较多且各指标之间存在着一定的联系，因而容易导致形成评价的重叠性，难以直接对其进行综合分析和判别。因此，选用灰色理论对18项三层指标进行灰色综合评价和灰色聚类分析。

通过灰色理论对评估指标体系与相关参考因子之间的关系紧密程度，判断各项指标距离理想最优指标之间的距离。研究以珠江－西江经济带城市居民生活质量评估指标理想最优指标作为参考数列X_0及各城市指标数列$X_0(k)$，以居民生活质量评估指标体系各项指标作为比较数列X_i及各城市指标数列$X_i(k)$的标准，继而求出各指标与理想最优指标之间的灰色关联度。灰色关联度越大说明该项指标与最优理想状态越为接近，该项指标的发展水平也就越高，而灰色关联度越弱则说明该项指标的综合发展水平越低。因此，通过对珠江－西江经济带城市居民生活质量指标体系的灰色关联度进行测算，可以得到各城市居民生活质量的强弱顺序。

在对各项三层指标进行无量纲化处理后将各项指标数据转化为0～100的标准值，因此选择理想最优指标数列的值为100。研究通过公式（1－3）对灰色关联系数$\zeta_i(k)$进行求解。

$$\zeta_i(k)=\frac{\min\limits_i\min\limits_k|X_0(k)-X_i(k)|+\delta\max\limits_i\max\limits_k|X_0(k)-X_i(k)|}{|X_0(k)-X_i(k)|+\delta\max\limits_i\max\limits_k|X_0(k)-X_i(k)|} \tag{1-3}$$

其中，δ为分辨系数，$\delta\in[0,1]$，通常取0.5。

通过公式（1－4）计算各项指标的灰色关联系数。

$$\bar{r}_i=\frac{1}{n}\sum_{i=1}^{n}\zeta_i(k),\ k=1,2,\cdots,m \tag{1-4}$$

通过公式（1－5）计算各项指标在综合评价中的权重r_i。

$$r_i=\frac{\bar{r}_i}{\sum\limits_{k=1}^{m}\bar{r}_i},k=1,2,\cdots,m \tag{1-5}$$

$$D_i=\sum_{k=1}^{m}r_ix_i(k),\ i=1,2,\cdots,n \tag{1-6}$$

其中，D_i数值越大说明珠江－西江经济带各城市该项指标与理想最优状态更为接近。因此，通过对D_i数值的分析就可得出该城市在居民生活质量方面的综合水平排序情况。表1－1为珠江－西江经济带城市居民生活质量指标体系及客观权重的具体信息。

表1－1　珠江－西江经济带城市居民生活质量评估指标体系及权重

一级指标	居民生活质量						
二级指标（2个）	三级指标（18个）	权重					
		2010年	2011年	2012年	2013年	2014年	2015年
生活水平	社会保障水平	0.052	0.051	0.052	0.053	0.053	0.060
	总工资弧弹性	0.046	0.046	0.047	0.055	0.048	0.048
	平均工资增长强度	0.055	0.052	0.054	0.063	0.054	0.066
	城市人力资本	0.091	0.080	0.070	0.063	0.071	0.068
	职工工资相对增长率	0.048	0.048	0.048	0.057	0.051	0.050
	职工工资绝对增量加权指数	0.046	0.046	0.047	0.055	0.048	0.048
	职工工资比重增量	0.049	0.054	0.048	0.049	0.059	0.051
	职工工资强度	0.054	0.055	0.055	0.053	0.054	0.053
生活环境	城镇公园用地动态变化	0.066	0.063	0.056	0.057	0.060	0.060
	供水能力延展指数	0.047	0.047	0.056	0.048	0.049	0.048
	城市供气能力	0.056	0.056	0.060	0.055	0.060	0.059
	城市供电强度	0.058	0.058	0.059	0.059	0.061	0.061
	城市供气密度	0.057	0.055	0.060	0.054	0.059	0.057
	城市用电承载力ES	0.057	0.055	0.056	0.056	0.058	0.061
	城市通信流强度	0.053	0.055	0.058	0.055	0.055	0.054
	城市通信倾向度	0.062	0.065	0.066	0.067	0.061	0.058
	城市通信职能规模	0.051	0.057	0.057	0.051	0.051	0.050
	城市通信职能地位	0.050	0.057	0.052	0.049	0.049	0.048

表1–2、表1–3、表1–4、表1–5、表1–6、表1–7分别为2010 ~2015年珠江–西江经济带城市居民生活质量指标权重分类，根据灰色关联度分析得到各项指标在综合评价体系中的权重，并根据权重的分布范围划分出最重要、较重要、重要指标三级分类标准。

表1–2　2010年影响城市居民生活质量的指标分类

类别	权重	指标
最重要	0.05 ~ 0.07	城市人力资本
较重要	0.04 ~ 0.05	平均工资增长强度、城镇公园用地动态变化、城市供气能力、城市供电强度、城市供气密度、城市用电承载力ES、城市通信倾向度
重要	0.03 ~ 0.04	社会保障水平、总工资弧弹性、职工工资相对增长率、职工工资绝对增量加权指数、职工工资比重增量、职工工资强度、供水能力延展指数、城市通信流强度、城市通信职能规模、城市通信职能地位

表1–3　2011年影响城市居民生活质量的指标分类

类别	权重	指标
最重要	0.05 ~ 0.07	城市人力资本
较重要	0.04 ~ 0.05	职工工资强度、城镇公园用地动态变化、城市供气能力、城市供电强度、城市供气密度、城市用电承载力ES、城市通信流强度、城市通信倾向度、城市通信职能规模、城市通信职能地位
重要	0.03 ~ 0.04	社会保障水平、总工资弧弹性、平均工资增长强度、职工工资相对增长率、职工工资绝对增量加权指数、职工工资比重增量、供水能力延展指数

表1–4　2012年影响城市居民生活质量的指标分类

类别	权重	指标
最重要	0.05 ~ 0.07	城市人力资本
较重要	0.04 ~ 0.05	城镇公园用地动态变化、供水能力延展指数、城市供气能力、城市供电强度、城市供气密度、城市用电承载力ES、城市通信流强度、城市通信倾向度、城市通信职能规模
重要	0.03 ~ 0.04	社会保障水平、总工资弧弹性、平均工资增长强度、职工工资相对增长率、职工工资绝对增量加权指数、职工工资比重增量、职工工资强度、城市通信职能地位

表1–5　2013年影响城市居民生活质量的指标分类

类别	权重	指标
最重要	0.05 ~ 0.07	
较重要	0.04 ~ 0.05	平均工资增长强度、城市人力资本、职工工资相对增长率、城镇公园用地动态变化、城市供电强度、城市用电承载力ES、城市通信倾向度
重要	0.03 ~ 0.04	社会保障水平、总工资弧弹性、职工工资绝对增量加权指数、职工工资比重增量、职工工资强度、供水能力延展指数、城市供气能力、城市供气密度、城市通信流强度、城市通信职能规模、城市通信职能地位

表1–6　2014年影响城市居民生活质量的指标分类

类别	权重	指标
最重要	0.05 ~ 0.07	城市人力资本
较重要	0.04 ~ 0.05	职工工资比重增量、城镇公园用地动态变化、城市供气能力、城市供电强度、城市供气密度、城市用电承载力ES、城市通信倾向度
重要	0.03 ~ 0.04	社会保障水平、总工资弧弹性、平均工资增长强度、职工工资相对增长率、职工工资绝对增量加权指数、职工工资强度、供水能力延展指数、城市通信流强度、城市通信职能规模、城市通信职能地位

表1–7　2015年影响城市居民生活质量的指标分类

类别	权重	指标
最重要	0.05 ~ 0.07	
较重要	0.04 ~ 0.05	社会保障水平、平均工资增长强度、城市人力资本、城镇公园用地动态变化、城市供气能力、城市供电强度、城市供气密度、城市用电承载力ES、城市通信倾向度
重要	0.03 ~ 0.04	总工资弧弹性、职工工资相对增长率、职工工资绝对增量加权指数、职工工资比重增量、职工工资强度、供水能力延展指数、城市通信流强度、城市通信职能规模、城市通信职能地位

3. 珠江–西江经济带城市居民生活质量指标体系评价方法

（1）珠江–西江经济带居民生活质量指标变化类型及

界定。

通过分析珠江－西江经济带各城市三级指标的变化趋势，将指标体系中各项指标变化发展态势划分为6类形态。

一是持续上升型。这一类型的指标是在2010～2015年间城市保持持续上升状态的指标。处于持续上升型的指标，不仅意味着城市在各项指标数据上的不断增长，更意味着城市在该项指标以及居民生活质量整体的竞争力优势不断扩大。城市的持续上升型指标数量越多，意味着城市的居民生活质量越强。

二是波动上升型。这一类型的指标是在2010～2015年间城市存在较多波动，总体趋势为上升趋势，但在个别年份出现下降的情况，指标并非连续性上升状态。波动上升型指标意味着在评价的时间段内，虽然指标数据存在较大的波动变化，但是其评价末期数据值将高于评价初期数据值。波动上升型指标数量的增加，说明城市的居民生活质量并不稳定，但整体变化趋势良好。

三是持续保持型。这一类型的指标是在2010～2015年间城市在该项指标数值上保持平稳，变化波动较少。持续保持型指标意味着城市在该项指标上保持平稳，其竞争力并未出现明显变化。这说明城市对已有优势具备保持实力，也说明城市在该项指标的持续增长上出现问题。持续保持型指标较多，说明城市在居民生活质量层面未能实现进一步发展。

四是波动保持型。这一类型的指标是在2010～2015年间城市在该项指标数值上虽然呈现波动变化状态，但总体数值情况保持一致。波动保持型指标意味着城市在该项指标上虽然呈现波动状态，但在评价末期和评价初期的数值基本保持一致。波动保持型指标较多，说明城市在居民生活质量层面并不稳定，未能现实持续性的增长趋势。

五是波动下降型。这一类的指标是在2010～2015年间城市在该项指标上总体呈现下降趋势，但在此期间存在上下波动的情况，指标并非连续性下降状态。波动下降型指标意味着在评估的时间段内，虽然指标数据存在较大的波动变化，但是其评价末期数据值低于评价初期数据值。波动下降型指标数量的增多，说明城市的居民生活质量呈现下降趋势，并且这一趋势伴随着不稳定的特征。

六是持续下降型。这一类的指标为在2010～2015年间城市在该指标上保持持续的下降状态。处于持续下降型的指标，意味着城市在该项指标上不断处在劣势状态，并且这一状况并未得到改善。城市的持续下降型指标数量越多，说明城市的居民生活质量有待提高。

（2）指标的排名区段和优劣势的判定。

首先，排名区段的划分标准。

排名前3名的城市定为上游区，4～8名为中游区，9～11名为下游区。

其次，优劣势的评价标准。

评价指标的优劣度分为强势、优势、中势、劣势4个层次，凡是在评价时段内处于前2位的指标，均属于强势指标；在评价时段内处于3～5位的，均属优势指标；在评价时段内处于6～8位的，均属中势指标；在评价时段内始终处于9～11位的指标，均属劣势指标。对各级指标的评价均采用这一标准。

最后，指标动态变化趋势的判定。

根据前面界定的居民生活动态变化类型，本报告在各指标评价结果前分别用“持续↑”“波动↑”“持续→”“波动→”“持续↓”“波动↓”符号表示指标的持续上升、波动上升、持续保持、波动保持、持续下降、波动下降等六种变化状态，简明扼要地描述指标的具体变化情况。

（二）珠江－西江经济带城市居民生活质量评估指标体系的测算与评价

通过对客观性直接可测量指标的简单测算，本研究将获取指标体系第三层要素层指标。在评价过程中，本研究所使用的数据均为国家现行统计体系中公开发布的指标数据；主要来自《中国城市统计年鉴》（2011－2016）、《中国区域经济年鉴》（2011－2014）、《广西统计年鉴》（2011－2016）、《广东统计年鉴》（2011－2016）以及各城市的各年度国民经济发展统计公报数据。本研究的评价范围主要包括南宁市、柳州市、梧州市、贵港市、百色市、来宾市、崇左市、广州市、佛山市、肇庆市、云浮市11个城市。

1. 珠江－西江经济带城市居民生活水平三级指标测算方法

第一，社会保障水平的测算公式。

$$S = \frac{S_a}{G} \qquad (1-7)$$

其中，S为社会保障水平，S_a为社会保障支出总额、G为国内生产总值。城市社会保障水平越高，说明城市经济发展越好，城市的公共保障事业发展水平越高；城市居民能够享受到更好的社会保障①。

第二，总工资弧弹性的测算公式。

$$AE = (\Delta Q/Q)/(\Delta P/P) \qquad (1-8)$$

其中，AE为总工资弧弹性，ΔQ为在一段评估时间内总工资增长量，Q为城市在评估末期时的工资总额，ΔP为在一段评估时间内生产总值增长量，P为城市在评估末期时的生产总值。城市总工资弧弹性系数越大，说明城市的总工资增长速率将快于其经济的变化增长速率，城市工资发展呈现上升趋势②。

第三，平均工资增长强度的测算公式。

$$P_i = \frac{\Delta U_i}{TLA} \times 100\% \qquad (1-9)$$

其中，P_i为城市的平均工资增长强度，ΔU_i平均工资增长量，TLA为人均GDP。经过平均工资增长强度测算，可以对城市平均工资增长的变化增长趋势展开分析。城镇平均工资增长强度系数越大，说明城市的平均工资增长速率越快，呈现出地区经济发展能力的提升。

① 周明、张鑫武：《我国社会保障水平测度与综合评价》，载《上海行政学院学报》2014年第4期。

② 周春山、罗彦、陈素素：《近20年来广州市人口增长与分布的时空演化分析》，载《地理科学》2004年第6期。

第四，城市人力资本的测算公式。

$$HC = (\overline{U} - U)/U \tag{1-10}$$

其中，HC 为城市人力资本，$\overline{U}$ 为城市的平均工资，U 为城市的最低工资标准。城市的人力资本系数越大，说明城市的工资提高水平越高，城市的经济发展越好，城市发展的潜力越大①。

第五，职工工资相对增长率的测算公式。

$$NICH = \frac{Y_{2i} - Y_{1i}}{Y_2 - Y_1} \tag{1-11}$$

其中，NICH 为职工工资相对增长率，Y_{2i}、Y_{1i}表示 i 城市末期和初期的职工工资，Y_2、Y_1 表示全国在末期和初期的职工工资。经过城市职工工资相对增长率测算，可以对城市在一定时期内城市职工工资增长趋势与全国职工工资的变化增长趋势之间的关系展开分析。城市职工工资相对增长率数值越大，说明城市的职工工资增长速率越快，城市职工工资不断增长②。

第六，职工工资绝对增量加权指数的测算公式

$$I = \frac{\Delta X_i}{\Delta X} \times \frac{1}{S_i} \tag{1-12}$$

其中，I 为城市的职工工资绝对增量加权指数，ΔX_i 为 i 城市的职工工资在一段时间内的增量，ΔX 为全国的职工工资在该段时间内的增量，S_i 为 i 城市面积占全国面积的比重。职工工资绝对增量加权指数数值越大，说明城市经济发展水平要素越集中③。

第七，职工工资比重增量的测算公式。

$$P = \frac{X_{it2}}{X_{t2}} - \frac{X_{it1}}{X_{t1}} \tag{1-13}$$

其中，P 为 i 地区的职工工资比重增量，X_{it2}、X_{it1}分别为 t2、t1 年份 i 地区的职工工资的总量，X_{t2}、X_{t1}分别为 t2、t1 年份全国的城市职工工资比重增量。城市的职工工资比重增量越高，说明城市的职工工资增长与全国的职工工资增长的总量越高，城市整体职工工资水平更具备优势④。

第八，职工工资强度的测算公式。

$$E = Y/\overline{L} \tag{1-14}$$

其中，E 为城市的职工工资强度，Y 为城市的职工工资总额，$\overline{L}$ 为地区的平均就业人口。职工工资强度系数越大，说明城市经济发展越好，职工工资水平越高，人民生活水平越高。

2. 珠江-西江经济带城市居民生活环境质量三级指标测算方法

第一，城镇公园用地动态变化的测算公式。

$$U_v = (U_{t2} - U_{t1})(t_2 - t_1)/U_{t1} \tag{1-15}$$

其中，U_v 为城镇公园用地动态变化，U_{t2}、U_{t1}为 t2、t1 时期城镇公园用地面积。城市的城镇公园用地动态变化情况，说明城市公园用地面积一个时期内的增长变化态势。城镇公园用地动态变化系数越大，说明城市的公园用地增加数量变大，对应呈现出地区经济活力的增强以及城市规模的扩大⑤。

第二，供水能力延展指数的测算公式。

$$SI = \frac{(A_j - A_i)/A_i}{(P_j - P_i)/P_i} \tag{1-16}$$

其中，SI 为供水能力延展指数，A_i、A_j 分别为 i 和 j 时期的供水管道长度，P_i 和 P_j 分别为 i 和 j 时期的城市人口。城市供水能力延展指数数值超过 1，说明城市的供水管道长度的增长将快于人口的增长水平，城市的供水管道发展呈现蔓延趋势。但城市的供水管道延展并非不限制扩大为理想状态，所以城市供水管道长度延展指数所在最优的取值范围，通常认为 SI = 1.12 为最优合理状态⑥。

第三，城市供气能力的测算公式。

$$T = \frac{N_{yehua}}{T_{yehua}} \tag{1-17}$$

其中，T 为城市供气能力，T_{yehua}为用液化石油气的使用人口，N_{yehua}为用液化石油气的使用量。经过城市供气能力测算，可以对城市的用液化石油气使用情况进行分析。城市的加权城市供气能力系数越大，说明城市经济发展越好，城市的发展规模越大；城市能够给居民提供更优质的基础设施服务。

第四，城市供电强度的测算公式。

$$E = \frac{X_{i,t}}{\frac{1}{n}\sum_{j}^{n} X_{i.t}} \tag{1-18}$$

其中，E 为城市供电强度，$X_{i,t}$为 i 城市的全年用电总量。城市供电强度数值超过 1，说明城市的供电能力将高于地区的平均水平；城市的供电强度系数越小，说明城市的供电发展能力不具备优势，城市活力较弱⑦。

第五，城市供气密度的测算公式。

$$Den = Gases/AREA \tag{1-19}$$

其中，Den 为城市供气密度，Gases 为城市的用气总量，AREA 为城市的建成区面积。城市的供气密度反映城市用气总量的密集程度；城市供气密度系数越大，说明城市的供气承载力越大。

第六，城市用电承载力 ES 的测算公式。

$$ES = \frac{X}{\overline{X}} \tag{1-20}$$

① 金学惠：《我国 35 个大中城市人力资本存量估算及其空间演变》，载《北方民族大学学报》（哲学社会科学版）2017 年第 2 期。

② 杨艳昭、封志明、赵延德、游珍：《中国城市土地扩张与人口增长协调性研究》，载《地理研究》2013 年第 9 期。

③ 杨莎莎、晁操：《十大城市群人口-经济空间集聚均衡特征的比较》，载《统计与决策》2017 年第 7 期。

④ 史修松、黄群慧、刘军：《企业所有制结构演变对企业利润及增长影响——基于中国工业数据的研究》，载《上海经济研究》2015 年第 9 期。

⑤ 吴大千、王仁卿、高甡、丁文娟、王炜、葛秀丽、刘建：《黄河三角洲农业用地动态变化模拟与情景分析》，载《农业工程学报》2010 年第 4 期。

⑥ 卢升鹏、张明德、顾宝炎、蔡云龙：《我国城市供水发展特征分析》，载《资源开发与市场》2010 年第 11 期。

⑦ 易行健、杨碧云：《世界各国（地区）居民消费率决定因素的经验检验》，载《世界经济》2015 年第 1 期。

其中，ES 为城市用电承载力，X 为城市的用电总量，$\overline{X}$ 为全国人均用电量。经过城市用电承载力测算，可以对城市的用电量变化增长情况与全国范围内平均容量范围之间的关系进行分析。城市的用电承载力系数越大，说明城市的整体密度更大、容量范围更高①。

第七，城市通信流强度的测算公式。

$$\begin{cases} F_i = N_i \times E_i \\ N_i = P_i / L_i \\ E_i = \sum_{j=1}^{m} E_{ij} \\ E_{ij} = L_{ij} - L_i(L_j/L) \\ Q_{ij} = \dfrac{L_{ij}/L_i}{L_j/L} \end{cases} \quad (1-21)$$

其中，F_i 为 i 城市的城市通信流强度，N_i 为 i 城市的城市通信功能效益，E_i 为 i 城市的城市通信总体外向功能，P_i 为 i 城市的 GDP，L_i 为 i 城市的通信业务总量，E_{ij} 为 i 城市的 j 类通信业务总量外向功能，Q_{ij} 为 i 城市的 j 类通信业务总量区位商（$Q_{ij} < 1$，说明 i 城市的 j 类通信业务总量不具备外向功能，即 $E_{ij} = 0$；$Q_{ij} > 1$，说明 i 城市的 j 类通信业务总量具备外向功能），L_{ij} 为 i 城市的 j 类通信业务总量，L_j 为全国 j 类通信业务总量，L 为全国通信业务总量。城市通信流强度系数越大，说明城市之间发生的经济集聚和扩散所产生的通信要素流动强度越强，城市经济影响力越大②。

第八，城市通信倾向度的测算公式。

$$K_i = \frac{F_i}{P_i} \quad (1-22)$$

其中，K_i 为 i 城市通信倾向度，F_i 为 i 城市的城市通信流强度，P_i 为 i 城市的 GDP。城市通信倾向度系数越大，说明城市的通信业务总功能量的外向强度越强③。

第九，城市通信职能规模的测算公式。

$$\begin{cases} T_{ij} = |Q_{ij} - 1| * L_{ij} \\ Q_{ij} = \dfrac{L_{ij}/L_i}{L_j/L} \end{cases} \quad (1-23)$$

其中，T_{ij} 为 i 城市的城市通信职能规模，Q_{ij} 为 i 城市的城市通信区位商，L_{ij} 为 i 城市的某一城市邮政通信总量，L_i 为 i 城市的城市通信总量，L_j 为全国邮政业务总量，L 为全国总通信总量。城市的通信相对职能规模系数越大，说明城市的通信水平越高，城市所具备的通信能力更强④。

第十，城市通信职能地位的测算公式。

$$F_{ij} = T_{ij} / \sum_{i=1}^{n} T_{ij} \quad (1-24)$$

其中，F_{ij} 为 i 城市通信职能地位，T_{ij} 为 i 城市通信职能规模。城市通信职能地位越高，说明城市的通信能力在地区内的水平更高⑤。

二、珠江－西江经济带城市居民生活质量综合评估与比较

（一）珠江－西江经济带城市居民生活质量综合评估结果

根据珠江－西江经济带居民生活质量指标体系和数学评价模型，对 2010～2015 年间珠江－西江经济带 11 个城市的居民生活质量进行评价。表 1－8、表 1－9、表1－10、表 1－11、表 1－12 是本次评估期间珠江－西江经济带 11 个城市的居民生活质量排名和排名变化情况及其两个二级指标的评价结果。

1. 珠江－西江经济带城市居民生活质量排名

根据表 1－8 中对 2010 年珠江－西江经济带城市居民生活质量排名变化分析，可以看到居民生活质量处于上游区的依次有广州市、佛山市、来宾市；居民生活质量处在中游区的依次有南宁市、百色市、柳州市、肇庆市、梧州市；居民生活质量处在下游区的依次有贵港市、崇左市、云浮市，说明在珠江－西江经济带中广东地区居民生活质量高于广西地区，更具发展优势。

表 1－8　2010 年珠江－西江经济带城市居民生活质量排名

地区	排名	区段	地区	排名	区段	地区	排名	区段
广州	1	上游区	南宁	4	中游区	贵港	9	下游区
佛山	2		百色	5		崇左	10	
来宾	3		柳州	6		云浮	11	
			肇庆	7				
			梧州	8				

根据表 1－9 中对 2011 年珠江－西江经济带城市居民生活质量排名变化进行分析，可以看到居民生活质量处于上游区的依次有广州市、佛山市、南宁市；居民生活质量处在中游区的依次有肇庆市、百色市、来宾市、柳州市、云浮市；居民生活质量处在下游区的依次有崇左市、贵港市、梧州市。相比于 2010 年，南宁市上升至上游区，来宾市下降至中游区，云浮市上升至中游区。

① 肖雁飞、张琼、廖双红、刘友金：《基于 ARIMA 模型的中部地区经济人口承载力研究——兼论承接沿海产业转移能力》，载《湖南科技大学学报》（社会科学版）2012 年第 6 期。

② 余雷：《皖江城市带产业区位商动态变化与承接产业转移研究》，载《统计与决策》2016 年第 20 期。

③ 范德成、刘刊：《投资倾向对产业产出的影响作用研究》，载《科技与经济》2010 年第 1 期。

④ 田昆：《统筹城乡发展与地方政府投资职能：一般分析》，载《理论与改革》2011 年第 2 期。

⑤ 朱翠萍、万广华、Kala Seetharam Sridhar：《城市如何吸引企业投资：来自中国和印度的证据》，载《云南财经大学学报》2012 年第 2 期。

表1－9　2011年珠江－西江经济带城市居民生活质量排名

地区	排名	区段	地区	排名	区段	地区	排名	区段
广州	1		肇庆	4		崇左	9	
佛山	2		百色	5		贵港	10	
南宁	3	上游区	来宾	6	中游区	梧州	11	下游区
			柳州	7				
			云浮	8				

根据表1－10中对2012年珠江－西江经济带城市居民生活质量排名变化进行分析，可以看到居民生活质量处于上游区的依次有广州市、佛山市、云浮市；居民生活质量处在中游区的依次有南宁市、肇庆市、来宾市、柳州市、百色市；居民生活质量处在下游区的依次有崇左市、贵港市、梧州市。相比于2011年，南宁市下降至中游区，云浮市上升至上游区。

表1－10　2012年珠江－西江经济带城市居民生活质量排名

地区	排名	区段	地区	排名	区段	地区	排名	区段
广州	1		南宁	4		崇左	9	
佛山	2		肇庆	5		贵港	10	
云浮	3	上游区	来宾	6	中游区	梧州	11	下游区
			柳州	7				
			百色	8				

根据表1－11中内容对2013年珠江－西江经济带各城市居民生活质量排名变化进行分析，可以看到居民生活质量处于上游区的依次有佛山市、广州市、来宾市；居民生活质量处在中游区的依次有云浮市、南宁市、贵港市、肇庆市、柳州市；居民生活质量处在下游区的依次有百色市、崇左市、梧州市。相比于2012年，来宾市上升至上游区，云浮市下降至中游区，贵港市上升至中游区，百色市下降至下游区。

表1－11　2013年珠江－西江经济带城市居民生活质量排名

地区	排名	区段	地区	排名	区段	地区	排名	区段
佛山	1		云浮	4		百色	9	
广州	2		南宁	5		崇左	10	
来宾	3	上游区	贵港	6	中游区	梧州	11	下游区
			肇庆	7				
			柳州	8				

根据表1－12中内容对2014年珠江－西江经济带城市居民生活质量排名变化进行分析，可以看到居民生活质量处于上游区的依次有广州市、佛山市、南宁市；居民生活质量处在中游区的依次有云浮市、百色市、柳州市、肇庆市、崇左市；居民生活质量处在下游区的依次有贵港市、来宾市、梧州市。相比于2013年，百色市、崇左市上升至中游区，南宁市上升到上游区，来宾市下降至下游区，贵港市下降至下游区。

表1－12　2014年珠江－西江经济带城市居民生活质量排名

地区	排名	区段	地区	排名	区段	地区	排名	区段
广州	1		云浮	4		贵港	9	
佛山	2		百色	5		来宾	10	
南宁	3	上游区	柳州	6	中游区	梧州	11	下游区
			肇庆	7				
			崇左	8				

根据表1－13中对2015年珠江－西江经济带城市居民生活质量排名变化进行分析，可以看到居民生活质量处于上游区的依次有广州市、佛山市、南宁市；居民生活质量处在中游区的依次有崇左市、贵港市、百色市、肇庆市、云浮市；居民生活质量处在下游区的依次有梧州市、柳州市、来宾市。相比于2014年，柳州市下降至下游区，贵港市上升至中游区。

表1－13　2015年珠江－西江经济带城市居民生活质量排名

地区	排名	区段	地区	排名	区段	地区	排名	区段
广州	1		崇左	4		梧州	9	
佛山	2		贵港	5		柳州	10	
南宁	3	上游区	百色	6	中游区	来宾	11	下游区
			肇庆	7				
			云浮	8				

根据表1－14中内容对2010～2015年珠江－西江经济带城市居民生活质量排名变化趋势进行分析，可以看到居民生活质量处于上升区的依次有崇左市、南宁市、贵港市、云浮市；居民生活质量处在保持区的有肇庆市、佛山市、广州市；居民生活质量处在下降区的依次有百色市、来宾市、柳州市、梧州市。这说明珠江－西江经济带中广西板块城市的变化幅度高于广东板块城市的变化幅度，广西板块城市居民生活质量发展的平稳性较弱。

表 1 - 14 2010 ~ 2015 年珠江 - 西江经济带城市居民生活质量排名变化

地区	排名变化	区段	地区	排名变化	区段	地区	排名变化	区段
南宁	1	上升区	佛山	0	保持区	梧州	-1	下降区
云浮	3		肇庆	0		百色	-1	
贵港	4		广州	0		柳州	-4	
崇左	6					来宾	-8	

2. 珠江 - 西江经济带城市居民生活质量得分情况

通过表 1 - 15 对 2010 ~ 2015 年的珠江 - 西江经济带城市居民生活质量变化进行分析得出，由 2010 年的珠江 - 西江经济带城市居民生活质量评价来看，有 4 个城市的居民生活质量得分已经在 20 分以上。得分处在 11 ~ 48 分，小于 20 分的城市有柳州市、梧州市、贵港市、百色市、崇左市、肇庆市、云浮市。最高得分为广州市，为 47.987 分，最低得分为云浮市，为 11.172 分。得分平均值为 21.581 分，得分标准差为 10.763，说明城市之间居民生活质量的变化差异较大。其中，广东地区城市的居民生活质量得分较高，广州市、佛山市的居民生活质量得分均超过 20 分，说明这些城市的居民生活发展基础较高。广西地区的居民生活质量水平较低，其中南宁市、来宾市的居民生活质量均超过 20 分，说明广西地区城市的居民生活综合发展能力较低。

表 1 - 15 2010 ~ 2015 年珠江 - 西江经济带城市居民生活质量评价比较

地区	2010 年	2011 年	2012 年	2013 年	2014 年	2015 年	综合变化
南宁	23.918	22.713	19.534	17.851	20.922	19.994	-3.924
	4	3	4	5	3	3	1
柳州	19.204	15.269	14.086	13.265	13.600	12.293	-6.911
	6	7	7	8	6	10	-4
梧州	15.043	10.197	8.835	7.180	10.854	12.755	-2.289
	8	11	11	11	11	9	-1
贵港	14.541	11.262	9.199	15.688	12.280	18.678	4.137
	9	10	10	6	9	5	4
百色	19.235	17.661	12.765	13.141	14.196	16.112	-3.123
	5	5	8	9	5	6	-1
来宾	24.573	15.775	15.309	20.406	11.869	8.353	-16.220
	3	6	6	3	10	11	-8
崇左	12.882	12.994	9.866	12.481	12.531	18.739	5.857
	10	9	9	10	8	4	6
广州	47.987	59.835	48.147	36.717	42.940	40.410	-7.577
	1	1	1	2	1	1	0
佛山	32.879	36.072	37.985	42.175	37.371	35.860	2.982
	2	2	2	1	2	2	0
肇庆	15.961	18.578	16.293	13.507	13.459	15.834	-0.127
	7	4	5	7	7	7	0
云浮	11.172	14.739	20.567	18.823	15.509	13.369	2.197
	11	8	3	4	4	8	3

续表

地区	2010 年	2011 年	2012 年	2013 年	2014 年	2015 年	综合变化
最高分	47.987	59.835	48.147	42.175	42.940	40.410	-7.577
最低分	11.172	10.197	8.835	7.180	10.854	8.353	-2.819
平均分	21.581	21.372	19.326	19.203	18.685	19.309	-2.273
标准差	10.763	14.590	12.563	10.698	11.011	9.951	-0.812

由2011年的珠江－西江经济带城市居民生活质量评价来看，有3个城市的居民生活质量得分在20分以上。得分处在10～60分，小于20分的城市有柳州市、梧州市、贵港市、百色市、来宾市、崇左市、肇庆市、云浮市。最高得分为广州市，为59.835分，最低得分为梧州市，为10.197分。得分平均值为21.372分，得分标准差为14.590，说明城市之间居民生活质量变化差异较大。其中，广东地区城市的居民生活质量得分较高，广州市、佛山市的居民生活质量得分均超过20分，说明这些城市的居民生活发展基础较好。广西地区居民生活质量水平较低，其中只有南宁市居民生活质量超过20分，说明广西地区城市的居民生活综合发展能力有待提高。

由2012年的珠江－西江经济带城市居民生活质量评价来看，有3个城市的居民生活质量得分在20分以上。得分处在8～49分，小于20分的城市有南宁市、柳州市、梧州市、贵港市、百色市、来宾市、崇左市、肇庆市。最高得分为广州市，为48.147分，最低得分为梧州市，为8.835分。得分平均值为19.326分，得分标准差为12.563，说明城市之间居民生活质量变化差异较大。其中，广东地区城市的居民生活质量得分较高，广州市、佛山市、云浮市的居民生活质量得分均超过20分，说明这些城市的居民生活发展基础较好。广西地区居民生活质量水平较低，暂无城市的居民生活质量超过20分，说明广西地区城市的居民生活综合发展能力有待提高。

由2013年的珠江－西江经济带城市居民生活质量评价来看，有3个城市的居民生活质量得分在18分以上。得分处在7～43分，小于18分的城市有南宁市、柳州市、梧州市、贵港市、百色市、来宾市、崇左市、肇庆市。最高得分为佛山市，为42.175分，最低得分为梧州市，为7.180分。得分平均值为19.203分，得分标准差为10.698，说明城市之间居民生活质量变化差异较大。其中，广东地区城市的居民生活质量得分较高，广州市、佛山市、云浮市的居民生活质量得分均超过18分，说明这些城市的居民生活发展基础较好。广西地区的居民生活质量水平较低，暂无城市的居民生活质量超过18分，说明广西地区城市的居民生活综合发展能力有待提高。

由2014年的珠江－西江经济带城市居民生活质量评价来看，有3个城市的居民生活质量得分在20分以上。得分处在10～43分，小于20分的城市有云浮市、柳州市、梧州市、贵港市、百色市、来宾市、崇左市、肇庆市。得分最高得分为广州市，为42.940分，最低得分为梧州市，为10.854分。得分平均值为18.685分，得分标准差为11.011，说明城市之间居民生活质量变化差异较大。其中，广东地区城市的居民生活质量得分较高，广州市、佛山市的居民生活质量得分均超过20分，说明这些城市的居民生活发展基础较好。广西地区的居民生活质量水平较低，南宁市居民生活质量超过20分，说明广西地区城市的居民生活综合发展能力有待提高。

由2015年的珠江－西江经济带城市居民生活质量评价来看，有3个城市的居民生活质量得分在19分以上。得分处在8～41分，小于19分的城市有云浮市、柳州市、梧州市、贵港市、百色市、来宾市、崇左市、肇庆市。得分最高得分为广州市，为40.410分，最低得分为来宾市，为8.353分。得分平均值为19.309分，得分标准差为9.951，说明城市之间居民生活质量变化差异较大。其中，广东地区城市的居民生活质量的得分较高，广州市、佛山市的居民生活质量得分均超过19分，说明这些城市的居民生活发展基础较好。广西地区的居民生活质量水平较低，仅南宁市居民生活质量超过19分，说明广西地区城市的居民生活综合发展能力有待提高。

对比珠江－西江经济带城市居民生活质量变化，可以发现其平均分处于波动下降趋势，说明珠江－西江经济带城市居民生活综合能力整体有所下降。居民生活质量的标准差也处于波动下降趋势，说明城市间居民生活质量差距有所缩小。对各城市的居民生活质量变化展开分析，发现广州市居民生活质量处在绝对领先位置，在2010～2015年的各个时间段内除2013年均处于排名第一，但是其整体上处于波动下降的趋势。广东地区其他城市排名均基本稳定，广西地区各个城市排名变化幅度较大，说明广西地区居民生活稳定性比广东地区居民生活稳定性差。

3. 珠江－西江经济带城市生活水平得分情况

通过表1－16对2010～2015年的珠江－西江经济带城市生活水平进行分析，由2010年的珠江－西江经济带城市生活水平的评价来看，有5个城市的生活水平得分在10分以上。得分处在7～18分，小于10分的城市有梧州市、贵港市、崇左市、佛山市、肇庆市、云浮市。最高得分为广州市，为18.229分，最低得分为云浮市，为5.565分。得分平均值为9.874分，得分标准差为3.801，说明城市之间生活水平情况的变化差异较大。其中，广东地区城市的生活水平得分较低，广州市生活水平的得分超过10分，说明这些城市的生活水平综合得分相对较低。广西地区的生活水平得分较高，南宁市、柳州市、百色市、来宾市的得分均超过10分，说明广西地区城市的生活水平综合得分相对较高。

表1－16　　2010～2015年珠江－西江经济带城市生活水平评价比较

地区	2010年	2011年	2012年	2013年	2014年	2015年	综合变化
南宁	13.786	8.959	7.350	7.244	10.857	10.406	－3.380
	2	2	3	6	2	4	－2
柳州	11.705	6.817	4.405	5.852	6.028	5.136	－6.569
	3	7	8	8	9	10	－7
梧州	7.083	4.178	3.424	1.427	2.962	6.769	－0.314
	9	11	11	11	11	8	1
贵港	9.710	5.807	3.860	9.529	6.164	12.404	2.694
	6	10	10	4	7	2	4
百色	10.072	8.509	6.043	5.728	5.908	9.883	－0.190
	5	3	7	10	10	5	0
来宾	11.376	6.346	6.887	14.157	6.177	2.400	－8.976
	4	9	5	2	6	11	－7
崇左	7.832	6.618	4.269	5.780	6.126	12.326	4.494
	7	8	9	9	8	3	4
广州	18.229	21.608	14.576	12.539	18.816	14.069	－4.160
	1	1	1	3	1	1	0
佛山	5.611	6.822	6.722	17.188	8.902	8.669	3.057
	10	6	6	1	3	6	4
肇庆	7.642	8.419	7.404	7.033	6.799	6.545	－1.097
	8	4	2	7	5	9	－1
云浮	5.565	8.231	7.121	8.043	8.147	7.921	2.356
	11	5	4	5	4	7	4
最高分	18.229	21.608	14.576	17.188	18.816	14.069	－4.160
最低分	5.565	4.178	3.424	1.427	2.962	2.400	－3.165
平均分	9.874	8.392	6.551	8.593	7.899	8.775	－1.099
标准差	3.801	4.602	3.055	4.481	4.137	3.483	－0.318

由2011年的珠江－西江经济带城市生活水平的评价来看，有5个城市的生活水平得分在8分以上。得分处在4～21分，小于8分的城市有柳州市、梧州市、贵港市、来宾市、崇左市、佛山市。最高得分为广州市，为21.608分，最低得分为梧州市，为4.178分。得分平均值为8.392分，得分标准差为4.602，说明城市之间生活水平情况变化差异较大。其中，广东地区城市的生活水平得分较高，广州市、佛山市、肇庆市的生活水平得分均超过8分，说明这些城市的生活水平综合得分较高，生活水平较高。广西地区的生活水平得分较低，南宁市、百色市的得分超过8分，说明广西地区城市的生活水平综合得分较低。

由2012年的珠江－西江经济带城市生活水平的评价来看，有4个城市的生活水平得分在7分以上。得分处在4～14分，小于7分的城市有百色市、柳州市、梧州市、贵港市、来宾市、崇左市、佛山市。最高得分为广州市，为14.576分，最低得分为梧州市，为3.424分。得分平均值为6.551分，得分标准差为3.055，说明城市之间生活水平情况变化差异较大。其中，广东地区城市的生活水平得分较高，其中广州市、佛山市、肇庆市生活水平的得分均超过7分，说明这些城市的生活水平综合得分较高，生活水平较高。广西地区生活水平的得分较低，仅南宁市得分超过7分，说明广西地区城市的生活水平综合得分较低。

由2013年的珠江－西江经济带城市生活水平的评价来看，有5个城市的生活水平得分在8分以上。得分处在1～17分，小于8分的城市有南宁市、柳州市、梧州市、百色市、崇左市、肇庆市。最高得分为佛山市，为17.188分，最低得分为梧州市，为1.427分。得分平均值为8.593分，得分标准差为4.481，说明城市之间生活水平情况的变化差异较大。其中，广东地区城市生活水平的得分较高，广州市、佛山市、云浮市的生活水平的得分均超过8分，说明这些城市的生活水平综合得分较高，生活水平较高。广西地区生活水平得分较低，贵港市、来宾市的得分超过8分，说明广西地区城市的生活水平综合得分较低。

由2014年的珠江－西江经济带城市生活水平的评价来看，有4个城市的生活水平得分在8分以上。得分处在2～18分，小于8分的城市有百色市、柳州市、梧州市、贵港市、来宾市、崇左市、佛山市。最高得分为广州市，为18.816分，最低得分为梧州市，为2.962分。得分平均值为7.899分，得分标准差为4.137，说明城市之间生活水平情况变化差异较大。其中，广东地区城市生活水平的得分较高，广州市、佛山市、云浮市的生活水平的得分均超过8分，说明这些城市的生活水平综合得分较高，生活水平较好。广西地区生活水平的得分较低，南宁市得分超过8分，说明广西地区城市的生活水平综合得分较低。

由2015年的珠江－西江经济带城市生活水平的评价来看，有5个城市的生活水平得分在9分以上。得分处在2～14分，小于9分的城市有柳州市、梧州市、来宾市、肇庆市、云浮市、佛山市。最高得分为广州市，为14.069分，最低得分为来宾市，为2.400分。得分平均值为8.775分，得分标准差为3.483，说明城市之间生活水平情况变化差异较大。其中，广东地区城市生活水平的得分较低，仅有广州市的生活水平的得分超过9分，说明这些城市的生活水平综合得分相对较低。广西地区的生活水平得分较高，南宁市、贵港市、百色市、崇左市的得分超过9分，说明广西地区城市的生活水平综合得分相对较高。

对比珠江－西江经济带各城市生活水平变化，可以发现其平均分处于波动下降趋势，说明珠江－西江经济带城市生活水平综合能力有所降低。生活水平的标准差也处于波动下降趋势，说明城市间的生活水平差距有所缩小。对各城市生活水平变化展开分析，发现广州市生活水平处在绝对领先位置。珠江－西江经济带各个城市排名变化幅度较小，发展较稳定。

4. 珠江－西江经济带城市生活环境得分情况

通过表1－17对2010～2015年的珠江－西江经济带城市生活环境质量及变化进行分析。由2010年的珠江－西江经济带城市生活环境质量评价来看，有2个城市的居民生活环境质量得分在20分以上。得分处在4～30分，小于20分的城市有南宁市、柳州市、梧州市、贵港市、百色市、来宾市、崇左市、肇庆市、云浮市。最高得分为广州市，为29.759分，最低得分为贵港市，为4.831分。得分平均值为11.708分，得分标准差为8.667，说明城市之间生活环境质量变化差异较大。其中，广东地区城市的生活环境质量的得分较高，广州市、佛山市的生活环境质量得分均超过20分，说明这些城市的生活环境发展基础较好。广西地区的生活环境质量水平较低，其中没有城市的生活环境质量得分超过20分，说明广西地区城市的生活环境综合发展能力水平有待提高。

表1－17　　2010～2015年珠江－西江经济带城市生活环境评价比较

地区	2010年	2011年	2012年	2013年	2014年	2015年	综合变化
南宁	10.132	13.754	12.184	10.607	10.064	9.588	－0.545
	4	3	4	4	3	3	1
柳州	7.499	8.452	9.680	7.413	7.572	7.157	－0.342
	8	7	5	5	6	5	3
梧州	7.960	6.019	5.411	5.753	7.892	5.985	－1.975
	7	10	10	11	5	9	－2
贵港	4.831	5.454	5.340	6.159	6.116	6.274	1.443
	11	11	11	10	10	7	4
百色	9.163	9.152	6.722	7.413	8.287	6.229	－2.933
	5	6	8	6	4	8	－3

续表

地区	2010 年	2011 年	2012 年	2013 年	2014 年	2015 年	综合变化
来宾	13.196	9.429	8.422	6.249	5.693	5.952	-7.244
	3	5	7	9	11	10	-7
崇左	5.049	6.376	5.597	6.701	6.405	6.412	1.363
	10	9	9	7	9	6	4
广州	29.759	38.227	33.571	24.178	24.124	26.341	-3.417
	1	1	1	2	2	2	-1
佛山	27.267	29.250	31.262	24.987	28.468	27.192	-0.076
	2	2	2	1	1	1	1
肇庆	8.319	10.159	8.890	6.474	6.661	9.289	0.970
	6	4	6	8	8	4	2
云浮	5.607	6.509	13.446	10.780	7.362	5.448	-0.159
	9	8	3	3	7	11	-2
最高分	29.759	38.227	33.571	24.987	28.468	27.192	-2.567
最低分	4.831	5.454	5.340	5.753	5.693	5.448	0.617
平均分	11.708	12.980	12.775	10.610	10.786	10.533	-1.174
标准差	8.667	10.719	10.082	7.114	7.821	8.139	-0.528

由2011年的珠江－西江经济带城市生活环境质量评价来看，有2个城市的居民生活环境得分在20分以上。得分处在5～39分，小于20分的城市有南宁市、柳州市、梧州市、贵港市、百色市、来宾市、崇左市、肇庆市、云浮市。最高得分为广州市，为38.227分，最低得分为贵港市，为5.454分。得分平均值为12.980分，得分标准差为10.719，说明城市之间生活环境质量差异较大。其中，广东地区城市的生活环境质量得分较高，广州市、佛山市的生活环境质量得分均超过20分，说明这些城市的生活环境发展基础较好。广西地区的生活环境质量水平较低，其中暂无城市的生活环境质量得分超过20分，说明广西地区城市的生活环境综合发展能力有待提高。

由2012年的珠江－西江经济带城市生活环境质量评价来看，有2个城市的居民生活环境得分在20分以上。得分处在5～34分，小于20分的城市有南宁市、柳州市、梧州市、贵港市、百色市、来宾市、崇左市、肇庆市、云浮市。最高得分为广州市，为33.571分，最低得分为贵港市，为5.340分。得分平均值为12.775分，得分标准差为10.082，说明城市之间生活环境质量差异较大。其中，广东地区城市的生活环境质量得分较高，广州市、佛山市的生活环境质量得分均超过20分，说明这些城市的生活环境发展基础较好。广西地区的生活环境质量水平较低，其中暂无城市的生活环境质量得分超过20分，说明广西地区城市的生活环境综合发展能力有待提高。

由2013年的珠江－西江经济带城市生活环境质量评价来看，有2个城市的居民生活环境得分在20分以上。得分处在5.5～25分，小于20分的城市有南宁市、柳州市、梧州市、贵港市、百色市、来宾市、崇左市、肇庆市、云浮市。最高得分为佛山市，为24.987分，最低得分为梧州市，为5.753分。得分平均值为10.610分，得分标准差为7.114，说明城市之间生活环境质量差异较大。其中，广东地区城市的生活环境质量得分较高，广州市、佛山市的生活环境质量得分均超过20分，说明这些城市的生活环境发展基础较好。广西地区生活环境质量水平较低，其中暂无城市的生活环境质量得分超过20分，说明广西地区城市的生活环境综合发展能力有待提高。

由2014年的珠江－西江经济带城市生活环境质量评价来看，有2个城市的居民生活环境得分在20分以上。得分处在4～30分，小于20分的城市有南宁市、柳州市、梧州市、贵港市、百色市、来宾市、崇左市、肇庆市、云浮市。最高得分为佛山市，为28.468分，最低得分为贵港市，为5.693分。得分平均值为10.786分，得分标准差为7.821，说明城市之间生活环境质量暂无差异较大。其中，广东地区城市的生活环境质量得分较高，广州市、佛山市的生活环境质量得分均超过20分，说明这些城市的生活环境发展基础较好。广西地区生活环境质量水平较低，其中暂无城市的生活环境质量得分超过20分，说明广西地区城市的生活环境综合发展能力有待提升。

由2015年的珠江－西江经济带城市生活环境质量评价来看，有2个城市的居民生活环境得分在20分以上。得分处在5～28分，小于20分的城市有南宁市、柳州市、梧州市、贵港市、百色市、来宾市、崇左市、肇庆市、云浮市。最高得分为佛山市，为27.192分，最低得分为云浮市，为5.447分。得分平均值为10.533分，得分标准差为8.139，说明城市之间生活环境质量差异较大。其中，广东地区城市的生活环境质量得分较高，广州市、佛山市的生活环境质量得分均超过20分，说明这些城市的生活环境发展基础较好。广西地区生活环境质量水平较低，其中暂无城市的生活环境质量得分超过20分，说明广西地区城市的生活环境综合发展能力有待提高。

对比珠江－西江经济带各城市生活环境质量变化，可以发现其平均分处于波动下降趋势，说明珠江－西江经济带城市生活环境综合能力并未形成提升。生活环境质量标准差处于波动下降的趋势，说明城市间的生活环境质量差距幅度缩小。对各城市生活环境质量变化展开分析，发现佛山市和广州市的生活环境质量处于绝对领先位置。广东地区除肇庆市外其他城市的生活环境质量得分均出现小幅下降，并且其排名稳定，说明广东地区整体生活环境质量变化幅度较小。广西地区大部分城市居民生活质量得分趋于下降，说明这些城市的生活环境质量发展水平有待提升。

（二）珠江－西江经济带城市居民生活质量综合评估结果的比较与评析

1. 珠江－西江经济带城市居民生活质量排序变化比较与评析

由图1－1可以看到，2010年与2011年相比，珠江－西江经济带城市居民生活质量处于上升趋势的城市有3个，分别有南宁市、肇庆市、云浮市，肇庆市上升5位，云浮市上升4位，南宁市上升1位。居民生活质量排名保持不变的城市有4个，分别有广州市、佛山市、百色市、崇左市。居民生活质量处于下降趋势的城市有4个，分别有来宾市、柳州市、贵港市、梧州市，下降幅度最大的是梧州市、贵港市、柳州市，排名下降2名，来宾市下降1名。

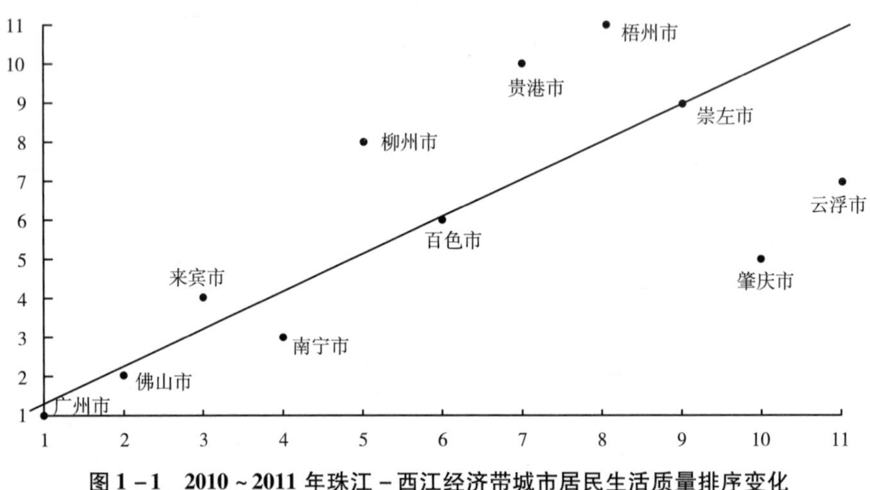

图1－1　2010～2011年珠江－西江经济带城市居民生活质量排序变化

由图1－2可以看到，2011年与2012年相比，珠江－西江经济带城市居民生活质量处于上升趋势的城市有4个，分别有来宾市、云浮市、崇左市、梧州市，上升幅度最大的是梧州市、崇左市，排名上升2位，百色市、来宾市排名上升1位。居民生活质量排名保持不变的城市有5个，分别有广州市、佛山市、肇庆市、柳州市、贵港市。居民生活质量处于下降趋势的城市为南宁市，下降1名。

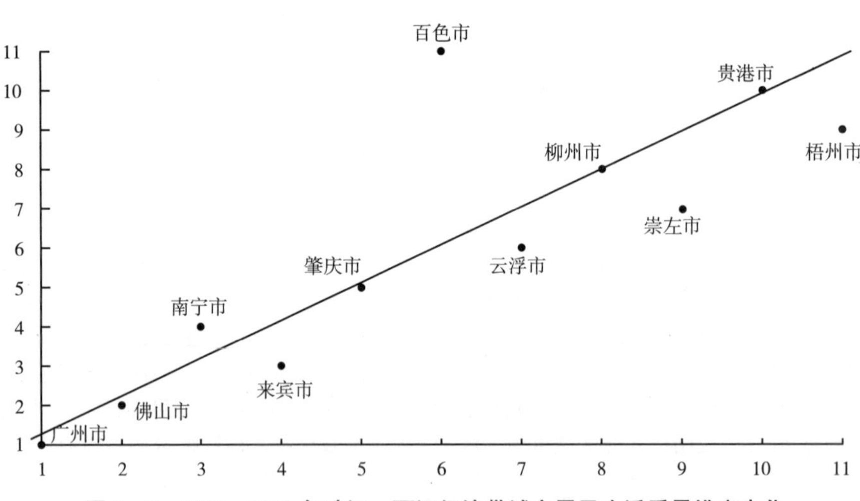

图1－2　2011～2012年珠江－西江经济带城市居民生活质量排序变化

由图1－3可以看到，2012年与2013年相比，珠江－西江经济带城市居民生活质量处于上升趋势的城市有4个，分别有佛山市、云浮市、贵港市、百色市，上升幅度最大的是贵港市，排名上升5位，百色市、云浮市的排名上升2位，佛山市上升1位。居民生活质量排名保持不变的城市有1个，为来宾市。居民生活质量处于下降趋势的城市有6个，分别有广州市、南宁市、肇庆市、崇左市、柳州市、梧州市，下降幅度最大的是南宁市、肇庆市、柳州市、梧州市，排名下降2名，其次，广州市、崇左市排名下降1名。

由图1－4可以看到，2013年与2014年相比，珠江－西江经济带城市居民生活质量处于上升趋势的城市有5个，分别有广州市、云浮市、南宁市、崇左市、柳州市，上升幅度最大的是云浮市、崇左市、柳州市，排名上升2位，南宁市、广州市的排名上升1位。居民生活质量排名保持不变的城市有2个，分别有梧州市、肇庆市。居民生活质量处于下降趋势的城市有4个，分别有佛山市、来宾市、贵港市、百色市，下降幅度最大的是贵港市，排名下降4名，其次，佛山市排名下降2名，来宾市、百色市的排名下降1名。

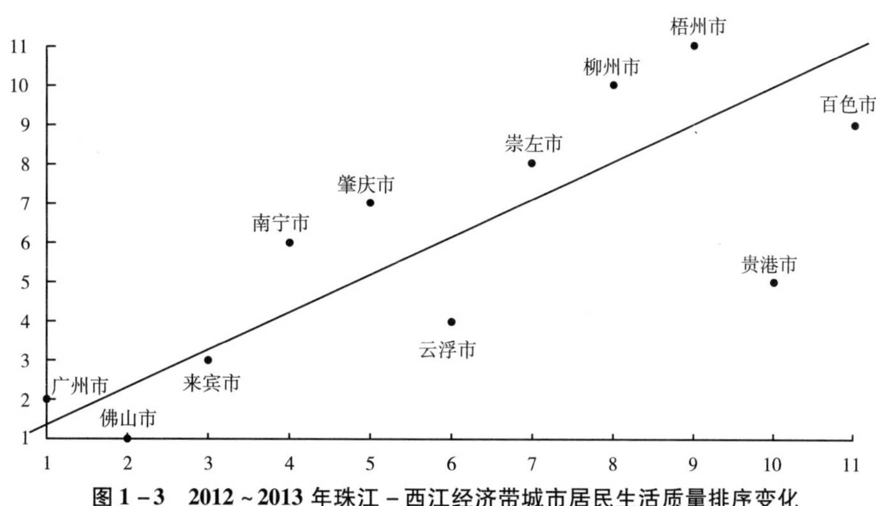

图1－3 2012～2013年珠江－西江经济带城市居民生活质量排序变化

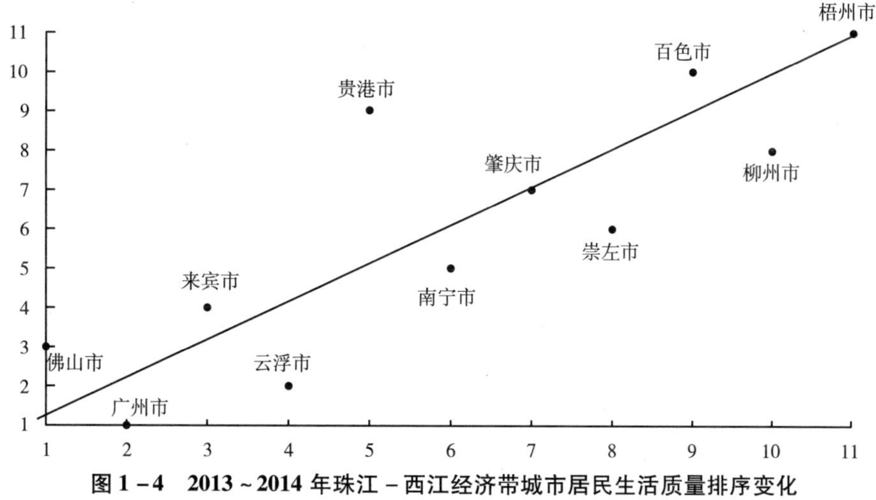

图1－4 2013～2014年珠江－西江经济带城市居民生活质量排序变化

由图1－5可以看到，2014年与2015年相比，珠江－西江经济带城市居民生活质量处于上升趋势的城市有5个，分别有南宁市、崇左市、贵港市、百色市、梧州市，上升幅度最大的是崇左市、贵港市，排名上升4位，百色市的排名上升3位，梧州市上升2位，南宁市上升1位。居民生活质量排名保持不变的城市有2个，分别有广州市、佛山市。居民生活质量处于下降趋势的城市有4个，分别有云浮市、来宾市、肇庆市、柳州市，下降幅度最大的是来宾市，排名下降6名，云浮市排名下降4名，柳州市下降3名，肇庆市下降1名。

由图1－6可以看到，2010年与2015年相比，珠江－西江经济带城市居民生活质量处于上升趋势的城市有3个，分别有云浮市、贵港市、柳州市，上升幅度最大的是贵港市，排名上升3位，云浮市、柳州市的排名上升1位。居民生活质量排名保持不变的只有广州市、佛山市、崇左市3个城市。居民生活质量处于下降趋势的城市有5个，分别有肇庆市、南宁市、梧州市、来宾市、百色市，下降幅度相同，排名均下降1名。

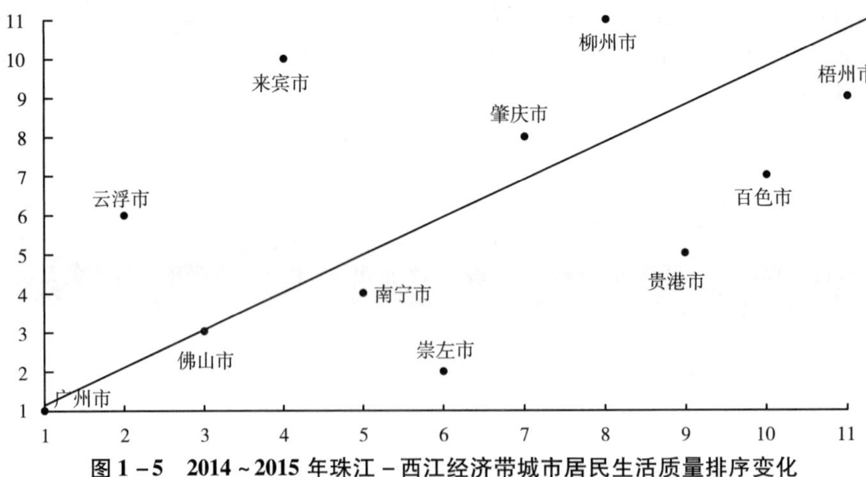

图 1－5 2014～2015 年珠江－西江经济带城市居民生活质量排序变化

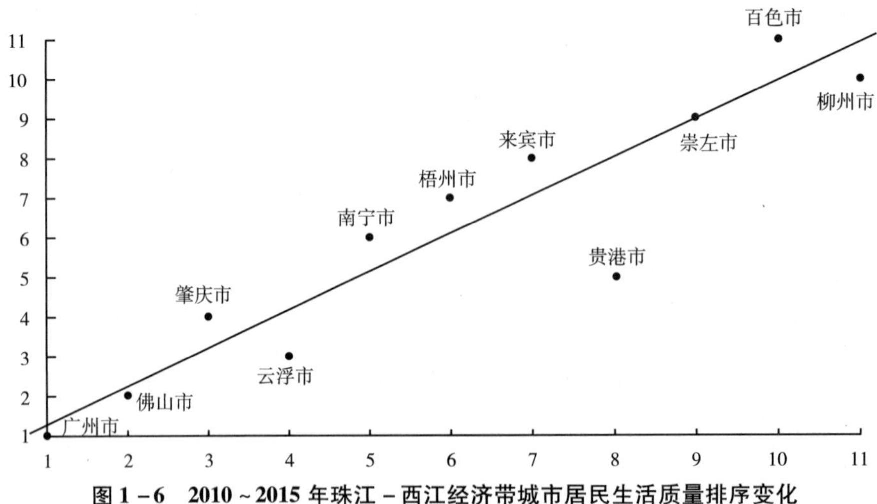

图 1－6 2010～2015 年珠江－西江经济带城市居民生活质量排序变化

由表 1－18 对 2010～2011 年珠江－西江经济带各城市居民生活质量平均得分情况进行分析，可以看到，2010～2011 年，居民生活质量上游区、中游区、下游区平均得分均呈现变化趋势，分别变化 4.394 分、－2.268 分、－1.381分，说明整体居民生活质量出现上升，居民生活发展的平稳性、可持续性较好。

二级指标中，2010～2011 年间，在珠江－西江经济带城市生活水平上游区、中游区、下游区呈现变化趋势，各分区分别变化－1.548 分、－1.945 分、－0.643 分，说明整体城市生活水平变化发展出现下降，各城市间发展差距逐步扩大。

2010～2011 年间，在珠江－西江经济带城市生活环境上游区、中游区、下游区平均得分均呈现出变化的趋势，分别变化 3.669 分、0.125 分、0.787 分，说明整体城市生活环境保持较好的发展势态，地区经济社会发展呈现稳定上升趋势发展。

表 1－18　2010～2011 年珠江－西江经济带城市居民生活平均得分情况

项目	2010 年			2011 年			得分变化		
	上游区	中游区	下游区	上游区	中游区	下游区	上游区	中游区	下游区
居民生活	35.146	18.672	12.865	39.540	16.404	11.484	4.394	－2.268	－1.381
生活水平	14.573	9.327	6.087	13.026	7.381	5.444	－1.548	－1.945	－0.643
生活环境	23.407	8.615	5.162	27.077	8.740	5.950	3.669	0.125	0.787

由表 1－19 对 2011～2012 年珠江－西江经济带城市居民生活质量平均得分情况进行分析，可以看到，由2011～2012 年，居民生活质量上游区、中游区、下游区平均得分均呈现变化趋势，分别变化－3.974 分、－0.807 分、－2.184分，说明整体居民生活质量出现下降，居民生活发展的平稳性、可持续性较差。

二级指标中，2011～2012 年间，在珠江－西江经济带城市生活水平上游区、中游区、下游区呈现变化的趋势，各分区分别变化－3.249分、－1.146分、－1.593分，说明整体城市生活水平变化发展出现下降，各城市间发展差距逐步扩大。

2011～2012年间，在珠江－西江经济带城市生活环境上游区、中游区、下游区平均得分均呈现出变化的趋势，分别变化－0.984分、0.439分、－0.501分，说明整体城市生活环境保持较差的发展势态，地区经济社会发展呈现下降趋势发展。

表1－19　　2011～2012年珠江－西江经济带城市居民生活平均得分情况

项目	2011年			2012年			得分变化		
	上游区	中游区	下游区	上游区	中游区	下游区	上游区	中游区	下游区
居民生活	39.540	16.404	11.484	35.566	15.597	9.300	－3.974	－0.807	－2.184
生活水平	13.026	7.381	5.444	9.777	6.236	3.851	－3.249	－1.146	－1.593
生活环境	27.077	8.740	5.950	26.093	9.179	5.449	－0.984	0.439	－0.501

由表1－20对2012～2013年珠江－西江经济带城市居民生活质量平均得分情况进行分析，可以看到，2012～2013年，居民生活质量上游区、中游区、下游区平均得分均呈现变化趋势，分别变化－2.467分、0.230分、1.634分，说明整体居民生活质量出现下降，居民生活发展的平稳性、可持续性较差。

二级指标中，2012～2013年间，在珠江－西江经济带城市生活水平上游区、中游区、下游区呈现变化的趋势，各分区分别变化4.851分、1.305分、0.461分，说明整体城市生活水平变化发展出现上升，各城市间发展差距逐步缩小。

2012～2013年间，在珠江－西江经济带城市生活环境上游区、中游区、下游区平均得分均呈现出变化的趋势，分别变化－6.112分、－1.458分、0.604分，说明整体城市生活环境保持较差的发展势态，地区经济社会发展呈现下降趋势发展。

表1－20　　2012～2013年珠江－西江经济带城市居民生活平均得分情况

项目	2012年			2013年			得分变化		
	上游区	中游区	下游区	上游区	中游区	下游区	上游区	中游区	下游区
居民生活	35.566	15.597	9.300	33.099	15.827	10.934	－2.467	0.230	1.634
生活水平	9.777	6.236	3.851	14.628	7.540	4.311	4.851	1.305	0.461
生活环境	26.093	9.179	5.449	19.981	7.721	6.054	－6.112	－1.458	0.604

由表1－21对2013～2014年珠江－西江经济带城市居民生活质量平均得分情况进行分析，可以看到，2013～2014年，居民生活质量上游区、中游区、下游区平均得分均呈现变化趋势，分别变化0.645分、－1.968分、0.734分，说明整体居民生活质量出现下降，居民生活发展的平稳性、可持续性较差。

二级指标中，2013～2014年间，在珠江－西江经济带城市生活水平上游区、中游区、下游区呈现变化的趋势，各分区分别变化－1.770分、－0.858分、0.655分，说明整体城市生活水平变化发展出现了下降，各城市间发展差距逐步扩大。

2013～2014年间，在珠江－西江经济带城市生活环境上游区、中游区、下游区平均得分均呈现出变化的趋势，分别变化0.904分、－0.167分、0.018分，说明整体城市生活环境保持较好的发展势态，地区经济社会发展呈现上升趋势发展。

表1－21　　2013～2014年珠江－西江经济带城市居民生活平均得分情况

项目	2013年			2014年			得分变化		
	上游区	中游区	下游区	上游区	中游区	下游区	上游区	中游区	下游区
居民生活	33.099	15.827	10.934	33.744	13.859	11.668	0.645	－1.968	0.734
生活水平	14.628	7.540	4.311	12.858	6.682	4.966	－1.770	－0.858	0.655
生活环境	19.981	7.721	6.054	20.886	7.555	6.071	0.904	－0.167	0.018

由表1－22对2014～2015年珠江－西江经济带城市居民生活质量平均得分情况进行分析，可以看到，2014～

2015年，居民生活质量上游区、中游区、下游区平均得分均呈现变化趋势，分别变化－1.656分、2.687分、0.534分，说明整体居民生活质量出现上升，居民生活发展的平稳性、可持续性较好。

二级指标中，2014～2015年间，在珠江－西江经济带城市生活水平上游区、中游区、下游区呈现变化的趋势，各分区分别变化0.075分、2.047分、－0.272分，说明整体城市生活水平变化发展出现上升，各城市间发展差距逐步缩小。

2014～2015年间，在珠江－西江经济带城市生活环境上游区、中游区、下游区平均得分均呈现出变化的趋势，分别变化0.155分、－0.482分、－0.276分，说明整体的城市生活环境保持较差的发展势态，地区经济社会发展呈现下降趋势发展。

表1－22　2014～2015年珠江－西江经济带城市居民生活平均得分情况

项目	2014年			2015年			得分变化		
	上游区	中游区	下游区	上游区	中游区	下游区	上游区	中游区	下游区
居民生活	33.744	13.859	11.668	32.088	16.547	11.134	－1.656	2.687	－0.534
生活水平	12.858	6.682	4.966	12.933	8.730	4.694	0.075	2.047	－0.272
生活环境	20.886	7.555	6.071	21.040	7.072	5.795	0.155	－0.482	－0.276

由表1－23对2010～2015年珠江－西江经济带城市居民生活质量平均得分情况进行分析，可以看到，2010～2015年，居民生活质量上游区、中游区、下游区平均得分均呈现变化趋势，分别变化－3.058分、－2.126分、－1.731分，说明整体居民生活质量出现下降，居民生活发展的平稳性、可持续性较差。

二级指标中，2010～2015年间，在珠江－西江经济带城市生活水平上游区、中游区、下游区呈现变化的趋势，各分区分别变化－1.640分、－0.597分、－1.393分，说明整体城市生活水平变化发展出现下降，各城市间发展差距逐步扩大。

2010～2015年间，在珠江－西江经济带城市生活环境上游区、中游区、下游区平均得分均呈现出变化的趋势，分别变化－2.367分、－1.542分、0.633分，说明整体城市生活环境保持较差的发展势态，地区经济社会发展呈现下降趋势发展。

表1－23　2010～2015年珠江－西江经济带城市居民生活平均得分情况

项目	2010年			2015年			得分变化		
	上游区	中游区	下游区	上游区	中游区	下游区	上游区	中游区	下游区
居民生活	35.146	18.672	12.865	32.088	16.547	11.134	－3.058	－2.126	－1.731
生活水平	14.573	9.327	6.087	12.933	8.730	4.694	－1.640	－0.597	－1.393
生活环境	23.407	8.615	5.162	21.040	7.072	5.795	－2.367	－1.542	0.633

2. 珠江－西江经济带城市居民生活质量分布情况

根据灰色综合评价法对无量纲化后的三级指标进行权重得分计算，得到珠江－西江经济带各城市的居民生活质量得分及排名，反映各城市居民生活质量情况。为更为准确地反映出各城市居民生活质量差异及整体情况，需要对各城市居民生活质量分布情况进行分析，对各城市间实际差距和均衡性展开研究。因此，由图1－7、图1－8、图1－9、图1－10、图1－11、图1－12对2010～2015年珠江－西江经济带城市居民生活质量评价分值分布进行统计。

由图1－7可以看到，2010年珠江－西江经济带城市居民生活质量得分较不均衡，居民生活质量得分在15分以下、30～35分、35～40分各有1个城市，4个城市的居民生活质量得分分布在15～20分，有3个城市的居民生活质量得分在20～25分，说明珠江－西江经济带城市居民生活质量分布较不均衡，大量城市的居民生活质量得分较低，地区内居民生活综合得分分布的衔接性较差。

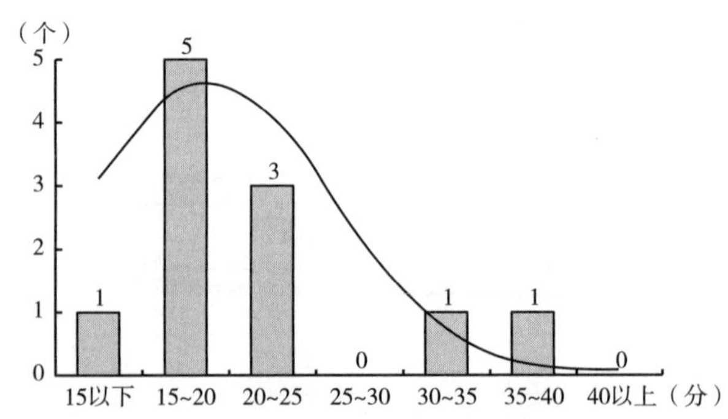

图1－7　2010年珠江－西江经济带城市居民生活质量评价分值分布

由图1－8可以看到，2011年珠江－西江经济带城市居民生活质量得分分布与2010年情况相似，分别有1个城市在15分以下、20~25分、25~30分和40分以上，有7个城市的居民生活质量得分在15~20分。这说明居民生活质量得分上升幅度小，地区居民生活质量分布趋向于不稳定。

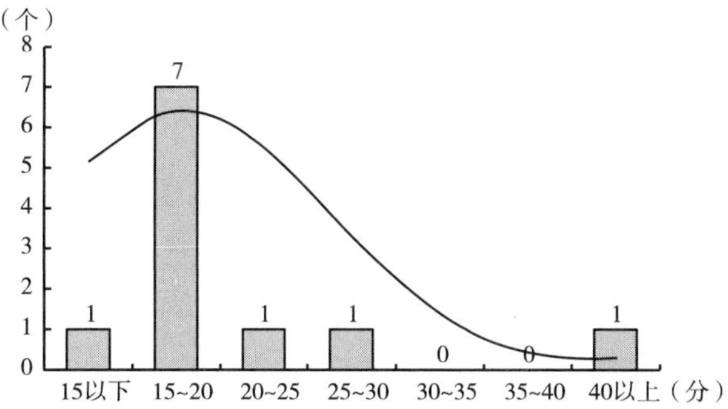

图1－8　2011年珠江－西江经济带城市居民生活质量评价分值分布

由图1－9可以看到，2012年珠江－西江经济带城市居民生活质量得分分布出现较大变化，各有1个城市居民生活质量得分分布在30~35分、20~25分和35~40分，有3个城市的居民生活质量得分分布在15~20分，有5个城市的居民生活质量得分分布在15分以下区间内，说明城市居民生活质量分布相对上一年不均衡。

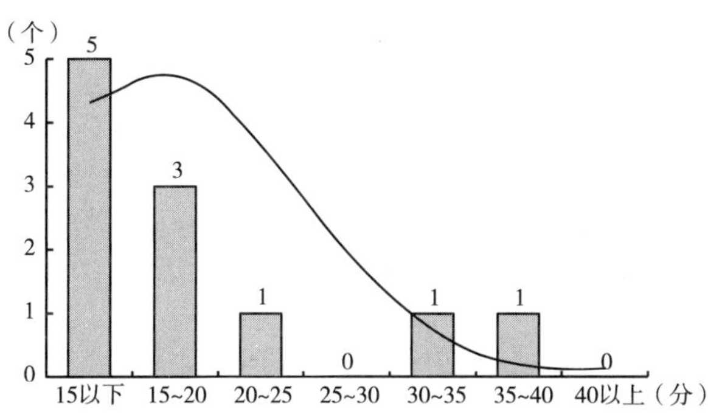

图1－9　2012年珠江－西江经济带城市居民生活质量评价分值分布

由图1－10可以看到，2013年珠江－西江经济带城市居民生活质量得分均衡性变差，各有1个城市的居民生活质量得分分布在15分以下、20~25分、25~30分、30~35分和40分以上，6个城市的居民生活质量得分分布在15~

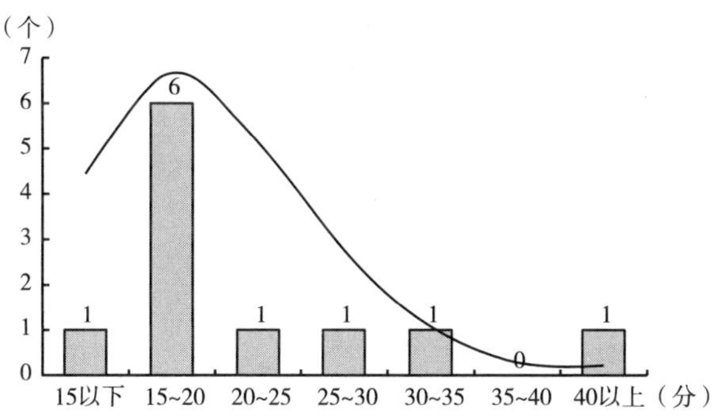

图1－10　2013年珠江－西江经济带城市居民生活质量评价分值分布

20分，反映出居民生活质量变化整体得分呈现小幅度下降势态。

由图1－11可以看到，2014年珠江－西江经济带城市居民生活质量得分较不均衡，各有2个城市的居民生活质量得分在20~25分、25~30分，有6个城市的居民生活质量得分在15~20分，有1个城市的居民生活质量得分在35~40分，反映出城市间居民生活质量得分差距较大，说明各城市居民生活发展不稳定。

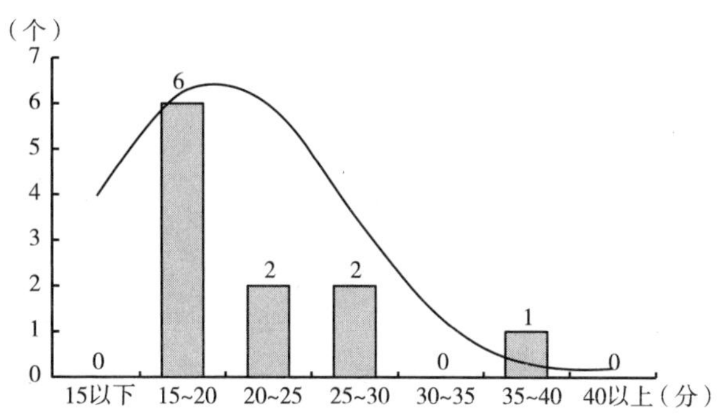

图1－11　2014年珠江－西江经济带城市居民生活质量评价分值分布

由图1－12可以看到，2015年珠江－西江经济带城市居民生活质量得分分布与2014年的情况相比进一步均衡化，说明居民生活质量的得分分布持续保持着大部分城市均衡化发展的势态。

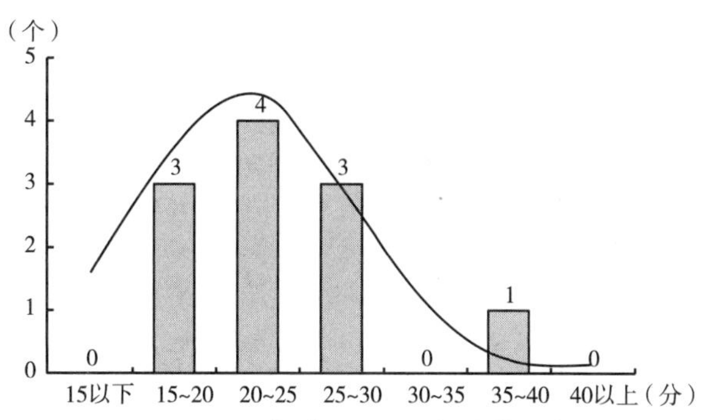

图1－12　2015年珠江－西江经济带城市居民生活质量评价分值分布

对2010~2015年珠江－西江经济带内广西、广东地区居民生活质量平均得分及其变化情况进行分析。由表1－24可得出，2010年广西地区得分为18.485分，广东地区得分为27.000分，地区间比差为0.685：1，地区间标准差为6.021，说明广西地区和广东地区的居民生活质量得分的分布存在一定差距。2011年广西地区居民生活质量平均得分为15.124分，广东地区得分为32.306分，地区间比差为0.468：1，地区间标准差为12.149，说明广西和广东地区的居民生活质量得分分布差距处于扩大趋势。2012年广西地区的居民生活质量平均得分为12.799分，广东地区得分为30.748分，地区间比差为0.416：1，地区间标准差为12.692。一方面说明广东和广西地区的居民生活质量得分出现下降，另一方面也说明地区间的得分差距小幅度扩大。2013年广西地区居民生活质量平均得分为14.287分，广东地区得分为27.805分，地区间比差为0.514∶1，地区间标准差为9.559，说明地区间居民生活质量的发展差距逐步扩大。2014年广西地区居民生活质量平均得分为13.750分，广东地区得分为27.320分，地区间比差为0.503∶1，地区间标准差为9.595，反映出居民生活质量呈现下降势态，地区间居民生活质量差距扩大。2015年广西地区居民生活质量平均得分为15.275分，广东地区得分为26.368分，地区间比差为0.579∶1，地区间标准差为7.844，说明各地区间居民生活质量得分差距呈现缩小趋势。

从珠江－西江经济带城市居民生活质量的分值变化情况看，在2010～2015年间珠江－西江经济带广西和广东地区的居民生活质量得分呈现下降趋势，各地区得分差距呈现扩大的趋势。

表1－24　珠江－西江经济带各地区板块居民生活质量平均得分及其变化

年份	广西	广东	标准差
2010	18.485	27.000	6.021
2011	15.124	32.306	12.149
2012	12.799	30.748	12.692
2013	14.287	27.805	9.559
2014	13.750	27.320	9.595
2015	15.275	26.368	7.844
分值变化	-3.210	-0.63	1.824

通过对珠江－西江经济带城市居民生活质量各地区板块的对比分析，发现广东板块的居民生活质量高于广西板块，各板块居民生活质量得分差距不断扩大。为进一步对珠江－西江经济带中各地区板块城市居民生活质量排名情况进行分析，通过表1－25和表1－26对广西板块、广东板块内城市名次及在珠江－西江经济带整体名次排序分析，由各地区板块及珠江－西江经济带整体两个维度对城市排名进行分析，同时还对各板块变化趋势进行分析。

表1－25　广西板块各城市居民生活质量排名比较

地区	2010年	2011年	2012年	2013年	2014年	2015年	排名变化
南宁	2	1	1	2	1	1	1
柳州	4	4	3	4	3	6	-2
梧州	5	7	7	7	7	5	0
贵港	6	6	6	3	5	3	3
百色	3	2	4	5	2	4	-1
来宾	1	3	2	1	6	7	-6
崇左	7	5	5	6	4	2	5

由表1－25对珠江－西江经济带中广西板块城市的排名比较进行分析，可以看到南宁市的居民生活质量呈现上升趋势。柳州市在广西板块排名呈现波动下降趋势。梧州市在广西板块排名呈现波动保持趋势。贵港市在广西板块排名呈现上升趋势。百色市在广西板块排名呈现下降趋势。来宾市在广西板块排名呈现下降趋势。崇左市在广西板块排名呈现波动上升势态。

表1－26　广西板块各城市在珠江－西江经济带城市居民生活质量排名比较

地区	2010年	2011年	2012年	2013年	2014年	2015年	排名变化
南宁	4	3	4	5	3	3	1
柳州	6	7	7	8	6	10	-4
梧州	8	11	11	11	11	9	-1
贵港	9	10	10	6	9	5	4
百色	5	5	8	9	5	6	-1
来宾	3	6	6	3	10	11	-8
崇左	10	9	9	10	8	4	6

由表1－26对广西板块内城市在珠江－西江经济带城市居民生活质量排名情况进行比较，可以看到南宁市的排名处于波动上升趋势。柳州市的排名处在下降趋势。梧州市的排名呈现下降趋势。贵港市的排名处在上升趋势，其居民生活质量小幅度上升。百色市的排名处于波动下降势态，城市的居民生活质量发展并不稳定。来宾市的排名处于波动下降势态，城市的居民生活综合发展能力有待提升。崇左市的排名呈现波动上升趋势。

由表1－27对珠江－西江经济带中广东板块城市的排名比较进行分析，可以看到广州市的居民生活质量除2014年外一直稳定保持在广东板块中的第1位置，居民生活质量有较好的发展基础和发展水平。此外其他城市的排名均未出现变化，说明各个城市发展相对稳定。

表1－27　广东板块各城市居民生活质量排名比较

地区	2010年	2011年	2012年	2013年	2014年	2015年	排名变化
广州	1	1	1	2	1	1	0
佛山	2	2	2	1	2	2	0
肇庆	3	3	4	4	4	3	0
云浮	4	4	3	3	3	4	0

由表1－28对广东板块内城市在珠江－西江经济带城市居民生活质量排名情况进行比较，可以看到广州市在珠江－西江经济带内的排名趋于稳定。除了云浮市呈现波动上升趋势之外，其他城市排名均呈现保持状态。

表1－28　广东板块各城市在珠江－西江经济带城市居民生活质量排名比较

地区	2010年	2011年	2012年	2013年	2014年	2015年	排名变化
广州	1	1	1	2	1	1	0
佛山	2	2	2	1	2	2	0
肇庆	7	4	5	7	7	7	0
云浮	11	8	3	4	4	8	3

3. 珠江－西江经济带城市居民生活、生活水平、生活环境质量分区段得分情况

由图1－13可以看到珠江－西江经济带城市居民生活质量上游区各项二级指标的平均得分变化趋势，在2010～2015年间居民生活质量上游区的得分呈现波动上升变化趋势，并且其整体得分呈现上升发展趋势。在2010～2015年间生活水平上游区的得分呈现波动上升发展趋势。2010～2015年间生活环境质量上游区的得分呈现波动上升发展趋势。

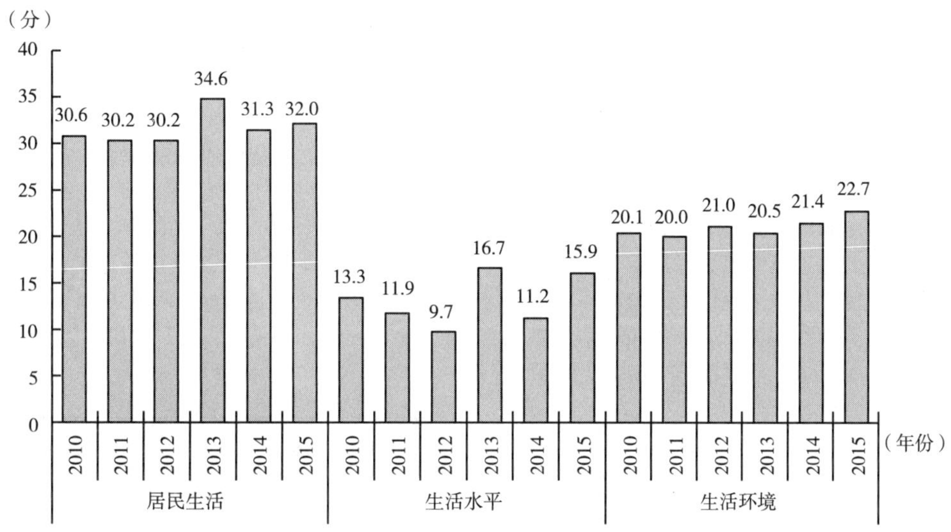

图1－13　珠江－西江经济带城市居民生活质量上游区各二级指标的得分比较情况

由图1－14可以看到珠江－西江经济带城市居民生活质量中游区各项二级指标的平均得分变化趋势。在2010～2015年间居民生活质量中游区的得分呈现波动上升变化趋势，并且其整体得分呈现上升发展趋势。在2010～2015年间生活水平中游区的得分呈现波动下降发展趋势。在2010～2015年间生活环境质量中游区的得分呈现波动上升发展趋势。

由图1－15可以看到珠江－西江经济带城市居民生活质量下游区各项二级指标的平均得分变化趋势。在2010～2015年间居民生活质量下游区的得分呈现波动上升变化趋势，并且其整体得分呈现上升发展趋势。在2010～2015年间生活水平下游区的得分呈现波动保持发展趋势。在2010～2015年间生活环境质量下游区的得分呈现波动上升发展趋势。

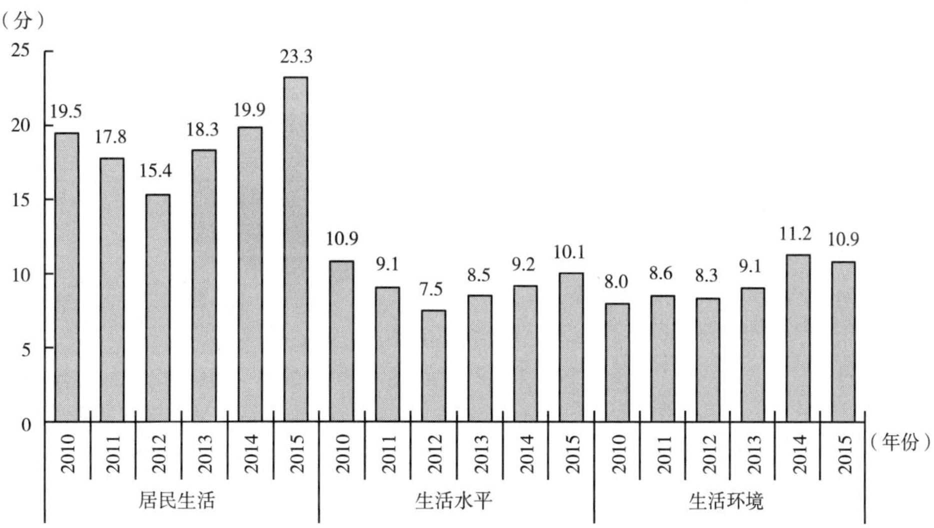

图1－14　珠江－西江经济带城市居民生活质量中游区各二级指标的得分比较情况

（分）
25
20
15
10
5
0
15.3 15.1 12.6 14.5 16.5 18.0
7.0 7.0 5.8 5.8 6.6 7.0
6.5 6.7 5.4 7.3 7.7 8.1
2010 2011 2012 2013 2014 2015
（年份）
居民生活
生活水平
生活环境

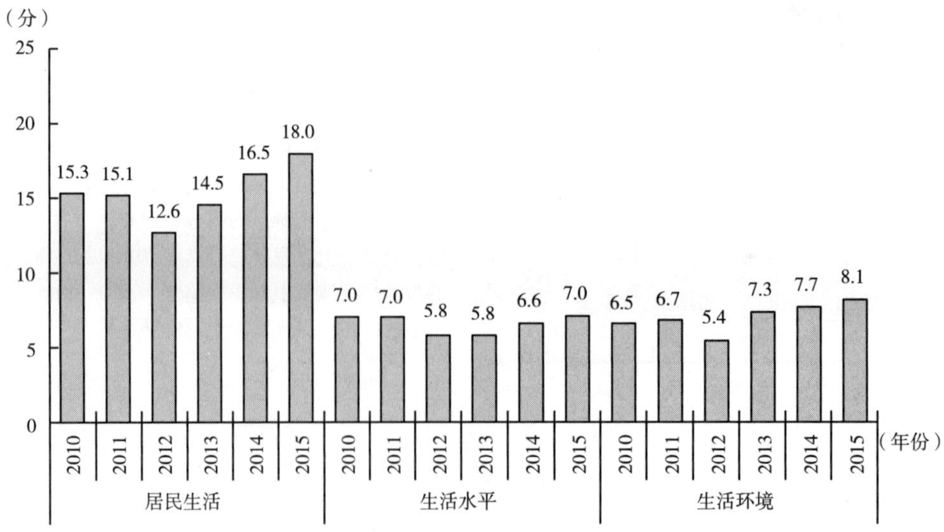

图1－15　珠江－西江经济带城市居民生活质量下游区各二级指标的得分比较情况

从图1－16对2010～2011年间珠江－西江经济带城市居民生活质量的跨区段变化进行分析，可以看到有6个城市的名次发生大幅度变动。其中来宾市由上游区下降到中游区，南宁市由中游区上升到上游区，贵港市、梧州市由中游区下降到下游区，肇庆市、云浮市由下游区上升到中游区。

2010年
2011年
上游区
广州、佛山、来宾
广州、佛山、南宁
中游区
南宁、柳州、百色、贵港、梧州
来宾、肇庆、百色、云浮、柳州
下游区
崇左、肇庆、云浮
崇左、贵港、梧州

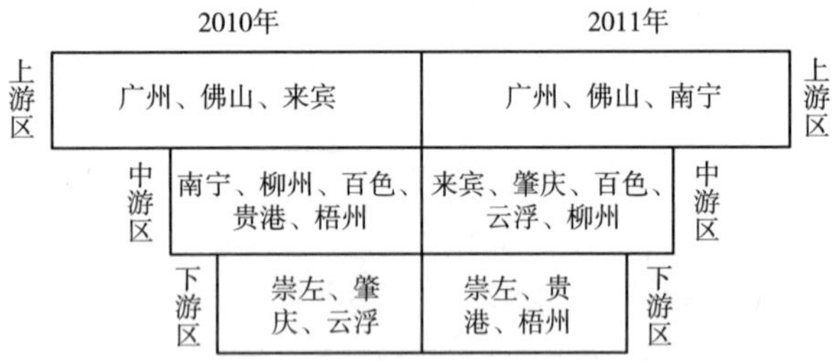

图1－16　2010～2011年珠江－西江经济带城市居民生活质量大幅度变动情况

从图1－17对2011～2012年间珠江－西江经济带城市居民生活质量的跨区段变化进行分析，可以看到有4个城市的居民生活质量发生大幅度变动，南宁市由上游区下降至中游区，来宾市由中游区上升至上游区，百色市由中游区下降至下游区，崇左市由下游区上升至中游区。

2011年
2012年
上游区
广州、佛山、南宁
广州、佛山、来宾
中游区
来宾、肇庆、百色、云浮、柳州
南宁、肇庆、云浮、崇左、柳州
下游区
崇左、贵港、梧州
梧州、贵港、百色

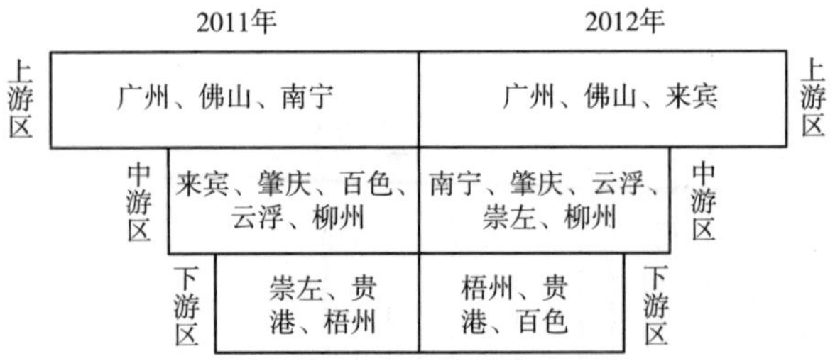

图1－17　2011～2012年珠江－西江经济带城市居民生活质量大幅度变动情况

从图1－18对2012～2013年间珠江－西江经济带城市居民生活质量的跨区段变化进行分析，可以看到有2个城市的名次发生大幅度变动。其中柳州市由中游区下降到下游区，贵港市由下游区上升到中游区。

2012年
2013年
上游区
广州、佛山、来宾
佛山、广州、来宾
中游区
南宁、肇庆、云浮、崇左、柳州
云浮、贵港、南宁、肇庆、崇左
下游区
梧州、贵港、百色
百色、柳州、梧州

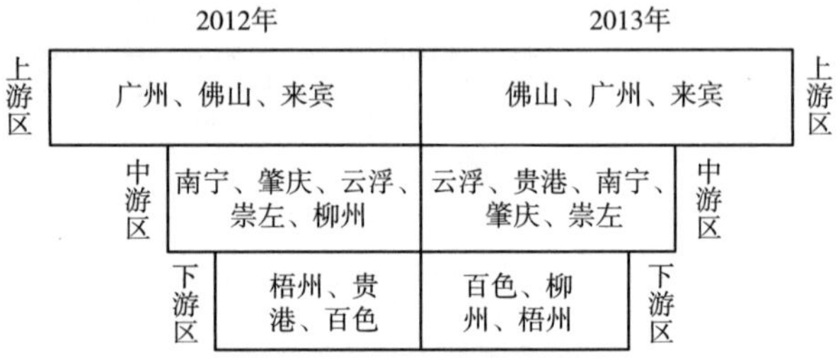

图1－18　2012～2013年珠江－西江经济带城市居民生活质量大幅度变动情况

从图1－19对2013～2014年间珠江－西江经济带城市居民生活质量的跨区段变化进行分析，可以看到有4个城市的名次发生大幅度变动。其中来宾市由上游区下降到中游区，云浮市由中游区上升至上游区，贵港市由中游区下降至下游区，柳州市由下游区上升至中游区。

2013年
2014年
上游区
佛山、广州、来宾
广州、云浮、佛山
中游区
云浮、贵港、南宁、肇庆、崇左
来宾、南宁、崇左、肇庆、柳州
下游区
百色、柳州、梧州
贵港、百色、梧州

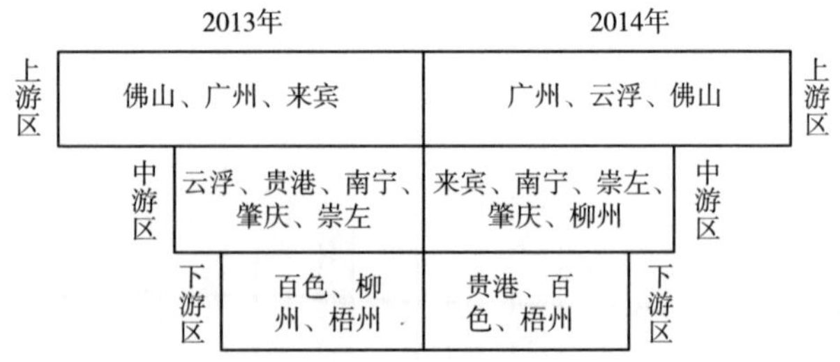

图1－19　2013～2014年珠江－西江经济带城市居民生活质量大幅度变动情况

从图1－20对2014～2015年间珠江－西江经济带城市居民生活质量的跨区段变化进行分析，可以看到云浮市由上游区下降至中游区，来宾市、柳州市由中游区下降至下游区，百色市、贵港市由下游区上升至中游区。

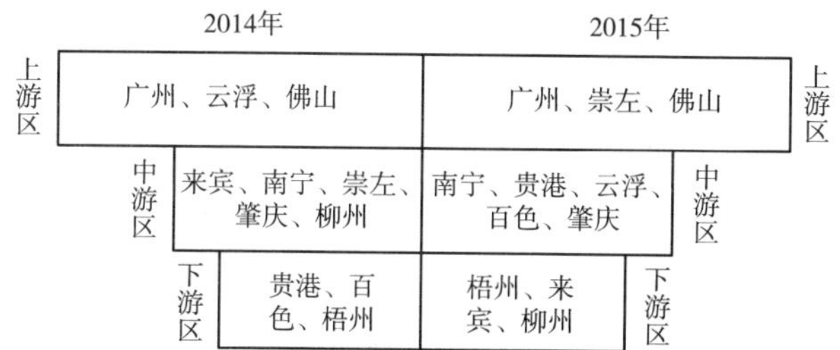

图1－20 2014～2015年珠江－西江经济带城市居民生活质量大幅度变动情况

从图1－21对2010～2015年间珠江－西江经济带城市居民生活质量的跨区段变化进行分析，可以看到有8个城市的名次发生大幅度变动。其中佛山市、贵港市由上游区下降到中游区，来宾市、梧州市由中游区下降到下游区，肇庆市、南宁市由中游区上升到上游区，百色市、柳州市由下游区上升到中游区。这说明珠江－西江经济带各城市的居民生活质量在2010～2015年间发生较大幅度的变动，但广州市持续保持最优地位，云浮市持续保持中游区地位，崇左市持续保持较低的居民生活质量。

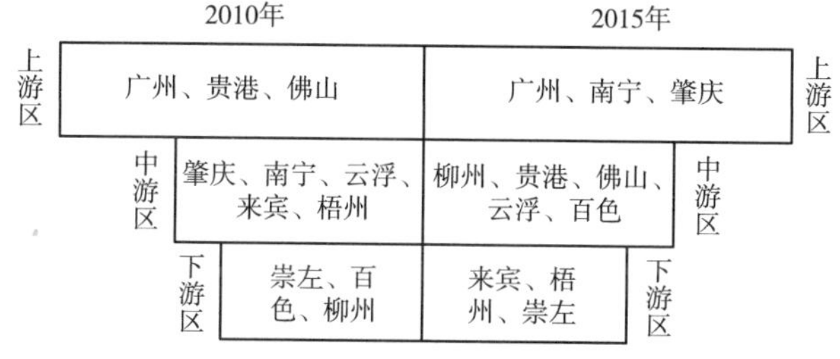

图1－21 2010～2015年珠江－西江经济带城市居民生活质量大幅度变动情况

三、珠江－西江经济带城市生活水平评估与比较

（一）珠江－西江经济带城市生活水平评估结果

根据珠江－西江经济带城市生活水平指标体系和数学评价模型，对2010～2015年间珠江－西江经济带11个城市的生活水平进行评价。表1－29、表1－30、表1－31、表1－32、表1－33、表1－34、表1－35和表1－38、表1－39、表1－40、表1－41、表1－42、表1－43、表1－44是本次评估间11个城市的生活水平排名和排名变化情况及其8个三级指标的评价结果。

1. 珠江－西江经济带城市生活水平排名

根据表1－29中内容对2010年珠江－西江经济带城市生活水平排名变化进行分析，可以看到11个城市中，生活水平处于上游区的依次有广州市、南宁市、柳州市；处在中游区的依次有来宾市、百色市、贵港市、崇左市、肇庆市；处在下游区的依次有梧州市、佛山市、云浮市。这说明在珠江－西江经济带中广西地区生活水平高于广东地区，更具发展优势。

表1－29 2010年珠江－西江经济带城市生活水平排名

地区	排名	区段	地区	排名	区段	地区	排名	区段
广州	1	上游区	来宾	4	中游区	梧州	9	下游区
南宁	2		百色	5		佛山	10	
柳州	3		贵港	6		云浮	11	
			崇左	7				
			肇庆	8				

根据表1－30中内容对2011年珠江－西江经济带城市生活水平排名变化进行分析，可以看到11个城市中，生活水平处于上游区的依次有广州市、南宁市、百色市；处在中游区的依次有肇庆市、云浮市、佛山市、柳州市、崇左市；处在下游区的依次有来宾市、贵港市、梧州市。相比于2010年，百色市上升至上游区，柳州市下降到中游区，来宾市、贵港市下降至下游区，云浮市、佛山市上升至中游区。

表1－30 2011年珠江－西江经济带城市生活水平排名

地区	排名	区段	地区	排名	区段	地区	排名	区段
广州	1	上游区	肇庆	4	中游区	来宾	9	下游区
南宁	2		云浮	5		贵港	10	
百色	3		佛山	6		梧州	11	
			柳州	7				
			崇左	8				

根据表1－31中内容对2012年珠江－西江经济带城市生活水平排名变化进行分析，可以看到11个城市中，生活水平处于上游区的依次有广州市、肇庆市、南宁市；处在中游区的依次有云浮市、来宾市、佛山市、百色市、柳州市；处在下游区的依次有崇左市、贵港市、梧州市。相比于2011年，百色市下降至中游区，崇左市下降至下游区，来宾市上升至中游区，肇庆市上升至上游区。

表1－31 2012年珠江－西江经济带城市生活水平排名

地区	排名	区段	地区	排名	区段	地区	排名	区段
广州	1	上游区	云浮	4	中游区	崇左	9	下游区
肇庆	2		来宾	5		贵港	10	
南宁	3		佛山	6		梧州	11	
			百色	7				
			柳州	8				

根据表1－32中内容对2013年珠江－西江经济带城市生活水平排名变化进行分析，可以看到11个城市中，生活水平处于上游区的依次有佛山市、来宾市、广州市；处在中游区的依次有贵港市、云浮市、南宁市、肇庆市、柳州市；处在下游区的依次是崇左市、百色市、梧州市。相比于2012年，百色市下降至下游区，南宁市下降至中游区，来宾市上升至上游区，贵港市上升至中游区，肇庆市下降至中游区，佛山市上升至上游区。

表1－32　2013年珠江－西江经济带城市生活水平排名

地区	排名	区段	地区	排名	区段	地区	排名	区段
佛山	1	上游区	贵港	4	中游区	崇左	9	下游区
来宾	2		云浮	5		百色	10	
广州	3		南宁	6		梧州	11	
			肇庆	7				
			柳州	8				

根据表1－33中内容对2014年珠江－西江经济带城市生活水平排名变化进行分析，可以看到11个城市中，生活水平处于上游区的依次有广州市、南宁市、佛山市；处在中游区的依次有云浮市、肇庆市、来宾市、贵港市、崇左市；处在下游区的依次有柳州市、百色市、梧州市。相比于2013年，崇左市上升至中游区，南宁市上升至上游区，柳州市下降至下游区，来宾市下降至中游区。

表1－33　2014年珠江－西江经济带城市生活水平排名

地区	排名	区段	地区	排名	区段	地区	排名	区段
广州	1	上游区	云浮	4	中游区	柳州	9	下游区
南宁	2		肇庆	5		百色	10	
佛山	3		来宾	6		梧州	11	
			贵港	7				
			崇左	8				

根据表1－34中内容对2015年珠江－西江经济带城市生活水平排名变化进行分析，可以看到11个城市中，生活水平处于上游区的依次有广州市、贵港市、崇左市；处在中游区的依次有南宁市、百色市、云浮市、佛山市、梧州市；处在下游区的依次有肇庆市、柳州市、来宾市。相比于2014年，百色市上升至中游区，崇左市上升至上游区，来宾市下降至下游区，贵港市上升至上游区，梧州市上升至中游区，肇庆市下降到下游区，佛山市下降至中游区。

表1－34　2015年珠江－西江经济带城市生活水平排名

地区	排名	区段	地区	排名	区段	地区	排名	区段
广州	1	上游区	南宁	4	中游区	肇庆	9	下游区
贵港	2		百色	5		柳州	10	
崇左	3		佛山	6		来宾	11	
			云浮	7				
			梧州	8				

根据表1－35中内容对2010～2015年珠江－西江经济带城市生活水平排名变化趋势进行分析，可以看到11个城市生活水平处于上升区的是崇左市、贵港市、梧州市、云浮市、佛山市；生活水平处于下降的是南宁市、来宾市、柳州市、肇庆市，其他城市均呈现保持趋势。

表1－35　2010～2015年珠江－西江经济带城市生活水平排名变化

地区	排名变化	区段	地区	排名变化	区段	地区	排名变化	区段
梧州	1	上升区	广州	0	保持区	肇庆	－1	下降区
云浮	4		百色	0		南宁	－2	
佛山	4					柳州	－7	
崇左	4					来宾	－7	
贵港	4							

2. 珠江－西江经济带城市社会保障水平得分情况

通过表1－36对2010～2015年的珠江－西江经济带城市社会保障水平变化进行分析。由2010年的珠江－西江经济带城市社会保障水平评价来看，有5个城市的社会保障水平得分在1分以上。得分处在0～2分，小于1分的城市有柳州市、梧州市、贵港市、广州市、佛山市、肇庆市。最高得分为崇左市，为1.976分，最低得分为梧州市，为0分。得分平均值为0.917分，得分标准差为0.613，说明城市之间社会保障水平变化差异较大。广西地区的社会保障水平得分较高，南宁市、百色市、来宾市、崇左市、云浮市的社会保障水平得分均超过1分，说明这些城市的社会保障水平较高。广东地区的社会保障水平得分较低，其中云浮市的社会保障水平在1分之上，说明广东地区的社会保障水平有待提升。

表 1－36 2010～2015 年珠江－西江经济带城市社会保障水平评价比较

地区	2010 年	2011 年	2012 年	2013 年	2014 年	2015 年	综合变化
南宁市	1.338	0.638	0.692	0.712	0.676	0.837	－0.501
	3	7	7	7	6	6	－3
柳州市	0.666	0.432	0.424	0.424	0.452	0.549	－0.117
	7	10	10	10	9	9	－2
梧州市	0.000	0.505	0.870	0.667	0.434	0.703	0.703
	11	9	5	8	10	8	3
贵港市	0.610	0.799	0.717	0.941	0.653	0.878	0.268
	8	5	6	5	7	5	3
百色市	1.210	1.460	1.026	1.266	1.415	1.880	0.670
	4	2	4	4	4	3	1
来宾市	1.750	1.223	1.486	1.775	1.752	0.125	－1.625
	2	3	1	1	1	11	－9
崇左市	1.976	1.812	1.397	1.644	1.747	5.996	4.020
	1	1	2	2	2	1	0
广州市	0.575	0.567	0.493	0.507	0.483	0.708	0.133
	9	8	9	9	8	7	2
佛山市	0.196	0.181	0.220	0.228	0.248	0.323	0.127
	10	11	11	11	11	10	0
肇庆市	0.744	0.690	0.664	0.779	0.763	0.972	0.227
	6	6	8	6	5	4	2
云浮市	1.025	1.087	1.263	1.451	1.471	1.942	0.916
	5	4	3	3	3	2	3
最高分	1.976	1.812	1.486	1.775	1.752	5.996	4.020
最低分	0.000	0.181	0.220	0.228	0.248	0.125	0.125
平均分	0.917	0.854	0.841	0.945	0.918	1.356	0.438
标准差	0.613	0.489	0.411	0.517	0.564	1.639	1.026

由 2011 年的珠江－西江经济带城市社会保障水平评价来看，有 4 个城市的社会保障水平得分在 1 分以上。2011 年得分处在 0～1.9 分，小于 1 分的城市有南宁市、柳州市、梧州市、贵港市、广州市、佛山市、肇庆市。最高得分为崇左市，为 1.812 分，最低得分为佛山市，为 0.181 分。得分平均值为 0.854 分，得分标准差为 0.489，说明城市之间社会保障水平的变化差异较小。广西地区的社会保障水平得分较高，百色市、来宾市、崇左市、云浮市的社会保障水平得分均超过 1 分，说明这些城市的社会保障水平较高。广东地区的社会保障水平得分较低，其中仅云浮市的社会保障水平在 1 分之上，说明广东地区的社会保障水平有待提升。

由 2012 年的珠江－西江经济带城市社会保障水平评价来看，有 4 个城市的社会保障水平得分在 1 分以上。2012

年得分处在0.2～1.5分，小于1分的城市有南宁市、柳州市、梧州市、贵港市、广州市、佛山市、肇庆市。最高得分为来宾市，为1.486分，最低得分为佛山市，为0.220分。得分平均值为0.841分，得分标准差为0.411，说明城市之间社会保障水平的变化差异较小。广西地区的社会保障水平得分较高，百色市、来宾市、崇左市、云浮市的社会保障水平得分均超过1分，说明这些城市的社会保障水平较高。广东地区的社会保障水平得分较低，其中仅云浮市的社会保障水平在1分之上，说明广东地区的社会保障水平有待提升。

由2013年的珠江－西江经济带城市社会保障水平评价来看，有4个城市的社会保障水平得分在1分以上。得分处在0～1.9分，小于1分的城市有南宁市、柳州市、梧州市、贵港市、广州市、佛山市、肇庆市。最高得分为来宾市，为1.775分，最低得分为佛山市，为0.228分。得分平均值为0.945分，得分标准差为0.517，说明城市之间社会保障水平的变化差异较小。广西地区的社会保障水平得分较高，百色市、来宾市、崇左市、云浮市的社会保障水平得分均超过1分，说明这些城市的社会保障水平较高。广东地区的社会保障水平得分较低，其中仅云浮市的社会保障水平在1分之上，说明广东地区的社会保障水平有待提升。

由2014年的珠江－西江经济带城市社会保障水平评价来看，有4个城市的社会保障水平得分在1分以上。得分处在0.2～1.8分，小于1分的城市有南宁市、柳州市、梧州市、贵港市、广州市、佛山市、肇庆市。最高得分为来宾市，为1.752分，最低得分为佛山市，为0.248分。得分平均值为0.918，得分标准差为0.564，说明城市之间社会保障水平的变化差异较小。广西地区的社会保障水平得分较高，百色市、来宾市、崇左市、云浮市的社会保障水平得分均超过1分，说明这些城市的社会保障水平较高。广东地区的社会保障水平得分较低，其中仅云浮市的社会保障水平在1分之上，说明广东地区的社会保障水平有待提升。

由2015年的珠江－西江经济带城市社会保障水平评价来看，有3个城市的社会保障水平得分在1分以上。得分处在0～6分，小于1分的城市有南宁市、柳州市、梧州市、贵港市、广州市、佛山市、肇庆市、来宾市。最高得分为崇左市，为5.996分，最低得分为来宾市，为0.125分。得分平均值为1.356分，得分标准差为1.639，说明城市之间社会保障水平的变化差异较大。广西地区的社会保障水平得分较高，百色市、崇左市、云浮市的社会保障水平得分均超过1分，说明这些城市的社会保障水平较高。广东地区的社会保障水平得分较低，其中仅云浮市的社会保障水平在1分之上，说明广东地区的社会保障水平有待提升。

对比珠江－西江经济带城市社会保障水平变化，通过对各年间的珠江－西江经济带社会保障水平的平均分、标准差进行分析，可以发现其平均分处于波动上升趋势，说明珠江－西江经济带发展逐渐协调。社会保障水平的标准差也处于波动上升趋势，说明城市间的社会保障水平差距逐渐扩大。对各城市的社会保障水平变化展开分析，发现崇左市占据绝对的领先地位，在评价期内持续处于第1名或者第2名。

3. 珠江－西江经济带城市总工资弧弹性得分情况

通过表1－37对2010～2015年的珠江－西江经济带城市总工资弧弹性变化进行分析。由2010年的珠江－西江经济带城市总工资弧弹性评价来看，有6个城市的总工资弧弹性得分已经在0.06分以上。得分处在0.02～0.08分，小于0.06分的城市有柳州市、梧州市、百色市、来宾市、佛山市。最高得分为南宁市、云浮市，均为0.076分，最低得分为佛山市，为0.028分。得分平均值为0.060分，得分标准差为0.015，说明城市之间总工资弧弹性的变化差异较小。广东地区的总工资弧弹性得分较高，其中广州市、肇庆市、云浮市的总工资弧弹性得分均超过0.06分，说明这些城市的总工资弧弹性发展相对协调。广西地区的总工资弧弹性得分较低，南宁市、贵港市、崇左市的总工资弧弹性得分超过0.06分，说明广西地区的总工资弧弹性有待增强。

表1－37　2010～2015年珠江－西江经济带城市总工资弧弹性评价比较

地区	2010年	2011年	2012年	2013年	2014年	2015年	综合变化
南宁市	0.076	0.047	0.071	0.096	0.182	0.000	-0.076
	1	7	8	10	1	11	-10
柳州市	0.059	0.049	0.087	0.113	0.062	0.194	0.135
	7	6	6	8	10	4	3
梧州市	0.058	0.044	0.063	0.119	0.147	0.513	0.455
	8	9	10	6	2	1	7
贵港市	0.067	0.055	0.104	0.207	0.089	0.225	0.158
	4	5	4	2	7	2	2

续表

地区	2010 年	2011 年	2012 年	2013 年	2014 年	2015 年	综合变化
百色市	0.050	0.058	0.064	0.204	0.071	0.181	0.130
	9	4	9	3	9	5	4
来宾市	0.045	0.032	0.128	5.544	0.039	0.014	-0.031
	10	11	2	1	11	10	0
崇左市	0.060	0.047	0.072	0.100	0.085	0.202	0.142
	6	8	7	9	8	3	3
广州市	0.075	0.109	0.062	0.056	0.141	0.075	0.000
	3	1	11	11	3	9	-6
佛山市	0.028	0.042	0.636	0.118	0.117	0.085	0.057
	11	10	1	7	4	8	3
肇庆市	0.064	0.078	0.117	0.180	0.093	0.114	0.050
	5	2	3	5	6	6	-1
云浮市	0.076	0.073	0.098	0.182	0.106	0.098	0.022
	2	3	5	4	5	7	-5
最高分	0.076	0.109	0.636	5.544	0.182	0.513	0.437
最低分	0.028	0.032	0.062	0.056	0.039	0.000	-0.028
平均分	0.060	0.058	0.137	0.629	0.103	0.155	0.095
标准差	0.015	0.022	0.167	1.631	0.042	0.141	0.126

由 2011 年的珠江－西江经济带城市总工资弧弹性评价来看，有 3 个城市的总工资弧弹性得分在 0.06 分以上。得分处在 0～0.1 分，小于 0.06 分的城市有南宁市、柳州市、梧州市、贵港市、百色市、来宾市、崇左市、佛山市。最高得分为广州市，为 0.109 分，最低得分为来宾市，为 0.032 分。得分平均值为 0.058 分，得分标准差为 0.022，说明城市之间总工资弧弹性的变化差异较小。广东地区的总工资弧弹性得分较高，其中广州市、肇庆市、云浮市的总工资弧弹性得分均超过 0.06 分，说明这些城市的总工资弧弹性发展相对协调。广西地区的总工资弧弹性得分较低，没有城市的总工资弧弹性得分超过 0.06 分，说明广西地区的总工资弧弹性有待增强。

由 2012 年的珠江－西江经济带城市总工资弧弹性评价来看，有 4 个城市的总工资弧弹性得分在 0.1 分以上。得分处在 0～0.7 分，小于 0.1 分的城市有南宁市、柳州市、梧州市、百色市、崇左市、佛山市、云浮市。最高得分为广州市，为 0.636 分，最低得分为广州市，为 0.062 分。得分平均值为 0.137 分，得分标准差为 0.167，说明城市之间总工资弧弹性的变化差异较小。广东地区的总工资弧弹性得分较高，其中广州市、佛山市的总工资弧弹性得分均超过 0.1 分，说明这些城市的总工资弧弹性发展相对协调。广西地区的总工资弧弹性得分较低，贵港市、来宾市的总工资弧弹性得分超过 0.1 分，说明广西地区的总工资弧弹性有待增强。

由 2013 年的珠江－西江经济带城市总工资弧弹性评价来看，有 9 个城市的总工资弧弹性得分在 0.1 分以上。得分处在 0～5.6 分，小于 0.1 分的城市有南宁市、广州市。最高得分为来宾市，为 5.544 分，最低得分为广州市，为 0.056 分。得分平均值为 0.629 分，得分标准差为 1.631，说明城市之间总工资弧弹性的变化差异较大。广西地区的总工资弧弹性得分较高，其中柳州市、梧州市、贵港市、百色市、来宾市、崇左市的总工资弧弹性得分均超过 0.1 分，说明这些城市的总工资弧弹性发展相对协调。广东地区的总工资弧弹性得分较低，佛山市、肇庆市、云浮市的总工资弧弹性得分均超过 0.1 分，说明广东地区的总工资弧弹性发展相对协调。

由 2014 年的珠江－西江经济带城市总工资弧弹性评价来看，有 5 个城市的总工资弧弹性得分在 0.1 分以上。得分处在 0～1.9 分，小于 0.1 分的城市有柳州市、贵港市、百色市、来宾市、崇左市、肇庆市。最高得分为南宁市，为 0.182 分，最低得分为来宾市，为 0.039 分。得分平均值为 0.103 分，得分标准差为 0.042，说明城市之间总工资弧弹性的变化差异较小。广东地区的总工资弧弹性得分较高，其中广州市、佛山市、云浮市的总工资弧弹性得分均超过

0.1分，说明这些城市的总工资弧弹性发展相对协调。广西地区的总工资弧弹性得分较低，南宁市、梧州市的总工资弧弹性得分超过0.1分，说明广西地区的总工资弧弹性有待增强。

由2015年的珠江－西江经济带城市总工资弧弹性评价来看，有6个城市的总工资弧弹性得分在0.1分以上。得分处在0～0.52分，小于0.1分的城市有南宁市、来宾市、广州市、云浮市、佛山市。最高得分为梧州市，为0.513分，最低得分为南宁市，为0分。得分平均值为0.155分，得分标准差为0.141，说明城市之间总工资弧弹性的变化差异较小。广西地区的总工资弧弹性得分较高，其中柳州市、梧州市、贵港市、百色市、崇左市的总工资弧弹性得分均超过0.1分，说明这些城市的总工资弧弹性发展相对协调。广东地区的总工资弧弹性得分较低，仅肇庆市的总工资弧弹性得分超过0.1分，说明广东地区的总工资弧弹性有待增强。

对比珠江－西江经济带城市总工资弧弹性变化，通过对各年间的珠江－西江经济带总工资弧弹性的平均分、标准差进行分析，可以发现其平均分处于波动上升趋势，说明珠江－西江经济带总工资弧弹性程度有所上升。总工资弧弹性的标准差也处于波动上升趋势，说明城市间的总工资弧弹性差距逐渐扩大。对各城市的总工资弧弹性变化展开分析，发现各个城市的相对排名变化较大，并且大部分城市得分有所上升，说明珠江－西江经济带城市总工资弧弹性有待增强。

4. 珠江－西江经济带城市平均工资增长强度得分情况

通过表1－38对2010～2015年的珠江－西江经济带城市平均工资增长强度变化进行分析。由2010年的珠江－西江经济带平均工资增长强度评价来看，有7个城市的平均工资增长强度得分在1分以上。得分处在0.2～3分，小于1分的城市有柳州市、崇左市、广州市、佛山市。最高得分为贵港市，为2.990分，最低得分为佛山市，为0.283分。得分平均值为1.337分，得分标准差为0.756，说明城市之间平均工资增长强度的变化差异较大。广西地区的平均工资增长强度得分较高，其中南宁市、梧州市、贵港市、百色市、来宾市的平均工资增长强度得分均超过1.337分，说明这些城市的平均工资增长强度发展相对协调。广东地区的平均工资增长强度得分较低，其中肇庆市、云浮市的平均工资增长强度得分超过1分，说明广东地区的平均工资增长强度有待提高。

表1－38　2010～2015年珠江－西江经济带城市平均工资增长强度评价比较

地区	2010年	2011年	2012年	2013年	2014年	2015年	综合变化
南宁市	1.691	0.892	1.069	1.540	1.037	2.956	1.265
	4	6	5	8	5	4	0
柳州市	0.992	0.182	0.102	1.597	0.820	0.465	-0.527
	8	11	11	6	8	10	-2
梧州市	1.992	0.709	0.876	0.010	1.117	3.508	1.516
	2	7	8	11	4	3	-1
贵港市	2.990	1.207	1.017	5.914	2.023	6.595	3.605
	1	4	6	1	1	1	0
百色市	1.072	1.522	1.336	1.608	1.006	3.776	2.703
	7	2	3	5	6	2	5
来宾市	1.275	0.260	1.721	3.512	0.595	0.000	-1.275
	6	9	2	2	9	11	-5
崇左市	0.895	1.269	0.834	2.350	1.359	2.824	1.929
	9	3	9	4	3	5	4
广州市	0.445	0.255	0.879	0.574	0.006	0.564	0.119
	10	10	7	9	11	9	1
佛山市	0.283	0.337	0.552	0.416	0.476	0.632	0.349
	11	8	10	10	10	8	3

续表

地区	2010 年	2011 年	2012 年	2013 年	2014 年	2015 年	综合变化
肇庆市	1.374	1.081	1.282	1.572	0.898	1.279	-0.095
	5	5	4	7	7	7	-2
云浮市	1.696	2.433	1.998	2.785	1.688	2.003	0.307
	3	1	1	3	2	6	-3
最高分	2.990	2.433	1.998	5.914	2.023	6.595	3.605
最低分	0.283	0.182	0.102	0.010	0.006	0.000	-0.283
平均分	1.337	0.923	1.061	1.989	1.002	2.236	0.900
标准差	0.756	0.685	0.523	1.660	0.560	1.958	1.202

由 2011 年的珠江－西江经济带城市平均工资增长强度评价来看，有 5 个城市的平均工资增长强度得分在 1 分以上。得分处在 0.1～2.5 分，小于 1 分的城市有南宁市、柳州市、梧州市、来宾市、广州市、佛山市。最高得分为云浮市，为 2.433 分，最低得分为柳州市，为 0.182 分。得分平均值为 0.923 分，得分标准差为 0.685，说明城市之间平均工资增长强度的变化差异较大。广东地区的平均工资增长强度得分较高，其中肇庆市、云浮市的平均工资增长强度得分均超过 1 分，说明这些城市的平均工资增长强度发展相对协调。广西地区的平均工资增长强度得分较低，其中贵港市、百色市、崇左市的平均工资增长强度得分超过 1 分，说明广西地区的平均工资增长强度有待提高。

由 2012 年的珠江－西江经济带城市平均工资增长强度评价来看，有 6 个城市的平均工资增长强度得分在 1 分以上。得分处在 0.1～2 分，小于 1 分的城市有柳州市、梧州市、崇左市、广州市、佛山市。最高得分为云浮市，为 1.998 分，最低得分为柳州市，为 0.102 分。得分平均值为 1.061 分，得分标准差为 0.523，说明城市之间平均工资增长强度的变化差异较小。广东地区的平均工资增长强度得分较高，其中肇庆市、云浮市的平均工资增长强度得分均超过 1 分，说明这些城市的平均工资增长强度发展相对协调。广西地区的平均工资增长强度得分较低，其中贵港市、百色市、崇左市的平均工资增长强度得分超过 1 分，说明广西地区的平均工资增长强度有待提高。

由 2013 年的珠江－西江经济带城市平均工资增长强度评价来看，有 8 个城市的平均工资增长强度得分在 1 分以上。得分处在 0～6 分，小于 1 分的城市有梧州市、广州市、佛山市。最高得分为贵港市，为 5.914 分，最低得分为梧州市，为 0.010 分。得分平均值为 1.989 分，得分标准差为 1.660，说明城市之间平均工资增长强度的变化差异较大。广东地区的平均工资增长强度得分较低，其中肇庆市、云浮市的平均工资增长强度得分均超过 1 分，说明这些城市的平均工资增长强度发展基础较低。广西地区的平均工资增长强度得分较高，其中南宁市、柳州市、贵港市、百色市、来宾市、崇左市的平均工资增长强度得分超过 1 分，说明广西地区的平均工资增长强度有待提高。

由 2014 年的珠江－西江经济带城市平均工资增长强度评价来看，有 6 个城市的平均工资增长强度得分在 1 分以上。得分处在 0～2.1 分，小于 1 分的城市有柳州市、来宾市、广州市、佛山市、肇庆市。最高得分为贵港市，为 2.023 分，最低得分为广州市，为 0.006 分。得分平均值为 1.002 分，得分标准差为 0.560，说明城市之间平均工资增长强度的变化差异较小。广东地区的平均工资增长强度得分较低，其中云浮市的平均工资增长强度得分超过 1 分，说明城市的平均工资增长强度发展相对不协调。广西地区的平均工资增长强度得分较高，其中南宁市、梧州市、贵港市、百色市、崇左市平均工资增长强度得分超过 1 分，说明广西地区的平均工资增长强度有待提高。

由 2015 年的珠江－西江经济带城市平均工资增长强度评价来看，有 7 个城市的平均工资增长强度得分在 1 分以上。得分处在 0～6.6 分，小于 1 分的城市有柳州市、来宾市、广州市、佛山市。最高得分为贵港市，为 6.595 分，最低得分为来宾市，为 0 分。得分平均值为 2.236 分，得分标准差为 1.958，说明城市之间平均工资增长强度的变化差异较大。广东地区的平均工资增长强度得分较低，其中肇庆市、云浮市的平均工资增长强度得分均超过 1 分，说明城市的平均工资增长强度发展相对不协调。广西地区的平均工资增长强度得分较高，其中南宁市、梧州市、贵港市、百色市、崇左市、平均工资增长强度得分超过 1 分。说明广西地区的平均工资增长强度有待提高。

对比珠江－西江经济带城市平均工资增长强度变化，通过对各年间的珠江－西江经济带城市平均工资增长强度的平均分、标准差进行分析，可以发现其平均分处于波动上升趋势，说明珠江－西江经济带城市平均工资增长强度程度有所上升。平均工资增长强度的标准差也处于波动上升趋势，说明城市间的平均工资增长强度差距逐渐扩大。对各城市的平均工资增长强度变化展开分析，发现多数城市的排名均较大，说明珠江－西江经济带城市平均工资增长强度的发展较不稳定。

5. 珠江－西江经济带城市人力资本得分情况

通过表 1－39 对 2010～2015 年的珠江－西江经济带城

市人力资本变化进行分析。由2010年的珠江－西江经济带城市人力资本评价来看，有5个的城市人力资本得分在6分以上。得分处在2.3～9.1分，小于6分的城市有梧州市、贵港市、崇左市、佛山市、肇庆市、云浮市。最高得分为柳州市，为9.069分，最低得分为云浮市，为2.382分。得分平均值为6.170分，得分标准差为2.245，说明城市之间的人力资本的变化差异较大。广西地区的城市人力资本得分较高，其中南宁市、柳州市、百色市、来宾市的人力资本得分均超过6分，说明这些城市的人力资本发展基础较好。广东地区城市的人力资本水平较低，广州市的人力资本得分超过6分，说明广东地区的城市人力资本综合发展能力有待提升。

表1－39　2010～2015年珠江－西江经济带城市人力资本评价比较

地区	2010年	2011年	2012年	2013年	2014年	2015年	综合变化
南宁市	8.956	6.064	4.098	3.078	4.491	4.866	-4.090
	2	2	3	2	2	1	1
柳州市	9.069	5.411	2.805	2.549	3.942	2.710	-6.360
	1	4	8	6	5	9	-8
梧州市	4.685	2.632	1.323	0.000	0.781	1.555	-3.130
	8	11	11	11	11	11	-3
贵港市	5.699	3.468	1.721	1.824	3.039	3.862	-1.837
	6	9	9	9	8	2	4
百色市	7.351	5.098	3.242	2.026	2.963	3.296	-4.055
	5	5	7	8	9	5	0
来宾市	8.025	4.617	3.282	2.801	3.571	2.057	-5.968
	4	7	6	3	7	10	-6
崇左市	4.577	3.220	1.712	1.333	2.618	2.862	-1.715
	9	10	10	10	10	8	1
广州市	8.190	8.008	6.015	4.479	5.154	3.698	-4.492
	3	1	1	1	1	3	0
佛山市	4.131	4.728	3.572	2.442	3.791	3.240	-0.890
	10	6	4	7	6	6	4
肇庆市	4.809	5.816	4.571	2.682	4.020	3.099	-1.710
	7	3	2	5	4	7	0
云浮市	2.382	4.225	3.335	2.719	4.288	3.321	0.939
	11	8	5	4	3	4	7
最高分	9.069	8.008	6.015	4.479	5.154	4.866	-4.204
最低分	2.382	2.632	1.323	0.000	0.781	1.555	-0.827
平均分	6.170	4.844	3.243	2.358	3.514	3.143	-3.028
标准差	2.245	1.507	1.372	1.118	1.165	0.885	-1.360

由2011年的珠江－西江经济带城市人力资本评价来看，有5个城市人力资本得分在5分以上。得分处在2.6～8.1分，小于5分的城市有梧州市、贵港市、来宾市、佛山市、云浮市。最高得分为广州市，为8.008分，最低得分

为梧州市，为2.632分。得分平均值为4.844分，得分标准差为1.507，说明城市之间的人力资本的变化差异较大。广西地区的城市人力资本得分较高，其中南宁市、柳州市、百色市的人力资本得分均超过5分，说明这些城市的人力资本发展基础较好。广东地区城市的人力资本水平较低，广州市、肇庆市的人力资本得分超过5分，说明广东地区的城市人力资本综合发展能力有待提升。

由2012年的珠江－西江经济带城市的人力资本评价来看，有7个城市的人力资本得分在3分以上。得分处在1.3～6.1分，小于3分的城市有柳州市、梧州市、贵港市、崇左市。最高得分为广州市，为6.015分，最低得分为梧州市，为1.323分。得分平均值为3.243分，得分标准差为1.372分，说明城市之间的人力资本的变化差异较大。广东地区的城市人力资本得分较高，其中所有城市的人力资本得分均超过3分，说明这些城市的人力资本发展基础较好。广西地区的城市人力资本水平较低，南宁市、百色市、来宾市的人力资本得分超过3分，说明广西地区的城市人力资本综合发展能力有待提升。

由2013年的珠江－西江经济带城市的人力资本评价来看，有8个城市的人力资本得分在2分以上。得分处在0～4.479分，小于2分的城市有梧州市、贵港市、崇左市。最高得分为广州市，为4.479分，最低得分为崇左市，为1.333分。得分平均值为2.358分，得分标准差为1.118，说明城市之间的人力资本的变化差异较大。广东地区的城市人力资本得分较高，其中所有城市的人力资本得分均超过2分，说明这些城市的人力资本发展基础较好。广西地区的城市人力资本水平较低，南宁市、柳州市、百色市、来宾市的人力资本得分超过2分，说明广西地区的城市人力资本综合发展能力有待提升。

由2014年的珠江－西江经济带城市的人力资本评价来看，有8个城市的人力资本得分在3分以上。得分处在0.7～5.2分，小于3分的城市有梧州市、百色市、崇左市。最高得分为广州市，为5.154分，最低得分为梧州市，为0.781分。得分平均值为3.514分，得分标准差为1.165，说明城市之间的人力资本变化差异较大。广东地区的城市人力资本得分较高，其中所有城市的人力资本得分均超过3分，说明这些城市的人力资本发展基础较好。广西地区的城市人力资本水平较低，南宁市、柳州市、贵港市、来宾市的人力资本得分超过3分，说明广西地区的城市人力资本综合发展能力有待提升。

由2015年的珠江－西江经济带城市的人力资本评价来看，有7个城市人力资本得分在3分以上。得分处在1.5～4.9分，小于3分的城市有柳州市、梧州市、来宾市、崇左市。最高得分为南宁市，为4.866分，最低得分为梧州市，为1.555分。得分平均值为3.143分，得分标准差为0.885，说明城市之间的人力资本的变化差异较大。广东地区的城市人力资本得分较高，其中所有城市的人力资本得分均超过2分，说明这些城市的人力资本发展基础较好。广西地区的城市人力资本水平较低，南宁市、贵港市、百色市的人力资本得分超过2分，说明广西地区的城市人力资本综合发展能力有待提升。

对比珠江－西江经济带城市的人力资本变化，通过对各年间的珠江－西江经济带城市人力资本的平均分、标准差进行分析，可以发现其平均分处于波动下降趋势，说明珠江－西江经济带城市人力资本综合能力整体活力有待提升。城市人力资本的标准差也处于波动下降趋势，说明城市间的人力资本差距有所缩小。对各城市的人力资本变化展开分析，发现广州市的人力资本处在绝对领先位置，在2011～2014年的各个时间段内均处于排名第一，但整体上呈现下降趋势。其他城市排名变化幅度均较大，得分均呈现下降趋势，说明珠江－西江经济带的城市人力资本发展较不稳定。

6. 珠江－西江经济带城市职工工资相对增长率得分情况

通过表1－40对2010～2015年的珠江－西江经济带城市职工工资相对增长率变化进行分析。由2010年的珠江－西江经济带城市职工工资相对增长率评价来看，有1个城市的职工工资相对增长率得分已经在1分以上。得分处在0.1～1.1分，小于1分的城市有南宁市、柳州市、梧州市、贵港市、百色市、来宾市、崇左市、佛山市、肇庆市、云浮市。最高得分为广州市，为1.014分，最低得分为佛山市，为0.178分。得分平均值为0.283分，得分标准差为0.247，说明城市之间职工工资相对增长率的变化差异较小。广东地区的职工工资相对增长率得分较高，其中广州市的职工工资相对增长率得分超过1分。广西地区的职工工资相对增长率水平较低，暂无城市的职工工资相对增长率得分在1分之上，说明广西地区的职工工资发展能力有待提高。

表1－40　2010～2015年珠江－西江经济带城市职工工资相对增长率评价比较

地区	2010年	2011年	2012年	2013年	2014年	2015年	综合变化
南宁市	0.332	0.224	0.228	0.581	0.935	0.000	－0.332
	2	3	3	4	2	11	－9
柳州市	0.242	0.196	0.221	0.442	0.231	0.433	0.190
	3	5	4	5	6	3	0

续表

地区	2010 年	2011 年	2012 年	2013 年	2014 年	2015 年	综合变化
梧州市	0.189	0.174	0.173	0.338	0.227	0.258	0.069
	7	9	10	8	7	8	-1
贵港市	0.191	0.174	0.175	0.341	0.202	0.377	0.186
	6	8	8	7	9	5	1
百色市	0.187	0.180	0.178	0.331	0.216	0.348	0.161
	9	7	7	9	8	6	3
来宾市	0.179	0.166	0.174	0.307	0.179	0.172	-0.007
	10	11	9	10	11	10	0
崇左市	0.189	0.174	0.171	0.244	0.200	0.257	0.069
	8	10	11	11	10	9	-1
广州市	1.014	1.278	0.385	1.113	1.952	1.707	0.693
	1	1	1	2	1	1	0
佛山市	0.178	0.262	0.266	5.728	0.617	0.882	0.704
	11	2	2	1	3	2	9
肇庆市	0.222	0.219	0.209	0.711	0.292	0.384	0.162
	4	4	5	3	4	4	0
云浮市	0.193	0.188	0.185	0.410	0.238	0.261	0.068
	5	6	6	6	5	7	-2
最高分	1.014	1.278	0.385	5.728	1.952	1.707	0.693
最低分	0.178	0.166	0.171	0.244	0.179	0.000	-0.178
平均分	0.283	0.294	0.215	0.959	0.481	0.462	0.178
标准差	0.247	0.328	0.064	1.601	0.541	0.466	0.220

由 2011 年的珠江－西江经济带城市职工工资相对增长率评价来看，有 1 个城市的职工工资相对增长率得分在 1 分以上。得分处在 0.1～1.3 分，小于 1 分的城市有南宁市、柳州市、梧州市、贵港市、百色市、来宾市、崇左市、佛山市、肇庆市、云浮市。最高得分为广州市，为 1.278 分，最低得分为来宾市，为 0.166 分。得分平均值为 0.294 分，得分标准差为 0.328，说明城市之间职工工资相对增长率的变化差异较小。广东地区的职工工资相对增长率得分较高，其中广州市的职工工资相对增长率得分超过 1 分。广西地区的职工工资相对增长率水平较低，暂无城市的职工工资相对增长率得分在 1 分之上，说明广西地区的职工工资发展能力有待提高。

由 2012 年的珠江－西江经济带城市职工工资相对增长率评价来看，有 1 个城市的职工工资相对增长率得分在 0.3 分以上。得分处在 0.1～0.4 分，小于 0.3 分的城市有南宁市、柳州市、梧州市、贵港市、百色市、来宾市、崇左市、佛山市、肇庆市、云浮市。最高得分为广州市，为 0.385 分，最低得分为崇左市，为 0.171 分。得分平均值为 0.215 分，得分标准差为 0.064，说明城市之间职工工资相对增长率的变化差异较小。广东地区的职工工资相对增长率得分较高，其中广州市的职工工资相对增长率得分超过 0.3 分。广西地区的职工工资相对增长率水平较低，暂无城市的职工工资相对增长率得分在 0.3 分之上，说明广西地区的职工工资发展能力有待提高。

由 2013 年的珠江－西江经济带城市职工工资相对增长率评价来看，有 2 个城市的职工工资相对增长率得分在 1 分以上。得分处在 0.2～2.8 分，小于 1 分的城市有南宁市、柳州市、梧州市、贵港市、百色市、来宾市、崇左市、肇庆市、云浮市。最高得分为佛山市，为 5.728 分，最低得分为崇左市，为 0.244 分。得分平均值为 0.959 分，得分标准差为 1.601，说明城市之间职工工资相对增长率的变化差异较大。广东地区的职工工资相对增长率得分较高，其中广州市、佛山市的职工工资相对增长率得分均超过1分。广西地区的职工工资相对增长率水平较低，暂无城市的职工工资相对增长率得分在1分之上，说明广西地区的职工工资发展能力有待提高。

由2014年的珠江－西江经济带城市职工工资相对增长率评价来看，有1个城市的职工工资相对增长率得分在1分以上。得分处在0.1～2分，小于1分的城市有南宁市、柳州市、梧州市、贵港市、百色市、来宾市、崇左市、佛山市、肇庆市、云浮市。最高得分为广州市，为1.952分，最低得分为来宾市，为0.179分。得分平均值为0.481分，得分标准差为0.541，说明城市之间职工工资相对增长率的变化差异较小。广东地区的职工工资相对增长率得分较高，其中广州市的职工工资相对增长率得分超过1分。广西地区的职工工资相对增长率水平较低，暂无城市的职工工资相对增长率得分在1分之上，说明广西地区的职工工资发展能力有待提高。

由2015年的珠江－西江经济带城市职工工资相对增长率评价来看，有1个城市的职工工资相对增长率得分在1分以上。得分处在0～1.8分，小于1分的城市有南宁市、柳州市、梧州市、贵港市、百色市、来宾市、崇左市、佛山市、肇庆市、云浮市。最高得分为广州市，为1.707分，最低得分为南宁市，为0分。得分平均值为0.462分，得分标准差为0.466，说明城市之间职工工资相对增长率的变化差异较小。广东地区的职工工资相对增长率得分较高，其中广州市的职工工资相对增长率得分超过1分。广西地区的职工工资相对增长率水平较低，暂无城市的职工工资相对增长率得分在1分之上，说明广西地区的职工工资发展能力有待提高。

对比珠江－西江经济带各城市职工工资相对增长率变化，通过对各年间的珠江－西江经济带城市职工工资相对增长率的平均分、标准差进行分析，可以发现其平均分处于波动上升趋势，说明职工工资相对增长率综合能力有所上升。职工工资相对增长率的标准差也处于波动上升趋势，说明城市间的职工工资相对增长率差距扩大。对各城市的职工工资相对增长率变化展开分析，在2010～2015年的各个时间段内广州市处于绝对的优势地位，其他城市的排名变化除南宁市和佛山市也同样稳定，得分均有小幅度上升，说明珠江－西江经济带各城市职工工资相对增长率稳健提升。

7. 珠江－西江经济带城市职工工资绝对增量加权指数得分情况

通过表1－41对2010～2015年的珠江－西江经济带城市职工工资绝对增量加权指数变化进行分析。由2010年的珠江－西江经济带城市职工工资绝对增量加权指数评价来看，有1个城市的职工工资绝对增量加权指数得分在0.1分以上。得分处在0～0.5分，小于0.1分的城市有南宁市、柳州市、梧州市、贵港市、百色市、来宾市、崇左市、佛山市、肇庆市、云浮市。最高得分为广州市，为0.455分，最低得分为百色市，为0.031分。得分平均值为0.077分，得分标准差为0.126，说明城市之间职工工资绝对增量加权指数的变化差异较小。广东地区的职工工资绝对增量加权指数得分较高，其中广州市的职工工资绝对增量加权指数得分超过0.1分，说明广东地区的职工工资绝对增量加权指数发展基础较好，职工工资绝对增量加权指数大。广西地区的职工工资绝对增量加权指数得分较低，暂无城市的职工工资绝对增量加权指数得分超过0.1分，说明广西地区的职工工资绝对增量加权指数综合发展能力有待提升，职工工资绝对增量加权指数小。

表1－41　2010～2015年珠江－西江经济带城市职工工资绝对增量加权指数评价比较

地区	2010年	2011年	2012年	2013年	2014年	2015年	综合变化
南宁市	0.056	0.038	0.040	0.099	0.157	0.000	－0.056
	2	5	5	5	3	11	－9
柳州市	0.044	0.034	0.040	0.083	0.041	0.082	0.038
	3	6	3	7	7	5	－2
梧州市	0.035	0.031	0.031	0.076	0.045	0.055	0.019
	8	8	8	8	6	7	1
贵港市	0.037	0.031	0.032	0.085	0.039	0.102	0.064
	7	7	7	6	8	3	4
百色市	0.031	0.030	0.030	0.048	0.034	0.048	0.017
	11	10	10	10	10	9	2
来宾市	0.032	0.029	0.031	0.064	0.030	0.029	－0.003
	10	11	9	9	11	10	0

续表

地区	2010年	2011年	2012年	2013年	2014年	2015年	综合变化
崇左市	0.033	0.030	0.030	0.044	0.035	0.048	0.014
	9	9	11	11	9	8	1
广州市	0.455	0.594	0.146	0.499	0.925	0.806	0.351
	1	1	1	2	1	1	0
佛山市	0.040	0.124	0.134	5.541	0.465	0.732	0.691
	6	2	2	1	2	2	4
肇庆市	0.042	0.041	0.040	0.164	0.059	0.083	0.041
	4	3	4	3	5	4	0
云浮市	0.041	0.039	0.039	0.136	0.059	0.072	0.031
	5	4	6	4	4	6	-1
最高分	0.455	0.594	0.146	5.541	0.925	0.806	0.351
最低分	0.031	0.029	0.030	0.044	0.030	0.000	-0.031
平均分	0.077	0.093	0.054	0.622	0.172	0.187	0.110
标准差	0.126	0.169	0.043	1.637	0.281	0.290	0.164

由2011年的珠江－西江经济带城市职工工资绝对增量加权指数评价来看，有2个城市的职工工资绝对增量加权指数得分在0.1分以上。得分处在0～0.6分，小于0.1分的城市有南宁市、柳州市、梧州市、贵港市、百色市、来宾市、崇左市、肇庆市、云浮市。最高得分为广州市，为0.594分，最低得分为来宾市，为0.029分。得分平均值为0.093分，得分标准差为0.169，说明城市之间职工工资绝对增量加权指数的变化差异较小。广东地区的职工工资绝对增量加权指数得分较高，其中广州市、佛山市的职工工资绝对增量加权指数得分超过0.1分，说明这些城市的职工工资绝对增量加权指数发展基础较好，职工工资绝对增量加权指数大。广西地区的职工工资绝对增量加权指数得分较低，暂无城市的职工工资绝对增量加权指数得分超过0.1分，说明广西地区的职工工资绝对增量加权指数综合发展能力有待提升，职工工资绝对增量加权指数小。

由2012年的珠江－西江经济带城市职工工资绝对增量加权指数评价来看，有2个城市的职工工资绝对增量加权指数得分在0.1分以上。得分处在0～1.5分，小于0.1分的城市有南宁市、柳州市、梧州市、贵港市、百色市、来宾市、崇左市、肇庆市、云浮市。最高得分为广州市，为0.146分，最低得分为崇左市，为0.030分。得分平均值为0.054分，得分标准差为0.043，说明城市之间职工工资绝对增量加权指数的变化差异较小。广东地区的职工工资绝对增量加权指数得分较高，其中广州市、佛山市的职工工资绝对增量加权指数得分超过0.1分，说明这些城市的职工工资绝对增量加权指数发展基础较好，职工工资绝对增量加权指数大。广西地区的职工工资绝对增量加权指数得分较低，暂无城市的职工工资绝对增量加权指数得分超过0.1分，说明广西地区的职工工资绝对增量加权指数综合发展能力有待提升，职工工资绝对增量加权指数小。

由2013年的珠江－西江经济带城市职工工资绝对增量加权指数评价来看，有4个城市的职工工资绝对增量加权指数得分在0.1分以上。得分处在0～5.6分，小于0.1分的城市有南宁市、柳州市、梧州市、贵港市、百色市、来宾市、崇左市。最高得分为佛山市，为5.541分，最低得分为崇左市，为0.044分。得分平均值为0.622分，得分标准差为1.637，说明城市之间职工工资绝对增量加权指数的变化差异较小。广东地区的职工工资绝对增量加权指数得分较高，其中所有城市的职工工资绝对增量加权指数得分超过0.1分，说明这些城市的职工工资绝对增量加权指数发展基础较好，职工工资绝对增量加权指数大。广西地区的职工工资绝对增量加权指数的得分较低，暂无城市的职工工资绝对增量加权指数得分超过0.1分，说明广西地区的职工工资绝对增量加权指数综合发展能力有待提升，职工工资绝对增量加权指数小。

由2014年的珠江－西江经济带城市职工工资绝对增量加权指数评价来看，有2个城市的职工工资绝对增量加权指数得分在0.4分以上。得分处在0～1分，小于0.4分的城市有南宁市、柳州市、梧州市、贵港市、百色市、来宾市、崇左市、肇庆市、云浮市。最高得分为广州市，为0.925分，最低得分为来宾市，为0.030分。得分平均值为0.172分，得分标准差为0.281，说明城市之间职工工资绝对增量加权指数的变化差异较小。广东地区的职工工资绝对增量加权指数得分较高，其中广州市、佛山市的职工工资绝对增量加权指数得分超过0.1分，说明这些城市的职工工资绝对增量加权指数发展基础较好，职工工资绝对增量加权指数大。广西地区的职工工资绝对增量加权指数得分较低，暂无城市的职工工资绝对增量加权指数得分超过0.1分，说明广西地区的职工工资绝对增量加权指数综合发展能力有待提升，职工工资绝对增量加权指数小。

由2015年的珠江－西江经济带城市职工工资绝对增量加权指数评价来看，有2个城市的职工工资绝对增量加权指数得分在0.1分以上。得分处在0～0.9分，小于0.1分的城市有南宁市、柳州市、梧州市、贵港市、百色市、来宾市、崇左市、肇庆市、云浮市。最高得分为广州市，为0.806分，最低得分为南宁市，为0分。得分平均值为0.187分，得分标准差为0.290，说明城市之间职工工资绝对增量加权指数的变化差异较小。广东地区的职工工资绝对增量加权指数得分较高，其中广州市、佛山市的职工工资绝对增量加权指数得分超过0.1分，说明这些城市的职工工资绝对增量加权指数发展基础较好，职工工资绝对增量加权指数大。广西地区的职工工资绝对增量加权指数得分较低，暂无城市的职工工资绝对增量加权指数得分超过0.1分，说明广西地区的职工工资绝对增量加权指数综合发展能力有待提升，职工工资绝对增量加权指数小。

对比珠江－西江经济带城市职工工资绝对增量加权指数变化，通过对各年间的珠江－西江经济带城市职工工资绝对增量加权指数的平均分、标准差进行分析，可以发现其平均分处于波动上升趋势，说明职工工资绝对增量加权指数综合能力得到提升。职工工资绝对增量加权指数的标准差也处于波动上升趋势，说明城市间的职工工资绝对增量加权指数差距有所扩大。对各城市的职工工资绝对增量加权指数变化展开分析，发现广州市的职工工资绝对增量加权指数处在绝对优势的位置，在2010～2015年的各个时间段内除了2013年均排在第1名，整体上也处于上升趋势。珠江－西江经济带其他城市的排名除南宁市大幅度下降外也基本稳定，并且得分均小幅度提升，说明各个城市的职工工资绝对增量加权指数正在稳定发展。

8. 珠江－西江经济带城市职工工资比重增量得分情况

通过表1－42对2010～2015年的珠江－西江经济带城市职工工资比重增量变化进行分析。由2010年的珠江－西江经济带城市职工工资比重增量评价来看，有1个城市的职工工资比重增量得分在1分以上。得分处在0～2.4分，小于1分的城市有南宁市、柳州市、梧州市、贵港市、百色市、来宾市、崇左市、佛山市、肇庆市、云浮市。最高得分为广州市，为2.336分，最低得分为佛山市，为0.026分。得分平均值为0.317分，得分标准差为0.681，说明城市之间职工工资比重增量的变化差异较小。广东地区的职工工资比重增量得分较高，其中广州市的职工工资比重增量得分超过1分，说明这些城市的职工工资比重增量发展基础较高。广西地区的职工工资比重增量水平较低，其中暂无城市的职工工资比重增量得分超过1分，说明广西地区的职工工资比重增量综合发展能力有待提升。

表1－42　2010～2015年珠江－西江经济带城市职工工资比重增量评价比较

地区	2010年	2011年	2012年	2013年	2014年	2015年	综合变化
南宁市	0.450	0.275	0.354	0.475	2.504	0.989	0.539
	2	3	3	4	2	3	－1
柳州市	0.204	0.140	0.313	0.299	0.177	0.380	0.176
	3	5	4	5	6	4	－1
梧州市	0.057	0.034	0.039	0.168	0.161	0.120	0.063
	7	9	10	8	7	9	－2
贵港市	0.061	0.034	0.050	0.172	0.081	0.297	0.235
	6	8	8	7	9	6	0
百色市	0.052	0.063	0.066	0.159	0.126	0.254	0.202
	9	7	7	9	8	7	2
来宾市	0.029	0.000	0.042	0.129	0.002	0.003	－0.026
	10	11	9	10	11	11	－1
崇左市	0.055	0.034	0.024	0.050	0.073	0.119	0.064
	8	10	11	11	10	10	－2

续表

地区	2010 年	2011 年	2012 年	2013 年	2014 年	2015 年	综合变化
广州市	2.336	5.296	1.251	1.144	5.872	2.283	-0.052
	1	1	1	1	1	1	0
佛山市	0.026	0.453	0.568	0.877	1.454	1.050	1.024
	11	2	2	2	3	2	9
肇庆市	0.148	0.251	0.243	0.638	0.378	0.307	0.159
	4	4	5	3	4	5	-1
云浮市	0.066	0.103	0.107	0.259	0.198	0.124	0.057
	5	6	6	6	5	8	-3
最高分	2.336	5.296	1.251	1.144	5.872	2.283	-0.052
最低分	0.026	0.000	0.024	0.050	0.002	0.003	-0.023
平均分	0.317	0.607	0.278	0.397	1.002	0.539	0.222
标准差	0.681	1.561	0.367	0.351	1.791	0.674	-0.007

由2011年的珠江－西江经济带城市职工工资比重增量评价来看，有1个城市的职工工资比重增量得分在1分以上。得分处在0～5.3分，小于1分的城市有南宁市、柳州市、梧州市、贵港市、百色市、来宾市、崇左市、佛山市、肇庆市、云浮市。最高得分为广州市，为5.296分，最低得分为来宾市，为0分。得分平均值为0.607分，得分标准差为1.561，说明城市之间职工工资比重增量的变化差异较大。广东地区的职工工资比重增量得分较高，其中广州市的职工工资比重增量得分超过1分，说明这些城市的职工工资比重增量发展基础较好。广西地区的职工工资比重增量水平较低，其中暂无城市的职工工资比重增量得分超过1分，说明广西地区的职工工资比重增量综合发展能力有待提升。

由2012年的珠江－西江经济带城市职工工资比重增量评价来看，有1个城市的职工工资比重增量得分在1分以上。得分处在0～1.3分，小于1分的城市有南宁市、柳州市、梧州市、贵港市、百色市、来宾市、崇左市、佛山市、肇庆市、云浮市。最高得分为广州市，为1.251分，最低得分为崇左市，为0.024分。得分平均值为0.278分，得分标准差为0.367，说明城市之间职工工资比重增量的变化差异较小。广东地区的职工工资比重增量得分较高，其中广州市的职工工资比重增量实力得分超过1分，说明这些城市的职工工资比重增量发展基础较好。广西地区的职工工资比重增量水平较低，其中暂无城市的职工工资比重增量得分超过1分，说明广西地区的职工工资比重增量综合发展能力有待提升。

由2013年的珠江－西江经济带城市职工工资比重增量评价来看，有1个城市的职工工资比重增量得分在1分以上。得分处在0～1.2分，小于1分的城市有南宁市、柳州市、梧州市、贵港市、百色市、来宾市、崇左市、佛山市、肇庆市、云浮市。最高得分为广州市，为1.144分，最低得分为崇左市，为0.050分。得分平均值为0.397分，得分标准差为0.351，说明城市之间职工工资比重增量的变化差异较小。广东地区的职工工资比重增量得分较高，其中广州市的职工工资比重增量得分超过1分，说明这些城市的职工工资比重增量发展基础较好。广西地区的职工工资比重增量水平较低，其中暂无城市的职工工资比重增量得分超过1分，说明广西地区的职工工资比重增量综合发展能力有待提升。

由2014年的珠江－西江经济带城市职工工资比重增量评价来看，有1个城市的职工工资比重增量得分在1分以上。得分处在0～5.9分，小于1分的城市有南宁市、柳州市、梧州市、贵港市、百色市、来宾市、崇左市、佛山市、肇庆市、云浮市。最高得分为广州市，为5.872分，最低得分为来宾市，为0.002分。得分平均值为1.002分，得分标准差为1.791，说明城市之间职工工资比重增量的变化差异较小。广东地区的职工工资比重增量得分较高，其中广州市的职工工资比重增量得分超过1分，说明这些城市的职工工资比重增量发展基础较好。广西地区的职工工资比重增量水平较低，其中暂无城市的职工工资比重增量得分超过1分，说明广西地区的职工工资比重增量综合发展能力有待提升。

由2015年的珠江－西江经济带城市职工工资比重增量评价来看，有1个城市的职工工资比重增量得分在1分以上。得分处在0～2.3分，小于1分的城市有南宁市、柳州市、梧州市、贵港市、百色市、来宾市、崇左市、佛山市、肇庆市、云浮市。最高得分为广州市，为2.283分，最低得分为来宾市，为0.003分。得分平均值为0.539分，得分标准差为0.674，说明城市之间职工工资比重增量的变化差异较小。广东地区的职工工资比重增量得分较高，其中广州市的职工工资比重增量得分超过1分，说明这些城市的职工工资比重增量发展基础较好。广西地区的职工工资比重增量水平较低，其中暂无城市的职工工资比重增量得分超过1分，说明广西地区的职工工资比重增量综合发展能力有待提升。

对比珠江－西江经济带城市职工工资比重增量变化，通过对各年间的珠江－西江经济带城市职工工资比重增量的平均分、标准差进行分析，可以发现其平均分处于波动上升趋势，说明职工工资比重增量综合能力有所上升。职工工资比重增量的标准差处于波动下降的趋势，说明城市间的职工工资比重增量差距有所缩小。对各城市的职工工资比重增量变化展开分析，发现广州市的职工工资比重增量处在绝对领先位置，在2010～2015年的各个时间段内均处于第1名，而其他城市排名变化幅度除佛山市外均较小，得分有小幅度提升，说明珠江－西江经济带各城市职工工资比重增量的发展较稳定。

9. 珠江－西江经济带城市职工工资强度得分情况

通过表1－43对2010～2015年的珠江－西江经济带城市职工工资强度变化进行分析。由2010年的珠江－西江经济带城市职工工资强度评价来看，有1个城市的职工工资强度得分在1分以上。得分处在0～5.2分，小于1分的城市有南宁市、柳州市、梧州市、贵港市、百色市、来宾市、崇左市、佛山市、肇庆市、云浮市。最高得分为广州市，为5.138分，最低得分为来宾市，为0.047分。得分平均值为0.713分，得分标准差为1.497，说明城市之间职工工资强度的变化差异较大。广东地区的职工工资强度得分较高，其中广州市的职工工资强度实力得分超过1分，说明广东地区的职工工资强度发展基础较好。广西地区的职工工资强度得分较低，暂无城市的职工工资强度得分超过1分，说明广西地区的职工工资强度综合发展能力有待提升。

表1－43　　2010～2015年珠江－西江经济带城市职工工资强度评价比较

地区	2010年	2011年	2012年	2013年	2014年	2015年	综合变化
南宁市	0.887	0.781	0.798	0.663	0.875	0.758	－0.128
	2	2	2	3	3	3	－1
柳州市	0.429	0.372	0.414	0.345	0.303	0.324	－0.105
	4	4	4	4	4	4	0
梧州市	0.067	0.049	0.049	0.050	0.050	0.057	－0.010
	8	8	8	8	8	9	－1
贵港市	0.055	0.039	0.043	0.046	0.036	0.069	0.014
	9	9	9	9	9	8	1
百色市	0.119	0.099	0.101	0.087	0.077	0.101	－0.019
	6	6	6	7	7	7	－1
来宾市	0.042	0.020	0.023	0.023	0.007	0.000	－0.042
	11	11	11	10	11	11	0
崇左市	0.047	0.032	0.030	0.014	0.008	0.019	－0.028
	10	10	10	11	10	10	0
广州市	5.138	5.500	5.345	4.167	4.282	4.227	－0.911
	1	1	1	1	1	1	0
佛山市	0.730	0.696	0.774	1.837	1.733	1.725	0.995
	3	3	3	2	2	2	1
肇庆市	0.239	0.243	0.278	0.307	0.296	0.308	0.069
	5	5	5	5	5	5	0

续表

地区	2010 年	2011 年	2012 年	2013 年	2014 年	2015 年	综合变化
云浮市	0.086	0.081	0.096	0.101	0.099	0.102	0.016
	7	7	7	6	6	6	1
最高分	5.138	5.500	5.345	4.167	4.282	4.227	-0.911
最低分	0.042	0.020	0.023	0.014	0.007	0.000	-0.042
平均分	0.713	0.719	0.723	0.695	0.706	0.699	-0.014
标准差	1.497	1.609	1.560	1.269	1.297	1.276	-0.221

由2011年的珠江－西江经济带城市职工工资强度评价来看，有1个城市的职工工资强度得分在1分以上。得分处在0～5.5分，小于1分的城市有南宁市、柳州市、梧州市、贵港市、百色市、来宾市、崇左市、佛山市、肇庆市、云浮市。最高得分为广州市，为5.500分，最低得分为来宾市，为0.020分。得分平均值为0.719分，得分标准差为1.609，说明城市之间职工工资强度的变化差异较大。广东地区的职工工资强度得分较高，其中广州市的职工工资强度实力得分超过1分，说明广东地区的职工工资强度发展基础较好。广西地区的职工工资强度得分较低，暂无城市的职工工资强度得分超过1分，说明广西地区的职工工资强度综合发展能力有待提升。

由2012年的珠江－西江经济带城市职工工资强度评价来看，有1个城市的职工工资强度得分在1分以上。得分处在0～5.4分，小于1分的城市有南宁市、柳州市、梧州市、贵港市、百色市、来宾市、崇左市、佛山市、肇庆市、云浮市。最高得分为广州市，为5.345分，最低得分为来宾市，为0.023分。得分平均值为0.723分，得分标准差为1.560，说明城市之间职工工资强度的变化差异较大。广东地区的职工工资强度得分较高，其中广州市的职工工资强度实力得分超过1分，说明广东地区的职工工资强度发展基础较好。广西地区的职工工资强度得分较低，暂无城市的职工工资强度得分超过1分，说明广西地区的职工工资强度综合发展能力有待提升。

由2013年的珠江－西江经济带城市职工工资强度评价来看，有2个城市的职工工资强度得分在1分以上。得分处在0～4.2分，小于1分的城市有南宁市、柳州市、梧州市、贵港市、百色市、来宾市、崇左市、佛山市、肇庆市、云浮市。最高得分为广州市，为4.167分，最低得分为崇左市，为0.014分。得分平均值为0.695分，得分标准差为1.269，说明城市之间职工工资强度的变化差异较大。广东地区的职工工资强度得分较高，其中广州市的职工工资强度实力得分超过1分，说明广东地区的职工工资强度发展基础较好。广西地区的职工工资强度得分较低，暂无城市的职工工资强度得分超过1分，说明广西地区的职工工资强度综合发展能力有待提升。

由2014年的珠江－西江经济带城市职工工资强度评价来看，有2个城市的职工工资强度得分在1分以上。得分处在0～4.3分，小于1分的城市有南宁市、柳州市、梧州市、贵港市、百色市、来宾市、崇左市、佛山市、肇庆市、云浮市。最高得分为广州市，为4.282分，最低得分为来宾市，为0.007分。得分平均值为0.706分，得分标准差为1.297，说明城市之间职工工资强度的变化差异较大。广东地区的职工工资强度得分较高，其中广州市的职工工资强度实力得分超过1分，说明广东地区的职工工资强度发展基础较好。广西地区的职工工资强度得分较低，暂无城市的职工工资强度得分超过1分，说明广西地区的职工工资强度综合发展能力有待提升。

由2015年的珠江－西江经济带城市职工工资强度评价来看，有2个城市的职工工资强度得分在1分以上。得分处在0～4.3分，小于1分的城市有南宁市、柳州市、梧州市、贵港市、百色市、来宾市、崇左市、佛山市、肇庆市、云浮市。最高得分为广州市，为4.227分，最低得分为来宾市，为0分。得分平均值为0.699分，得分标准差为1.276，说明城市之间职工工资强度的变化差异较大。广东地区的职工工资强度得分较高，其中广州市的职工工资强度实力得分超过1分，说明广东地区的职工工资强度发展基础较好。广西地区的职工工资强度得分较低，暂无城市的职工工资强度得分超过1分，说明广西地区的职工工资强度综合发展能力有待提升。

对比珠江－西江经济带城市职工工资强度变化，通过对各年间的珠江－西江经济带城市职工工资强度的平均分、标准差进行分析，可以发现其平均分处于波动下降趋势，说明职工工资强度综合能力有所下降。职工工资强度的标准差处于波动下降趋势，说明城市间的职工工资强度差距有所缩小。对各城市的职工工资强度变化展开分析，发现广州市的职工工资强度处在绝对领先位置，在2010～2015年的各个时间段内在珠江－西江经济带内的排名相对变化幅度较小，说明职工工资强度发展比较稳定，多数城市的职工工资强度得分小幅度下降，说明珠江－西江经济带城市职工工资强度有待增强。

（二）珠江－西江经济带城市生活水平评估结果的比较与评析

1. 珠江－西江经济带城市生活水平排序变化比较与评析

由图1－22可以看到，2010年与2011年相比，珠江－

西江经济带城市生活水平处于上升趋势的城市有4个，分别是百色市、肇庆市、佛山市、云浮市，上升幅度最大的是云浮市，上升5位，肇庆市、佛山市上升4位，百色市上升2位。生活水平排名保持不变的城市有2个，分别有广州市、南宁市。生活水平处于下降趋势的城市有5个，分别有来宾市、柳州市、贵港市、梧州市，来宾市下降幅度最大，下降5名，贵港市、柳州市下降4名，梧州市下降2名，崇左市下降1名。

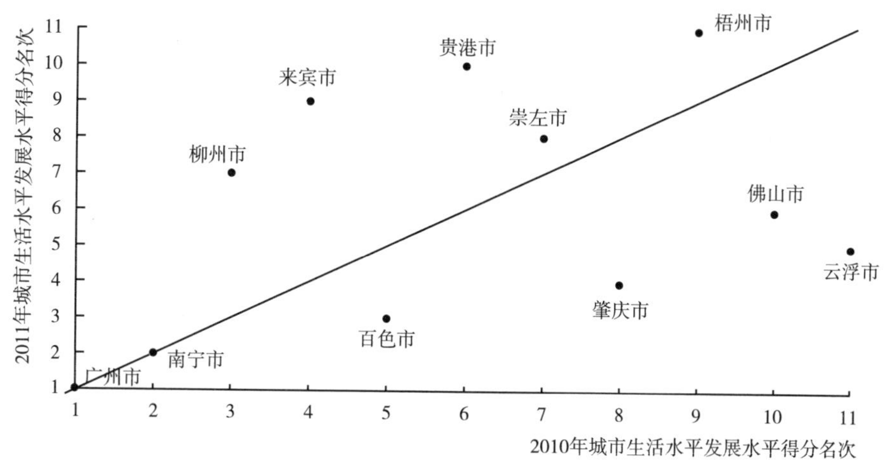

图1－22 2010～2011年珠江－西江经济带城市生活水平排序变化

由图1－23可以看到，2011年与2012年相比，珠江－西江经济带城市生活水平处于上升趋势的城市有3个，分别是肇庆市、云浮市、来宾市，来宾市上升幅度最大，排名上升4位，肇庆市上升2位，云浮市上升1位。生活水平排名保持不变的城市有4个，分别有广州市、佛山市、贵港市、梧州市。生活水平处于下降趋势的城市有4个，分别有百色市、南宁市、柳州市、崇左市，下降幅度最大的是百色市，下降4名，南宁市、柳州市、崇左市下降1名。

由图1－24可以看到，2012年与2013年相比，珠江－西江经济带城市生活水平处于上升趋势的城市有3个，分别有来宾市、佛山市、贵港市，上升幅度最大的是贵港市，排名上升6位，佛山市排名上升5位，来宾市上升3位。生活水平排名保持不变的城市有3个，分别有柳州市、崇左市、梧州市。生活水平处于下降趋势的城市有5个，分别有广州市、肇庆市、南宁市、云浮市、百色市，下降幅度最大的是肇庆市，排名下降5名，南宁市、百色市排名均下降3名，广州市下降2名，云浮市下降1名。

由图1－25可以看到，2013年与2014年相比，珠江－西江经济带城市生活水平处于上升趋势的城市有5个，分别有广州市、云浮市、南宁市、肇庆市、崇左市，上升幅度最大的是南宁市，排名上升4位，广州市、肇庆市上升2位，云浮市、崇左市上升1位。生活水平排名保持不变的城市有2个，分别有百色市、梧州市。生活水平处于下降趋势的城市有4个，分别有佛山市、来宾市、贵港市、柳州市，下降幅度最大的是来宾市，排名下降4名，贵港市排名下降3名，佛山市下降2名，柳州市下降1名。

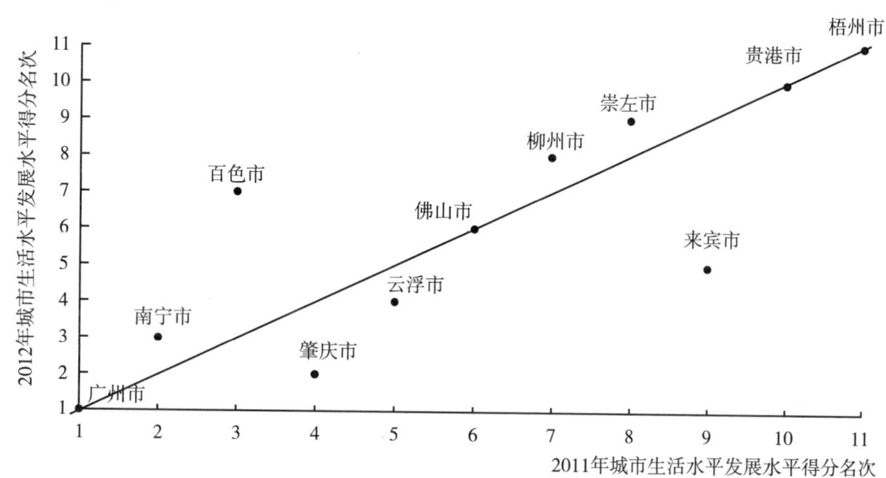

图1－23 2011～2012年珠江－西江经济带城市生活水平排序变化

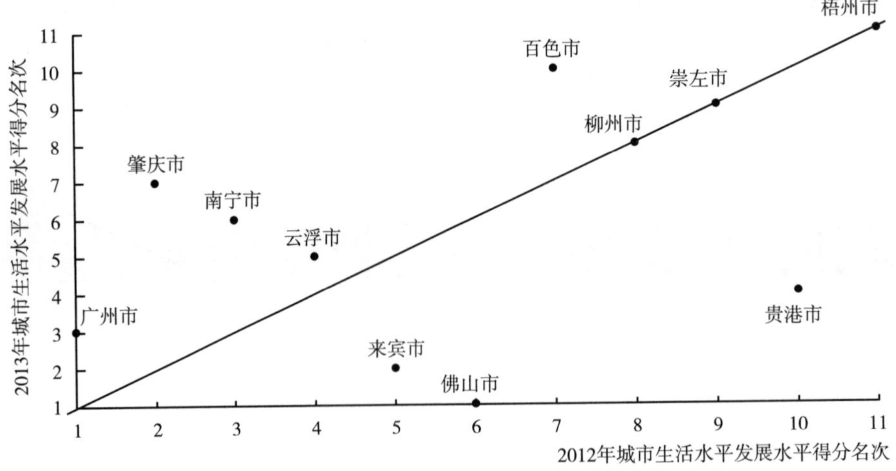

图1－24　2012～2013年珠江－西江经济带城市生活水平排序变化

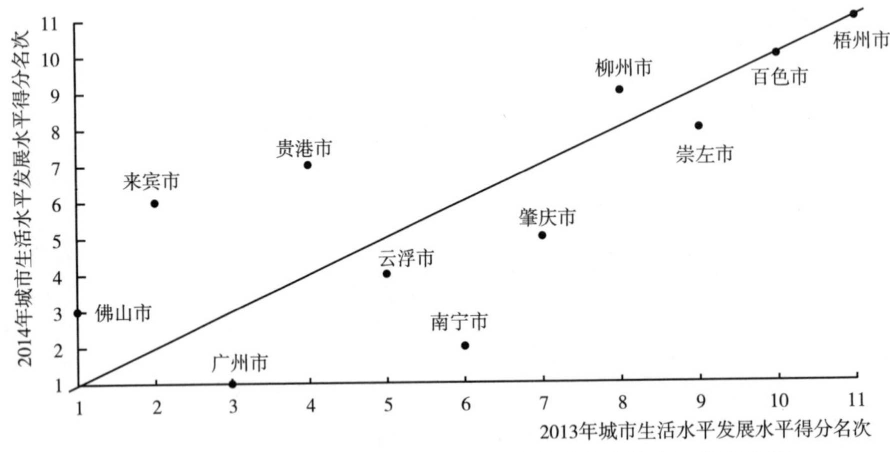

图1－25　2013～2014年珠江－西江经济带城市生活水平排序变化

由图1－26可以看到，2014年与2015年相比，珠江－西江经济带城市生活水平处于上升趋势的城市有4个，分别是贵港市、崇左市、百色市、梧州市，贵港市、崇左市、百色市排名均上升5位，梧州市上升3位。生活水平排名保持不变的城市为广州市。生活水平处于下降趋势的城市有6个，分别是南宁市、佛山市、云浮市、肇庆市、来宾市、柳州市，来宾市排名下降5名，肇庆市下降4名，佛山市、云浮市下降3名，南宁市下降2名，柳州市下降1名。

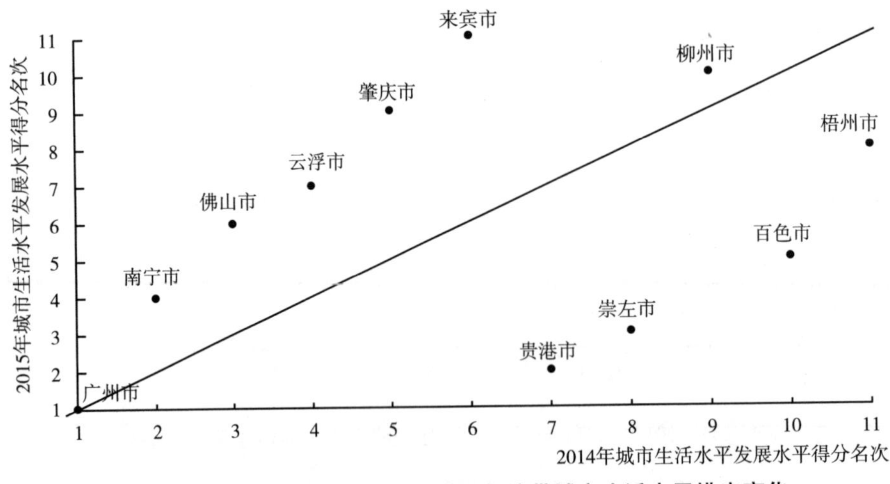

图1－26　2014～2015年珠江－西江经济带城市生活水平排序变化

由图1－27可以看到，2010年与2015年相比，珠江－西江经济带城市生活水平处于上升趋势的城市有5个，分别是贵港市、崇左市、佛山市、梧州市、云浮市，梧州市排名上升1位，贵港市、崇左市、佛山市、云浮市排名均上升4位。生活水平排名保持不变的城市有2个，分别有广州市、百色市。生活水平处于下降趋势的城市有4个，分别是来宾市、柳州市、南宁市、肇庆市，来宾市、柳州市排名下降7名，南宁市下降2名，肇庆市下降1名。

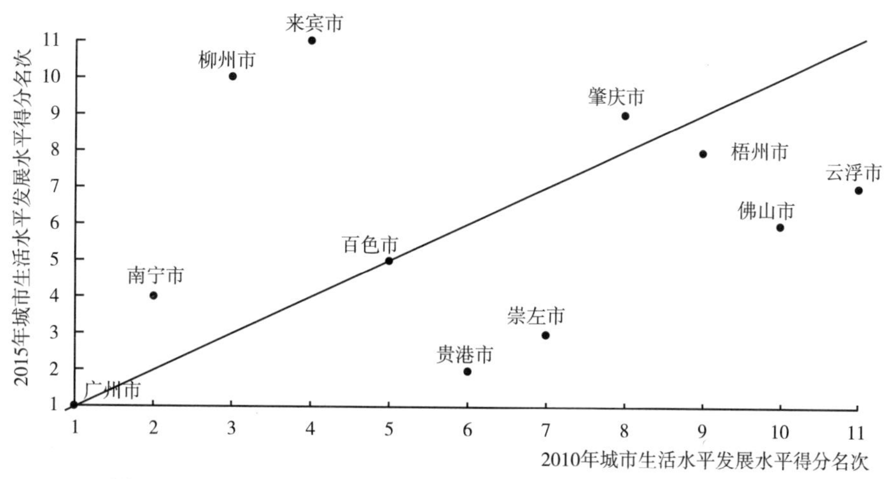

图1－27　2010～2015年珠江－西江经济带城市生活水平排序变化

由表1－44对2010～2011年珠江－西江经济带城市生活水平平均得分情况进行分析，可以看到，2010～2011年，生活水平上游区、中游区、下游区平均得分均呈现变化趋势，分别变化－1.548分、－1.945分、－0.643分，说明珠江－西江经济带城市整体生活水平出现降低趋势，生活水平稳定性较差。

表1－44　2010～2011年珠江－西江经济带城市生活水平平均得分情况

指标	2010年			2011年			得分变化		
	上游区	中游区	下游区	上游区	中游区	下游区	上游区	中游区	下游区
生活水平	14.573	9.327	6.087	13.026	7.381	5.444	－1.548	－1.945	－0.643
社会保障水平	1.688	0.851	0.257	1.498	0.756	0.373	－0.190	－0.095	0.115
总工资弧弹性	0.075	0.062	0.041	0.087	0.051	0.039	0.011	－0.010	－0.002
平均工资增长强度	2.226	1.281	0.541	1.742	0.845	0.232	－0.484	－0.436	－0.309
城市人力资本	8.738	6.114	3.697	6.630	4.816	3.107	－2.109	－1.298	－0.590
职工工资相对增长率	0.529	0.197	0.181	0.588	0.191	0.171	0.059	－0.005	－0.010
职工工资绝对增量加权指数	0.185	0.039	0.032	0.253	0.035	0.029	0.068	－0.004	－0.002
职工工资比重增量	0.997	0.077	0.036	2.008	0.118	0.023	1.011	0.041	－0.013
职工工资强度	2.252	0.188	0.048	2.326	0.169	0.031	0.074	－0.019	－0.017

三级指标中，2010～2011年间，在珠江－西江经济带城市社会保障水平上游区、中游区、下游区的平均得分均呈现变化的趋势，分别变化－0.190分、－0.095分、0.115分，说明珠江－西江经济带整体社会保障水平发展出现小幅度下降，社会保障发展体系有待完善。

2010～2011年间，在珠江－西江经济带城市总工资弧弹性上游区、中游区、下游区平均得分均呈现变化的趋势，分别变化0.011分、－0.010分、－0.002分，说明珠江－西江经济带整体总工资弧弹性逐渐下降，整体总工资弧弹性发展不协调。

2010～2011年间，在珠江－西江经济带城市平均工资增长强度上游区、中游区、下游区的平均得分均呈现出变化的趋势，分别变化－0.484分、－0.436分、－0.309分，说明珠江－西江经济带城市整体平均工资增长强度出现较大幅度的下降趋势。

2010～2011年间，在珠江－西江经济带城市人力资本上游区、中游区、下游区的平均得分均呈现出变化的趋势，分别变化－2.109分、－1.298分、－0.590分，说明珠江－西江经济带整体城市人力资本出现较大幅度下降。

2010～2011年间，在珠江－西江经济带城市职工工资相对增长率上游区、中游区、下游区平均得分均呈现出变化的趋势，分别变化0.059分、－0.005分、－0.010分，说明珠江－西江经济带城市整体职工工资相对增长率出现较小幅度上升，城市整体职工工资相对增长率发展较好。

2010～2011年间，在珠江－西江经济带城市职工工资绝对增量加权指数上游区、中游区、下游区平均得分均呈现出变化的趋势，分别变化0.068分、－0.004分、－0.002分，说明珠江－西江经济带整体职工工资绝对增量加权指数出现较小幅度上升。

2010～2011年间，在珠江－西江经济带城市职工工资比重增量上游区、中游区、下游区平均得分均呈现出变化的趋势，分别变化1.011分、0.041分、－0.013分，城市整体职工工资比重增量有所上升。

2010～2011年间，在珠江－西江经济带城市职工工资强度上游区、中游区、下游区平均得分均呈现出变化的趋势，分别变化0.074分、－0.019分、－0.017分，说明珠江－西江经济带城市整体职工工资强度出现较小幅度上升，城市整体职工工资强度有所增长。

由表1－45对2011～2012年珠江－西江经济带城市生活水平平均得分情况进行分析，可以看到，2011～2012年，生活水平上游区、中游区、下游区平均得分均呈现变化趋势，分别变化－3.249分、－1.146分、－1.593分，说明珠江－西江经济带城市整体生活水平出现降低趋势，生活水平发展稳定性较差。

表1－45　2011～2012年珠江－西江经济带城市生活水平平均得分情况

指标	2011年			2012年			得分变化		
	上游区	中游区	下游区	上游区	中游区	下游区	上游区	中游区	下游区
生活水平	13.026	7.381	5.444	9.777	6.236	3.851	－3.249	－1.146	－1.593
社会保障水平	1.498	0.756	0.373	1.382	0.794	0.379	－0.116	0.038	0.006
总工资弧弹性	0.087	0.051	0.039	0.294	0.087	0.063	0.207	0.035	0.024
平均工资增长强度	1.742	0.845	0.232	1.685	1.025	0.496	－0.056	0.179	0.264
城市人力资本	6.630	4.816	3.107	4.894	3.247	1.585	－1.735	－1.569	－1.522
职工工资相对增长率	0.588	0.191	0.171	0.293	0.194	0.173	－0.295	0.002	0.001
职工工资绝对增量加权指数	0.253	0.035	0.029	0.107	0.036	0.030	－0.147	0.001	0.001
职工工资比重增量	2.008	0.118	0.023	0.725	0.156	0.035	－1.283	0.038	0.012
职工工资强度	2.326	0.169	0.031	2.306	0.188	0.032	－0.020	0.018	0.001

三级指标中，2011～2012年间，在珠江－西江经济带城市社会保障水平上游区、中游区、下游区平均得分均呈现变化的趋势，分别变化－0.116分、0.038分、0.006分，说明珠江－西江经济带城市整体社会保障水平发展出现小幅度下降，社会保障发展体系有待完善。

2011～2012年间，在珠江－西江经济带城市总工资弧弹性上游区、中游区、下游区平均得分均呈现变化的趋势，分别变化0.207分、0.035分、0.024分，说明珠江－西江经济带城市整体总工资弧弹性逐渐上升，整体总工资弧弹性发展协调。

2011～2012年间，在珠江－西江经济带城市平均工资增长强度上游区、中游区、下游区平均得分均呈现出变化的趋势，分别变化－0.056分、0.179分、0.264分，说明珠江－西江经济带城市整体平均工资增长强度出现较小幅度的下降，城市整体平均工资增长强度呈现下降趋势。

2011～2012年间，在珠江－西江经济带城市人力资本上游区、中游区、下游区的平均得分均呈现出变化的趋势，分别变化－1.735分、－1.569分、－1.522分，说明珠江－西江经济带城市整体城市人力资本结构出现较大幅度的下降。

2011～2012年间，在珠江－西江经济带城市职工工资相对增长率上游区、中游区、下游区平均得分均呈现出变化的趋势，分别变化－0.295分、0.002分、0.001分，说明珠江－西江经济带整体职工工资相对增长率出现较小幅度下降，城市整体职工工资相对增长率发展较差。

2011～2012年间，在珠江－西江经济带城市职工工资绝对增量加权指数上游区、中游区、下游区的平均得分均呈现出变化的趋势，分别变化－0.147分、0.001分、0.001分，说明珠江－西江经济带城市整体职工工资绝对增量加权指数出现较小幅度下降现象。

2011～2012年间，在珠江－西江经济带城市职工工资比重增量上游区、中游区、下游区平均得分均呈现出变化的趋势，分别变化－1.283分、0.038分、0.012分，城市整体职工工资比重增量有待完善。

2011～2012年间，在珠江－西江经济带城市职工工资强度上游区、中游区、下游区平均得分均呈现出变化的趋势，分别变化－0.020分、0.018分、0.001分，说明珠江－西江经济带整体职工工资强度出现较小幅度上升，城市整体职工工资强度有所增长。

由表1－46对2012～2013年珠江－西江经济带城市生活水平平均得分情况进行分析，可以看到，2012～2013年，生活水平上游区、中游区、下游区平均得分均呈现变化趋势，分别变化4.851分、1.305分、0.461分，说明珠江－西江经济带城市整体生活水平出现上升趋势，生活水平稳定性较好。

表1－46　2012～2013年珠江－西江经济带城市生活水平平均得分情况

指标	2012年			2013年			得分变化		
	上游区	中游区	下游区	上游区	中游区	下游区	上游区	中游区	下游区
生活水平	9.777	6.236	3.851	14.628	7.540	4.311	4.851	1.305	0.461
社会保障水平	1.382	0.794	0.379	1.624	0.873	0.386	0.242	0.079	0.008
总工资弧弹性	0.294	0.087	0.063	1.985	0.142	0.084	1.691	0.056	0.021
平均工资增长强度	1.685	1.025	0.496	4.071	1.733	0.333	2.385	0.709	－0.163
城市人力资本	4.894	3.247	1.585	3.453	2.484	1.052	－1.442	－0.763	－0.533
职工工资相对增长率	0.293	0.194	0.173	2.517	0.422	0.294	2.224	0.229	0.121
职工工资绝对增量加权指数	0.107	0.036	0.030	2.068	0.096	0.052	1.961	0.059	0.022
职工工资比重增量	0.725	0.156	0.035	0.886	0.274	0.113	0.162	0.119	0.078
职工工资强度	2.306	0.188	0.032	2.223	0.178	0.028	－0.083	－0.010	－0.004

三级指标中，2012～2013年间，在珠江－西江经济带城市社会保障水平上游区、中游区、下游区平均得分均呈现变化的趋势，分别变化0.242分、0.079分、0.008分，说明珠江－西江经济带城市整体社会保障水平发展出现小幅度上升，社会保障发展体系有所完善。

2012～2013年间，在珠江－西江经济带城市总工资弧弹性上游区、中游区、下游区平均得分均呈现变化的趋势，分别变化1.691分、0.056分、0.021分，说明珠江－西江经济带城市整体总工资弧弹性逐渐上升，整体总工资弧弹性发展协调。

2012～2013年间，在珠江－西江经济带城市平均工资增长强度上游区、中游区、下游区平均得分均呈现出变化的趋势，分别变化2.385分、0.709分、－0.163分，说明珠江－西江经济带整体平均工资增长强度出现较大幅度上升，城市整体平均工资增长强度呈现上升趋势。

2012～2013年间，在珠江－西江经济带城市人力资本上游区、中游区、下游区的平均得分均呈现出变化的趋势，分别变化－1.442分、－0.763分、－0.533分，说明珠江－西江经济带城市整体人力资本出现较大幅度下降。

2012～2013年间，在珠江－西江经济带城市职工工资相对增长率上游区、中游区、下游区平均得分均呈现出变化的趋势，分别变化2.224分、0.229分、0.121分，说明珠江－西江经济带城市整体职工工资相对增长率出现较大幅度上升，城市整体职工工资相对增长率发展较好。

2012～2013年间，在珠江－西江经济带城市职工工资绝对增量加权指数上游区、中游区、下游区平均得分均呈现出变化的趋势，分别变化1.961分、0.059分、0.022分，说明珠江－西江经济带城市整体职工工资绝对增量加权指数出现较大幅度上升。

2012～2013年间，在珠江－西江经济带城市职工工资比重增量上游区、中游区、下游区平均得分均呈现出变化的趋势，分别变化0.162分、0.119分、0.078分，城市整体职工工资比重增量有所完善。

2012～2013年间，在珠江－西江经济带城市职工工资强度上游区、中游区、下游区平均得分均呈现出变化的趋势，分别变化－0.083分、－0.010分、－0.004分，说明珠江－西江经济带整体职工工资强度出现较小幅度下降，城市整体职工工资强度有所衰退。

由表1－47对2013～2014年珠江－西江经济带城市生活水平平均得分情况进行分析，可以看到，2013～2014年，生活水平上游区、中游区、下游区平均得分均呈现变化趋势，分别变化－1.770分、－0.858分、0.655分，说明珠江－西江经济带城市整体生活水平出现下降趋势，生活水平稳定性较差。

三级指标中，2013～2014年间，在珠江－西江经济带城市社会保障水平上游区、中游区、下游区的平均得分均呈现变化的趋势，分别变化0.033分、－0.075分、－0.008分，说明珠江－西江经济带城市整体社会保障水平发展出现小幅度下降，社会保障发展体系有待完善。

表 1－47　　2013～2014 年珠江－西江经济带城市生活水平平均得分情况

指标	2013 年			2014 年			得分变化		
	上游区	中游区	下游区	上游区	中游区	下游区	上游区	中游区	下游区
生活水平	14.628	7.540	4.311	12.858	6.682	4.966	-1.770	-0.858	0.655
社会保障水平	1.624	0.873	0.386	1.657	0.798	0.378	0.033	-0.075	-0.008
总工资弧弹性	1.985	0.142	0.084	0.157	0.098	0.057	-1.828	-0.044	-0.026
平均工资增长强度	4.071	1.733	0.333	1.690	0.976	0.359	-2.381	-0.757	0.026
城市人力资本	3.453	2.484	1.052	4.645	3.673	2.121	1.192	1.189	1.068
职工工资相对增长率	2.517	0.422	0.294	1.168	0.241	0.194	-1.349	-0.182	-0.100
职工工资绝对增量加权指数	2.068	0.096	0.052	0.516	0.049	0.033	-1.552	-0.047	-0.019
职工工资比重增量	0.886	0.274	0.113	3.277	0.208	0.052	2.390	-0.066	-0.060
职工工资强度	2.223	0.178	0.028	2.297	0.165	0.017	0.074	-0.013	-0.010

2013～2014 年间，在珠江－西江经济带城市总工资弧弹性上游区、中游区、下游区平均得分均呈现变化的趋势，分别变化－1.828 分、－0.044 分、－0.026 分，说明珠江－西江经济带城市整体总工资弧弹性逐渐下降，整体总工资弧弹性发展不协调。

2013～2014 年间，在珠江－西江经济带城市平均工资增长强度上游区、中游区、下游区平均得分均呈现出变化的趋势，分别变化－2.381 分、－0.757 分、0.026 分，说明珠江－西江经济带城市整体平均工资增长强度出现较大幅度上升，城市整体平均工资增长强度呈现上升趋势。

2013～2014 年间，在珠江－西江经济带城市人力资本上游区、中游区、下游区的平均得分均呈现出变化的趋势，分别变化 1.192 分、1.189 分、1.068 分，说明珠江－西江经济带整体城市人力资本出现较大幅度上升。

2013～2014 年间，在珠江－西江经济带城市职工工资相对增长率上游区、中游区、下游区平均得分均呈现出变化的趋势，分别变化－1.349 分、－0.182 分、－0.100 分，说明珠江－西江经济带城市整体职工工资相对增长率出现较大幅度下降，城市整体职工工资相对增长率发展较差。

2013～2014 年间，在珠江－西江经济带城市职工工资绝对增量加权指数上游区、中游区、下游区平均得分均呈现出变化的趋势，分别变化－1.552 分、－0.047 分、－0.019 分，说明珠江－西江经济带城市整体职工工资绝对增量加权指数出现较大幅度下降。

2013～2014 年间，在珠江－西江经济带城市职工工资比重增量上游区、中游区、下游区平均得分均呈现出变化的趋势，分别变化 2.390 分、－0.066 分、－0.060 分，城市整体职工工资比重增量有所完善。

2013～2014 年间，在珠江－西江经济带城市职工工资强度上游区、中游区、下游区平均得分均呈现出变化的趋势，分别变化 0.074 分、－0.013 分、－0.010 分，说明珠江－西江经济带城市整体职工工资强度出现较小幅度上升，城市整体职工工资强度有所上升。

由表 1－48 对 2014～2015 年珠江－西江经济带城市生活水平平均得分情况进行分析，可以看到，2014～2015 年，生活水平上游区、中游区、下游区平均得分均呈现变化趋势，分别变化 0.075 分、2.047 分、－0.272 分，说明珠江－西江经济带城市整体生活水平出现下降趋势，生活水平稳定性较差。

表 1－48　　2014～2015 年珠江－西江经济带城市生活水平平均得分情况

指标	2014 年			2015 年			得分变化		
	上游区	中游区	下游区	上游区	中游区	下游区	上游区	中游区	下游区
生活水平	12.858	6.682	4.966	12.933	8.730	4.694	0.075	2.047	-0.272
社会保障水平	1.657	0.798	0.378	3.272	0.820	0.332	1.615	0.022	-0.046
总工资弧弹性	0.157	0.098	0.057	0.313	0.134	0.030	0.157	0.036	-0.028
平均工资增长强度	1.690	0.976	0.359	4.626	1.939	0.343	2.936	0.963	-0.016
城市人力资本	4.645	3.673	2.121	4.142	3.164	2.107	-0.502	-0.509	-0.013
职工工资相对增长率	1.168	0.241	0.194	1.007	0.325	0.143	-0.161	0.085	-0.051

续表

指标	2014 年			2015 年			得分变化		
	上游区	中游区	下游区	上游区	中游区	下游区	上游区	中游区	下游区
职工工资绝对增量加权指数	0.516	0.049	0.033	0.546	0.068	0.025	0.031	0.019	-0.008
职工工资比重增量	3.277	0.208	0.052	1.441	0.272	0.081	-1.835	0.064	0.028
职工工资强度	2.297	0.165	0.017	2.237	0.181	0.025	-0.060	0.016	0.008

三级指标中，2014～2015 年间，在珠江－西江经济带城市社会保障水平上游区、中游区、下游区的平均得分均呈现变化的趋势，分别变化 1.615 分、0.022 分、-0.046 分，说明珠江－西江经济带城市整体社会保障水平发展出现大幅度上升，社会保障发展体系有所完善。

2014～2015 年间，在珠江－西江经济带城市总工资弧弹性上游区、中游区、下游区平均得分均呈现变化的趋势，分别变化 0.157 分、0.036 分、-0.028 分，说明珠江－西江经济带城市整体总工资弧弹性逐渐上升，整体总工资弧弹性发展较协调。

2014～2015 年间，在珠江－西江经济带城市平均工资增长强度上游区、中游区、下游区平均得分均呈现出变化的趋势，分别变化 2.936 分、0.963 分、-0.016 分，说明珠江－西江经济带城市整体平均工资增长强度出现较大幅度上升，城市整体平均工资增长强度呈现上升趋势。

2014～2015 年间，在珠江－西江经济带城市人力资本上游区、中游区、下游区平均得分均呈现出变化的趋势，分别变化 -0.502 分、-0.509 分、-0.013 分，说明珠江－西江经济带城市整体人力资本出现较大幅度下降。

2014～2015 年间，在珠江－西江经济带城市职工工资相对增长率上游区、中游区、下游区平均得分均呈现出变化的趋势，分别变化 -0.161 分、0.085 分、-0.051 分，说明珠江－西江经济带城市整体职工工资相对增长率出现较大幅度下降，城市整体职工工资相对增长率发展较差。

2014～2015 年间，在珠江－西江经济带城市职工工资绝对增量加权指数上游区、中游区、下游区平均得分均呈现出变化的趋势，分别变化 0.031 分、0.019 分、-0.008 分，说明珠江－西江经济带城市整体职工工资绝对增量加权指数出现较大幅度上升。

2014～2015 年间，在珠江－西江经济带城市职工工资比重增量上游区、中游区、下游区平均得分均呈现出变化的趋势，分别变化 -1.835 分、0.064 分、0.028 分，城市整体职工工资比重增量有待完善。

2014～2015 年间，在珠江－西江经济带城市职工工资强度上游区、中游区、下游区平均得分均呈现出变化的趋势，分别变化 -0.060 分、0.016 分、0.008 分，说明珠江－西江经济带整体职工工资强度出现较小幅度下降，城市整体职工工资强度有所下降。

由表 1－49 对 2010～2015 年珠江－西江经济带城市生活水平平均得分情况进行分析，可以看到，2010～2015 年，生活水平上游区、中游区、下游区平均得分均呈现变化趋势，分别变化 -1.640 分、-0.597 分、-1.393 分，说明珠江－西江经济带城市整体生活水平出现下降趋势，生活水平稳定性较差。

表 1－49　2010～2015 年珠江－西江经济带城市生活水平平均得分情况

指标	2010 年			2015 年			得分变化		
	上游区	中游区	下游区	上游区	中游区	下游区	上游区	中游区	下游区
生活水平	14.573	9.327	6.087	12.933	8.730	4.694	-1.640	-0.597	-1.393
社会保障水平	1.688	0.851	0.257	3.272	0.820	0.332	1.584	-0.031	0.075
总工资弧弹性	0.075	0.062	0.041	0.313	0.134	0.030	0.238	0.073	-0.011
平均工资增长强度	2.226	1.281	0.541	4.626	1.939	0.343	2.400	0.658	-0.198
城市人力资本	8.738	6.114	3.697	4.142	3.164	2.107	-4.596	-2.950	-1.589
职工工资相对增长率	0.529	0.197	0.181	1.007	0.325	0.143	0.478	0.129	-0.038
职工工资绝对增量加权指数	0.185	0.039	0.032	0.546	0.068	0.025	0.361	0.029	-0.006
职工工资比重增量	0.997	0.077	0.036	1.441	0.272	0.081	0.445	0.195	0.045
职工工资强度	2.252	0.188	0.048	2.237	0.181	0.025	-0.015	-0.007	-0.022

三级指标中，2010～2015 年间，在珠江－西江经济带城市社会保障水平上游区、中游区、下游区平均得分均呈现变化趋势，分别变化 1.584 分、－0.031 分、0.075 分，说明珠江－西江经济带城市整体社会保障水平发展出现大幅度上升，社会保障发展体系有所完善。

2010～2015 年间，在珠江－西江经济带城市总工资弧弹性上游区、中游区、下游区平均得分均呈现变化趋势，分别变化 0.238 分、0.073 分、－0.011 分，说明珠江－西江经济带城市整体总工资弧弹性逐渐上升，整体总工资弧弹性发展较协调。

2010～2015 年间，在珠江－西江经济带城市平均工资增长强度上游区、中游区、下游区平均得分均呈现出变化趋势，分别变化 2.400 分、0.658 分、－0.198 分，说明珠江－西江经济带城市整体平均工资增长强度出现较大幅度上升，城市整体平均工资增长强度呈现上升趋势。

2010～2015 年间，在珠江－西江经济带城市人力资本上游区、中游区、下游区平均得分均呈现出变化趋势，分别变化－4.596 分、－2.950 分、－1.589 分，说明珠江－西江经济带整体城市人力资本出现较大幅度下降。

2010～2015 年间，在珠江－西江经济带城市职工工资相对增长率上游区、中游区、下游区平均得分均呈现出变化的趋势，分别变化 0.478 分、0.129 分、－0.038 分，说明珠江－西江经济带城市整体职工工资相对增长率出现较大幅度上升，城市整体职工工资相对增长率发展较好。

2010～2015 年间，在珠江－西江经济带城市职工工资绝对增量加权指数上游区、中游区、下游区平均得分均呈现出变化趋势，分别变化 0.361 分、0.029 分、－0.006 分，说明珠江－西江经济带整体职工工资绝对增量加权指数出现较大幅度上升。

2010～2015 年间，在珠江－西江经济带城市职工工资比重增量上游区、中游区、下游区平均得分均呈现出变化的趋势，分别变化 0.445 分、0.195 分、0.045 分，城市整体职工工资比重增量有所完善。

2010～2015 年间，在珠江－西江经济带城市职工工资强度上游区、中游区、下游区平均得分均呈现出变化趋势，分别变化－0.015分、－0.007 分、－0.022 分，说明珠江－西江经济带城市整体职工工资强度出现较小幅度下降，城市整体职工工资强度有所下降。

2. 珠江－西江经济带城市生活水平分布情况

根据灰色综合评价法对无量纲化后的三级指标进行权重得分计算，得到珠江－西江经济带各城市的生活水平得分及排名，反映出各城市生活水平情况。为更为准确地反映出各城市生活水平差异及整体情况，需要对各城市生活水平分布情况进行分析，对各城市间实际差距和均衡性展开研究。因此，由图 1－28、图 1－29、图 1－30、图 1－31、图 1－32、图 1－33 对 2010～2015 年珠江－西江经济带城市生活水平评价分值分布进行统计。

由图 1－28 可以看到，2010 年珠江－西江经济带城市生活水平得分不均衡。生活水平得分在 6 分以下有 2 个城市，9～10 分、10～11 分分别有 1 个城市，7～8 分的城市有 3 个，11 分以上区间内有 4 个城市。这说明珠江－西江经济带城市生活水平分布比较不均衡，城市的生活水平得分相差较大，地区内生活水平综合得分分布的衔接性较差。

由图 1－29 可以看到，2011 年珠江－西江经济带城市生活水平得分仍旧不稳定。生活水平得分在 6～7 分、8～9 分分别有 4 个城市，有 1 个城市的生活水平得分在 11 分以上，2 个城市在 6 分以下。这说明珠江－西江经济带城市生活水平分布持续不均衡。

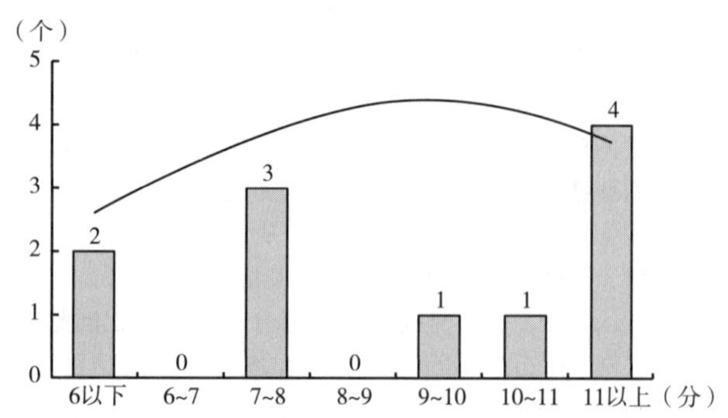

图 1－28　2010 年珠江－西江经济带城市生活水平评价分值分布

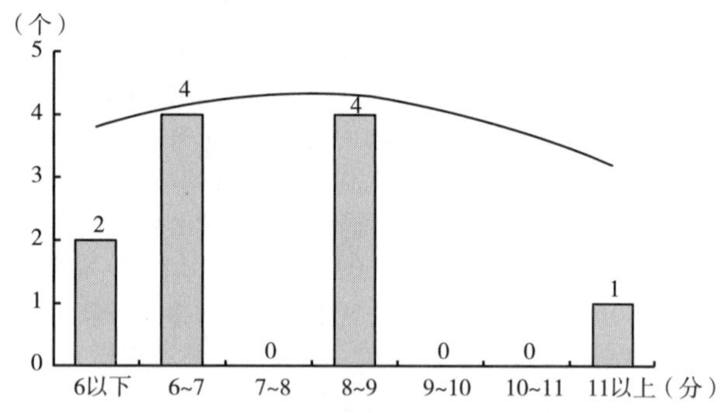

图 1－29　2011 年珠江－西江经济带城市生活水平评价分值分布

由图 1－30 可以看到，2012 年珠江－西江经济带城市生活水平得分分布与 2011 年情况相似。生活水平得分在 6～7 分、7～8 分各有 3 个城市，4 个城市的生活水平得分在 6 分以下区间内，有 1 个城市的生活水平得分在 11 分以上。这说明珠江－西江经济带城市生活水平分布仍旧比较均衡，但是地区内生活水平综合得分分布的衔接性较差。

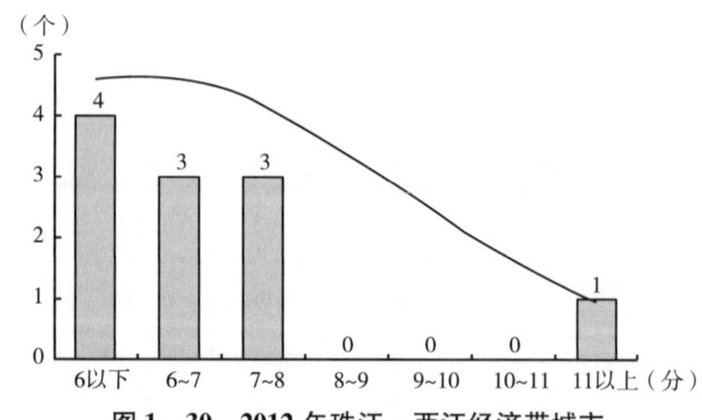

图 1－30　2012 年珠江－西江经济带城市生活水平评价分值分布

由图1－31可以看到，2013年珠江－西江经济带城市生活水平得分分布变化较大。生活水平得分在8～9分、9～10分的各有1个城市，有3个城市的生活水平得分在11分以上，7～8分有2个城市，6分以下有4个城市。这说明珠江－西江经济带城市生活水平分布均衡性有所降低，地区内生活水平综合得分分布的衔接性较差。

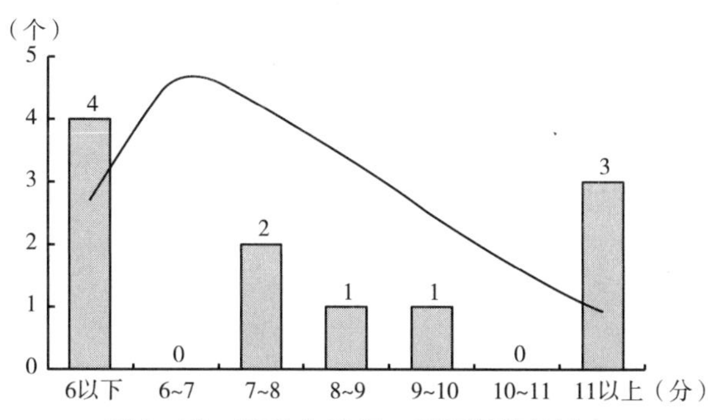

图1－31　2013年珠江－西江经济带城市生活水平评价分值分布

由图1－32可以看到，2014年珠江－西江经济带城市生活水平得分分布未出现好转，未显示出相对均衡的状态。生活水平得分在6～7分有5个城市，6分以下、8～9分都分别有2个城市，10～11分和11分以上各有1个城市。这说明珠江－西江经济带城市生活水平分布依旧不均衡，城市的生活水平得分相差大，地区内生活水平综合得分分布的衔接性较差。

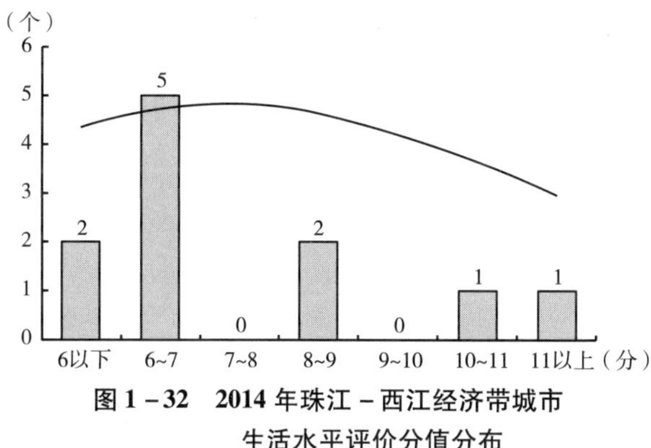

图1－32　2014年珠江－西江经济带城市生活水平评价分值分布

由图1－33可以看到，2015年珠江－西江经济带城市

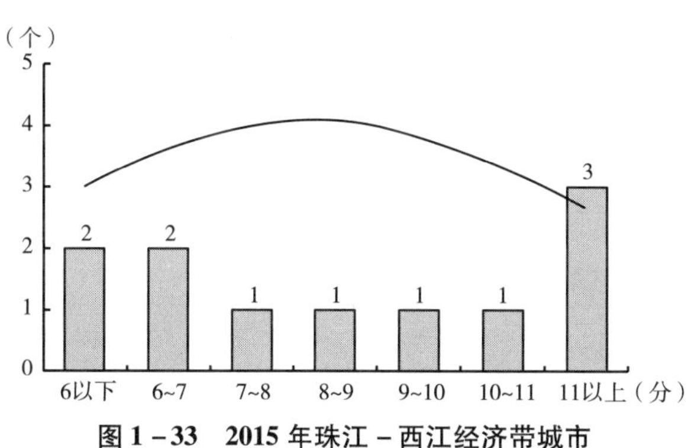

图1－33　2015年珠江－西江经济带城市生活水平评价分值分布

生活水平得分分布相对均衡。生活水平得分在7～8分、8～9分、9～10分、10～11分的分别有2个城市，各有2个城市的生活水平得分在6分以下、6～7分，有3个城市在11分以上。这说明珠江－西江经济带城市生活水平分布相对均衡，大量城市的生活水平得分较高，地区内生活水平综合得分分布的衔接性有所好转。

对2010～2015年珠江－西江经济带内广西、广东地区的生活水平平均得分及其变化情况进行分析。由表1－50对珠江－西江经济带各地区板块生活水平平均得分及变化分析，从得分情况上看，在2010～2015年间珠江－西江经济带内广西地区的生活水平得分均呈现下降趋势，广东地区呈现上升趋势，并且珠江－西江经济带内各地区的得分差距呈现扩大趋势。

表1－50　珠江－西江经济带各地区板块生活水平平均得分及其变化

年份	广西	广东	标准差
2010	10.224	9.262	0.680
2011	6.748	11.270	3.198
2012	5.177	8.956	2.672
2013	7.102	11.201	2.898
2014	6.317	10.666	3.075
2015	8.475	9.301	0.584
分值变化	－1.749	0.04	1.264

通过对珠江－西江经济带城市生活水平各地区板块的对比分析，发现珠江－西江经济带中广东板块的生活水平高于广西板块，各板块生活水平得分差距不断扩大。为对珠江－西江经济带中各地区板块的城市生活水平排名情况进行分析，通过表1－51、表1－52、表1－53、表1－54对广西板块、广东板块内城市名次及在珠江－西江经济带整体名次排序分析，由各地区板块及珠江－西江经济带整体两个维度对城市排名进行分析，同时还对各板块变化趋势进行分析。

由表1－51对珠江－西江经济带中广西板块城市的排名比较进行分析，可以看到南宁市的生活水平呈现下降趋势。柳州市排名也呈现下降趋势，生活水平不断下降。梧州市排名呈现上升趋势。贵港市排名呈现上升趋势。百色市排名呈现保持趋势。来宾市排名呈现下降趋势。崇左市排名呈现上升趋势。

由表1－52对广西板块内城市在珠江－西江经济带城市生活水平排名情况进行比较，可以看到南宁市的生活水平呈现下降趋势。柳州市排名也呈现下降趋势，生活水平不断下降。梧州市排名呈现上升趋势。贵港市排名呈现上升趋势。百色市排名呈现保持趋势。来宾市排名呈现下降趋势。崇左市排名呈现上升趋势。

由表1－53对珠江－西江经济带中广东板块城市的排名比较进行分析，可以看到广州市的生活水平呈现保持趋势。佛山市排名呈现上升趋势，生活水平不断提升。肇庆市排名呈现下降趋势。云浮市排名呈现上升趋势。

由表1－54对广东板块内城市在珠江－西江经济带城市生活水平排名情况进行比较，可以看到广州市的生活水平呈现保持趋势。佛山市排名呈现上升趋势，生活水平不断上升。肇庆市排名呈现下降趋势。云浮市排名呈现上升趋势。

表1－51　　广西板块各城市生活水平排名比较

地区	2010年	2011年	2012年	2013年	2014年	2015年	排名变化
南宁市	1	1	1	3	1	3	－2
柳州市	2	3	4	4	5	6	－4
梧州市	7	7	7	7	7	5	2
贵港市	5	6	6	2	3	1	4
百色市	4	2	3	6	6	4	0
来宾市	3	5	2	1	2	7	－4
崇左市	6	4	5	5	4	2	4

表1－52　　广西板块各城市在珠江－西江经济带城市生活水平排名比较

地区	2010年	2011年	2012年	2013年	2014年	2015年	排名变化
南宁市	2	2	3	6	2	4	－2
柳州市	3	7	8	8	9	10	－7
梧州市	9	11	11	11	11	8	1
贵港市	6	10	10	4	7	2	4
百色市	5	3	7	10	10	5	0
来宾市	4	9	5	2	6	11	－7
崇左市	7	8	9	9	8	3	4

表1－53　　广东板块各城市生活水平排名比较

地区	2010年	2011年	2012年	2013年	2014年	2015年	排名变化
广州市	1	1	1	2	1	1	0
佛山市	3	4	4	1	2	2	1
肇庆市	2	2	2	4	4	4	－2
云浮市	4	3	3	3	3	3	1

表1－54　　广东板块各城市在珠江－西江经济带城市生活水平排名比较

地区	2010年	2011年	2012年	2013年	2014年	2015年	排名变化
广州市	1	1	1	3	1	1	0
佛山市	10	6	6	1	3	6	4

续表

地区	2010 年	2011 年	2012 年	2013 年	2014 年	2015 年	排名变化
肇庆市	8	4	2	7	5	9	－1
云浮市	11	5	4	5	4	7	4

3. 珠江－西江经济带城市生活水平三级指标分区段得分情况

由图 1－34 可以看到珠江－西江经济带城市生活水平上游区各项三级指标的平均得分变化趋势。2010～2015 年间社会保障水平上游区得分呈现波动上升变化趋势。2010～2015 年间总工资弧弹性上游区的得分呈现波动上升发展趋势。2010～2015 年间平均工资增长强度上游区的得分呈现波动上升发展趋势。2010～2015 年间城市人力资本上游区的得分呈现波动下降发展趋势。

由图 1－35 可以看到珠江－西江经济带城市生活水平上游区各项三级指标的平均得分变化趋势。2010～2015 年

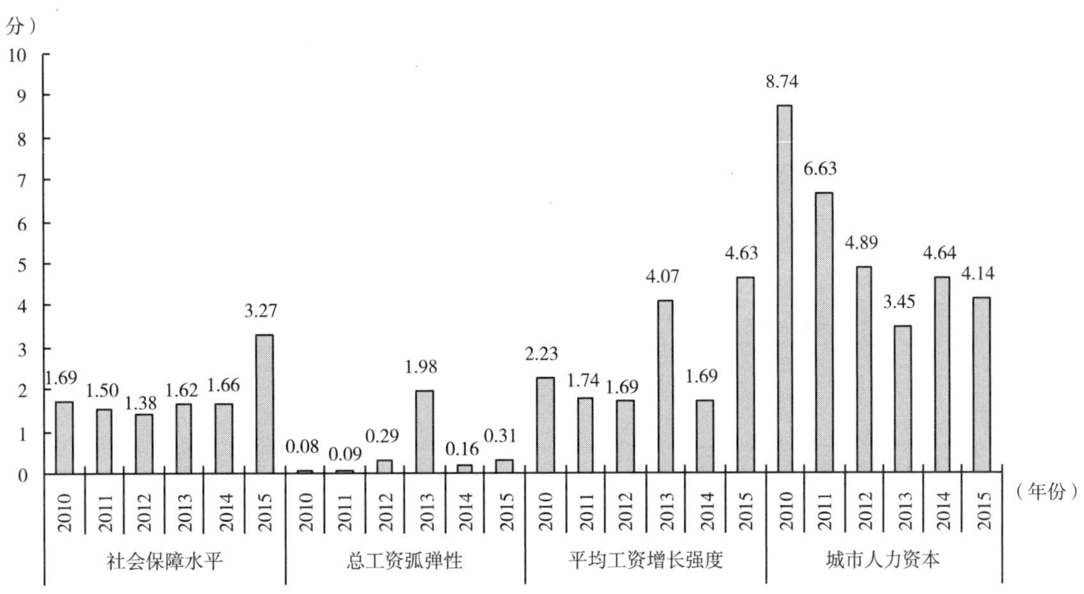

图 1－34　珠江－西江经济带城市生活水平上游区各三级指标的得分比较情况 1

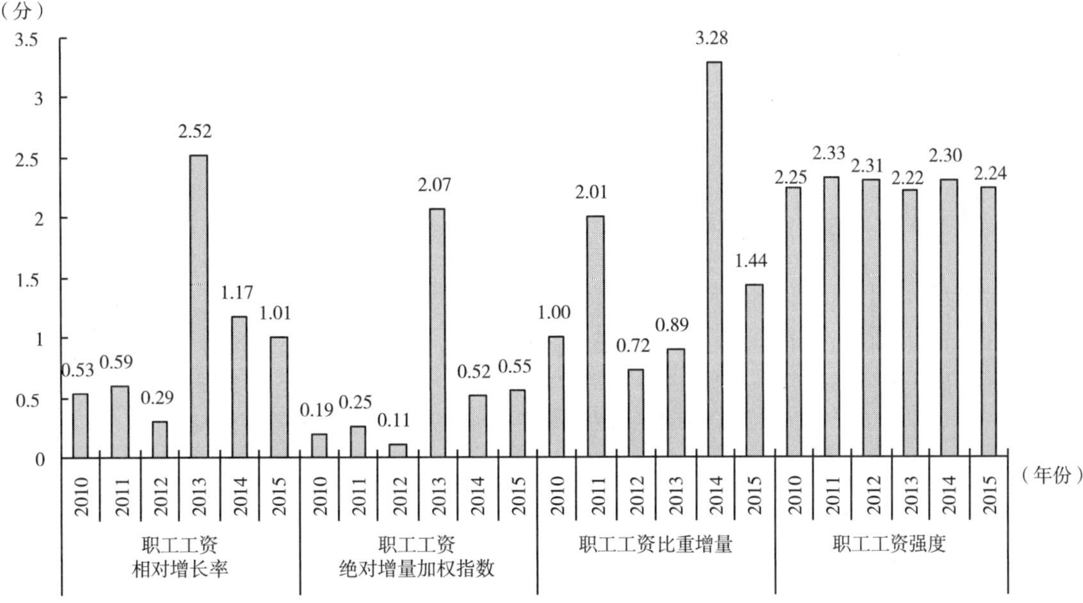

图 1－35　珠江－西江经济带城市生活水平上游区各三级指标的得分比较情况 2

间职工工资相对增长率上游区得分呈现波动上升发展趋势。2010～2015年间职工工资绝对增量加权指数上游区的得分呈现波动上升发展趋势。2010～2015年间职工工资比重增量上游区的得分呈现波动上升发展趋势。2010～2015年间职工工资强度上游区的得分呈现波动下降发展趋势。

由图1－36可以看到珠江－西江经济带城市生活水平中游区各项三级指标的平均得分变化趋势。2010～2015年间社会保障水平中游区的得分呈现波动下降变化趋势。2010～2015年间总工资弧弹性中游区的得分呈现波动上升发展趋势。2010～2015年间平均工资增长强度中游区的得分呈现波动上升发展趋势。2010～2015年间城市人力资本中游区的得分呈现波动下降发展趋势。

由图1－37可以看到珠江－西江经济带城市生活水平中游区各项三级指标的平均得分变化趋势。2010～2015年间职工工资相对增长率中游区的得分波动上升发展趋势。2010～2015年间职工工资绝对增量加权指数中游区的得分呈现波动上升发展趋势。2010～2015年间职工工资比重增量中游区的得分呈现波动上升发展趋势。2010～2015年间职工工资强度中游区的得分呈现波动下降发展趋势。

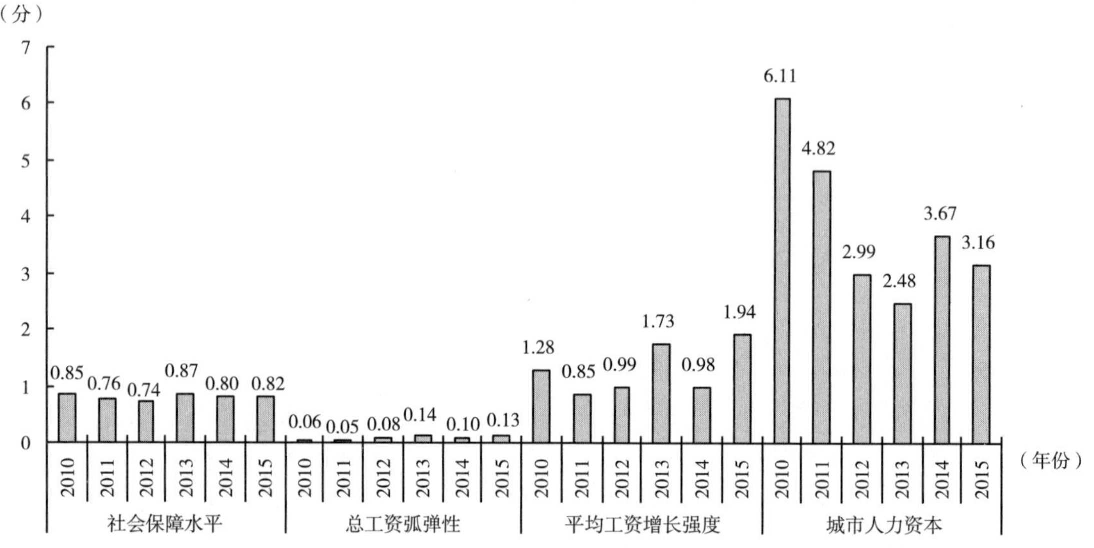

图1－36 珠江－西江经济带城市生活水平中游区各三级指标的得分比较情况1

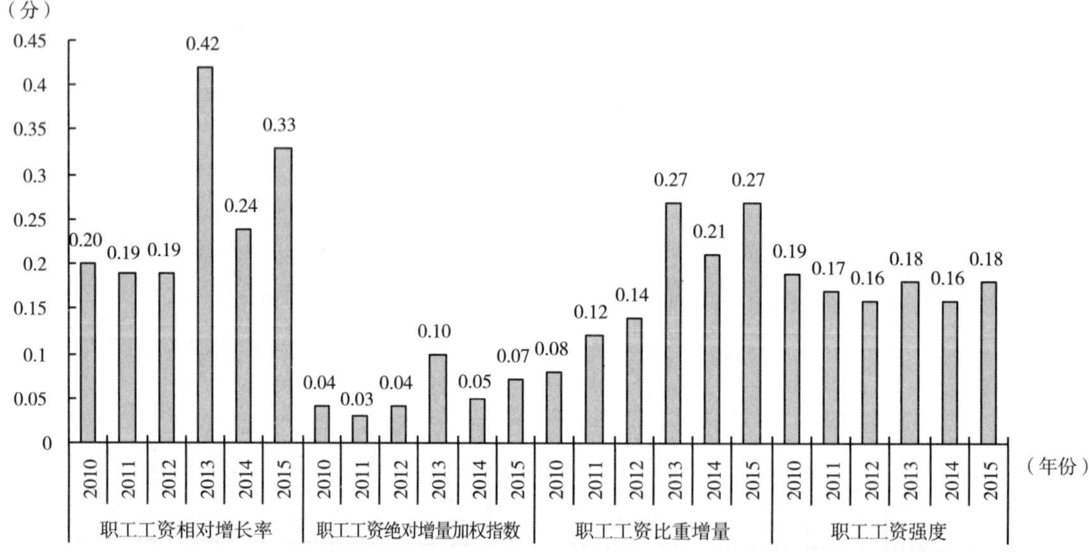

图1－37 珠江－西江经济带城市生活水平中游区各三级指标的得分比较情况2

由图1－38可以看到珠江－西江经济带城市生活水平下游区各项三级指标平均得分变化趋势。2010～2015年间社会保障水平下游区的得分呈现波动上升变化趋势。2010～2015年间总工资弧弹性下游区的得分呈现波动下降发展趋势。2010～2015年间平均工资增长强度下游区的得分呈现波动下降发展趋势。2010～2015年城市人力资本下游区的得分呈现波动下降发展趋势。

由图1－39可以看到珠江－西江经济带城市生活水平下游区各项三级指标平均得分变化趋势。2010～2015年间职工工资相对增长率下游区的得分呈现波动上升的发展趋势。2010～2015年间职工工资绝对增量加权指数下游区的得分呈现波动保持发展趋势。2010～2015年间职工工资比重增量下游区的得分呈现波动上升发展趋势。2010～2015年间职工工资强度下游区的得分呈现波动下降发展趋势。

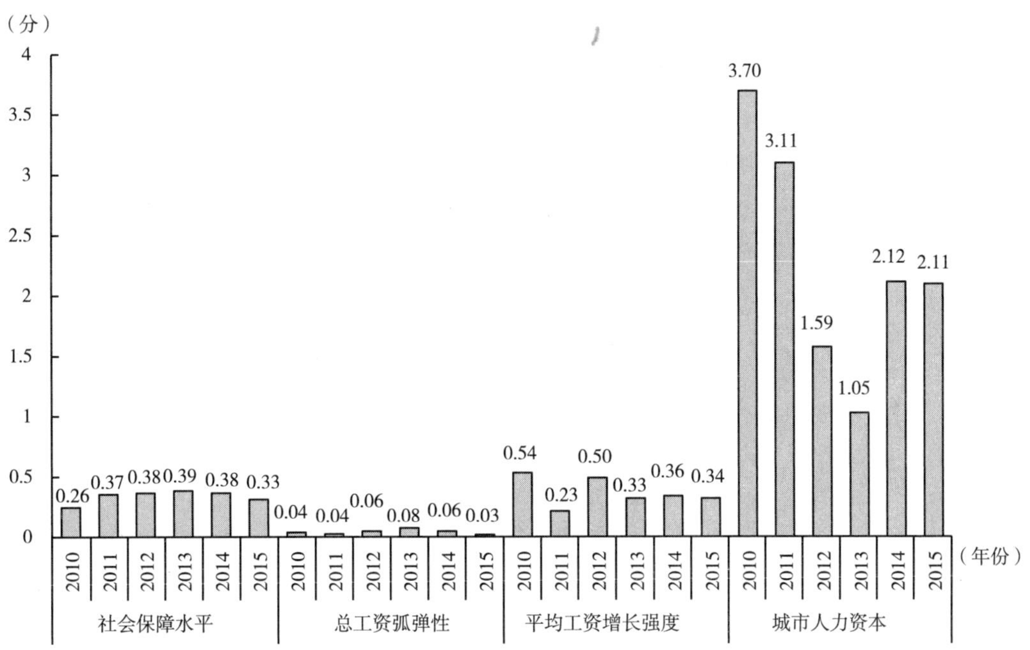

图1－38　珠江－西江经济带城市生活水平下游区各三级指标的得分比较情况1

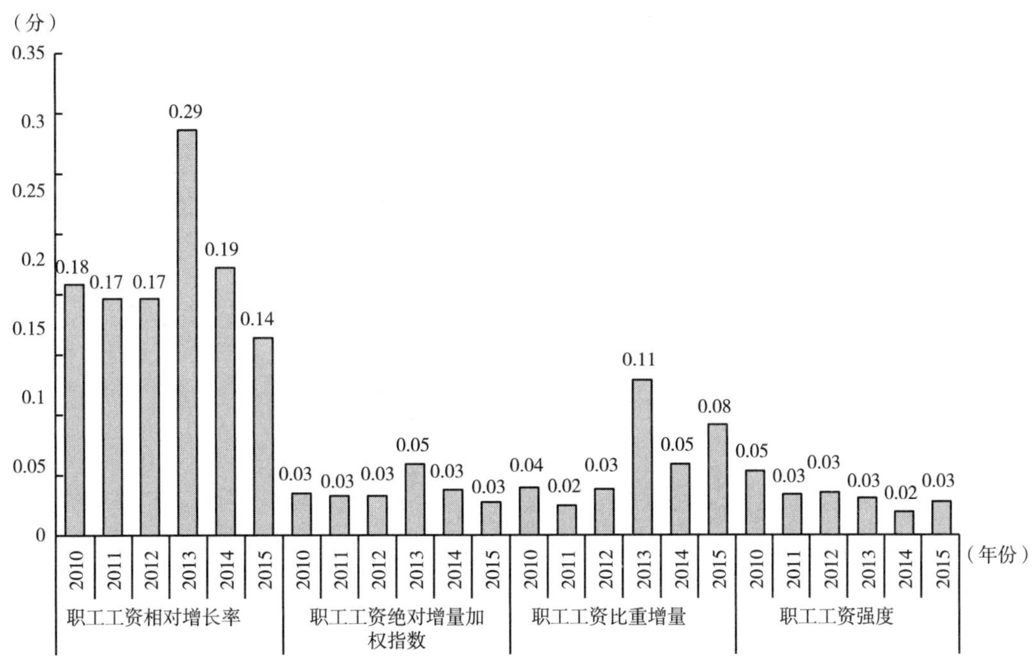

图1－39　珠江－西江经济带城市生活水平下游区各三级指标的得分比较情况2

从图1－40对2010～2011年间珠江－西江经济带城市生活水平的跨区段变化进行分析，可以看到在2010～2011年间柳州市由上游区下降至中游区，来宾市、贵港市由中游区下降至下游区，百色市由中游区上升至上游区，佛山市、云浮市由下游区上升至中游区。

从图1－41对2011～2012年间珠江－西江经济带城市生活水平的跨区段变化进行分析，可以看到在2011～2012年间百色市由上游区下降至中游区，肇庆市由中游区上升至上游区，来宾市由下游区上升至中游区。

图1－40　2010～2011年珠江－西江经济带城市生活水平大幅度变动情况

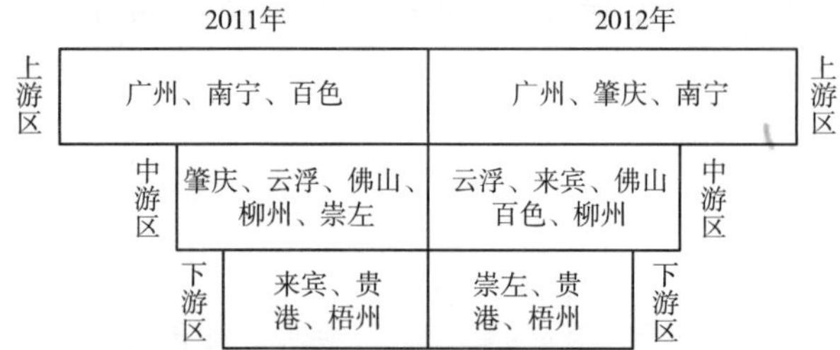

图1－41　2011～2012年珠江－西江经济带城市生活水平大幅度变动情况

从图1－42对2012～2013年间珠江－西江经济带城市生活水平的跨区段变化进行分析，可以看到在2012～2013年间有5个城市的生活水平在珠江－西江经济带的名次发生大幅度变动。其中肇庆市、南宁市由上游区下降到中游区，来宾市、佛山市由中游区上升到上游区，贵港市由下游区上升至中游区。

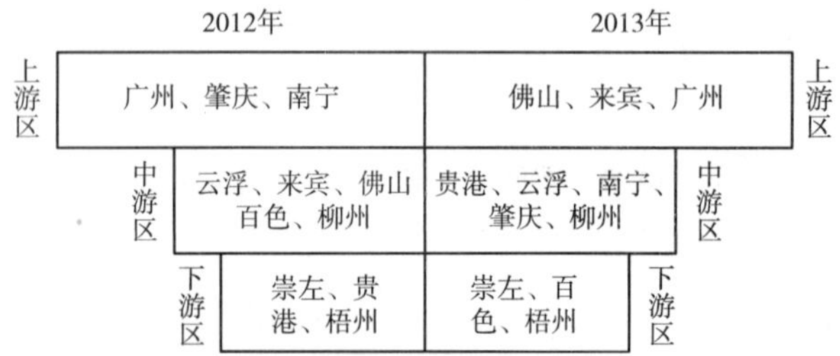

图1－42　2012～2013年珠江－西江经济带城市生活水平大幅度变动情况

从图1－43对2013～2014年间珠江－西江经济带城市生活水平的跨区段变化进行分析，可以看到在2013～2014年间有4个城市的生活水平在珠江－西江经济带的名次发生大幅度变动。其中来宾市由上游区下降到中游区，南宁市由中游区上升到上游区，柳州市由中游区下降至下游区，崇左市由下游区上升至中游区。

2013年　2014年
上游区
佛山、来宾、广州
广州、南宁、佛山
中游区
贵港、云浮、南宁、肇庆、柳州
云浮、肇庆、来宾、贵港、崇左
下游区
崇左、百色、梧州
柳州、百色、梧州

图1－43　2013～2014年珠江－西江经济带城市生活水平大幅度变动情况

从图1－44对2014～2015年间珠江－西江经济带城市生活水平的跨区段变化进行分析，可以看到在2014～2015年间南宁市、佛山市由上游区下降至中游区，肇庆市由中游区下降到下游区，贵港市、崇左市由中游区上升至上游区，百色市、梧州市由下游区上升至中游区。

从图1－45对2010～2015年间珠江－西江经济带城市生活水平的跨区段变化进行分析，可以看到在2010～2015年间有2个城市的生活水平在珠江－西江经济带的名次发生大幅度变动。其中来宾市由中游区下降到下游区，柳州市由下游区上升到中游区。

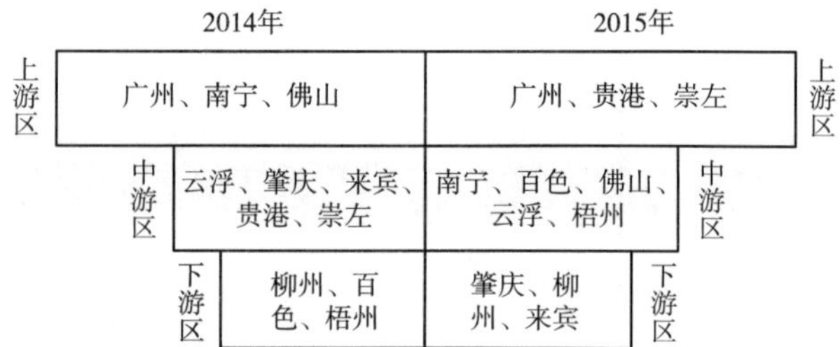

图1－44　2014～2015年珠江－西江经济带城市生活水平大幅度变动情况

图1－45　2010～2015年珠江－西江经济带城市生活水平大幅度变动情况

四、珠江－西江经济带城市生活环境质量评估与比较

（一）珠江－西江经济带城市生活环境质量评估结果

根据珠江－西江经济带城市生活环境质量指标体系和数学评价模型，对2010～2015年间珠江－西江经济带11个城市的生活环境质量进行评价。表1－55、表1－56、表1－57、表1－58、表1－59、表1－60、表1－61、表1－62、表1－63、表1－64、表1－65、表1－66、表1－67、表1－68、表1－69、表1－70和表1－71是本次评估间珠江－西江经济带11个城市的生活环境质量排名和排名变化情况及其三级指标的评价结果。

1. 珠江－西江经济带城市生活环境质量排名

根据表1－55中内容对2010年珠江－西江经济带城市生活环境质量排名变化进行分析，可以看到11个城市中，生活环境质量处于上游区的依次有广州市、佛山市、来宾市；生活环境质量处在中游区的依次有南宁市、百色市、肇庆市、梧州市、柳州市；城市生活环境质量处在下游区的依次有云浮市、崇左市、贵港市。这说明在珠江－西江经济带中广西地区生活环境质量低于广东地区，相对不具有发展优势。

表 1－55 2010 年珠江－西江经济带城市生活环境排名

地区	排名	区段	地区	排名	区段	地区	排名	区段
广州	1	上游区	南宁	4	中游区	云浮	9	下游区
佛山	2		百色	5		崇左	10	
来宾	3		肇庆	6		贵港	11	
			梧州	7				
			柳州	8				

根据表 1－56 中对 2011 年珠江－西江经济带城市生活环境质量排名变化进行分析，可以看到 11 个城市中，生活环境质量处于上游区的依次有广州市、佛山市、南宁市；生活环境质量处在中游区的依次有肇庆市、来宾市、百色市、柳州市、云浮市；生活环境质量处在下游区的依次有崇左市、梧州市、贵港市。相比于 2010 年，南宁市上升至中游区，来宾市下降到中游区，云浮市上升至中游区。

表 1－56 2011 年珠江－西江经济带城市生活环境排名

地区	排名	区段	地区	排名	区段	地区	排名	区段
广州	1	上游区	肇庆	4	中游区	崇左	9	下游区
佛山	2		来宾	5		梧州	10	
南宁	3		百色	6		贵港	11	
			柳州	7				
			云浮	8				

根据表 1－57 中对 2012 年珠江－西江经济带城市生活环境质量排名变化进行分析，可以看到 11 个城市中，生活环境质量处于上游区的依次有广州市、佛山市、云浮市；生活环境质量处在中游区的依次有南宁市、柳州市、肇庆市、来宾市、百色市；生活环境质量处在下游区的依次有崇左市、梧州市、贵港市。相比于 2011 年，南宁市下降至中游区，云浮市上升至上游区。

表 1－57 2012 年珠江－西江经济带城市生活环境排名

地区	排名	区段	地区	排名	区段	地区	排名	区段
广州	1	上游区	南宁	4	中游区	崇左	9	下游区
佛山	2		柳州	5		梧州	10	
云浮	3		肇庆	6		贵港	11	
			来宾	7				
			百色	8				

根据表 1－58 中对 2013 年珠江－西江经济带城市生活环境质量排名变化进行分析，可以看到 11 个城市中，生活环境质量处于上游区的依次有佛山市、广州市、云浮市；生活环境质量处在中游区的依次有南宁市、柳州市、百色市、崇左市、肇庆市；生活环境质量处在下游区的依次有来宾市、贵港市、梧州市。相比于 2012 年，崇左市上升至中游区，来宾市下降至下游区。

表 1－58 2013 年珠江－西江经济带城市生活环境排名

地区	排名	区段	地区	排名	区段	地区	排名	区段
佛山	1	上游区	南宁	4	中游区	来宾	9	下游区
广州	2		柳州	5		贵港	10	
云浮	3		百色	6		梧州	11	
			崇左	7				
			肇庆	8				

根据表 1－59 中对 2014 年珠江－西江经济带城市生活环境质量排名变化进行分析，可以看到 11 个城市中，生活环境质量处于上游区的依次有佛山市、广州市、南宁市；生活环境质量处在中游区的依次有百色市、梧州市、柳州市、云浮市、肇庆市；生活环境质量处在下游区的依次有崇左市、贵港市、来宾市。相比于 2013 年，崇左市下降至下游区，南宁市上升至上游区，梧州市上升至中游区，云浮市下降至中游区。

表 1－59 2014 年珠江－西江经济带城市生活环境排名

地区	排名	区段	地区	排名	区段	地区	排名	区段
佛山	1	上游区	百色	4	中游区	崇左	9	下游区
广州	2		梧州	5		贵港	10	
南宁	3		柳州	6		来宾	11	
			云浮	7				
			肇庆	8				

根据表 1－60 中对 2015 年珠江－西江经济带城市生活环境质量排名变化进行分析，可以看到 11 个城市中，生活环境质量处于上游区的依次有佛山市、广州市、南宁市；生活环境质量处在中游区的依次有肇庆市、柳州市、崇左市、贵港市、百色市；生活环境质量处在下游区的依次有梧州市、来宾市、云浮市。相比于 2014 年，崇左市上升至中游区，贵港市上升至中游区，梧州市、云浮市下降至下游区。

表 1－60　2015 年珠江－西江经济带城市生活环境排名

地区	排名	区段	地区	排名	区段	地区	排名	区段
佛山	1	上游区	肇庆	4	中游区	梧州	9	下游区
广州	2		柳州	5		来宾	10	
南宁	3		崇左	6		云浮	11	
			贵港	7				
			百色	8				

根据表 1－61 中对 2010～2015 年珠江－西江经济带城市生活环境质量排名变化趋势进行分析，可以看到 11 个城市生活环境质量处于上升区的是崇左市、南宁市、贵港市、柳州市、肇庆市、佛山市；生活环境质量处在下降区的是百色市、来宾市、梧州市、云浮市、广州市；珠江－西江经济带暂无城市的生活环境质量处在保持区。这说明各城市生活环境发展不稳定，并且广东地区比广西地区发展态势较好。

表 1－61　2010～2015 年珠江－西江经济带城市生活环境排名变化

地区	排名变化	区段	地区	排名变化	区段
佛山	1	上升区	广州	－1	下降区
南宁	1		梧州	－2	
肇庆	2		云浮	－2	
柳州	3		百色	－3	
崇左	4		来宾	－7	
贵港	4				

2. 珠江－西江经济带城市城镇公园用地动态变化得分情况

通过表 1－62 对 2010～2015 年的珠江－西江经济带城市城镇公园用地动态变化变化进行分析。由 2010 年的珠江－西江经济带城市城镇公园用地动态变化评价来看，有 5 个城市的城镇公园用地动态变化得分已经在 2 分以上。2010 年珠江－西江经济带城市城镇公园用地动态变化得分处在 1.3～6.6 分，小于 2 分的城市有南宁市、柳州市、贵港市、崇左市、肇庆市、云浮市。珠江－西江经济带城市城镇公园用地动态变化最高得分为来宾市，为 6.597 分，最低得分为贵港市，为 1.328 分。珠江－西江经济带城市城镇公园用地动态变化得分平均值为 2.481 分，标准差为 1.586，说明城市之间城镇公园用地动态变化的变化差异较大。珠江－西江经济带中广东地区的城镇公园用地动态变化的得分较高，其中广州市、佛山市的城镇公园用地动态变化得分均超过 2 分，说明这些城市的城镇公园用地动态变化较大。广西地区的城镇公园用地动态变化水平较低，梧州市、百色市、来宾市的城镇公园用地动态变化超过 2 分，说明广西地区的城镇公园用地动态变化较小。

由 2011 年的珠江－西江经济带城市城镇公园用地动态变化评价来看，有 5 个城市的城镇公园用地动态变化得分在 2 分以上。2011 年珠江－西江经济带城市城镇公园用地动态变化得分处在 0～5.4 分，小于 2 分的城市有柳州市、梧州市、贵港市、佛山市、肇庆市、云浮市。珠江－西江经济带城市城镇公园用地动态变化最高得分为广州市，为 5.315 分，最低得分为云浮市，为 0 分。珠江－西江经济带城市城镇公园用地动态变化得分平均值为 2.211 分，标准差为 1.510，说明城市之间城镇公园用地动态变化的变化差异较大。珠江－西江经济带中广西地区的城镇公园用地动态变化的得分较高，其中南宁市、百色市、来宾市、崇左市的城镇公园用地动态变化得分均超过 2 分，说明这些城市的城镇公园用地动态变化较大。广东地区城镇公园用地动态变化水平较低，广州市的城镇公园用地动态变化超过 2 分，说明广东地区的城镇公园用地动态变化较小。

表 1－62　2010～2015 年珠江－西江经济带城市城镇公园用地动态变化评价比较

地区	2010 年	2011 年	2012 年	2013 年	2014 年	2015 年	综合变化
南宁市	1.460	4.113	1.303	1.415	1.298	1.576	0.117
	10	2	5	7	7	6	4
柳州市	1.575	1.517	1.739	1.133	1.211	1.457	－0.117
	9	7	3	11	8	8	1
梧州市	3.960	1.247	0.514	1.214	3.576	2.993	－0.967
	2	9	10	9	1	2	0
贵港市	1.328	1.247	1.186	1.435	1.200	1.212	－0.117
	11	9	6	6	10	9	2

续表

地区	2010 年	2011 年	2012 年	2013 年	2014 年	2015 年	综合变化
百色市	3.196	3.381	0.122	1.414	2.639	1.179	-2.017
	3	3	11	8	3	10	-7
来宾市	6.597	2.346	2.528	1.501	1.123	1.161	-5.436
	1	4	1	4	11	11	-10
崇左市	1.597	2.020	1.157	2.786	2.515	3.223	1.626
	8	5	9	1	4	1	7
广州市	2.027	5.315	2.311	1.487	1.523	2.536	0.509
	5	1	2	5	6	4	1
佛山市	2.167	1.748	1.442	1.551	1.584	1.522	-0.645
	4	6	4	3	5	7	-3
肇庆市	1.668	1.384	1.168	1.153	1.210	2.649	0.981
	7	8	7	10	9	3	4
云浮市	1.717	0.000	1.159	1.995	2.760	2.126	0.409
	6	11	8	2	2	5	1
最高分	6.597	5.315	2.528	2.786	3.576	3.223	-3.374
最低分	1.328	0.000	0.122	1.133	1.123	1.161	-0.167
平均分	2.481	2.211	1.330	1.553	1.876	1.967	-0.514
标准差	1.586	1.510	0.693	0.472	0.844	0.768	-0.819

由 2012 年的珠江－西江经济带城市城镇公园用地动态变化评价来看，有 5 个城市的城镇公园用地动态变化得分在 1.3 分以上。2012 年珠江－西江经济带城市城镇公园用地动态变化得分处在 0.1～2.6 分，小于 1.3 分的城市有梧州市、贵港市、百色市、崇左市、肇庆市、云浮市。珠江－西江经济带城市城镇公园用地动态变化最高得分为来宾市，为 2.528 分，最低得分为百色市，为 0.122 分。珠江－西江经济带城市城镇公园用地动态变化的得分平均值为 1.330 分，标准差为 0.693，说明城市之间城镇公园用地动态变化的变化差异较小。珠江－西江经济带中广东地区的城镇公园用地动态变化的得分较高，其中广州市、佛山市的城镇公园用地动态变化得分均超过 1.3 分，说明这些城市的城镇公园用地动态变化较大。广西地区的城镇公园用地动态变化水平较低，南宁市、柳州市、来宾市的城镇公园用地动态变化均超过 1.3 分，说明广西地区的城镇公园用地动态变化较小。

由 2013 年的珠江－西江经济带城市城镇公园用地动态变化评价来看，有 4 个城市的城镇公园用地动态变化得分在 1.5 分以上。2013 年珠江－西江经济带城市城镇公园用地动态变化得分处在 1.1～2.8 分，小于 1.5 分的城市有南宁市、柳州市、梧州市、贵港市、百色市、广州市、肇庆市。珠江－西江经济带城市城镇公园用地动态变化最高得分为崇左市，为 2.786 分，最低得分为柳州市，为 1.133 分。珠江－西江经济带城市城镇公园用地动态变化的得分平均值为 1.553 分，标准差为 0.472，说明城市之间城镇公园用地动态变化的变化差异较小。珠江－西江经济带中广东地区的城镇公园用地动态变化的得分较高，其中佛山市、云浮市的城镇公园用地动态变化得分均超过 1.5 分，说明这些城市的城镇公园用地动态变化较大。广西地区的城镇公园用地动态变化水平较低，来宾市、崇左市的城镇公园用地动态变化均超过 1.5 分，说明广西地区的城镇公园用地动态变化较小。

由 2014 年的珠江－西江经济带城市城镇公园用地动态变化评价来看，有 4 个城市的城镇公园用地动态变化得分在 2 分以上。2014 年珠江－西江经济带城市城镇公园用地动态变化得分处在 1.1～3.6 分，小于 2 分的城市有南宁市、柳州市、贵港市、来宾市、广州市、佛山市、肇庆市。珠江－西江经济带城市城镇公园用地动态变化最高得分为梧州市，为3.576分，最低得分为来宾市，为1.123分。珠江-西江经济带城市城镇公园用地动态变化的得分平均值为1.876分，标准差为0.844，说明城市之间城镇公园用地动态变化的变化差异较大。珠江-西江经济带中广东地区的城镇公园用地动态变化的得分较低，其中云浮市的城镇公园用地动态变化得分超过2分，说明这些城市的城镇公园用地动态变化较小。广西地区的城镇公园用地动态变化水平较高，梧州市、百色市、崇左市的城镇公园用地动态变化均超过2分，说明广西地区的城镇公园用地动态变化较大。

由2015年的珠江-西江经济带城市城镇公园用地动态变化评价来看，有5个城市的城镇公园用地动态变化得分在2分以上。2015年珠江-西江经济带城市城镇公园用地动态变化得分处在1.1~3.3分，小于2分的城市有南宁市、柳州市、贵港市、百色市、来宾市、佛山市。珠江-西江经济带城市城镇公园用地动态变化最高得分为崇左市，为3.223分，最低得分为来宾市，为1.161分。珠江-西江经济带城市城镇公园用地动态变化的得分平均值为1.947分，标准差为0.768，说明城市之间城镇公园用地动态变化的变化差异较小。珠江-西江经济带中广东地区的城镇公园用地动态变化的得分较高，其中广州市、云浮市、肇庆市的城镇公园用地动态变化得分均超过2分，说明这些城市的城镇公园用地动态变化较大。广西地区的城镇公园用地动态变化水平较低，梧州市、崇左市的城镇公园用地动态变化均超过2分，说明广西地区的城镇公园用地动态变化较小。

对比珠江-西江经济带城市城镇公园用地动态变化变化，通过对各年间的城镇公园用地动态变化的平均分、标准差进行分析，可以发现其平均分处于波动下降趋势，说明城镇公园用地动态变化情况有待调整。但城镇公园用地动态变化的标准差处于波动下降趋势，说明城市间的城镇公园用地动态变化程度差距逐渐缩小。对各城市的城镇公园用地动态变化变化展开分析，发现没有城市的城镇公园用地动态变化处在绝对领先位置。各个城市排名除了梧州市外均有不同程度变化，并且得分多数下降，说明珠江-西江经济带城市城镇公园用地动态变化情况有待调整。

3. 珠江-西江经济带城市供水能力延展指数得分情况

通过表1-63对2010~2015年的珠江-西江经济带城市供水能力延展指数变化进行分析。由2010年的珠江-西江经济带城市供水能力延展指数评价来看，有5个城市的供水能力延展指数得分在0.23分以上。2010年珠江-西江经济带城市供水能力延展指数得分处在0.20~2.26分，小于0.23分的城市有南宁市、柳州市、贵港市、来宾市、崇左市、广州市。珠江-西江经济带城市供水能力延展指数最高得分为云浮市，为0.258分，最低得分为广州市，为0.208分。珠江-西江经济带城市供水能力延展指数的得分平均值为0.228分，标准差为0.019，说明城市之间供水能力延展指数的变化差异较小。珠江-西江经济带中广东地区的供水能力延展指数的得分较高，其中佛山市、肇庆市、云浮市的供水能力延展指数得分均超过0.23分，说明这些城市的供水能力延展指数较高。珠江-西江经济带中广西地区的供水能力延展指数水平较低，其中梧州市、百色市的供水能力延展指数得分均超过0.23分，说明广西地区的供水能力延展指数小。

表1-63　2010~2015年珠江-西江经济带城市供水能力延展指数评价比较

地区	2010年	2011年	2012年	2013年	2014年	2015年	综合变化
南宁市	0.211	0.323	0.281	0.209	0.235	0.228	0.018
	8	1	5	5	2	4	4
柳州市	0.225	0.208	0.252	0.209	0.220	0.218	-0.006
	6	5	6	5	6	7	-1
梧州市	0.233	0.320	0.319	0.209	0.215	0.297	0.064
	5	2	3	5	7	1	4
贵港市	0.217	0.217	0.287	0.209	0.225	0.255	0.038
	7	4	4	5	4	2	5
百色市	0.243	0.204	0.249	0.209	0.214	0.240	-0.004
	3	11	8	5	8	3	0
来宾市	0.210	0.249	0.510	0.209	0.214	0.192	-0.018
	9	3	2	5	9	9	0

续表

地区	2010 年	2011 年	2012 年	2013 年	2014 年	2015 年	综合变化
崇左市	0.208	0.206	0.225	0.209	0.212	0.000	-0.208
	10	6	10	5	10	11	-1
广州市	0.208	0.206	0.252	0.212	0.224	0.210	0.002
	11	6	7	4	5	8	3
佛山市	0.253	0.206	0.214	0.333	0.228	0.226	-0.027
	2	6	11	1	3	5	-3
肇庆市	0.239	0.206	0.247	0.277	0.212	0.222	-0.017
	4	6	9	2	11	6	-2
云浮市	0.258	0.206	5.608	0.234	0.235	0.175	-0.083
	1	6	1	3	1	10	-9
最高分	0.258	0.323	5.608	0.333	0.235	0.297	0.039
最低分	0.208	0.204	0.214	0.209	0.212	0.000	-0.208
平均分	0.228	0.232	0.768	0.229	0.221	0.206	-0.022
标准差	0.019	0.046	1.607	0.040	0.009	0.075	0.057

由 2011 年的珠江－西江经济带城市供水能力延展指数评价来看，有 3 个城市的供水能力延展指数得分在 0.23 分以上。2011 年珠江－西江经济带城市供水能力延展指数得分处在 0.20～0.33 分，小于 0.23 分的城市有柳州市、贵港市、百色市、崇左市、广州市、佛山市、肇庆市、云浮市。珠江－西江经济带城市供水能力延展指数最高得分为南宁市，为 0.323 分，最低得分为百色市，为 0.204 分。珠江－西江经济带城市供水能力延展指数的得分平均值为 0.232 分，标准差为 0.046，说明城市之间供水能力延展指数的变化差异较小。珠江－西江经济带广东地区的供水能力延展指数的得分较低，没有城市的供水能力延展指数得分超过 0.23 分，说明这些城市的供水能力延展指数较小。广西地区的供水能力延展指数水平较高，其中南宁市、梧州市、来宾市的供水能力延展指数得分均超过 0.23 分，说明广西地区的供水能力延展指数大。

由 2012 年的珠江－西江经济带城市供水能力延展指数评价来看，有 1 个城市的供水能力延展指数得分在 1 分以上。2012 年珠江－西江经济带城市供水能力延展指数得分处在 0.21～5.7 分，小于 1 分的城市有南宁市、柳州市、梧州市、贵港市、百色市、来宾市、崇左市、广州市、佛山市、肇庆市。珠江－西江经济带城市供水能力延展指数最高得分为云浮市，为 5.608 分，最低得分为佛山市，为 0.214 分。珠江－西江经济带城市供水能力延展指数的得分平均值为 0.768 分，标准差为 1.607，说明城市之间供水能力延展指数的变化差异较大。珠江－西江经济带广东地区的供水能力延展指数的得分较高，其中云浮市的供水能力延展指数得分超过 1 分，说明这些城市的供水能力延展指数较高。广西地区的供水能力延展指数水平较低，暂无城市的供水能力延展指数得分超过 1 分，说明广西地区的供水能力延展指数小。

由 2013 年的珠江－西江经济带城市供水能力延展指数评价来看，有 3 个城市的供水能力延展指数得分在 0.23 分以上。2013 年珠江－西江经济带城市供水能力延展指数得分处在 0.2～0.34 分，小于 0.23 分的城市有南宁市、柳州市、梧州市、贵港市、百色市、来宾市、崇左市、广州市。珠江－西江经济带城市供水能力延展指数最高得分为佛山市，为 0.333 分，最低得分为广西地区各个城市，为 0.209 分。珠江－西江经济带城市供水能力延展指数的得分平均值为 0.229 分，标准差为 0.040，说明城市之间供水能力延展指数的变化差异较小。珠江－西江经济带广东地区的供水能力延展指数的得分较高，其中佛山市、肇庆市、云浮市的供水能力延展指数得分均超过 0.23 分，说明这些城市的供水能力延展指数较高。广西地区的供水能力延展指数水平较低，暂无城市的供水能力延展指数得分超过 0.23 分，说明广西地区的供水能力延展指数小。

由 2014 年的珠江－西江经济带城市供水能力延展指数评价来看，有 6 个城市的供水能力延展指数得分在 0.22 分以上。2014 年珠江－西江经济带城市供水能力延展指数得分处在 0.21～0.24 分，小于 0.22 分的城市有梧州市、百色市、来宾市、崇左市、肇庆市。珠江－西江经济带城市供水能力延展指数最高得分为云浮市，为 0.235 分，最低得分为肇庆市，为 0.212 分。珠江－西江经济带城市供水能力延展指数的得分平均值为 0.221 分，标准差为 0.009，说明城市之间供水能力延展指数的变化差异较小。广东地区城市的供水能力延展指数的得分较高，其中佛山市、佛山市、云浮市的供水能力延展指数得分均超过0.22分，说明这些城市的供水能力延展指数较高。广西地区的供水能力延展指数水平较低，其中南宁市、柳州市、贵港市的供水能力延展指数得分均超过0.22分，说明广西地区的供水能力延展指数小。

由2015年的珠江－西江经济带城市供水能力延展指数评价来看，有6个城市的供水能力延展指数得分在0.22分以上。2015年珠江－西江经济带城市供水能力延展指数得分处在0～0.3分，小于0.22分的城市有柳州市、来宾市、崇左市、广州市、云浮市。珠江－西江经济带城市供水能力延展指数最高得分为梧州市，为0.297分，最低得分为崇左市，为0分。珠江－西江经济带城市供水能力延展指数的得分平均值为0.206分，标准差为0.075，说明城市之间供水能力延展指数的变化差异较小。珠江－西江经济带广东地区的供水能力延展指数的得分较高，其中佛山市、肇庆市的供水能力延展指数得分均超过0.22分，说明这些城市的供水能力延展指数较高。广西地区的供水能力延展指数水平较低，其中南宁市、梧州市、贵港市、百色市的供水能力延展指数得分均超过0.22分，说明广西地区的供水能力延展指数小。

对比珠江－西江经济带城市供水能力延展指数变化，通过对各年间的供水能力延展指数的平均分、标准差进行分析，可以发现其平均分处于波动下降的趋势，说明城市供水能力有所下降。珠江－西江经济带城市供水能力延展指数的标准差也处于波动上升的趋势，说明城市间的供水能力延展指数差距逐渐扩大。对各城市的供水能力延展指数变化展开分析，发现暂无城市的供水能力延展指数处在绝对领先位置，但是各个城市的排名变化除云浮市的排名大幅度下降外均变化不大，得分均有下降。

4. 珠江－西江经济带各城市供气能力得分情况

通过表1－64对2010～2015年珠江－西江经济带的城市供气能力变化进行分析。由2010年的珠江－西江经济带各城市供气能力评价来看，有6个城市供气能力得分在1分以上。2010年珠江－西江经济带各城市供气能力得分处在0～4.2分，小于1分的城市有柳州市、梧州市、贵港市、崇左市、云浮市。珠江－西江经济带各城市供气能力最高得分为佛山市，为4.128分，最低得分为云浮市，为0.070分。珠江－西江经济带各城市供气能力的得分平均值为1.221分，标准差为1.173，说明城市之间供气能力的变化差异较大。珠江－西江经济带广东地区的城市供气能力水平较高，广州市、佛山市、肇庆市供气能力得分均超过1分，说明这些城市的供气能力发展基础较好。广西地区城市的供气能力的得分较低，南宁市、百色市、来宾市的供气能力得分均超过1分，说明广西地区的城市供气能力综合发展能力较低，各城市的供气能力有待提高。

表1－64　2010～2015年珠江－西江经济带城市供气能力评价比较

地区	2010年	2011年	2012年	2013年	2014年	2015年	综合变化
南宁市	1.269	1.310	1.782	1.788	1.136	0.921	－0.348
	6	6	3	2	5	6	0
柳州市	0.538	0.699	1.466	0.768	0.813	0.888	0.350
	7	7	6	6	7	7	0
梧州市	0.189	0.216	0.402	0.223	0.211	0.000	－0.189
	10	9	9	11	11	11	－1
贵港市	0.195	0.197	0.293	1.041	1.310	1.664	1.470
	9	10	10	5	4	3	6
百色市	1.514	1.544	1.643	1.539	1.584	1.388	－0.125
	4	5	4	3	3	4	0
来宾市	1.738	1.725	0.638	0.543	0.533	0.886	－0.852
	3	3	8	8	10	8	－5
崇左市	0.457	0.647	0.695	0.696	0.817	0.718	0.261
	8	8	7	7	6	9	－1
广州市	1.833	1.713	1.627	1.169	2.144	3.081	1.248
	2	4	5	4	2	2	0

续表

地区	2010 年	2011 年	2012 年	2013 年	2014 年	2015 年	综合变化
佛山市	4.128	4.412	6.044	3.555	5.811	5.295	1.168
	1	1	1	1	1	1	0
肇庆市	1.506	2.177	1.793	0.488	0.635	1.109	-0.397
	5	2	2	9	8	5	0
云浮市	0.070	0.080	0.216	0.384	0.543	0.292	0.223
	11	11	11	10	9	10	1
最高分	4.128	4.412	6.044	3.555	5.811	5.295	1.168
最低分	0.070	0.080	0.216	0.223	0.211	0.000	-0.070
平均分	1.221	1.338	1.509	1.109	1.412	1.477	0.255
标准差	1.173	1.246	1.629	0.946	1.559	1.500	0.327

由2011年的珠江－西江经济带城市供气能力评价来看，有6个城市的供气能力得分在1分以上。2011年珠江－西江经济带城市供气能力得分处在0～4.5分，小于1分的城市有柳州市、梧州市、贵港市、崇左市、云浮市。珠江－西江经济带城市供气能力最高得分为佛山市，为4.412分，最低得分为云浮市，为0.080分。珠江－西江经济带城市供气能力的得分平均值为1.338分，标准差为1.246，说明城市之间供气能力的变化差异较大。珠江－西江经济带广东地区的城市供气能力水平较高，广州市、佛山市、肇庆市的城市供气能力得分均超过1分，说明这些城市的供气能力发展基础较好。广西地区城市的供气能力的得分较低，南宁市、百色市、来宾市的供气能力得分均超过1分，说明广西地区的城市供气能力综合发展能力较低，各城市的供气能力有待提高。

由2012年的珠江－西江经济带城市供气能力评价来看，有6个城市的供气能力得分在1分以上。2012年珠江－西江经济带城市供气能力得分处在0.2～6.1分，小于1分的城市有来宾市、梧州市、贵港市、崇左市、云浮市。珠江－西江经济带城市供气能力最高得分为佛山市，为6.044分，最低得分为云浮市，为0.216分。珠江－西江经济带城市供气能力的得分平均值为1.509分，标准差为1.629，说明城市之间的供气能力的变化差异较大。珠江－西江经济带广东地区的城市供气能力水平较高，广州市、佛山市、肇庆市的供气能力得分均超过1分，说明这些城市的供气能力发展基础较好。广西地区城市的供气能力的得分较低，南宁市、百色市、柳州市的供气能力得分均超过1分，说明广西地区的城市供气能力综合发展能力较低，各城市的供气能力有待提高。

由2013年的珠江－西江经济带城市供气能力评价来看，有5个城市的供气能力得分在1分以上。2013年珠江－西江经济带城市供气能力得分处在0.2～3.6分，小于1分的城市有柳州市、梧州市、来宾市、崇左市、肇庆市、云浮市。珠江－西江经济带城市供气能力最高得分为佛山市，为3.555分，最低得分为梧州市，为0.223分。珠江－西江经济带城市供气能力的得分平均值为1.109分，标准差为0.946，说明城市之间的供气能力的变化差异较大。珠江－西江经济带广东地区的城市供气能力水平较高，广州市、佛山市的供气能力得分均超过1分，说明这些城市的供气能力发展基础较好。广西地区的城市供气能力的得分较低，南宁市、百色市、贵港市的供气能力得分均超过1分，说明广西地区的城市供气能力综合发展能力较低，各城市的供气能力有待提高。

由2014年的珠江－西江经济带城市供气能力评价来看，有5个城市的供气能力得分在1分以上。2014年珠江－西江经济带城市供气能力得分处在0.2～5.9分，小于1分的城市有柳州市、梧州市、来宾市、崇左市、肇庆市、云浮市。珠江－西江经济带城市供气能力最高得分为佛山市，为5.811分，最低得分为梧州市，为0.211分。珠江－西江经济带城市供气能力的得分平均值为1.412分，标准差为1.559，说明城市之间的供气能力的变化差异较大。珠江－西江经济带广东地区城市的供气能力水平较高，广州市、佛山市的供气能力得分均超过1分，说明这些城市的供气能力发展基础较好。广西地区城市的供气能力的得分较低，南宁市、百色市、贵港市的供气能力得分均超过1分，说明广西地区的城市供气能力综合发展能力较低，各城市的供气能力有待提高。

由2015年的珠江－西江经济带城市供气能力评价来看，有5个城市的供气能力得分在1分以上。2015年珠江－西江经济带城市供气能力得分处在0～5.3分，小于1分的城市有南宁市、柳州市、梧州市、来宾市、崇左市、云浮市。珠江－西江经济带城市供气能力最高得分为佛山市，为5.295分，最低得分为梧州市，为0分。珠江－西江经济带城市供气能力的得分平均值为1.477分，标准差为1.500，说明城市之间的供气能力的变化差异较大。珠江－西江经济带广东地区的供气能力水平较高，广州市、佛山市、肇庆市的城市供气能力得分均超过1分，说明这些城市的供气能力发展基础较好。广西地区的城市供气能力的得分较低，贵港市、百色市的供气能力得分均超过1分，说明广西地区的城市供气能力综合发展能力较低，各城市的供气能力有待提高。

对比珠江－西江经济带城市供气能力变化，通过对各年间的城市供气能力的平均分、标准差进行分析，可以发现其平均分处于波动上升的趋势，说明各城市的供气能力综合能力逐渐提升。珠江－西江经济带城市供气能力的标准差也处于波动上升趋势，说明城市间的供气能力差距逐渐扩大。对各城市的供气能力变化展开分析，发现在2010～2015年的各个时间段内广州市均处在第一名位置，其他城市除贵港市和崇左市有较大幅度的变化外，排名均基本稳定。

5. 珠江－西江经济带供电强度得分情况

通过表1－65对2010～2015年的城市供电强度变化进行分析。由2010年的珠江－西江经济带城市供电强度评价来看，有2个城市的供电强度得分在1分以上。2010年珠江－西江经济带城市供电强度得分处在0～5.5分，小于1分的城市有南宁市、柳州市、梧州市、贵港市、百色市、来宾市、崇左市、肇庆市、云浮市。珠江－西江经济带城市供电强度最高得分为广州市，为5.416分，最低得分为崇左市，为0分。珠江－西江经济带城市供电强度的得分平均值为1.171分，标准差为1.887，说明城市之间的供电强度的变化差异较大。珠江－西江经济带中广东地区城市供电强度的得分较高，广州市、佛山市的供电强度得分均超过1分，说明这些城市的供电强度发展基础相比其他城市较好。广西地区的城市供电强度水平较低，暂无城市的供电强度得分超过1分，说明广西地区的城市供电强度综合发展能力有待提升。

表1－65　2010～2015年珠江－西江经济带城市供电强度评价比较

地区	2010年	2011年	2012年	2013年	2014年	2015年	综合变化
南宁市	0.777	0.763	0.864	0.874	0.877	0.865	0.088
	3	3	3	3	3	3	0
柳州市	0.651	0.617	0.617	0.620	0.669	0.601	－0.050
	4	4	4	4	4	4	0
梧州市	0.145	0.142	0.160	0.190	0.207	0.151	0.007
	9	9	9	9	9	9	0
贵港市	0.281	0.267	0.225	0.237	0.292	0.280	－0.001
	7	8	8	8	6	7	0
百色市	0.351	0.335	0.332	0.385	0.431	0.417	0.066
	6	6	6	5	5	5	1
来宾市	0.504	0.465	0.431	0.302	0.291	0.377	－0.127
	5	5	5	7	7	6	－1
崇左市	0.000	0.010	0.029	0.029	0.020	0.021	0.021
	11	11	11	11	11	11	0
广州市	5.416	5.269	5.606	5.502	5.748	6.082	0.665
	1	1	1	1	1	1	0
佛山市	4.446	4.284	4.541	4.524	4.685	4.574	0.128
	2	2	2	2	2	2	0
肇庆市	0.270	0.279	0.300	0.311	0.225	0.273	0.003
	8	7	7	6	8	8	0

续表

地区	2010 年	2011 年	2012 年	2013 年	2014 年	2015 年	综合变化
云浮市	0.037	0.053	0.038	0.042	0.049	0.067	0.030
	10	10	10	10	10	10	0
最高分	5.416	5.269	5.606	5.502	5.748	6.082	0.665
最低分	0.000	0.010	0.029	0.029	0.020	0.021	0.021
平均分	1.171	1.135	1.195	1.183	1.227	1.246	0.075
标准差	1.887	1.828	1.948	1.921	2.003	2.060	0.173

由 2011 年的珠江－西江经济带城市供电强度评价来看，有 2 个城市的城市供电强度在 1 分以上。2011 年珠江－西江经济带城市供电强度得分处在 0～5.3 分，小于 1 分的城市有南宁市、柳州市、梧州市、贵港市、百色市、来宾市、崇左市、肇庆市、云浮市。珠江－西江经济带城市供电强度最高得分为广州市，为 5.269 分，最低得分为崇左市，为 0.010 分。珠江－西江经济带城市供电强度的得分平均值为 1.135 分，标准差为 1.828，说明城市之间的供电强度的变化差异较大。珠江－西江经济带广东地区城市的供电强度的得分较高，广州市、佛山市的供电强度得分均超过 1 分，说明这些城市的供电强度发展基础相比其他城市较好。广西地区的城市供电强度水平较低，暂无城市的供电强度得分超过 1 分，说明广西地区的城市供电强度综合发展能力有待提升。

由 2012 年的珠江－西江经济带城市供电强度评价来看，有 2 个城市的供电强度得分在 1 分以上。2012 年珠江－西江经济带城市供电强度得分处在 0～5.7 分，小于 1 分的城市有南宁市、柳州市、梧州市、贵港市、百色市、来宾市、崇左市、肇庆市、云浮市。珠江－西江经济带城市供电强度最高得分为广州市，为 5.606 分，最低得分为崇左市，为 0.029 分。珠江－西江经济带城市供电强度的得分平均值为 1.195 分，标准差为 1.948，说明城市之间的供电强度的变化差异较大。珠江－西江经济带广东地区城市的供电强度的得分较高，广州市、佛山市的供电强度得分均超过 1 分，说明这些城市的供电强度发展基础相比其他城市较好。广西地区的城市供电强度水平较低，暂无城市的供电强度得分超过 1 分，说明广西地区的城市供电强度综合发展能力有待提升。

由 2013 年的珠江－西江经济带城市供电强度评价来看，有 2 个城市的供电强度得分在 1 分以上。2013 年珠江－西江经济带城市供电强度得分处在 0～5.6 分，小于 1 分的城市有南宁市、柳州市、梧州市、贵港市、百色市、来宾市、崇左市、肇庆市、云浮市。珠江－西江经济带城市供电强度最高得分为广州市，为 5.502 分，最低得分为崇左市，为 0.029 分。珠江－西江经济带城市供电强度的得分平均值为 1.183 分，标准差为 1.921，说明城市之间的供电强度的变化差异较大。珠江－西江经济带广东地区城市的供电强度的得分较高，广州市、佛山市的供电强度得分均超过 1 分，说明这些城市的供电强度发展基础相比其他城市较好。广西地区的城市供电强度水平较低，暂无城市的供电强度得分超过 1 分，说明广西地区的城市供电强度综合发展能力有待提升。

由 2014 年的珠江－西江经济带城市供电强度评价来看，有 2 个城市的供电强度得分在 1 分以上。2014 年珠江－西江经济带城市供电强度得分处在 0～5.8 分，小于 1 分的城市有南宁市、柳州市、梧州市、贵港市、百色市、来宾市、崇左市、肇庆市、云浮市。珠江－西江经济带城市供电强度最高得分为广州市，为 5.748 分，最低得分为崇左市，为 0.020 分。珠江－西江经济带城市供电强度的得分平均值为 1.227 分，标准差为 2.003，说明城市之间的供电强度的变化差异较大。珠江－西江经济带广东地区城市的供电强度的得分较高，广州市、佛山市的供电强度得分均超过 1 分，说明这些城市的供电强度发展基础相比其他城市较好。广西地区的城市供电强度水平较低，暂无城市的供电强度得分超过 1 分，说明广西地区的城市供电强度综合发展能力有待提升。

由 2015 年的珠江－西江经济带城市供电强度评价来看，有 2 个城市的供电强度得分在 1 分以上。2015 年珠江－西江经济带城市供电强度得分处在 0～6.1 分，小于 1 分的城市有南宁市、柳州市、梧州市、贵港市、百色市、来宾市、崇左市、肇庆市、云浮市。珠江－西江经济带城市供电强度最高得分为广州市，为 6.082，最低得分为崇左市，为 0.021 分。珠江－西江经济带城市供电强度的得分平均值为 1.246 分，标准差为 2.060，说明城市之间的供电强度的变化差异较大。珠江－西江经济带广东地区城市的供电强度的得分较高，广州市、佛山市的城市供电强度得分均超过 1 分，说明这些城市的供电强度发展基础相比其他城市较好。广西地区的城市供电强度水平较低，暂无城市的供电强度得分超过 1 分，说明广西地区的城市供电强度综合发展能力有待提升。

对比珠江－西江经济带城市供电强度变化，通过对各年间的城市供电强度的平均分、标准差进行分析，可以发现其平均分处于波动上升趋势；说明城市供电强度综合能力有所上升。珠江－西江经济带城市供电强度的标准差也处于波动上升趋势，说明城市间的供电强度差距有所扩大。对各城市的供电强度变化展开分析，发现广州市城市供电强度处在绝对领先位置。珠江－西江经济带其他城市排名相对稳定，得分均有所上升。

6. 珠江－西江经济带城市供气密度得分情况

通过表1－66对2010～2015年的城市供气密度变化进行分析。由2010年的珠江－西江经济带城市供气密度评价来看，有6个城市的供气密度得分超过1分。2010年珠江－西江经济带城市供气密度得分处在0.3～4.8分。珠江－西江经济带城市供气密度最高得分为佛山市，为4.744分，最低得分为云浮市，为0.308分。珠江－西江经济带城市供气密度的得分平均值为1.389分，标准差为1.260，说明城市之间的供气密度的变化差异较大。珠江－西江经济带中广东地区的城市供气密度的得分较高，广州市、肇庆市、佛山市的得分均超过1分，说明这些城市的供气密度发展基础较好。广西地区的城市供气密度水平较低，其中南宁市、梧州市、来宾市的得分均超过1分，说明广西地区的城市供气密度综合发展能力有待提升。

表1－66　2010～2015年珠江－西江经济带各城市供气密度评价比较

地区	2010年	2011年	2012年	2013年	2014年	2015年	综合变化
南宁市	1.623	1.179	1.617	1.233	1.028	0.740	－0.883
	3	5	2	2	3	5	－2
柳州市	0.710	0.676	0.990	0.550	0.578	0.540	－0.170
	8	7	7	9	9	10	－2
梧州市	1.025	0.885	1.014	0.797	0.793	0.583	－0.442
	6	6	6	5	5	8	－2
贵港市	0.449	0.450	0.486	0.792	0.770	0.892	0.444
	10	9	10	6	6	3	7
百色市	0.840	0.000	0.825	0.724	0.702	0.572	－0.267
	7	11	8	7	7	9	－2
来宾市	1.280	1.246	1.086	0.939	0.970	0.827	－0.453
	4	4	5	4	4	4	0
崇左市	0.659	0.644	0.716	0.588	0.610	0.608	－0.051
	9	8	9	8	8	7	2
广州市	2.409	1.777	1.417	1.135	1.671	1.914	－0.496
	2	2	3	3	2	2	0
佛山市	4.744	4.320	5.973	3.682	5.585	4.969	0.225
	1	1	1	1	1	1	0
肇庆市	1.232	1.306	1.144	0.507	0.547	0.629	－0.603
	5	3	4	10	10	6	－1
云浮市	0.308	0.282	0.260	0.185	0.170	0.113	－0.194
	11	10	11	11	11	11	0
最高分	4.744	4.320	5.973	3.682	5.585	4.969	0.225
最低分	0.308	0.000	0.260	0.185	0.170	0.113	－0.194
平均分	1.389	1.160	1.412	1.012	1.221	1.126	－0.263
标准差	1.260	1.166	1.561	0.933	1.495	1.348	0.088

由2011年的珠江－西江经济带城市供气密度评价来看，有5个城市的供气密度得分超过1分。2011年珠江－西江经济带城市供气密度得分处在0～4.4分。珠江－西江经济带城市供气密度最高得分为佛山市，为4.320分，最低得分为百色市，为0分。珠江－西江经济带城市供气密度的得分平均值为1.160分，标准差为1.166，说明城市之间的供气密度的变化差异较大。珠江－西江经济带广东地区的城市供气密度的得分较高，广州市、肇庆市、佛山市的得分均超过1分，说明这些城市的供气密度发展基础较好。广西地区的城市供气密度水平较低，其中南宁市、来宾市的得分均超过1分，说明广西地区的城市供气密度综合发展能力有待提升。

由2012年的珠江－西江经济带城市供气密度评价来看，有6个城市的供气密度得分超过1分。2012年珠江－西江经济带城市供气密度得分处在0.2～6分。珠江－西江经济带城市供气密度最高得分为佛山市，为5.973分，最低得分为云浮市，为0.260分。珠江－西江经济带城市供气密度的得分平均值为1.412分，标准差为1.561，说明城市之间的供气密度的变化差异较大。珠江－西江经济带广东地区的城市供气密度的得分较高，广州市、肇庆市、佛山市的得分均超过1分，说明这些城市的供气密度发展基础较好。广西地区的城市供气密度水平较低，其中南宁市、梧州市、来宾市的得分均超过1分，说明广西地区的城市供气密度综合发展能力有待提升。

由2013年的珠江－西江经济带城市供气密度评价来看，有3个城市的供气密度得分超过1分。2013年珠江－西江经济带城市供气密度得分处在0.1～3.7分。珠江－西江经济带城市供气密度最高得分为佛山市，为3.682分，最低得分为云浮市，为0.185分。珠江－西江经济带城市供气密度的得分平均值为1.012分，标准差为0.933，说明城市之间的供气密度的变化差异较大。珠江－西江经济带广东地区的城市供气密度的得分较高，广州市、肇庆市、佛山市的得分均超过1分，说明这些城市的供气密度发展基础较好。广西地区的城市供气密度水平较低，其中南宁市、梧州市、来宾市的得分均超过1分，说明广西地区的城市供气密度综合发展能力有待提升。

由2014年的珠江－西江经济带城市供气密度评价来看，有3个城市的供气密度得分超过1分。2014年珠江－西江经济带城市供气密度得分处在0.1～5.6分。珠江－西江经济带城市供气密度最高得分为佛山市，为5.585分，最低得分为云浮市，为0.170分。珠江－西江经济带城市供气密度的得分平均值为1.221分，标准差为1.495，说明城市之间的供气密度的变化差异较大。珠江－西江经济带广东地区的城市供气密度的得分较高，广州市、佛山市的得分均超过1分，说明这些城市的供气密度发展基础较好。广西地区的城市供气密度水平较低，其中南宁市的得分超过1分，说明广西地区的城市供气密度综合发展能力有待提升。

由2015年的珠江－西江经济带城市供气密度评价来看，有2个城市的供气密度得分超过1分。2015年珠江－西江经济带城市供气密度得分处在0.1～5分。珠江－西江经济带城市供气密度最高得分为佛山市，为4.969分，最低得分为云浮市，为0.113分。珠江－西江经济带城市供气密度的得分平均值为1.126分，标准差为1.348，说明城市之间的供气密度的变化差异较大。珠江－西江经济带广东地区的城市供气密度的得分较高，广州市、佛山市的得分均超过1分，说明这些城市的供气密度发展基础较好。广西地区的城市供气密度水平较低，没有城市的得分超过1分，说明广西地区的城市供气密度综合发展能力有待提升。

对比珠江－西江经济带各城市供气密度变化，通过对各年间的城市供气密度的平均分、标准差进行分析，可以发现其平均分处于波动下降趋势，说明城市供气密度综合能力小幅度下降。珠江－西江经济带城市供气密度的标准差处于波动上升趋势，说明城市间的城市供气密度差距有所扩大。对各城市的供气密度变化展开分析，发现佛山市的供气密度处在绝对优势的地位，在2010～2015年的各个时间段内排名均保持在第一的位置。各城市相对排名变化幅度较小，说明城市供气密度综合发展较稳定。

7. 珠江－西江经济带城市用电承载力ES得分情况

通过表1－67对2010～2015年的珠江－西江经济带城市用电承载力ES变化进行分析。由2010年的珠江－西江经济带城市用电承载力ES评价来看，有2个城市的用电承载力ES得分在1分以上。2010年珠江－西江经济带城市用电承载力ES得分处在0～4.9分，小于1分的城市有南宁市、柳州市、梧州市、贵港市、百色市、来宾市、崇左市、肇庆市、云浮市。珠江－西江经济带城市用电承载力ES最高得分为广州市，为4.850分，最低得分为崇左市，为0.007分。珠江－西江经济带城市用电承载力ES的得分平均值为1.054分，标准差为1.687，说明城市之间的用电承载力ES的变化差异较大。珠江－西江经济带广东地区的用电承载力ES水平较高，广州市、佛山市的用电承载力ES得分均超过1分，说明这些城市的用电承载力较高。广西地区的城市用电承载力ES的得分较低，暂无城市的用电承载力ES得分超过1分，说明广西地区的用电承载力有待增强。

表1－67　2010～2015年珠江－西江经济带各城市用电承载力ES评价比较

地区	2010年	2011年	2012年	2013年	2014年	2015年	综合变化
南宁市	0.702	0.675	0.738	0.730	0.751	0.874	0.171
	3	3	3	3	3	3	0

续表

地区	2010年	2011年	2012年	2013年	2014年	2015年	综合变化
柳州市	0.589	0.547	0.529	0.519	0.574	0.611	0.022
	4	4	4	4	4	4	0
梧州市	0.137	0.288	0.141	0.163	0.181	0.163	0.026
	9	7	9	9	9	9	0
贵港市	0.259	0.241	0.196	0.201	0.254	0.291	0.032
	7	9	7	8	5	6	1
百色市	0.321	0.300	0.287	0.324	0.230	0.192	-0.129
	6	6	6	5	7	8	-2
来宾市	0.458	0.414	0.371	0.255	0.254	0.388	-0.070
	5	5	5	7	6	5	0
崇左市	0.007	0.015	0.031	0.029	0.023	0.033	0.026
	11	11	11	11	11	10	1
广州市	4.850	4.624	4.757	4.571	4.891	6.072	1.222
	1	1	1	1	1	1	0
佛山市	3.982	3.760	3.854	3.759	3.988	4.570	0.588
	2	2	2	2	2	2	0
肇庆市	0.248	0.251	0.183	0.263	0.197	0.284	0.035
	8	8	8	6	8	7	1
云浮市	0.040	0.053	0.038	0.040	0.048	0.000	-0.040
	10	10	10	10	10	11	-1
最高分	4.850	4.624	4.757	4.571	4.891	6.072	1.222
最低分	0.007	0.015	0.031	0.029	0.023	0.000	-0.007
平均分	1.054	1.015	1.011	0.987	1.035	1.225	0.171
标准差	1.687	1.594	1.654	1.594	1.708	2.068	0.381

由2011年的珠江－西江经济带城市用电承载力ES评价来看，有2个城市的用电承载力ES得分在1分以上。2011年珠江－西江经济带城市用电承载力ES得分处在0～4.7分，小于1分的城市有南宁市、柳州市、梧州市、贵港市、百色市、来宾市、崇左市、肇庆市、云浮市。珠江－西江经济带城市用电承载力ES最高得分为广州市，为4.624分，最低得分为崇左市，为0.015分。珠江－西江经济带城市用电承载力ES的得分平均值为1.015分，标准差为1.594，说明城市之间的用电承载力ES的变化差异较大。珠江－西江经济带广东地区的城市用电承载力ES水平较高，广州市、佛山市的用电承载力ES得分均超过1分，说明这些城市的用电承载力较高。广西地区的城市用电承载力ES的得分较低，暂无城市的城市用电承载力ES得分超过1分，说明广西地区的用电承载力有待增强。

由2012年的珠江－西江经济带城市用电承载力ES评价来看，有2个城市的用电承载力ES得分在1分以上。2012年珠江－西江经济带城市用电承载力ES得分处在0～4.8分，小于1分的城市有南宁市、柳州市、梧州市、贵港市、百色市、来宾市、崇左市、肇庆市、云浮市。珠江－西江经济带城市用电承载力ES最高得分为广州市，为4.757分，最低得分为崇左市，为0.031分。珠江－西江经济带城市用电承载力ES的得分平均值为1.011分，标准差为1.654，说明城市之间的用电承载力ES的变化差异较大。珠江－西江经济带广东地区的城市用电承载力ES水平较高，广州市、佛山市的城市用电承载力 ES 得分均超过 1 分，说明这些城市的用电承载力较高。广西地区的城市用电承载力 ES 的得分较低，暂无城市的用电承载力 ES 得分超过 1 分，说明广西地区的用电承载力有待增强。

由 2013 年的珠江－西江经济带城市用电承载力 ES 评价来看，有 2 个城市的用电承载力 ES 得分在 1 分以上。2013 年珠江－西江经济带城市用电承载力 ES 得分处在 0～4.6 分，小于 1 分的城市有南宁市、柳州市、梧州市、贵港市、百色市、来宾市、崇左市、肇庆市、云浮市。珠江－西江经济带城市用电承载力 ES 最高得分为广州市，为 4.571 分，最低得分为崇左市，为 0.029 分。珠江－西江经济带城市用电承载力 ES 的得分平均值为 0.987 分，标准差为 1.594，说明城市之间的用电承载力 ES 的变化差异较大。珠江－西江经济带广东地区的城市用电承载力 ES 水平较高，广州市、佛山市的城市用电承载力 ES 得分均超过 1 分，说明这些城市的用电承载力较高。广西地区的城市用电承载力 ES 的得分较低，暂无城市的用电承载力 ES 得分超过 1 分，说明广西地区的用电承载力有待增强。

由 2014 年的珠江－西江经济带城市用电承载力 ES 评价来看，有 2 个城市的用电承载力 ES 得分在 1 分以上。2014 年珠江－西江经济带城市用电承载力 ES 得分处在 0～4.9 分，小于 1 分的城市有南宁市、柳州市、梧州市、贵港市、百色市、来宾市、崇左市、肇庆市、云浮市。珠江－西江经济带城市用电承载力 ES 最高得分为广州市，为 4.891 分，最低得分为崇左市，为 0.023 分。珠江－西江经济带城市用电承载力 ES 的得分平均值为 1.035 分，标准差为 1.708，说明城市之间的用电承载力 ES 的变化差异较大。珠江－西江经济带广东地区的城市用电承载力 ES 水平较高，广州市、佛山市的城市用电承载力 ES 得分均超过 1 分，说明这些城市的用电承载力较高。广西地区的城市用电承载力 ES 的得分较低，暂无城市的用电承载力 ES 得分超过 1 分，说明广西地区的用电承载力有待增强。

由 2015 年的珠江－西江经济带城市用电承载力 ES 评价来看，有 2 个城市的用电承载力 ES 得分在 1 分以上。2015 年珠江－西江经济带城市用电承载力 ES 得分处在 0～6.1 分，小于 1 分的城市有南宁市、柳州市、梧州市、贵港市、百色市、来宾市、崇左市、肇庆市、云浮市。珠江－西江经济带城市用电承载力 ES 最高得分为广州市，为 6.072 分，最低得分为云浮市，为 0 分。珠江－西江经济带城市用电承载力 ES 的得分平均值为 1.225 分，标准差为 2.068，说明城市之间的用电承载力 ES 的变化差异较大。珠江－西江经济带广东地区的城市用电承载力 ES 水平较高，广州市、佛山市的城市用电承载力 ES 得分均超过 1 分，说明这些城市的用电承载力较高。广西地区的用电承载力 ES 的得分较低，暂无城市的用电承载力 ES 得分超过 1 分，说明广西地区的用电承载力有待增强。

对比珠江－西江经济带各城市的城市用电承载力 ES 变化，通过对各年间的城市用电承载力 ES 的平均分、标准差进行分析，可以发现其平均分处于波动上升趋势，说明城市用电承载力 ES 综合能力有所提升。珠江－西江经济带城市用电承载力 ES 的标准差也处于波动上升趋势，说明城市间的用电承载力 ES 差距有所扩大。对各城市的用电承载力 ES 变化展开分析，广州市处于绝对优势的地位，珠江－西江经济带各城市之间排名变化幅度较小，说明城市用电承载力发展较稳定。

8. 珠江－西江经济带城市通信流强度得分情况

通过表 1－68 对 2010～2015 年的珠江－西江经济带城市通信流强度变化进行分析。由 2010 年的珠江－西江经济带城市通信流强度评价来看，有 2 个城市的通信流强度得分在 2 分以上。2010 年珠江－西江经济带城市通信流强度得分处在 0～4.1 分，小于 2 分的城市有南宁市、柳州市、梧州市、贵港市、百色市、来宾市、崇左市、肇庆市、云浮市。珠江－西江经济带城市通信流强度最高得分为广州市，为 4.046 分，最低得分为崇左市，为 0 分。珠江－西江经济带城市通信流强度的得分平均值为 0.693 分，标准差为 1.273，说明城市之间通信流强度的变化差异较大。珠江－西江经济带广东地区城市的通信流强度的得分较高，其中广州市、佛山市的通信流强度实力得分均超过 1 分，说明这些城市的通信流强度发展基础较好。广西地区的城市通信流强度水平较低，暂无城市的通信流强度得分达到 1 分，说明广西地区的城市通信流强度综合发展能力有待提升。

表 1－68　　2010～2015 年珠江－西江经济带城市通信流强度评价比较

地区	2010 年	2011 年	2012 年	2013 年	2014 年	2015 年	综合变化
南宁市	0.559	0.772	0.940	0.940	1.116	1.167	0.609
	3	3	3	3	3	3	0
柳州市	0.370	0.533	0.653	0.659	0.745	0.685	0.316
	4	4	4	4	4	4	0
梧州市	0.069	0.150	0.194	0.245	0.267	0.216	0.147
	7	6	6	7	6	6	1

续表

地区	2010 年	2011 年	2012 年	2013 年	2014 年	2015 年	综合变化
贵港市	0.050	0.103	0.120	0.119	0.140	0.139	0.089
	8	9	9	9	9	8	0
百色市	0.077	0.133	0.177	0.168	0.203	0.212	0.135
	6	7	7	8	7	7	-1
来宾市	0.013	0.057	0.068	0.052	0.067	0.065	0.052
	10	10	11	11	11	11	-1
崇左市	0.000	0.053	0.069	0.072	0.098	0.093	0.093
	11	11	10	10	10	10	1
广州市	4.046	5.125	5.802	4.377	3.970	3.651	-0.396
	1	1	1	1	1	1	0
佛山市	2.137	2.723	2.737	2.598	2.510	2.488	0.351
	2	2	2	2	2	2	0
肇庆市	0.282	0.436	0.485	0.496	0.580	0.672	0.390
	5	5	5	5	5	5	0
云浮市	0.016	0.104	0.162	0.271	0.147	0.128	0.111
	9	8	8	6	8	9	0
最高分	4.046	5.125	5.802	4.377	3.970	3.651	-0.396
最低分	0.000	0.053	0.068	0.052	0.067	0.065	0.065
平均分	0.693	0.926	1.037	0.909	0.895	0.865	0.172
标准差	1.273	1.593	1.761	1.363	1.247	1.171	-0.102

由 2011 年的珠江－西江经济带城市通信流强度评价来看，有 2 个城市的通信流强度得分在 2 分以上。2011 年珠江－西江经济带城市通信流强度得分处在 0～5.2 分，小于 2 分的城市有南宁市、柳州市、梧州市、贵港市、百色市、来宾市、崇左市、肇庆市、云浮市。珠江－西江经济带城市通信流强度最高得分为广州市，为 5.125 分，最低得分为崇左市，为 0.053 分。珠江－西江经济带城市通信流强度的得分平均值为 0.926 分，标准差为 1.593，说明城市之间通信流强度的变化差异较大。珠江－西江经济带广东地区城市的通信流强度的得分较高，其中广州市、佛山市的通信流强度实力得分均超过 1 分，说明这些城市的通信流强度发展基础较好。广西地区的城市通信流强度水平较低，暂无城市的通信流强度得分达到 1 分，说明广西地区的城市通信流强度综合发展能力有待提升。

由 2012 年的珠江－西江经济带城市通信流强度评价来看，有 2 个城市的通信流强度得分在 2 分以上。2012 年珠江－西江经济带城市通信流强度得分处在 0～5.9 分，小于 2 分的城市有南宁市、柳州市、梧州市、贵港市、百色市、来宾市、崇左市、肇庆市、云浮市。珠江－西江经济带城市通信流强度最高得分为广州市，为 5.802 分，最低得分为来宾市，为 0.068 分。珠江－西江经济带城市通信流强度的得分平均值为 1.037 分，标准差为 1.761，说明城市之间通信流强度的变化差异较大。珠江－西江经济带广东地区城市的通信流强度的得分较高，其中广州市、佛山市的通信流强度实力得分均超过 1 分，说明这些城市的通信流强度发展基础较好。广西地区的城市通信流强度水平较低，暂无城市的城市通信流强度得分达到 1 分，说明广西地区的城市通信流强度综合发展能力有待提升。

由 2013 年的珠江－西江经济带城市通信流强度评价来看，有 2 个城市的通信流强度得分在 2 分以上。2013 年珠江－西江经济带城市通信流强度得分处在 0～4.4 分，小于 2 分的城市有南宁市、柳州市、梧州市、贵港市、百色市、来宾市、崇左市、肇庆市、云浮市。珠江－西江经济带城市通信流强度最高得分为广州市，为 4.377 分，最低得分为来宾市，为 0.052 分。珠江－西江经济带城市通信流强度的得分平均值为 0.909 分，标准差为 1.363，说明城市之间通信流强度的变化差异较大。珠江－西江经济带广东地区城市的通信流强度的得分较高，其中广州市、佛山市的通信流强度实力得分均超过1分，说明这些城市的通信流强度发展基础较好。广西地区的城市通信流强度水平较低，暂无城市的通信流强度得分达到1分，说明广西地区的城市通信流强度综合发展能力有待提升。

由2014年的珠江－西江经济带城市通信流强度评价来看，有2个城市的通信流强度得分在2分以上。2014年珠江－西江经济带城市通信流强度得分处在0～4分，小于2分的城市有南宁市、柳州市、梧州市、贵港市、百色市、来宾市、崇左市、肇庆市、云浮市。珠江－西江经济带城市通信流强度最高得分为广州市，为3.970分，最低得分为来宾市，为0.067分。珠江－西江经济带城市通信流强度的得分平均值为0.895分，标准差为1.247，说明城市之间通信流强度的变化差异较大。珠江－西江经济带广东地区城市的通信流强度的得分较高，其中广州市、佛山市的通信流强度实力得分均超过1分，说明这些城市的通信流强度发展基础较好。广西地区的城市通信流强度水平较低，暂无城市的通信流强度得分达到1分，说明广西地区的城市通信流强度综合发展能力有待提升。

由2015年的珠江－西江经济带城市通信流强度评价来看，有2个城市的通信流强度得分在2分以上。2015年珠江－西江经济带城市通信流强度得分处在0～3.7分，小于2分的城市有南宁市、柳州市、梧州市、贵港市、百色市、来宾市、崇左市、肇庆市、云浮市。珠江－西江经济带城市通信流强度最高得分为广州市，为3.651分，最低得分为来宾市，为0.065分。珠江－西江经济带城市通信流强度的得分平均值为0.865分，标准差为1.171，说明城市之间通信流强度的变化差异较大。珠江－西江经济带广东地区城市的通信流强度的得分较高，其中广州市、佛山市的通信流强度实力得分均超过1分，说明这些城市的通信流强度发展基础较好。广西地区的城市通信流强度水平较低，暂无城市的通信流强度得分达到1分，说明广西地区的城市通信流强度综合发展能力有待提升。

对比珠江－西江经济带各城市的通信流强度变化，通过对各年间的城市通信流强度的平均分、标准差进行分析，可以发现其平均分处于波动上升趋势，说明城市通信流强度综合能力有所提升。但珠江－西江经济带城市通信流强度的标准差处于波动下降趋势，说明城市间的通信流强度差距有所缩小。对各城市的通信流强度变化展开分析，广州市城市通信流强度处在绝对领先位置，在2010～2015年的各个时间段内均保持排名第一的位置。珠江－西江经济带整体城市通信流强度排名基本稳定，得分也基本稳定。

9. 珠江－西江经济带城市通信倾向度得分情况

通过表1－69对2010～2015年的珠江－西江经济带城市通信倾向度变化进行分析。由2010年的珠江－西江经济带城市通信倾向度评价来看，有7个城市的通信倾向度得分在2.4分以上。2010年珠江－西江经济带城市通信倾向度得分处在1.9～2.7分，小于2.4分的城市有梧州市、贵港市、来宾市、崇左市。珠江－西江经济带城市通信倾向度最高得分为佛山市，为2.643分，最低得分为贵港市，为1.957分。珠江－西江经济带城市通信倾向度的得分平均值为2.364分，标准差为0.211，说明城市之间通信倾向度的变化差异较小。珠江－西江经济带广东地区的城市通信倾向度的得分较大，所有城市的通信倾向度实力得分均超过2.4分，说明这些城市的通信倾向度发展基础较好。广西地区的城市通信倾向度水平较低，南宁市、柳州市、百色市的城市通信倾向度得分均超过2.4分，说明广西地区的城市通信倾向度综合发展能力有待提升。

表1－69　2010～2015年珠江－西江经济带城市通信倾向度评价比较

地区	2010年	2011年	2012年	2013年	2014年	2015年	综合变化
南宁市	2.455	2.680	2.724	2.445	2.383	2.153	－0.302
	6	8	6	7	3	2	4
柳州市	2.455	2.882	2.810	2.629	2.418	1.865	－0.590
	5	4	2	2	2	6	－1
梧州市	2.128	2.551	2.501	2.549	2.229	1.545	－0.583
	9	10	10	3	6	8	1
贵港市	1.957	2.466	2.331	2.038	1.826	1.462	－0.496
	11	11	11	10	9	10	1
百色市	2.444	2.849	2.768	2.517	2.138	1.897	－0.546
	7	5	3	4	7	5	2

续表

地区	2010 年	2011 年	2012 年	2013 年	2014 年	2015 年	综合变化
来宾市	2.368	2.783	2.701	2.446	2.231	2.053	－0.315
	8	7	8	6	5	4	4
崇左市	2.093	2.621	2.561	2.276	2.085	1.706	－0.386
	10	9	9	9	8	7	3
广州市	2.461	2.784	2.748	1.123	0.421	0.000	－2.461
	4	6	4	11	11	11	－7
佛山市	2.643	2.942	2.720	2.495	1.823	1.466	－1.177
	1	3	7	5	10	9	－8
肇庆市	2.473	3.016	2.732	2.442	2.294	2.522	0.048
	3	2	5	8	4	1	2
云浮市	2.532	4.140	4.674	6.728	2.924	2.128	－0.404
	2	1	1	1	1	3	－1
最高分	2.643	4.140	4.674	6.728	2.924	2.522	－0.122
最低分	1.957	2.466	2.331	1.123	0.421	0.000	－1.957
平均分	2.364	2.883	2.843	2.699	2.070	1.709	－0.656
标准差	0.211	0.449	0.624	1.401	0.624	0.654	0.443

由 2011 年的珠江－西江经济带城市通信倾向度评价来看，有 3 个城市的通信倾向度得分在 2.9 分以上。2011 年珠江－西江经济带城市通信倾向度得分处在 2.4～4.2 分，小于 2.9 分的城市有南宁市、柳州市、梧州市、贵港市、百色市、来宾市、崇左市、广州市。珠江－西江经济带城市通信倾向度最高得分为云浮市，为 4.140 分，最低得分为贵港市，为 2.466 分。珠江－西江经济带城市通信倾向度的得分平均值为 2.883 分，标准差为 0.449，说明城市之间通信倾向度的变化差异较小。珠江－西江经济带广东地区的城市通信倾向度的得分较大，佛山市、肇庆市、云浮市的通信倾向度实力得分均超过 2.9 分，说明这些城市的通信倾向度发展基础较好。广西地区的通信倾向度水平较低，暂无城市的通信倾向度得分达到 2.9 分，说明广西地区的城市通信倾向度综合发展能力有待提升。

由 2012 年的珠江－西江经济带城市通信倾向度评价来看，有 8 个城市的通信倾向度得分在 2.7 分以上。2012 年珠江－西江经济带城市通信倾向度得分处在 2.3～4.7 分，小于 2.7 分的城市有梧州市、贵港市、崇左市。珠江－西江经济带城市通信倾向度最高得分为云浮市，为 4.674 分，最低得分为贵港市，为 2.331 分。珠江－西江经济带城市通信倾向度的得分平均值为 2.843 分，标准差为 0.624，说明城市之间通信倾向度的变化差异较小。珠江－西江经济带广东地区的城市通信倾向度的得分较大，所有城市的通信倾向度实力得分均超过 2.7 分，说明这些城市的通信倾向度发展基础较好。广西地区的城市通信倾向度水平较低，南宁市、柳州市、百色市、来宾市的通信倾向度得分均超过 2.7 分，说明广西地区的城市通信倾向度综合发展能力有待提升。

由 2013 年的珠江－西江经济带城市通信倾向度评价来看，有 8 个城市的通信倾向度得分在 2.4 分以上。2013 年珠江－西江经济带城市通信倾向度得分处在 1.1～6.8 分，小于 2.4 分的城市有贵港市、崇左市、广州市。珠江－西江经济带城市通信倾向度最高得分为云浮市，为 6.728 分，最低得分为广州市，为 1.123 分。珠江－西江经济带城市通信倾向度的得分平均值为 2.699 分，标准差为 1.401，说明城市之间通信倾向度的变化差异较大。珠江－西江经济带广东地区的城市通信倾向度的得分较大，佛山市、肇庆市、云浮市的通信倾向度实力得分均超过 2.4 分，说明这些城市的通信倾向度发展基础较好。广西地区的城市通信倾向度水平较低，南宁市、柳州市、梧州市、百色市、来宾市的通信倾向度得分均超过 2.4 分，说明广西地区的城市通信倾向度综合发展能力有待提升。

由 2014 年的珠江－西江经济带城市通信倾向度评价来看，有 8 个城市的通信倾向度得分在 2 分以上。2014 年珠江－西江经济带城市通信倾向度得分处在 0.4～3 分，小于 2 分的城市有贵港市、广州市、佛山市。珠江－西江经济带城市通信倾向度最高得分为云浮市，为 2.924 分，最低得分为广州市，为 0.421 分。珠江－西江经济带城市通信倾向度的得分平均值为2.070分，标准差为0.624，说明城市之间通信倾向度的变化差异较小。珠江－西江经济带广东地区的城市通信倾向度的得分较小，肇庆市、云浮市的通信倾向度实力得分均超过2.4分，说明这些城市的通信倾向度发展基础较低。广西地区的城市通信倾向度水平较高，南宁市、柳州市、梧州市、百色市、来宾市、崇左市的通信倾向度得分均超过2.4分，说明广西地区的城市通信倾向度综合发展能力较强。

由2015年的珠江－西江经济带城市通信倾向度评价来看，有4个城市的通信倾向度得分在2分以上。2015年珠江－西江经济带城市通信倾向度得分处在0～2.6分，小于2分的城市有柳州市、梧州市、贵港市、百色市、崇左市、广州市、佛山市。珠江－西江经济带城市通信倾向度最高得分为肇庆市，为2.522分，最低得分为广州市，为0分。珠江－西江经济带城市通信倾向度的得分平均值为1.709分，标准差为0.654，说明城市之间通信倾向度的变化差异较小。珠江－西江经济带广东地区的城市通信倾向度的得分较大，肇庆市、云浮市的通信倾向度实力得分均超过2分，说明这些城市的通信倾向度发展基础较好。广西地区的城市通信倾向度水平较低，南宁市、来宾市的通信倾向度得分均超过2分，说明广西地区的城市通信倾向度综合发展能力有待提升。

对比珠江－西江经济带各城市的通信倾向度变化，通过对各年间的城市通信倾向度的平均分、标准差进行分析，可以发现其平均分处于波动下降趋势，说明城市通信倾向度综合能力有所下降。但珠江－西江经济带城市通信倾向度的标准差处于波动上升趋势，说明城市间的通信倾向度差距有所扩大。对各城市的通信倾向度变化展开分析，云浮市的通信倾向度处在绝对领先位置，在2011～2014年的各个时间段内均保持排名第一的位置。从珠江－西江经济带整体来看，各个城市的排名变化幅度较小，得分变化也不大，说明各城市通信倾向度发展稳定。

10. 珠江－西江经济带城市通信职能规模得分情况

通过表1－70对2010～2015年的珠江－西江经济带城市通信职能规模及变化进行分析。由2010年的珠江－西江经济带城市通信职能规模评价来看，有2个城市的通信职能规模得分在1分以上。2010年珠江－西江经济带城市通信职能规模得分处在0～3.7分，小于1分的城市有南宁市、柳州市、梧州市、贵港市、百色市、来宾市、崇左市、肇庆市、云浮市。珠江－西江经济带城市通信职能规模最高得分为广州市，为3.613分，最低得分为崇左市，为0分。珠江－西江经济带城市通信职能规模的得分平均值为0.601分，标准差为1.093，说明城市之间通信职能规模的变化差异较大。珠江－西江经济带广东地区的城市通信职能规模的得分较大，广州市、佛山市的城市通信职能规模实力得分均超过1分，说明这些城市的通信职能规模发展基础较好。广西地区的城市通信职能规模水平较低，暂无城市的通信职能规模得分达到1分，说明广西地区的城市通信职能规模综合发展能力有待提升。

表1－70　2010～2015年珠江－西江经济带城市通信职能规模评价比较

地区	2010年	2011年	2012年	2013年	2014年	2015年	综合变化
南宁市	0.584	0.944	1.146	0.639	0.838	0.702	0.117
	3	3	3	3	3	3	0
柳州市	0.199	0.360	0.361	0.214	0.235	0.193	－0.006
	6	6	6	6	6	6	0
梧州市	0.026	0.083	0.088	0.108	0.147	0.026	0.000
	9	9	9	7	7	9	0
贵港市	0.038	0.107	0.117	0.058	0.069	0.054	0.016
	8	8	8	9	9	8	0
百色市	0.083	0.176	0.179	0.088	0.101	0.088	0.005
	7	7	7	8	8	7	0
来宾市	0.000	0.045	0.042	0.000	0.010	0.004	0.003
	10	11	11	11	11	11	－1
崇左市	0.000	0.053	0.056	0.010	0.020	0.008	0.008
	11	10	10	10	10	10	1

续表

地区	2010年	2011年	2012年	2013年	2014年	2015年	综合变化
广州市	3.613	5.693	5.404	3.029	2.381	1.847	-1.766
	1	1	1	1	1	1	0
佛山市	1.527	2.407	2.224	1.639	1.520	1.375	-0.152
	2	2	2	2	2	2	0
肇庆市	0.208	0.527	0.489	0.353	0.516	0.616	0.407
	5	5	5	5	4	4	1
云浮市	0.336	0.770	0.760	0.593	0.330	0.278	-0.058
	4	4	4	4	5	5	-1
最高分	3.613	5.693	5.404	3.029	2.381	1.847	-1.766
最低分	0.000	0.045	0.042	0.000	0.010	0.004	0.004
平均分	0.601	1.015	0.988	0.612	0.561	0.472	-0.129
标准差	1.093	1.698	1.604	0.932	0.754	0.620	-0.473

由2011年的珠江-西江经济带城市通信职能规模评价来看，有2个城市的通信职能规模得分在1分以上。2011年珠江-西江经济带城市通信职能规模得分处在0～5.7分，小于1分的城市有南宁市、柳州市、梧州市、贵港市、百色市、来宾市、崇左市、肇庆市、云浮市。珠江-西江经济带城市通信职能规模最高得分为广州市，为5.693分，最低得分为来宾市，为0.045分。珠江-西江经济带城市通信职能规模的得分平均值为1.015分，标准差为1.698，说明城市之间通信职能规模的变化差异较大。珠江-西江经济带广东地区的城市通信职能规模的得分较大，广州市、佛山市的通信职能规模实力得分均超过1分，说明这些城市的通信职能规模发展基础较好。广西地区的城市职能规模水平较低，暂无城市的通信职能规模得分达到1分，说明广西地区的城市通信职能规模综合发展能力有待提升。

由2012年的珠江-西江经济带城市通信职能规模评价来看，有2个城市的通信职能规模得分在1分以上。2012年珠江-西江经济带城市通信职能规模得分处在0～5.5分，小于1分的城市有南宁市、柳州市、梧州市、贵港市、百色市、来宾市、崇左市、肇庆市、云浮市。珠江-西江经济带城市通信职能规模最高得分为广州市，为5.404分，最低得分为崇左市，为0.042分。珠江-西江经济带城市通信职能规模的得分平均值为0.988分，标准差为1.604，说明城市之间通信职能规模的变化差异较大。珠江-西江经济带广东地区的城市通信职能规模的得分较大，广州市、佛山市的通信职能规模实力得分均超过1分，说明这些城市的通信职能规模发展基础较好。广西地区的城市通信职能规模水平较低，暂无城市的通信职能规模得分达到1分，说明广西地区的城市通信职能规模综合发展能力有待提升。

由2013年的珠江-西江经济带城市通信职能规模评价来看，有2个城市的通信职能规模得分在1分以上。2013年珠江-西江经济带城市通信职能规模得分处在0～3.1分，小于1分的城市有南宁市、柳州市、梧州市、贵港市、百色市、来宾市、崇左市、肇庆市、云浮市。珠江-西江经济带城市通信职能规模最高得分为广州市，为3.029分，最低得分为来宾市，为0分。珠江-西江经济带城市通信职能规模的得分平均值为0.612分，标准差为0.932，说明城市之间通信职能规模的变化差异较大。珠江-西江经济带广东地区的城市通信职能规模的得分较大，广州市、佛山市的通信职能规模实力得分均超过1分，说明这些城市的通信职能规模发展基础较好。广西地区的城市通信职能规模水平较低，暂无城市的通信职能规模得分达到1分，说明广西地区的城市通信职能规模综合发展能力有待提升。

由2014年的珠江-西江经济带城市通信职能规模评价来看，有2个城市的通信职能规模得分在1分以上。2014年珠江-西江经济带城市通信职能规模得分处在0～2.4分，小于1分的城市有南宁市、柳州市、梧州市、贵港市、百色市、来宾市、崇左市、肇庆市、云浮市。珠江-西江经济带城市通信职能规模最高得分为广州市，为2.381分，最低得分为来宾市，为0.010分。珠江-西江经济带城市通信职能规模的得分平均值为0.561分，标准差为0.754，说明城市之间通信职能规模的变化差异较大。珠江-西江经济带广东地区的城市通信职能规模的得分较大，广州市、佛山市的通信职能规模实力得分均超过1分，说明这些城市的通信职能规模发展基础较好。广西地区的城市通信职能规模水平较低，暂无城市的通信职能规模得分达到1分，说明广西地区的城市通信职能规模综合发展能力有待提升。

由2015年的珠江－西江经济带城市通信职能规模评价来看，有2个城市的通信职能规模得分在1分以上。2015年珠江－西江经济带城市通信职能规模得分处在0～1.9分，小于1分的城市有南宁市、柳州市、梧州市、贵港市、百色市、来宾市、崇左市、肇庆市、云浮市。珠江－西江经济带城市通信职能规模最高得分为广州市，为1.847分，最低得分为来宾市，为0.004分。珠江－西江经济带城市通信职能规模的得分平均值为0.472分，标准差为0.620，说明城市之间通信职能规模的变化差异较大。珠江－西江经济带广东地区的城市通信职能规模的得分较大，广州市、佛山市的通信职能规模实力得分均超过1分，说明这些城市的通信职能规模发展基础较好。广西地区的城市通信职能规模水平较低，暂无城市的通信职能规模得分达到1分，说明广西地区的城市通信职能规模综合发展能力有待提升。

对比珠江－西江经济带城市通信职能规模变化，通过对各年间的城市通信职能规模的平均分、标准差进行分析，可以发现其平均分处于波动下降趋势，说明城市通信职能规模综合能力整体有所下降。但珠江－西江经济带城市通信职能规模的标准差处于波动下降趋势，说明城市间的通信职能规模差距有所缩小。对各城市的通信职能规模变化展开分析，广州市的通信职能规模处在绝对领先位置，在2010～2015年的各个时间段内均保持排名第一的位置。从珠江－西江经济带整体来看，各个城市的排名变化幅度较小，得分变化不大，说明各城市通信职能规模发展稳定。

11. 珠江－西江经济带城市通信职能地位得分情况

通过表1－71对2010～2015年的珠江－西江经济带城市通信职能地位变化进行分析。由2010年的珠江－西江经济带城市通信职能地位评价来看，有2个城市的通信职能地位得分在1分以上。2010年珠江－西江经济带城市通信职能地位得分处在0～2.9分，小于1分的城市有南宁市、柳州市、梧州市、贵港市、百色市、来宾市、崇左市、肇庆市、云浮市。珠江－西江经济带城市通信职能地位最高得分为广州市，为2.896分，最低得分为崇左市，为0.028分。珠江－西江经济带城市通信职能地位的得分平均值为0.506分，标准差为0.868，说明城市之间通信职能地位的变化差异较大。珠江－西江经济带广东地区的城市通信职能地位的得分较大，广州市、佛山市的通信职能地位实力得分均超过1分，说明这些城市的通信职能地位发展基础较好。广西地区的城市通信职能地位水平较低，暂无城市的通信职能地位得分达到1分，说明广西地区的城市通信职能地位综合发展能力有待提升。

表1－71　　2010～2015年珠江－西江经济带城市通信职能地位评价比较

地区	2010年	2011年	2012年	2013年	2014年	2015年	综合变化
南宁市	0.492	0.994	0.789	0.332	0.403	0.360	－0.132
	3	3	3	3	3	3	0
柳州市	0.186	0.412	0.263	0.111	0.110	0.098	－0.089
	6	6	6	6	6	6	0
梧州市	0.049	0.136	0.079	0.056	0.067	0.012	－0.037
	9	9	9	7	7	9	0
贵港市	0.058	0.160	0.098	0.030	0.029	0.026	－0.032
	8	8	8	9	9	8	0
百色市	0.094	0.229	0.140	0.045	0.045	0.044	－0.051
	7	7	7	8	8	7	0
来宾市	0.029	0.099	0.048	0.000	0.000	0.000	－0.028
	10	11	11	11	11	11	－1
崇左市	0.028	0.107	0.058	0.005	0.005	0.003	－0.026
	11	10	10	10	10	10	1

续表

地区	2010年	2011年	2012年	2013年	2014年	2015年	综合变化
广州市	2.896	5.720	3.648	1.574	1.152	0.950	-1.946
	1	1	1	1	1	1	0
佛山市	1.240	2.449	1.513	0.852	0.733	0.707	-0.534
	2	2	2	2	2	2	0
肇庆市	0.193	0.578	0.349	0.183	0.246	0.315	0.122
	5	5	5	5	4	4	1
云浮市	0.295	0.820	0.531	0.308	0.156	0.142	-0.153
	4	4	4	4	5	5	-1
最高分	2.896	5.720	3.648	1.574	1.152	0.950	-1.946
最低分	0.028	0.099	0.048	0.000	0.000	0.000	-0.028
平均分	0.506	1.064	0.683	0.318	0.268	0.241	-0.264
标准差	0.868	1.690	1.077	0.485	0.366	0.320	-0.548

由2011年的珠江－西江经济带城市通信职能地位评价来看，有2个城市的通信职能地位得分在1分以上。2011年珠江－西江经济带城市通信职能地位得分处在0～5.8分，小于1分的城市有南宁市、柳州市、梧州市、贵港市、百色市、来宾市、崇左市、肇庆市、云浮市。珠江－西江经济带城市通信职能地位最高得分为广州市，为5.720分，最低得分为来宾市，为0.099分。珠江－西江经济带城市通信职能地位的得分平均值为1.064分，标准差为1.690，说明城市之间通信职能地位的变化差异较大。珠江－西江经济带广东地区的城市通信职能地位的得分较大，广州市、佛山市的通信职能地位实力得分均超过1分，说明这些城市的通信职能地位发展基础较好。广西地区的城市通信职能地位水平较低，暂无城市的通信职能地位得分达到1分，说明广西地区的城市通信职能地位综合发展能力有待提升。

由2012年的珠江－西江经济带城市通信职能地位评价来看，有2个城市的通信职能地位得分在1分以上。2012年珠江－西江经济带城市通信职能地位得分处在0～3.7分，小于1分的城市有南宁市、柳州市、梧州市、贵港市、百色市、来宾市、崇左市、肇庆市、云浮市。珠江－西江经济带城市通信职能地位最高得分为广州市，为3.648分，最低得分为来宾市，为0.048分。珠江－西江经济带城市通信职能地位的得分平均值为0.683分，标准差为1.077，说明城市之间通信职能地位的变化差异较大。珠江－西江经济带广东地区的城市通信职能地位的得分较大，广州市、佛山市的通信职能地位实力得分均超过1分，说明这些城市的通信职能地位发展基础较好。广西地区的城市通信职能地位水平较低，暂无城市的通信职能地位得分达到1分，说明广西地区的城市通信职能地位综合发展能力有待提升。

由2013年的珠江－西江经济带城市通信职能地位评价来看，有2个城市的通信职能地位得分在1分以上。2013年珠江－西江经济带城市通信职能地位得分处在0～1.6分，小于1分的城市有南宁市、柳州市、梧州市、贵港市、百色市、来宾市、崇左市、肇庆市、云浮市。珠江－西江经济带城市通信职能地位最高得分为广州市，为1.574分，最低得分为来宾市，为0分。珠江－西江经济带城市通信职能地位的得分平均值为0.318分，标准差为0.485，说明城市之间通信职能地位的变化差异较小。珠江－西江经济带广东地区的城市通信职能地位的得分较大，广州市、佛山市的通信职能地位实力得分均超过1分，说明这些城市的通信职能地位发展基础较好。广西地区的城市通信职能地位水平较低，暂无城市的通信职能地位得分达到1分，说明广西地区的城市通信职能地位综合发展能力有待提升。

由2014年的珠江－西江经济带城市通信职能地位评价来看，有2个城市的通信职能地位得分在1分以上。2014年珠江－西江经济带城市通信职能地位得分处在0～1.2分，小于1分的城市有南宁市、柳州市、梧州市、贵港市、百色市、来宾市、崇左市、肇庆市、云浮市。珠江－西江经济带城市通信职能地位最高得分为广州市，为1.152分，最低得分为来宾市，为0分。珠江－西江经济带城市通信职能地位的得分平均值为0.268分，标准差为0.366，说明城市之间通信职能地位的变化差异较小。珠江－西江经济带广东地区的城市通信职能地位的得分较大，广州市、佛山市的通信职能地位实力得分均超过1分，说明这些城市的通信职能地位发展基础较好。广西地区的城市通信职能地位水平较低，暂无城市的城市通信职能地位得分达到1分，说明广西地区的城市通信职能地位综合发展能力有待提升。

由2015年的珠江－西江经济带城市通信职能地位评价来看，有2个城市的通信职能地位得分在0.5分以上。2015年珠江－西江经济带城市通信职能地位得分处在0~1分，小于0.5分的城市有南宁市、柳州市、梧州市、贵港市、百色市、来宾市、崇左市、肇庆市、云浮市。珠江－西江经济带城市通信职能地位最高得分为广州市，为0.950分，最低得分为来宾市，为0分。珠江－西江经济带城市通信职能地位的得分平均值为0.241分，标准差为0.320，说明城市之间通信职能地位的变化差异较小。珠江－西江经济带广东地区的城市通信职能地位的得分较大，广州市、佛山市的通信职能地位实力得分均超过0.5分，说明这些城市的通信职能地位发展基础较好。广西地区的城市通信职能地位水平较低，暂无城市的通信职能地位得分达到0.5分，说明广西地区的城市通信职能地位综合发展能力有待提升。

对比珠江－西江经济带各城市的通信职能地位变化，通过对各年间的城市通信职能地位的平均分、标准差进行分析，可以发现其平均分处于波动下降的趋势，说明城市通信职能地位综合能力有所下降。但珠江－西江经济带城市通信职能地位的标准差处于波动下降的趋势，说明城市间的通信职能地位差距有所缩小。对各城市的通信职能地位变化展开分析，广州市的城市通信职能地位处在绝对领先位置，在2010~2015年的各个时间段内均保持排名第一的位置。从珠江－西江经济带整体来看，各城市的排名变化幅度较小，得分变化不大，说明各城市通信职能地位发展稳定。

（二）珠江－西江经济带城市生活环境质量评估结果的比较与评析

1. 珠江－西江经济带城市生活环境质量排序变化比较与评析

由图1－46可以看到，2010年与2011年相比，珠江－西江经济带城市生活环境质量处于上升趋势的城市有5个，分别有南宁市、肇庆市、柳州市、云浮市、崇左市，肇庆市排名上升2位，南宁市、柳州市、云浮市、崇左市的排名均上升1位。生活环境质量排名保持不变的城市有3个，分别有广州市、佛山市、贵港市。生活环境质量处于下降趋势的城市有3个，分别有来宾市、百色市、梧州市，下降幅度最大的是梧州市，排名均下降3名，来宾市下降2名，百色市下降1名。

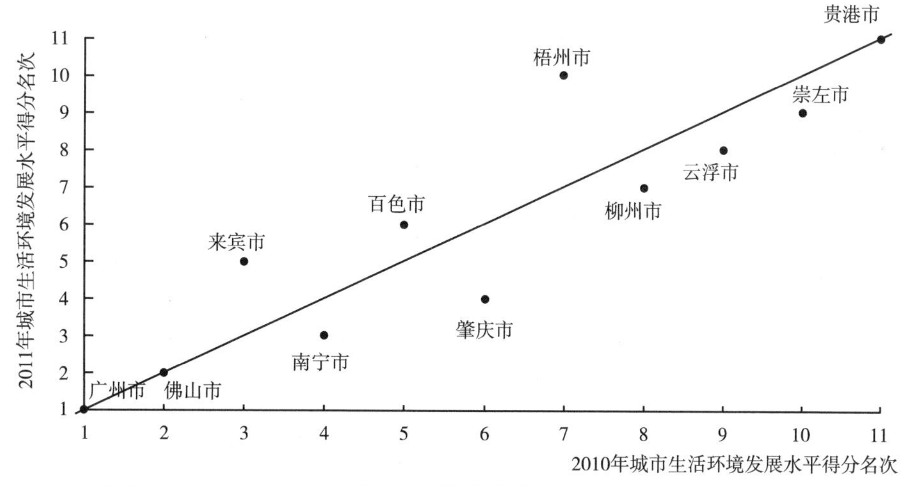

图1－46　2010~2011年珠江－西江经济带城市生活环境质量排序变化

由图1－47可以看到，2011年与2012年相比，珠江－西江经济带城市生活环境质量处于上升趋势的城市有2个，分别有柳州市、云浮市，云浮市上升5位，柳州市上升2位。生活环境质量排名保持不变的城市有5个，分别有广州市、佛山市、崇左市、梧州市、贵港市。生活环境质量处于下降趋势的城市有4个，分别有南宁市、肇庆市、来宾市、百色市，肇庆市、来宾市、百色市下降2名，南宁市下降1名。

由图1－48可以看到，2012年与2013年相比，珠江－西江经济带城市生活环境质量处于上升趋势的城市有4个，分别有佛山市、百色市、崇左市、贵港市，百色市、崇左市排名均上升2位，佛山市、贵港市上升1位。生活环境质量排名保持不变的城市有3个，分别有云浮市、南宁市、柳州市。生活环境质量处于下降趋势的城市有4个，分别有广州市、肇庆市、来宾市、梧州市，肇庆市、来宾市下降2名，广州市、梧州市下降1名。

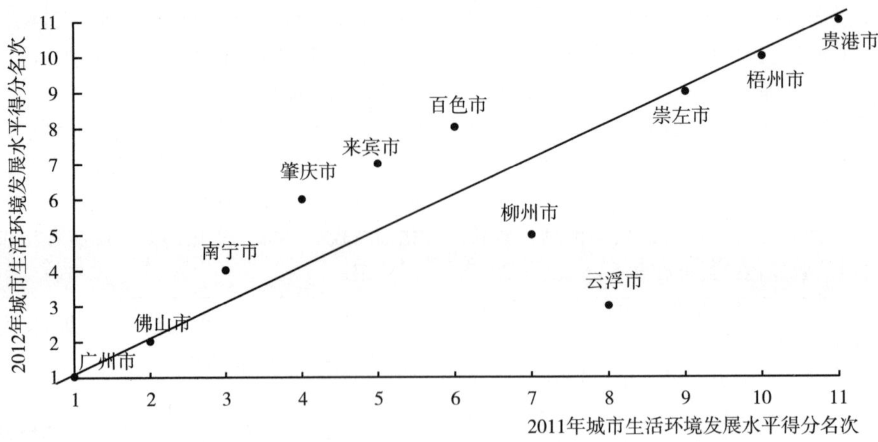

图 1－47　2011～2012 年珠江－西江经济带城市生活环境质量排序变化

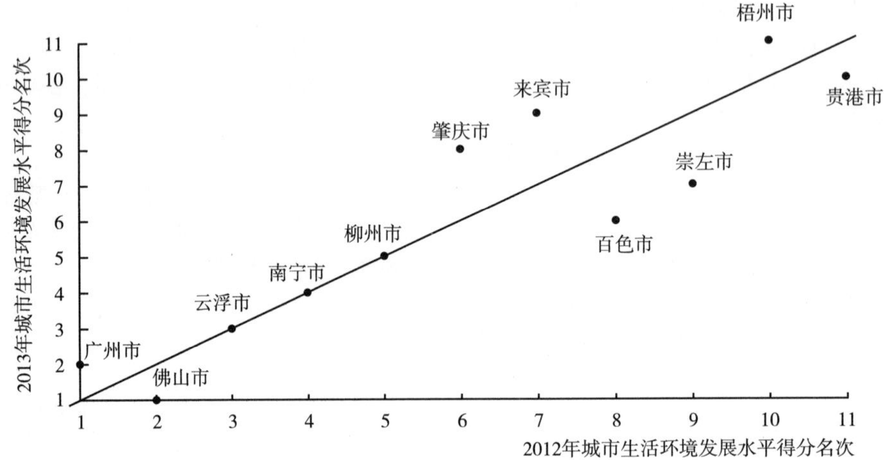

图 1－48　2012～2013 年珠江－西江经济带城市生活环境质量排序变化

由图 1－49 可以看到，2013 年与 2014 年相比，珠江－西江经济带城市生活环境质量处于上升趋势的城市有 3 个，分别有南宁市、百色市、梧州市，上升幅度最大的是梧州市，排名上升 6 位，百色市排名上升 2 位，南宁市排名上升 1 位。生活环境质量排名保持不变的城市有 4 个，分别有佛山市、广州市、肇庆市、贵港市。生活环境质量处于下降趋势的城市有 4 个，分别有云浮市、柳州市、崇左市、来宾市，下降幅度最大的是云浮市，排名下降 4 名，崇左市、来宾市的排名下降 2 名，柳州市下降 1 名。

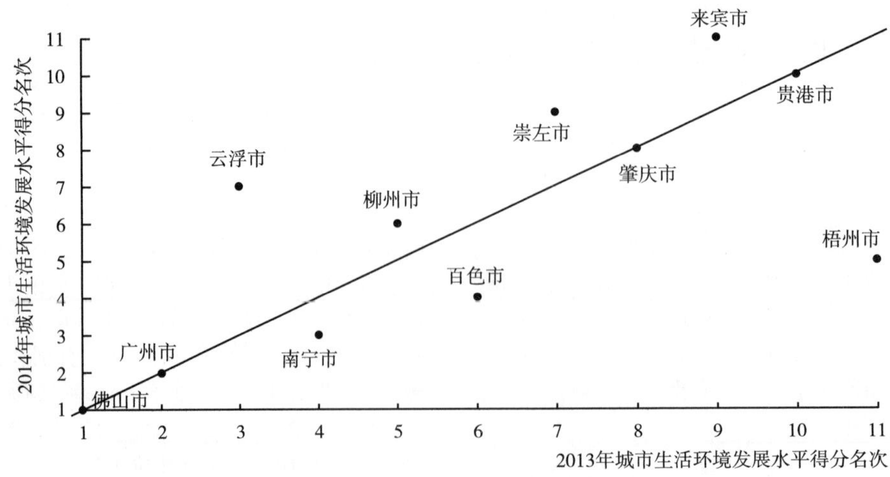

图 1－49　2013～2014 年珠江－西江经济带城市生活环境质量排序变化

由图1－50可以看到，2014年与2015年相比，珠江－西江经济带城市生活环境质量处于上升趋势的城市有5个，分别有柳州市、肇庆市、崇左市、贵港市、来宾市，上升幅度最大的是肇庆市，排名上升4位，崇左市、贵港市排名上升3位，柳州市、来宾市上升1位。生活环境质量排名保持不变的城市有3个，分别有佛山市、广州市、南宁市。生活环境质量处于下降趋势的城市有3个，分别有百色市、梧州市、云浮市，下降幅度相同，排名均下降4名。

由图1－51可以看到，2010年与2015年相比，珠江－西江经济带城市生活环境质量处于上升趋势的城市有6个，分别有佛山市、南宁市、肇庆市、柳州市、崇左市、贵港市，崇左市、贵港市排名上升4位，柳州市上升3位，肇庆市上升2位，佛山市、南宁市上升1位。暂无生活环境质量排名保持不变的城市。生活环境质量处于下降趋势的城市有5个，分别有广州市、来宾市、百色市、梧州市、云浮市，来宾市排名下降7名，百色市下降3名，梧州市、云浮市下降2名，广州市下降1名。

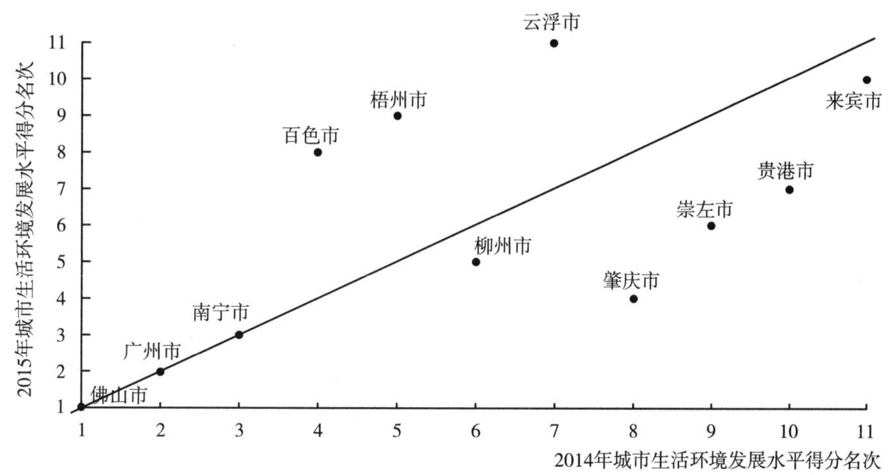

图1－50　2014～2015年珠江－西江经济带城市生活环境质量排序变化

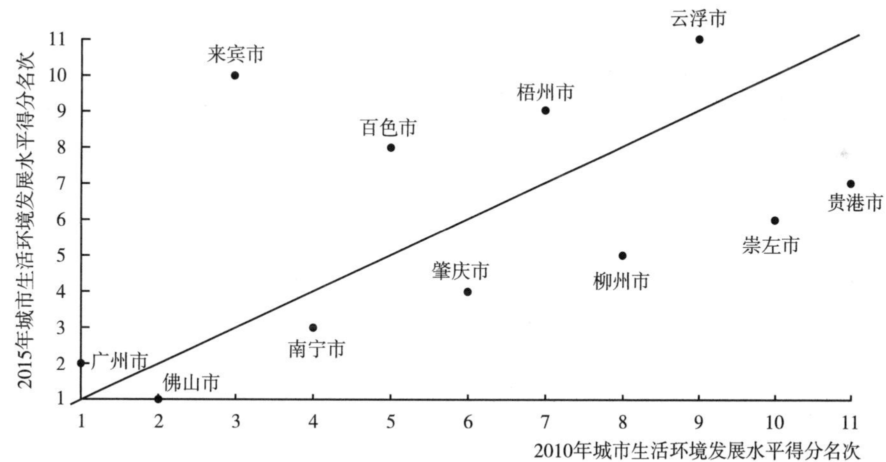

图1－51　2010～2015年珠江－西江经济带城市生活环境质量排序变化

由表1－72对2010～2011年珠江－西江经济带城市生活环境质量平均得分情况进行分析，可以看到，2010～2011年，生活环境质量上游区、中游区、下游区平均得分均呈现变化趋势，分别变化3.669分、0.125分、0.787分，说明珠江－西江经济带城市生活环境质量出现上升，城市生活环境有所改善和提升。

表1－72　　2010～2011年珠江－西江经济带城市生活环境平均得分情况

指标	2010年			2011年			得分变化		
	上游区	中游区	下游区	上游区	中游区	下游区	上游区	中游区	下游区
生活环境	23.407	8.615	5.162	27.077	8.740	5.950	3.669	0.125	0.787
城镇公园用地动态变化	4.584	1.835	1.454	4.270	1.803	0.832	－0.315	－0.032	－0.623

续表

指标	2010年			2011年			得分变化		
	上游区	中游区	下游区	上游区	中游区	下游区	上游区	中游区	下游区
供水能力延展指数	0.251	0.225	0.208	0.298	0.208	0.205	0.046	-0.017	-0.003
城市供气能力	2.566	1.057	0.151	2.771	1.183	0.165	0.205	0.126	0.014
城市供电强度	3.547	0.411	0.060	3.439	0.393	0.068	-0.108	-0.019	0.008
城市供气密度	2.926	1.017	0.472	2.467	0.926	0.244	-0.458	-0.091	-0.228
城市用电承载力ES	3.178	0.375	0.061	3.020	0.360	0.103	-0.158	-0.015	0.041
城市通信流强度	2.247	0.170	0.010	2.873	0.271	0.071	0.626	0.102	0.062
城市通信倾向度	2.549	2.436	2.059	3.366	2.796	2.546	0.817	0.359	0.487
城市通信职能规模	1.908	0.173	0.009	3.015	0.388	0.061	1.107	0.215	0.052
城市通信职能地位	1.543	0.165	0.035	3.054	0.440	0.114	1.512	0.275	0.079

三级指标中，由2010～2011年，城市公园用地动态变化上游区、中游区、下游区平均得分均呈现变化趋势，分别变化-0.315分、-0.032分、-0.623分，说明珠江－西江经济带城市整体城镇公园用地动态变化出现下降。

2010～2011年，供水能力延展指数上游区、中游区、下游区平均得分均呈现变化趋势，分别变化0.046分、-0.017分、-0.003分，说明珠江－西江经济带城市供水能力延展指数出现上升，城市供水能力延展指数有所改善和提升。

2010～2011年，城市供气能力上游区、中游区、下游区平均得分均呈现变化趋势，分别变化0.205分、0.126分、0.014分，说明珠江－西江经济带城市供气能力出现小幅度上升，城市供气能力活力有所增长。

2010～2011年，城市供电强度上游区、中游区、下游区平均得分均呈现变化趋势，分别变化-0.108分、-0.019分、0.008分，说明珠江－西江经济带城市供电强度出现小幅度下降，城市供电强度活力有所下降，城市供电强度没有得到改善和提升。

2010～2011年，城市供气密度上游区、中游区、下游区平均得分均呈现变化趋势，分别变化-0.458分、-0.091分、-0.228分，说明珠江－西江经济带城市供气密度出现小幅度下降，城市供气密度活力有所下降，城市供气密度没有得到改善和提升。

2010～2011年，城市用电承载力ES上游区、中游区、下游区平均得分均呈现变化趋势，分别变化-0.158分、-0.015分、0.041分，说明珠江－西江经济带城市用电承载力ES出现小幅度下降，城市用电承载力ES活力有所下降，城市用电承载力ES有待改善和提升。

2010～2011年，城市通信流强度上游区、中游区、下游区平均得分均呈现变化趋势，分别变化0.626分、0.102分、0.062分，说明珠江－西江经济带城市通信流强度出现大幅度上升，城市通信流强度活力有所上升，城市通信流强度有所改善和提升。

2010～2011年，城市通信倾向度上游区、中游区、下游区平均得分均呈现变化趋势，分别变化0.817分、0.359分、0.487分，说明珠江－西江经济带城市通信倾向度出现小幅度上升，城市通信倾向度活力有所上升，城市通信倾向度有所改善和提升。

2010～2011年，城市通信职能规模上游区、中游区、下游区平均得分均呈现变化趋势，分别变化1.107分、0.215分、0.052分，说明珠江－西江经济带城市通信职能规模出现大幅度上升，城市通信职能规模活力有所上升，城市通信职能规模有所改善和提升。

2010～2011年，城市通信职能地位上游区、中游区、下游区平均得分均呈现变化趋势，分别变化1.512分、0.275分、0.079分，说明珠江－西江经济带城市通信职能地位出现大幅度上升，城市通信职能地位活力有所上升，城市通信职能地位有所改善和提升。

表1－73对2011～2012年珠江－西江经济带城市生活环境质量平均得分情况进行分析，可以看到，由2011～2012年，生活环境质量上游区、中游区、下游区平均得分均呈现变化趋势，分别变化-0.984分、0.439分、-0.501分，说明珠江－西江经济带城市生活环境质量出现下降，城市生活环境有待改善和提升。

表 1－73　　2011～2012 年珠江－西江经济带城市生活环境平均得分情况

指标	2011 年			2012 年			得分变化		
	上游区	中游区	下游区	上游区	中游区	下游区	上游区	中游区	下游区
生活环境	27.077	8.740	5.950	26.093	9.179	5.449	－0.984	0.439	－0.501
城镇公园用地动态变化	4.270	1.803	0.832	2.193	1.251	0.598	－2.077	－0.551	－0.234
供水能力延展指数	0.298	0.208	0.205	2.146	0.264	0.229	1.848	0.056	0.024
城市供气能力	2.771	1.183	0.165	3.206	1.214	0.304	0.435	0.031	0.139
城市供电强度	3.439	0.393	0.068	3.670	0.381	0.076	0.232	－0.012	0.007
城市供气密度	2.467	0.926	0.244	3.002	1.012	0.487	0.535	0.086	0.243
城市用电承载力 ES	3.020	0.360	0.103	3.116	0.313	0.070	0.097	－0.047	－0.033
城市通信流强度	2.873	0.271	0.071	3.160	0.334	0.086	0.286	0.063	0.014
城市通信倾向度	3.366	2.796	2.546	3.417	2.725	2.464	0.051	－0.071	－0.082
城市通信职能规模	3.015	0.388	0.061	2.925	0.381	0.062	－0.090	－0.007	0.002
城市通信职能地位	3.054	0.440	0.114	1.983	0.276	0.062	－1.071	－0.164	－0.052

三级指标中，由 2011～2012 年，城镇公园用地动态变化上游区、中游区、下游区平均得分均呈现变化趋势，分别变化－2.077 分、－0.551 分、－0.234 分，说明珠江－西江经济带城市城镇公园用地动态变化出现下降。

2011～2012 年，供水能力延展指数上游区、中游区、下游区平均得分均呈现变化趋势，分别变化 1.848 分、0.056 分、0.024 分，说明珠江－西江经济带城市供水能力延展指数出现上升，城市供水能力延展指数有所改善和提升。

2011～2012 年，城市供气能力上游区、中游区、下游区平均得分均呈现变化趋势，分别变化 0.435 分、0.031 分、0.139 分，说明珠江－西江经济带城市供气能力出现小幅度上升，城市供气能力活力有所增长。

2011～2012 年，城市供电强度上游区、中游区、下游区平均得分均呈现变化趋势，分别变化 0.232 分、－0.012 分、0.007 分，说明珠江－西江经济带城市供电强度出现小幅度上升，城市供电强度活力有所上升，城市供电强度有所改善和提升。

2011～2012 年，城市供气密度上游区、中游区、下游区平均得分均呈现变化趋势，分别变化 0.535 分、0.086 分、0.243 分，说明珠江－西江经济带城市供气密度出现大幅度上升，城市供气密度活力有所上升，城市供气密度有所改善和提升。

2011～2012 年，城市用电承载力 ES 上游区、中游区、下游区平均得分均呈现变化趋势，分别变化 0.097 分、－0.047分、－0.033 分，说明珠江－西江经济带城市用电承载力 ES 出现小幅度下降，城市用电承载力 ES 活力有所下降，城市用电承载力 ES 有待改善和提升。

2011～2012 年，城市通信流强度上游区、中游区、下游区平均得分均呈现变化趋势，分别变化 0.286 分、0.063 分、0.014 分，说明珠江－西江经济带城市通信流强度出现大幅度上升，城市通信流强度活力有所上升，城市通信流强度有所改善和提升。

2011～2012 年，城市通信倾向度上游区、中游区、下游区平均得分均呈现变化趋势，分别变化 0.051 分、－0.071 分、－0.082 分，说明珠江－西江经济带城市通信倾向度出现小幅度上升，城市通信倾向度活力有所提升，城市通信倾向度有所改善和提升。

2011～2012 年，城市通信职能规模上游区、中游区、下游区平均得分均呈现变化趋势，分别变化 1.107 分、0.215 分、0.052 分，说明珠江－西江经济带城市通信职能规模出现大幅度上升，城市通信职能规模活力有所上升，城市通信职能规模有所改善和提升。

2011～2012 年，城市通信职能地位上游区、中游区、下游区平均得分均呈现变化的趋势，分别变化－1.071 分、－0.164 分、－0.052 分，说明珠江－西江经济带城市通信职能地位出现大幅度下降，城市通信职能地位活力有所下降，城市通信职能地位有待改善和提升。

表 1－74 对 2012～2013 年珠江－西江经济带城市生活环境质量平均得分情况进行分析，可以看到，由 2012～2013 年，生活环境质量上游区、中游区、下游区平均得分均呈现变化的趋势，分别变化－6.112 分、－1.458 分、0.604 分，说明珠江－西江经济带城市生活环境质量出现下降，城市生活环境有待改善和提升。

表 1－74　2012～2013 年珠江－西江经济带城市生活环境平均得分情况

指标	2012 年			2013 年			得分变化		
	上游区	中游区	下游区	上游区	中游区	下游区	上游区	中游区	下游区
生活环境	26.093	9.179	5.449	19.981	7.721	6.054	－6.112	－1.458	0.604
城镇公园用地动态变化	2.193	1.251	0.598	2.111	1.450	1.167	－0.082	0.199	0.569
供水能力延展指数	2.146	0.264	0.229	0.282	0.210	0.209	－1.864	－0.054	－0.020
城市供气能力	3.206	1.214	0.304	2.294	0.844	0.365	－0.912	－0.370	0.061
城市供电强度	3.670	0.381	0.076	3.633	0.371	0.087	－0.037	－0.010	0.011
城市供气密度	3.002	1.012	0.487	2.016	0.768	0.414	－0.986	－0.244	－0.073
城市用电承载力 ES	3.116	0.313	0.070	3.020	0.312	0.077	－0.096	－0.001	0.007
城市通信流强度	3.160	0.334	0.086	2.638	0.368	0.081	－0.521	0.034	－0.005
城市通信倾向度	3.417	2.725	2.464	3.969	2.469	1.812	0.551	－0.256	－0.652
城市通信职能规模	2.925	0.381	0.062	1.769	0.271	0.023	－1.156	－0.110	－0.039
城市通信职能地位	1.983	0.276	0.062	0.919	0.141	0.012	－1.064	－0.135	－0.050

三级指标中，由 2012～2013 年，城镇公园用地动态变化上游区、中游区、下游区平均得分均呈现变化的趋势，分别变化－0.082 分、0.199 分、0.569 分，说明珠江－西江经济带城市城镇公园用地动态变化出现上升。

2012～2013 年，供水能力延展指数上游区、中游区、下游区平均得分均呈现变化的趋势，分别变化－1.864 分、－0.054 分、－0.020 分，说明珠江－西江经济带城市供水能力延展指数出现下降，城市供水能力延展指数有待改善和提升。

2012～2013 年，城市供气能力上游区、中游区、下游区平均得分均呈现变化的趋势，分别变化－0.912 分、－0.370分、0.061 分，说明珠江－西江经济带城市供气能力出现小幅度下降，城市供气能力活力有所下降。

2012～2013 年，城市供电强度上游区、中游区、下游区平均得分均呈现变化的趋势，分别变化－0.037 分、－0.010分、0.011 分，说明珠江－西江经济带城市供电强度出现小幅度下降，城市供电强度活力有所下降，城市供电强度有待改善和提升。

2012～2013 年，城市供气密度上游区、中游区、下游区平均得分均呈现变化的趋势，分别变化－0.986 分、－0.244分、－0.073 分，说明珠江－西江经济带城市供气密度出现大幅度下降，城市供气密度活力有所下降，城市供气密度有待改善和提升。

2012～2013 年，城市用电承载力 ES 上游区、中游区、下游区平均得分均呈现变化趋势，分别变化－0.096 分、－0.001分、0.007 分，说明珠江－西江经济带城市用电承载力 ES 出现小幅度下降，城市用电承载力 ES 活力有所下降，城市用电承载力 ES 有待改善和提升。

2012～2013 年，城市通信流强度上游区、中游区、下游区平均得分均呈现变化趋势，分别变化－0.521 分、0.034 分、－0.005 分，说明珠江－西江经济带城市通信流强度出现大幅度下降，城市通信流强度活力有所下降，城市通信流强度有待改善和提升。

2012～2013 年，城市通信倾向度上游区、中游区、下游区平均得分均呈现变化的趋势，分别变化 0.551 分、－0.256分、－0.652 分，说明珠江－西江经济带城市通信倾向度出现小幅度下降，城市通信倾向度活力有所下降，城市通信倾向度有待改善和提升。

2012～2013 年，城市通信职能规模上游区、中游区、下游区平均得分均呈现变化的趋势，分别变化－1.156分、－0.110 分、－0.039 分，说明珠江－西江经济带城市通信职能规模出现大幅度下降，城市通信职能规模活力有所下降，城市通信职能规模有待改善和提升。

2012～2013 年，城市通信职能地位上游区、中游区、下游区平均得分均呈现变化趋势，分别变化－1.064 分、－0.135分、－0.050 分，说明珠江－西江经济带城市通信职能地位出现大幅度下降，城市通信职能地位活力有所下降，城市通信职能地位有待改善和提升。

表 1－75 对 2013～2014 年珠江－西江经济带城市生活环境质量平均得分情况进行分析，可以看到，由 2013～2014 年，生活环境质量上游区、中游区、下游区平均得分均呈现变化的趋势，分别变化 0.904 分、－0.167 分、0.018 分，说明珠江－西江经济带城市生活环境质量出现下降，城市生活环境有待改善和提升。

表 1－75 **2013～2014 年珠江－西江经济带城市生活环境平均得分情况**

指标	2013 年			2014 年			得分变化		
	上游区	中游区	下游区	上游区	中游区	下游区	上游区	中游区	下游区
生活环境	19.981	7.721	6.054	20.886	7.555	6.071	0.904	－0.167	0.018
城镇公园用地动态变化	2.111	1.450	1.167	2.992	1.626	1.177	0.881	0.176	0.010
供水能力延展指数	0.282	0.210	0.209	0.232	0.220	0.213	－0.049	0.010	0.003
城市供气能力	2.294	0.844	0.365	3.180	0.942	0.429	0.886	0.099	0.064
城市供电强度	3.633	0.371	0.087	3.770	0.382	0.092	0.136	0.011	0.005
城市供气密度	2.016	0.768	0.414	2.761	0.769	0.432	0.745	0.001	0.018
城市用电承载力 ES	3.020	0.312	0.077	3.210	0.302	0.084	0.190	－0.011	0.007
城市通信流强度	2.638	0.368	0.081	2.532	0.388	0.101	－0.106	0.020	0.020
城市通信倾向度	3.969	2.469	1.812	2.575	2.196	1.357	－1.393	－0.273	－0.455
城市通信职能规模	1.769	0.271	0.023	1.580	0.266	0.033	－0.189	－0.005	0.010
城市通信职能地位	0.919	0.141	0.012	0.763	0.125	0.012	－0.157	－0.016	0.000

三级指标中，由 2013～2014 年，城镇公园用地动态变化上游区、中游区、下游区平均得分均呈现变化的趋势，分别变化 0.881 分、0.176 分、0.010 分，说明珠江－西江经济带城市城镇公园用地动态变化出现上升。

2013～2014 年，供水能力延展指数上游区、中游区、下游区平均得分均呈现变化的趋势，分别变化－0.049 分、0.010 分、0.003 分，说明珠江－西江经济带城市供水能力延展指数出现上升，城市供水能力延展指数有所改善和提升。

2013～2014 年，城市供气能力上游区、中游区、下游区平均得分均呈现变化的趋势，分别变化 0.886 分、0.099 分、0.064 分，说明珠江－西江经济带城市供气能力出现小幅度上升，城市供气能力活力有所上升。

2013～2014 年，城市供电强度上游区、中游区、下游区平均得分均呈现变化趋势，分别变化 0.136 分、0.011 分、0.005 分，说明珠江－西江经济带城市供电强度出现小幅度上升，城市供电强度活力有所上升，城市供电强度有所改善和提升。

2013～2014 年，城市供气密度上游区、中游区、下游区平均得分均呈现变化趋势，分别变化 0.745 分、0.001 分、0.018 分，说明珠江－西江经济带城市供气密度出现小幅度上升，城市供气密度活力有所提升，城市供气密度有所改善和提升。

2013～2014 年，城市用电承载力 ES 上游区、中游区、下游区平均得分均呈现变化趋势，分别变化 0.190 分、－0.011分、0.007 分，说明珠江－西江经济带城市用电承载力 ES 出现小幅度上升，城市用电承载力 ES 活力有所上升，城市用电承载力 ES 有所改善和提升。

2013～2014 年，城市通信流强度上游区、中游区、下游区平均得分均呈现变化趋势，分别变化－0.106 分、0.020 分、0.020 分，说明珠江－西江经济带城市通信流强度出现小幅度上升，城市通信流强度活力有所提升，城市通信流强度有所改善和提升。

2013～2014 年，城市通信倾向度上游区、中游区、下游区平均得分均呈现变化的趋势，分别变化－1.393分、－0.273分、－0.455 分，说明珠江－西江经济带城市通信倾向度出现大幅度下降，城市通信倾向度活力有所下降，城市通信倾向度有待改善和提升。

2013～2014 年，城市通信职能规模上游区、中游区、下游区平均得分均呈现变化趋势，分别变化－0.189 分、－0.005分、0.010 分，说明珠江－西江经济带城市通信职能规模出现大幅度下降，城市通信职能规模活力有所下降，城市通信职能规模有待改善和提升。

2013～2014 年，城市通信职能地位上游区、中游区、下游区平均得分均呈现变化的趋势，分别变化－0.157分、－0.016 分、0 分，说明珠江－西江经济带城市通信职能地位出现大幅度下降，城市通信职能地位活力有所下降，城市通信职能地位有待改善和提升。

表 1－76 对 2014～2015 年珠江－西江经济带城市生活环境质量平均得分情况进行分析，可以看到，由2014～2015 年，生活环境质量上游区、中游区、下游区平均得分均呈现变化趋势，分别变化 0.155 分、－0.482 分、－0.276分，说明珠江－西江经济带城市生活环境质量出现下降，城市生活环境有待改善和提升。

表 1－76　　2014～2015 年珠江－西江经济带城市生活环境平均得分情况

指标	2014 年			2015 年			得分变化		
	上游区	中游区	下游区	上游区	中游区	下游区	上游区	中游区	下游区
生活环境	20.886	7.555	6.071	21.040	7.072	5.795	0.155	－0.482	－0.276
城镇公园用地动态变化	2.992	1.626	1.177	2.955	1.844	1.184	－0.037	0.218	0.007
供水能力延展指数	0.232	0.220	0.213	0.264	0.221	0.122	0.032	0.001	－0.090
城市供气能力	3.180	0.942	0.429	3.347	1.038	0.337	0.167	0.096	－0.092
城市供电强度	3.770	0.382	0.092	3.840	0.390	0.080	0.070	0.008	－0.012
城市供气密度	2.761	0.769	0.432	2.592	0.677	0.408	－0.170	－0.092	－0.023
城市用电承载力 ES	3.210	0.302	0.084	3.838	0.353	0.065	0.629	0.051	－0.019
城市通信流强度	2.532	0.388	0.101	2.435	0.385	0.095	－0.097	－0.003	－0.006
城市通信倾向度	2.575	2.196	1.357	2.268	1.813	0.976	－0.307	－0.382	－0.381
城市通信职能规模	1.580	0.266	0.033	1.308	0.246	0.013	－0.272	－0.020	－0.020
城市通信职能地位	0.763	0.125	0.012	0.672	0.125	0.005	－0.091	0.000	－0.007

三级指标中，由 2014～2015 年，城镇公园用地动态变化上游区、中游区、下游区平均得分均呈现变化的趋势，分别变化－0.037 分、0.218 分、0.007 分，说明珠江－西江经济带城市城镇公园用地动态变化出现上升。

2014～2015 年，供水能力延展指数上游区、中游区、下游区平均得分均呈现变化的趋势，分别变化 0.032 分、0.001 分、－0.090 分，说明珠江－西江经济带城市供水能力延展指数出现上升，城市供水能力延展指数有所改善和提升。

2014～2015 年，城市供气能力上游区、中游区、下游区平均得分均呈现变化的趋势，分别变化 0.167 分、0.096 分、－0.092 分，说明珠江－西江经济带城市供气能力出现小幅度上升，城市供气能力活力有所上升。

2014～2015 年，城市供电强度上游区、中游区、下游区平均得分均呈现变化的趋势，分别变化 0.070 分、0.008 分、－0.012 分，说明珠江－西江经济带城市供电强度出现小幅度上升，城市供电强度活力有所上升，城市供电强度有所改善和提升。

2014～2015 年，城市供气密度上游区、中游区、下游区的平均得分均呈现变化趋势，分别变化－0.170 分、－0.092分、－0.023 分，说明珠江－西江经济带城市供气密度出现大幅度下降，城市供气密度活力有所下降，城市供气密度有待改善和提升。

2014～2015 年，城市用电承载力 ES 上游区、中游区、下游区平均得分均呈现变化趋势，分别变化 0.629 分、0.051 分、－0.019 分，说明珠江－西江经济带城市用电承载力 ES 出现小幅度上升，城市用电承载力 ES 活力有所上升，城市用电承载力 ES 有所改善和提升。

2014～2015 年，城市通信流强度上游区、中游区、下游区平均得分均呈现变化的趋势，分别变化－0.097 分、－0.003分、－0.006 分，说明珠江－西江经济带城市通信流强度出现小幅度下降，城市通信流强度活力有所下降，城市通信流强度有待改善和提升。

2014～2015 年，城市通信倾向度上游区、中游区、下游区平均得分均呈现变化的趋势，分别变化－0.307 分、－0.382分、－0.381 分，说明珠江－西江经济带城市通信倾向度出现大幅度下降，城市通信倾向度活力有所下降，城市通信倾向度有待改善和提升。

2014～2015 年，城市通信职能规模上游区、中游区、下游区平均得分均呈现变化的趋势，分别变化－0.272分、－0.020 分、－0.020 分，说明珠江－西江经济带城市通信职能规模出现大幅度下降，城市通信职能规模活力有所下降，城市通信职能规模有待改善和提升。

2014～2015 年，城市通信职能地位上游区、中游区、下游区平均得分均呈现变化的趋势，分别变化－0.091分、0 分、－0.007 分。说明珠江－西江经济带城市通信职能地位出现大幅度下降；城市通信职能地位活力有所下降，城市通信职能地位有待改善和提升。

表 1－77 对 2010～2015 年珠江－西江经济带城市生活环境质量平均得分情况进行分析，可以看到，由2010～2015 年，生活环境质量上游区、中游区、下游区平均得分均呈现变化的趋势，分别变化－2.367 分、－1.542 分、0.633 分，说明珠江－西江经济带城市生活环境质量出现下降，城市生活环境有待改善和提升。

表 1－77　　2010～2015 年珠江－西江经济带城市生活环境平均得分情况

指标	2010 年			2015 年			得分变化		
	上游区	中游区	下游区	上游区	中游区	下游区	上游区	中游区	下游区
生活环境	23.407	8.615	5.162	21.040	7.072	5.795	－2.367	－1.542	0.633
城镇公园用地动态变化	4.584	1.835	1.454	2.955	1.844	1.184	－1.630	0.009	－0.270
供水能力延展指数	0.251	0.225	0.208	0.264	0.221	0.122	0.013	－0.004	－0.086
城市供气能力	2.566	1.057	0.151	3.347	1.038	0.337	0.781	－0.018	0.186
城市供电强度	3.547	0.411	0.060	3.840	0.390	0.080	0.294	－0.022	0.019
城市供气密度	2.926	1.017	0.472	2.592	0.677	0.408	－0.334	－0.340	－0.063
城市用电承载力 ES	3.178	0.375	0.061	3.838	0.353	0.065	0.660	－0.022	0.004
城市通信流强度	2.247	0.170	0.010	2.435	0.385	0.095	0.188	0.215	0.085
城市通信倾向度	2.549	2.436	2.059	2.268	1.813	0.976	－0.282	－0.623	－1.083
城市通信职能规模	1.908	0.173	0.009	1.308	0.246	0.013	－0.600	0.073	0.004
城市通信职能地位	1.543	0.165	0.035	0.672	0.125	0.005	－0.871	－0.041	－0.030

三级指标中，2010～2015 年，城镇公园用地动态变化上游区、中游区、下游区平均得分均呈现变化趋势，分别变化－1.630 分、0.009 分、－0.270 分，说明珠江－西江经济带城市城镇公园用地动态变化出现下降。

2010～2015 年，供水能力延展指数上游区、中游区、下游区平均得分均呈现变化的趋势，分别变化 0.013 分、－0.004 分、－0.086 分，说明珠江－西江经济带城市供水能力延展指数出现下降，城市供水能力延展指数有待改善和提升。

2010～2015 年，城市供气能力上游区、中游区、下游区平均得分均呈现变化的趋势，分别变化 0.781 分、－0.018分、0.186 分，说明珠江－西江经济带城市供气能力出现小幅度上升，城市供气能力活力有所上升。

2010～2015 年，城市供电强度上游区、中游区、下游区平均得分均呈现变化的趋势，分别变化 0.294 分、－0.022分、0.019 分，说明珠江－西江经济带城市供电强度出现小幅度上升，城市供电强度活力有所上升，城市供电强度有所改善和提升。

2010～2015 年，城市供气密度上游区、中游区、下游区平均得分均呈现变化趋势，分别变化－0.334 分、－0.340分、－0.063 分，说明珠江－西江经济带城市供气密度出现大幅度下降，城市供气密度活力有所下降，城市供气密度有待改善和提升。

2010～2015 年，城市用电承载力 ES 上游区、中游区、下游区平均得分均呈现变化趋势，分别变化 0.660 分、－0.022分、0.004 分，说明珠江－西江经济带城市用电承载力 ES 出现小幅度上升，城市用电承载力 ES 活力有所上升，城市用电承载力 ES 有所改善和提升。

由 2010～2015 年，城市通信流强度上游区、中游区、下游区平均得分均呈现变化趋势，分别变化 0.188 分、0.215 分、0.085 分，说明珠江－西江经济带城市通信流强度出现小幅度上升，城市通信流强度活力有所上升，城市通信流强度有所改善和提升。

2010～2015 年，城市通信倾向度上游区、中游区、下游区平均得分均呈现变化趋势，分别变化－0.282 分、－0.623分、－1.083 分，说明珠江－西江经济带城市通信倾向度出现大幅度下降，城市通信倾向度活力有所下降，城市通信倾向度有待改善和提升。

2010～2015 年，城市通信职能规模上游区、中游区、下游区平均得分均呈现变化趋势，分别变化－0.600 分、0.073 分、0.004 分，说明珠江－西江经济带城市通信职能规模出现大幅度下降，城市通信职能规模活力有所下降，城市通信职能规模有待改善和提升。

2010～2015 年，城市通信职能地位上游区、中游区、下游区平均得分均呈现变化趋势，分别变化－0.871 分、－0.041分、－0.030 分，说明珠江－西江经济带城市通信职能地位出现大幅度下降，城市通信职能地位活力有所下降，城市通信职能地位有待改善和提升。

2. 珠江－西江经济带城市生活环境质量分布情况

根据灰色综合评价法对无量纲化后的三级指标进行权重得分计算，得到珠江－西江经济带各城市的生活环境质量得分及排名，反映各城市生活环境质量情况。为更为准确地反映出各城市生活环境质量差异及整体情况，需要对各城市生活环境质量分布情况进行分析，对各城市间实际差距和均衡性展开研究。因此，由图 1－52、图 1－53、图 1－54、图 1－55、图 1－56、图 1－57 对 2010～2015 年珠江－西江经济带城市生活环境质量评价分值分布进行统计。

由图 1－52 可以看到，2010 年珠江－西江经济带城市生活环境质量得分均衡。生活环境质量得分在 11 分以上和

6分以下的各有3个，8～9分、9～10分、10～11分均有1个城市，7～8分有2个城市。这说明珠江－西江经济带城市生活环境质量分布均衡，城市的生活环境质量得分相差较小，地区内生活环境综合得分分布的衔接性较好。

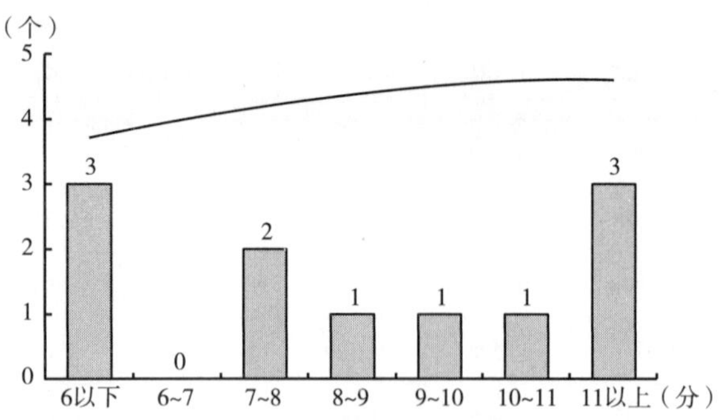

图1－52　2010年珠江－西江经济带城市生活环境质量评价分值分布

由图1－53可以看到，2011年珠江－西江经济带城市生活环境质量得分出现较大波动，但分布依然不均衡。生活环境质量得分在15分以上和6～7分分别有3个城市，生活环境质量得分在6分以下、8～9分、10～11分分别有1个城市，在9～10分有2个城市。这说明珠江－西江经济带城市生活环境质量分布不均衡，地区内生活环境综合得分分布的衔接性变差。

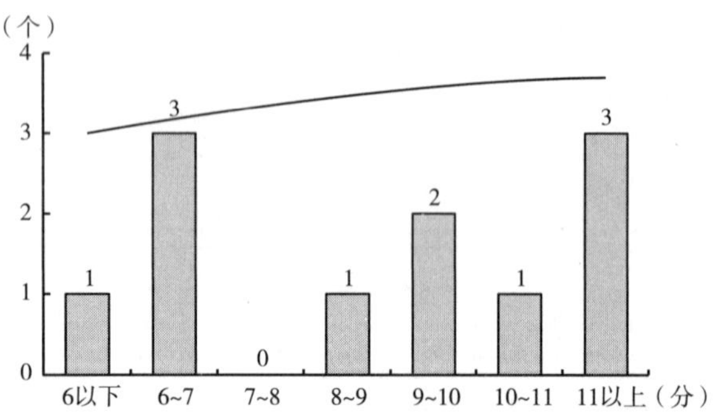

图1－53　2011年珠江－西江经济带城市生活环境质量评价分值分布

由图1－54可以看到，2012年珠江－西江经济带城市生活环境质量得分分布与2011年情况相比出现较大变动。生活环境质量得分在11分以上区间的有4个城市，生活环境质量得分在6～7分和9～10分的各有1个城市，6分以下有3个城市，8～9分有2个城市，这说明珠江－西江经济带城市生活环境质量分布不均衡，地区内生活环境综合得分分布的衔接性较差。

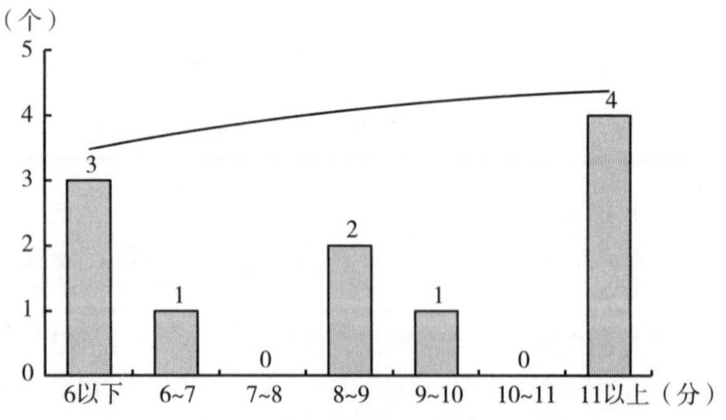

图1－54　2012年珠江－西江经济带城市生活环境质量评价分值分布

由图1－55可以看到，2013年珠江－西江经济带城市生活环境质量得分分布没有出现好转，仍旧没有显示出均衡的状态。生活环境质量得分在6～7分以上的有4个城市，1个城市的生活环境质量得分在6分以下，城市的生活环境质量得分在7～8分、10～11分、11分以上的都分别只有2个城市。这说明珠江－西江经济带城市生活环境质量分布不均衡，城市的生活环境质量得分相差较大，地区内生活环境综合得分分布的衔接性较差。

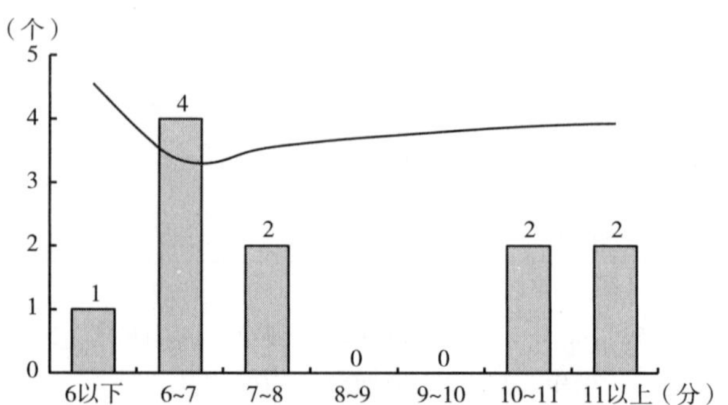

图1－55　2013年珠江－西江经济带城市生活环境质量评价分值分布

由图1－56可以看到，2014年珠江－西江经济带城市生活环境质量得分分布显示出相对均衡的状态。生活环境质量得分在11分以上的有2个城市，6分以下、8～9分、10～11分分别各有1个城市，分别有3个城市的生活环境质量得分在6～7分和7～8分。这说明珠江－西江经济带城市生活环境质量分布较均衡，城市的生活环境质量得分相差较小，地区内生活环境综合得分分布的衔接性有所改善。

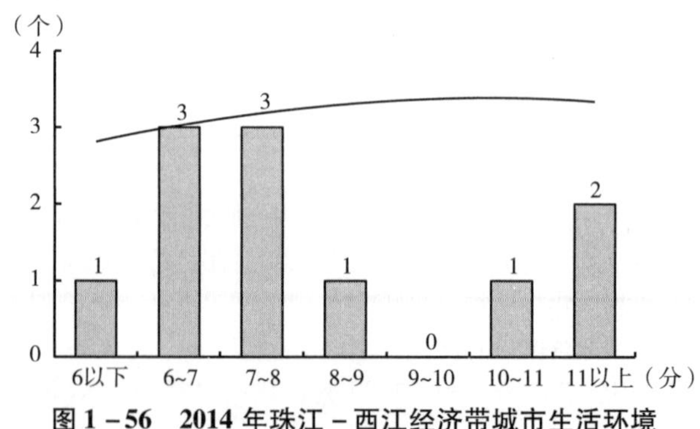

图1－56　2014年珠江－西江经济带城市生活环境质量评价分值分布

由图1－57可以看到，2015年珠江－西江经济带城市生活环境质量得分分布均衡。生活环境质量得分在7～8分的有1个城市，各有2个城市的生活环境质量得分在11分以上和9～10分，各有3个城市的生活环境质量得分在6分以下和6～7分。这说明珠江－西江经济带城市生活环境质量分布均衡，大量城市的生活环境质量得分较低，地区内生活环境综合得分分布的衔接性较好。

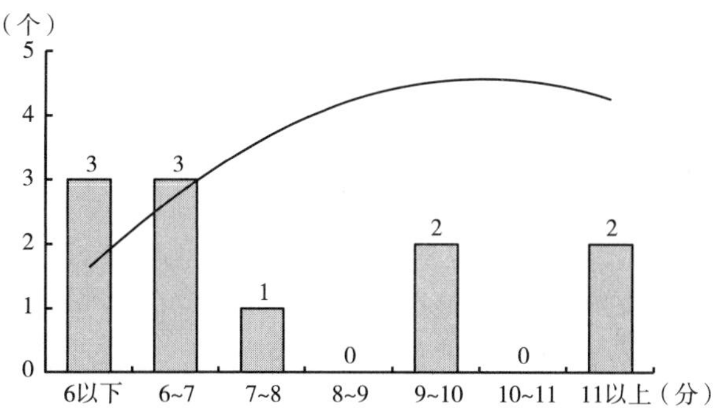

图1－57　2015年珠江－西江经济带城市生活环境质量评价分值分布

对2010～2015年珠江－西江经济带内广西、广东地区的生活环境质量平均得分及其变化情况进行分析。由表1－78对珠江－西江经济带各地区板块生活环境质量平均得分及变化分析，从得分情况上看，2010年广西地区生活环境质量平均得分为8.262分，广东地区生活环境质量得分为17.738分，地区间比差为0.466：1，地区间标准差为6.701，说明广西地区和广东地区的生活环境质量得分的分布存在一定差距。2011年广西地区生活环境质量平均得分为8.377分，广东地区生活环境质量平均得分为21.036分，地区间比差为0.398：1，地区间标准差为8.952。一方面说明珠江－西江经济带的生活环境质量得分出现上升，另一方面也说明广西和广东地区的生活环境质量得分的分布差距处于扩大的趋势。2012年广西地区生活环境质量平均得分为7.622分，广东地区生活环境质量平均得分为21.792分，地区间比差为0.349：1，地区间标准差为10.020，说明地区间得分差距出现扩大的发展趋势。2013年广西地区生活环境质量平均得分为7.185分，广东地区生活环境质量平均得分为16.604分，地区间比差为0.433：1，地区间标准差为6.661，说明地区间生活环境质量的发展差距出现逐步缩小的发展趋势。2014年广西地区的生活环境质量平均得分为7.433分，广东地区的生活环境质量平均得分为16.654分，地区间比差为0.446：1，地区间标准差为6.520，一方面反映出生活环境质量呈现上升势态，各地区间平均得分均呈现上升，另一方面也反映出地区间生活环境质量差距有所缩小。2015年广西地区生活环境质量平均得分为6.800分，广东地区生活环境质量平均得分为17.068分，地区间比差为0.398：1，地区间标准差为7.260，说明珠江－西江经济带内各地区间生活环境质量得分差距呈现扩大趋势。

从珠江－西江经济带城市生活环境质量分值变化情况上看，在2010～2015年间广西地区生活环境质量得分均呈现下降趋势，广东地区生活环境质量得分均呈现下降趋势，并且各地区得分差距呈现缩小趋势。

通过对珠江－西江经济带城市生活环境质量各地区板块的对比分析，发现广西板块生活环境质量高于广东板块，各板块生活环境质量得分差距不断扩大。为对各地区板块城市生活环境质量排名情况进行分析，通过表1－79、表1－80、表1－81、表1－82对广西板块、广东板块内城市名次及在珠江－西江经济带整体名次排序分析，由各地区板块及珠江－西江经济带整体两个维度对城市排名进行分析，同时还对各板块的变化趋势进行分析。

表1－78　珠江－西江经济带各地区板块生活环境质量平均得分及其变化

年份	广西	广东	标准差
2010	8.262	17.738	6.701
2011	8.377	21.036	8.952
2012	7.622	21.792	10.020
2013	7.185	16.604	6.661
2014	7.433	16.654	6.520
2015	6.800	17.068	7.260
分值变化	－1.462	－0.67	0.560

由表1－79对珠江－西江经济带中广西板块城市的排名进行分析，可以看到南宁市的生活环境质量呈现上升趋势，生活环境质量发展水平较高。柳州市排名也呈现上升趋势，生活环境质量排名波动上升。梧州市排名也呈现下降趋势，生活环境质量排名波动下降。贵港市排名也呈现上升趋势，生活环境质量排名波动上升。百色市排名也呈现下降趋势，生活环境质量排名波动下降。来宾市排名也呈现下降趋势，生活环境质量排名波动下降。崇左市排名也呈现上升趋势，生活环境质量排名波动上升。

表1－79　广西板块各城市生活环境质量排名比较

地区	2010年	2011年	2012年	2013年	2014年	2015年	排名变化
南宁市	2	1	1	1	1	1	1
柳州市	5	4	2	2	4	2	3
梧州市	4	6	6	7	3	6	－2
贵港市	7	7	7	6	6	4	3

续表

地区	2010 年	2011 年	2012 年	2013 年	2014 年	2015 年	排名变化
百色市	3	3	4	3	2	5	－2
来宾市	1	2	3	5	7	7	－6
崇左市	6	5	5	4	5	3	3

由表 1－80 对广西板块内城市在珠江－西江经济带城市生活环境质量排名情况进行比较，可以看到南宁市的生活环境质量呈现上升趋势，生活环境质量发展水平较高。柳州市排名也呈现上升趋势，生活环境质量排名波动上升。梧州市排名也呈现下降趋势，生活环境质量排名波动下降。贵港市排名也呈现上升趋势，生活环境质量排名波动上升。百色市排名也呈现下降趋势，生活环境质量排名波动下降。来宾市排名也呈现下降趋势，生活环境质量排名波动下降。崇左市排名也呈现上升趋势，生活环境质量排名波动上升。

表 1－80　　广西板块各城市在珠江－西江经济带城市生活环境质量排名比较

地区	2010 年	2011 年	2012 年	2013 年	2014 年	2015 年	排名变化
南宁市	4	3	4	4	3	3	1
柳州市	8	7	5	5	6	5	3
梧州市	7	10	10	11	5	9	－2
贵港市	11	11	11	10	10	7	4
百色市	5	6	8	6	4	8	－3
来宾市	3	5	7	9	11	10	－7
崇左市	10	9	9	7	9	6	4

由表 1－81 对珠江－西江经济带中广东板块城市的排名进行比较分析，可以看到广州市呈现下降趋势，佛山市呈现上升趋势，肇庆市、云浮市呈现波动保持趋势。

表 1－81　　广东板块各城市生活环境质量排名比较

地区	2010 年	2011 年	2012 年	2013 年	2014 年	2015 年	排名变化
广州市	1	1	1	2	2	2	－1
佛山市	2	2	2	1	1	1	1
肇庆市	3	3	4	4	4	3	0
云浮市	4	4	3	3	3	4	0

由表 1－82 对广东板块内城市在珠江－西江经济带城市生活环境质量排名情况进行比较，可以看到广州市和云浮市呈现出下降趋势，佛山市和肇庆市呈现出上升趋势。

表 1－82　　广东板块各城市在珠江－西江经济带城市生活环境质量排名比较

地区	2010 年	2011 年	2012 年	2013 年	2014 年	2015 年	排名变化
广州市	1	1	1	2	2	2	－1
佛山市	2	2	2	1	1	1	1
肇庆市	6	4	6	8	8	4	2
云浮市	9	8	3	3	7	11	－2

3. 珠江－西江经济带城市生活环境三级指标分区段得分情况

由图 1－58 可以看到珠江－西江经济带城市生活环境质量上游区各项三级指标平均得分变化趋势。在 2010～2015 年间珠江－西江经济带城市城镇公园用地动态变化上游区的得分呈现波动下降趋势。供水能力延展指数上游区的得分呈现波动上升趋势。城市供气能力上游区的得分呈现波动上升趋势。

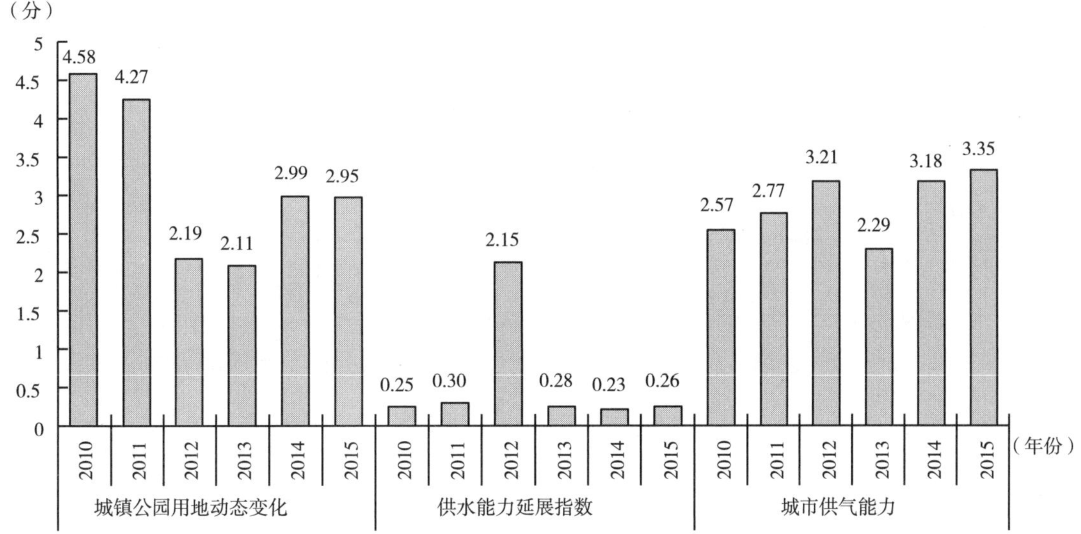

图 1－58　珠江－西江经济带城市生活环境质量上游区各三级指标的得分比较情况 1

由图 1－59 可以看到珠江－西江经济带城市生活环境质量上游区各项三级指标平均得分变化趋势。在 2010～2015 年间珠江－西江经济带城市供电强度上游区的得分呈现波动上升趋势。城市供气密度上游区的得分呈现波动下降趋势。城市用电承载力 ES 上游区的得分呈现波动上升趋势。

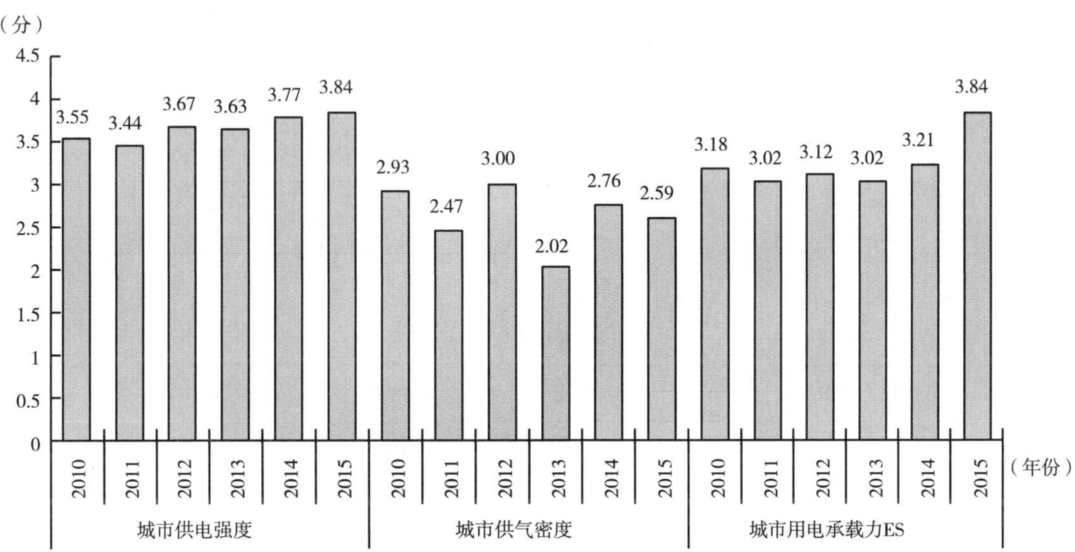

图 1－59　珠江－西江经济带城市生活环境质量上游区各三级指标的得分比较情况 2

由图 1－60 可以看到珠江－西江经济带城市生活环境质量中游区各项三级指标平均得分变化趋势。城市通信流强度中游区的得分呈现波动上升趋势。城市通信倾向度中游区的得分呈现波动下降趋势。城市通信职能规模中游区的得分呈现波动保持发展趋势。城市通信职能地位中游区的得分呈现波动下降趋势。

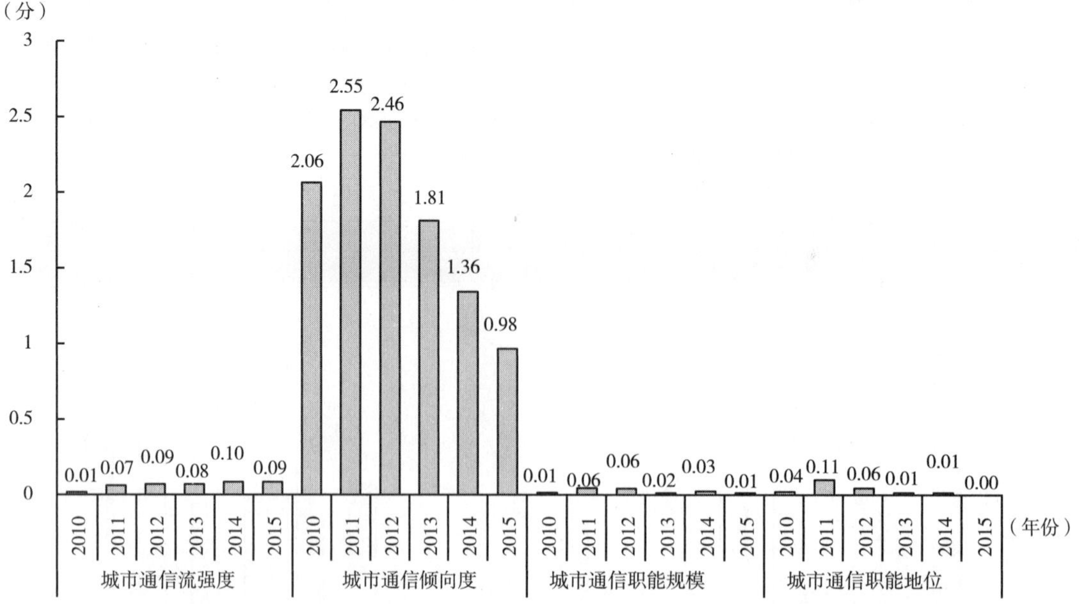

图 1－60　珠江－西江经济带城市生活环境质量上游区各三级指标的得分比较情况 3

由图 1－61 可以看到珠江－西江经济带城市生活环境质量中游区各项三级指标的平均得分变化趋势。在 2010～2015 年间珠江－西江经济带城镇公园用地动态变化中游区得分呈现波动保持变化趋势。供水能力延展指数中游区的得分呈现波动保持发展趋势。城市供气能力中游区的得分呈现波动下降趋势。

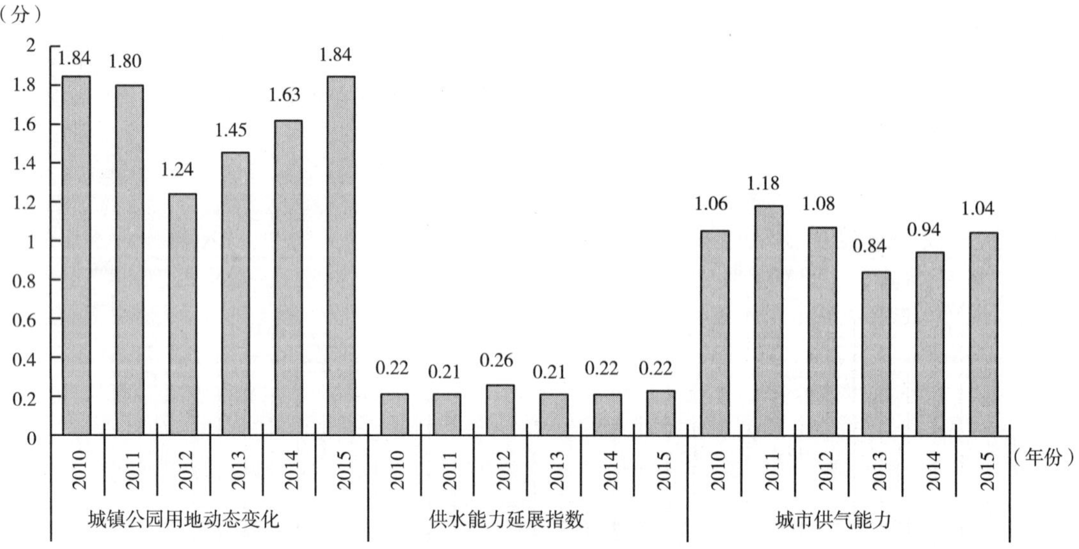

图 1－61　珠江－西江经济带城市生活环境质量中游区各三级指标的得分比较情况 1

由图 1－62 可以看到珠江－西江经济带城市生活环境质量中游区各项三级指标的平均得分变化趋势。在 2010～2015 年间珠江－西江经济带城市供电强度中游区的得分呈现波动下降趋势。城市供气密度中游区的得分呈现波动下降趋势。城市用电承载力 ES 中游区的得分呈现波动下降趋势。

由图 1－63 可以看到珠江－西江经济带城市生活环境质量中游区各项三级指标平均得分变化趋势。在 2010～2015 年间珠江－西江经济带城市通信流强度中游区的得分呈现波动上升趋势。城市通信倾向度中游区的得分呈现波动下降趋势。城市通信职能规模中游区的得分呈现波动上升趋势。城市通信职能地位中游区的得分呈现波动下降趋势。

由图 1－64 可以看到珠江－西江经济带城市生活环境质量下游区各项三级指标平均得分变化趋势。在 2010～2015 年间珠江－西江经济带城市城镇公园用地动态变化下游区的得分呈现波动下降趋势。供水能力延展指数下游区的得分呈现波动保持发展趋势。城市供气能力下游区的得分呈现波动上升趋势。

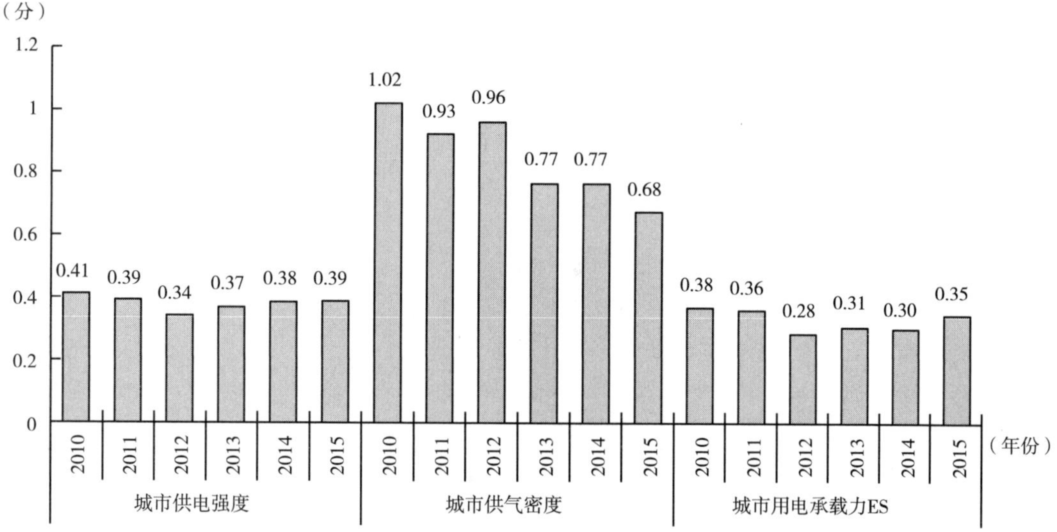

图1－62　珠江－西江经济带城市生活环境质量中游区各三级指标的得分比较情况2

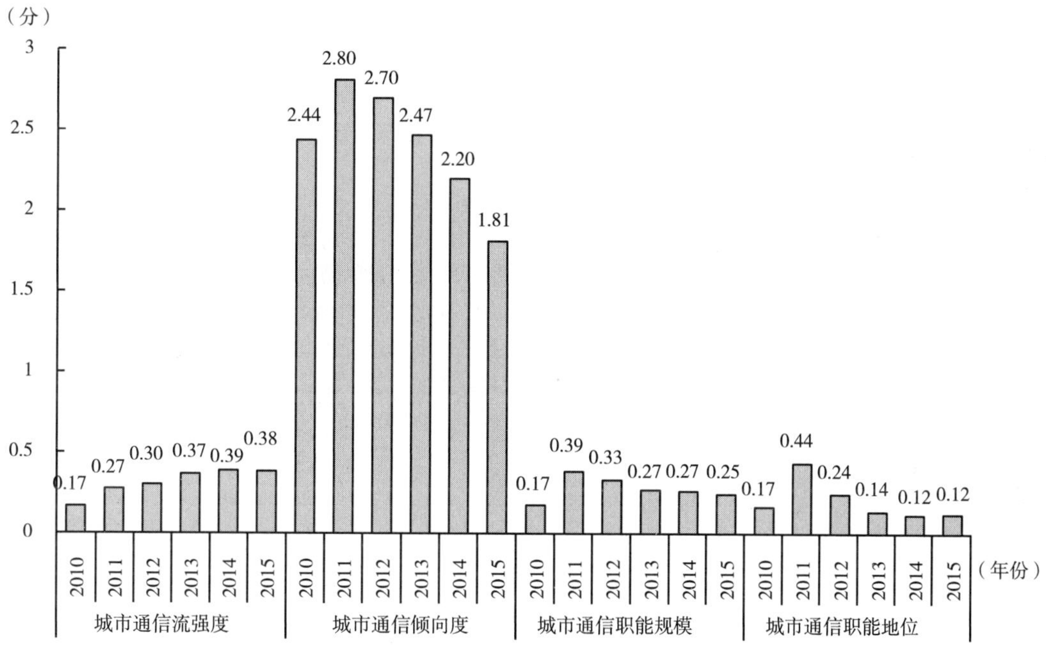

图1－63　珠江－西江经济带城市生活环境质量中游区各三级指标的得分比较情况3

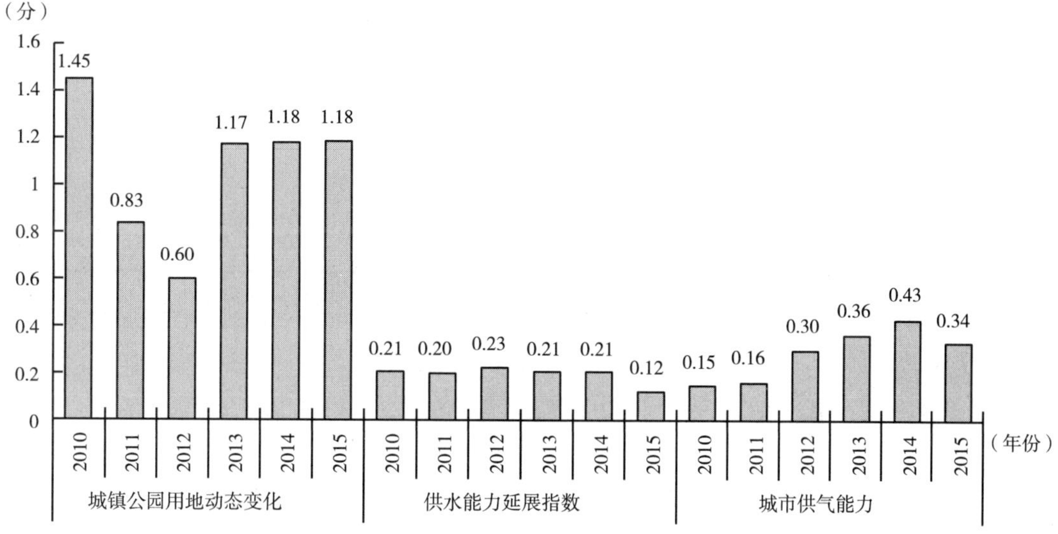

图1－64　珠江－西江经济带城市生活环境质量下游区各三级指标的得分比较情况1

由图1－65可以看到珠江－西江经济带下游区城市生活环境质量各项三级指标平均得分变化趋势。在2010～2015年间珠江－西江经济带城市供电强度下游区的得分呈现波动上升的趋势。供气密度下游区的得分呈现波动下降趋势。城市用电承载力ES下游区的得分呈现波动上升趋势。

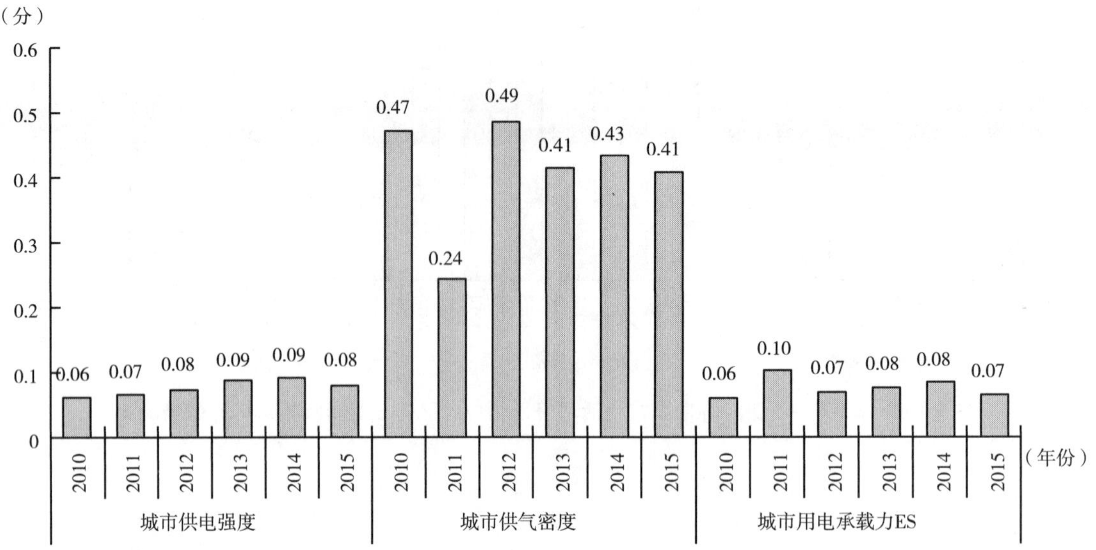

图1－65　珠江－西江经济带城市生活环境质量下游区各三级指标的得分比较情况2

由图1－66可以看到珠江－西江经济带下游区城市生活环境质量各项三级指标的平均得分变化趋势。在2010～2015年间珠江－西江经济带城市通信流强度下游区的得分呈现波动上升趋势。城市通信倾向度下游区的得分呈现波动下降趋势。通信职能规模下游区的得分呈现波动保持发展趋势。城市通信职能地位下游区的得分呈现波动下降趋势。

从图1－67对2010～2011年间珠江－西江经济带城市生活环境质量的跨区段变化进行分析，可以看到在2010～2011年间来宾市由上游区下降至中游区，南宁市由中游区上升至南宁市，梧州市由中游区下降至下游区，云浮市由下游区上升至中游区。

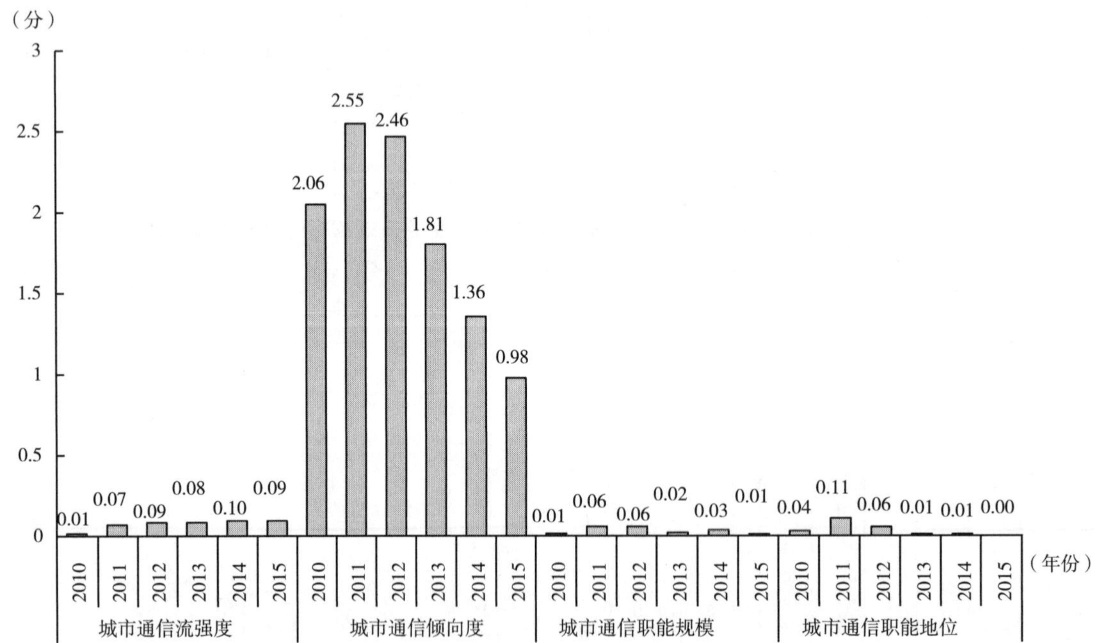

图1－66　珠江－西江经济带城市生活环境质量下游区各三级指标的得分比较情况3

图 1－67　2010～2011 年珠江－西江经济带城市生活环境质量大幅度变动情况

从图 1－68 对 2011～2012 年间珠江－西江经济带城市生活环境质量的跨区段变化进行分析，可以看到在 2011～2012 年间南宁市由上游区下降至中游区，云浮市由中游区上升至上游区。

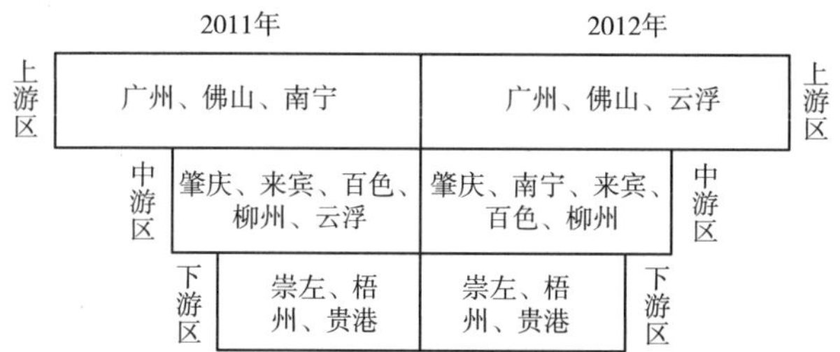

图 1－68　2011～2012 年珠江－西江经济带城市生活环境质量大幅度变动情况

从图 1－69 对 2012～2013 年间珠江－西江经济带城市生活环境质量的跨区段变化进行分析，可以看到在 2012～2013 年间有 2 个城市的生活环境质量的名次发生大幅度变动。其中来宾市由中游区下降到下游区，崇左市由下游区上升到中游区。

2012年　2013年
上游区　广州、佛山、云浮　广州、佛山、云浮　上游区
中游区　肇庆、南宁、来宾、百色、柳州　南宁、柳州、百色、崇左、肇庆　中游区
下游区　崇左、梧州、贵港　来宾、梧州、贵港　下游区

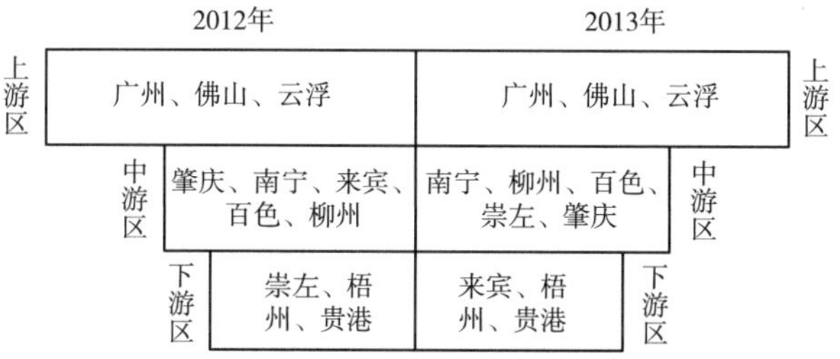

图 1－69　2012～2013 年珠江－西江经济带城市生活环境质量大幅度变动情况

从图 1－70 对 2013～2014 年间珠江－西江经济带城市生活环境质量的跨区段变化进行分析，可以看到在 2013～2014 年间有 4 个城市的生活环境质量的名次发生大幅度变动。其中云浮市由上游区下降到中游区，南宁市由中游区上升到上游区，崇左市由中游区下降到下游区，梧州市由下游区上升到中游区。

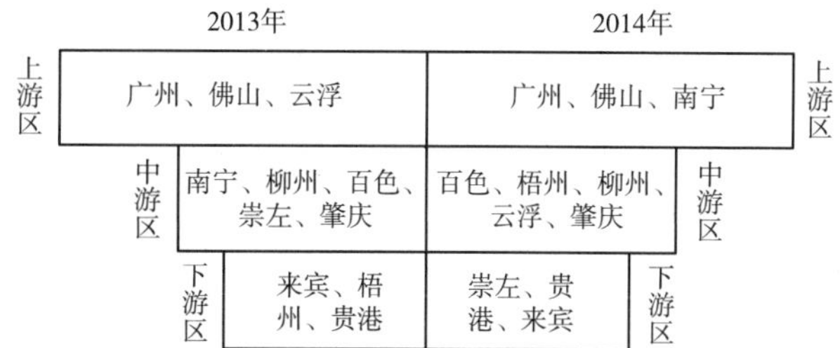

图 1－70　2013～2014 年珠江－西江经济带城市生活环境质量大幅度变动情况

从图 1－71 对 2014～2015 年间珠江－西江经济带城市生活环境质量的跨区段变化进行分析，可以看到在 2014～2015 年间有 4 个城市的生活环境质量的名次发生大幅度变动。其中梧州市、云浮市由中游区下降到下游区，崇左市、贵港市由下游区上升到中游区。

图 1－71　2014～2015 年珠江－西江经济带城市生活环境质量大幅度变动情况

从图 1－72 对 2010～2015 年间珠江－西江经济带城市生活环境质量的跨区段变化进行分析，可以看到在 2010～2015 年间有 2 个城市的生活环境质量的名次发生大幅度变动。其中柳州市由上游区下降到中游区，梧州市由中游区上升到上游区。

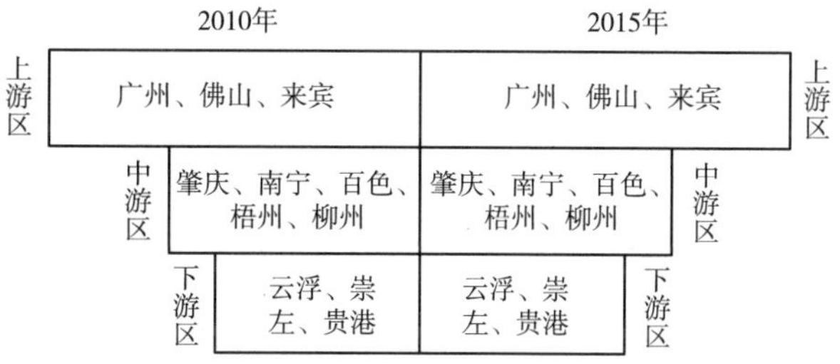

图 1－72　2010～2015 年珠江－西江经济带城市生活环境质量大幅度变动情况

第二章　南宁市城市居民生活质量综合评估

一、南宁市城市生活水平综合评估与比较

（一）南宁市城市生活水平评估指标变化趋势评析

通过对客观性直接可测量指标的简单测算得到指标体系第三层要素层指标，在评价过程中研究所使用的数据为国家现行统计体系中公开发布的指标数据，主要来自《中国城市统计年鉴（2011～2016）》《中国区域经济年鉴（2011～2014）》《广西统计年鉴（2011～2016）》《广东统计年鉴（2011～2016）》以及各城市的各年度国民经济发展统计公报数据。对南宁市、柳州市、梧州市、贵港市、百色市、来宾市、崇左市、广州市、佛山市、肇庆市、云浮市11个城市的18个三级指标进行细致分析，定量研究后对每个城市、每个指标均绘制相应的折线图，方便更深入了解其趋势变动情况。

1. 社会保障水平

根据图2－1分析可知，2010～2015年南宁市的社会保障水平总体上呈现波动下降。2010～2015年间城市在该项指标上总体呈现下降趋势，但在评估期间存在上下波动的情况，指标并非连续性下降状态。波动下降型指标意味着在评估期间，虽然指标数据存在较大波动变化，但是其评价末期数据值低于评价初期数据值。南宁市社会保障水平指标处于波动下降的状态中，2010年此指标数值最高，为25.554，到2015年时，下降至13.963。分析这种变化趋势，可以得出南宁市居民生活发展的水平处于劣势，社会保障水平波动下降，城市的发展活力不足。

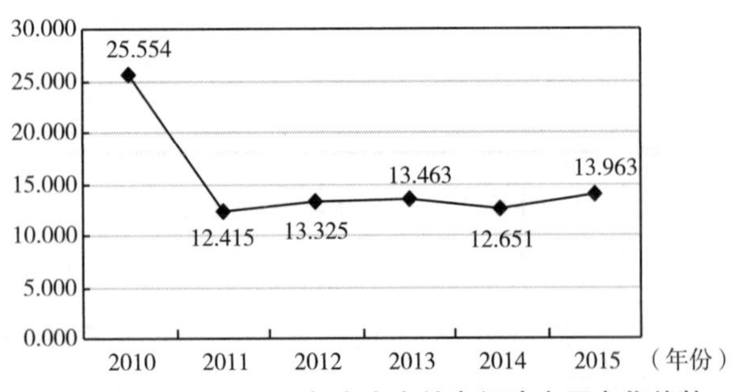

图2－1　2010～2015年南宁市社会保障水平变化趋势

2. 总工资弧弹性

根据图2－2分析可知，2010～2015年南宁市总工资弧弹性指数总体上呈现波动下降。这种状态表现为2010～2015年城市在该项指标上总体呈现下降趋势，但在评估期间存在上下波动的情况，并非连续性下降状态。这就意味着在评估的时间段内，虽然指标数据存在较大的波动变化，但是其评价末期数据值低于评价初期数据值。南宁市的总工资弧弹性指数末期低于初期的数据，降低1个单位左右，并且在2014～2015年存在明显下降的变化，这说明南宁市总工资弧弹性情况处于不太稳定的下降状态。

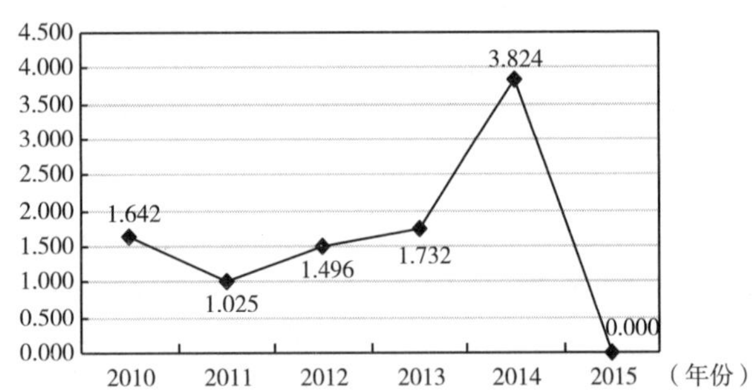

图2－2　2010～2015年南宁市总工资弧弹性变化趋势

3. 平均工资增长强度

根据图2－3分析可知，2010～2015年南宁市平均工资增长强度总体上呈现波动上升的状态。2010～2015年城市在该项指标上存在一定的波动变化，总体趋势为上升趋势，但在个别年份出现下降的情况，指标并非连续性上升状态。波动上升型指标意味着在评价的时间段内，虽然指标数据存在较大的波动变化，但是其评价末期数据值高于评价初

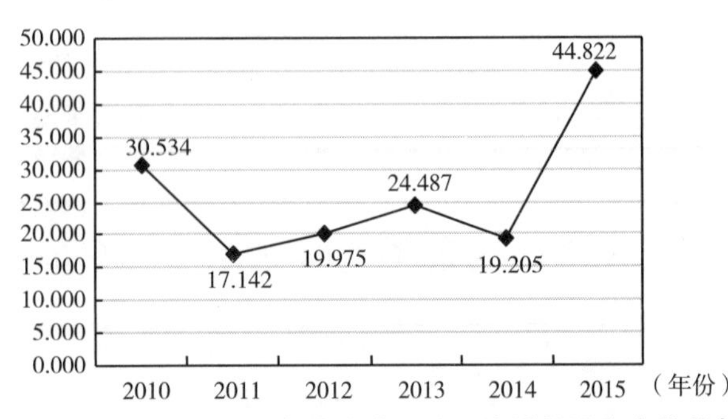

图2－3　2010～2015年南宁市平均工资增长强度变化趋势

期数据值。南宁市在 2010 ~ 2011 年虽然出现下降的状况，2011 年为 17.142，但是总体上还是呈现上升的态势，最终稳定在 44.822。城市的平均工资增长强度越大，说明城市的经济发展水平越高，对于南宁市来说，其城市发展潜力也越来越大。

4. 城市人力资本

根据图 2 - 4 分析可知，2010 ~ 2015 年南宁市的人力资本总体上呈现波动下降的状态。2010 ~ 2015 年间城市在该项指标上总体呈现下降趋势，但在评估期间存在上下波动的情况，指标并非连续性下降状态。波动下降型指标意味着在评估期间，虽然指标数据存在较大波动变化，但是其评价末期数据值低于评价初期数据值。南宁市人力资本指标处于波动下降的状态中，2010 年此指标数值最高，为 98.177，到 2015 年时，下降至 71.316。分析这种变化趋势，可以得出南宁市居民生活发展的水平处于劣势，人力资本发展水平下降，城市的发展活力逐渐较低。

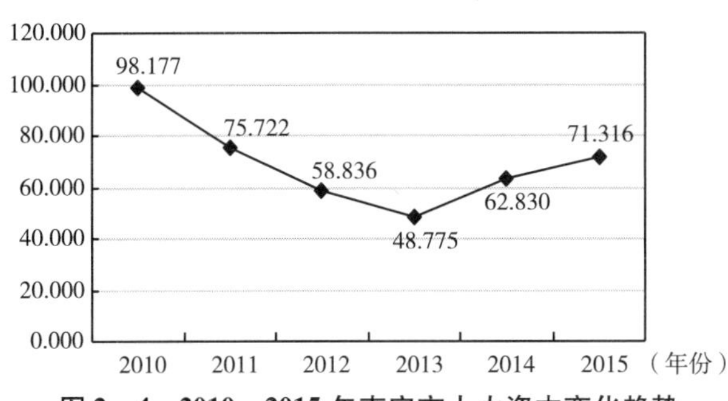

图 2 - 4　2010 ~ 2015 年南宁市人力资本变化趋势

5. 职工工资相对增长率

根据图 2 - 5 分析可知，2010 ~ 2015 年南宁市职工工资相对增长率总体上呈现波动下降的状态。这种状态表现为 2010 ~ 2015 年城市在该项指标上总体呈现下降趋势，但在评估期间存在上下波动的情况，并非连续性下降状态。这就意味着在评估的时间段内，虽然指标数据存在较大的波动变化，但是其评价末期数据值低于评价初期数据值。南宁市的职工工资相对增长率末期低于初期的数据，降低 7 个单位左右，并且在 2014 ~ 2015 年存在明显下降的变化，这说明南宁市居民生活水平处于不太稳定的下降状态。

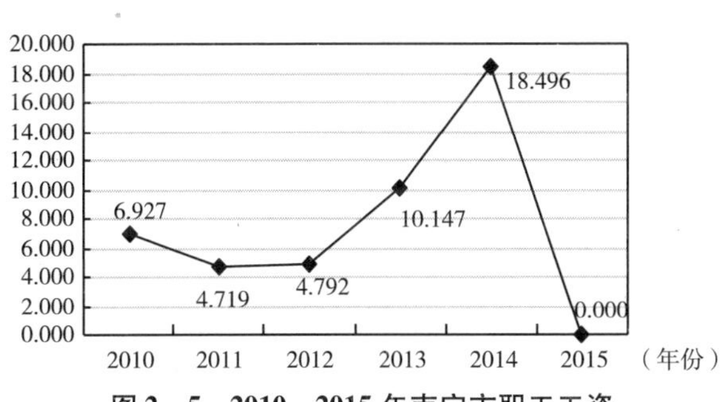

图 2 - 5　2010 ~ 2015 年南宁市职工工资相对增长率变化趋势

6. 职工工资绝对增量加权指数

根据图 2 - 6 分析可知，2010 ~ 2015 年南宁市职工工资绝对增量加权指数指数总体上呈现波动下降的状态。这种状态表现为 2010 ~ 2015 年城市在该项指标上总体呈现下降趋势，但在评估期间存在上下波动的情况，并非连续性下降状态。这就意味着在评估的时间段内，虽然指标数据存在较大的波动变化，但是其评价末期数据值低于评价初期数据值。南宁市的职工工资绝对增量加权指数末期低于初期的数据，降低 1 个单位左右，并且在2014 ~ 2015 年存在明显下降的变化，这说明南宁市职工工资绝对增量加权指数情况处于不太稳定的下降状态。

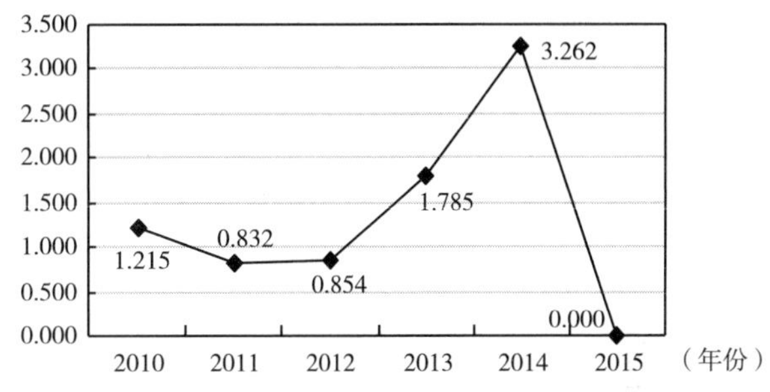

图 2 - 6　2010 ~ 2015 年南宁市职工工资绝对增量加权指数变化趋势

7. 职工工资比重增量

根据图 2 - 7 分析可知，2010 ~ 2015 年南宁市职工工资比重增量指数总体上呈现波动上升的状态。2010 ~ 2015 年城市在该项指标上存在一定的波动变化，总体趋势为上升趋势，但在个别年份间出现下降的情况，指标并非连续性上升状态。波动上升型指标意味着在评价的时间段内，虽然指标数据存在较大的波动变化，南宁市 2013 ~ 2014 年大幅度上升，达到 42.645，但是在 2014 ~ 2015 年又表现为下降的态势，最后稳定在 19.537。随着城市的职工工资水平的升高，南宁市的居民生活发展水平也在提高。

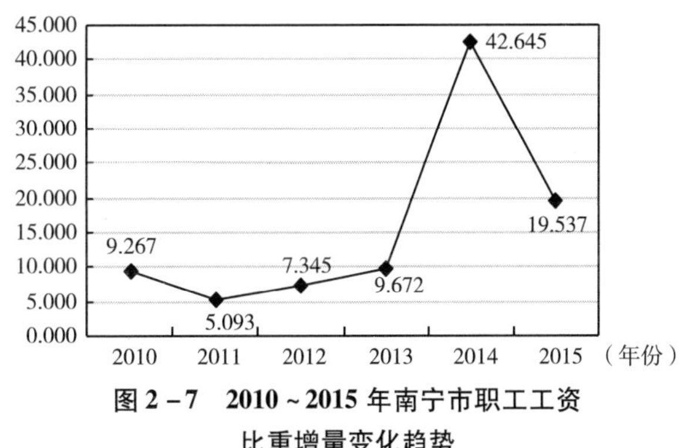

图 2 - 7　2010 ~ 2015 年南宁市职工工资比重增量变化趋势

8. 职工工资强度

根据图 2 - 8 分析可知，2010 ~ 2015 年南宁市职工工资强度总体上呈现波动保持的状态。波动保持型指标意味着城市在该项指标上虽然呈现波动状态，在评价末期和评价初期的数值基本保持一致，南宁市职工工资强度数值保持在12.488～16.278。即使南宁市职工工资强度存在过最低值，其数值为12.488，但南宁市在职工工资强度上总体表现相对平稳，说明该地区经济发展能力及活力持续又稳定。

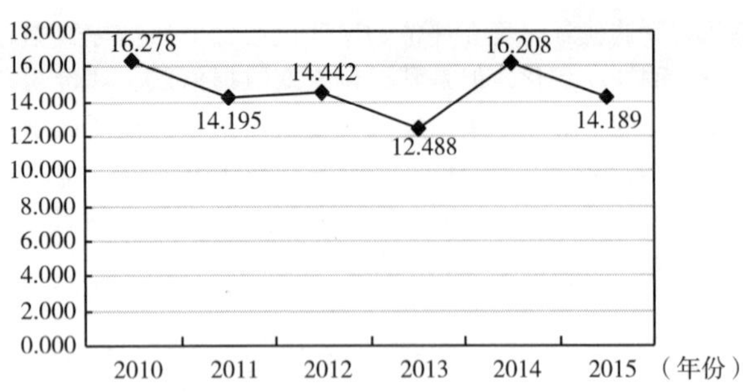

图2－8　2010～2015年南宁市职工工资强度变化趋势

（二）南宁市城市生活水平评估结果

根据表2－1对2010～2012年南宁市生活水平得分、排名、优劣度进行分析。2010～2011年南宁市生活水平排名均处在珠江－西江经济带第2位，2012年南宁市生活水平排名均处在第3名，说明南宁市生活水平综合发展水平较于珠江－西江经济带其他城市较高且稳定。对南宁市的生活水平得分情况作出分析，发现南宁市生活水平综合得分持续下降，变动幅度较大，说明南宁市生活水平的稳定性有待提升。2010～2012年南宁市的生活水平均保持在上游区，说明南宁市的生活水平综合发展实力整体较高。在珠江－西江经济带中具备优势。

对南宁市生活水平的三级指标进行分析，其中社会保障水平得分排名呈现出波动下降的发展趋势。对南宁市社会保障水平的得分情况进行分析，发现南宁市的社会保障水平得分波动下降，说明南宁市的社会公共保障事业的发展水平仍有待提高。

总工资弧弹性的综合发展水平得分排名呈现出持续下降的趋势。对南宁市总工资弧弹性的得分情况作出分析，发现南宁市在总工资弧弹性上的得分先降后升，说明南宁市的总工资增长速率存在提升的空间。

平均工资增长强度得分排名呈现出波动下降的趋势。对南宁市平均工资增长强度的得分情况作出分析，发现南宁市在平均工资增长强度上的得分先降后升，说明南宁市平均工资增长速率存在提升空间。

表2－1　　2010～2012年南宁市生活水平各级指标的得分、排名及优劣度分析

指标	2010年			2011年			2012年		
	得分	排名	优劣度	得分	排名	优劣度	得分	排名	优劣度
生活水平	13.786	2	强势	8.959	2	强势	7.350	3	优势
社会保障水平	1.338	3	优势	0.638	7	中势	0.692	7	中势
总工资弧弹性	0.076	1	强势	0.047	7	中势	0.071	8	中势
平均工资增长强度	1.691	4	优势	0.892	6	中势	1.069	5	优势
城市人力资本	8.956	2	强势	6.064	2	强势	4.098	3	优势
职工工资相对增长率	0.332	2	强势	0.224	3	优势	0.228	3	优势
职工工资绝对增量加权指数	0.056	2	强势	0.038	5	优势	0.040	5	优势
职工工资比重增量	0.450	2	强势	0.275	3	优势	0.354	3	优势
职工工资强度	0.887	2	强势	0.781	2	强势	0.798	2	强势

城市人力资本得分排名呈现出波动下降的趋势。对南宁市人力资本的得分情况作出分析，发现南宁市在人力资本上的得分持续下降，说明南宁市在推进人力资本建设方面存在一定的提升空间。

职工工资相对增长率得分排名呈现波动下降的趋势。对南宁市职工工资相对增长率的得分情况进行分析，发现南宁市职工工资相对增长率的得分波动下降，分值变动幅度较大，说明城市的职工工资增长速率的平稳性有待提升。

职工工资绝对增量加权指数得分排名呈现出波动下降的趋势。对南宁市职工工资绝对增量加权指数的得分情况作出分析，发现南宁市在职工工资绝对增量加权指数上的得分先降后升，说明2010～2012年南宁市的职工工资绝对增量加权指数不稳定，存在提升的空间。

职工工资比重增量得分排名呈现出波动下降的趋势。对南宁市职工工资比重增量的得分情况作出分析，发现南宁市在职工工资比重增量上的得分先降后升，分值变动幅度较大，说明2010～2012年南宁市的城市职工工资的变化不稳定，但存在提升的空间。

职工工资强度得分排名呈现出持续保持的趋势。对南宁市职工工资强度的得分情况作出分析，发现南宁市在城市职工工资强度上的得分波动下降，变化幅度小，说明2010～2012年南宁市的职工工资强度较于珠江－西江经济带其他城市相对合理。

根据表2－2对2013～2015年间南宁市生活水平的得分、排名和优劣度进行分析。2013年南宁市生活水平排名处在珠江－西江经济带第6名，2014年其均处于第2名，

2015 年其均处于第 4 名，说明南宁市生活水平综合发展水平较于珠江 - 西江经济带其他城市较高。对南宁市的生活水平得分情况作出分析，发现南宁市生活水平综合得分波动上升，说明南宁市生活水平不断提高。2013 ~ 2015 年间南宁市的生活水平在珠江 - 西江经济带中从中势地位升至优势地位，说明南宁市的生活水平综合发展实力整体趋于上升。

表 2 - 2　2013 ~ 2015 年南宁市生活水平各级指标的得分、排名及优劣度分析

指标	2013 年			2014 年			2015 年		
	得分	排名	优劣度	得分	排名	优劣度	得分	排名	优劣度
生活水平	7.244	6	中势	10.857	2	强势	10.406	4	优势
社会保障水平	0.712	7	中势	0.676	6	中势	0.837	6	中势
总工资弧弹性	0.096	10	劣势	0.182	1	强势	0.000	11	劣势
平均工资增长强度	1.540	8	中势	1.037	5	优势	2.956	4	优势
城市人力资本	3.078	2	强势	4.491	2	强势	4.866	1	强势
职工工资相对增长率	0.581	4	优势	0.935	2	强势	0.000	11	劣势
职工工资绝对增量加权指数	0.099	5	优势	0.157	3	优势	0.000	11	劣势
职工工资比重增量	0.475	4	优势	2.504	2	强势	0.989	3	优势
职工工资强度	0.663	3	优势	0.875	3	优势	0.758	3	优势

对南宁市生活水平的三级指标进行分析，其中社会保障水平得分排名呈现出波动上升的发展趋势。对南宁市社会保障水平的得分情况进行分析，发现南宁市的社会保障水平得分波动上升，说明城市在公共保障事业的方面有良好的发展。

总工资弧弹性的综合发展水平得分排名呈现出波动下降的趋势。对南宁市总工资弧弹性的综合发展水平得分情况作出分析，发现南宁市的总工资弧弹性的综合发展水平得分在波动下降，说明南宁市总工资弧弹性存在一定的提升空间。

平均工资增长强度得分排名呈现持续上升的趋势。对南宁市平均工资增长强度的得分情况进行分析，发现南宁市平均工资增长强度的得分先降后升，说明城市的平均工资增长强度变化幅度较大，平均工资增长强度存在较大的提升空间。

城市人力资本得分排名呈现出波动上升的趋势。对南宁市人力资本的得分情况作出分析，发现南宁市在人力资本上的得分持续上升，说明南宁市在人力资本建设方面存在较大优势。

职工工资相对增长率得分排名呈现出波动下降的趋势。对南宁市职工工资相对增长率的得分情况作出分析，发现南宁市在职工工资相对增长率上的得分先升后降，说明 2013 ~ 2015 年间南宁市的职工工资相对增长率的变化趋势较于珠江 - 西江经济带其他城市的合理性较低。

职工工资绝对增量加权指数得分排名呈现出波动下降的趋势。对南宁市职工工资绝对增量加权指数的得分情况作出分析，发现南宁市在职工工资绝对增量加权指数上的得分先升后降，说明 2013 ~ 2015 年间南宁市职工工资绝对增量加权指数较低，城市人口要素更为分散。

职工工资比重增量得分排名呈现出持波动上升的趋势。对南宁市职工工资比重增量的得分情况作出分析，发现南宁市在职工工资比重增量上的得分先升后降，说明南宁市职工工资比重增量较高，城市整体职工工资水平更具备优势。

职工工资强度得分排名呈现出持续保持的趋势。对南宁市职工工资强度的得分情况作出分析，发现南宁市在职工工资强度上的得分波动上升，说明南宁市职工工资强度较于珠江 - 西江经济带其他城市处于优势地位。

对 2010 ~ 2015 年间南宁市生活水平及各三级指标的得分、排名和优劣度进行分析。2010 ~ 2011 年南宁市生活水平综合得分排名均处在珠江 - 西江经济带第 2 名，2012 年南宁市生活水平的综合得分排名降至第 3 名，2013 年南宁市生活水平综合得分排名降至第 6 名，2014 年南宁市生活水平综合得分排名升至第 2 名，2015 年南宁市生活水平综合得分排名降至第 4 名。2010 ~ 2015 年南宁市生活水平综合得分排名一直在中游区和上游区波动，在城市生活水平上也是在优势和强势之间波动，说明南宁市生活水平发展较之于珠江 - 西江经济带的其他城市具有竞争优势。对南宁市的生活水平得分情况进行分析，发现南宁市的生活水平综合得分呈现波动下降的发展趋势，2010 ~ 2012 年间南宁市的生活水平得分持续下降的趋势，在 2013 ~ 2015 年南宁市的生活水平综合得分呈现波动上升的趋势，说明南宁市生活水平虽然变动较不稳定，但在珠江 - 西江经济带中依然具备一定的竞争力。

从表2－3中生活水平基础指标的优劣度结构来看，在8个基础指标中，指标的优劣度结构为12.5∶37.5∶12.5∶37.5。

表2－3　　2015年南宁市生活水平指标的优劣度结构

二级指标	三级指标数	强势指标		优势指标		中势指标		劣势指标		优劣度
		个数	比重（%）	个数	比重（%）	个数	比重（%）	个数	比重（%）	
生活水平	8	1	12.500	3	37.500	1	12.500	3	37.500	优势

（三）南宁市城市生活水平比较分析

图2－9和图2－10将2010～2015年南宁市生活水平与珠江－西江经济带最高水平和平均水平进行比较。从生活水平的要素得分比较来看，由图2－9可知，2010年南宁市社会保障水平得分比珠江－西江经济带最高分低0.638分，比珠江－西江经济带平均分高0.421分；2011年，社会保障水平得分比珠江－西江经济带最高分低1.174分，比珠江－西江经济带平均分低0.216分；2012年，社会保障水平得分比珠江－西江经济带最高分低0.794分，比珠江－西江经济带平均分低0.149分；2013年，社会保障水平得分比珠江－西江经济带最高分低1.064分，比珠江－西江经济带平均分低0.234分；2014年，社会保障水平得分比珠江－西江经济带最高分低1.076分，比珠江－西江经济带平均分低0.242分；2015年，社会保障水平得分比珠江－西江经济带最高分低5.158分，比珠江－西江经济带平均分低0.519分。这说明整体上南宁市社会保障水平得分与珠江－西江经济带最高分的差距有扩大趋势，与珠江－西江经济带平均分的差距逐渐增大。

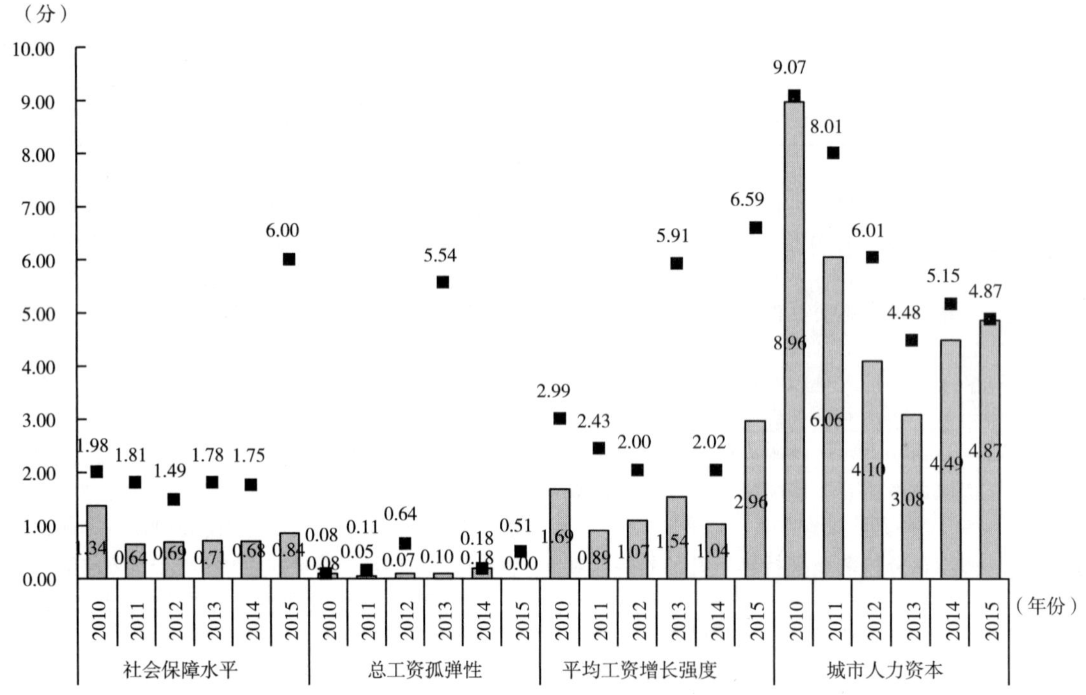

图2－9　2010～2015年南宁市生活水平指标得分比较1

注：■为最高分，下同。

2010年，南宁市总工资弧弹性得分与珠江－西江经济带最高分不存在差距，比珠江－西江经济带平均分高0.016分；2011年，总工资弧弹性得分比珠江－西江经济带最高分低0.062分，比珠江－西江经济带平均分低0.011分；2012年，总工资弧弹性得分比珠江－西江经济带最高分低0.566分，比珠江－西江经济带平均分低0.066分；2013年，总工资弧弹性得分比珠江－西江经济带最高分低5.448分，比珠江－西江经济带平均分低0.533分；2014年，总工资弧弹性得分与珠江－西江经济带最高分不存在差距，比珠江－西江经济带平均分高0.080分；2015年，总工资弧弹性得分比珠江－西江经济带最高分低0.513分，比珠江－西江经济带平均分低0.155分。这说明整体上南宁市总工资弧弹性得分与珠江－西江经济带最高分的差距有扩大趋势，与珠江－西江经济带平均分的差距逐渐增加。

2010年，南宁市平均工资增长强度得分比珠江－西江经济带最高分低1.299分，比珠江－西江经济带平均分高

0.354 分；2011 年，平均工资增长强度得分比珠江－西江经济带最高分低 1.541 分，比珠江－西江经济带平均分低 0.030 分；2012 年，平均工资增长强度得分比珠江－西江经济带最高分低 0.929 分，比珠江－西江经济带平均分高 0.009 分；2013 年，平均工资增长强度得分比珠江－西江经济带最高分低 4.374 分，比珠江－西江经济带平均分低 0.449 分；2014 年，平均工资增长强度得分比珠江－西江经济带最高分低 0.986 分，比珠江－西江经济带平均分高 0.034 分；2015 年，平均工资增长强度得分比珠江－西江经济带最高分低 3.639 分，比珠江－西江经济带平均分高 0.719 分。这说明整体上南宁市平均工资增长强度得分与珠江－西江经济带最高分的差距波动增加，与珠江－西江经济带平均分的差距波动增加。

2010 年，南宁市人力资本得分比珠江－西江经济带最高分低 0.114 分，比珠江－西江经济带平均分高 2.785 分；2011 年，城市人力资本得分比珠江－西江经济带最高分低 1.944 分，比珠江－西江经济带平均分高 1.220 分；2012 年，城市人力资本得分比珠江－西江经济带最高分低 1.916 分，比珠江－西江经济带平均分高 0.855 分；2013 年，城市人力资本得分比珠江－西江经济带最高分低 1.401 分，比珠江－西江经济带平均分高 0.721 分；2014 年，城市人力资本得分比珠江－西江经济带最高分低 0.663 分，比珠江－西江经济带平均分高 0.977 分；2015 年，城市人力资本得分与珠江－西江经济带最高分不存在差距，比珠江－西江经济带平均分高 1.723 分。这说明整体上南宁市人力资本得分与珠江－西江经济带最高分的差距波动缩小，与珠江－西江经济带平均分的差距波动减小。

由图 2－10 可知，2010 年，南宁市职工工资相对增长率得分比珠江－西江经济带最高分低 0.683 分，比珠江－西江经济带平均分高 0.048 分；2011 年，职工工资相对增长率得分比珠江－西江经济带最高分低 1.054 分，比珠江－西江经济带平均分低 0.070 分；2012 年，职工工资相对增长率得分比珠江－西江经济带最高分低 0.157 分，比珠江－西江经济带平均分高 0.013 分；2013 年，职工工资相对增长率得分比珠江－西江经济带最高分低 5.147 分，比珠江－西江经济带平均分低 0.377 分；2014 年，职工工资相对增长率得分比珠江－西江经济带最高分低 1.018 分，比珠江－西江经济带平均分高 0.454 分；2015 年，职工工资相对增长率得分比珠江－西江经济带最高分低 1.707 分，比珠江－西江经济带平均分低 0.462 分。这说明整体上南宁市职工工资相对增长率得分与珠江－西江经济带最高分的差距波动上升，与珠江－西江经济带平均分的差距波动增加。

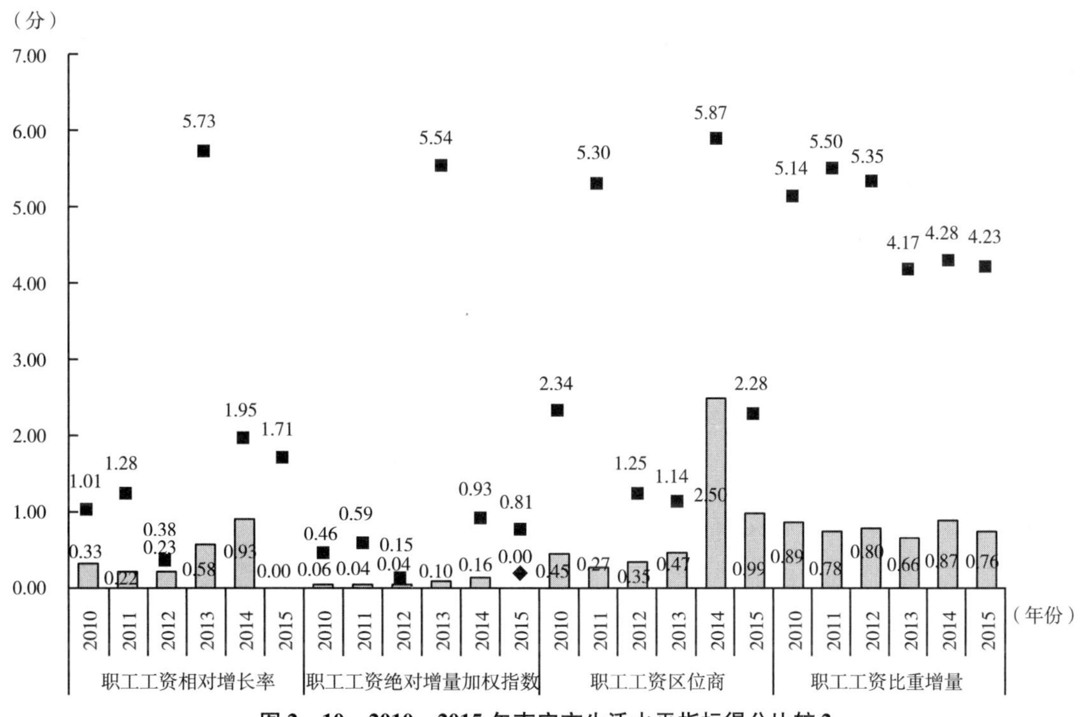

图 2－10　2010～2015 年南宁市生活水平指标得分比较 2

2010 年，南宁市职工工资绝对增量加权指数得分比珠江－西江经济带最高分低 0.399 分，比珠江－西江经济带平均分低 0.021 分；2011 年，职工工资绝对增量加权指数得分比珠江－西江经济带最高分低 0.556 分，比珠江－西江经济带平均分低 0.055 分；2012 年，职工工资绝对增量加权指数得分比珠江－西江经济带最高分低 0.106 分，比珠江－西江经济带平均分低 0.014 分；2013 年，职工工资绝对增量加权指数得分比珠江－西江经济带最高分低 5.443 分，比珠江－西江经济带平均分低 0.523 分；2014 年，职工工资绝对增量加权指数得分比珠江－西江经济带最高分低 0.768 分，比珠江－西江经济带平均分低 0.014 分；2015 年，职工工资绝对增量加权指数得分比珠江－西江经济带最高分低 0.806 分，比珠江－西江经济带平均分低 0.187 分。这说明整体上南宁市职工工资绝对增量加权指数得分与珠江－西江经济带最高分的差距波动扩大，与珠江－西江经济带平均分的差距波动上升。

2010 年，南宁市职工工资区位商得分比珠江－西江经济带最高分低 1.886 分，比珠江－西江经济带平均分高 0.133 分；2011 年，职工工资区位商得分比珠江－西江经济带最高分低 5.021 分，比珠江－西江经济带平均分低 0.332 分；2012 年，职工工资区位商得分比珠江－西江经济带最高分低 0.897 分，比珠江－西江经济带平均分高 0.076 分；2013 年，职工工资区位商得分比珠江－西江经济带最高分低 0.670 分，比珠江－西江经济带平均分高 0.077 分；2014 年，职工工资区位商得分比珠江－西江经济带最高分低 3.368 分，比珠江－西江经济带平均分高 1.502 分；2015 年，职工工资区位商得分比珠江－西江经济带最高分低 1.294 分，比珠江－西江经济带平均分高 0.451 分。这说明整体上南宁市职工工资区位商得分与珠江－西江经济带最高分的差距波动缩小，与珠江－西江经济带平均分的差距波动上升。

2010 年，南宁市职工工资比重增量得分比珠江－西江经济带最高分低 4.251 分，比珠江－西江经济带平均分高 0.174 分；2011 年，职工工资比重增量得分比珠江－西江经济带最高分低 4.720 分，比珠江－西江经济带平均分高 0.061 分；2012 年，职工工资比重增量得分比珠江－西江经济带最高分低 4.547 分，比珠江－西江经济带平均分高 0.075 分；2013 年，职工工资比重增量得分比珠江－西江经济带最高分低 3.504 分，比珠江－西江经济带平均分低 0.031 分；2014 年，职工工资比重增量得分比珠江－西江经济带最高分低 3.407 分，比珠江－西江经济带平均分高 0.169 分；2015 年，职工工资比重增量得分比珠江－西江经济带最高分低 3.468 分，比珠江－西江经济带平均分高 0.059 分。这说明整体上南宁市职工工资比重增量得分与珠江－西江经济带最高分的差距波动缩小，与珠江－西江经济带平均分的差距波动下降。

二、南宁市城市生活环境质量综合评估与比较

（一）南宁市城市生活环境质量评估指标变化趋势评析

1. 城镇公园用地动态变化

根据图 2－11 分析可知，2010～2015 年南宁市城镇公园用地总体上呈现波动上升的状态。2010～2015 年城市在该项指标上存在一定的波动变化，总体趋势为上升趋势，但在个别年份出现下降的情况，指标并非连续性上升状态。波动上升型指标意味着在评价的时间段内，虽然指标数据存在较大的波动变化，但是其评价末期数据值高于评价初期数据值。南宁市在 2011～2012 年虽然出现下降的状况，2012 年为 23.471，但是总体上还是呈现上升的态势，最终稳定在 26.177。城镇公园用地动态变化指标数值越大，说明城市的承载力越高，对于南宁市来说，其城市居民生活发展潜力也越来越大。

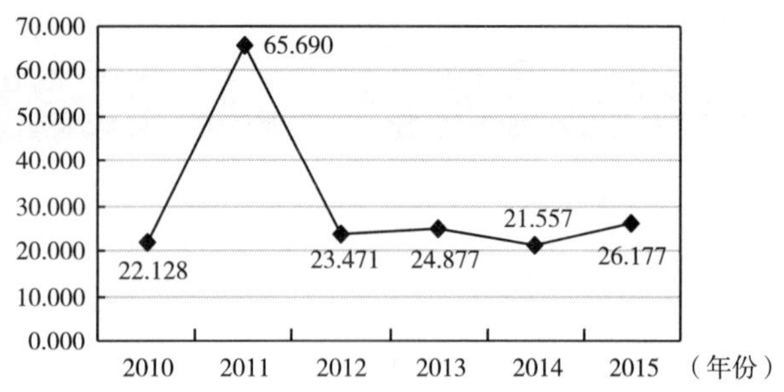

图 2－11　2010～2015 年南宁市城镇公园用地动态变化变化趋势

2. 供水能力延展指数

根据图 2－12 分析可知，2010～2015 年南宁市供水能力延展指数总体上呈现波动保持的状态。波动保持型指标意味着城市在该项指标上虽然呈现波动状态，在评价末期和评价初期的数值基本保持一致，该图可知南宁市供水能力延展指数数值保持在 4.376～6.872。即使南宁市供水能力延展指数存在过最低值，其数值为 4.376，但南宁市在供水能力延展指数上总体表现也是相对平稳，说明该地区城市居民生活发展能力及活力持续又稳定。

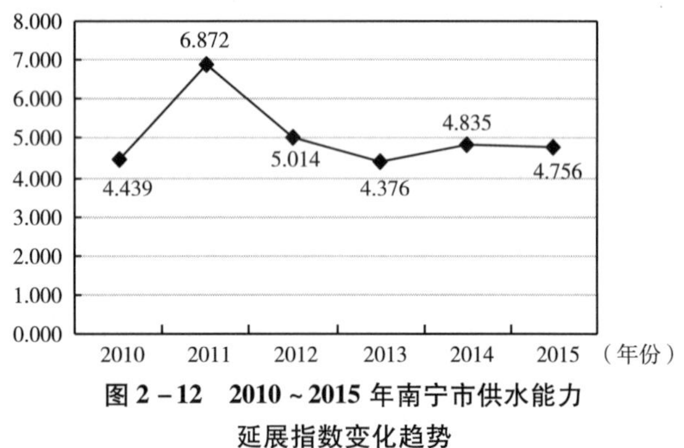

图 2－12　2010～2015 年南宁市供水能力延展指数变化趋势

3. 城市供气能力

根据图 2－13 分析可知，2010～2015 年南宁市供气能力指数总体上呈现波动下降的状态。这种状态表现为 2010～2015 年间城市在该项指标上总体呈现下降趋势，但在评估期间存在上下波动的情况，并非连续性下降状态。这就意味着在评估的时间段内，虽然指标数据存在较大的波动变化，但是其评价末期数据值低于评价初期数据值。南宁市的供气能力指数末期低于初期的数据，降低 7 个单位左右，并且在 2013～2015 年明显下降，这说明南宁市供气能力情况处于不太稳定的下降状态。

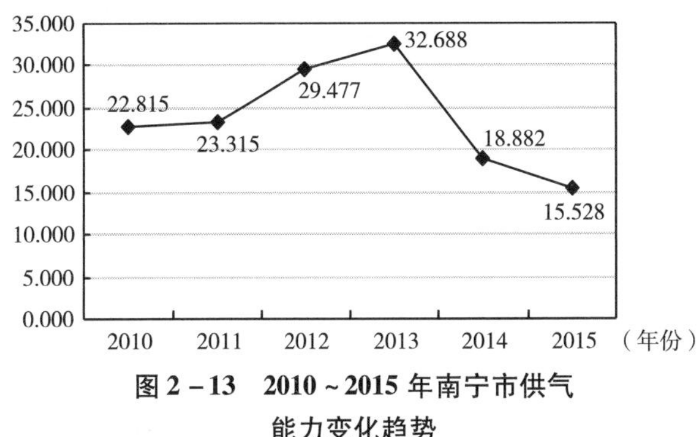

图 2－13 2010～2015 年南宁市供气能力变化趋势

4. 城市供电强度

根据图 2－14 分析可知，2010～2015 年南宁市供电强度总体上呈现波动上升的状态。2010～2015 年城市在该项指标上存在一定的波动变化，总体趋势上为上升趋势，但在个别年份出现下降的情况，指标并非连续性上升状态。波动上升型指标意味着在评价的时间段内，虽然指标数据存在较大的波动变化，但是其评价末期数据值高于评价初期数据值。南宁市在 2013～2015 年虽然出现下降的状况，但是总体上还是呈现上升的态势，最终稳定在 14.223。城市供电强度越大，说明城市的承载力越高，对于南宁市来说，其城市居民生活发展潜力也越来越大。

图 2－14 2010～2015 年南宁市供电强度变化趋势

5. 城市供气密度

根据图 2－15 分析可知，2010～2015 年南宁市的供气密度总体上呈现波动下降的状态。由折线图可以看出南宁市虽然在供气密度上波动下降，但是下降幅度不明显，数值保持在 13.048～28.355，这说明虽然南宁市供气密度比例在下降，但是总体上仍是比较稳定的，表现出南宁市的居民生活发展水平变幅不大，经济社会平稳发展。

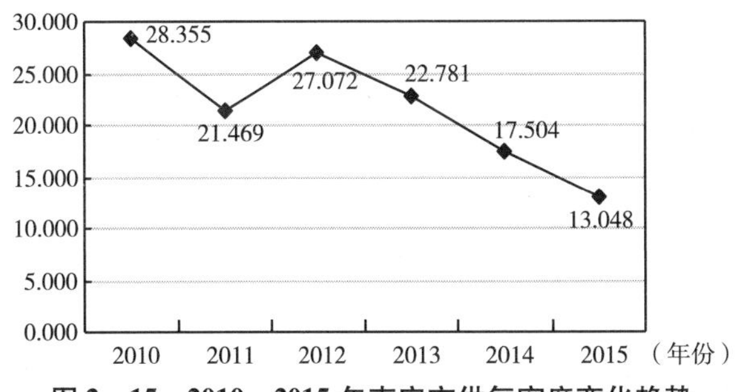

图 2－15 2010～2015 年南宁市供气密度变化趋势

6. 城市用电承载力 ES

根据图 2－16 分析可知，2010～2015 年南宁市的用电承载力 ES 总体上呈现波动上升的状态。2010～2015 年间城市在该项指标上存在较多波动变化，总体趋势为上升趋势，但在个别年份出现下降的情况，指标并非连续性上升。波动上升型指标意味着在评估期间，虽然指标数据存在较大波动变化，但是其评价末期数据值高于评价初期数据值。通过折线图可以看出，南宁市的用电承载力 ES 指标不断提高，在 2015 年达到 14.391；说明南宁市整体发展水平较高，城市生活环境质量较好，对外部资源的吸引力较强。

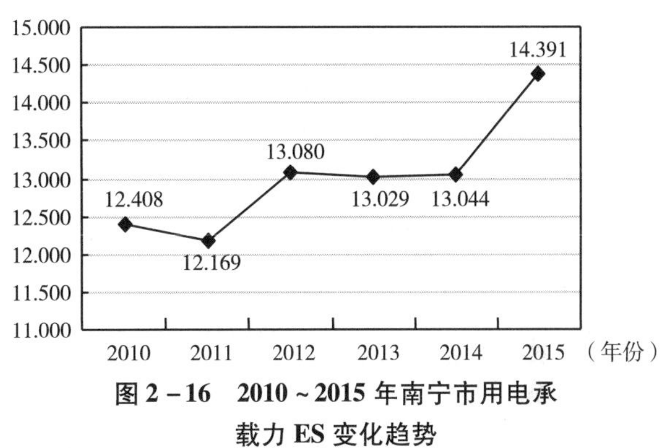

图 2－16 2010～2015 年南宁市用电承载力 ES 变化趋势

7. 城市通信流强度

根据图 2－17 分析可知，2010～2015 年南宁市的通信流强度总体上呈现持续上升的状态。处于持续上升型的指标，不仅意味着城市在各项指标数据的不断增长，更意味着城市在该项指标以及居民生活质量整体上的竞争力优势不断扩大。对于南宁市来说，城市通信流强度这个三级指标的上升幅度较大，从 2010 年的 10.611 上升至 2015 年的 21.659，这样的上升趋势说明城市发展的经济结构较高，城市通信的方式比较丰富，城市的经济社会发展活力十分充沛。

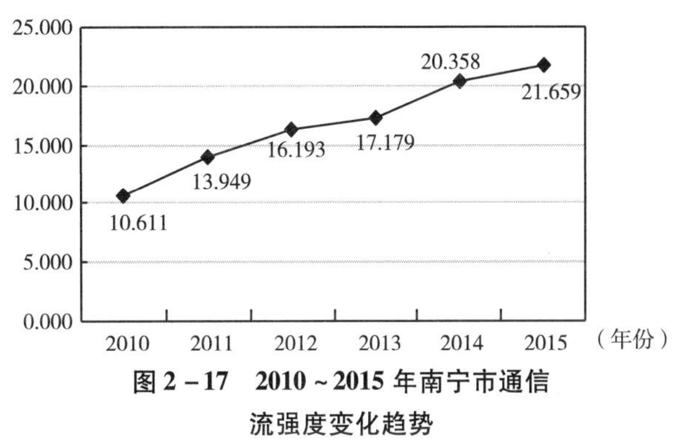

图 2－17 2010～2015 年南宁市通信流强度变化趋势

8. 城市通信倾向度

根据图 2－18 分析可知，2010～2015 年南宁市通信倾向度总体上呈现波动保持的状态。波动保持型指标意味着城市在该项指标上虽然呈现波动状态，在评价末期和评价初期的数值基本保持一致，该图可知南宁市通信倾向度数值保持在36.339～41.527。即使南宁市通信倾向度存在过最低值，其数值为36.339，但南宁市在通信倾向度上总体表现相对平稳，说明该地区经济发展能力及活力持续又稳定。

图2－18　2010～2015年南宁市通信倾向度变化趋势

9. 城市通信职能规模

根据图2－19分析可知，2010～2015年南宁市通信职能规模总体上呈现波动保持的状态。波动保持型指标意味着城市在该项指标上虽然呈现波动状态，在评价末期和评价初期的数值基本保持一致，由该图可知南宁市通信职能规模数值保持在11.356～20.194。即使南宁市通信职能规模存在过最低值，其数值为11.356，但南宁市在通信职能规模上总体表现相对平稳，说明该地区经济发展能力及活力持续又稳定。

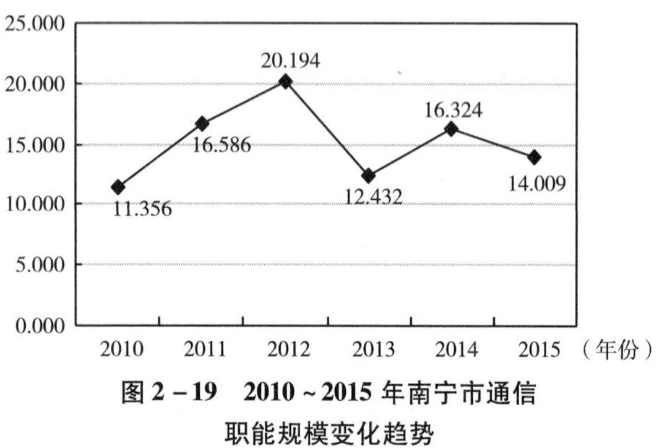

图2－19　2010～2015年南宁市通信职能规模变化趋势

10. 城市通信职能地位

根据图2－20分析可知，2010～2015年南宁市通信职能地位总体上呈现波动保持的状态。波动保持型指标意味着城市在该项指标上虽然呈现波动状态，在评价末期和评价初期的数值基本保持一致，由该图可知南宁市通信职能地位数值保持在6.819～17.371。即使南宁市通信职能地位存在过最低值，其数值为6.819，但南宁市在通信职能地位上总体表现相对平稳，说明该地区经济发展能力及活力持续又稳定。

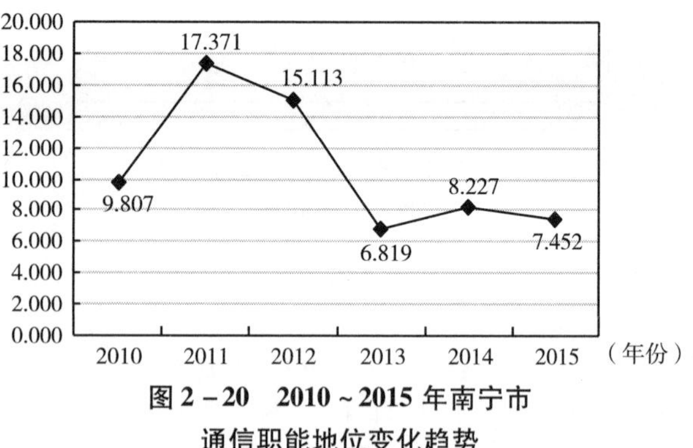

图2－20　2010～2015年南宁市通信职能地位变化趋势

（二）南宁市城市生活环境质量评估结果

根据表2－4对2010～2012年南宁市生活环境质量得分、排名、优劣度进行分析。2010年、2012年南宁市生活环境质量排名均处在珠江－西江经济带第4名，2011年南宁市生活环境质量排名处在第3名，说明南宁市生活环境综合发展水平较于珠江－西江经济带其他城市较高。对南宁市的生活环境质量得分情况作出分析，发现南宁市生活环境综合得分先升后降，变动幅度较大，说明南宁市生活环境较不稳定。2010～2012年间南宁市的生活环境质量在珠江－西江经济带中均保持优势地位，说明南宁市的生活环境质量较高，居民生活质量更高，能够提供更优质的生产生活基础条件。

对南宁市生活环境的三级指标进行分析，其中城镇公园用地动态变化得分排名呈现出波动上升的发展趋势。对南宁市城镇公园用地动态变化的得分情况进行分析，发现南宁市的城镇公园用地动态变化得分先升后降，说明南宁市的城镇公园用地增加，城市规模不断扩大。

供水能力延展指数的综合发展水平得分排名呈现出波动上升的趋势。对南宁市供水能力延展指数的得分情况作出分析，发现南宁市在供水能力延展指数上的得分先升后降，说明南宁市的供水能力延展指数存在提升的空间，城市的供水管道发展水平在不断提高。

城市供气能力得分排名呈现出波动上升的趋势。对南宁市供气能力的得分情况作出分析，发现南宁市在供气能力上的得分持续上升，说明南宁市的供气能力有待提升，以提供居民更优质的基础设施服务。

表2－4　2010～2012年南宁市生活环境各级指标的得分、排名及优劣度分析

指　标	2010年			2011年			2012年		
	得分	排名	优劣度	得分	排名	优劣度	得分	排名	优劣度
生活环境	10.132	4	优势	13.754	3	优势	12.184	4	优势
城镇公园用地动态变化	1.460	10	劣势	4.113	2	强势	1.303	5	优势

续表

指标	2010 年			2011 年			2012 年		
	得分	排名	优劣度	得分	排名	优劣度	得分	排名	优劣度
供水能力延展指数	0.211	8	中势	0.323	1	强势	0.281	5	优势
城市供气能力	1.269	6	中势	1.310	6	中势	1.782	3	优势
城市供电强度	0.777	3	优势	0.763	3	优势	0.864	3	优势
城市供气密度	1.623	3	优势	1.179	5	优势	1.617	2	强势
城市用电承载力 ES	0.702	3	优势	0.675	3	优势	0.738	3	优势
城市通信流强度	0.559	3	优势	0.772	3	优势	0.940	3	优势
城市通信倾向度	2.455	6	中势	2.680	8	中势	2.724	6	中势
城市通信职能规模	0.584	3	优势	0.944	3	优势	1.146	3	优势
城市通信职能地位	0.492	3	优势	0.994	3	优势	0.789	3	优势

城市供电强度得分排名呈现出持续保持的趋势。对南宁市的供电强度的得分情况作出分析，发现南宁市在供电强度上的得分波动上升，说明南宁市在推进供电建设方面的力度不断地加大，城市活力越来越强。

城市供气密度得分排名呈现波动上升的趋势。对南宁市的供气密度的得分情况进行分析，发现南宁市的供气密度的得分先降后升，分值变动幅度较大，说明城市的供气承载力的平稳性有待提升。

城市用电承载力 ES 得分排名呈现出持续保持的趋势。对南宁市的用电承载力 ES 的得分情况作出分析，发现南宁市在用电承载力 ES 上的得分先降后升，说明2010～2012 年间南宁市的用电承载力 ES 不断提高，城市用电的整体密度、容量范围也在不断提高。

城市通信流强度得分排名呈现出持续保持的趋势。对南宁市的通信流强度的得分情况作出分析，发现南宁市在通信流强度上的得分持续上升，分值变动幅度较大，说明 2010～2012 年间南宁市的通信要素流动强度的变化较为稳定，并存在提升的空间。

城市通信倾向度得分排名呈现出波动保持的趋势。对南宁市的通信倾向度的得分情况作出分析，发现南宁市在通信倾向度上的得分持续上升，说明 2010～2012 年间南宁市的通信外向强度上有较大的提升空间。

城市通信职能规模得分排名呈现出持续保持的趋势。对南宁市的通信职能规模的得分情况作出分析，发现南宁市在通信职能规模上的得分持续上升，说明南宁市在通信水平方面具有优越性，但也存在一定的提升空间。

城市通信职能地位得分排名呈现出持续保持的趋势。对南宁市通信职能地位的得分情况作出分析，发现南宁市在通信职能地位上的得分波动上升，说明南宁市在通信能力方面具备较大的优势。

根据表 2－5 对 2013～2015 年间南宁市生活环境质量得分、排名、优劣度进行分析。2013 年南宁市生活环境质量排名处在珠江－西江经济带第 4 名，2014～2015 年南宁市生活环境质量排名均处在第 3 名，说明南宁市生活环境综合发展水平较于珠江－西江经济带其他城市较高且稳定。对南宁市的生活环境质量得分情况作出分析，发现南宁市生活环境综合得分持续下降，但变化幅度较大，说明南宁市生活环境质量的稳定性有待提升。2013～2015 年间南宁市的生活环境质量在珠江－西江经济带中均保持优势地位，说明南宁市的生活环境质量较高，能够提供更具优势的生产生活基础条件。

表 2－5　2013～2015 年南宁市生活环境各级指标的得分、排名及优劣度分析

指标	2013 年			2014 年			2015 年		
	得分	排名	优劣度	得分	排名	优劣度	得分	排名	优劣度
生活环境	10.607	4	优势	10.064	3	优势	9.588	3	优势
城镇公园用地动态变化	1.415	7	中势	1.298	7	中势	1.576	6	中势
供水能力延展指数	0.209	5	优势	0.235	2	强势	0.228	4	优势
城市供气能力	1.788	2	强势	1.136	5	优势	0.921	6	中势
城市供电强度	0.874	3	优势	0.877	3	优势	0.865	3	优势
城市供气密度	1.233	2	强势	1.028	3	优势	0.740	5	优势

续表

指标	2013 年			2014 年			2015 年		
	得分	排名	优劣度	得分	排名	优劣度	得分	排名	优劣度
城市用电承载力 ES	0.730	3	优势	0.751	3	优势	0.874	3	优势
城市通信流强度	0.940	3	优势	1.116	3	优势	1.167	3	优势
城市通信倾向度	2.445	7	中势	2.383	3	优势	2.153	2	强势
城市通信职能规模	0.639	3	优势	0.838	3	优势	0.702	3	优势
城市通信职能地位	0.332	3	优势	0.403	3	优势	0.360	3	优势

对南宁市生活环境的三级指标进行分析，其中城镇公园用地动态变化得分排名呈现出波动上升的发展趋势。对南宁市城镇公园用地动态变化的得分情况进行分析，发现南宁市的城镇公园用地动态变化得分先降后升，说明南宁市的城镇公园用地增加，城市规模不断扩大。

供水能力延展指数的综合发展水平得分排名呈现出波动上升的趋势。对南宁市供水能力延展指数的得分情况作出分析，发现南宁市在供水能力延展指数上的得分波动上升，说明南宁市的供水管道发展较为合理，但供水能力延展指数仍存在较大的提升空间。

城市供气能力得分排名呈现出持续下降的趋势。对南宁市的供气能力的得分情况作出分析，发现南宁市在供气能力上的得分持续下降，说明南宁市的供气能力越来越弱，城市基础设施有待完善。

城市供电强度得分排名呈现出持续保持的趋势。对南宁市的供电强度的得分情况作出分析，发现南宁市在供电强度上的得分波动保持，说明南宁市在推进供电建设方面的力度较强，城市供电能力具备优势，城市活力越来越强。

城市供气密度得分排名呈现持续下降的趋势。对南宁市的供气密度的得分情况进行分析，发现南宁市的供气密度的得分持续下降，说明城市用气总量减少，城市供气密度小，供气承载力减弱。

城市用电承载力 ES 得分排名呈现出持续保持的趋势。对南宁市的用电承载力 ES 的得分情况作出分析，发现南宁市在用电承载力 ES 上的得分持续上升，说明2013～2015 年间南宁市的用电承载力 ES 不断提高。

城市通信流强度得分排名呈现出持续保持的趋势。对南宁市的通信流强度的得分情况作出分析，发现南宁市在通信流强度上的得分持续上升，说明 2013～2015 年间南宁市的通信要素流动强度增强，但仍存在提升的空间。

城市通信倾向度得分排名呈现出持续上升的趋势。对南宁市的通信倾向度的得分情况作出分析，发现南宁市在通信倾向度上的得分持续下降，说明 2013～2015 年间南宁市的通信总功能是外向强度发展减弱。

城市通信职能规模得分排名呈现出持续保持的趋势。对南宁市的通信职能规模的得分情况作出分析，发现南宁市在通信职能规模上的得分先升后降，说明南宁市所具备的通信水平存在一定的提升空间。

城市通信职能地位得分排名呈现出持续保持的趋势。对南宁市通信职能地位的得分情况作出分析，发现南宁市在通信职能地位上的得分先升后降，说明南宁市虽然在通信能力方面具备较大的优势，但仍存在提升空间。

对 2010～2015 年间南宁市生活环境及各三级指标的得分、排名和优劣度进行分析。2010 年、2012 年南宁市生活环境综合得分排名均处在珠江－西江经济带第 4 名，2011 年南宁市生活环境综合得分排名处在第 3 名，之后 2013 年南宁市生活环境综合得分排名降至第 4 名，2014～2015 年南宁市生活环境综合得分排名均升至第 3 名。2010～2015 年南宁市生活环境综合得分排名一直在珠江－西江经济带上游区和中游区波动，在城市生活环境上一直位于优势地位，说明南宁市生活环境质量发展较之于珠江－西江经济带的其他城市极具竞争优势。对南宁市的生活环境质量得分情况进行分析，发现南宁市的生活环境综合得分呈现波动下降的发展趋势，2010～2012 年间南宁市的生活环境得分先升后降的趋势，在2013～2015 年南宁市的生活环境综合得分又呈现持续下降的趋势，说明南宁市生活环境质量虽然变动较不稳定，但依然具备一定的竞争力。

从表 2－6 中生活环境基础指标的优劣度结构来看，在 10 个基础指标中，指标的优劣度结构为 10.0∶70.0∶20.0∶0.0。

表 2－6　2015 年南宁市生活环境指标的优劣度结构

二级指标	三级指标数	强势指标		优势指标		中势指标		劣势指标		优劣度
		个数	比重（%）	个数	比重（%）	个数	比重（%）	个数	比重（%）	
生活环境	10	1	10.000	7	70.000	2	20.000	0	0.000	优势

（三）南宁市城市生活环境质量比较分析

图 2-21 和图 2-22 将 2010～2015 年南宁市生活环境质量与珠江-西江经济带最高水平和平均水平进行比较。从生活环境质量的要素得分比较来看，由图 2-21 可知，2010 年南宁市城镇公园用地动态变化得分比珠江-西江经济带最高分低 5.137 分，比珠江-西江经济带平均分低 1.021 分；2011 年，城镇公园用地动态变化得分比珠江-西江经济带最高分低 1.202 分，比珠江-西江经济带平均分高 1.902 分；2012 年，城镇公园用地动态变化得分比珠江-西江经济带最高分低 1.225 分，比珠江-西江经济带平均分低 0.027 分；2013 年，城镇公园用地动态变化得分比珠江-西江经济带最高分低 1.371 分，比珠江-西江经济带平均分低 0.138 分；2014 年，城镇公园用地动态变化得分比珠江-西江经济带最高分低 2.278 分，比珠江-西江经济带平均分低 0.578 分；2015 年，城镇公园用地动态变化得分比珠江-西江经济带最高分低 1.646 分，比珠江-西江经济带平均分低 0.390 分。这说明整体上南宁市城镇公园用地动态变化得分与珠江-西江经济带最高分的差距有缩小趋势，与珠江-西江经济带平均分的差距逐渐增大。

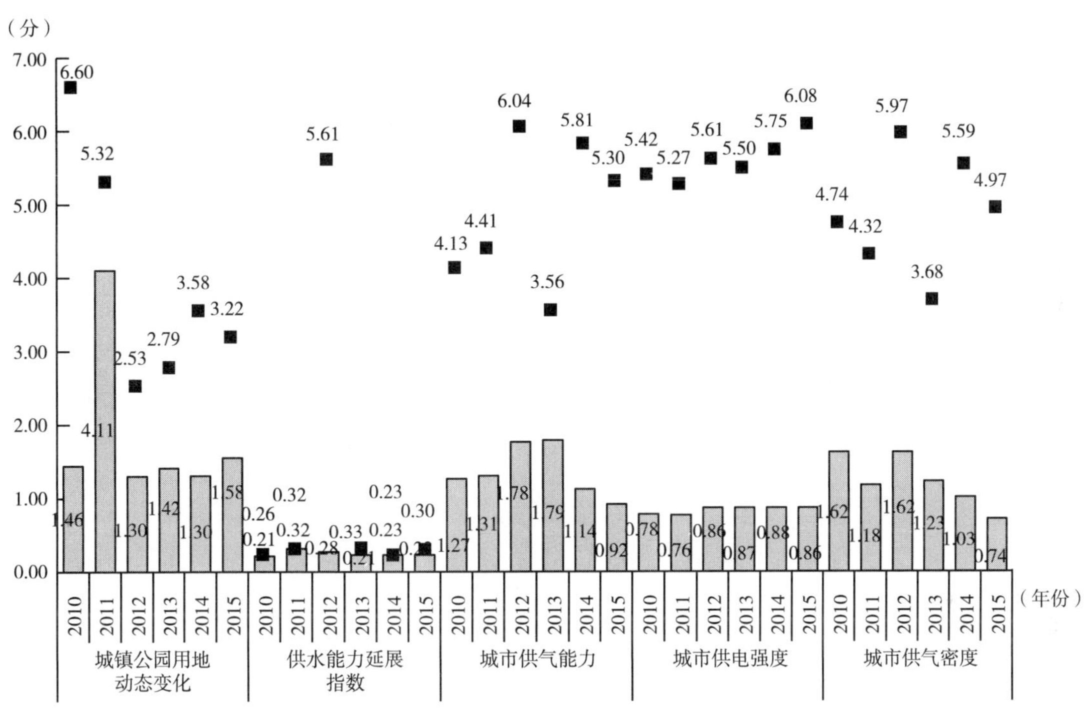

图 2-21　2010～2015 年南宁市生活环境质量指标得分比较 1

2010 年，南宁市供水能力延展指数得分比珠江-西江经济带最高分低 0.047 分，比珠江-西江经济带平均分低 0.017 分；2011 年，供水能力延展指数得分与珠江-西江经济带最高分不存在差距，比珠江-西江经济带平均分高 0.091 分；2012 年，供水能力延展指数得分比珠江-西江经济带最高分低 5.327 分，比珠江-西江经济带平均分低 0.486 分；2013 年，供水能力延展指数得分比珠江-西江经济带最高分低 0.124 分，比珠江-西江经济带平均分低 0.020 分；2014 年，供水能力延展指数得分与珠江-西江经济带最高分不存在差距，比珠江-西江经济带平均分高 0.013 分；2015 年，供水能力延展指数得分比珠江-西江经济带最高分低 0.069 分，比珠江-西江经济带平均分高 0.022 分。这说明整体上南宁市供水能力延展指数得分与珠江-西江经济带最高分的差距有扩大趋势，与珠江-西江经济带平均分的差距逐渐增加。

2010 年，南宁市供气能力得分比珠江-西江经济带最高分低 2.859 分，比珠江-西江经济带平均分高 0.048 分；2011 年，城市供气能力得分比珠江-西江经济带最高分低 3.102 分，比珠江-西江经济带平均分低 0.028 分；2012 年，城市供气能力得分比珠江-西江经济带最高分低 4.262 分，比珠江-西江经济带平均分高 0.272 分；2013 年，城市供气能力得分比珠江-西江经济带最高分低 1.767 分，比珠江-西江经济带平均分高 0.680 分；2014 年，城市供气能力得分比珠江-西江经济带最高分低 4.675 分，比珠江-西江经济带平均分低 0.276 分；2015 年，城市供气能力得分比珠江-西江经济带最高分低 4.374 分，比珠江-西江经济带平均分低 0.555 分。这说明整体上南宁市供气能力得分与珠江-西江经济带最高分的差距波动增加，与珠江-西江经济带平均分的差距波动增加。

2010 年，南宁市供电强度得分比珠江-西江经济带最高分低 4.639 分，比珠江-西江经济带平均分低 0.393 分；2011 年，城市供电强度得分比珠江-西江经济带最高分低 4.506 分，比珠江-西江经济带平均分低 0.372 分；2012 年，城市供电强度得分比珠江-西江经济带最高分低 4.742

分，比珠江－西江经济带平均分低 0.331 分；2013 年，城市供电强度得分比珠江－西江经济带最高分低 4.628 分，比珠江－西江经济带平均分低 0.309 分；2014 年，城市供电强度得分比珠江－西江经济带最高分低 4.871 分，比珠江－西江经济带平均分低 0.350 分；2015 年，城市供电强度得分比珠江－西江经济带最高分低 5.217 分，比珠江－西江经济带平均分低 0.381 分。这说明整体上南宁市供电强度得分与珠江－西江经济带最高分的差距持续增加，与珠江－西江经济带平均分的差距波动减小。

2010 年，南宁市供气密度得分比珠江－西江经济带最高分低 3.121 分，比珠江－西江经济带平均分高 0.234 分；2011 年，城市供气密度得分比珠江－西江经济带最高分低 3.140 分，比珠江－西江经济带平均分高 0.019 分；2012 年，城市供气密度得分比珠江－西江经济带最高分低 4.356 分，比珠江－西江经济带平均分高 0.206 分；2013 年，城市供气密度得分比珠江－西江经济带最高分低 2.448 分，比珠江－西江经济带平均分高 0.221 分；2014 年，城市供气密度得分比珠江－西江经济带最高分低 4.557 分，比珠江－西江经济带平均分低 0.193 分；2015 年，城市供气密度得分比珠江－西江经济带最高分低 4.229 分，比珠江－西江经济带平均分低 0.386 分。这说明整体上南宁市供气密度得分与珠江－西江经济带最高分的差距波动增加，与珠江－西江经济带平均分的差距波动增加。

由图 2－22 可知，2010 年南宁市得分比珠江－西江经济带最高分低 4.147 分，比珠江－西江经济带平均分低 0.352 分；2011 年，城市用电承载力 ES 得分比珠江－西江经济带最高分低 3.949 分，比珠江－西江经济带平均分低 0.340 分；2012 年，城市用电承载力 ES 得分比珠江－西江经济带最高分低 4.019 分，比珠江－西江经济带平均分低 0.273 分；2013 年，城市用电承载力 ES 得分比珠江－西江经济带最高分低 3.841 分，比珠江－西江经济带平均分低 0.256 分；2014 年，城市用电承载力 ES 得分比珠江－西江经济带最高分低 4.139 分，比珠江－西江经济带平均分低 0.284 分；2015 年，城市用电承载力 ES 得分比珠江－西江经济带最高分低 5.198 分，比珠江－西江经济带平均分低 0.351 分。这说明整体上南宁市用电承载力 ES 得分与珠江－西江经济带最高分的差距波动上升，与珠江－西江经济带平均分的差距先增大后减小。

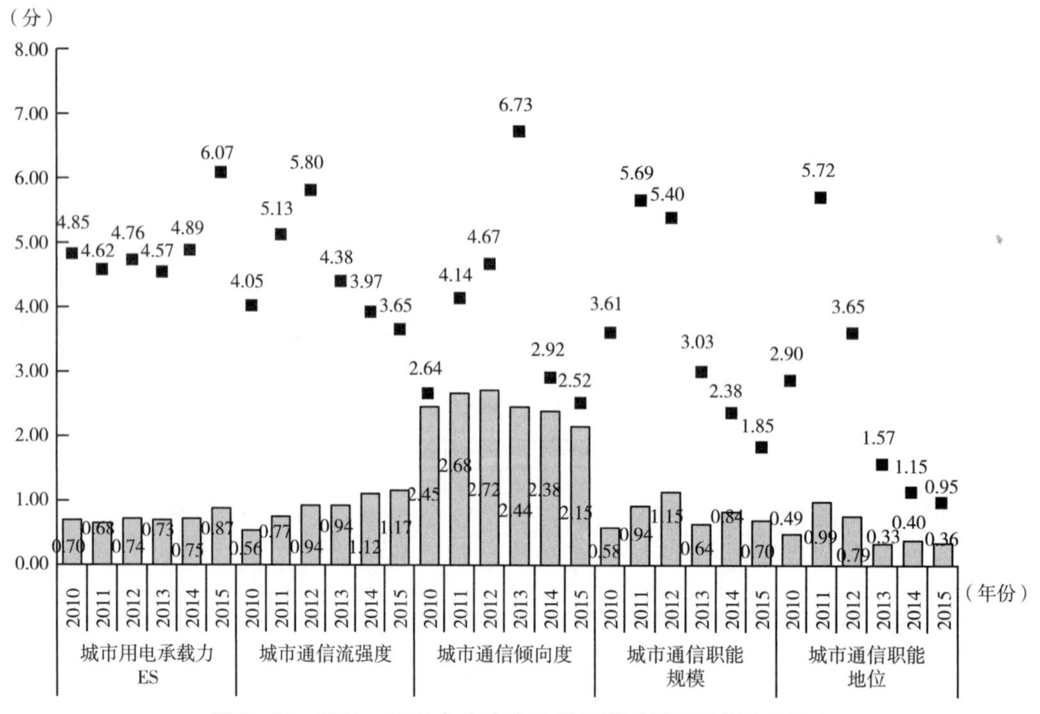

图 2－22 2010～2015 年南宁市生活环境质量指标得分比较 2

2010 年，南宁市通信流强度得分比珠江－西江经济带最高分低 3.488 分，比珠江－西江经济带平均分低 0.134 分；2011 年，城市通信流强度得分比珠江－西江经济带最高分低 4.353 分，比珠江－西江经济带平均分低 0.154 分；2012 年，城市通信流强度得分比珠江－西江经济带最高分低 4.863 分，比珠江－西江经济带平均分低 0.097 分；2013 年，城市通信流强度得分比珠江－西江经济带最高分低 3.436 分，比珠江－西江经济带平均分高 0.032 分；2014 年，城市通信流强度得分比珠江－西江经济带最高分低 2.854 分，比珠江－西江经济带平均分高 0.221 分；2015 年，城市通信流强度得分比珠江－西江经济带最高分低 2.483 分，比珠江－西江经济带平均分高 0.302 分。这说明整体上南宁市通信流强度得分与珠江－西江经济带最高分的差距波动缩小，与珠江－西江经济带平均分的差距波动增加。

2010 年，南宁市通信倾向度得分比珠江－西江经济带最高分低 0.188 分，比珠江－西江经济带平均分高 0.091 分；2011 年，城市通信倾向度得分比珠江－西江经济带最高分低 1.460 分，比珠江－西江经济带平均分低 0.203 分；2012 年，城市通信倾向度得分比珠江－西江经济带最高分低1.950分，比珠江－西江经济带平均分低0.119分；2013年，城市通信倾向度得分比珠江－西江经济带最高分低4.283分，比珠江－西江经济带平均分低0.254分；2014年，城市通信倾向度得分比珠江－西江经济带最高分低0.541分，比珠江－西江经济带平均分高0.313分；2015年，城市通信倾向度得分比珠江－西江经济带最高分低0.368分，比珠江－西江经济带平均分高0.445分。这说明整体上南宁市通信倾向度得分与珠江－西江经济带最高分的差距波动增加，与珠江－西江经济带平均分的差距波动增大。

2010年，南宁市通信职能规模得分比珠江－西江经济带最高分低3.029分，比珠江－西江经济带平均分低0.017分；2011年，城市通信职能规模得分比珠江－西江经济带最高分低4.749分，比珠江－西江经济带平均分低0.071分；2012年，城市通信职能规模得分比珠江－西江经济带最高分低4.258分，比珠江－西江经济带平均分高0.158分；2013年，城市通信职能规模得分比珠江－西江经济带最高分低2.390分，比珠江－西江经济带平均分高0.027分；2014年，城市通信职能规模得分比珠江－西江经济带最高分低1.543分，比珠江－西江经济带平均分高0.277分；2015年，城市通信职能规模得分比珠江－西江经济带最高分低1.145分，比珠江－西江经济带平均分高0.230分。这说明整体上南宁市通信职能规模得分与珠江－西江经济带最高分的差距波动缩小，与珠江－西江经济带平均分的差距波动增加。

2010年，南宁市通信职能地位得分比珠江－西江经济带最高分低2.404分，比珠江－西江经济带平均分低0.013分；2011年，城市通信职能地位得分比珠江－西江经济带最高分低4.727分，比珠江－西江经济带平均分低0.070分；2012年，城市通信职能地位得分比珠江－西江经济带最高分低2.858分，比珠江－西江经济带平均分高0.106分；2013年，城市通信职能地位得分比珠江－西江经济带最高分低1.242分，比珠江－西江经济带平均分高0.014分；2014年，城市通信职能地位得分比珠江－西江经济带最高分低0.749分，比珠江－西江经济带平均分高0.135分；2015年，城市通信职能地位得分比珠江－西江经济带最高分低0.590分，比珠江－西江经济带平均分高0.118分。这说明整体上南宁市通信职能地位得分与珠江－西江经济带最高分的差距波动缩小，与珠江－西江经济带平均分的差距波动增大。

三、南宁市城市居民生活质量综合评估与比较评述

从对南宁市居民生活质量评估及其2个二级指标在珠江－西江经济带的排名变化和指标结构的综合分析来看，2010～2015年间，居民生活板块中上升指标的数量小于下降指标的数量，上升的动力小于下降的拉力，使得2015年南宁市居民生活质量的排名呈波动上升，在珠江－西江经济带城市位居第3名。

（一）南宁市城市居民生活质量概要分析

南宁市居民生活质量在珠江－西江经济带所处的位置及变化如表2－7所示，2个二级指标的得分和排名变化如表2－8所示。

表2－7　**2010～2015年南宁市居民生活质量一级指标比较**

指标	2010年	2011年	2012年	2013年	2014年	2015年
排名	4	3	4	5	3	3
所属区位	中游	上游	中游	中游	上游	上游
得分	23.918	22.713	19.534	17.851	20.922	19.994
经济带最高分	47.987	59.835	48.147	42.175	42.940	40.410
经济带平均分	21.581	21.372	19.326	19.203	18.685	19.309
与最高分的差距	-24.069	-37.123	-28.614	-24.324	-22.018	-20.416
与平均分的差距	2.337	1.340	0.208	-1.352	2.237	0.685
优劣度	优势	优势	优势	优势	优势	优势
波动趋势	—	上升	下降	下降	上升	持续

表 2－8　　2010～2015 年南宁市居民生活质量二级指标比较

年份	生活水平		生活环境	
	得分	排名	得分	排名
2010	13.786	2	10.132	4
2011	8.959	2	13.754	3
2012	7.350	3	12.184	4
2013	7.244	6	10.607	4
2014	10.857	2	10.064	3
2015	10.406	4	9.588	3
得分变化	－3.380	—	－0.545	—
排名变化	—	－2	—	1
优劣度	强势	强势	优势	优势

（1）从指标排名变化趋势看，2015 年南宁市居民生活质量评估排名在珠江－西江经济带处于第 3 名，表明其处于优势地位，与 2010 年相比，排名上升 1 位。总的来看，评价期内南宁市居民生活质量呈现波动上升趋势。

在 2 个二级指标中，其中 1 个指标排名保持上升，为生活环境；1 个指标排名保持下降，为生活水平；这是南宁市居民生活质量处于波动上升趋势的动力所在。受指标排名升降的综合影响，评价期内南宁市居民生活质量的综合排名呈波动上升，在珠江－西江经济带城市排名第 3 名。

（2）从指标所处区位来看，2015 年南宁市居民生活质量处在上游区。其中，生活水平为强势指标，生活环境为优势指标。

（3）从指标得分来看，2015 年南宁市居民生活质量得分为 19.994 分，比珠江－西江经济带最高分低 20.416 分，比珠江－西江经济带平均分高 0.685 分；与 2010 年相比，南宁市居民生活质量得分下降 3.924 分，与当年最高分的差距缩小，与珠江－西江经济带平均分的差距缩小。

2015 年，南宁市居民生活质量二级指标的得分均高于 9 分，与 2010 年相比，得分下降最多的为生活水平，下降 3.380 分；得分下降最少的为生活环境，下降 0.545 分。

（二）南宁市城市居民生活质量评估指标动态变化分析

2010～2015 年南宁市居民生活质量评估各级指标的动态变化及其结构，如图 2－23 和表 2－9 所示。

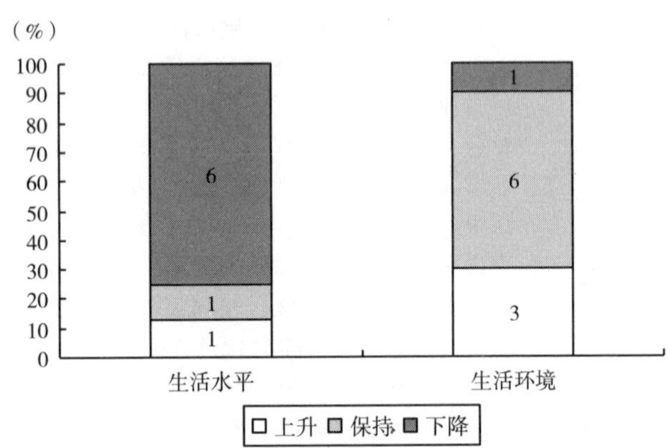

图 2－23　2010～2015 年南宁市居民生活质量动态变化结构

从图 2－23 可以看出，南宁市居民生活质量评估的三级指标中上升指标的比例小于下降指标，表明下降指标居于主导地位。表 2－9 中的数据说明，南宁市居民生活质量评估的 18 个三级指标中，上升的指标有 4 个，占指标总数的 22.222%；保持的指标有 7 个，占指标总数的 38.889%；下降的指标有 7 个，占指标总数的 38.889%。由于上升指标的数量小于下降指标的数量，且受变动幅度与外部因素的综合影响，评价期内南宁市居民生活质量排名呈现波动上升，在珠江－西江经济带位居第 3 名。

表 2－9　　2010～2015 年南宁市居民生活质量各级指标排名变化态势比较

二级指标	三级指标数	上升指标		保持指标		下降指标	
		个数	比重（%）	个数	比重（%）	个数	比重（%）
生活水平	8	1	12.500	1	12.500	6	75.000
生活环境	10	3	30.000	6	60.000	1	10.000
合计	18	4	22.222	7	38.889	7	38.889

（三）南宁市城市居民生活质量评估指标变化动因分析

2015 年南宁市居民生活质量板块各级指标的优劣势变化及其结构，如图 2－24 和表 2－10 所示。

从图 2－24 可以看出，2015 年南宁市居民生活质量评估的三级指标中强势和优势指标的比例大于劣势指标的比例，表明强势和优势指标处于主导地位。表 2－28 中的数据说明，2015 年南宁市居民生活的 18 个三级指标中，强势指标有 2 个，占指标总数的 11.111%；优势指标为 10 个，占指标总数的 55.556%；中势指标 3 个，占指标总数的 16.667%；劣势指标为 3 个，占指标总数的 16.667%；强势指标和优势指标之和占指标总数的 66.667%，数量与比重均大于劣势指标。从二级指标来看，其中，生活水平的强势指标有 1 个，占指标总数的 12.500%；优势指标为 3 个，占指标总数的 37.500%；中势指标 1 个，占指标总数的 12.500%；劣势指标为 3 个，占指标总数的 37.500%；强势指标和优势指标之和占指标总数的 50.000%，说明生活水平的强、优势指标居于有利地位。生活环境的强势指标有 1 个，占指标总数的 10.000%；优势指标为 7 个，占指标总数的 70.000%；中势指标 2 个，占指标总数的 20.000%；劣势指标为 0 个，占指标总数的 0.000%；强势指标和优势指标之和占指标总数的 80.000%，说明生活环境的强势、优势指标处于主导地位。由于强势、优势指标比重较大，南宁市居民生活质量处于优势地位，在珠江－西江经济带位居第 3 名，处于上游区。

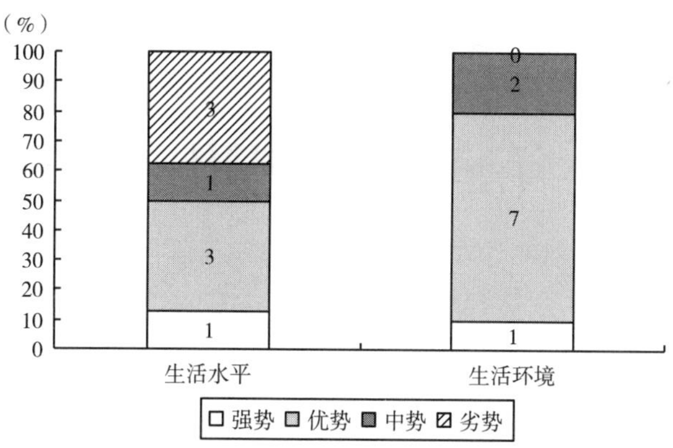

图 2－24　2015 年南宁市居民生活质量优劣度结构

表 2－10　　2015 年南宁市居民生活质量各级指标优劣度比较

二级指标	三级指标数	强势指标		优势指标		中势指标		劣势指标		优劣度
		个数	比重（%）	个数	比重（%）	个数	比重（%）	个数	比重（%）	
生活水平	8	1	12.500	3	37.500	1	12.500	3	37.500	优势
生活环境	10	1	10.000	7	70.000	2	20.000	0	0.000	优势
合计	18	2	11.111	10	55.556	3	16.667	3	16.667	优势

为明确影响南宁市居民生活质量变化的具体因素，以便于对相关指标进行深入分析，为提升南宁市居民生活质量提供决策参考，表 2－11 列出居民生活质量指标体系中直接影响南宁市居民生活质量升降的强势指标、优势指标、中势指标和劣势指标。

表 2－11　　2015 年南宁市居民生活质量三级指标优劣度统计

指标	强势指标	优势指标	中势指标	劣势指标
生活水平（8 个）	城市人力资本（1 个）	平均工资增长强度、职工工资比重增量、职工工资强度（3 个）	社会保障水平（1 个）	总工资弧弹性、社会保障水平、职工工资绝对增量加权指数（3 个）
生活环境（10 个）	城市通信流强度（1 个）	供水能力延展指数、城市供电强度、城市供气密度、城市用电承载力 ES、城市通信倾向度、城市通信职能规模、城市通信职能地位（7 个）	城镇公园用地动态变化、城市供气能力（2 个）	（0 个）

第三章　柳州市城市居民生活质量综合评估

一、柳州市城市生活水平综合评估与比较

（一）柳州市城市生活水平评估指标变化趋势评析

1. 社会保障水平

根据图3－1分析可知，2010～2015年柳州市的社会保障水平总体上呈现波动下降的状态。2010～2015年间城市在该项指标上总体呈现下降趋势，但在评估期间存在上下波动的情况，指标并非连续性下降状态。波动下降型指标意味着在评估期间，虽然指标数据存在较大波动变化，但是其评价末期数据值低于评价初期数据值。柳州市社会保障水平指标处于不断下降的状态中，2010年此指标数值最高，为12.712，到2015年时，下降至9.150。分析这种变化趋势，可以得出柳州市居民生活发展的水平处于劣势，柳州市社会保障水平有待提升，城市的发展活力不足。

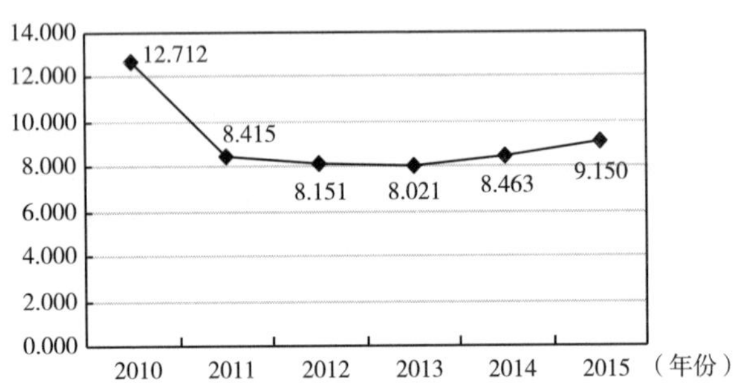

图3－1　2010～2015年柳州市社会保障水平变化趋势

2. 总工资弧弹性

根据图3－2分析可知，2010～2015年柳州市的总工资弧弹性总体上呈现波动上升的状态。2010～2015年间城市在该项指标上存在较多波动变化，总体趋势为上升趋势，但在个别年份出现下降的情况，指标并非连续性上升。波动上升型指标意味着在评估期间，虽然指标数据存在较大波动变化，但是其评价末期数据值高于评价初期数据值。通过折线图可以看出，柳州市的总工资弧弹性指标不断提高，在2015年达到4.072，相较于2010年上升5个单位左右，说明柳州市的整体发展较高，城市生活水平较好，对外部资源的吸引力较强。

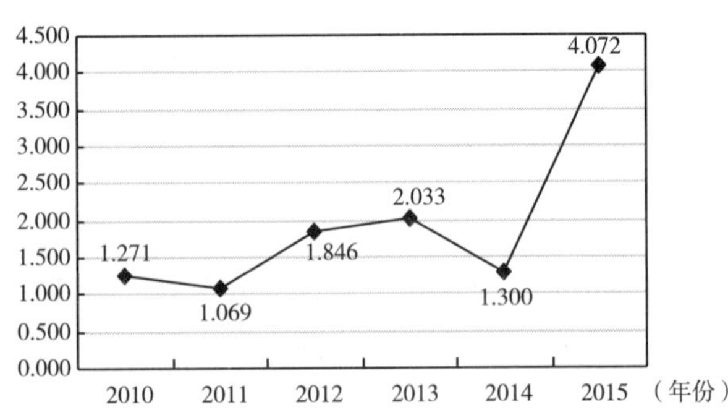

图3－2　2010～2015年柳州市总工资弧弹性变化趋势

3. 平均工资增长强度

根据图3－3分析可知，2010～2015年柳州市平均工资增长强度总体上呈现波动下降的状态。这种状态表现为2010～2015年间城市在该项指标上总体呈现下降趋势，但在评估期间存在上下波动的情况，并非连续性下降状态。这就意味着在评估的时间段内，虽然指标数据存在较大的波动变化，但是其评价末期数据值低于评价初期数据值。柳州市的平均工资增长强度末期低于初期的数据，降低10个单位左右，并且在2010～2012年间存在明显下降的变化，这说明柳州市工资增长情况处于不太稳定的下降状态。

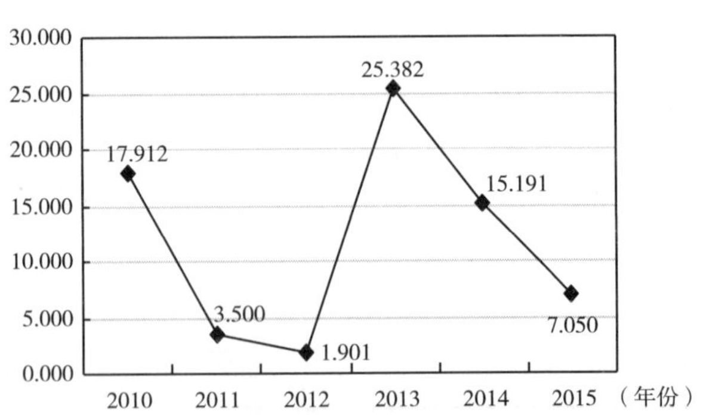

图3－3　2010～2015年柳州市平均工资增长强度变化趋势

4. 城市人力资本

根据图3－4分析可知，2010～2015年柳州市的人力资本总体上呈现波动下降的状态。2010～2015年间城市在该项指标上总体呈现下降趋势，但在评估期间存在上下波动的情况，指标并非连续性下降状态。波动下降型指标意味

着在评估期间，虽然指标数据存在较大波动变化，但是其评价末期数据值低于评价初期数据值。柳州市人力资本指标处于不断下降的状态中，2010 年此指标数值最高，为 99.423，到 2015 年时，下降至 39.716。分析这种变化趋势，可以得出柳州市居民生活发展的水平处于劣势，人力资本发展水平不断下降，城市的发展活力不足。

图 3－4　2010～2015 年柳州市人力资本变化趋势

5. 职工工资相对增长率

根据图 3－5 分析可知，2010～2015 年柳州市职工工资相对增长率总体上呈现波动上升的状态。2010～2015 年间城市在该项指标上存在一定的波动变化，总体趋势为上升趋势，但在个别年份出现下降的情况，指标并非连续性上升状态。波动上升型指标意味着在评价的时间段内，虽然指标数据存在较大的波动变化，但是其评价末期数据值高于评价初期数据值。柳州市在 2013～2014 年虽然出现下降的状况，2014 年为 4.578，但是总体上还是呈现上升的态势，最终稳定在 8.676。城市的职工工资相对增长率越大，说明城市的经济发展水平越高，对于柳州市来说，其城市经济发展潜力也越来越大。

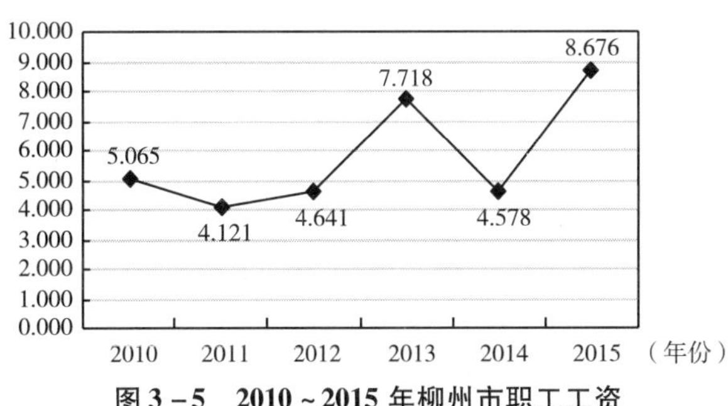

图 3－5　2010～2015 年柳州市职工工资相对增长率变化趋势

6. 职工工资绝对增量加权指数

根据图 3－6 分析可知，2010～2015 年柳州市职工工资绝对增量加权指数总体上呈现波动上升的状态。这一类型的指标为在 2010～2015 年间城市存在一定的波动变化，总体趋势为上升趋势，但在个别年份出现下降的情况，指标并非连续性上升状态。波动上升型指标意味着在评价的时间段内，虽然指标数据存在较大的波动变化，但是其评价末期数据值高于评价初期数据值。柳州市在 2013～2014 年虽然出现下降的状况，2014 年为 0.845，但是总体上还是呈现上升的态势，最终稳定在 1.709。职工工资绝对增量加权指数越大，对于柳州市来说，其城市经济发展潜力也越来越大。

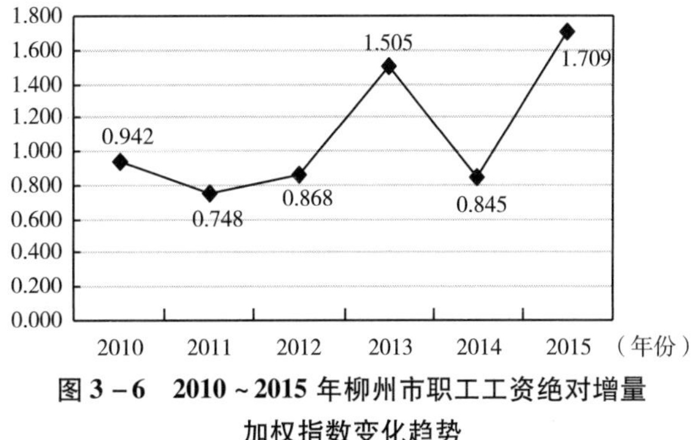

图 3－6　2010～2015 年柳州市职工工资绝对增量加权指数变化趋势

7. 职工工资比重增量

根据图 3－7 分析可知，2010～2015 年柳州市职工工资比重增量指数总体上呈现波动上升的状态。2010～2015 年间城市在该项指标上存在一定的波动变化，总体趋势为上升趋势，但在个别年份出现下降的情况，指标并非连续性上升状态。波动上升型指标意味着在评价的时间段内，虽然指标数据存在较大的波动变化，柳州市 2011～2012 年大幅度上升，一度达到 6.493，但是在 2012～2014 年又表现为下降的态势，最后稳定在 7.509。随着城市的职工工资水平的升高，说明柳州市的居民生活发展水平也在提高。

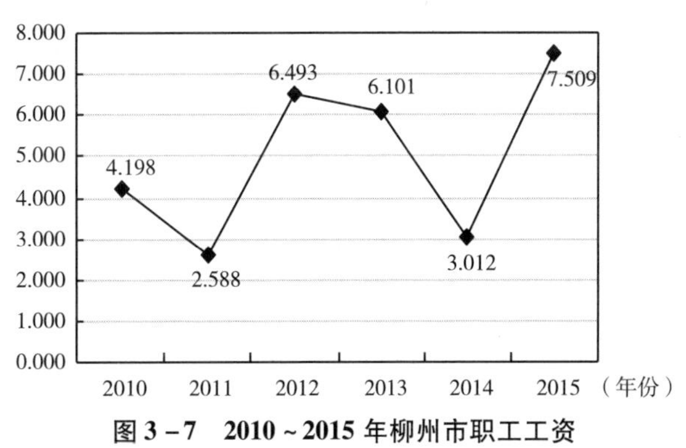

图 3－7　2010～2015 年柳州市职工工资比重增量变化趋势

8. 职工工资强度

根据图 3－8 分析可知，2010～2015 年柳州市职工工资强度总体上呈现波动下降的状态。2010～2015 年间城市在该项指标上总体呈现下降趋势，但在评估期间存在上下波动的情况，指标并非连续性下降状态。波动下降型指标意味着在评估期间，虽然指标数据存在较大波动变化，但是其评价末期数据值低于评价初期数据值。该图可知柳州市职工工资强度数值保持在 5.604～7.877。即使柳州市职工工资强度存在过最低值，其数值为 5.604，但柳州市在职工工资强度上总体表现为波动下降，说明该地区经济发展的能力及活力有所降低。

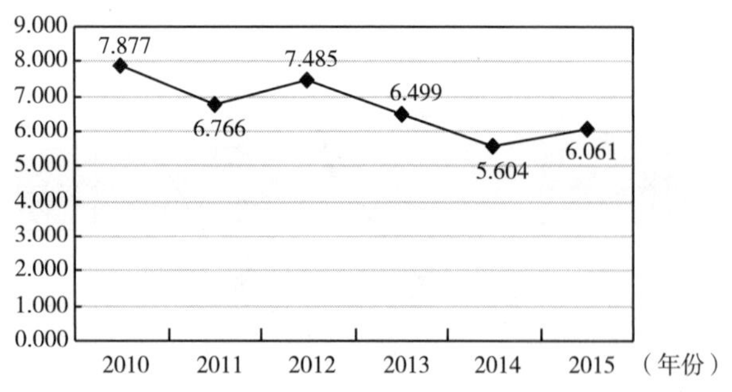

图3－8　2010～2015年柳州市职工工资强度变化趋势

（二）柳州市城市生活水平评估结果

根据表3－1对2010～2012年间柳州市生活水平得分、排名、优劣度进行分析。2010年柳州市生活水平排名处在珠江－西江经济带第3名，2011年柳州市生活水平排名处在第7名，2012年柳州市生活水平排名处在第8名，说明柳州市生活水平综合发展水平较其他城市较低且较波动。对柳州市的生活水平得分情况作出分析，发现柳州市生活水平综合得分持续下降，变动幅度较大，说明柳州市生活水平的稳定性有待提升。2010～2012年间柳州市的生活水平在珠江－西江经济带中处于中游区，说明柳州市的生活水平综合发展实力整体趋于减弱。

表3－1　2010～2012年柳州市生活水平各级指标的得分、排名及优劣度分析

指标	2010年			2011年			2012年		
	得分	排名	优劣度	得分	排名	优劣度	得分	排名	优劣度
生活水平	11.705	3	优势	6.817	7	中势	4.405	8	中势
社会保障水平	0.666	7	中势	0.432	10	劣势	0.424	10	劣势
总工资弧弹性	0.059	7	中势	0.049	6	中势	0.087	6	中势
平均工资增长强度	0.992	8	中势	0.182	11	劣势	0.102	11	劣势
城市人力资本	9.069	1	强势	5.411	4	优势	2.805	8	中势
职工工资相对增长率	0.242	3	优势	0.196	5	优势	0.221	4	优势
职工工资绝对增量加权指数	0.044	3	优势	0.034	6	中势	0.040	3	优势
职工工资比重增量	0.204	3	优势	0.140	5	优势	0.313	4	优势
职工工资强度	0.429	4	优势	0.372	4	优势	0.414	4	优势

对柳州市生活水平的三级指标进行分析，其中社会保障水平得分排名呈现出波动下降的发展趋势。对柳州市社会保障水平的得分情况进行分析，发现柳州市的社会保障水平得分持续下降，说明柳州市的社会公共保障事业的发展水平仍有待提高。

总工资弧弹性的综合发展水平得分排名呈现出波动上升的趋势。对柳州市总工资弧弹性的得分情况作出分析，发现柳州市在总工资弧弹性上的得分先降后升，说明柳州市的总工资增长速率存在提升的空间。

平均工资增长强度得分排名呈现出波动下降的趋势。对柳州市平均工资增长强度的得分情况作出分析，发现柳州市在平均工资增长强度上的得分持续下降，说明柳州市平均工资增长速率存在提升空间。

城市人力资本得分排名呈现出持续下降的趋势。对柳州市人力资本的得分情况作出分析，发现柳州市在人力资本上的得分持续下降，说明柳州市在推进人力资本建设方面的存在一定的提升空间。

职工工资相对增长率得分排名呈现波动下降的趋势。对柳州市职工工资相对增长率的得分情况进行分析，发现柳州市职工工资相对增长率的得分先降后升，分值变动幅度较大，说明城市的职工工资增长速率的平稳性有待提升。

职工工资绝对增量加权指数得分排名呈现出波动保持的趋势。对柳州市职工工资绝对增量加权指数的得分情况作出分析，发现柳州市在职工工资绝对增量加权指数上的得分先降后升，说明2010～2012年间柳州市的职工工资绝对增量加权指数不稳定，存在提升的空间。

职工工资比重增量得分排名呈现出波动下降的趋势。对柳州市职工工资比重增量的得分情况作出分析，发现柳州市在职工工资比重增量上的得分先降后升，分值变动幅度较大，说明2010～2012年间柳州市的城市职工工资的变化不稳定，但存在提升的空间。

职工工资强度得分排名呈现出持续保持的趋势。对柳州市职工工资强度的得分情况作出分析，发现柳州市在城市职工工资强度上的得分下降后升，变化幅度小，说明2010～2012年间柳州市的职工工资强度较于珠江－西江经济带其他城市相对合理。

根据表3－2对2013～2015年间柳州市生活水平的得分、排名和优劣度进行分析。2013年柳州市生活水平排名处在珠江－西江经济带第8名，2014年其处于珠江－西江经济带第9名，2015年其处于珠江－西江经济带10名，说明柳州市生活水平综合发展水平较于珠江－西江经济带其他城市较低。对柳州市的生活水平得分情况作出分析，发现柳州市生活水平综合得分先升后降，说明柳州市生活水平不断下降。2013～2015年间柳州市的生活水平在珠江－西江经济带中从中势地位降至劣势地位，说明柳州市的生活水平综合发展水平整体趋于下降。

表3－2　2013～2015年柳州市生活水平各级指标的得分、排名及优劣度分析

指标	2013年			2014年			2015年		
	得分	排名	优劣度	得分	排名	优劣度	得分	排名	优劣度
生活水平	5.852	8	中势	6.028	9	劣势	5.136	10	劣势
社会保障水平	0.424	10	劣势	0.452	9	劣势	0.549	9	劣势
总工资弧弹性	0.113	8	中势	0.062	10	劣势	0.194	4	优势
平均工资增长强度	1.597	6	中势	0.820	8	中势	0.465	10	劣势
城市人力资本	2.549	6	中势	3.942	5	优势	2.710	9	劣势
职工工资相对增长率	0.442	5	优势	0.231	6	中势	0.433	3	优势
职工工资绝对增量加权指数	0.083	7	中势	0.041	7	中势	0.082	5	优势
职工工资比重增量	0.299	5	优势	0.177	6	中势	0.380	4	优势
职工工资强度	0.345	4	优势	0.303	4	优势	0.324	4	优势

对柳州市生活水平的三级指标进行分析，其中社会保障水平得分排名呈现出波动上升的发展趋势。对柳州市社会保障水平的得分情况进行分析，发现柳州市的社会保障水平得分持续上升，说明城市在公共保障事业的方面有良好的发展。

总工资弧弹性的综合发展水平得分排名呈现出波动上升的趋势。对柳州市总工资弧弹性的综合发展水平得分情况作出分析，发现柳州市的总工资弧弹性的综合发展水平得分先降后升，说明柳州市总工资弧弹性存在一定提升空间。

平均工资增长强度得分排名呈现持续下降的趋势。对柳州市平均工资增长强度的得分情况进行分析，发现柳州市平均工资增长强度的得分持续下降，说明城市的平均工资增长强度变化幅度较大，平均工资增长强度存在较大的提升空间。

城市人力资本得分排名呈现出波动下降的趋势。对柳州市人力资本的得分情况作出分析，发现柳州市在城市人力资本上的得分先升后降，说明柳州市在推进土地用于人力资本建设方面存在提升空间。

职工工资相对增长率得分排名呈现出波动上升的趋势。对柳州市职工工资相对增长率的得分情况作出分析，发现柳州市在职工工资相对增长率上的得分先降后升，说明2013～2015年间柳州市的职工工资相对增长率的变化趋势较于珠江－西江经济带其他城市的合理性较高。

职工工资绝对增量加权指数得分排名呈现出波动上升的趋势。对柳州市职工工资绝对增量加权指数的得分情况作出分析，发现柳州市在职工工资绝对增量加权指数上的得分先降后升，说明2013～2015年间柳州市职工工资绝对增量加权指数较高，城市人口要素较为集中。

职工工资比重增量得分排名呈现出波动上升的趋势。对柳州市职工工资比重增量的得分情况作出分析，发现柳州市在职工工资比重增量上的得分先降后升，说明柳州市职工工资比重增量较高，城市整体职工工资水平更具备优势。

职工工资强度得分排名呈现出持续保持的趋势。对柳州市职工工资强度的得分情况作出分析，发现柳州市在职工工资强度上的得分波动保持，说明柳州市职工工资强度较于珠江－西江经济带其他城市处于优势地位。

对2010～2015年间柳州市生活水平及各三级指标的得分、排名和优劣度进行分析。2010年柳州市生活水平综合得分排名处在珠江－西江经济带第3名，2011年柳州市生活水平综合得分排名处在第7名，2012～2013年柳州市生活水平的综合得分排名降至第8名，2014年柳州市生活水平综合得分排名处于第9名，2015年柳州市生活水平综合得分排名处于第10名。2010～2015年柳州市生活水平综合得分排名一直在中游区和上游区波动，在城市生活水平上也是在中势和劣势之间波动，说明柳州市生活水平发展较之于珠江－西江经济带的其他城市极不具有竞争优势。对柳州市的生活水平得分情况进行分析，发现柳州市的生活水平综合得分呈现波动下降的发展趋势，2010～2012年间柳州市的生活水平得分持续下降的趋势，在2013～2015年柳州市的生活水平综合得分呈现先升后降的趋势，说明柳州市生活水平虽然变动较不稳定，但在珠江－西江经济带中依然具备一定的发展潜力。

从表3－3中，生活水平基础指标的优劣度结构来看，在8个基础指标中，指标的优劣度结构为0.0：62.5：0.0：37.5。

表3－3　　2015年柳州市生活水平指标的优劣度结构

二级指标	三级指标数	强势指标		优势指标		中势指标		劣势指标		优劣度
		个数	比重（%）	个数	比重（%）	个数	比重（%）	个数	比重（%）	
生活水平	8	0	0.000	5	62.500	0	0.000	3	37.500	劣势

（三）柳州市城市生活水平比较分析

图3－9和图3－10将2010～2015年柳州市生活水平与珠江－西江经济带最高水平和平均水平进行比较。从生活水平的要素得分比较来看，由图3－9可知，2010年，柳州市社会保障水平得分比珠江－西江经济带最高分低1.310分，比珠江－西江经济带平均分低0.252分；2011年，社会保障水平得分比珠江－西江经济带最高分低1.380分，比珠江－西江经济带平均分低0.422分；2012年，社会保障水平得分比珠江－西江经济带最高分低1.062分，比珠江－西江经济带平均分低0.418分；2013年，社会保障水平得分比珠江－西江经济带最高分低1.351分，比珠江－西江经济带平均分低0.521分；2014年，社会保障水平得分比珠江－西江经济带最高分低1.300分，比珠江－西江经济带平均分低0.466分；2015年，社会保障水平得分比珠江－西江经济带最高分低5.447分，比珠江－西江经济带平均分低0.807分。这说明整体上柳州市社会保障水平得分与珠江－西江经济带最高分的差距有扩大趋势，与珠江－西江经济带平均分的差距逐渐增大。

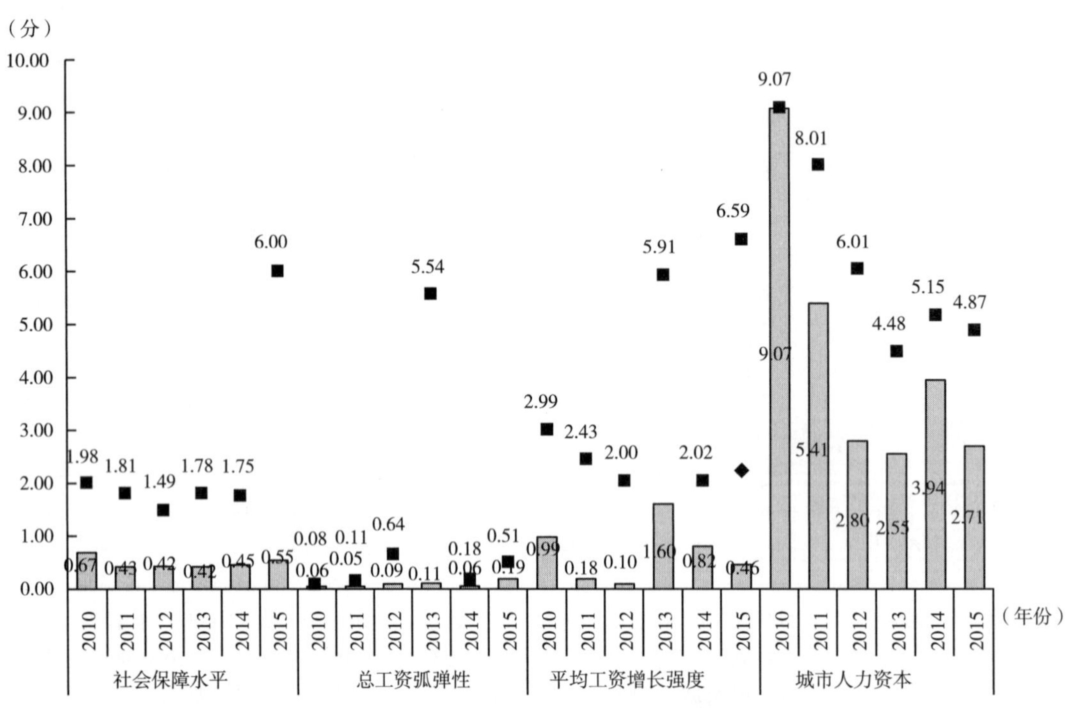

图3－9　2010～2015年柳州市生活水平指标得分比较1

2010年，柳州市总工资弧弹性得分比珠江－西江经济带最高分低0.017分，比珠江－西江经济带平均分低0.001分；2011年，总工资弧弹性得分比珠江－西江经济带最高分低0.060分，比珠江－西江经济带平均分低0.009分；2012年，总工资弧弹性得分比珠江－西江经济带最高分低0.549分，比珠江－西江经济带平均分低0.050分；2013年，总工资弧弹性得分比珠江－西江经济带最高分低5.432分，比珠江－西江经济带平均分低0.516分；2014年，总工资弧弹性得分比珠江－西江经济带最高分低0.120分，比珠江－西江经济带平均分低0.041分；2015年，总工资弧弹性得分比珠江－西江经济带最高分低0.319分，比珠江－西江经济带平均分高0.039分。这说明整体上柳州市总工资弧弹性得分与珠江－西江经济带最高分的差距有扩大趋势，与珠江－西江经济带平均分的差距逐渐增加。

2010年，柳州市平均工资增长强度得分比珠江－西江经济带最高分低1.998分，比珠江－西江经济带平均分低0.345分；2011年，平均工资增长强度得分比珠江－西江经济带最高分低2.251分，比珠江－西江经济带平均分低0.740分；2012年，平均工资增长强度得分比珠江－西江经济带最高分低1.897分，比珠江－西江经济带平均分低0.959分；2013年，平均工资增长强度得分比珠江－西江经济带最高分低4.318分，比珠江－西江经济带平均分低0.392分；2014年，平均工资增长强度得分比珠江－西江经济带最高分低1.203分，比珠江－西江经济带平均分低0.182分；2015年，平均工资增长强度得分比珠江－西江经济带最高分低6.130分，比珠江－西江经济带平均分低1.772分。这说明整体上柳州市平均工资增长强度得分与珠江－西江经济带最高分的差距波动增加，与珠江－西江经济带平均分的差距波动增加。

2010 年，柳州市人力资本得分与珠江 - 西江经济带最高分不存在差距，比珠江 - 西江经济带平均分高 2.899 分；2011 年，城市人力资本得分比珠江 - 西江经济带最高分低 2.597 分，比珠江 - 西江经济带平均分高 0.567 分；2012 年，城市人力资本得分比珠江 - 西江经济带最高分低 3.210 分，比珠江 - 西江经济带平均分低 0.438 分；2013 年，城市人力资本得分比珠江 - 西江经济带最高分低 1.930 分，比珠江 - 西江经济带平均分高 0.192 分；2014 年，城市人力资本得分比珠江 - 西江经济带最高分低 1.212 分，比珠江 - 西江经济带平均分高 0.428 分；2015 年，城市人力资本得分与珠江 - 西江经济带最高分低 2.156 分，比珠江 - 西江经济带平均分低 0.433 分。这说明整体上柳州市人力资本得分与珠江 - 西江经济带最高分的差距波动扩大，与珠江 - 西江经济带平均分的差距波动减小。

由图 3 - 10 可知，2010 年，柳州市职工工资相对增长率得分比珠江 - 西江经济带最高分低 0.772 分，比珠江 - 西江经济带平均分低 0.041 分；2011 年，职工工资相对增长率得分比珠江 - 西江经济带最高分低 1.082 分，比珠江 - 西江经济带平均分低 0.098 分；2012 年，职工工资相对增长率得分比珠江 - 西江经济带最高分低 0.164 分，比珠江 - 西江经济带平均分高 0.006 分；2013 年，职工工资相对增长率得分比珠江 - 西江经济带最高分低 5.286 分，比珠江 - 西江经济带平均分低 0.517 分；2014 年，职工工资相对增长率得分比珠江 - 西江经济带最高分低 1.721 分，比珠江 - 西江经济带平均分低 0.249 分；2015 年，职工工资相对增长率得分比珠江 - 西江经济带最高分低 1.275 分，比珠江 - 西江经济带平均分低 0.029 分。这说明整体上柳州市职工工资相对增长率得分与珠江 - 西江经济带最高分的差距波动上升，与珠江 - 西江经济带平均分的差距波动减小。

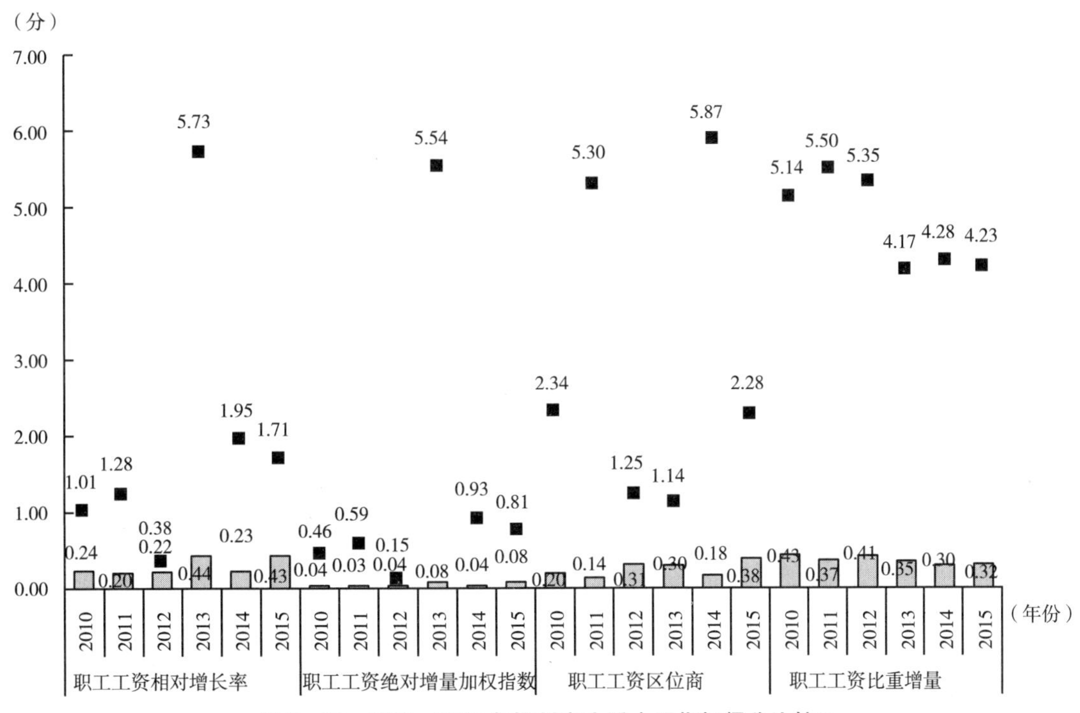

图 3 - 10　2010 ~ 2015 年柳州市生活水平指标得分比较 2

2010 年，柳州市职工工资绝对增量加权指数得分比珠江 - 西江经济带最高分低 0.412 分，比珠江 - 西江经济带平均分低 0.033 分；2011 年，职工工资绝对增量加权指数得分比珠江 - 西江经济带最高分低 0.560 分，比珠江 - 西江经济带平均分低 0.059 分；2012 年，职工工资绝对增量加权指数得分比珠江 - 西江经济带最高分低 0.106 分，比珠江 - 西江经济带平均分低 0.013 分；2013 年，职工工资绝对增量加权指数得分比珠江 - 西江经济带最高分低 5.458 分，比珠江 - 西江经济带平均分低 0.538 分；2014 年，职工工资绝对增量加权指数得分比珠江 - 西江经济带最高分低 0.884 分，比珠江 - 西江经济带平均分低 0.131 分；2015 年，职工工资绝对增量加权指数得分比珠江 - 西江经济带最高分低 0.724 分，比珠江 - 西江经济带平均分低 0.105 分。这说明整体上柳州市职工工资绝对增量加权指数得分与珠江 - 西江经济带最高分的差距波动扩大，与珠江 - 西江经济带平均分的差距波动上升。

2010 年，柳州市职工工资区位商得分比珠江 - 西江经济带最高分低 2.132 分，比珠江 - 西江经济带平均分低 0.113 分；2011 年，职工工资区位商得分比珠江 - 西江经济带最高分低 5.156 分，比珠江 - 西江经济带平均分低 0.468 分；2012 年，职工工资区位商得分比珠江 - 西江经济带最高分低 0.938 分，比珠江 - 西江经济带平均分高 0.035 分；2013 年，职工工资区位商得分比珠江 - 西江经济带最高分低 0.845 分，比珠江 - 西江经济带平均分低 0.098 分；2014 年，职工工资区位商得分比珠江 - 西江经济带最高分低 5.695 分，比珠江 - 西江经济带平均分低 0.826 分；2015 年，职工工资区位商得分比珠江 - 西江经济带最高分低 1.903 分，比珠江 - 西江经济带平均分低

0.158 分。这说明整体上柳州市职工工资区位商得分与珠江－西江经济带最高分的差距波动缩小，与珠江－西江经济带平均分的差距波动上升。

2010 年，柳州市职工工资比重增量得分比珠江－西江经济带最高分低 4.709 分，比珠江－西江经济带平均分低 0.283 分；2011 年，职工工资比重增量得分比珠江－西江经济带最高分低 5.128 分，比珠江－西江经济带平均分低 0.347 分；2012 年，职工工资比重增量得分比珠江－西江经济带最高分低 4.931 分，比珠江－西江经济带平均分低 0.309 分；2013 年，职工工资比重增量得分比珠江－西江经济带最高分低 3.822 分，比珠江－西江经济带平均分低 0.350 分；2014 年，职工工资比重增量得分比珠江－西江经济带最高分低 3.980 分，比珠江－西江经济带平均分低 0.404 分；2015 年，职工工资比重增量得分比珠江－西江经济带最高分低 3.903 分，比珠江－西江经济带平均分低 0.375 分。这说明整体上柳州市职工工资比重增量得分与珠江－西江经济带最高分的差距波动缩小，与珠江－西江经济带平均分的差距波动上升。

二、柳州市城市生活环境质量综合评估与比较

（一）柳州市城市生活环境质量评估指标变化趋势评析

1. 城镇公园用地动态变化

根据图 3－11 分析可知，2010～2015 年柳州市城镇公园用地总体上呈现波动上升的状态。2010～2015 年间城市在该项指标上存在一定的波动变化，总体趋势为上升趋势，但在个别年份出现下降的情况，指标并非连续性上升状态。波动上升型指标意味着在评价的时间段内，虽然指标数据存在较大的波动变化，但是其评价末期数据值高于评价初期数据值。柳州市在 2012～2013 年虽然出现下降的状况，2013 年为 19.924，但是总体上还是呈现上升的态势，最终稳定在 24.199。城镇公园用地动态变化指标数值越大，说明城市的承载力越高，对于柳州市来说，其城市居民生活发展潜力也越来越大。

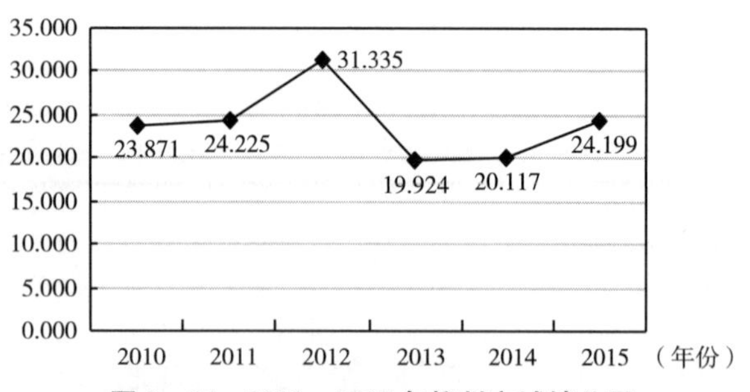

图 3－11　2010～2015 年柳州市城镇公园用地动态变化变化趋势

2. 供水能力延展指数

根据图 3－12 分析可知，2010～2015 年柳州市供水能力延展指数总体上呈现波动保持的状态。波动保持型指标意味着城市在该项指标上虽然呈现波动状态，在评价末期和评价初期的数值基本保持一致，该图可知柳州市供水能力延展指数数值保持在 4.376～4.734。即使柳州市供水能力延展指数存在过最低值，其数值为 4.376，但柳州市在供水能力延展指数上总体表现的也是相对平稳，说明该居民生活发展能力及活力持续又稳定。

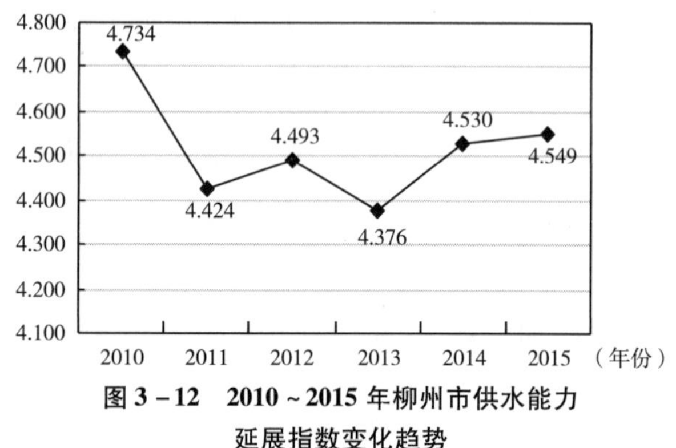

图 3－12　2010～2015 年柳州市供水能力延展指数变化趋势

3. 城市供气能力

根据图 3－13 分析可知，2010～2015 年柳州市供气能力总体上呈现波动上升的状态。这一类型的指标为 2010～2015 年间城市存在一定的波动变化，总体趋势为上升趋势，但在个别年份出现下降的情况，指标并非连续性上升状态。波动上升型指标意味着在评价的时间段内，虽然指标数据存在较大的波动变化，但是其评价末期数据值高于评价初期数据值。柳州市在 2012～2013 年虽然出现下降的状况，2013 年为 14.037，但是总体上还是呈现上升的态势，最终稳定在 14.964。城市供气能力越大，对于柳州市来说，其城市居民生活发展潜力也越来越大。

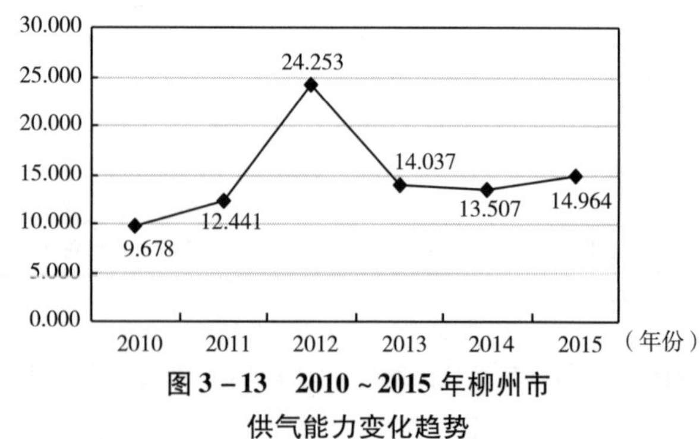

图 3－13　2010～2015 年柳州市供气能力变化趋势

4. 城市供电强度

根据图 3－14 分析可知，2010～2015 年柳州市供电强度总体上呈现波动下降的状态。这种状态表现为 2010～

2015年间城市在该项指标上总体呈现下降趋势，但在个别年份存在上下波动的情况，并非连续性下降状态。这就意味着在评估的时间段内，虽然指标数据存在较大的波动变化，但是其评价末期数据值低于评价初期数据值。柳州市的城市供电强度末期低于初期的数据，降低2个单位左右，并且在2010～2012年间存在明显下降的变化，这说明柳州市城市供电情况处于不太稳定的下降状态。

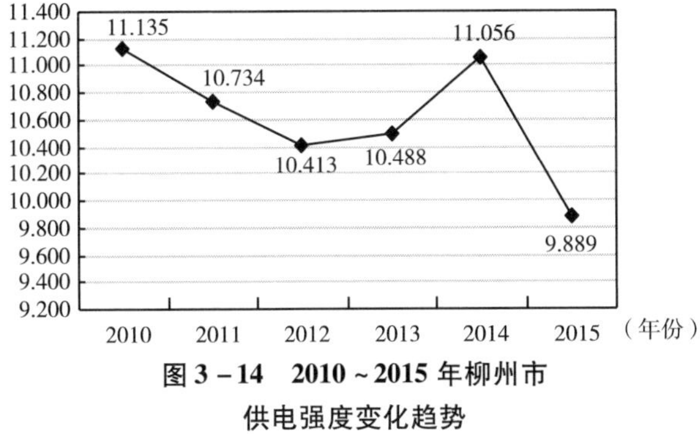

图3－14　2010～2015年柳州市供电强度变化趋势

5. 城市供气密度

根据图3－15分析可知，2010～2015年柳州市供气密度指数总体上呈现波动下降的状态。这种状态表现为2010～2015年间城市在该项指标上总体呈现下降趋势，但在个别年份存在上下波动的情况，并非连续性下降状态。这就意味着在评估的时间段内，虽然指标数据存在较大的波动变化，但是其评价末期数据值低于评价初期数据值。柳州市的供气密度指数末期低于初期的数据，降低3个单位左右，并且在2012～2013年间存在明显下降的变化，这说明柳州市供气密度情况处于不太稳定的下降状态。

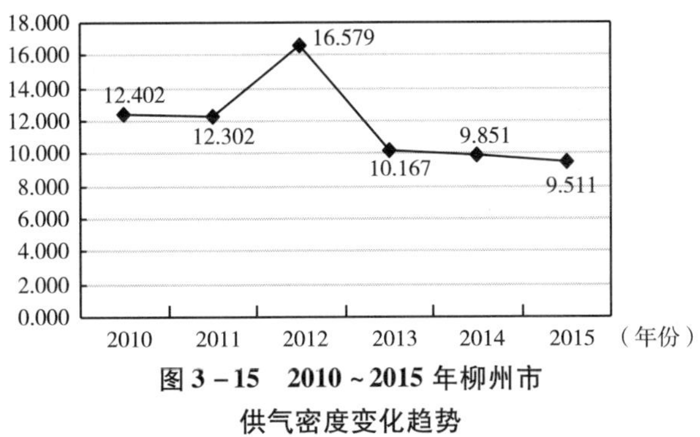

图3－15　2010～2015年柳州市供气密度变化趋势

6. 城市用电承载力ES

根据图3－16分析可知，2010～2015年柳州市用电承载力ES总体上呈现波动保持的状态。波动保持型指标意味着城市在该项指标上虽然呈现波动状态，在评价末期和评价初期的数值基本保持一致，柳州市用电承载力ES数值保持在9.261～10.414。即使柳州市用电承载力ES存在过最低值，其数值为9.261，但柳州市在城市用电承载力ES上总体表现也是相对平稳，说明该地区经济发展能力及活力持续又稳定。

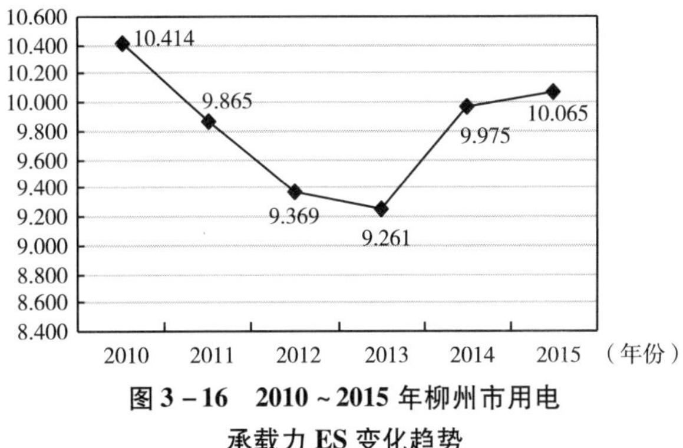

图3－16　2010～2015年柳州市用电承载力ES变化趋势

7. 城市通信流强度

根据图3－17分析可知，2010～2015年柳州市的通信流强度总体上呈现波动上升的状态。2010～2015年间城市在该项指标上存在较多波动变化，总体趋势为上升趋势，但在个别年份出现下降的情况，指标并非连续性上升。波动上升型指标意味着在评估期间，虽然指标数据存在较大波动变化，但是其评价末期数据值高于评价初期数据值。对于柳州市来说，城市通信流强度这个三级指标的上升幅度较大，从2010年的7.026上升至2015年的12.718，这样的上升趋势说明城市发展的经济结构较高，其进行城市通信的方式比较丰富，城市的经济社会发展活力十分充沛。

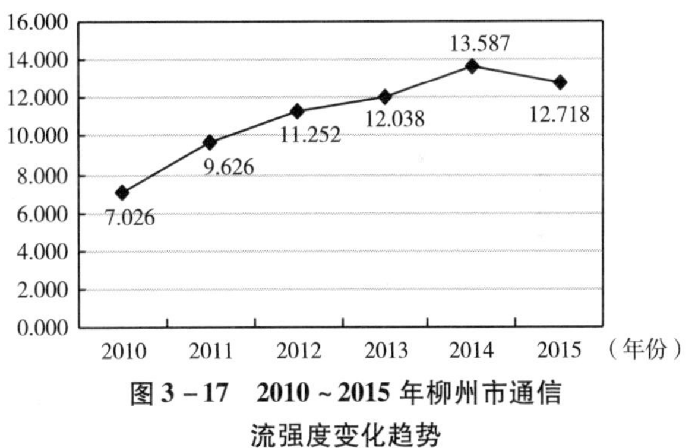

图3－17　2010～2015年柳州市通信流强度变化趋势

8. 城市通信倾向度

根据图3－18分析可知，2010～2015年柳州市通信倾向度总体上呈现波动下降的状态。2010～2015年间城市在该项指标上总体呈现下降趋势，但在评估期间存在上下波动的情况，指标并非连续性下降状态。波动下降型指标意味着在评估期间，虽然指标数据存在较大波动变化，但是其评价末期数据值低于评价初期数据值。该图可知柳州市通信倾向度保持在31.986～44.424。即使柳州市通信倾向度存在过最低值，其数值为31.986，但柳州市在通信倾向度上总体表现为波动下降，说明该地区经济发展能力及活力有所降低。

图3－18　2010～2015年柳州市通信倾向度变化趋势

9. 城市通信职能规模

根据图3－19分析可知，2010～2015年柳州市通信职能规模总体上呈现波动保持的状态。波动保持型指标意味着城市在该项指标上虽然呈现波动状态，在评价末期和评价初期的数值基本保持一致，该图可知柳州市通信职能规模数值保持在11.356～20.194。即使柳州市通信职能规模存在过最低值，其数值为11.356，但柳州市在通信职能规模上总体表现的相对平稳，说明该地区经济发展能力及活力持续又稳定。

图3－19　2010～2015年柳州市通信职能规模变化趋势

10. 城市通信职能地位

根据图3－20分析可知，2010～2015年柳州市通信职能地位总体上呈现波动保持的状态。波动保持型指标意味着城市在该项指标上虽然呈现波动状态，在评价末期和评价初期的数值基本保持一致，该图可知柳州市通信职能地位数值保持在2.028～7.210。即使柳州市通信职能地位存在过最低值，其数值为2.028，但柳州市在通信职能地位上总体表现相对平稳，说明该地区经济发展能力及活力持续又稳定。

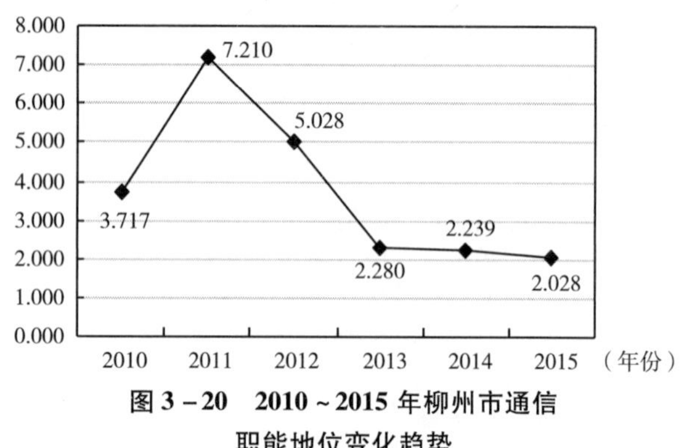

图3－20　2010～2015年柳州市通信职能地位变化趋势

（二）柳州市城市生活环境质量评估结果

根据表3－4对2010～2012年间柳州市生活环境质量得分、排名、优劣度进行分析。2010年柳州市生活环境质量排名处在珠江－西江经济带第8名，2011年柳州市生活环境质量排名处在第7名，2012年柳州市生活环境质量排名处在第5名，说明柳州市生活环境综合发展水平较于珠江－西江经济带其他城市较高。对柳州市的生活环境质量得分情况作出分析，发现柳州市生活环境综合得分持续上升，变动幅度较大，说明柳州市生活环境较不稳定。2010～2012年间柳州市的生活环境质量在珠江－西江经济带中从中势地位上升到优势地位，说明柳州市的生活环境质量较高，居民生活质量更高，能够提供更优质的生产生活基础条件。

表3－4　2010～2012年柳州市生活环境各级指标的得分、排名及优劣度分析

指标	2010年			2011年			2012年		
	得分	排名	优劣度	得分	排名	优劣度	得分	排名	优劣度
生活环境	7.499	8	中势	8.452	7	中势	9.680	5	优势
城镇公园用地动态变化	1.575	9	劣势	1.517	7	中势	1.739	3	优势
供水能力延展指数	0.225	6	中势	0.208	5	优势	0.252	6	中势
城市供气能力	0.538	7	中势	0.699	7	中势	1.466	6	中势
城市供电强度	0.651	4	优势	0.617	4	优势	0.617	4	优势
城市供气密度	0.710	8	中势	0.676	7	中势	0.990	7	中势
城市用电承载力 ES	0.589	4	优势	0.547	4	优势	0.529	4	优势

续表

指标	2010 年			2011 年			2012 年		
	得分	排名	优劣度	得分	排名	优劣度	得分	排名	优劣度
城市通信流强度	0.370	4	优势	0.533	4	优势	0.653	4	优势
城市通信倾向度	2.455	5	优势	2.882	4	优势	2.810	2	强势
城市通信职能规模	0.199	6	中势	0.360	6	中势	0.361	6	中势
城市通信职能地位	0.186	6	中势	0.412	6	中势	0.263	6	中势

对柳州市生活环境的三级指标进行分析，其中城镇公园用地动态变化得分排名呈现出波动上升的发展趋势。对柳州市城镇公园用地动态变化的得分情况进行分析，发现柳州市的城镇公园用地动态变化得分波动上升，说明柳州市的城镇公园用地增加，城市规模不断扩大。

供水能力延展指数的综合发展水平得分排名呈现出波动保持的趋势。对柳州市供水能力延展指数的得分情况作出分析，发现柳州市在供水能力延展指数上的得分先降后升，说明柳州市的供水能力延展指数存在提升的空间，城市的供水管道发展水平在不断提高。

城市供气能力得分排名呈现出波动上升的趋势。对柳州市供气能力的得分情况作出分析，发现柳州市在供气能力上的得分持续上升，说明柳州市的供气能力有待提升，以提供居民更优质的基础设施服务。

城市供电强度得分排名呈现出持续保持的趋势。对柳州市的供电强度的得分情况作出分析，发现柳州市在供电强度上的得分波动保持，说明柳州市在推进供电建设方面的力度不断地加大，城市活力越来越强。

城市供气密度得分排名呈现波动上升的趋势。对柳州市的供气密度的得分情况进行分析，发现柳州市的供气密度的得分先降后升，分值变动幅度较大，说明城市的供气承载力的平稳性有待提升。

城市用电承载力 ES 得分排名呈现出持续保持的趋势。对柳州市的用电承载力 ES 的得分情况作出分析，发现柳州市在用电承载力 ES 上的得分持续下降，说明2010～2012 年间柳州市的用电承载力 ES 不断下降，城市用电的整体密度、容量范围也在不断缩小。

城市通信流强度得分排名呈现出持续保持的趋势。对柳州市的通信流强度的得分情况作出分析，发现柳州市在通信流强度上的得分持续上升，分值变动幅度较大，说明 2010～2012 年间柳州市的通信要素流动强度的变化较为稳定，并存在提升的空间。

城市通信倾向度得分排名呈现出持续上升的趋势。对柳州市的通信倾向度的得分情况作出分析，发现柳州市在通信倾向度上的得分波动上升，说明 2010～2012 年间柳州市的通信外向强度上有较大的提升空间。

城市通信职能规模得分排名呈现出持续保持的趋势。对柳州市的通信职能规模的得分情况作出分析，发现柳州市在通信职能规模上的得分持续上升，说明柳州市在通信水平方面具有优越性，但也存在一定的提升空间。

城市通信职能地位得分排名呈现出持续保持的趋势。对柳州市通信职能地位的得分情况作出分析，发现柳州市在通信职能地位上的得分先升后降，说明柳州市在通信能力方面不具备优势；城市对人才资源的吸引集聚能力更高，城市所具备就业及劳动力的发展具有更大的潜力。

根据表 3－5 对 2013～2015 年间柳州市生活环境质量得分、排名、优劣度进行分析。2013 年柳州市生活环境质量排名处在珠江－西江经济带第 5 名，2014 年柳州市生活环境质量排名处在第 6 名，2015 年柳州市生活环境质量排名处在第 5 名，说明柳州市生活环境综合发展水平较于珠江－西江经济带其他城市较高且波动。对柳州市的生活环境质量得分情况作出分析，发现柳州市生活环境综合得分波动下降，但变化幅度较小，说明柳州市生活环境质量的稳定性较高。2013～2015 年间柳州市的生活环境质量在珠江－西江经济带中处于优势地位，说明柳州市的生活环境质量较高，能够提供更具优势的生产生活基础条件。

对柳州市生活环境的三级指标进行分析，其中城镇公园用地动态变化得分排名呈现出波动上升的发展趋势。对柳州市城镇公园用地动态变化的得分情况进行分析，发现柳州市的城镇公园用地动态变化得分持续上升，说明柳州市的城镇公园用地增加，城市规模不断扩大。

供水能力延展指数的综合发展水平得分排名呈现出持续下降的趋势。对柳州市供水能力延展指数的得分情况作出分析，发现柳州市在供水能力延展指数上的得分波动上升，说明柳州市的供水管道发展较为合理，但供水能力延展指数仍存在较大的提升空间。

表 3－5　2013～2015 年柳州市生活环境各级指标的得分、排名及优劣度分析

指标	2013 年			2014 年			2015 年		
	得分	排名	优劣度	得分	排名	优劣度	得分	排名	优劣度
生活环境	7.413	5	优势	7.572	6	中势	7.157	5	优势
城镇公园用地动态变化	1.133	11	劣势	1.211	8	中势	1.457	8	中势

续表

指标	2013年			2014年			2015年		
	得分	排名	优劣度	得分	排名	优劣度	得分	排名	优劣度
供水能力延展指数	0.209	5	优势	0.220	6	中势	0.218	7	中势
城市供气能力	0.768	6	中势	0.813	7	中势	0.888	7	中势
城市供电强度	0.620	4	优势	0.669	4	优势	0.601	4	优势
城市供气密度	0.550	9	劣势	0.578	9	劣势	0.540	10	劣势
城市用电承载力ES	0.519	4	优势	0.574	4	优势	0.611	4	优势
城市通信流强度	0.659	4	优势	0.745	4	优势	0.685	4	优势
城市通信倾向度	2.629	2	强势	2.418	2	强势	1.865	6	中势
城市通信职能规模	0.214	6	中势	0.235	6	中势	0.193	6	中势
城市通信职能地位	0.111	6	中势	0.110	6	中势	0.098	6	中势

城市供气能力得分排名呈现出波动下降的趋势。对柳州市的供气能力的得分情况作出分析，发现柳州市在供气能力上的得分持续上升，柳州市的供气能力存在上升趋势。

城市供电强度得分排名呈现出持续保持的趋势。对柳州市的供电强度的得分情况作出分析，发现柳州市在供电强度上的得分波动保持，说明柳州市在推进供电建设方面的力度较强，城市供电能力具备优势，城市活力越来越强。

城市供气密度得分排名呈现波动下降的趋势。对柳州市的供气密度的得分情况进行分析，发现柳州市的供气密度的得分波动下降，说明城市用气总量减少，城市供气密度小，供气承载力减弱。

城市用电承载力ES得分排名呈现出持续保持的趋势。对柳州市的用电承载力ES的得分情况作出分析，发现柳州市在用电承载力ES上的得分持续上升，说明2013～2015年间柳州市的用电承载力ES不断提高。

城市通信流强度得分排名呈现出持续保持的趋势。对柳州市的通信流强度的得分情况作出分析，发现柳州市在通信流强度上的得分先升后降，说明2013～2015年间柳州市的通信要素流动强度增强，但仍存在提升的空间。

城市通信倾向度得分排名呈现出波动下降的趋势。对柳州市的通信倾向度的得分情况作出分析，发现柳州市在通信倾向度上的得分持续下降，说明2013～2015年间柳州市的通信外向强度发展较不合理，在城市的通信外向强度的提高上应该付出更大的努力。

城市通信职能规模得分排名呈现出持续保持的趋势。对柳州市的通信职能规模的得分情况作出分析，发现柳州市在通信职能规模上的得分先升后降，说明柳州市所具备的通信水平存在一定的提升空间。

城市通信职能地位得分排名呈现出持续保持的趋势。对柳州市通信职能地位的得分情况作出分析，发现柳州市在通信职能地位上的得分波动保持，说明柳州市虽然在通信能力方面不具备优势，仍存在提升空间。

对2010～2015年间柳州市生活环境及各三级指标的得分、排名和优劣度进行分析。2010年柳州市生活环境综合得分排名处在珠江－西江经济带第8名，2011年柳州市生活环境综合得分排名处在第7名，2012～2013年柳州市生活环境综合得分排名处在第5名，之后2014年柳州市生活环境综合得分排名降至第6名，2015年柳州市生活环境综合得分排名处于第5名。2010～2015年柳州市生活环境综合得分排名一直处于中游区，在城市生活环境上位于优势地位，说明柳州市生活环境质量发展较之于珠江－西江经济带的其他城市具有一定的竞争优势。对柳州市的生活环境质量得分情况进行分析，发现柳州市的生活环境综合得分呈现波动下降的发展趋势，2010～2012年间柳州市的生活环境得分创新上述的趋势，在2013～2015年柳州市的生活环境综合得分先升后降的趋势，说明柳州市生活环境质量虽然变动较不稳定，但在珠江－西江经济带中依然具备一定的竞争力。

从表3－6中生活环境基础指标的优劣度结构来看，在10个基础指标中，指标的优劣度结构为0.0∶30.0∶60.0∶10.0。

表3－6　2015年柳州市生活环境指标的优劣度结构

二级指标	三级指标数	强势指标		优势指标		中势指标		劣势指标		优劣度
		个数	比重（%）	个数	比重（%）	个数	比重（%）	个数	比重（%）	
生活环境	10	0	0.000	3	30.000	6	60.000	1	10.000	优势

（三）柳州市城市生活环境质量比较分析

图3-21和图3-22将2010~2015年柳州市生活环境质量与珠江-西江经济带最高水平和平均水平进行比较。从生活环境质量的要素得分比较来看，由图3-21可知，2010年，柳州市城镇公园用地动态变化得分比珠江-西江经济带最高分低5.022分，比珠江-西江经济带平均分低0.906分；2011年，城镇公园用地动态变化得分比珠江-西江经济带最高分低3.798分，比珠江-西江经济带平均分低0.694分；2012年，城镇公园用地动态变化得分比珠江-西江经济带最高分低0.789分，比珠江-西江经济带平均分高0.409分；2013年，城镇公园用地动态变化得分比珠江-西江经济带最高分低1.653分，比珠江-西江经济带平均分低0.420分；2014年，城镇公园用地动态变化得分比珠江-西江经济带最高分低2.365分，比珠江-西江经济带平均分低0.665分；2015年，城镇公园用地动态变化得分比珠江-西江经济带最高分低1.766分，比珠江-西江经济带平均分低0.509分。这说明整体上柳州市城镇公园用地动态变化得分与珠江-西江经济带最高分的差距有缩小趋势，与珠江-西江经济带平均分的差距逐渐缩小。

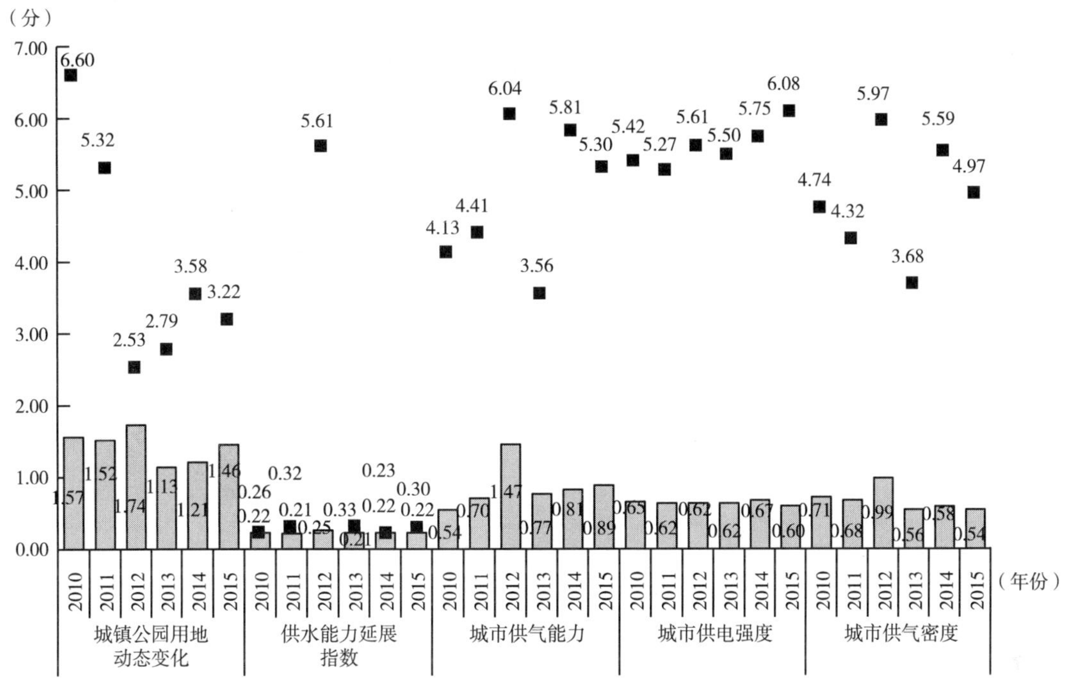

图3-21 2010~2015年柳州市生活环境质量指标得分比较1

2010年，柳州市供水能力延展指数得分比珠江-西江经济带最高分低0.033分，比珠江-西江经济带平均分低0.003分；2011年，供水能力延展指数得分比珠江-西江经济带最高分低0.115分，比珠江-西江经济带平均分低0.024分；2012年，供水能力延展指数得分比珠江-西江经济带最高分低5.356分，比珠江-西江经济带平均分低0.516分；2013年，供水能力延展指数得分比珠江-西江经济带最高分低0.124分，比珠江-西江经济带平均分低0.020分；2014年，供水能力延展指数得分比珠江-西江经济带最高分低0.015分，比珠江-西江经济带平均分低0.001分；2015年，供水能力延展指数得分比珠江-西江经济带最高分低0.079分，比珠江-西江经济带平均分高0.013分。这说明整体上柳州市供水能力延展指数得分与珠江-西江经济带最高分的差距有扩大趋势，与珠江-西江经济带平均分的差距逐渐增加。

2010年，柳州市供气能力得分比珠江-西江经济带最高分低3.589分，比珠江-西江经济带平均分低0.683分；2011年，城市供气能力得分比珠江-西江经济带最高分低3.713分，比珠江-西江经济带平均分低0.639分；2012年，城市供气能力得分比珠江-西江经济带最高分低4.578分，比珠江-西江经济带平均分低0.043分；2013年，城市供气能力得分比珠江-西江经济带最高分低2.787分，比珠江-西江经济带平均分低0.341分；2014年，城市供气能力得分比珠江-西江经济带最高分低4.999分，比珠江-西江经济带平均分低0.600分；2015年，城市供气能力得分比珠江-西江经济带最高分低4.407分，比珠江-西江经济带平均分低0.589分。这说明整体上柳州市供气能力得分与珠江-西江经济带最高分的差距波动增加，与珠江-西江经济带平均分的差距波动减小。

2010年，柳州市供电强度得分比珠江-西江经济带最高分低4.765分，比珠江-西江经济带平均分低0.520分；2011年，城市供电强度得分比珠江-西江经济带最高分低4.652分，比珠江-西江经济带平均分低0.518分；2012年，城市供电强度得分比珠江-西江经济带最高分低4.989分，比珠江-西江经济带平均分低0.578分；2013年，城市供电强度得分比珠江-西江经济带最高分低4.883分，比珠江-西江经济带平均分低0.563分；2014年，城市供电强度得分比珠江－西江经济带最高分低 5.079 分，比珠江－西江经济带平均分低 0.558 分；2015 年，城市供电强度得分比珠江－西江经济带最高分低 5.480 分，比珠江－西江经济带平均分低 0.645 分。这说明整体上柳州市供电强度得分与珠江－西江经济带最高分的差距持续增加，与珠江－西江经济带平均分的差距波动增加。

2010 年，柳州市供气密度得分比珠江－西江经济带最高分低 4.034 分，比珠江－西江经济带平均分低 0.679 分；2011 年，城市供气密度得分比珠江－西江经济带最高分低 3.644 分，比珠江－西江经济带平均分低 0.485 分；2012 年，城市供气密度得分比珠江－西江经济带最高分低 4.983 分，比珠江－西江经济带平均分低 0.421 分；2013 年，城市供气密度得分比珠江－西江经济带最高分低 3.131 分，比珠江－西江经济带平均分低 0.462 分；2014 年，城市供气密度得分比珠江－西江经济带最高分低 5.007 分，比珠江－西江经济带平均分低 0.642 分；2015 年，城市供气密度得分比珠江－西江经济带最高分低 4.430 分，比珠江－西江经济带平均分低 0.586 分。这说明整体上柳州市供气密度得分与珠江－西江经济带最高分的差距波动增加，与珠江－西江经济带平均分的差距波动缩小。

由图 3－22 可知，2010 年，柳州市用电承载力 ES 得分比珠江－西江经济带最高分低 4.260 分，比珠江－西江经济带平均分低 0.464 分；2011 年，城市用电承载力 ES 得分比珠江－西江经济带最高分低 4.077 分，比珠江－西江经济带平均分低 0.468 分；2012 年，城市用电承载力 ES 得分比珠江－西江经济带最高分低 4.228 分，比珠江－西江经济带平均分低 0.483 分；2013 年，城市用电承载力 ES 得分比珠江－西江经济带最高分低 4.052 分，比珠江－西江经济带平均分低 0.468 分；2014 年，城市用电承载力 ES 得分比珠江－西江经济带最高分低 4.316 分，比珠江－西江经济带平均分低 0.461 分；2015 年，城市用电承载力 ES 得分比珠江－西江经济带最高分低 5.461 分，比珠江－西江经济带平均分低 0.614 分。这说明整体上柳州市用电承载力 ES 得分与珠江－西江经济带最高分的差距波动上升，与珠江－西江经济带平均分的差距波动上升。

2010 年，柳州市通信流强度得分比珠江－西江经济带最高分低 3.676 分，比珠江－西江经济带平均分低 0.323 分；2011 年，城市通信流强度得分比珠江－西江经济带最高分低 4.593 分，比珠江－西江经济带平均分低 0.393 分；2012 年，城市通信流强度得分比珠江－西江经济带最高分低 5.149 分，比珠江－西江经济带平均分低 0.384 分；2013 年，城市通信流强度得分比珠江－西江经济带最高分低 3.718 分，比珠江－西江经济带平均分高 0.250 分；2014 年，城市通信流强度得分比珠江－西江经济带最高分低 3.225 分，比珠江－西江经济带平均分高 0.150 分；2015 年，城市通信流强度得分比珠江－西江经济带最高分低 2.965 分，比珠江－西江经济带平均分低 0.180 分。这说明整体上柳州市通信流强度得分与珠江－西江经济带最高分的差距波动缩小，与珠江－西江经济带平均分的差距波动减小。

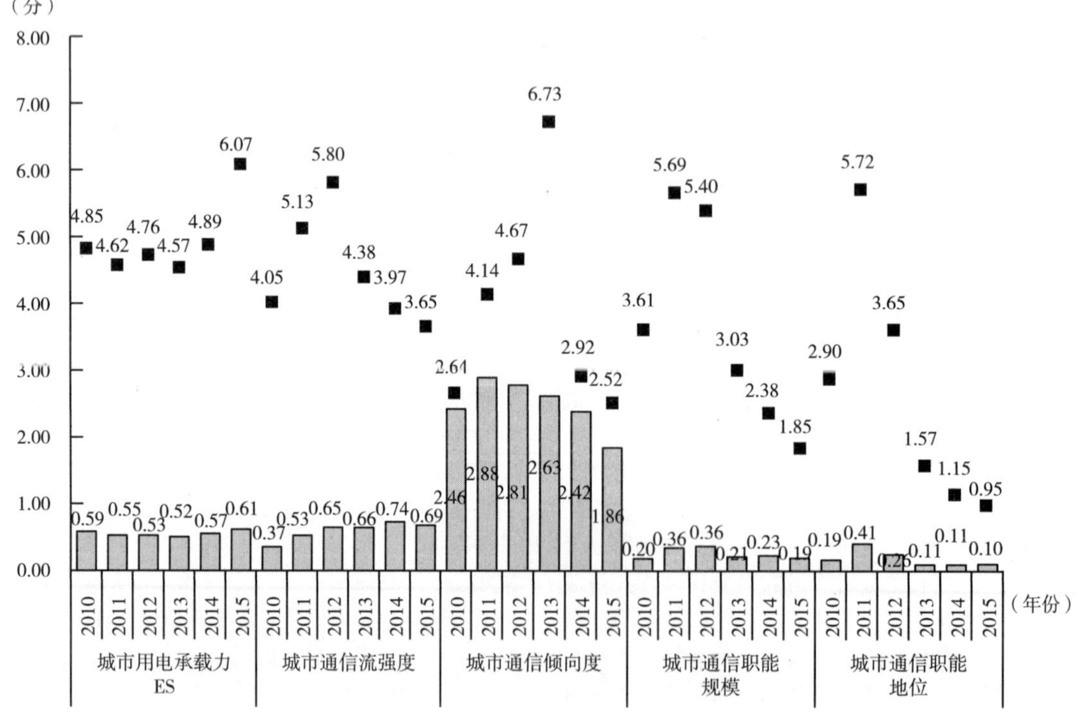

图 3－22　2010～2015 年柳州市生活环境质量指标得分比较 2

2010 年，柳州市通信倾向度得分比珠江－西江经济带最高分低 0.188 分，比珠江－西江经济带平均分高 0.091 分；2011 年，城市通信倾向度得分比珠江－西江经济带最高分低 1.258 分，比珠江－西江经济带平均分低 0.001 分；

2012年，城市通信倾向度得分比珠江－西江经济带最高分低1.863分，比珠江－西江经济带平均分低0.032分；2013年，城市通信倾向度得分比珠江－西江经济带最高分低4.099分，比珠江－西江经济带平均分低0.070分；2014年，城市通信倾向度得分比珠江－西江经济带最高分低0.506分，比珠江－西江经济带平均分高0.348分；2015年，城市通信倾向度得分比珠江－西江经济带最高分低0.657分，比珠江－西江经济带平均分高0.156分。这说明整体上柳州市通信倾向度得分与珠江－西江经济带最高分的差距波动增加，与珠江－西江经济带平均分的差距波动增大。

2010年，柳州市通信职能规模得分比珠江－西江经济带最高分低3.414分，比珠江－西江经济带平均分低0.402分；2011年，城市通信职能规模得分比珠江－西江经济带最高分低5.333分，比珠江－西江经济带平均分低0.655分；2012年，城市通信职能规模得分比珠江－西江经济带最高分低5.043分，比珠江－西江经济带平均分低0.626分；2013年，城市通信职能规模得分比珠江－西江经济带最高分低2.815分，比珠江－西江经济带平均分低0.398分；2014年，城市通信职能规模得分比珠江－西江经济带最高分低2.147分，比珠江－西江经济带平均分低0.326分；2015年，城市通信职能规模得分比珠江－西江经济带最高分低1.654分，比珠江－西江经济带平均分低0.279分。这说明整体上柳州市通信职能规模得分与珠江－西江经济带最高分的差距波动缩小，与珠江－西江经济带平均分的差距波动减小。

2010年，柳州市通信职能地位得分比珠江－西江经济带最高分低2.709分，比珠江－西江经济带平均分低0.319分；2011年，城市通信职能地位得分比珠江－西江经济带最高分低5.308分，比珠江－西江经济带平均分低0.652分；2012年，城市通信职能地位得分比珠江－西江经济带最高分低3.385分，比珠江－西江经济带平均分低0.421分；2013年，城市通信职能地位得分比珠江－西江经济带最高分低1.463分，比珠江－西江经济带平均分低0.207分；2014年，城市通信职能地位得分比珠江－西江经济带最高分低1.042分，比珠江－西江经济带平均分低0.158分；2015年，城市通信职能地位得分比珠江－西江经济带最高分低0.852分，比珠江－西江经济带平均分低0.143分。这说明整体上柳州市通信职能地位得分与珠江－西江经济带最高分的差距波动缩小，与珠江－西江经济带平均分的差距逐渐减小。

三、柳州市城市居民生活质量综合评估与比较评述

从对柳州市居民生活质量评估及其2个二级指标在珠江－西江经济带的排名变化和指标结构的综合分析来看，2010～2015年间，居民生活板块中上升指标的数量小于下降指标的数量，上升的动力小于下降的拉力，使得2015年柳州市居民生活质量的排名呈波动下降，在珠江－西江经济带城市位居第10名。

（一）柳州市城市居民生活质量概要分析

柳州市居民生活质量在珠江－西江经济带所处的位置及变化如表3－7所示，2个二级指标的得分和排名变化如表3－8所示。

表3－7　　2010～2015年柳州市居民生活质量一级指标比较

指标	2010年	2011年	2012年	2013年	2014年	2015年
排名	6	7	7	8	6	10
所属区位	中游	中游	中游	中游	中游	下游
得分	19.204	15.269	14.086	13.265	13.600	12.293
经济带最高分	47.987	59.835	48.147	42.175	42.940	40.410
经济带平均分	21.581	21.372	19.326	19.203	18.685	19.309
与最高分的差距	－28.783	－44.567	－34.062	－28.909	－29.339	－28.117
与平均分的差距	－2.377	－6.104	－5.240	－5.937	－5.084	－7.016
优劣度	中势	中势	中势	中势	中势	劣势
波动趋势	—	下降	持续	下降	上升	下降

表 3－8　2010～2015 年柳州市居民生活质量二级指标比较

年份	生活水平		生活环境	
	得分	排名	得分	排名
2010	11.705	3	7.499	8
2011	6.817	7	8.452	7
2012	4.405	8	9.680	5
2013	5.852	8	7.413	5
2014	6.028	9	7.572	6
2015	5.136	10	7.157	5
得分变化	－0.032	—	－0.342	—
排名变化	—	－7	—	3
优劣度	劣势	劣势	中势	中势

（1）从指标排名变化趋势看，2015 年柳州市居民生活质量评估排名在珠江－西江经济带处于第 10 名，表明其在珠江－西江经济带处于劣势地位，与 2010 年相比，排名下降 4 名。总的来看，评价期内柳州市居民生活质量呈现波动下降趋势。

在 2 个二级指标中，其中 1 个指标排名保持上升，为生活环境；1 个指标排名保持下降，为生活水平；这是柳州市居民生活质量处于波动下降趋势的动力所在。受指标排名升降的综合影响，评价期内柳州市居民生活质量的综合排名呈波动下降，在珠江－西江经济带城市排名第 10 名。

（2）从指标所处区位来看，2015 年柳州市居民生活质量处在下游区。其中，生活水平为劣势指标，生活环境为中势指标。

（3）从指标得分来看，2015 年柳州市居民生活质量得分为 12.293 分，比珠江－西江经济带最高分低 28.117 分，比珠江－西江经济带平均分低 7.016 分；与 2010 年相比，柳州市居民生活质量得分下降 6.911 分，与当年最高分的差距缩小，与珠江－西江经济带平均分的差距扩大。

2015 年，柳州市居民生活质量二级指标的得分均高于 5 分，与 2010 年相比，得分下降最多的为生活环境，下降 0.342 分；得分下降最少的为生活环境，下降 0.032 分。

（二）柳州市城市居民生活质量评估指标动态变化分析

2010～2015 年柳州市居民生活质量评估各级指标的动态变化及其结构，如图 3－23 和表 3－9 所示。

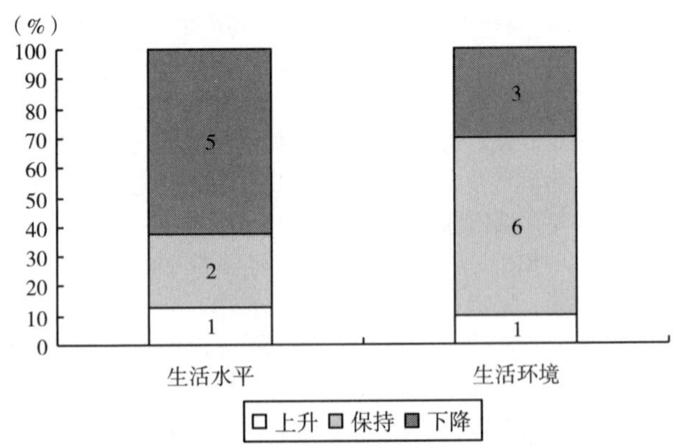

图 3－23　2010～2015 年柳州市居民生活质量动态变化结构

从图 3－23 可以看出，柳州市居民生活质量评估的三级指标中上升指标的比例小于下降指标，表明下降指标居于主导地位。表 3－9 中的数据说明，柳州市居民生活质量评估的 18 个三级指标中，上升的指标有 2 个，占指标总数的 11.111%；保持的指标有 8 个，占指标总数的 44.444%；下降的指标有 8 个，占指标总数的 44.444%。由于上升指标的数量小于下降指标的数量，且受变动幅度与外部因素的综合影响，评价期内柳州市居民生活质量排名呈现波动下降，在珠江－西江经济带居第 10 名。

表 3－9　2010～2015 年柳州市居民生活质量各级指标排名变化态势比较

二级指标	三级指标数	上升指标		保持指标		下降指标	
		个数	比重（%）	个数	比重（%）	个数	比重（%）
生活水平	8	1	12.500	2	25.000	5	62.500
生活环境	10	1	10.000	6	60.000	3	30.000
合计	18	2	11.111	8	44.444	8	44.444

（三）柳州市城市居民生活质量评估指标变化动因分析

2015 年柳州市居民生活质量板块各级指标的优劣势变化及其结构，如图 3－24 和表 3－10 所示。

从图 3－24 可以看出，2015 年柳州市居民生活质量评估的三级指标中强势和优势指标的比例小于劣势指标的比例，表明强势和优势指标未处于主导地位。表 3－10 中的数据说明，2015 年柳州市居民生活的 18 个三级指标中，强势指标有 0 个，占指标总数的 0.000%；优势指标为 8 个，占指标总数的 44.444%；中势指标 6 个，占指标总数的 33.333%；劣势指标为 4 个，占指标总数的 22.222%；强势指标和优势指标之和占指标总数的44.444%，数量与比重均小于劣势指标。从二级指标来看，其中，生活水平的强势指标有0个，占指标总数的0.000%；优势指标为5个，占指标总数的62.500%；中势指标0个，占指标总数的0.000%；劣势指标为3个，占指标总数的37.500%；强势指标和优势指标之和占指标总数的62.500%，说明生活水平的强、优势指标未居于有利地位。生活环境的强势指标有0个，占指标总数的0.000%；优势指标为3个，占指标总数的30.000%；中势指标6个，占指标总数的60.000%；劣势指标为1个，占指标总数的10.000%；强势指标和优势指标之和占指标总数的30.000%，说明生活环境的强势、优势指标处于有利地位。由于强势、优势指标比重较小，柳州市居民生活质量处于劣势地位，在珠江－西江经济带位居第10名，处于下游区。

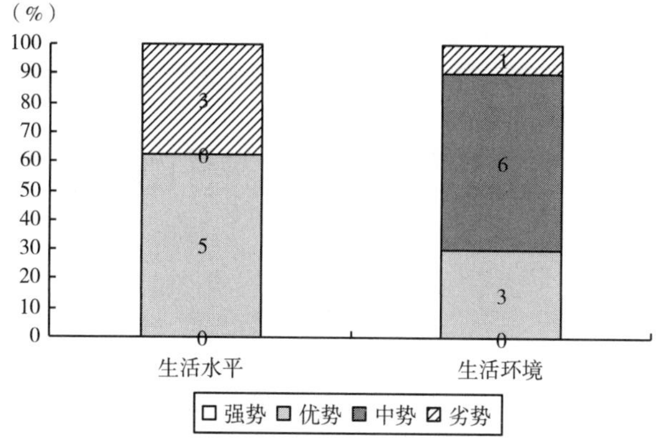

图3－24 2015年柳州市居民生活质量优劣度结构

表3－10 2015年柳州市居民生活质量各级指标优劣度比较

二级指标	三级指标数	强势指标		优势指标		中势指标		劣势指标		优劣度
		个数	比重（%）	个数	比重（%）	个数	比重（%）	个数	比重（%）	
生活水平	8	0	0.000	5	62.500	0	0.000	3	37.500	劣势
生活环境	10	0	0.000	3	30.000	6	60.000	1	10.000	优势
合计	18	0	0.000	8	44.444	6	33.333	4	22.222	劣势

为明确影响柳州市居民生活质量变化的具体因素，以便于对相关指标进行深入分析，为提升柳州市居民生活质量提供决策参考，表3－11列出居民生活指标体系中直接影响柳州市居民生活质量升降的强势指标、优势指标、中势指标和劣势指标。

表3－11 2015年柳州市居民生活质量三级指标优劣度统计

指标	强势指标	优势指标	中势指标	劣势指标
生活水平（8个）	（0个）	总工资弧弹性、社会保障水平、职工工资绝对增量加权指数、职工工资比重增量、职工工资强度（5个）	（0个）	社会保障水平、平均工资增长强度、城市人力资本（3个）
生活环境（10个）	（0个）	城市供电强度、城市用电承载力ES、城市通信倾向度（3个）	城镇公园用地动态变化、供水能力延展指数、城市供气能力、城市通信流强度、城市通信职能规模、城市通信职能地位（6个）	城市供气密度（1个）

第四章　梧州市城市居民生活质量综合评估

一、梧州市城市生活水平综合评估与比较

（一）梧州市城市生活水平评估指标变化趋势评析

1. 社会保障水平

根据图 4－1 分析可知，2010～2015 年梧州市社会保障水平总体上呈现波动上升的状态。2010～2015 年城市在该指标上存在一定的波动变化，总体趋势为上升趋势，但在个别年份出现下降的情况，指标并非连续性上升状态。波动上升型指标意味着在评价的时间段内，虽然指标数据存在较大的波动变化，但是其评价末期数据值高于评价初期数据值。梧州市在 2012～2014 年虽然出现下降的状况，2014 年为 8.125，但是总体上还是呈现上升的态势，最终稳定在 11.729。社会保障水平越大，说明城市的承载力越高，对于梧州市来说，其城市居民生活发展潜力也越来越大。

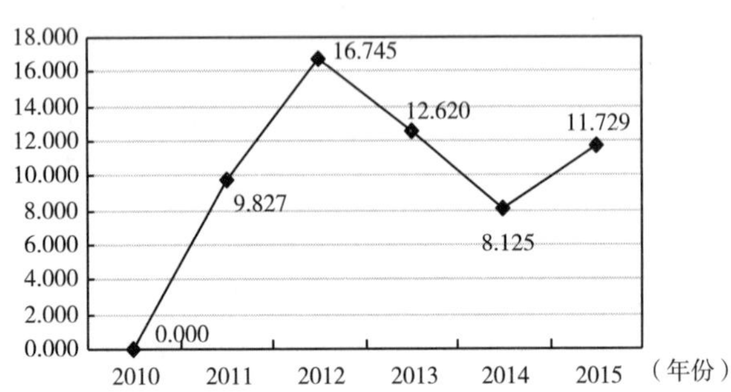

图 4－1　2010～2015 年梧州市社会保障水平变化趋势

2. 总工资弧弹性

根据图 4－2 分析可知，2010～2015 年梧州市的总工资弧弹性总体上呈现波动上升的状态。2010～2015 年间城市在该项指标上存在较多波动变化，总体趋势为上升趋势，但在个别年份出现下降的情况，指标并非连续性上升。波动上升型指标意味着在评估期间，虽然指标数据存在较大波动变化，但是其评价末期数据值高于评价初期数据值。通过折线图可以看出，梧州市的总工资弧弹性指标不断提高，在 2015 年达到 10.769，相较于 2010 年上升 10 个单位左右，说明梧州市的城市生活水平整体发展较高，城市生活水平较好，对外部资源的吸引力较强。

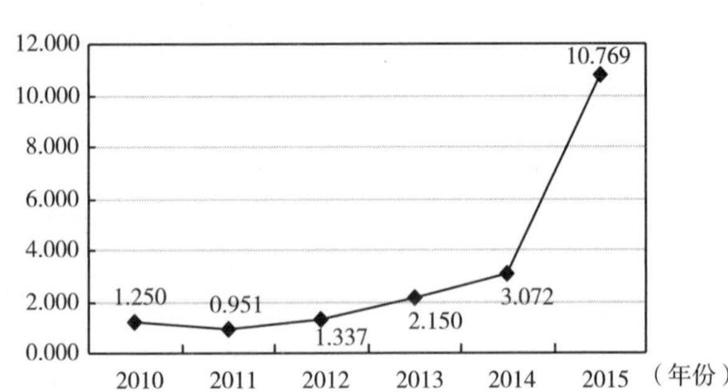

图 4－2　2010～2015 年梧州市总工资弧弹性变化趋势

3. 平均工资增长强度

根据图 4－3 分析可知，2010～2015 年梧州市平均工资增长强度总体上呈现波动上升的状态。2010～2015 年城市在该项指标上存在一定的波动变化，总体趋势上为上升趋势，但在个别年份出现下降的情况，指标并非连续性上升状态。波动上升型指标意味着在评价的时间段内，虽然指标数据存在较大的波动变化，但是其评价末期数据值高于评价初期数据值。梧州市在 2010～2013 年虽然出现下降的状况，2013 年为 0.156，但是总体上还是呈现上升的态势，最终稳定在 53.191。城市的平均工资增长强度越大，说明城市的经济发展水平越高，对于梧州市来说，其城市居民生活发展潜力也越来越大。

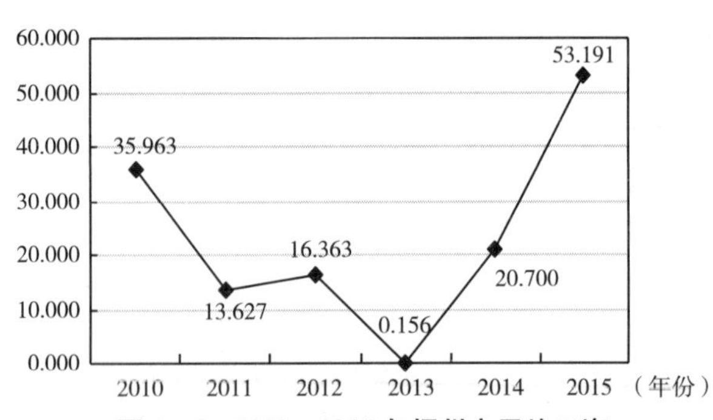

图 4－3　2010～2015 年梧州市平均工资增长强度变化趋势

4. 城市人力资本

根据图 4－4 分析可知，2010～2015 年梧州市人力资本指数总体上呈现波动下降的状态。这种状态表现为 2010～2015 年城市在该项指标上总体呈现下降趋势，但在个别年

份存在上下波动的情况，并非连续性下降状态。这就意味着在评估的时间段内，虽然指标数据存在较大的波动变化，但是其评价末期数据值低于评价初期数据值。梧州市的人力资本指数末期低于初期的数据，降低30个单位左右，并且在2010～2013年存在明显下降的变化，这说明梧州市人力资本情况处于不太稳定的下降状态。

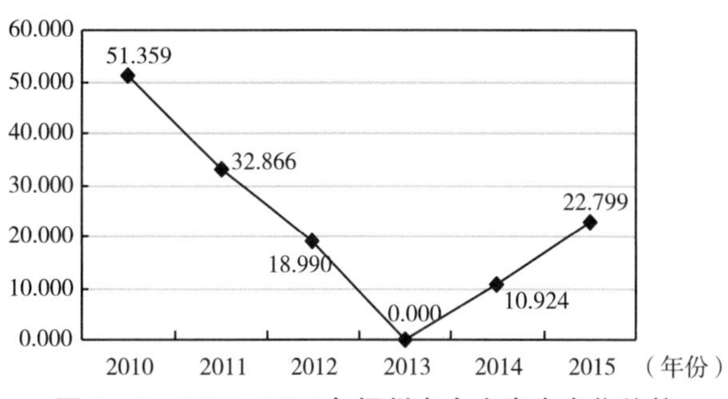

图4－4　2010～2015年梧州市人力资本变化趋势

5. 职工工资相对增长率

根据图4－5分析可知，2010～2015年梧州市职工工资相对增长率总体上呈现波动上升的状态。2010～2015年城市在该项指标上存在一定的波动变化，总体趋势上为上升趋势，但在个别年份出现下降的情况，指标并非连续性上升状态。波动上升型指标意味着在评价的时间段内，虽然指标数据存在较大的波动变化，但是其评价末期数据值高于评价初期数据值。梧州市在2013～2014年虽然出现下降的状况，2014年为4.485，但是总体上还是呈现上升的态势，最终稳定在5.177。职工工资相对增长率越大，说明城市的经济发展水平越高，对于梧州市来说，其城市居民生活发展潜力也越来越大。

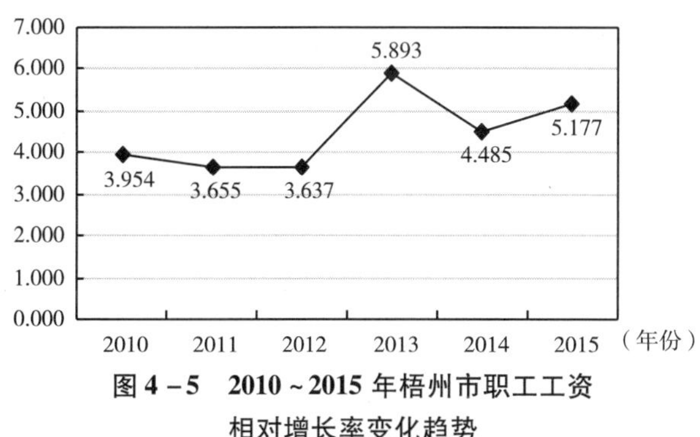

图4－5　2010～2015年梧州市职工工资相对增长率变化趋势

6. 职工工资绝对增量加权指数

根据图4－6分析可知，2010～2015年梧州市职工工资绝对增量加权指数总体上呈现波动上升的状态。2010～2015年城市在该项指标上存在一定的波动变化，总体趋势上为上升趋势，但在个别年份出现下降的情况，指标并非连续性上升状态。波动上升型指标意味着在评价的时间段内，虽然指标数据存在较大的波动变化，但是其评价末期数据值高于评价初期数据值。梧州市在2013～2014年虽然出现下降的状况，2014年为0.928，但是总体上还是呈现上升的态势，最终稳定在1.143。职工工资绝对增量加权指数越大，说明城市的经济发展水平越高，对于梧州市来说，其城市居民生活发展潜力也越来越大。

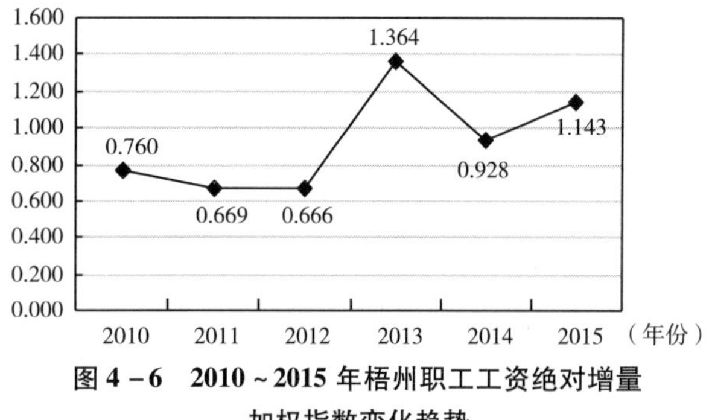

图4－6　2010～2015年梧州职工工资绝对增量加权指数变化趋势

7. 职工工资比重增量

根据图4－7分析可知，2010～2015年梧州市职工工资比重增量指数总体上呈现波动上升的状态。2010～2015年城市在该项指标上存在一定的波动变化，总体趋势为上升趋势，但在个别年份出现下降的情况，指标并非连续性上升状态。波动上升型指标意味着在评价的时间段内，虽然指标数据存在较大的波动变化，梧州市2012～2013年大幅度上升，一度达到3.418，但是在2013～2015年又表现为下降的态势，最后稳定在2.364。随着城市的职工工资水平的升高，说明梧州市的居民生活发展水平也在提高。

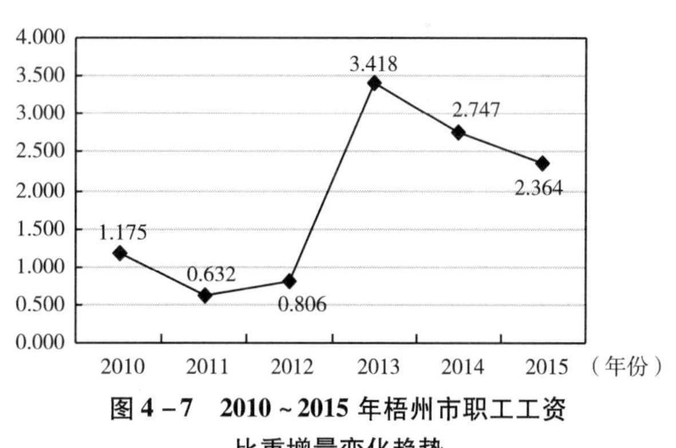

图4－7　2010～2015年梧州市职工工资比重增量变化趋势

8. 职工工资强度

根据图4－8分析可知，2010～2015年梧州市职工工资强度总体上呈现波动保持的状态。波动保持型指标意味着城市在该项指标上虽然呈现波动状态，在评价末期和评价初期的数值基本保持一致，该图可知梧州市职工工资强度保持在0.889～1.235。即使梧州市职工工资强度存在过最低值，其数值为0.889，但梧州市在职工工资强度上总体表现相对平稳，说明该地区经济发展能力及活力持续又稳定。

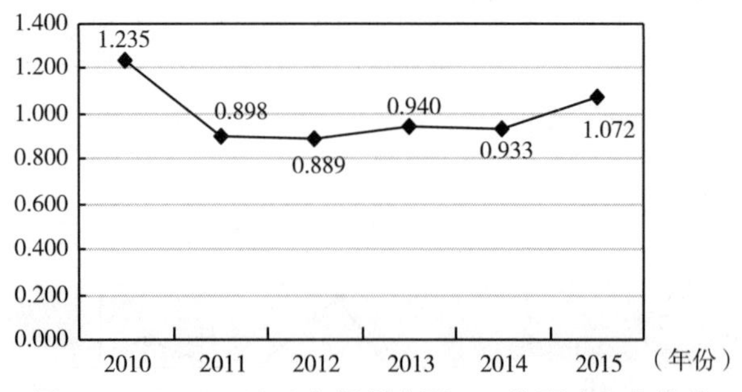

图 4－8　2010～2015 年梧州市职工工资强度变化趋势

（二）梧州市城市生活水平评估结果

根据表 4－1 对 2010～2012 年间梧州市生活水平得分、排名、优劣度进行分析。2010 年梧州市生活水平排名处在珠江－西江经济带第 9 名，2011～2012 年梧州市生活水平排名处在第 11 名，说明梧州市生活水平综合发展水平较于珠江－西江经济带其他城市较低且较波动。对梧州市的生活水平得分情况作出分析，发现梧州市生活水平综合得分持续下降，变动幅度较大，说明梧州市生活水平的稳定性有待提升。2010～2012 年间梧州市的生活水平在处于下游区，说明梧州市的生活水平综合发展实力整体趋于减弱。

对梧州市生活水平的三级指标进行分析，其中社会保障水平得分排名呈现出持续上升的发展趋势。对梧州市社会保障水平的得分情况进行分析，发现梧州市的社会保障水平得分持续上升，说明梧州市的社会公共保障事业的发展水平有所提高。

表 4－1　2010～2012 年梧州市生活水平各级指标的得分、排名及优劣度分析

指标	2010 年			2011 年			2012 年		
	得分	排名	优劣度	得分	排名	优劣度	得分	排名	优劣度
生活水平	7.083	9	劣势	4.178	11	劣势	3.424	11	劣势
社会保障水平	0.000	11	劣势	0.505	9	劣势	0.870	5	优势
总工资弧弹性	0.058	8	中势	0.044	9	劣势	0.063	10	劣势
平均工资增长强度	1.992	2	强势	0.709	7	中势	0.876	8	中势
城市人力资本	4.685	8	中势	2.632	11	劣势	1.323	11	劣势
职工工资相对增长率	0.189	7	中势	0.174	9	劣势	0.173	10	劣势
职工工资绝对增量加权指数	0.035	8	中势	0.031	8	中势	0.031	8	中势
职工工资比重增量	0.057	7	中势	0.034	9	劣势	0.039	10	劣势
职工工资强度	0.067	8	中势	0.049	8	中势	0.049	8	中势

总工资弧弹性的综合发展水平得分排名呈现出持续下降的趋势。对梧州市总工资弧弹性的得分情况作出分析，发现梧州市在总工资弧弹性上的得分先降后升，说明梧州市的总工资增长速率存在提升的空间。

平均工资增长强度得分排名呈现出持续下降的趋势。对梧州市平均工资增长强度的得分情况作出分析，发现梧州市在平均工资增长强度上的得分先降后升，说明梧州市平均工资增长速率存在提升空间。

城市人力资本得分排名呈现出波动下降的趋势。对梧州市人力资本的得分情况作出分析，发现梧州市在人力资本上的得分持续下降，说明梧州市在推进人力资本建设方面的存在一定的提升空间。

职工工资相对增长率得分排名呈现持续下降的趋势。对梧州市职工工资相对增长率的得分情况进行分析，发现梧州市职工工资相对增长率的得分持续下降，分值变动幅度较大，说明城市的职工工资增长速率的平稳性有待提升。

职工工资绝对增量加权指数得分排名呈现出持续保持的趋势。对梧州市职工工资绝对增量加权指数的得分情况作出分析，发现梧州市在职工工资绝对增量加权指数上的得分波动保持，说明 2010～2012 年间梧州市的职工工资绝对增量加权指数较为稳定，但仍存在提升的空间。

职工工资比重增量得分排名呈现出持续下降的趋势。对梧州市职工工资比重增量的得分情况作出分析，发现梧州市在职工工资比重增量上的得分波动下降，分值变动幅度较大，说明 2010～2012 年间梧州市的城市职工工资的变化不稳定，但存在提升的空间。

职工工资强度得分排名呈现出持续保持的趋势。对梧州市职工工资强度的得分情况作出分析，发现梧州市在城市职工工资强度上的得分波动下降，变化幅度小，说明 2010～2012 年间梧州市的职工工资强度较于珠江－西江经济带其他城市相对合理。

根据表 4－2 对 2013～2015 年间梧州市生活水平的得分、排名和优劣度进行分析。2013～2014 年梧州市生活水平排名处在珠江－西江经济带第 11 名，2015 年其处于第 8 名，说明梧州市生活水平综合发展水平较于珠江－西江经济带其他城市较低。对梧州市的生活水平得分情况作出分析，发现梧州市生活水平综合得分持续上升，说明梧州市生活水平存在上升趋势。2013～2015 年间梧州市的生活水平在珠江－西江经济带中从劣势地位升至中势地位，说明梧州市的生活水平综合发展实力整体趋于上升。

表 4－2　　**2013～2015 年梧州市生活水平各级指标的得分、排名及优劣度分析**

指标	2013 年			2014 年			2015 年		
	得分	排名	优劣度	得分	排名	优劣度	得分	排名	优劣度
生活水平	1.427	11	劣势	2.962	11	劣势	6.769	8	中势
社会保障水平	0.667	8	中势	0.434	10	劣势	0.703	8	中势
总工资弧弹性	0.119	6	中势	0.147	2	强势	0.513	1	强势
平均工资增长强度	0.010	11	劣势	1.117	4	优势	3.508	3	优势
城市人力资本	0.000	11	劣势	0.781	11	劣势	1.555	11	劣势
职工工资相对增长率	0.338	8	中势	0.227	7	中势	0.258	8	中势
职工工资绝对增量加权指数	0.076	8	中势	0.045	6	中势	0.055	7	中势
职工工资比重增量	0.168	8	中势	0.161	7	中势	0.120	9	劣势
职工工资强度	0.050	8	中势	0.050	8	中势	0.057	9	劣势

对梧州市生活水平的三级指标进行分析，其中社会保障水平得分排名呈现出波动保持的发展趋势。对梧州市社会保障水平的得分情况进行分析，发现梧州市的社会保障水平得分波动上升，说明城市在公共保障事业的方面有良好的发展。

总工资弧弹性的综合发展水平得分排名呈现出持续上升的趋势。对梧州市总工资弧弹性的综合发展水平得分情况作出分析，发现梧州市的总工资弧弹性的综合发展水平得分持续上升，说明梧州市总工资弧弹性存在较大优势。

平均工资增长强度得分排名呈现持续上升的趋势。对梧州市平均工资增长强度的得分情况进行分析，发现梧州市平均工资增长强度的得分持续上升，说明城市的平均工资增长强度变化幅度较大，平均工资增长强度存在较大的提升空间。

城市人力资本得分排名呈现出持续保持的趋势。对梧州市人力资本的得分情况作出分析，发现梧州市在人力资本上的得分持续上升，说明梧州市在推进土地用于人力资本建设方面存在提升空间。

职工工资相对增长率得分排名呈现出波动保持的趋势。对梧州市职工工资相对增长率的得分情况作出分析，发现梧州市在职工工资相对增长率上的得分波动下降，说明2013～2015 年间梧州市的职工工资相对增长率的变化趋势较于珠江－西江经济带其他城市的合理性较低。

职工工资绝对增量加权指数得分排名呈现出波动上升的趋势。对梧州市职工工资绝对增量加权指数的得分情况作出分析，发现梧州市在职工工资绝对增量加权指数上的得分先降后升，说明 2013～2015 年间梧州市职工工资绝对增量加权指数较高，城市人口要素较为集中。

职工工资比重增量得分排名呈现出波动下降的趋势。对梧州市职工工资比重增量的得分情况作出分析，发现梧州市在职工工资比重增量上的得分持续下降，说明梧州市职工工资比重增量较低，城市整体职工工资水平不具备一定的优势。

职工工资强度得分排名呈现出波动下降的趋势。对梧州市职工工资强度的得分情况作出分析，发现梧州市在职工工资强度上的得分波动保持，说明梧州市职工工资强度较于珠江－西江经济带其他城市处于劣势地位。

对 2010～2015 年间梧州市生活水平及各三级指标的得分、排名和优劣度进行分析。2010 年梧州市生活水平综合得分排名处在珠江－西江经济带第 9 名，2011～2014 年梧州市生活水平的综合得分排名降至第 11 名，2015 年梧州市生活水平综合得分排名处于第 8 名。2010～2015 年梧州市生活水平综合得分排名一直在中游区和下游区波动，在城市生活水平上也是在中势和劣势之间波动，说明梧州市生活水平发展较之于珠江－西江经济带的其他城市不具有竞争优势。对梧州市的生活水平得分情况进行分析，发现梧州市的生活水平综合得分呈现先降后升的发展趋势，2010～2012 年间梧州市的生活水平得分持续下降的趋势，在 2013～2015 年梧州市的生活水平综合得分呈现持续上升的趋势，说明梧州市生活水平虽然变动较不稳定，但在珠江－西江经济带中依然具备一定的发展潜力。

从表 4－3 中生活水平基础指标的优劣度结构来看，在 8 个基础指标中，指标的优劣度结构为 12.5∶12.5∶37.5∶37.5。

表 4－3　　**2015 年梧州市生活水平指标的优劣度结构**

二级指标	三级指标数	强势指标		优势指标		中势指标		劣势指标		优劣度
		个数	比重（%）	个数	比重（%）	个数	比重（%）	个数	比重（%）	
生活水平	8	1	12.500	1	12.500	3	37.500	3	37.500	中势

（三）梧州市城市生活水平比较分析

图4 - 9 和图4 - 10 将2010 ~2015 年梧州市生活水平与珠江 - 西江经济带最高水平和平均水平进行比较。从生活水平的要素得分比较来看，由图4 - 9 可知，2010 年，梧州市社会保障水平得分比珠江 - 西江经济带最高分低1. 976 分，比珠江 - 西江经济带平均分低0. 917 分；2011 年，社会保障水平得分比珠江 - 西江经济带最高分低1. 307 分，比珠江 - 西江经济带平均分低0. 349 分；2012 年，社会保障水平得分比珠江 - 西江经济带最高分低0. 616 分，比珠江 - 西江经济带平均分高0. 029 分；2013 年，社会保障水平得分比珠江 - 西江经济带最高分低1. 108 分，比珠江 - 西江经济带平均分低0. 278 分；2014 年，社会保障水平得分比珠江 - 西江经济带最高分低1. 318 分，比珠江 - 西江经济带平均分低0. 484 分；2015 年，社会保障水平得分比珠江 - 西江经济带最高分低5. 292 分，比珠江 - 西江经济带平均分低0. 652 分。这说明整体上梧州市社会保障水平得分与珠江 - 西江经济带最高分的差距有扩大趋势，与珠江 - 西江经济带平均分的差距逐渐缩小。

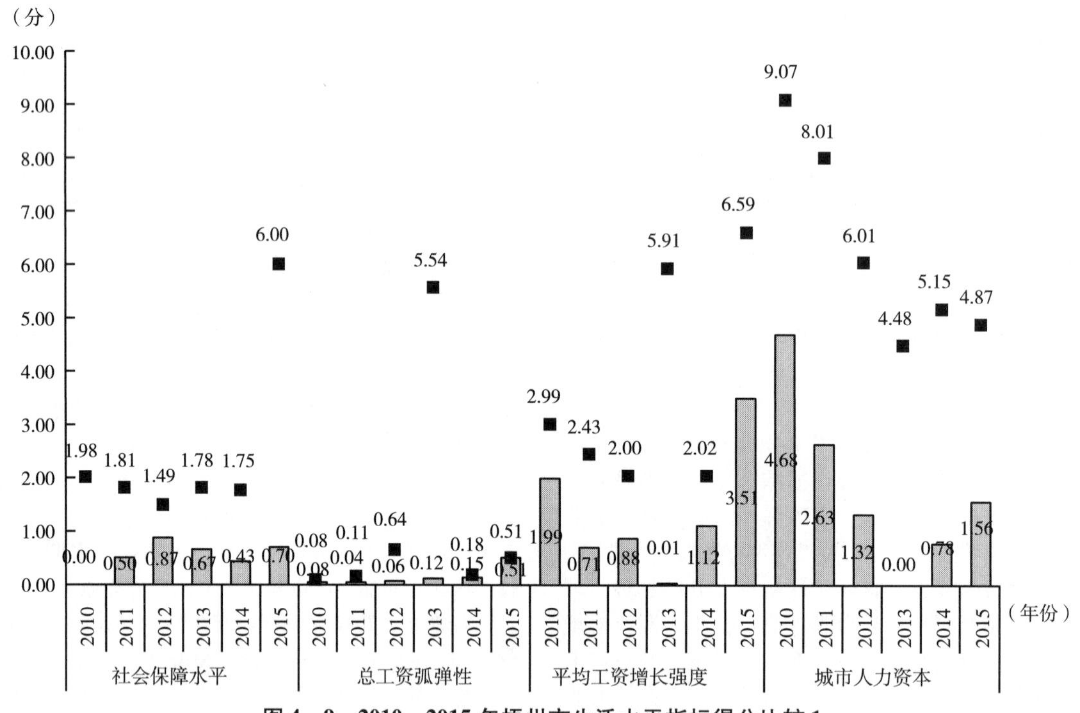

图4 - 9　2010 ~2015 年梧州市生活水平指标得分比较1

2010 年，梧州市总工资弧弹性得分比珠江 - 西江经济带最高分低0. 018 分，比珠江 - 西江经济带平均分低0. 002 分；2011 年，总工资弧弹性得分比珠江 - 西江经济带最高分低0. 065 分，比珠江 - 西江经济带平均分低0. 014 分；2012 年，总工资弧弹性得分比珠江 - 西江经济带最高分低0. 573 分，比珠江 - 西江经济带平均分低0. 074 分；2013 年，总工资弧弹性得分比珠江 - 西江经济带最高分低5. 425 分，比珠江 - 西江经济带平均分低0. 510 分；2014 年，总工资弧弹性得分比珠江 - 西江经济带最高分低0. 036 分，比珠江 - 西江经济带平均分高0. 044 分；2015 年，总工资弧弹性得分与珠江 - 西江经济带最高分不存在差距，比珠江 - 西江经济带平均分高0. 358 分。这说明整体上梧州市总工资弧弹性得分与珠江 - 西江经济带最高分的差距有缩小趋势，与珠江 - 西江经济带平均分的差距逐渐增加。

2010 年，梧州市平均工资增长强度得分比珠江 - 西江经济带最高分低0. 999 分，比珠江 - 西江经济带平均分高0. 655 分；2011 年，平均工资增长强度得分比珠江 - 西江经济带最高分低1. 724 分，比珠江 - 西江经济带平均分低0. 213 分；2012 年，平均工资增长强度得分比珠江 - 西江经济带最高分低1. 123 分，比珠江 - 西江经济带平均分低0. 185 分；2013 年，平均工资增长强度得分比珠江 - 西江经济带最高分低5. 904 分，比珠江 - 西江经济带平均分低1. 979 分；2014 年，平均工资增长强度得分比珠江 - 西江经济带最高分低0. 905 分，比珠江 - 西江经济带平均分高0. 115 分；2015 年，平均工资增长强度得分比珠江 - 西江经济带最高分低3. 087 分，比珠江 - 西江经济带平均分高1. 271 分。这说明整体上梧州市平均工资增长强度得分与珠江 - 西江经济带最高分的差距波动增加，与珠江 - 西江经济带平均分的差距波动增加。

2010 年，梧州市人力资本得分比珠江 - 西江经济带最高分低4. 384 分，比珠江 - 西江经济带平均分低1. 485 分；2011 年，城市人力资本得分比珠江 - 西江经济带最高分低5. 376 分，比珠江 - 西江经济带平均分低2. 212 分；2012 年，城市人力资本得分比珠江 - 西江经济带最高分低4. 692 分，比珠江 - 西江经济带平均分低1. 920 分；2013 年，城市人力资本得分比珠江 - 西江经济带最高分低4. 479 分，比珠江 - 西江经济带平均分低2. 358 分；2014 年，城市人力资本得分比珠江 - 西江经济带最高分低4. 373 分，比珠江 - 西江经济带平均分低2. 734 分；2015 年，城市人力资本得分比珠江 - 西江经济带最高分低3. 310 分，比珠江 -

西江经济带平均分低 1.587 分。这说明整体上梧州市人力资本得分与珠江－西江经济带最高分的差距波动缩小，与珠江－西江经济带平均分的差距波动增加。

由图 4－10 可知，2010 年，梧州市职工工资相对增长率得分比珠江－西江经济带最高分低 0.825 分，比珠江－西江经济带平均分低 0.094 分；2011 年，职工工资相对增长率得分比珠江－西江经济带最高分低 1.105 分，比珠江－西江经济带平均分低 0.120 分；2012 年，职工工资相对增长率得分比珠江－西江经济带最高分低 0.212 分，比珠江－西江经济带平均分低 0.042 分；2013 年，职工工资相对增长率得分比珠江－西江经济带最高分低 5.391 分，比珠江－西江经济带平均分低 0.621 分；2014 年，职工工资相对增长率得分比珠江－西江经济带最高分低 1.726 分，比珠江－西江经济带平均分低 0.254 分；2015 年，职工工资相对增长率得分比珠江－西江经济带最高分低 1.449 分，比珠江－西江经济带平均分低 0.203 分。这说明整体上梧州市职工工资相对增长率得分与珠江－西江经济带最高分的差距波动上升，与珠江－西江经济带平均分的差距波动增加。

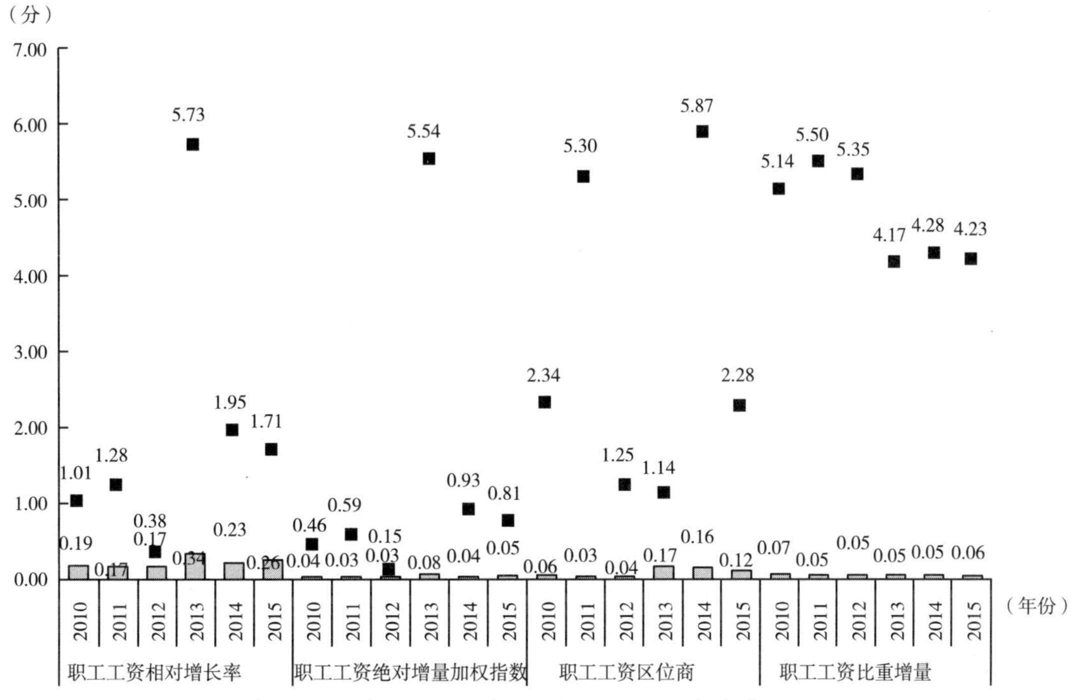

图 4－10　2010～2015 年梧州市生活水平指标得分比较 2

2010 年，梧州市职工工资绝对增量加权指数得分比珠江－西江经济带最高分低 0.420 分，比珠江－西江经济带平均分低 0.042 分；2011 年，职工工资绝对增量加权指数得分比珠江－西江经济带最高分低 0.563 分，比珠江－西江经济带平均分低 0.062 分；2012 年，职工工资绝对增量加权指数得分比珠江－西江经济带最高分低 0.115 分，比珠江－西江经济带平均分低 0.023 分；2013 年，职工工资绝对增量加权指数得分比珠江－西江经济带最高分低 5.466 分，比珠江－西江经济带平均分低 0.546 分；2014 年，职工工资绝对增量加权指数得分比珠江－西江经济带最高分低 0.880 分，比珠江－西江经济带平均分低 0.127 分；2015 年，职工工资绝对增量加权指数得分比珠江－西江经济带最高分低 0.751 分，比珠江－西江经济带平均分低 0.132 分。这说明整体上梧州市职工工资绝对增量加权指数得分与珠江－西江经济带最高分的差距波动扩大，与珠江－西江经济带平均分的差距波动上升。

2010 年，梧州市职工工资区位商得分比珠江－西江经济带最高分低 2.279 分，比珠江－西江经济带平均分低 0.260 分；2011 年，职工工资区位商得分比珠江－西江经济带最高分低 5.262 分，比珠江－西江经济带平均分低 0.573 分；2012 年，职工工资区位商得分比珠江－西江经济带最高分低 1.212 分，比珠江－西江经济带平均分低 0.239 分；2013 年，职工工资区位商得分比珠江－西江经济带最高分低 0.977 分，比珠江－西江经济带平均分低 0.230 分；2014 年，职工工资区位商得分比珠江－西江经济带最高分低 5.711 分，比珠江－西江经济带平均分低 0.841 分；2015 年，职工工资区位商得分比珠江－西江经济带最高分低 2.164 分，比珠江－西江经济带平均分低 0.419 分。这说明整体上梧州市职工工资区位商得分与珠江－西江经济带最高分的差距波动缩小，与珠江－西江经济带平均分的差距波动上升。

2010 年，梧州市职工工资比重增量得分比珠江－西江经济带最高分低 5.071 分，比珠江－西江经济带平均分低 0.645 分；2011 年，职工工资比重增量得分比珠江－西江经济带最高分低 5.451 分，比珠江－西江经济带平均分低 0.670 分；2012 年，职工工资比重增量得分比珠江－西江经济带最高分低 5.296 分，比珠江－西江经济带平均分低 0.674 分；2013 年，职工工资比重增量得分比珠江－西江经济带最高分低 4.117 分，比珠江－西江经济带平均分低 0.645 分；2014 年，职工工资比重增量得分比珠江－西江经济带最高分低4.232分，比珠江－西江经济带平均分低0.656分；2015年，职工工资比重增量得分比珠江－西江经济带最高分低4.169分，比珠江－西江经济带平均分低0.642分。这说明整体上梧州市职工工资比重增量得分与珠江－西江经济带最高分的差距波动缩小，与珠江－西江经济带平均分的差距波动保持。

二、梧州市城市生活环境质量综合评估与比较

（一）梧州市城市生活环境质量评估指标变化趋势评析

1. 城镇公园用地动态变化

根据图4－11分析可知，2010～2015年梧州市城镇公园用地指数总体上呈现波动下降的状态。这种状态表现为2010～2015年间城市在该项指标上总体呈现下降趋势，但在个别年份存在上下波动的情况，并非连续性下降状态。这就意味着在评估的时间段内，虽然指标数据存在较大的波动变化，但是其评价末期数据值低于评价初期数据值。梧州市的城镇公园用地动态变化指数末期低于初期的数据，降低10个单位左右，并且在2010～2012年间存在明显下降的变化，这说明梧州市城镇公园用地情况处于不太稳定的下降状态。

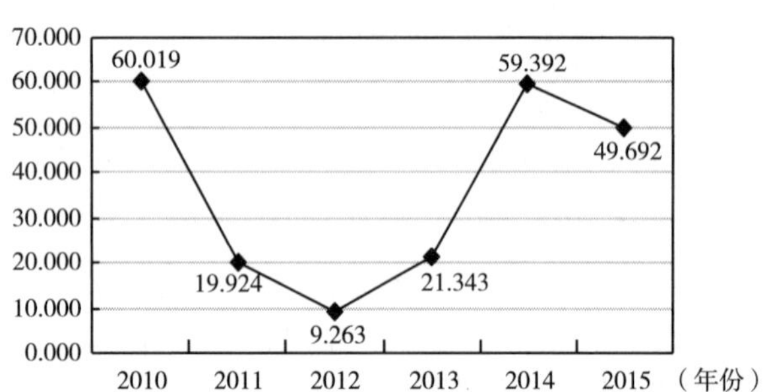

图4－11　2010～2015年梧州市城镇公园用地动态变化变化趋势

2. 供水能力延展指数

根据图4－12分析可知，2010～2015年梧州市供水能力延展指数总体上呈现波动上升的状态。2010～2015年间城市在该项指标上存在较多波动变化，总体趋势为上升趋势，但在个别年份出现下降的情况，指标并非连续性上升。波动上升型指标意味着在评估期间，虽然指标数据存在较大波动变化，但是其评价末期数据值高于评价初期数据值。该图可知梧州市供水能力延展指数数值保持在4.429～6.814。即使梧州市供水能力延展指数存在过最低值，其数值为4.429，但梧州市在供水能力延展指数上总体表现相对平稳，说明该地区居民生活发展能力及活力持续又稳定。

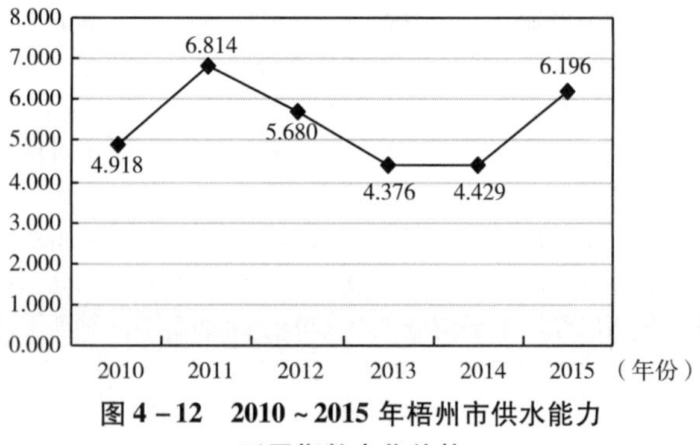

图4－12　2010～2015年梧州市供水能力延展指数变化趋势

3. 城市供气能力

根据图4－13分析可知，2010～2015年梧州市供气能力指数总体上呈现波动下降的状态。这种状态表现为2010～2015年间城市在该项指标上总体呈现下降趋势，但在个别年份存在上下波动的情况，并非连续性下降状态。这就意味着在评估的时间段内，虽然指标数据存在较大的波动变化，但是其评价末期数据值低于评价初期数据值。梧州市的供气能力指数末期低于初期的数据，降低3个单位左右，并且在2012～2015年间存在明显下降的变化，这说明梧州市供气能力情况处于不太稳定的下降状态。

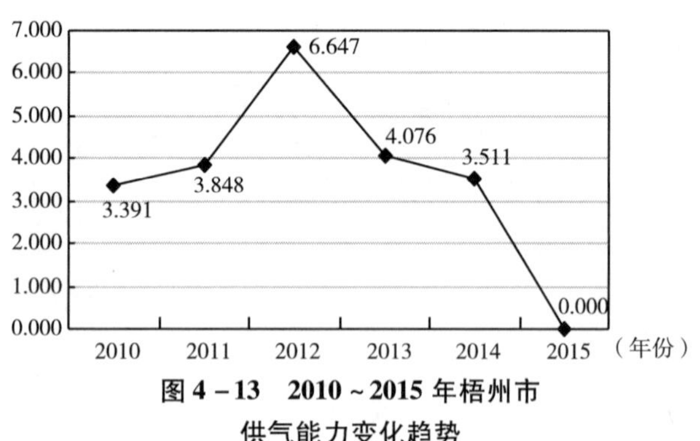

图4－13　2010～2015年梧州市供气能力变化趋势

4. 城市供电强度

根据图4－14分析可知，2010～2015年梧州市供电强度总体上呈现波动保持的状态。波动保持型指标意味着城市

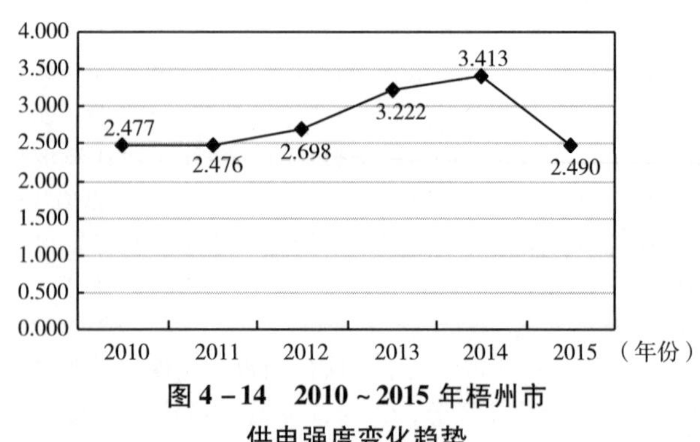

图4－14　2010～2015年梧州市供电强度变化趋势

在该项指标上虽然呈现波动状态，在评价末期和评价初期的数值基本保持一致，该图可知梧州市城市供电强度数值保持在2.490～3.413。即使梧州市供电强度存在过最低值，其数值为2.490，但梧州市在供电强度上总体表现相对平稳，说明该地区经济发展能力及活力持续又稳定。

5. 城市供气密度

根据图4－15分析可知，2010～2015年梧州市的供气密度总体上呈现波动下降的状态。由折线图可以看出梧州市虽然在供气密度上持续下降，但是下降幅度不明显，数值保持在10.268～17.907，这说明虽然梧州市供气密度比例在下降，但是总体上仍是比较稳定的，表现出梧州市的供气水平变幅不大，经济社会平稳发展。

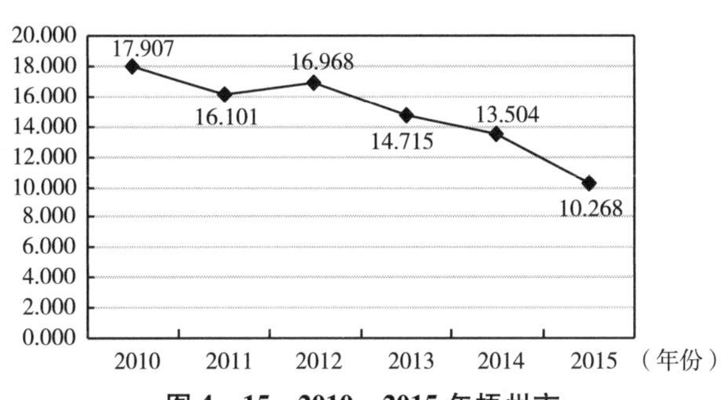

图4－15 2010～2015年梧州市供气密度变化趋势

6. 城市用电承载力ES

根据图4－16分析可知，2010～2015年梧州市用电承载力ES总体上呈现波动保持的状态。波动保持型指标意味着城市在该项指标上虽然呈现波动状态，在评价末期和评价初期的数值基本保持一致，该图可知梧州市用电承载力ES数值保持在2.417～5.185。即使梧州市用电承载力ES存在过最低值，其数值为2.417，但梧州市在用电承载力ES上总体表现相对平稳，说明该地区经济发展能力及活力持续又稳定。

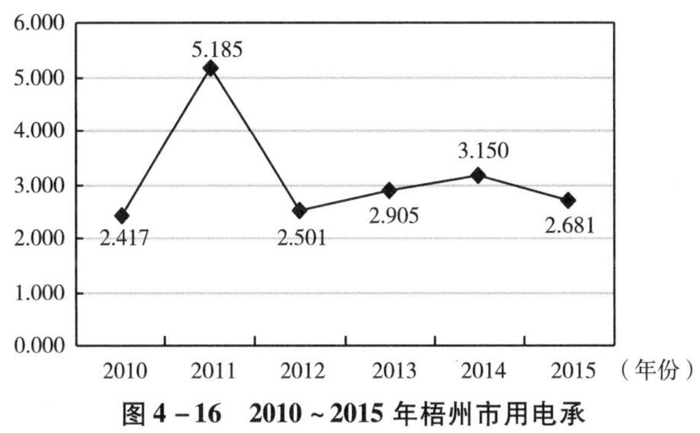

图4－16 2010～2015年梧州市用电承载力ES变化趋势

7. 城市通信流强度

根据图4－17分析可知，2010～2015年梧州市的通信流强度总体上呈现波动上升的状态。2010～2015年间城市在该项指标上存在较多波动变化，总体趋势为上升趋势，但在个别年份出现下降的情况，指标并非连续性上升。波动上升型指标意味着在评估期间，虽然指标数据存在较大波动变化，但是其评价末期数据值高于评价初期数据值。对于梧州市来说，城市通信流强度这个三级指标的上升幅度较大，从2010年的1.314上升至2015年的4.015，这样的上升趋势说明城市发展的经济结构较高，其进行城市通信的方式比较丰富，城市的经济社会发展活力充沛。

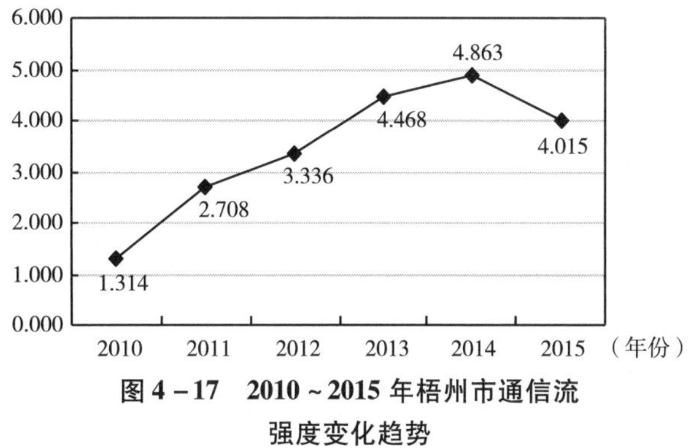

图4－17 2010～2015年梧州市通信流强度变化趋势

8. 城市通信倾向度

根据图4－18分析可知，2010～2015年梧州市通信倾向度总体上呈现波动保持的状态。波动保持型指标意味着城市在该项指标上虽然呈现波动状态，在评价末期和评价初期的数值基本保持一致，该图可知梧州市通信倾向度数值保持在26.497～39.327。即使梧州市通信倾向度存在过最低值，其数值为26.497，但梧州市在通信倾向度上总体表现相对平稳，说明该地区经济发展能力及活力持续又稳定。

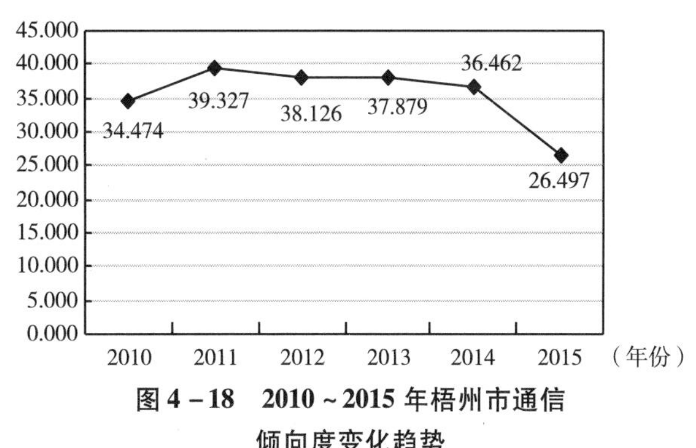

图4－18 2010～2015年梧州市通信倾向度变化趋势

9. 城市通信职能规模

根据图4－19分析可知，2010～2015年梧州市通信职能规模总体上呈现波动保持的状态。波动保持型指标意味着城市在该项指标上虽然呈现波动状态，在评价末期和评价初期的数值基本保持一致，该图可知梧州市通信职能规模数值保持在11.356～20.194。即使梧州市通信职能规模存在过最低值，其数值为11.356，但梧州市在通信职能规模上总体表现相对平稳，说明该地区经济发展能力及活力持续又稳定。

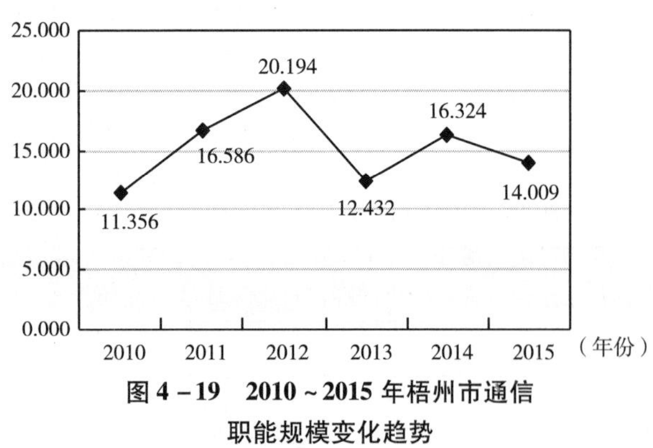

图4－19　2010～2015年梧州市通信职能规模变化趋势

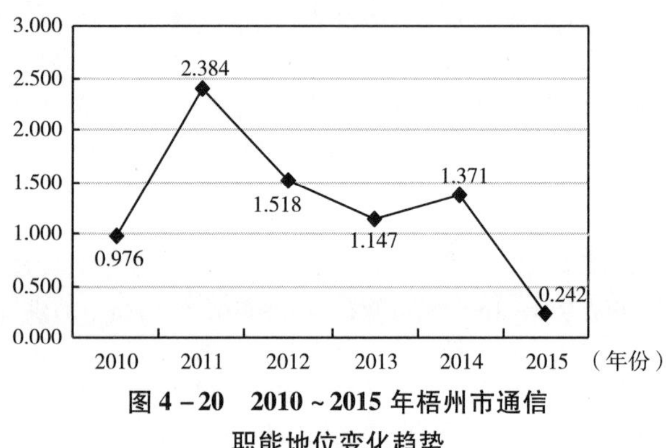

图4－20　2010～2015年梧州市通信职能地位变化趋势

10. 城市通信职能地位

根据图4－20分析可知，2010～2015年梧州市通信职能地位总体上呈现波动下降的状态。这一类的指标为2010～2015年间城市在该项指标上总体呈现下降趋势，但在评估期间存在上下波动的情况，指标并非连续性下降状态。波动下降型指标意味着在评估期间，虽然指标数据存在较大波动变化，但是其评价末期数据值低于评价初期数据值。该图可知梧州市通信职能地位数值保持在0.242～2.384。即使梧州市通信职能地位存在过最低值，其数值为0.242，但梧州市在通信职能地位上总体表现为波动下降，说明该地区经济发展能力及活力有所降低。

（二）梧州市城市生活环境质量评估结果

根据表4－4对2010～2012年间梧州市生活环境质量得分、排名、优劣度进行分析。2010年梧州市生活环境质量排名处在珠江－西江经济带第7名，2011～2012年梧州市生活环境质量排名处在第10名，说明梧州市生活环境综合发展水平较于珠江－西江经济带其他城市较低。对梧州市的生活环境质量得分情况作出分析，发现梧州市生活环境综合得分持续下降，变动幅度较大，说明梧州市生活环境较不稳定。2010～2012年间梧州市的生活环境质量从中势地位降至劣势地位，说明梧州市的生活环境质量较低，居民生活质量存在下降趋势，但能够提供较优质的生产生活基础条件。

表4－4　2010～2012年梧州市生活环境各级指标的得分、排名及优劣度分析

指标	2010年			2011年			2012年		
	得分	排名	优劣度	得分	排名	优劣度	得分	排名	优劣度
生活环境	7.960	7	中势	6.019	10	劣势	5.411	10	劣势
城镇公园用地动态变化	3.960	2	强势	1.247	9	劣势	0.514	10	劣势
供水能力延展指数	0.233	5	优势	0.320	2	强势	0.319	3	优势
城市供气能力	0.189	10	劣势	0.216	9	劣势	0.402	9	劣势
城市供电强度	0.145	9	劣势	0.142	9	劣势	0.160	9	劣势
城市供气密度	1.025	6	中势	0.885	6	中势	1.014	6	中势
城市用电承载力ES	0.137	9	劣势	0.288	7	中势	0.141	9	劣势
城市通信流强度	0.069	7	中势	0.150	6	中势	0.194	6	中势
城市通信倾向度	2.128	9	劣势	2.551	10	劣势	2.501	10	劣势
城市通信职能规模	0.026	9	劣势	0.083	9	劣势	0.088	9	劣势
城市通信职能地位	0.049	9	劣势	0.136	9	劣势	0.079	9	劣势

对梧州市生活环境的三级指标进行分析，其中城镇公园用地动态变化得分排名呈现出持续下降的发展趋势。对梧州市城镇公园用地动态变化的得分情况进行分析，发现梧州市的城镇公园用地动态变化得分持续下降，说明梧州市的城镇公园用地减少，城市规模不断缩小。

供水能力延展指数的综合发展水平得分排名呈现出波动上升的趋势。对梧州市供水能力延展指数的得分情况作出分析，发现梧州市在供水能力延展指数上的得分波动上升，说明梧州市的供水能力延展指数存在提升的空间，城市的供水管道发展水平在不断提高。

城市供气能力得分排名呈现出波动上升的趋势。对梧州市供气能力的得分情况作出分析，发现梧州市在供气能力上的得分持续上升，说明梧州市的供气能力有所提升，以提供居民更优质的基础设施服务。

城市供电强度得分排名呈现出持续保持的趋势。对梧州市的供电强度的得分情况作出分析，发现梧州市在供电强度上的得分波动上升，说明梧州市在推进供电建设方面的力度不断地加大，城市活力越来越强。

城市供气密度得分排名呈现持续保持的趋势。对梧州市的供气密度的得分情况进行分析，发现梧州市的供气密度的得分先降后升，分值变动幅度较大，说明城市的供气承载力的平稳性有待提升。

城市用电承载力 ES 得分排名呈现出波动保持的趋势。对梧州市的用电承载力 ES 的得分情况作出分析，发现梧州市在用电承载力 ES 上的得分先升后降，说明2010～2012 年间梧州市用电的整体密度、容量范围有所增加。

城市通信流强度得分排名呈现出波动上升的趋势。对梧州市的通信流强度的得分情况作出分析，发现梧州市在通信流强度上的得分持续上升，分值变动幅度较大，说明 2010～2012 年间梧州市的通信要素流动强度的变化较为稳定，并存在提升的空间。

城市通信倾向度得分排名呈现出波动下降的趋势。对梧州市的通信倾向度的得分情况作出分析，发现梧州市在通信倾向度上的得分波动上升，说明 2010～2012 年间梧州市的通信外向强度上有较大的提升空间。

城市通信职能规模得分排名呈现出持续保持的趋势。对梧州市的通信职能规模的得分情况作出分析，发现梧州市在通信职能规模上的得分持续上升，说明梧州市在通信水平方面具有发展潜力，存在一定的提升空间。

城市通信职能地位得分排名呈现出持续保持的趋势。对梧州市通信职能地位的得分情况作出分析，发现梧州市在通信职能地位上的得分先升后降，说明梧州市在通信能力方面不具备一定的优势。

根据表 4－5 对 2013～2015 年间梧州市生活环境质量得分、排名、优劣度进行分析。2013 年梧州市生活环境质量排名处在珠江－西江经济带第 11 名，2014 年梧州市生活环境质量排名处在第 5 名，2015 年梧州市生活环境质量排名处在第 9 名，说明梧州市生活环境综合发展水平较于珠江－西江经济带其他城市较低且波动。对梧州市的生活环境质量得分情况作出分析，发现梧州市生活环境综合得分先升后降，变化幅度较大，说明梧州市生活环境质量的稳定性有待提升。2013～2015 年间梧州市的生活环境质量在保持劣势地位，说明梧州市的生活环境质量有待提高，不能提供具有一定优势的生产生活基础条件。

表 4－5　2013～2015 年梧州市生活环境各级指标的得分、排名及优劣度分析

指标	2013 年			2014 年			2015 年		
	得分	排名	优劣度	得分	排名	优劣度	得分	排名	优劣度
生活环境	5.753	11	劣势	7.892	5	优势	5.985	9	劣势
城镇公园用地动态变化	1.214	9	劣势	3.576	1	强势	2.993	2	强势
供水能力延展指数	0.209	5	优势	0.215	7	中势	0.297	1	强势
城市供气能力	0.223	11	劣势	0.211	11	劣势	0.000	11	劣势
城市供电强度	0.190	9	劣势	0.207	9	劣势	0.151	9	劣势
城市供气密度	0.797	5	优势	0.793	5	优势	0.583	8	中势
城市用电承载力 ES	0.163	9	劣势	0.181	9	劣势	0.163	9	劣势
城市通信流强度	0.245	7	中势	0.267	6	中势	0.216	6	中势
城市通信倾向度	2.549	3	优势	2.229	6	中势	1.545	8	中势
城市通信职能规模	0.108	7	中势	0.147	7	中势	0.026	9	劣势
城市通信职能地位	0.056	7	中势	0.067	7	中势	0.012	9	劣势

对梧州市生活环境的三级指标进行分析，其中城镇公园用地动态变化得分排名呈现出波动上升的发展趋势。对梧州市城镇公园用地动态变化的得分情况进行分析，发现梧州市的城镇公园用地动态变化得分先升后降，说明梧州市的城镇公园用地增加，城市规模不断扩大。

供水能力延展指数的综合发展水平得分排名呈现出波动上升的趋势。对梧州市供水能力延展指数的得分情况作出分析，发现梧州市在供水能力延展指数上的得分波动保持，说明梧州市的供水管道发展较为合理，但供水能力延展指数仍存在较大的提升空间。

城市供气能力得分排名呈现出持续保持的趋势。对梧州市的供气能力的得分情况作出分析，发现梧州市在供气能力上的得分持续下降，但梧州市的供气能力存在减弱趋势，城市基础设施有待完善。

城市供电强度得分排名呈现出持续保持的趋势。对梧州市的供电强度的得分情况作出分析，发现梧州市在供电强度上的得分先升后降，说明梧州市在推进供电建设方面的力度较弱，城市供电能力不具备一定的优势。

城市供气密度得分排名呈现波动下降的趋势。对梧州市的供气密度的得分情况进行分析，发现梧州市的供气密度的得分持续下降，说明城市用气总量减少，城市供气密度小，供气承载力减弱。

城市用电承载力 ES 得分排名呈现出持续保持的趋势。对梧州市的用电承载力 ES 的得分情况作出分析，发现梧州市在用电承载力 ES 上的得分先升后降，说明2013～2015 年间梧州市的用电承载力 ES 有待提升。

城市通信流强度得分排名呈现出波动上升的趋势。对梧州市的通信流强度的得分情况作出分析，发现梧州市在通信流强度上的得分先升后降，说明 2013～2015 年间梧州市的通信要素流动强度减弱，存在提升的空间。

城市通信倾向度得分排名呈现出持续下降的趋势。对梧州市的通信倾向度的得分情况作出分析，发现梧州市在通信倾向度上的得分持续下降，说明 2013～2015 年间梧州市的通信外向强度发展较不合理，在城市的通信外向强度的提高上应该付出更大的努力。

城市通信职能规模得分排名呈现出波动下降的趋势。对梧州市的通信职能规模的得分情况作出分析，发现梧州市在通信职能规模上的得分先升后降，说明梧州市所具备的通信水平存在一定的提升空间。

城市通信职能地位得分排名呈现出波动下降的趋势。对梧州市通信职能地位的得分情况作出分析，发现梧州市在通信职能地位上的得分波动下降，说明梧州市虽然在通信能力方面不具备一定的优势，存在提升空间。

对 2010～2015 年间梧州市生活环境及各三级指标的得分、排名和优劣度进行分析。2010 年梧州市生活环境综合得分排名处在珠江－西江经济带第 7 名，2011～2012 年梧州市生活环境综合得分排名处在第 10 名，2013 年梧州市生活环境综合得分排名处在第 11 名，2014 年梧州市生活环境综合得分排名处在第 5 名，之后 2015 年梧州市生活环境综合得分排名处于第 9 名。2010～2015 年梧州市生活环境综合得分排名处于珠江－西江经济带下游区，在城市生活环境上位于劣势地位，说明梧州市生活环境质量发展较之于珠江－西江经济带的其他城市不具有一定的竞争优势。对梧州市的生活环境质量得分情况进行分析，发现梧州市的生活环境综合得分呈现波动下降的发展趋势，2010～2012 年间梧州市的生活环境得分呈持续上升的趋势，在 2013～2015 年梧州市的生活环境综合得分呈先升后降的发展趋势，说明梧州市生活环境质量虽然变动较不稳定，但在珠江－西江经济带中依然具备一定的发展潜力。

从表 4－6 中生活环境基础指标的优劣度结构来看，在 10 个基础指标中，指标的优劣度结构为 20.0：0.0：30.0：50.0。

表 4－6　2015 年梧州市生活环境指标的优劣度结构

二级指标	三级指标数	强势指标		优势指标		中势指标		劣势指标		优劣度
		个数	比重（%）	个数	比重（%）	个数	比重（%）	个数	比重（%）	
生活环境	10	2	20.000	0	0.000	3	30.000	5	50.000	劣势

（三）梧州市城市生活环境质量比较分析

图 4－21 和图 4－22 将 2010～2015 年梧州市生活环境质量与珠江－西江经济带最高水平和平均水平进行比较。从生活环境质量的要素得分比较来看，由图 4－21 可知，2010 年，梧州市城镇公园用地动态变化得分比珠江－西江经济带最高分低 2.638 分，比珠江－西江经济带平均分高 1.479 分；2011 年，城镇公园用地动态变化得分比珠江－西江经济带最高分低 4.068 分，比珠江－西江经济带平均分低 0.963 分；2012 年，城镇公园用地动态变化得分比珠江－西江经济带最高分低 2.014 分，比珠江－西江经济带平均分低 0.816 分；2013 年，城镇公园用地动态变化得分比珠江－西江经济带最高分低 1.572 分，比珠江－西江经济带平均分低 0.339 分；2014 年，城镇公园用地动态变化得分与珠江－西江经济带最高分不存在差距，比珠江－西江经济带平均分高 1.700 分；2015 年，城镇公园用地动态变化得分比珠江－西江经济带最高分低 0.230 分，比珠江－西江经济带平均分高 1.026 分。这说明整体上梧州市城镇公园用地动态变化得分与珠江－西江经济带最高分的差距有缩小趋势，与珠江－西江经济带平均分的差距逐渐缩小。

2010 年，梧州市供水能力延展指数得分比珠江－西江经济带最高分低 0.025 分，比珠江－西江经济带平均分高 0.006 分；2011 年，供水能力延展指数得分比珠江－西江经济带最高分低 0.003 分，比珠江－西江经济带平均分高 0.089 分；2012 年，供水能力延展指数得分比珠江－西江经济带最高分低 5.290 分，比珠江－西江经济带平均分低 0.449 分；2013 年，供水能力延展指数得分比珠江－西江经济带最高分低 0.124 分，比珠江－西江经济带平均分低 0.020 分；2014 年，供水能力延展指数得分比珠江－西江经济带最高分低 0.020 分，比珠江－西江经济带平均分低 0.006 分；2015 年，供水能力延展指数得分与珠江－西江经济带最高分不存在差距，比珠江－西江经济带平均分高 0.092 分。这说明整体上梧州市供水能力延展指数得分与珠江－西江经济带最高分的差距有缩小趋势，与珠江－西江经济带平均分的差距逐渐增加。

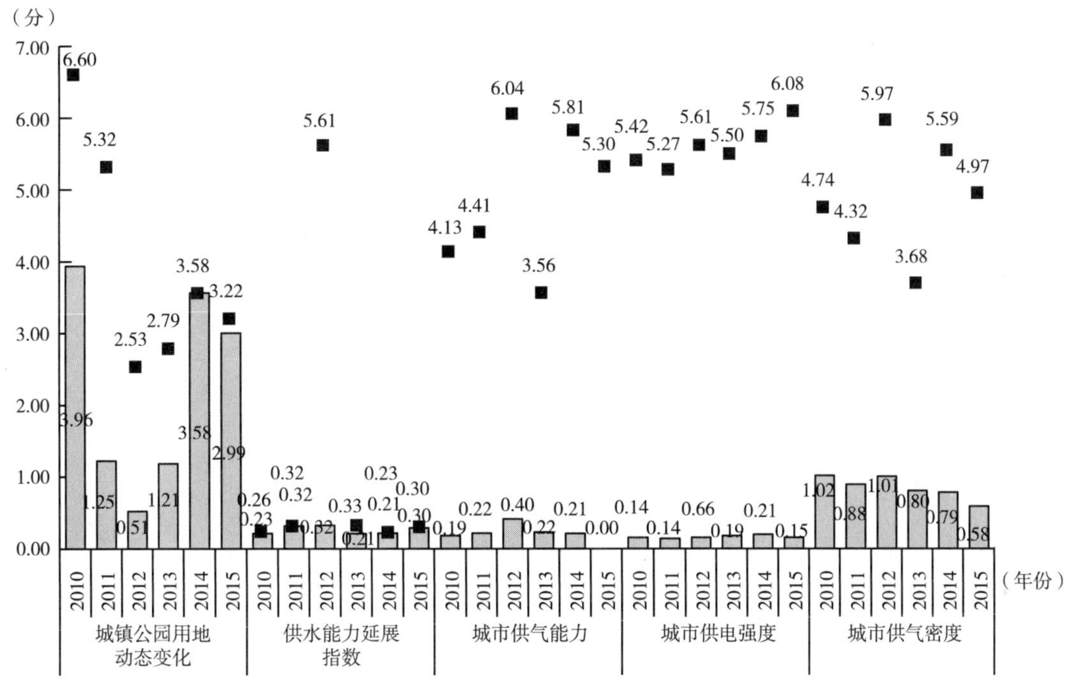

图 4-21 2010~2015 年梧州市生活环境质量指标得分比较 1

2010 年，梧州市供气能力得分比珠江-西江经济带最高分低 3.939 分，比珠江-西江经济带平均分低 1.033 分；2011 年，城市供气能力得分比珠江-西江经济带最高分低 4.196 分，比珠江-西江经济带平均分低 1.122 分；2012 年，城市供气能力得分比珠江-西江经济带最高分低 5.642 分，比珠江-西江经济带平均分低 1.107 分；2013 年，城市供气能力得分比珠江-西江经济带最高分低 3.332 分，比珠江-西江经济带平均分低 0.886 分；2014 年，城市供气能力得分比珠江-西江经济带最高分低 5.600 分，比珠江-西江经济带平均分低 1.201 分；2015 年，城市供气能力得分比珠江-西江经济带最高分低 5.295 分，比珠江-西江经济带平均分低 1.477 分。这说明整体上梧州市供气能力得分与珠江-西江经济带最高分的差距波动增加，与珠江-西江经济带平均分的差距波动增加。

2010 年，梧州市供电强度得分比珠江-西江经济带最高分低 5.272 分，比珠江-西江经济带平均分低 1.026 分；2011 年，城市供电强度得分比珠江-西江经济带最高分低 5.127 分，比珠江-西江经济带平均分低 0.993 分；2012 年，城市供电强度得分比珠江-西江经济带最高分低 5.446 分，比珠江-西江经济带平均分低 1.035 分；2013 年，城市供电强度得分比珠江-西江经济带最高分低 5.312 分，比珠江-西江经济带平均分低 0.993 分；2014 年，城市供电强度得分比珠江-西江经济带最高分低 5.541 分，比珠江-西江经济带平均分低 1.020 分；2015 年，城市供电强度得分比珠江-西江经济带最高分低 5.930 分，比珠江-西江经济带平均分低 1.095 分。这说明整体上梧州市供电强度得分与珠江-西江经济带最高分的差距持续增加，与珠江-西江经济带平均分的差距波动增加。

2010 年，梧州市供气密度得分比珠江-西江经济带最高分低 3.719 分，比珠江-西江经济带平均分低 0.364 分；2011 年，城市供气密度得分比珠江-西江经济带最高分低 3.435 分，比珠江-西江经济带平均分低 0.276 分；2012 年，城市供气密度得分比珠江-西江经济带最高分低 4.960 分，比珠江-西江经济带平均分低 0.398 分；2013 年，城市供气密度得分比珠江-西江经济带最高分低 2.885 分，比珠江-西江经济带平均分低 0.215 分；2014 年，城市供气密度得分比珠江-西江经济带最高分低 4.792 分，比珠江-西江经济带平均分低 0.428 分；2015 年，城市供气密度得分比珠江-西江经济带最高分低 4.387 分，比珠江-西江经济带平均分低 0.544 分。这说明整体上梧州市供气密度得分与珠江-西江经济带最高分的差距波动增加，与珠江-西江经济带平均分的差距波动增加。

由图 4-22 可知，2010 年，梧州市用电承载力 ES 得分比珠江-西江经济带最高分低 4.713 分，比珠江-西江经济带平均分低 0.917 分；2011 年，城市用电承载力 ES 得分比珠江-西江经济带最高分低 4.336 分，比珠江-西江经济带平均分低 0.728 分；2012 年，城市用电承载力 ES 得分比珠江-西江经济带最高分低 4.616 分，比珠江-西江经济带平均分低 0.870 分；2013 年，城市用电承载力 ES 得分比珠江-西江经济带最高分低 4.408 分，比珠江-西江经济带平均分低 0.824 分；2014 年，城市用电承载力 ES 得分比珠江-西江经济带最高分低 4.709 分，比珠江-西江经济带平均分低 0.854 分；2015 年，城市用电承载力 ES 得分比珠江-西江经济带最高分低 5.909 分，比珠江-西江经济带平均分低 1.062 分。这说明整体上梧州市用电承载力 ES 得分与珠江-西江经济带最高分的差距波动上升，与珠江-西江经济带平均分的差距波动上升。

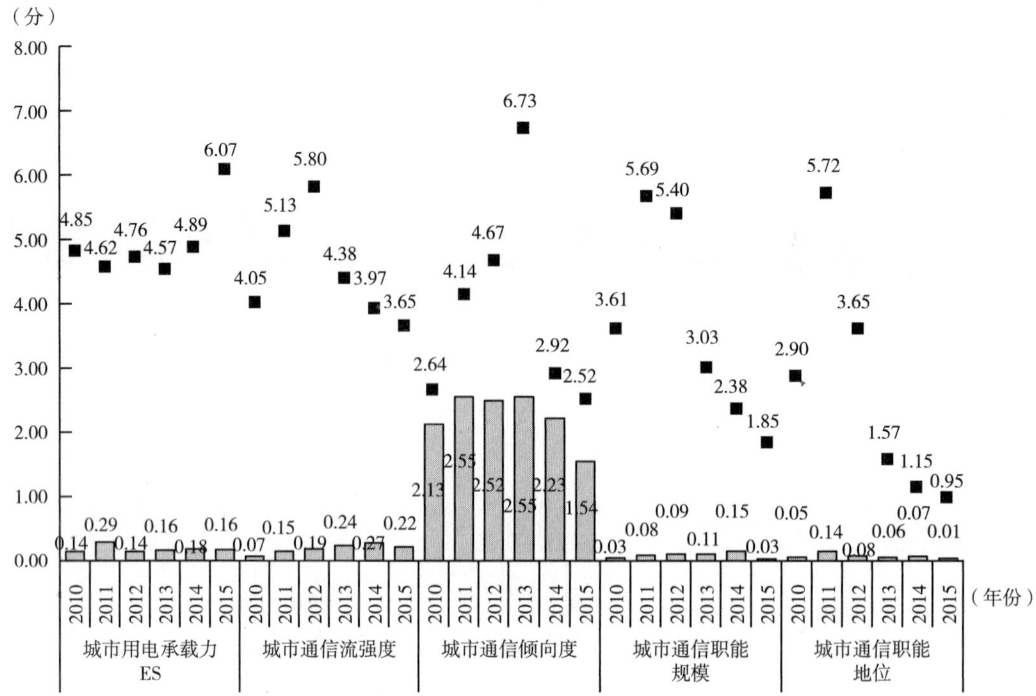

图 4 - 22　2010 ~2015 年梧州市生活环境质量指标得分比较 2

2010 年，梧州市通信流强度得分比珠江 - 西江经济带最高分低 3. 977 分，比珠江 - 西江经济带平均分低 0. 623 分；2011 年，城市通信流强度得分比珠江 - 西江经济带最高分低 4. 976 分，比珠江 - 西江经济带平均分低 0. 776 分；2012 年，城市通信流强度得分比珠江 - 西江经济带最高分低 5. 609 分，比珠江 - 西江经济带平均分低 0. 843 分；2013 年，城市通信流强度得分比珠江 - 西江经济带最高分低 4. 132 分，比珠江 - 西江经济带平均分低 0. 664 分；2014 年，城市通信流强度得分比珠江 - 西江经济带最高分低 3. 704 分，比珠江 - 西江经济带平均分低 0. 628 分；2015 年，城市通信流强度得分比珠江 - 西江经济带最高分低 3. 434 分，比珠江 - 西江经济带平均分低 0. 649 分。这说明整体上梧州市通信流强度得分与珠江 - 西江经济带最高分的差距波动缩小，与珠江 - 西江经济带平均分的差距波动增加。

2010 年，梧州市通信倾向度得分比珠江 - 西江经济带最高分低 0. 515 分，比珠江 - 西江经济带平均分低 0. 237 分；2011 年，城市通信倾向度得分比珠江 - 西江经济带最高分低 1. 589 分，比珠江 - 西江经济带平均分低 0. 332 分；2012 年，城市通信倾向度得分比珠江 - 西江经济带最高分低 2. 173 分，比珠江 - 西江经济带平均分低 0. 342 分；2013 年，城市通信倾向度得分比珠江 - 西江经济带最高分低 4. 179 分，比珠江 - 西江经济带平均分低 0. 150 分；2014 年，城市通信倾向度得分比珠江 - 西江经济带最高分低 0. 695 分，比珠江 - 西江经济带平均分高 0. 158 分；2015 年，城市通信倾向度得分比珠江 - 西江经济带最高分低 0. 977 分，比珠江 - 西江经济带平均分低 0. 164 分。这说明整体上梧州市通信倾向度得分与珠江 - 西江经济带最高分的差距波动增加，与珠江 - 西江经济带平均分的差距波动减小。

2010 年，梧州市通信职能规模得分比珠江 - 西江经济带最高分低 3. 587 分，比珠江 - 西江经济带平均分低 0. 575 分；2011 年，城市通信职能规模得分比珠江 - 西江经济带最高分低 5. 610 分，比珠江 - 西江经济带平均分低 0. 932 分；2012 年，城市通信职能规模得分比珠江 - 西江经济带最高分低 5. 316 分，比珠江 - 西江经济带平均分低 0. 900 分；2013 年，城市通信职能规模得分比珠江 - 西江经济带最高分低 2. 921 分，比珠江 - 西江经济带平均分低 0. 504 分；2014 年，城市通信职能规模得分比珠江 - 西江经济带最高分低 2. 234 分，比珠江 - 西江经济带平均分低 0. 414 分；2015 年，城市通信职能规模得分比珠江 - 西江经济带最高分低 1. 821 分，比珠江 - 西江经济带平均分低 0. 446 分。这说明整体上梧州市通信职能规模得分与珠江 - 西江经济带最高分的差距波动缩小，与珠江 - 西江经济带平均分的差距波动减小。

2010 年，梧州市通信职能地位得分比珠江 - 西江经济带最高分低 2. 847 分，比珠江 - 西江经济带平均分低 0. 457 分；2011 年，城市通信职能地位得分比珠江 - 西江经济带最高分低 5. 584 分，比珠江 - 西江经济带平均分低 0. 928 分；2012 年，城市通信职能地位得分比珠江 - 西江经济带最高分低 3. 568 分，比珠江 - 西江经济带平均分低 0. 604 分；2013 年，城市通信职能地位得分比珠江 - 西江经济带最高分低 1. 518 分，比珠江 - 西江经济带平均分低 0. 262 分；2014 年，城市通信职能地位得分比珠江 - 西江经济带最高分低 1.085 分，比珠江－西江经济带平均分低 0.201 分；2015 年，城市通信职能地位得分比珠江－西江经济带最高分低 0.938 分，比珠江－西江经济带平均分低 0.230 分。这说明整体上梧州市通信职能地位得分与珠江－西江经济带最高分的差距波动缩小，与珠江－西江经济带平均分的差距逐渐减小。

三、梧州市城市居民生活质量综合评估与比较评述

从对梧州市居民生活质量评估及其 2 个二级指标在珠江－西江经济带的排名变化和指标结构的综合分析来看，2010～2015 年间，居民生活质量板块中上升指标的数量小于下降指标的数量，上升的动力小于下降的拉力，使得 2015 年梧州市居民生活质量的排名呈波动下降，在珠江－西江经济带城市位居第 9 名。

（一）梧州市城市居民生活质量概要分析

梧州市居民生活质量在珠江－西江经济带所处的位置及变化如表 4－7 所示，2 个二级指标的得分和排名变化如表 4－8 所示。

表 4－7　　2010～2015 年梧州市居民生活质量一级指标比较

指标	2010 年	2011 年	2012 年	2013 年	2014 年	2015 年
排名	8	11	11	11	11	9
所属区位	中游	下游	下游	下游	下游	下游
得分	15.043	10.197	8.835	7.180	10.854	12.755
经济带最高分	47.987	59.835	48.147	42.175	42.940	40.410
经济带平均分	21.581	21.372	19.326	19.203	18.685	19.309
与最高分的差距	－32.944	－49.639	－39.312	－34.995	－32.085	－27.655
与平均分的差距	－6.538	－11.176	－10.491	－12.023	－7.830	－6.554
优劣度	中势	劣势	劣势	劣势	劣势	劣势
波动趋势	—	下降	持续	持续	持续	上升

表 4－8　　2010～2015 年梧州市居民生活质量二级指标比较

年份	生活水平		生活环境	
	得分	排名	得分	排名
2010	7.083	9	7.960	7
2011	4.178	11	6.019	10
2012	3.424	11	5.411	10
2013	1.427	11	5.753	11
2014	2.962	11	7.892	5
2015	6.769	8	5.985	9
得分变化	－0.314	—	－1.975	—
排名变化	—	1	—	－2
优劣度	劣势	劣势	劣势	劣势

（1）从指标排名变化趋势看，2015 年梧州市居民生活质量评估排名在珠江－西江经济带处于第 9 名，表明其在珠江－西江经济带处于劣势地位，与 2010 年相比，排名下降 1 名。总的来看，评价期内梧州市居民生活质量呈现波动下降趋势。

在 2 个二级指标中，其中 1 个指标排名保持上升，为生活水平；1 个指标排名保持下降，为生活环境；这是梧州市居民生活质量处于波动下降趋势的动力所在。受指标排名升降的综合影响，评价期内梧州市居民生活质量的综合排名呈波动下降，在珠江－西江经济带城市排名第 9 名。

（2）从指标所处区位来看，2015 年梧州市居民生活质量处在下游区。其中，生活水平、生活环境均为劣势指标。

（3）从指标得分来看，2015 年梧州市居民生活质量得分为 12.755 分，比珠江－西江经济带最高分低 27.655 分，比珠江－西江经济带平均分低 6.554 分；与 2010 年相比，梧州市居民生活质量得分下降 2.288 分，与当年最高分的差距缩小了，与珠江－西江经济带平均分的差距扩大。

2015 年，梧州市居民生活质量二级指标的得分均高于 5 分，与 2010 年相比，得分下降最多的为生活水平，下降 1.975 分；得分下降最少的为生活环境，下降 0.314 分。

（二）梧州市城市居民生活质量评估指标动态变化分析

2010～2015年梧州市居民生活质量评估各级指标的动态变化及其结构，如图4－23和表4－9所示。

从图4－23可以看出，梧州市居民生活质量评估的三级指标中上升指标的比例小于下降指标，表明下降指标居于主导地位。表4－9中的数据说明，梧州市居民生活质量评估的18个三级指标中，上升的指标有6个，占指标总数的33.333%；保持的指标有5个，占指标总数的27.778%；下降的指标有7个，占指标总数的38.889%。由于上升指标的数量小于下降指标的数量，且受变动幅度与外部因素的综合影响，评价期内梧州市居民生活质量排名呈现波动下降，在珠江－西江经济带居第9名。

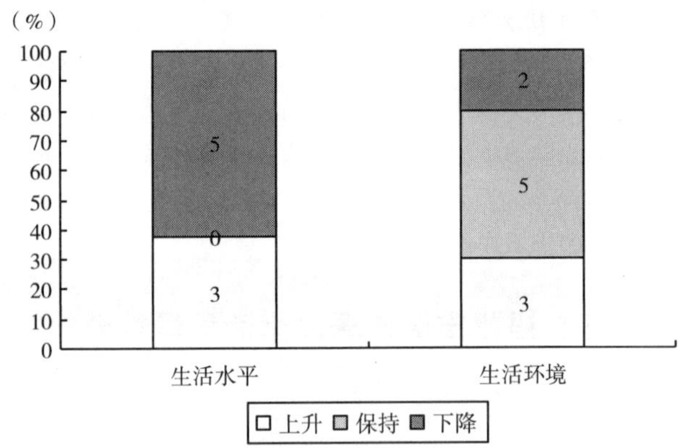

图4－23　2010～2015年梧州市居民生活质量动态变化结构

表4－9　2010～2015年梧州市居民生活质量各级指标排名变化态势比较

二级指标	三级指标数	上升指标		保持指标		下降指标	
		个数	比重（%）	个数	比重（%）	个数	比重（%）
生活水平	8	3	37.500	0	0.000	5	62.500
生活环境	10	3	30.000	5	50.000	2	20.000
合计	18	6	33.333	5	27.778	7	38.889

（三）梧州市城市居民生活质量评估指标变化动因分析

2015年梧州市居民生活质量板块各级指标的优劣势变化及其结构，如图4－24和表4－10所示。

从图4－24可以看出，2015年梧州市居民生活质量评估的三级指标中强势和优势指标的比例小于劣势指标的比例，表明强势和优势指标未处于主导地位。表4－10中的数据说明，2015年梧州市居民生活的18个三级指标中，强势指标有3个，占指标总数的16.677%；优势指标为1个，占指标总数的5.556%；中势指标6个，占指标总数的33.333%；劣势指标为8个，占指标总数的44.444%；强势指标和优势指标之和占指标总数的22.222%，数量与比重均小于劣势指标。从二级指标来看，其中生活水平的强势指标有1个，占指标总数的12.500%；优势指标为1个，占指标总数的12.500%；中势指标3个，占指标总数的37.500%；劣势指标为3个，占指标总数的37.500%；强势指标和优势指标之和占指标总数的25.000%，说明生活水平的强势、优势指标未居于主导地位。生活环境的强势指标有2个，占指标总数的20.000%；优势指标为0个，占指标总数的0.000%；中势指标3个，占指标总数的30.000%；劣势指标为5个，占指标总数的50.000%；强势指标和优势指标之和占指标总数的20.000%，说明生活环境的强势、优势指标未处于主导地位。由于强势、优势指标比重较小，梧州市居民生活质量处于劣势地位，在珠江－西江经济带位居第9名，处于下游区。

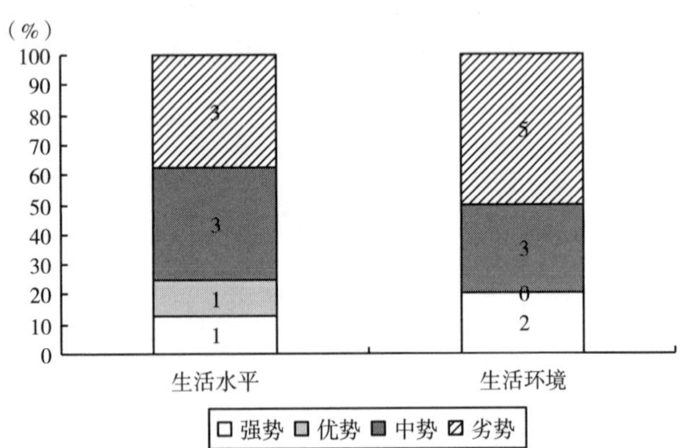

图4－24　2015年梧州市居民生活质量优劣度结构

表4－10　2015年梧州市居民生活质量各级指标优劣度比较

二级指标	三级指标数	强势指标		优势指标		中势指标		劣势指标		优劣度
		个数	比重（%）	个数	比重（%）	个数	比重（%）	个数	比重（%）	
生活水平	8	1	12.500	1	12.500	3	37.500	3	37.500	中势
生活环境	10	2	20.000	0	0.000	3	30.000	5	50.000	劣势
合计	18	3	16.667	1	5.556	6	33.333	8	44.444	劣势

为明确影响梧州市居民生活质量变化的具体因素，以便于对相关指标进行深入分析，为提升梧州市居民生活质量提供决策参考，表4－11列出居民生活质量指标体系中直接影响梧州市居民生活质量升降的强势指标、优势指标、中势指标和劣势指标。

表4－11　　2015年梧州市居民生活质量三级指标优劣度统计

指标	强势指标	优势指标	中势指标	劣势指标
生活水平（8个）	总工资弧弹性（1个）	平均工资增长强度（1个）	社会保障水平、职工工资相对增长率、职工工资绝对增量加权指数（3个）	城市人力资本、职工工资比重增量、职工工资强度（3个）
生活环境（10个）	城镇公园用地动态变化、供水能力延展指数（2个）	（0个）	城市供气密度、城市通信倾向度、城市通信流强度（3个）	城市供气能力、城市供电强度、城市用电承载力ES、城市通信职能规模、城市通信职能地位（5个）

第五章　贵港市城市居民生活质量综合评估

一、贵港市城市生活水平综合评估与比较

（一）贵港市城市生活水平评估指标变化趋势评析

1. 社会保障水平

根据图5－1分析可知，2010～2015年贵港市社会保障水平总体上呈现波动上升的状态。2010～2015年间城市在该项指标上存在较多波动变化，总体趋势为上升趋势，但在个别年份出现下降的情况，指标并非连续性上升。波动上升型指标意味着在评估期间，虽然指标数据存在较大波动变化，但是其评价末期数据值高于评价初期数据值。该图可知贵港市社会保障水平数值保持在11.646～17.811。即使贵港市社会保障水平存在过最低值，其数值为11.646，但贵港市在社会保障水平上总体表现为波动上升，说明该地区经济发展能力及活力有所上升。

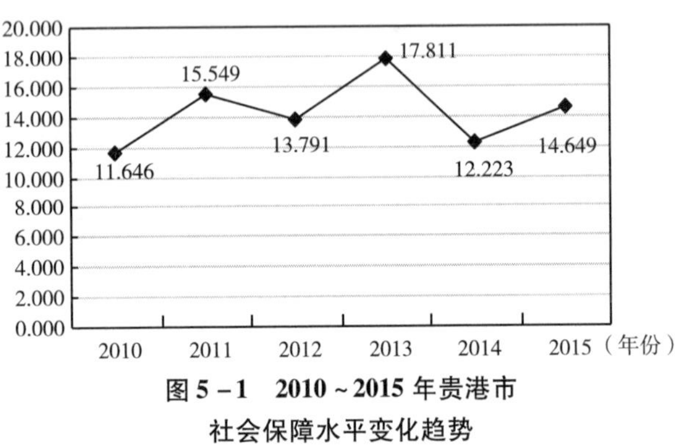

图5－1　2010～2015年贵港市社会保障水平变化趋势

2. 总工资弧弹性

根据图5－2分析可知，2010～2015年贵港市总工资弧弹性总体上呈现波动上升的状态。2010～2015年间城市存在一定的波动变化，总体趋势为上升趋势，但在个别年份出现下降的情况，指标并非连续性上升状态。波动上升型指标意味着在评价的时间段内，虽然指标数据存在较大的波动变化，但是其评价末期数据值高于评价初期数据值。贵港市在2013～2014年虽然出现下降的状况，2014年为1.862，但是总体上还是呈现上升的态势，最终稳定在4.731。总工资弧弹性越大，说明城市的经济发展水平越高，对于贵港市来说，其城市居民生活发展潜力也越来越大。

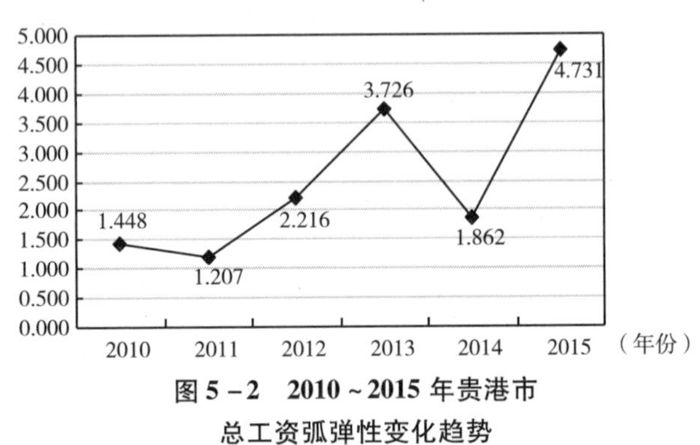

图5－2　2010～2015年贵港市总工资弧弹性变化趋势

3. 平均工资增长强度

根据图5－3分析可知，2010～2015年贵港市平均工资增长强度总体上呈现波动上升的状态。2010～2015年间城市在该项指标上存在一定的波动变化，总体趋势上为上升趋势，但在个别年份出现下降的情况，指标并非连续性上升状态。波动上升型指标意味着在评价的时间段内，虽然指标数据存在较大的波动变化，但是其评价末期数据值高于评价初期数据值。贵港市在2013～2014年虽然出现下降的状况，2014年为37.469，但是总体上还是呈现上升的态势。城市平均工资增长强度越大，说明城市的经济发展水平越高，对于贵港市来说，其城市居民生活发展潜力也越来越大。

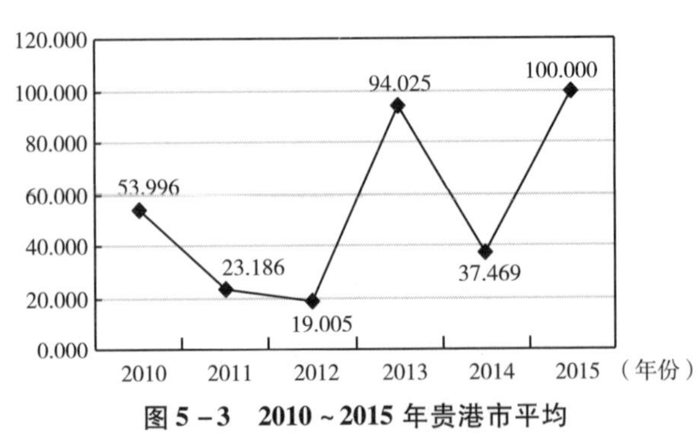

图5－3　2010～2015年贵港市平均工资增长强度变化趋势

4. 城市人力资本

根据图 5 - 4 分析可知，2010 ~ 2015 年贵港市人力资本指数总体上呈现波动下降的状态。这种状态表现为 2010 ~ 2015 年间城市在该项指标上总体呈现下降趋势，但在个别年份间存在上下波动的情况，并非连续性下降状态。这就意味着在评估的时间段内，虽然指标数据存在较大的波动化，但是其评价末期数据值低于评价初期数据值。贵港市的人力资本指数末期低于初期的数据，降低 5 个单位左右，并且在 2010 ~ 2012 年间存在明显下降的变化，这说明贵港市人力资本情况处于不太稳定的下降状态。

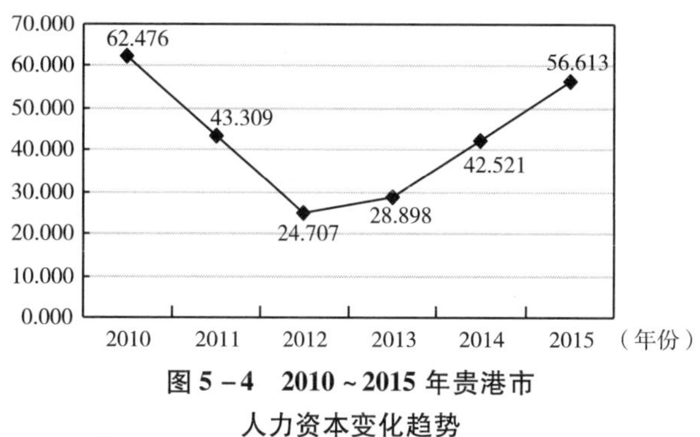

图 5 - 4　2010 ~ 2015 年贵港市人力资本变化趋势

5. 职工工资相对增长率

根据图 5 - 5 分析可知，2010 ~ 2015 年贵港市职工工资相对增长率总体上呈现波动上升的状态。2010 ~ 2015 年间城市在该项指标上存在一定的波动变化，总体趋势上为上升趋势，但在个别年份出现下降的情况，指标并非连续性上升状态。波动上升型指标意味着在评价的时间段内，虽然指标数据存在较大的波动变化，但是其评价末期数据值高于评价初期数据值。贵港市在 2013 ~ 2014 年虽然出现下降的状况，2014 年为 4.007，但是总体上还是呈现上升的态势，最终稳定在 7.551。职工工资相对增长率越大，说明城市的经济发展水平越高，对于贵港市来说，其城市居民生活发展潜力也越来越大。

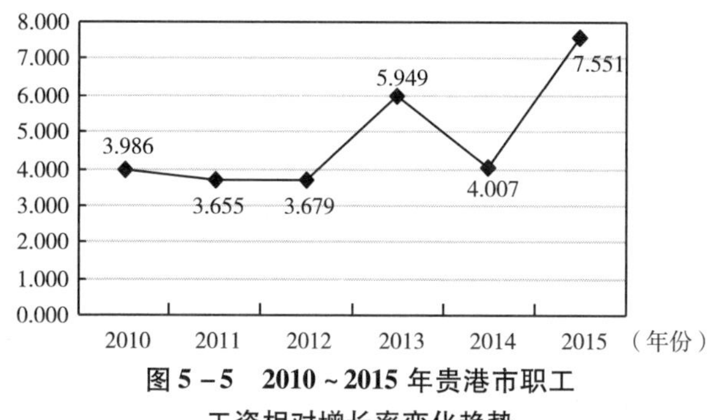

图 5 - 5　2010 ~ 2015 年贵港市职工工资相对增长率变化趋势

6. 职工工资绝对增量加权指数

根据图 5 - 6 分析可知，2010 ~ 2015 年贵港市职工工资绝对增量加权指数总体上呈现波动上升的状态。2010 ~ 2015 年间城市在该项指标上存在一定的波动变化，总体趋势上为上升趋势，但在个别年份出现下降的情况，指标并非连续性上升状态。波动上升型指标意味着在评价的时间段内，虽然指标数据存在较大的波动变化，但是其评价末期数据值高于评价初期数据值。贵港市在 2013 ~ 2014 年虽然出现下降的状况，2014 年为 0.811，但是总体上还是呈现上升的态势，最终稳定在 2.120。职工工资绝对增量加权指数越大，说明城市的经济发展水平越高，对于贵港市来说，其城市居民生活发展潜力也越来越大。

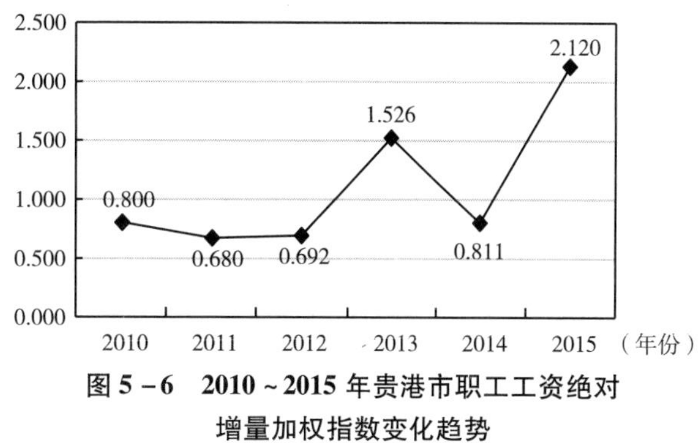

图 5 - 6　2010 ~ 2015 年贵港市职工工资绝对增量加权指数变化趋势

7. 职工工资比重增量

根据图 5 - 7 分析可知，2010 ~ 2015 年贵港市职工工资比重增量指数总体上呈现波动上升的状态。2010 ~ 2015 年间城市在该项指标上存在一定的波动变化，总体趋势上为上升趋势，但在个别年份出现下降的情况，指标并非连续性上升状态。波动上升型指标意味着在评价的时间段内，虽然指标数据存在较大的波动变化，贵港市 2011 ~ 2013 年大幅度上升，一度达到 3.500，但是在 2013 ~ 2014 年又表现为下降的态势，最后稳定在 5.855。随着城市的职工工资水平的升高，说明贵港市的居民生活发展水平也在提高。

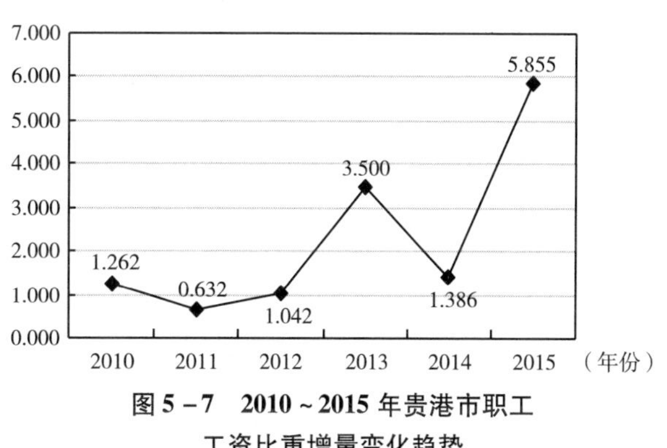

图 5 - 7　2010 ~ 2015 年贵港市职工工资比重增量变化趋势

8. 职工工资强度

根据图 5 - 8 分析可知，2010 ~ 2015 年贵港市职工工资强度总体上呈现波动保持的状态。波动保持型指标意味着城市在该项指标上虽然呈现波动状态，在评价末期和评价初期的数值基本保持一致，该图可知贵港市职工工资强度数值保持在 0.676 ~ 1.291。即使贵港市职工工资强度存在过最低值，其数值为 0.676，但贵港市在职工工资强度上总体表现也是相对平稳，说明该地区经济发展能力及活力持续又稳定。

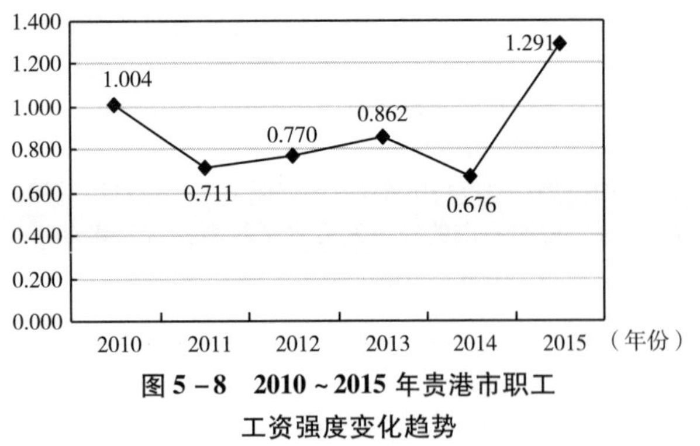

图5－8　2010～2015年贵港市职工工资强度变化趋势

（二）贵港市城市生活水平评估结果

根据表5－1对2010～2012年间贵港市生活水平得分、排名、优劣度进行分析。2010年贵港市生活水平排名处在珠江－西江经济带第6名，2011～2012年贵港市生活水平排名处在第10名，说明贵港市生活水平综合发展水平较于珠江－西江经济带其他城市较低且较波动。对贵港市的生活水平得分情况作出分析，发现贵港市生活水平综合得分持续下降，变动幅度较大，说明贵港市生活水平的稳定性有待提升。2010～2012年间贵港市的生活水平在珠江－西江经济带中处于下游区，说明贵港市的生活水平综合发展实力整体趋于减弱。

表5－1　2010～2012年贵港市生活水平各级指标的得分、排名及优劣度分析

指标	2010年			2011年			2012年		
	得分	排名	优劣度	得分	排名	优劣度	得分	排名	优劣度
生活水平	9.710	6	中势	5.807	10	劣势	3.860	10	劣势
社会保障水平	0.610	8	中势	0.799	5	优势	0.717	6	中势
总工资弧弹性	0.067	4	优势	0.055	5	优势	0.104	4	优势
平均工资增长强度	2.990	1	强势	1.207	4	优势	1.017	6	中势
城市人力资本	5.699	6	中势	3.468	9	劣势	1.721	9	劣势
职工工资相对增长率	0.191	6	中势	0.174	8	中势	0.175	8	中势
职工工资绝对增量加权指数	0.037	7	中势	0.031	7	中势	0.032	7	中势
职工工资比重增量	0.061	6	中势	0.034	8	中势	0.050	8	中势
职工工资强度	0.055	9	劣势	0.039	9	劣势	0.043	9	劣势

对贵港市生活水平的三级指标进行分析，其中社会保障水平得分排名呈现出波动上升的发展趋势。对贵港市社会保障水平的得分情况进行分析，发现贵港市的社会保障水平得分波动上升，说明贵港市的社会公共保障事业的发展水平仍有待提高。

总工资弧弹性的综合发展水平得分排名呈现出波动保持的趋势。对贵港市总工资弧弹性的得分情况作出分析，发现贵港市在总工资弧弹性上的得分波动上升，说明贵港市的总工资增长速率存在提升的空间。

平均工资增长强度得分排名呈现出持续下降的趋势。对贵港市平均工资增长强度的得分情况作出分析，发现贵港市在平均工资增长强度上的得分持续下降，说明贵港市平均工资增长速率存在提升空间。

城市人力资本得分排名呈现出波动下降的趋势。对贵港市人力资本的得分情况作出分析，发现贵港市在人力资本上的得分持续下降，说明贵港市在推进人力资本建设方面的存在一定的提升空间。

职工工资相对增长率得分排名呈现波动下降的趋势。对贵港市职工工资相对增长率的得分情况进行分析，发现贵港市职工工资相对增长率的得分波动下降，分值变动幅度较大，说明城市的职工工资增长速率的平稳性有待提升。

职工工资绝对增量加权指数得分排名呈现出持续保持的趋势。对贵港市职工工资绝对增量加权指数的得分情况作出分析，发现贵港市在职工工资绝对增量加权指数上的得分波动保持，说明2010～2012年间贵港市的职工工资绝对增量加权指数较为稳定，但仍存在提升的空间。

职工工资比重增量得分排名呈现出波动下降的趋势。对贵港市职工工资比重增量的得分情况作出分析，发现贵港市在职工工资比重增量上的得分先降后升，分值变动幅度较大，说明2010～2012年间贵港市的城市职工工资的变化不稳定，但存在提升的空间。

职工工资强度得分排名呈现出持续保持的趋势。对贵港市职工工资强度的得分情况作出分析，发现贵港市在城市职工工资强度上的得分波动下降，变化幅度小，说明2010～2012年间贵港市的职工工资强度较于珠江－西江经济带其他城市较不合理。

根据表5－2对2013～2015年间贵港市生活水平的得分、排名和优劣度进行分析。2013年贵港市生活水平排名处在珠江－西江经济带第4名，2014年贵港市生活水平排名处在第7名，2015年其处于第2名，说明贵港市生活水平综合发展水平较于珠江－西江经济带其他城市较高。对贵港市的生活水平得分情况作出分析，发现贵港市生活水平综合得分先降后升，说明贵港市生活水平存在上升趋势。2013～2015年间贵港市的生活水平在珠江－西江经济带中从优势地位升至强势地位，说明贵港市的生活水平综合发展实力整体趋于上升。

表5－2　2013～2015年贵港市生活水平各级指标的得分、排名及优劣度分析

指标	2013年			2014年			2015年		
	得分	排名	优劣度	得分	排名	优劣度	得分	排名	优劣度
生活水平	9.529	4	优势	6.164	7	中势	12.404	2	强势
社会保障水平	0.941	5	优势	0.653	7	中势	0.878	5	优势
总工资弧弹性	0.207	2	强势	0.089	7	中势	0.225	2	强势
平均工资增长强度	5.914	1	强势	2.023	1	强势	6.595	1	强势
城市人力资本	1.824	9	劣势	3.039	8	中势	3.862	2	强势
职工工资相对增长率	0.341	7	中势	0.202	9	劣势	0.377	5	优势
职工工资绝对增量加权指数	0.085	6	中势	0.039	8	中势	0.102	3	优势
职工工资比重增量	0.172	7	中势	0.081	9	劣势	0.297	6	中势
职工工资强度	0.046	9	劣势	0.036	9	劣势	0.069	8	中势

对贵港市生活水平的三级指标进行分析，其中社会保障水平得分排名呈现出波动保持的发展趋势。对贵港市社会保障水平的得分情况进行分析，发现贵港市的社会保障水平得分先降后升，说明城市在公共保障事业的方面有良好的发展。

总工资弧弹性的综合发展水平得分排名呈现出波动保持的趋势。对贵港市总工资弧弹性的综合发展水平得分情况作出分析，发现贵港市的总工资弧弹性的综合发展水平得分先降后升，说明贵港市总工资弧弹性存在一定地提升空间。

平均工资增长强度得分排名呈现持续保持的趋势。对贵港市平均工资增长强度的得分情况进行分析，发现贵港市平均工资增长强度的得分先降后升，说明城市的平均工资增长强度变化幅度较大，平均工资增长强度存在较大的提升空间。

城市人力资本得分排名呈现出持续上升的趋势。对贵港市人力资本的得分情况作出分析，发现贵港市在人力资本上的得分持续上升，说明贵港市在推进土地用于人力资本建设方面存在提升空间。

职工工资相对增长率得分排名呈现出波动上升的趋势。对贵港市职工工资相对增长率的得分情况作出分析，发现贵港市在职工工资相对增长率上的得分先降后升，说明2013～2015年间贵港市的职工工资相对增长率的变化趋势较于珠江－西江经济带其他城市的合理性较高。

职工工资绝对增量加权指数得分排名呈现出波动上升的趋势。对贵港市职工工资绝对增量加权指数的得分情况作出分析，发现贵港市在职工工资绝对增量加权指数上的得分先降后升，说明2013～2015年间贵港市职工工资绝对增量加权指数较高，城市人口要素较为集中。

职工工资比重增量得分排名呈现出波动上升的趋势。对贵港市职工工资比重增量的得分情况作出分析，发现贵港市在职工工资比重增量上的得分先降后升，说明贵港市职工工资比重增量较高，城市整体职工工资水平具备一定提升空间。

职工工资强度得分排名呈现出波动上升的趋势。对贵港市职工工资强度的得分情况作出分析，发现贵港市在职工工资强度上的得分波动上升，说明贵港市职工工资强度较于珠江－西江经济带其他城市处于中势地位。

对2010～2015年间贵港市生活水平及各三级指标的得分、排名和优劣度进行分析。2010年贵港市生活水平综合得分排名处在珠江－西江经济带第6名，2011～2012年贵港市生活水平的综合得分排名降至第10名，2013年贵港市生活水平的综合得分排名升至第4名，2014年贵港市生活水平的综合得分排名降至第7名，2015年贵港市生活水平综合得分排名处于第2名。2010～2015年贵港市生活水平综合得分排名一直在珠江－西江经济带中游区和上游区波动，在城市生活水平上也是在中势和优势之间波动，说明贵港市生活水平发展较之于珠江－西江经济带的其他城市具有竞争优势。对贵港市的生活水平得分情况进行分析，发现贵港市的生活水平综合得分呈现先降后升的发展趋势，

2010～2012 年间贵港市的生活水平得分持续下降的趋势，在 2013～2015 年贵港市的生活水平综合得分呈现先降后升的趋势，说明贵港市生活水平虽然变动较不稳定，但在珠江－西江经济带中依然具备一定的发展潜力。

从表 5－3 中生活水平基础指标的优劣度结构来看（见表 5－3），在 8 个基础指标中，指标的优劣度结构为 37.5：37.5：25.0：0.0。

表 5－3　2015 年贵港市生活水平指标的优劣度结构

二级指标	三级指标数	强势指标		优势指标		中势指标		劣势指标		优劣度
		个数	比重（%）	个数	比重（%）	个数	比重（%）	个数	比重（%）	
生活水平	8	3	37.500	3	37.500	2	25.000	0	0.000	强势

（三）贵港市城市生活水平比较分析

图 5－9 和图 5－10 将 2010～2015 年贵港市生活水平与珠江－西江经济带最高水平和平均水平进行比较。从生活水平的要素得分比较来看，由图 5－9 可知，2010 年，贵港市社会保障水平得分比珠江－西江经济带最高分低 1.366 分，比珠江－西江经济带平均分低 0.307 分；2011 年，社会保障水平得分比珠江－西江经济带最高分低 1.013 分，比珠江－西江经济带平均分低 0.055 分；2012 年，社会保障水平得分比珠江－西江经济带最高分低 0.769 分，比珠江－西江经济带平均分低 0.124 分；2013 年，社会保障水平得分比珠江－西江经济带最高分低 0.834 分，比珠江－西江经济带平均分低 0.004 分；2014 年，社会保障水平得分比珠江－西江经济带最高分低 1.099 分，比珠江－西江经济带平均分低 0.265 分；2015 年，社会保障水平得分比珠江－西江经济带最高分低 5.117 分，比珠江－西江经济带平均分低 0.477 分。这说明整体上贵港市社会保障水平得分与珠江－西江经济带最高分的差距有扩大趋势，与珠江－西江经济带平均分的差距逐渐拉大。

2010 年，贵港市总工资弧弹性得分比珠江－西江经济带最高分低 0.009 分，比珠江－西江经济带平均分高 0.007 分；2011 年，总工资弧弹性得分比珠江－西江经济带最高分低 0.054 分，比珠江－西江经济带平均分低 0.002 分；2012 年，总工资弧弹性得分比珠江－西江经济带最高分低 0.532 分，比珠江－西江经济带平均分低 0.032 分；2013 年，总工资弧弹性得分比珠江－西江经济带最高分低 5.338 分，比珠江－西江经济带平均分低 0.422 分；2014 年，总工资弧弹性得分比珠江－西江经济带最高分低 0.094 分，比珠江－西江经济带平均分低 0.014 分；2015 年，总工资弧弹性得分比珠江－西江经济带最高分低 0.288 分，比珠江－西江经济带平均分高 0.071 分。这说明整体上贵港市总工资弧弹性得分与珠江－西江经济带最高分的差距有扩大趋势，与珠江－西江经济带平均分的差距逐渐增加。

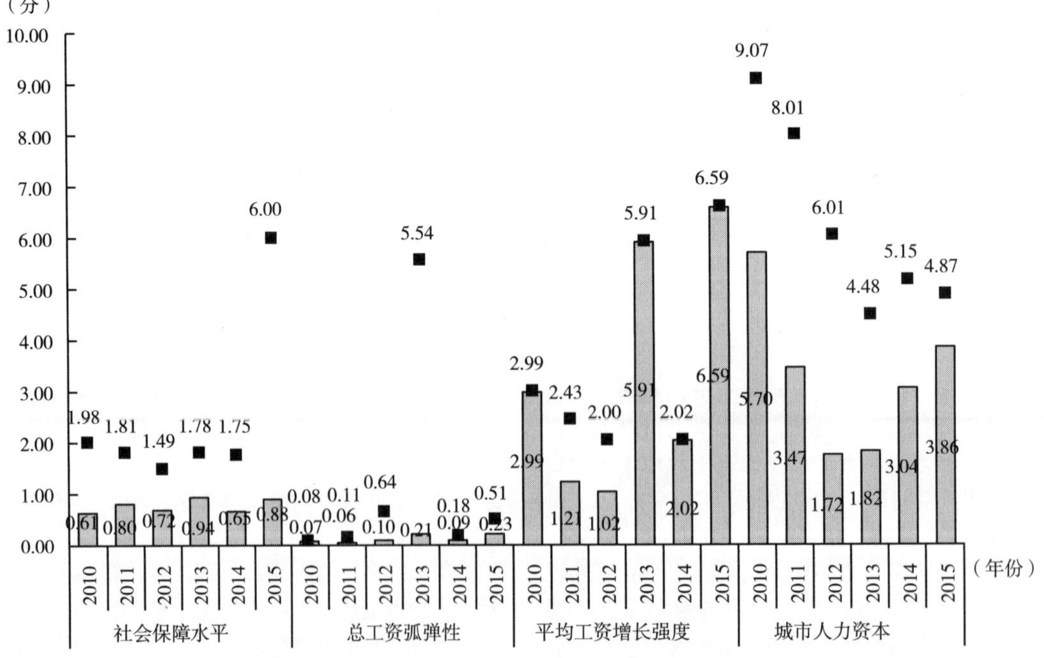

图 5－9　2010～2015 年贵港市生活水平指标得分比较 1

2010 年，贵港市平均工资增长强度得分与珠江－西江经济带最高分不存在差距，比珠江－西江经济带平均分高 1.653 分；2011 年，平均工资增长强度得分比珠江－西江经济带最高分低 1.226 分，比珠江－西江经济带平均分高 0.284 分；2012 年，平均工资增长强度得分比珠江－西江经济带最高分低 0.981 分，比珠江－西江经济带平均分低 0.043 分；2013 年，平均工资增长强度得分与珠江－西江经济带最高分不存在差距，比珠江－西江经济带平均分高 3.925 分；2014 年，平均工资增长强度得分与珠江－西江经济带最高分不存在差距，比珠江－西江经济带平均分高 1.020 分；2015 年，平均工资增长强度得分与珠江－西江经济带最高分不存在差距，比珠江－西江经济带平均分高 4.358 分。这说明整体上贵港市平均工资增长强度得分与珠江－西江经济带最高分的差距先增后减，与珠江－西江经济带平均分的差距波动增加。

2010 年，贵港市人力资本得分比珠江－西江经济带最高分低 3.370 分，比珠江－西江经济带平均分低 0.471 分；2011 年，城市人力资本得分比珠江－西江经济带最高分低 4.540 分，比珠江－西江经济带平均分低 1.376 分；2012 年，城市人力资本得分比珠江－西江经济带最高分低 4.294 分，比珠江－西江经济带平均分低 1.522 分；2013 年，城市人力资本得分比珠江－西江经济带最高分低 2.655 分，比珠江－西江经济带平均分低 0.534 分；2014 年，城市人力资本得分比珠江－西江经济带最高分低 2.115 分，比珠江－西江经济带平均分低 0.475 分；2015 年，城市人力资本得分与珠江－西江经济带最高分低 1.003 分，比珠江－西江经济带平均分高 0.720 分。这说明整体上贵港市人力资本得分与珠江－西江经济带最高分的差距波动缩小，与珠江－西江经济带平均分的差距波动增加。

由图 5－10 可知，2010 年，贵港市职工工资相对增长率得分比珠江－西江经济带最高分低 0.823 分，比珠江－西江经济带平均分低 0.092 分；2011 年，职工工资相对增长率得分比珠江－西江经济带最高分低 1.105 分，比珠江－西江经济带平均分低 0.120 分；2012 年，职工工资相对增长率得分比珠江－西江经济带最高分低 0.210 分，比珠江－西江经济带平均分低 0.040 分；2013 年，职工工资相对增长率得分比珠江－西江经济带最高分低 5.387 分，比珠江－西江经济带平均分低 0.618 分；2014 年，职工工资相对增长率得分比珠江－西江经济带最高分低 1.750 分，比珠江－西江经济带平均分低 0.278 分；2015 年，职工工资相对增长率得分比珠江－西江经济带最高分低 1.331 分，比珠江－西江经济带平均分低 0.085 分。这说明整体上贵港市职工工资相对增长率得分与珠江－西江经济带最高分的差距波动上升，与珠江－西江经济带平均分的差距波动减小。

2010 年，贵港市职工工资绝对增量加权指数得分比珠江－西江经济带最高分低 0.418 分，比珠江－西江经济带平均分低 0.040 分；2011 年，职工工资绝对增量加权指数得分比珠江－西江经济带最高分低 0.563 分，比珠江－西江经济带平均分低 0.062 分；2012 年，职工工资绝对增量加权指数得分比珠江－西江经济带最高分低 0.114 分，比珠江－西江经济带平均分低 0.022 分；2013 年，职工工资绝对增量加权指数得分比珠江－西江经济带最高分低 5.457 分，比珠江－西江经济带平均分低 0.537 分；2014 年，职工工资绝对增量加权指数得分比珠江－西江经济带最高分低 0.886 分，比珠江－西江经济带平均分低 0.133 分；2015 年，职工工资绝对增量加权指数得分比珠江－西江经济带最高分低 0.705 分，比珠江－西江经济带平均分低 0.085 分。这说明整体上贵港市职工工资绝对增量加权指数得分与珠江－西江经济带最高分的差距波动扩大，与珠江－西江经济带平均分的差距波动上升。

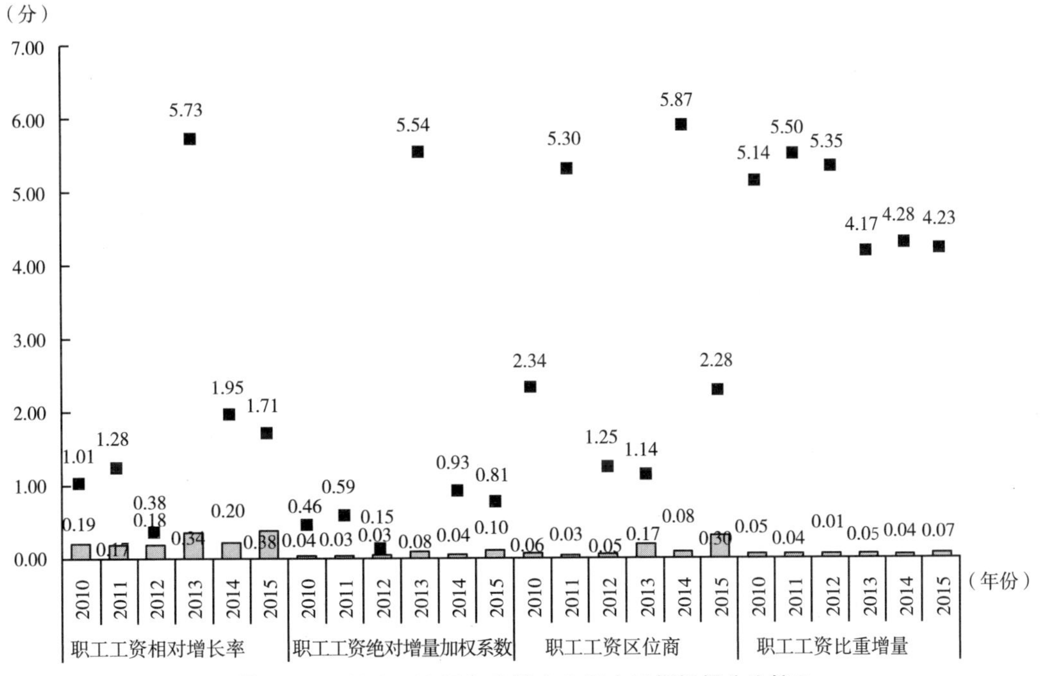

图 5－10　2010～2015 年贵港市生活水平指标得分比较 2

2010年，贵港市职工工资区位商得分比珠江－西江经济带最高分低2.274分，比珠江－西江经济带平均分低0.255分；2011年，职工工资区位商得分比珠江－西江经济带最高分低5.262分，比珠江－西江经济带平均分低0.573分；2012年，职工工资区位商得分比珠江－西江经济带最高分低1.201分，比珠江－西江经济带平均分低0.228分；2013年，职工工资区位商得分比珠江－西江经济带最高分低0.973分，比珠江－西江经济带平均分低0.226分；2014年，职工工资区位商得分比珠江－西江经济带最高分低5.790分，比珠江－西江经济带平均分低0.921分；2015年，职工工资区位商得分比珠江－西江经济带最高分低1.987分，比珠江－西江经济带平均分低0.242分。这说明整体上贵港市职工工资区位商得分与珠江－西江经济带最高分的差距波动缩小，与珠江－西江经济带平均分的差距波动减小。

2010年，贵港市职工工资比重增量得分比珠江－西江经济带最高分低5.083分，比珠江－西江经济带平均分低0.658分；2011年，职工工资比重增量得分比珠江－西江经济带最高分低5.461分，比珠江－西江经济带平均分低0.680分；2012年，职工工资比重增量得分比珠江－西江经济带最高分低5.303分，比珠江－西江经济带平均分低0.680分；2013年，职工工资比重增量得分比珠江－西江经济带最高分低4.122分，比珠江－西江经济带平均分低0.649分；2014年，职工工资比重增量得分比珠江－西江经济带最高分低4.246分，比珠江－西江经济带平均分低0.670分；2015年，职工工资比重增量得分比珠江－西江经济带最高分低4.158分，比珠江－西江经济带平均分低0.630分。这说明整体上贵港市职工工资比重增量得分与珠江－西江经济带最高分的差距波动缩小，与珠江－西江经济带平均分的差距波动缩小。

二、贵港市城市生活环境质量综合评估与比较

（一）贵港市城市生活环境质量评估指标变化趋势评析

1. 城镇公园用地动态变化

根据图5－11分析可知，2010～2015年贵港市城镇公园用地总体上呈现波动保持的状态。波动保持型指标意味着城市在该项指标上虽然呈现波动状态，在评价末期和评价初期的数值基本保持一致，该图可知贵港市城镇公园用地动态变化数值保持在19.924～25.217。即使贵港市城镇公园用地动态变化存在过最低值，其数值为19.924，但贵港市在城镇公园用地动态变化上总体表现也是相对平稳，说明该地区城市生活环境质量较好。

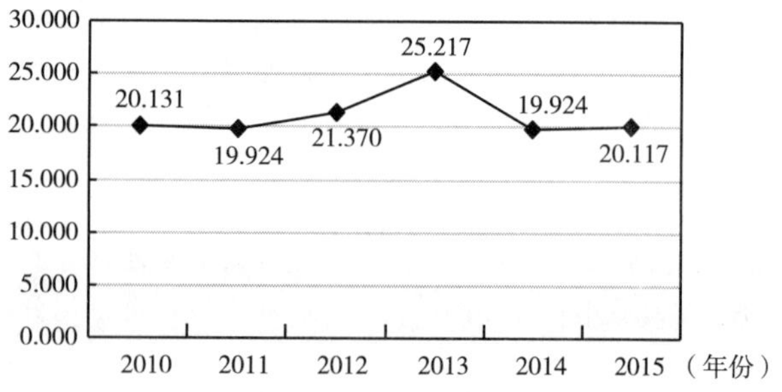

图5－11 2010～2015年贵港市城镇公园用地动态变化变化趋势

2. 供水能力延展指数

根据图5－12分析可知，2010～2015年贵港市供水能力延展指数总体上呈现波动保持的状态。波动保持型指标意味着城市在该项指标上虽然呈现波动状态，在评价末期和评价初期的数值基本保持一致，该图可知贵港市供水能力延展指数数值保持在4.376～5.324。即使贵港市供水能力延展指数存在过最低值，其数值为4.376，但贵港市在供水能力延展指数上总体表现也是相对平稳，说明该地区城市居民生活发展能力及活力持续又稳定。

图5－12 2010～2015年贵港市供水能力延展指数变化趋势

3. 城市供气能力

根据图5－13分析可知，2010～2015年贵港市的供气能

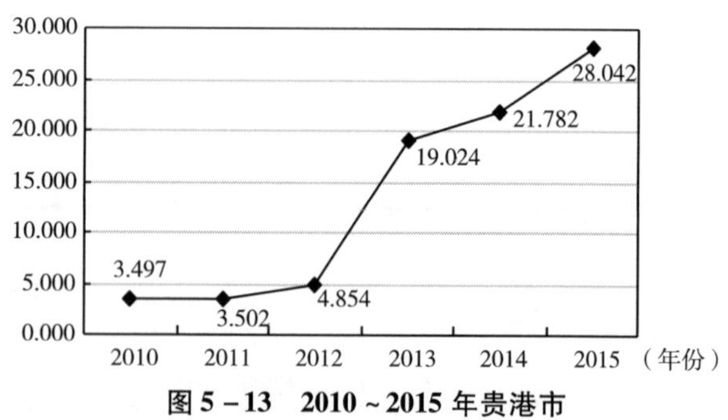

图5－13 2010～2015年贵港市供气能力变化趋势

力总体上呈现持续上升的状态。处于持续上升型的指标，不仅意味着城市在该项指标数据上的不断增长，更意味着城市水平在该项指标以及居民生活质量整体上的竞争力优势不断扩大。通过折线图可以看出，贵港市的供气能力指标不断提高，在 2015 年达到 28.042，相较于 2010 年上升 25 个单位左右，说明贵港市的整体发展水平较高，城市生活环境质量较好，对外部资源的吸引力较强。

4. 城市供电强度

根据图 5－14 分析可知，2010～2015 年贵港市供电强度总体上呈现上升保持的状态。2010～2015 年间城市在该项指标上存在较多波动变化，总体趋势为上升趋势，但在个别年份出现下降的情况，指标并非连续性上升。波动上升型指标意味着在评估期间，虽然指标数据存在较大波动变化，但是其评价末期数据值高于评价初期数据值。该图可知贵港市供电强度数值保持在 13.799～14.825。即使贵港市供电强度存在过最低值，其数值为 13.799，但贵港市在供电强度上总体表现为波动上升，说明该地区城市生活环境质量较好。

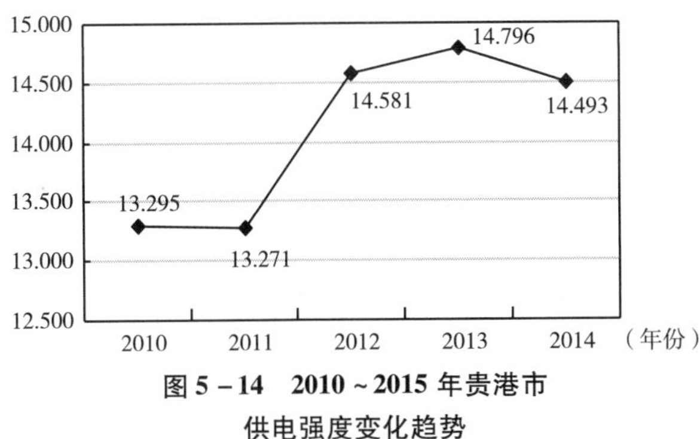

图 5－14　2010～2015 年贵港市供电强度变化趋势

5. 城市供气密度

根据图 5－15 分析可知，2010～2015 年贵港市的供气密度总体上呈现波动下降的状态。2010～2015 年间城市在该项指标上总体呈现下降趋势，但在评估期间存在上下波动的情况，指标并非连续性下降状态。波动下降型指标意味着在评估期间，虽然指标数据存在较大波动变化，但是其评价末期数据值低于评价初期数据值。通过折线图可以看出，贵港市的供气密度指标不断降低，在 2015 年达到 15.727，相较于 2010 年上升 10 个单位左右；说明贵港市的整体发展水平较低，城市生活环境质量较差，对外部资源的吸引力较弱。

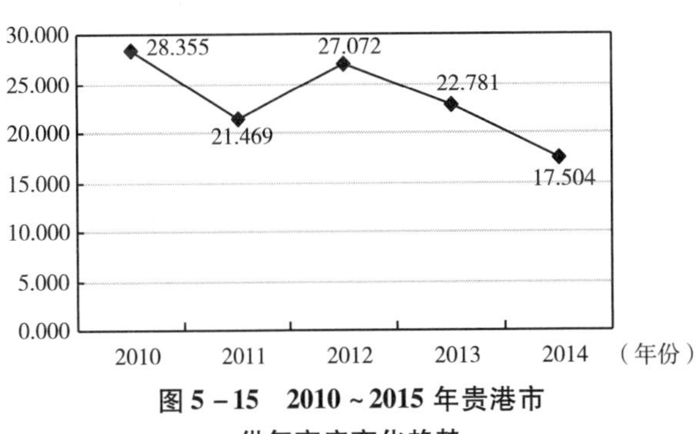

图 5－15　2010～2015 年贵港市供气密度变化趋势

6. 城市用电承载力 ES

根据图 5－16 分析可知，2010～2015 年贵港市用电承载力 ES 总体上呈现波动保持的状态。波动保持型指标意味着城市在该项指标上虽然呈现波动状态，在评价末期和评价初期的数值基本保持一致，该图可知贵港市用电承载力 ES 数值保持在 3.482～4.789。即使贵港市用电承载力 ES 存在过最低值，其数值为 3.482，但贵港市在用电承载力 ES 上总体表现也是相对平稳，说明该地区城市生活环境质量较好。

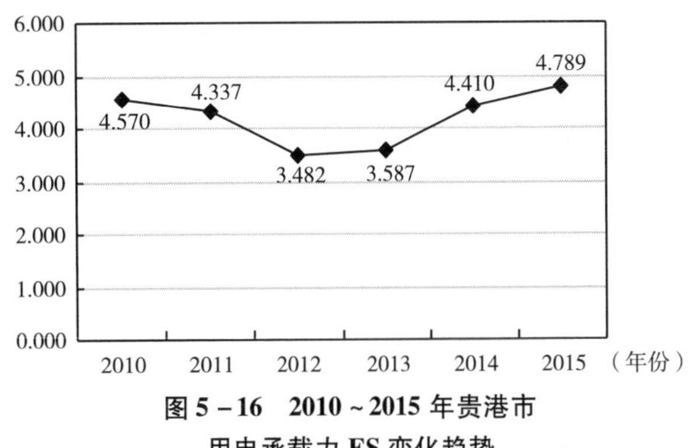

图 5－16　2010～2015 年贵港市用电承载力 ES 变化趋势

7. 城市通信流强度

根据图 5－17 分析可知，2010～2015 年贵港市的通信流强度总体上呈现持续上升的状态。处于持续上升型的指标，不仅意味着城市在该项指标数据上的不断增长，更意味着城市在该项指标以及居民生活质量整体上的竞争力优势不断扩大。对于贵港市来说，城市通信流强度这个三级指标的上升幅度较大，从 2010 年的 0.942 上升至 2015 年的 2.578，这样的上升趋势说明城市发展的经济结构较高，其进行城市通信的方式比较丰富，城市的经济社会发展活力充沛。

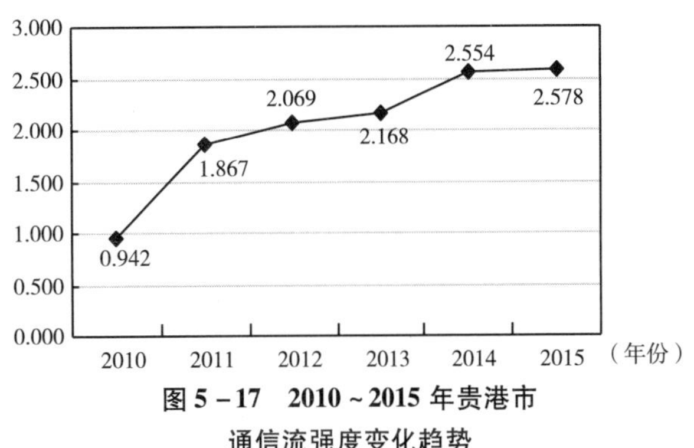

图 5－17　2010～2015 年贵港市通信流强度变化趋势

8. 城市通信倾向度

根据图 5－18 分析可知，2010～2015 年贵港市的城市通信倾向度总体上呈现波动下降的状态。2010～2015 年间城市在该项指标上总体呈现下降趋势，但在评估期间存在上下波动的情况，指标并非连续性下降状态。波动下降型指标意味着在评估期间，虽然指标数据存在较大波动变化，但是其评价末期数据值低于评价初期数据值。如图所示，贵港市通信倾向度指标处于波动下降的状态中，2011 年此指标数值最高，为 38.014，到 2015 年时，下降至 25.070。分析这种变化趋势，我们可以得出贵港市居民生活发展的水平处于劣势，潜在经济发展水平不断下降，城市的发展活力较低。

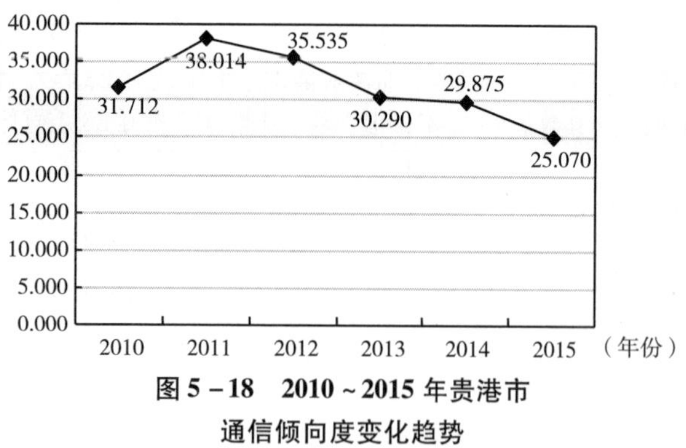

图 5－18　2010～2015 年贵港市通信倾向度变化趋势

9. 城市通信职能规模

根据图 5－19 分析可知，2010～2015 年贵港市通信职能规模总体上呈现波动保持的状态。波动保持型指标意味着城市在该项指标上虽然呈现波动状态，在评价末期和评价初期的数值基本保持一致，该图可知贵港市通信职能规模数值保持在 11.356～20.194。即使贵港市通信职能规模存在过最低值，其数值为 11.356，但贵港市在通信职能规模上总体表现也是相对平稳，说明该地区经济发展能力及活力持续又稳定。

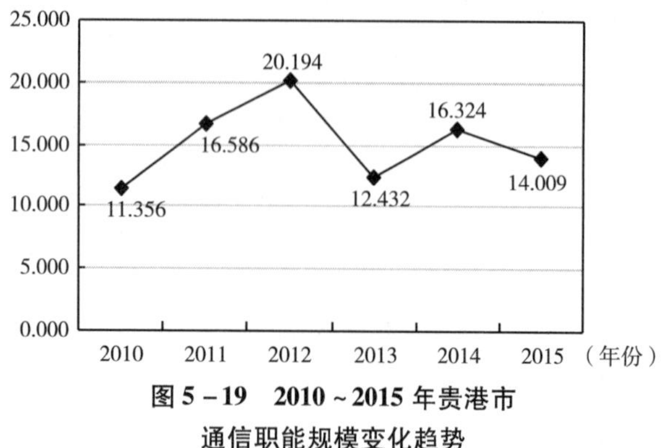

图 5－19　2010～2015 年贵港市通信职能规模变化趋势

10. 城市通信职能地位

根据图 5－20 分析可知，2010～2015 年贵港市通信职能地位总体上呈现波动下降型的状态。2010～2015 年间城市在该项指标上总体呈现下降趋势，但在评估期间存在上下波动的情况，指标并非连续性下降状态。波动下降型指标意味着在评估期间，虽然指标数据存在较大波动变化，但是其评价末期数据值低于评价初期数据值。该图可知贵港市通信职能地位数值保持在 0.538～2.798。即使贵港市通信职能地位存在过最低值，其数值为 0.538，但贵港市在通信职能地位上总体表现为波动下降，说明该地区经济发展能力及活力有所降低。

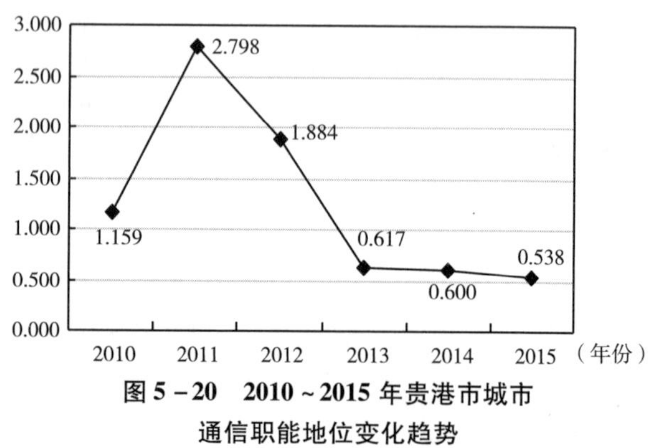

图 5－20　2010～2015 年贵港市城市通信职能地位变化趋势

（二）贵港市城市生活环境质量评估结果

根据表 5－4 对 2010～2012 年间贵港市生活环境质量得分、排名、优劣度进行分析。2010～2012 年贵港市生活环境质量排名处在珠江－西江经济带第 11 名，说明贵港市生活环境综合发展水平较于珠江－西江经济带其他城市较低。对贵港市的生活环境质量得分情况作出分析，发现贵港市生活环境综合得分波动上升，变动幅度较小，说明贵港市生活环境较为稳定。2010～2012 年间贵港市的生活环境质量在珠江－西江经济带中处于劣势地位，说明贵港市的生活环境质量较低，居民生活质量存在上升趋势，但未能提供较优质的生产生活基础条件。

表 5－4　　2010～2012 年贵港市生活环境各级指标的得分、排名及优劣度分析

指标	2010 年			2011 年			2012 年		
	得分	排名	优劣度	得分	排名	优劣度	得分	排名	优劣度
生活环境	4.831	11	劣势	5.454	11	劣势	5.340	11	劣势
城镇公园用地动态变化	1.328	11	劣势	1.247	9	劣势	1.186	6	中势
供水能力延展指数	0.217	7	中势	0.217	4	优势	0.287	4	优势
城市供气能力	0.195	9	劣势	0.197	10	劣势	0.293	10	劣势
城市供电强度	0.281	7	中势	0.267	8	中势	0.225	8	中势

续表

指标	2010 年			2011 年			2012 年		
	得分	排名	优劣度	得分	排名	优劣度	得分	排名	优劣度
城市供气密度	0.449	10	劣势	0.450	9	劣势	0.486	10	劣势
城市用电承载力 ES	0.259	7	中势	0.241	9	劣势	0.196	7	中势
城市通信流强度	0.050	8	中势	0.103	9	劣势	0.120	9	劣势
城市通信倾向度	1.957	11	劣势	2.466	11	劣势	2.331	11	劣势
城市通信职能规模	0.038	8	中势	0.107	8	中势	0.117	8	中势
城市通信职能地位	0.058	8	中势	0.160	8	中势	0.098	8	中势

对贵港市生活环境的三级指标进行分析，其中城镇公园用地动态变化得分排名呈现出持续上升的发展趋势。对贵港市城镇公园用地动态变化的得分情况进行分析，发现贵港市的城镇公园用地动态变化得分持续降低，说明贵港市的城镇公园用地有所减少。

供水能力延展指数的综合发展水平得分排名呈现出波动上升的趋势。对贵港市供水能力延展指数的得分情况作出分析，发现贵港市在供水能力延展指数上的得分波动上升，说明贵港市的供水能力延展指数存在提升的空间，城市的供水管道发展水平在不断提高。

城市供气能力得分排名呈现出波动下降的趋势。对贵港市供气能力的得分情况作出分析，发现贵港市在城市供气能力上的得分持续上升，贵港市的供气能力有所提升。

城市供电强度得分排名呈现出波动下降的趋势。对贵港市的供电强度的得分情况作出分析，发现贵港市在供电强度上的得分持续下降，说明贵港市在推进供电建设方面的力度减小。

城市供气密度得分排名呈现波动保持的趋势。对贵港市的供气密度的得分情况进行分析，发现贵港市的供气密度的得分波动保持，分值变动幅度较小，但城市的供气承载力的平稳性仍有待提升。

城市用电承载力 ES 得分排名呈现出波动保持的趋势。对贵港市的用电承载力 ES 的得分情况作出分析，发现贵港市在用电承载力 ES 上的得分持续下降，说明2010～2012 年间贵港市的用电承载力 ES 存在减弱态势，城市用电的整体密度、容量范围也在不断缩小。

城市通信流强度得分排名呈现出波动下降的趋势。对贵港市的通信流强度的得分情况作出分析，发现贵港市在通信流强度上的得分持续上升，分值变动幅度较小，说明2010～2012 年间贵港市的通信要素流动强度的变化较为稳定，并存在提升的空间。

城市通信倾向度得分排名呈现出持续保持的趋势。对贵港市的通信倾向度的得分情况作出分析，发现贵港市在通信倾向度上的得分波动上升，说明 2010～2012 年间贵港市的通信外向强度上有较大的提升空间。

城市通信职能规模得分排名呈现出持续保持的趋势。对贵港市的通信职能规模的得分情况作出分析，发现贵港市在通信职能规模上的得分持续上升，说明贵港市在通信水平方面具有发展潜力，存在一定的提升空间。

城市通信职能地位得分排名呈现出持续保持的趋势。对贵港市通信职能地位的得分情况作出分析，发现贵港市在通信职能地位上的得分先升后降，说明贵港市在通信能力方面不具备一定的优势。

根据表 5－5 对 2013～2015 年间贵港市生活环境质量得分、排名、优劣度进行分析。2013～2014 年贵港市生活环境质量排名处在珠江－西江经济带第 10 名，2015 年贵港市生活环境质量排名处在第 7 名，说明贵港市生活环境综合发展水平较于珠江－西江经济带其他城市较低且波动。同时对贵港市的生活环境质量得分情况作出分析，发现贵港市生活环境综合得分波动保持，变化幅度较小，说明贵港市生活环境质量的稳定性较高。2013～2015 年间贵港市的生活环境质量在珠江－西江经济带中保持中势地位，说明贵港市的生活环境质量较低，需提供具有一定优势的生产生活基础条件。

表 5－5　2013～2015 年贵港市生活环境各级指标的得分、排名及优劣度分析

指标	2013 年			2014 年			2015 年		
	得分	排名	优劣度	得分	排名	优劣度	得分	排名	优劣度
生活环境	6.159	10	劣势	6.116	10	劣势	6.274	7	中势
城镇公园用地动态变化	1.435	6	中势	1.200	10	劣势	1.212	9	劣势
供水能力延展指数	0.209	5	优势	0.225	4	优势	0.255	2	强势

续表

指标	2013 年			2014 年			2015 年		
	得分	排名	优劣度	得分	排名	优劣度	得分	排名	优劣度
城市供气能力	1.041	5	优势	1.310	4	优势	1.664	3	优势
城市供电强度	0.237	8	中势	0.292	6	中势	0.280	7	中势
城市供气密度	0.792	6	中势	0.770	6	中势	0.892	3	优势
城市用电承载力 ES	0.201	8	中势	0.254	5	优势	0.291	6	中势
城市通信流强度	0.119	9	劣势	0.140	9	劣势	0.139	8	中势
城市通信倾向度	2.038	10	劣势	1.826	9	劣势	1.462	10	劣势
城市通信职能规模	0.058	9	劣势	0.069	9	劣势	0.054	8	中势
城市通信职能地位	0.030	9	劣势	0.029	9	劣势	0.026	8	中势

对贵港市生活环境的三级指标进行分析，其中城镇公园用地动态变化得分排名呈现出波动下降的发展趋势。对贵港市城镇公园用地动态变化的得分情况进行分析，发现贵港市的城镇公园用地动态变化得分波动下降，说明贵港市的城镇公园用地减少，城市规模存在缩小态势。

供水能力延展指数的综合发展水平得分排名呈现出持续上升的趋势。对贵港市供水能力延展指数的得分情况作出分析，发现贵港市在供水能力延展指数上的得分波动保持，说明贵港市的供水管道发展较为合理，但供水能力延展指数仍存在较大的提升空间。

城市供气能力得分排名呈现出持续上升的趋势。对贵港市的供气能力的得分情况作出分析，发现贵港市在供气能力上的得分持续上升，说明贵港市的供气能力存在增强趋势，城市基础设施趋于完善。

城市供电强度得分排名呈现出波动上升的趋势。对贵港市的供电强度的得分情况作出分析，发现贵港市在供电强度上的得分波动上升，说明贵港市在推进供电建设方面的力度增加，但城市供电能力不具备一定的优势。

城市供气密度得分排名呈现波动上升的趋势。对贵港市的供气密度的得分情况进行分析，发现贵港市的供气密度的得分波动上升，说明城市用气总量增加，城市供气密度大，供气承载力增强。

城市用电承载力 ES 得分排名呈现出波动上升的趋势。对贵港市的用电承载力 ES 的得分情况作出分析，发现贵港市在用电承载力 ES 上的得分持续上升，说明2013～2015 年间贵港市的用电承载力 ES 有所提升。

城市通信流强度得分排名呈现出波动上升的趋势。对贵港市的通信流强度的得分情况作出分析，发现贵港市在通信流强度上的得分先升后降，说明 2013～2015 年间贵港市的通信要素流动强度有所提高，但仍存在提升的空间。

城市通信倾向度得分排名呈现出波动保持的趋势。对贵港市的通信倾向度的得分情况作出分析，发现贵港市在通信倾向度上的得分持续下降，说明 2013～2015 年间贵港市的通信外向强度发展较不合理，在城市的通信外向强度的提高上应该付出更大的努力。

城市通信职能规模得分排名呈现出波动上升的趋势。对贵港市的通信职能规模的得分情况作出分析，发现贵港市在通信职能规模上的得分先升后降，说明贵港市所具备的通信水平存在一定的提升空间。

城市通信职能地位得分排名呈现出波动上升的趋势。对贵港市通信职能地位的得分情况作出分析，发现贵港市在通信职能地位上的得分持续下降，说明贵港市虽然在通信能力方面不具备一定的优势，存在提升空间。

对 2010～2015 年间贵港市生活环境及各三级指标的得分、排名和优劣度进行分析。2010～2012 年贵港市生活环境综合得分排名处在珠江－西江经济带第 11 名，2013～2014 年贵港市生活环境综合得分排名处在第 10 名，之后 2015 年贵港市生活环境综合得分排名处于第 7 名。2010～2015 年贵港市生活环境综合得分排名处于中游区，在城市生活环境上位于中势地位，说明贵港市生活环境质量发展较之于珠江－西江经济带的其他城市不具有一定的竞争优势。对贵港市的生活环境质量得分情况进行分析，发现贵港市的生活环境综合得分呈现波动上升的发展趋势，2010～2012 年间贵港市的生活环境得分呈先升后降的趋势，在 2013～2015 年贵港市的生活环境综合得分呈波动上升的发展趋势，说明贵港市生活环境质量虽然变动较不稳定，但在珠江－西江经济带中依然具备一定的发展潜力。

从表 5－6 中生活环境基础指标的优劣度结构来看，在 10 个基础指标中，指标的优劣度结构为 10.0∶20.0∶50.0∶20.0。

表 5 - 6　　2015 年贵港市生活环境指标的优劣度结构

二级指标	三级指标数	强势指标		优势指标		中势指标		劣势指标		优劣度
		个数	比重（%）	个数	比重（%）	个数	比重（%）	个数	比重（%）	
生活环境	10	1	10.000	2	20.000	5	50.000	2	20.000	中势

（三）贵港市城市生活环境质量比较分析

图 5 - 21 和图 5 - 22 将 2010 ~ 2015 年贵港市生活环境质量与珠江 - 西江经济带最高水平和平均水平进行比较。从生活环境质量的要素得分比较来看，由图 5 - 21 可知，2010 年，贵港市城镇公园用地动态变化得分比珠江 - 西江经济带最高分低 5.269 分，比珠江 - 西江经济带平均分低 1.153 分；2011 年，城镇公园用地动态变化得分比珠江 - 西江经济带最高分低 4.068 分，比珠江 - 西江经济带平均分低 0.963 分；2012 年，城镇公园用地动态变化得分比珠江 - 西江经济带最高分低 1.342 分，比珠江 - 西江经济带平均分低 0.144 分；2013 年，城镇公园用地动态变化得分比珠江 - 西江经济带最高分低 1.352 分，比珠江 - 西江经济带平均分低 0.119 分；2014 年，城镇公园用地动态变化得分比珠江 - 西江经济带最高分低 2.376 分，比珠江 - 西江经济带平均分低 0.677 分；2015 年，城镇公园用地动态变化得分比珠江 - 西江经济带最高分低 2.011 分，比珠江 - 西江经济带平均分低 0.755 分。这说明整体上贵港市城镇公园用地动态变化得分与珠江 - 西江经济带最高分的差距有缩小趋势，与珠江 - 西江经济带平均分的差距逐渐缩小。

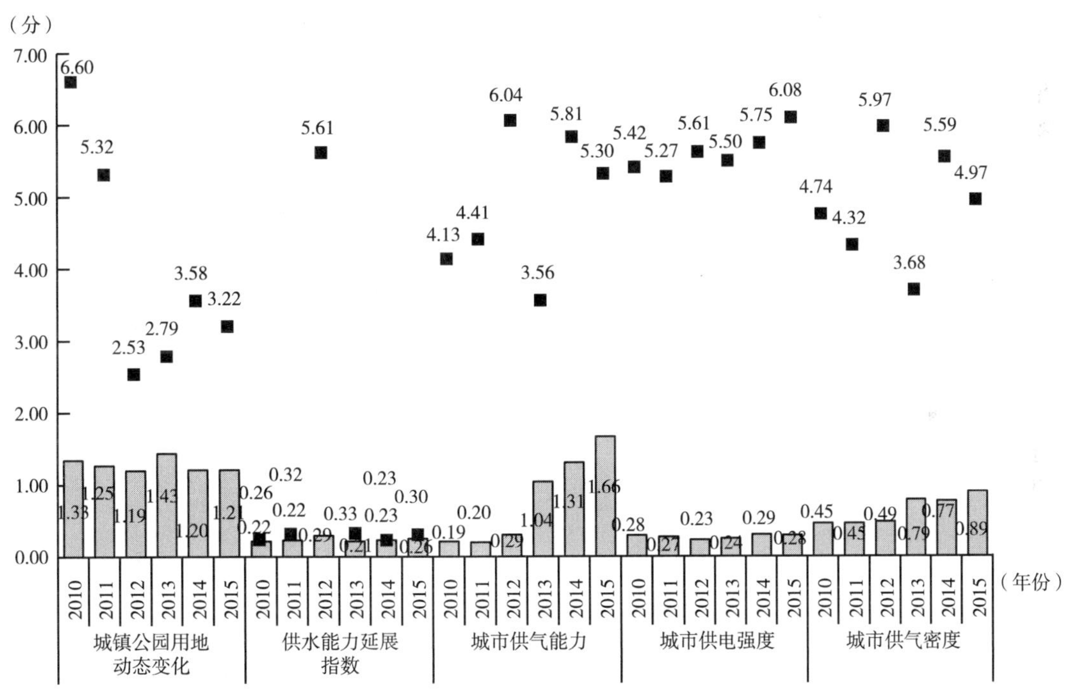

图 5 - 21　2010 ~ 2015 年贵港市生活环境质量指标得分比较 1

2010 年，贵港市供水能力延展指数得分比珠江 - 西江经济带最高分低 0.041 分，比珠江 - 西江经济带平均分低 0.010 分；2011 年，供水能力延展指数得分比珠江 - 西江经济带最高分低 0.106 分，比珠江 - 西江经济带平均分低 0.015 分；2012 年，供水能力延展指数得分比珠江 - 西江经济带最高分低 5.321 分，比珠江 - 西江经济带平均分低 0.481 分；2013 年，供水能力延展指数得分比珠江 - 西江经济带最高分低 0.124 分，比珠江 - 西江经济带平均分低 0.020 分；2014 年，供水能力延展指数得分比珠江 - 西江经济带最高分低 0.010 分，比珠江 - 西江经济带平均分高 0.004 分；2015 年，供水能力延展指数得分比珠江 - 西江经济带最高分低 0.042 分，比珠江 - 西江经济带平均分高 0.050 分。这说明整体上贵港市供水能力延展指数得分与珠江 - 西江经济带最高分的差距有扩大趋势，与珠江 - 西江经济带平均分的差距逐渐增加。

2010 年，贵港市供气能力得分比珠江 - 西江经济带最高分低 3.933 分，比珠江 - 西江经济带平均分低 1.027 分；2011 年，城市供气能力得分比珠江 - 西江经济带最高分低 4.215 分，比珠江 - 西江经济带平均分低 1.141 分；2012 年，城市供气能力得分比珠江 - 西江经济带最高分低 5.750 分，比珠江 - 西江经济带平均分低 1.216 分；2013 年，城市供气能力得分比珠江 - 西江经济带最高分低 2.514 分，比珠江 - 西江经济带平均分低 0.068 分；2014 年，城市供气能力得分比珠江 - 西江经济带最高分低 4.501 分，比珠江 - 西江经济带平均分低 0.102 分；2015 年，城市供气能力得分比珠江 - 西江经济带最高分低 3.631 分，比珠江 -

西江经济带平均分高0.187分。这说明整体上贵港市供气能力得分与珠江－西江经济带最高分的差距波动减小，与珠江－西江经济带平均分的差距波动缩小。

2010年，贵港市供电强度得分比珠江－西江经济带最高分低5.135分，比珠江－西江经济带平均分低0.890分；2011年，城市供电强度得分比珠江－西江经济带最高分低5.002分，比珠江－西江经济带平均分低0.868分；2012年，城市供电强度得分比珠江－西江经济带最高分低5.381分，比珠江－西江经济带平均分低0.970分；2013年，城市供电强度得分比珠江－西江经济带最高分低5.266分，比珠江－西江经济带平均分低0.947分；2014年，城市供电强度得分比珠江－西江经济带最高分低5.456分，比珠江－西江经济带平均分低0.935分；2015年，城市供电强度得分比珠江－西江经济带最高分低5.802分，比珠江－西江经济带平均分低0.966分。这说明整体上贵港市供电强度得分与珠江－西江经济带最高分的差距持续增加，与珠江－西江经济带平均分的差距波动增加。

2010年，贵港市供气密度得分比珠江－西江经济带最高分低4.295分，比珠江－西江经济带平均分低0.940分；2011年，城市供气密度得分比珠江－西江经济带最高分低3.870分，比珠江－西江经济带平均分低0.711分；2012年，城市供气密度得分比珠江－西江经济带最高分低5.488分，比珠江－西江经济带平均分低0.926分；2013年，城市供气密度得分比珠江－西江经济带最高分低2.890分，比珠江－西江经济带平均分低0.220分；2014年，城市供气密度得分比珠江－西江经济带最高分低4.815分，比珠江－西江经济带平均分低0.450分；2015年，城市供气密度得分比珠江－西江经济带最高分低4.077分，比珠江－西江经济带平均分低0.234分。这说明整体上贵港市供气密度得分与珠江－西江经济带最高分的差距波动缩小，与珠江－西江经济带平均分的差距波动缩小。

由图5－22可知，2010年，贵港市用电承载力ES得分比珠江－西江经济带最高分低4.591分，比珠江－西江经济带平均分低0.795分；2011年，城市用电承载力ES得分比珠江－西江经济带最高分低4.383分，比珠江－西江经济带平均分低0.775分；2012年，城市用电承载力ES得分比珠江－西江经济带最高分低4.560分，比珠江－西江经济带平均分低0.815分；2013年，城市用电承载力ES得分比珠江－西江经济带最高分低4.370分，比珠江－西江经济带平均分低0.786分；2014年，城市用电承载力ES得分比珠江－西江经济带最高分低4.637分，比珠江－西江经济带平均分低0.781分；2015年，城市用电承载力ES得分比珠江－西江经济带最高分低5.781分，比珠江－西江经济带平均分低0.934分。这说明整体上贵港市用电承载力ES得分与珠江－西江经济带最高分的差距波动上升，与珠江－西江经济带平均分的差距波动上升。

2010年，贵港市通信流强度得分比珠江－西江经济带最高分低3.997分，比珠江－西江经济带平均分低0.643分；2011年，城市通信流强度得分比珠江－西江经济带最高分低5.022分，比珠江－西江经济带平均分低0.823分；2012年，城市通信流强度得分比珠江－西江经济带最高分低5.682分，比珠江－西江经济带平均分低0.917分；2013年，城市通信流强度得分比珠江－西江经济带最高分低4.258分，比珠江－西江经济带平均分低0.790分；2014年，城市通信流强度得分比珠江－西江经济带最高分低3.830分，比珠江－西江经济带平均分低0.755分；2015年，城市通信流强度得分比珠江－西江经济带最高分低3.512分，比珠江－西江经济带平均分低0.726分。这说明整体上贵港市通信流强度得分与珠江－西江经济带最高分的差距波动缩小，与珠江－西江经济带平均分的差距波动增加。

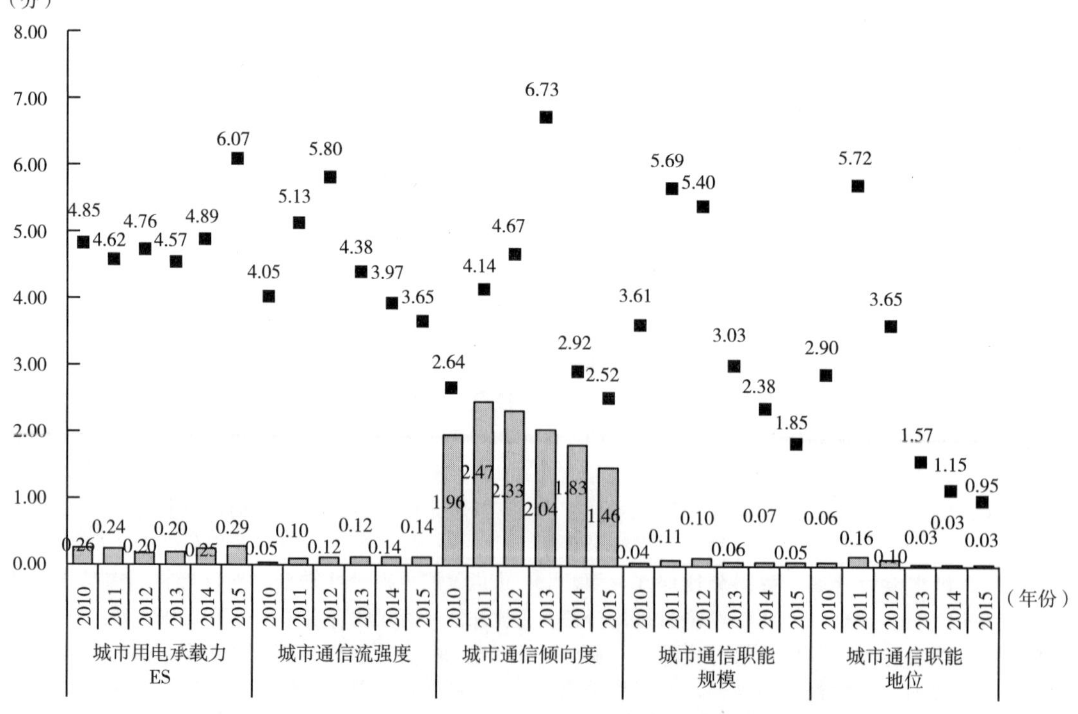

图5－22　2010～2015年贵港市生活环境质量指标得分比较2

2010 年，贵港市通信倾向度得分比珠江－西江经济带最高分低 0.686 分，比珠江－西江经济带平均分低 0.407 分；2011 年，城市通信倾向度得分比珠江－西江经济带最高分低 1.674 分，比珠江－西江经济带平均分低 0.417 分；2012 年，城市通信倾向度得分比珠江－西江经济带最高分低 2.343 分，比珠江－西江经济带平均分低 0.512 分；2013 年，城市通信倾向度得分比珠江－西江经济带最高分低 4.690 分，比珠江－西江经济带平均分低 0.661 分；2014 年，城市通信倾向度得分比珠江－西江经济带最高分低 1.098 分，比珠江－西江经济带平均分高 0.244 分；2015 年，城市通信倾向度得分比珠江－西江经济带最高分低 1.060 分，比珠江－西江经济带平均分低 0.247 分。这说明整体上贵港市通信倾向度得分与珠江－西江经济带最高分的差距波动增加，与珠江－西江经济带平均分的差距波动减小。

2010 年，贵港市通信职能规模得分比珠江－西江经济带最高分低 3.575 分，比珠江－西江经济带平均分低 0.564 分；2011 年，城市通信职能规模得分比珠江－西江经济带最高分低 5.587 分，比珠江－西江经济带平均分低 0.908 分；2012 年，城市通信职能规模得分比珠江－西江经济带最高分低 5.287 分，比珠江－西江经济带平均分低 0.871 分；2013 年，城市通信职能规模得分比珠江－西江经济带最高分低 2.970 分，比珠江－西江经济带平均分低 0.554 分；2014 年，城市通信职能规模得分比珠江－西江经济带最高分低 2.312 分，比珠江－西江经济带平均分低 0.491 分；2015 年，城市通信职能规模得分比珠江－西江经济带最高分低 1.793 分，比珠江－西江经济带平均分低 0.418 分。这说明整体上贵港市通信职能规模得分与珠江－西江经济带最高分的差距波动缩小，与珠江－西江经济带平均分的差距波动减小。

2010 年，贵港市通信职能地位得分比珠江－西江经济带最高分低 2.838 分，比珠江－西江经济带平均分低 0.447 分；2011 年，城市通信职能地位得分比珠江－西江经济带最高分低 5.560 分，比珠江－西江经济带平均分低 0.904 分；2012 年，城市通信职能地位得分比珠江－西江经济带最高分低 3.549 分，比珠江－西江经济带平均分低 0.585 分；2013 年，城市通信职能地位得分比珠江－西江经济带最高分低 1.544 分，比珠江－西江经济带平均分低 0.288 分；2014 年，城市通信职能地位得分比珠江－西江经济带最高分低 1.122 分，比珠江－西江经济带平均分低 0.238 分；2015 年，城市通信职能地位得分比珠江－西江经济带最高分低 0.924 分，比珠江－西江经济带平均分低 0.215 分。这说明整体上贵港市通信职能地位得分与珠江－西江经济带最高分的差距波动缩小，与珠江－西江经济带平均分的差距逐渐减小。

三、贵港市城市居民生活质量综合评估与比较评述

从对贵港市居民生活质量评估及其两个二级指标在珠江－西江经济带的排名变化和指标结构的综合分析来看，2010～2015 年间，居民生活质量板块中上升指标的数量大于下降指标的数量，上升的动力大于下降的拉力，使得 2015 年贵港市居民生活质量的排名呈波动上升，在珠江－西江经济带城市位居第 5 名。

（一）贵港市城市居民生活质量概要分析

贵港市居民生活质量在珠江－西江经济带所处的位置及变化如表 5－7 所示，2 个二级指标的得分和排名变化如表 5－8 所示。

表 5－7　　2010～2015 年贵港市居民生活质量一级指标比较

指标	2010 年	2011 年	2012 年	2013 年	2014 年	2015 年
排名	9	10	10	6	9	5
所属区位	下游	下游	下游	中游	下游	中游
得分	14.541	11.262	9.199	15.688	12.280	18.678
经济带最高分	47.987	59.835	48.147	42.175	42.940	40.410
经济带平均分	21.581	21.372	19.326	19.203	18.685	19.309
与最高分的差距	－33.446	－48.574	－38.948	－26.487	－30.660	－21.731
与平均分的差距	－7.040	－10.111	－10.127	－3.515	－6.405	－0.630
优劣度	劣势	劣势	劣势	中势	劣势	优势
波动趋势	—	下降	持续	上升	下降	上升

表5－8　　2010～2015年贵港市居民生活质量二级指标比较

年份	生活水平		生活环境	
	得分	排名	得分	排名
2010	9.710	6	4.831	11
2011	5.807	10	5.454	11
2012	3.860	10	5.340	11
2013	9.529	4	6.159	10
2014	6.164	7	6.116	10
2015	12.404	2	6.274	7
得分变化	2.694	—	1.443	—
排名变化	—	4	—	4
优劣度	优势	优势	劣势	劣势

（1）从指标排名变化趋势看，2015年贵港市居民生活质量评估排名在珠江－西江经济带处于第5名，表明其在珠江－西江经济带处于优势地位，与2010年相比，排名上升4位。总的来看，评价期内贵港市居民生活质量呈现波动上升趋势。

在2个二级指标中，其中2个指标排名均保持上升，为生活水平、生活环境，这是贵港市居民生活质量处于波动上升趋势的动力所在。受指标排名升降的综合影响，评价期内贵港市居民生活质量的综合排名呈波动上升，在珠江－西江经济带城市排名第5名。

（2）从指标所处区位来看，2015年贵港市居民生活质量处在中游区。其中，生活水平为优势指标，生活环境为劣势指标。

（3）从指标得分来看，2015年贵港市居民生活质量得分为18.678分，比珠江－西江经济带最高分低21.731分，比珠江－西江经济带平均分低0.630分；与2010年相比，贵港市居民生活质量得分上升4.731分，与当年最高分的差距缩小，与珠江－西江经济带平均分的差距缩小。

2015年，贵港市居民生活质量二级指标的得分均高于5分，与2010年相比，得分上升最多的为生活水平，上升2.694分；得分上升最多的为生活环境，上升1.443分。

（二）贵港市城市居民生活质量评估指标动态变化分析

2010～2015年贵港市居民生活质量评估各级指标的动态变化及其结构，如图5－23和表5－9所示。

从图5－23可以看出，贵港市居民生活质量评估的三级指标中上升指标的比例大于下降指标，表明上升指标居于主导地位。表5－9中的数据说明，贵港市居民生活质量评估的18个三级指标中，上升的指标有12个，占指标总数的66.667%；保持的指标有6个，占指标总数的33.333%；下降的指标有0个，占指标总数的0.000%。由于上升指标的数量大于下降指标的数量，且受变动幅度与外部因素的综合影响，评价期内贵港市居民生活质量排名呈现波动上升，在珠江－西江经济带位居第5名。

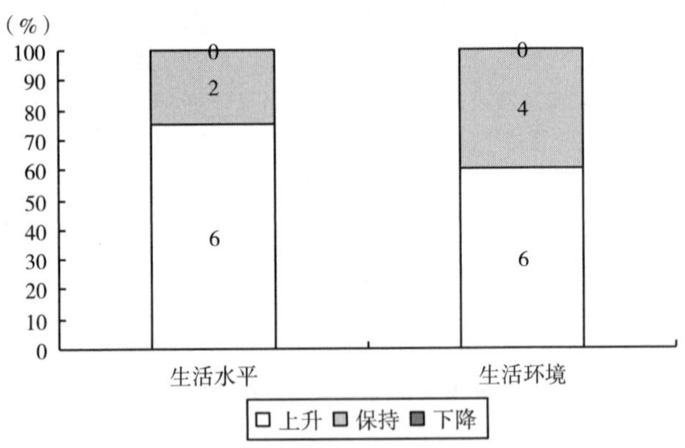

图5－23　2010～2015年贵港市居民生活质量动态变化结构

表5－9　　2010～2015年贵港市居民生活质量各级指标排名变化态势比较

二级指标	三级指标数	上升指标		保持指标		下降指标	
		个数	比重（%）	个数	比重（%）	个数	比重（%）
生活水平	8	6	75.000	2	25.000	0	0.000
生活环境	10	6	60.000	4	40.000	0	0.000
合计	18	12	66.667	6	33.333	0	0.000

（三）贵港市城市居民生活质量评估指标变化动因分析

2015年贵港市居民生活质量板块各级指标的优劣势变化及其结构，如图5－24和表5－10所示。

从图5－24可以看出，2015年贵港市居民生活质量评估的三级指标中强势和优势指标的比例大于劣势指标的比例，表明强势和优势指标处于主导地位。表5－10中的数据说明，2015年贵港市居民生活的18个三级指标中，强势指标有4个，占指标总数的22.222%；优势指标为5个，占指标总数的27.778%；中势指标7个，占指标总数的38.889%；劣势指标为0个，占指标总数的0.000%；强势

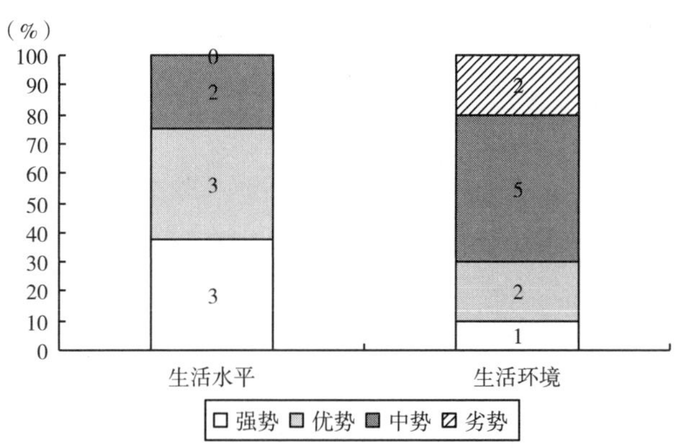

图 5-24 2015 年贵港市居民生活质量优劣度结构

指标和优势指标之和占指标总数的 50.000%，数量与比重均大于劣势指标。从二级指标来看，其中生活水平的强势指标有 3 个，占指标总数的 37.500%；优势指标为 3 个，占指标总数的 37.500%；中势指标 2 个，占指标总数的 25.000%；劣势指标为 0 个，占指标总数的 0.000%；强势指标和优势指标之和占指标总数的 75.000%，说明生活水平的强、优势指标居于主导地位。生活环境的强势指标有 1 个，占指标总数的 10.000%；优势指标为 2 个，占指标总数的 20.000%；中势指标 5 个，占指标总数的 50.000%；劣势指标为 2 个，占指标总数的 20.000%；强势指标和优势指标之和占指标总数的 30.000%，说明生活环境的强势、优势指标未处于主导地位。由于强势、优势指标比重较小，贵港市居民生活质量处于优势地位，在珠江－西江经济带居第 5 名，处于中游区。

表 5-10　　2015 年贵港市居民生活质量各级指标优劣度比较

二级指标	三级指标数	强势指标		优势指标		中势指标		劣势指标		优劣度
		个数	比重（%）	个数	比重（%）	个数	比重（%）	个数	比重（%）	
生活水平	8	3	37.500	3	37.500	2	25.000	0	0.000	强势
生活环境	10	1	10.000	2	20.000	5	50.000	2	20.000	中势
合计	18	4	22.222	5	27.778	7	38.889	2	11.111	优势

为明确影响贵港市居民生活质量变化的具体因素，以便于对相关指标进行深入分析，为提升贵港市居民生活质量提供决策参考，表 5-11 列出居民生活质量指标体系中直接影响贵港市居民生活质量升降的强势指标、优势指标、中势指标和劣势指标。

表 5-11　　2015 年贵港市居民生活质量三级指标优劣度统计

指标	强势指标	优势指标	中势指标	劣势指标
生活水平（8 个）	总工资弧弹性、平均工资增长强度、城市人力资本（3 个）	社会保障水平、职工工资相对增长率、职工工资绝对增量加权指数（3 个）	职工工资比重增量、职工工资强度（2 个）	（0 个）
生活环境（10 个）	供水能力延展指数（1 个）	城市供气能力、城市供气密度（2 个）	城市供电强度、城市用电承载力 ES、城市通信倾向度、城市通信职能规模、城市通信职能地位（5 个）	城镇公园用地动态变化、城市通信流强度（2 个）

第六章　百色市城市居民生活质量综合评估

一、百色市城市生活水平综合评估与比较

（一）百色市城市生活水平评估指标变化趋势评析

1. 社会保障水平

根据图6-1分析可知，2010~2015年百色市社会保障水平总体上呈现波动上升的状态。2010~2015年间城市在该指标上存在一定的波动变化，总体趋势为上升趋势，但在个别年份出现下降的情况，指标并非连续性上升状态。波动上升型指标意味着在评价的时间段内，虽然指标数据存在较大的波动变化，但是其评价末期数据值高于评价初期数据值。在2011~2012年百色市虽然出现下降的状况，2012年为19.742，但是总体上还是呈现上升的态势，最终稳定在31.351。社会保障水平越大，说明城市的经济发展水平越高，对于百色市来说，其城市居民生活发展潜力也越来越大。

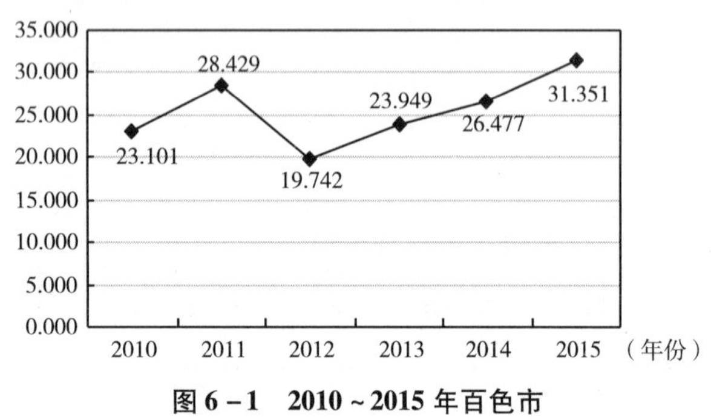

图6-1　2010~2015年百色市社会保障水平变化趋势

2. 总工资弧弹性

根据图6-2分析可知，2010~2015年百色市总工资弧弹性总体上呈现波动上升的状态。2010~2015年间城市在该指标上存在一定的波动变化，总体趋势为上升趋势，但在个别年份出现下降的情况，指标并非连续性上升状态。波动上升型指标意味着在评价的时间段内，虽然指标数据存在较大的波动变化，但是其评价末期数据值高于评价初期数据值。在2013~2014年百色市虽然出现下降的状况，2014年为1.488，但是总体上还是呈现上升的态势，最终稳定在3.971。总工资弧弹性越大，说明城市的发展水平越高，对于百色市来说，其城市居民生活发展潜力也越来越大。

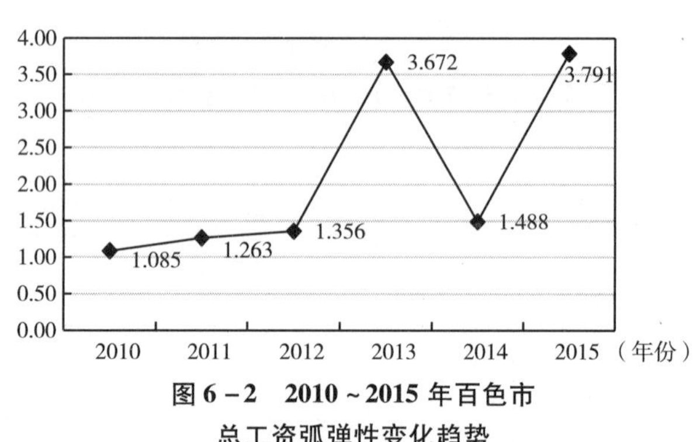

图6-2　2010~2015年百色市总工资弧弹性变化趋势

3. 平均工资增长强度

根据图6-3分析可知，2010~2015年百色市平均工资增长强度总体上呈现波动上升的状态。2010~2015年城市在该项指标上存在一定的波动变化，总体趋势为上升趋势，但在个别年份出现下降的情况，指标并非连续性上升状态。波动上升型指标意味着在评价的时间段内，虽然指标数据存在较大的波动变化，但是其评价末期数据值高于评价初期数据值，最终稳定在57.257。城市平均工资增长强度越高，说明城市的经济发展水平越高，对于百色市来说，其城市居民生活发展潜力也越来越大。

图6-3　2010~2015年百色市平均工资增长强度变化趋势

4. 城市人力资本

根据图6-4分析可知，2010~2015年百色市人力资本指数总体上呈现波动下降的状态。这种状态表现为2010~2015年城市在该项指标上总体呈现下降趋势，但在个别年份间存在上下波动的情况，并非连续性下降状态。这就意

味着在评估的时间段内，虽然指标数据存在较大的波动变化，但是其评价末期数据值低于评价初期数据值。百色市的人力资本指数末期低于初期的数据，降低 30 个单位左右，并且在 2010 ~ 2013 年间存在明显下降的变化，这说明百色市人力资本情况处于不太稳定的下降状态。

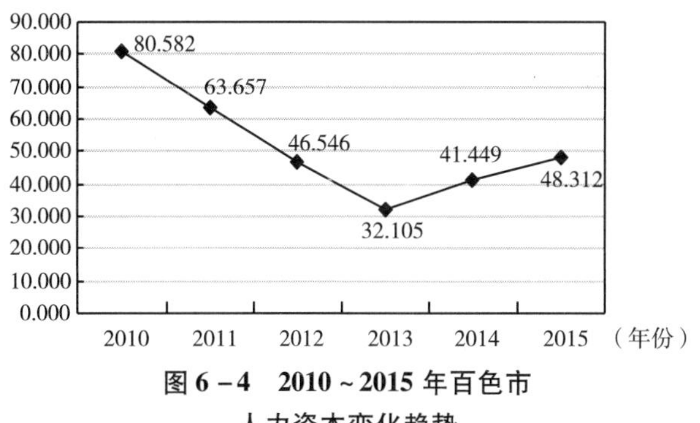

图 6 -4　2010 ~ 2015 年百色市人力资本变化趋势

5. 职工工资相对增长率

根据图 6 - 5 分析可知，2010 ~ 2015 年百色市职工工资相对增长率总体上呈现波动上升的状态。2010 ~ 2015 年城市在该项指标上存在一定的波动变化，总体趋势为上升趋势，但在个别年份出现下降的情况，指标并非连续性上升状态。波动上升型指标意味着在评价的时间段内，虽然指标数据存在较大的波动变化，但是其评价末期数据值高于评价初期数据值。在 2013 ~ 2014 年百色市虽然出现了下降的状况，2014 年为 4. 276，但是总体上还是呈现上升的态势，最终稳定在 6. 981。职工工资相对增长率越大，说明城市的经济发展水平越高，对于百色市来说，其城市居民生活发展潜力也越来越大。

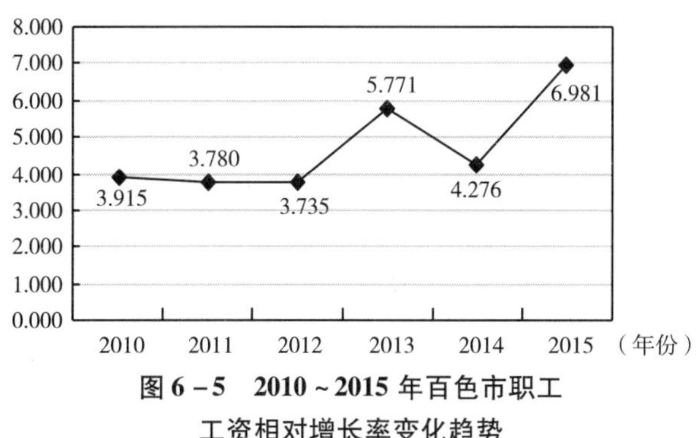

图 6 -5　2010 ~ 2015 年百色市职工工资相对增长率变化趋势

6. 职工工资绝对增量加权指数

根据图 6 - 6 分析可知，2010 ~ 2015 年百色市职工工资绝对增量加权指数总体上呈现波动上升的状态。2010 ~ 2015 年城市在该项指标上存在一定的波动变化，总体趋势为上升趋势，但在个别年份出现下降的情况，指标并非连续性上升状态。波动上升型指标意味着在评价的时间段内，虽然指标数据存在较大的波动变化，但是其评价末期数据值高于评价初期数据值。在 2013 ~ 2014 年百色市虽然出现下降的状况，2014 年为 0. 699，但是总体上还是呈现上升的态势，最终稳定在 0. 992。职工工资绝对增量加权指数越大，说明城市的经济发展水平越高，对于百色市来说，其城市居民生活发展潜力也越来越大。

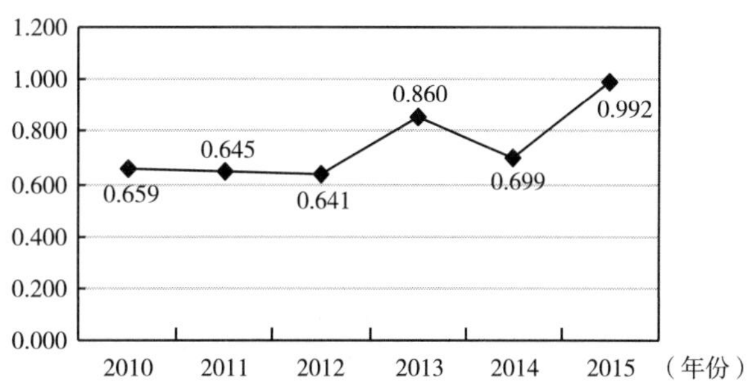

图 6 -6　2010 ~ 2015 年百色市职工工资绝对增量加权指数变化趋势

7. 职工工资比重增量

根据图 6 - 7 分析可知，2010 ~ 2015 年百色市职工工资比重增量指数总体上呈现波动上升的状态。2010 ~ 2015 年城市在该项指标上存在一定的波动变化，总体趋势为上升趋势，但在个别年份出现下降的情况，指标并非连续性上升状态。波动上升型指标意味着在评价的时间段内，虽然指标数据存在较大的波动变化，最后稳定在 5. 018。随着城市职工工资比重增量的升高，说明百色市的居民生活发展水平也在提高。

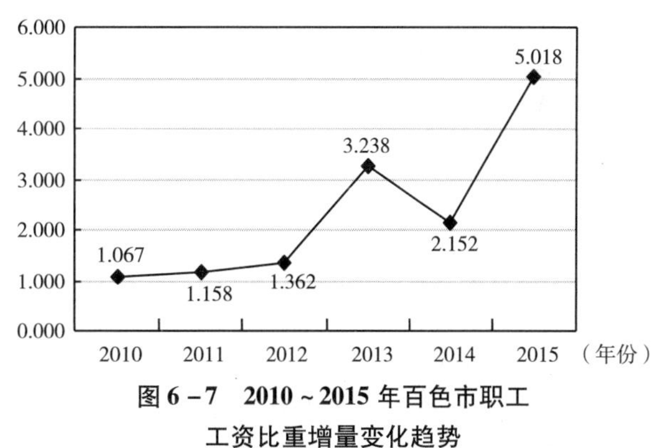

图 6 -7　2010 ~ 2015 年百色市职工工资比重增量变化趋势

8. 职工工资强度

根据图 6 - 8 分析可知，2010 ~ 2015 年百色市职工工资强度总体上呈现波动保持的状态。波动保持型指标意味着城市在该项指标上虽然呈现波动状态，在评价末期和评价初期的数值基本保持一致，该图可知百色市职工工资强度数值保持在 1. 434 ~ 2. 192。虽然百色市职工工资强度存在过最低值，其数值为 1. 434，但百色市在职工工资强度上总体表现相对平稳，说明该地区经济发展能力及活力持续又稳定。

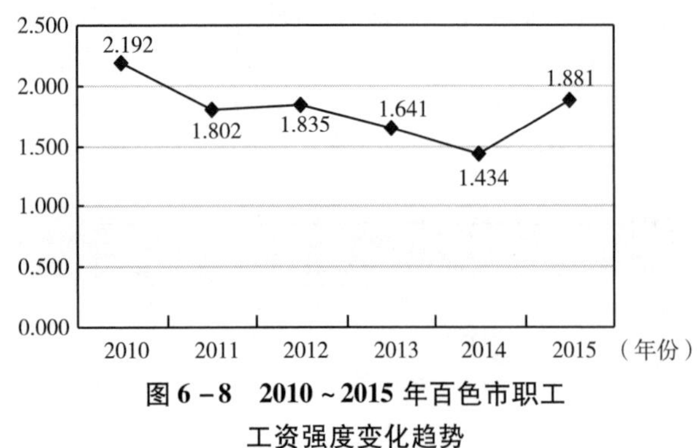

图6－8 2010～2015年百色市职工工资强度变化趋势

（二）百色市城市生活水平评估结果

根据表6－1对2010～2012年百色市生活水平得分、排名、优劣度进行分析。2010年百色市生活水平排名处在珠江－西江经济带第5名，2011年百色市生活水平排名处在第3名，2012年百色市生活水平排名处在第7名，说明百色市生活水平综合发展水平较于珠江－西江经济带其他城市较低且较波动。对百色市的生活水平得分情况作出分析，发现百色市生活水平综合得分持续下降，变动幅度较大，说明百色市生活水平的稳定性有待提升。2010～2012年间百色市的生活水平在珠江－西江经济带中处于中游区，说明百色市的生活水平综合发展实力整体趋于减弱。

表6－1　2010～2012年百色市生活水平各级指标的得分、排名及优劣度分析

指标	2010年			2011年			2012年		
	得分	排名	优劣度	得分	排名	优劣度	得分	排名	优劣度
生活水平	10.072	5	优势	8.509	3	优势	6.043	7	中势
社会保障水平	1.210	4	优势	1.460	2	强势	1.026	4	优势
总工资弧弹性	0.050	9	劣势	0.058	4	优势	0.064	9	劣势
平均工资增长强度	1.072	7	中势	1.522	2	强势	1.336	3	优势
城市人力资本	7.351	5	优势	5.098	5	优势	3.242	7	中势
职工工资相对增长率	0.187	9	劣势	0.180	7	中势	0.178	7	中势
职工工资绝对增量加权指数	0.031	11	劣势	0.030	10	劣势	0.030	10	劣势
职工工资比重增量	0.052	9	劣势	0.063	7	中势	0.066	7	中势
职工工资强度	0.119	6	中势	0.099	6	中势	0.101	6	中势

对百色市生活水平的三级指标进行分析，其中社会保障水平得分排名呈现出波动保持的发展趋势。对百色市社会保障水平的得分情况进行分析，发现百色市的社会保障水平得分波动下降，说明百色市的社会公共保障事业的发展水平仍有待提高。

总工资弧弹性的综合发展水平得分排名呈现出波动保持的趋势。对百色市总工资弧弹性的得分情况作出分析，发现百色市在总工资弧弹性上的得分持续上升，说明百色市的总工资增长速率存在提升的空间。

平均工资增长强度得分排名呈现出波动上升的趋势。对百色市平均工资增长强度的得分情况作出分析，发现百色市在平均工资增长强度上的得分持续下降，说明百色市平均工资增长速率存在提升空间。

城市人力资本得分排名呈现出波动下降的趋势。对百色市人力资本的得分情况作出分析，发现百色市在人力资本上的得分持续下降，说明百色市在推进城市人力资本建设方面的存在一定的提升空间。

职工工资相对增长率得分排名呈现波动上升的趋势。对百色市职工工资相对增长率的得分情况进行分析，发现百色市职工工资相对增长率的得分持续下降，分值变动幅度较大，说明城市的职工工资增长速率的平稳性有待提升。在珠江－西江经济带中不具备优势。

职工工资绝对增量加权指数得分排名呈现出波动上升的趋势。对百色市职工工资绝对增量加权指数的得分情况作出分析，发现百色市在职工工资绝对增量加权指数上的得分波动保持，说明2010～2012年百色市的职工工资绝对增量加权指数较为稳定，但仍存在提升的空间。

职工工资比重增量得分排名呈现出波动上升的趋势。对百色市职工工资比重增量的得分情况作出分析，发现百色市在职工工资比重增量上的得分持续上升，分值变动幅度较大，说明2010～2012年百色市的城市职工工资的变化不稳定，但存在提升的空间。

职工工资强度得分排名呈现出持续保持的趋势。对百色市职工工资强度的得分情况作出分析，发现百色市在城市职工工资强度上的得分波动下降，变化幅度小，说明2010～2012年间百色市的职工工资强度较于珠江－西江经济带其他城市较不合理。

根据表6－2对2013～2015年百色市生活水平的得分、排名和优劣度进行分析。2013～2014年百色市生活水平排名处在珠江－西江经济带第10名，2015年其处于珠江－西江经济带第5名，说明百色市生活水平综合发展水平较其他城市较高。对百色市的生活水平得分情况作出分析，发现百色市生活水平综合得分持续上升，说明百色市生活水平存在上升趋势。2013～2015年间百色市的生活水平在珠江－西江经济带中从劣势地位升至优势地位，说明百色市的生活水平综合发展实力整体趋于上升。

表6－2　　　　2013～2015年百色市生活水平各级指标的得分、排名及优劣度分析

指标	2013年			2014年			2015年		
	得分	排名	优劣度	得分	排名	优劣度	得分	排名	优劣度
生活水平	5.728	10	劣势	5.908	10	劣势	9.883	5	优势
社会保障水平	1.266	4	优势	1.415	4	优势	1.880	3	优势
总工资弧弹性	0.204	3	优势	0.071	9	劣势	0.181	5	优势
平均工资增长强度	1.608	5	优势	1.006	6	中势	3.776	2	强势
城市人力资本	2.026	8	中势	2.963	9	劣势	3.296	5	优势
职工工资相对增长率	0.331	9	劣势	0.216	8	中势	0.348	6	中势
职工工资绝对增量加权指数	0.048	10	劣势	0.034	10	劣势	0.048	9	劣势
职工工资比重增量	0.159	9	劣势	0.126	8	中势	0.254	7	中势
职工工资强度	0.087	7	中势	0.077	7	中势	0.101	7	中势

对百色市生活水平的三级指标进行分析，其中社会保障水平得分排名呈现出波动上升的发展趋势。对百色市社会保障水平的得分情况进行分析，发现百色市的社会保障水平得分持续上升，说明城市在公共保障事业方面有良好的发展。

总工资弧弹性的综合发展水平得分排名呈现出波动下降的趋势。对百色市总工资弧弹性的综合发展水平得分情况作出分析，发现百色市的总工资弧弹性的综合发展水平得分先降后升，说明百色市总工资弧弹性存在一定的提升空间。

平均工资增长强度得分排名呈现波动上升的趋势。对百色市平均工资增长强度的得分情况进行分析，发现百色市平均工资增长强度的得分先降后升，说明城市的平均工资增长强度变化幅度较大，平均工资增长强度存在较大的提升空间。

城市人力资本得分排名呈现出波动上升的趋势。对百色市人力资本的得分情况作出分析，发现百色市在人力资本上的得分持续上升，说明百色市在人力资本建设方面存在提升空间。

职工工资相对增长率得分排名呈现出持续上升的趋势。对百色市职工工资相对增长率的得分情况作出分析，发现百色市在职工工资相对增长率上的得分先降后升，说明2013～2015年百色市的职工工资相对增长率的变化趋势较于珠江－西江经济带其他城市的合理性较高。

职工工资绝对增量加权指数得分排名呈现出波动上升的趋势。对百色市职工工资绝对增量加权指数的得分情况作出分析，发现百色市在职工工资绝对增量加权指数上的得分先降后升，说明2013～2015年百色市职工工资绝对增量加权指数较低，城市人口要素较为分散。

职工工资比重增量得分排名呈现出持续上升的趋势。对百色市职工工资比重增量的得分情况作出分析，发现百色市在职工工资比重增量上的得分先降后升，说明百色市职工工资比重增量较高，城市整体职工工资水平具备一定的发展潜力。

职工工资强度得分排名呈现出持续保持的趋势。对百色市职工工资强度的得分情况作出分析，发现百色市在职工工资强度上的得分波动上升，说明百色市职工工资强度较于珠江－西江经济带其他城市处于中势地位。

对2010～2015年间百色市生活水平及各三级指标的得分、排名和优劣度进行分析。2010年百色市生活水平综合得分排名处在珠江－西江经济带第5名，2011年百色市生活水平的综合得分排名升至第3名，2012年百色市生活水平的综合得分排名降至第7名，2013～2014年百色市生活水平的综合得分排名降至第10名，2015年百色市生活水平综合得分排名处于第5名。2010～2015年百色市生活水平综合得分排名一直在珠江－西江经济带中游区和上游区波动，在城市生活水平上也是在中势和优势之间波动，说明百色市生活水平发展较其他城市极具有竞争优势。对百色市的生活水平得分情况进行分析，发现百色市的生活水平综合得分呈现先降后升的发展趋势，2010～2012年间百色市的生活水平得分持续下降的趋势，在2013～2015年百色市的生活水平综合得分呈现持续上升的趋势，说明百色市生活水平虽然变动较不稳定。

从表6－3中百色市生活水平指标的优劣度结构来看，在8个基础指标中，指标的优劣度结构为12.5∶37.5∶37.5∶12.5。

表 6－3　2015 年百色市生活水平指标的优劣度结构

二级指标	三级指标数	强势指标		优势指标		中势指标		劣势指标		优劣度
		个数	比重（%）	个数	比重（%）	个数	比重（%）	个数	比重（%）	
生活水平	8	1	12.500	3	37.500	3	37.500	1	12.500	优势

（三）百色市城市生活水平比较分析

图 6－9 和图 6－10 将 2010～2015 年百色市生活水平与珠江－西江经济带最高水平和平均水平进行比较。从生活水平的要素得分比较来看，由图 6－9 可知，2010 年，百色市社会保障水平得分比珠江－西江经济带最高分低 0.766 分，比珠江－西江经济带平均分高 0.293 分；2011 年，社会保障水平得分比珠江－西江经济带最高分低 0.352 分，比珠江－西江经济带平均分高 0.606 分；2012 年，社会保障水平得分比珠江－西江经济带最高分低 0.460 分，比珠江－西江经济带平均分高 0.185 分；2013 年，社会保障水平得分比珠江－西江经济带最高分低 0.510 分，比珠江－西江经济带平均分高 0.321 分；2014 年，社会保障水平得分比珠江－西江经济带最高分低 0.338 分，比珠江－西江经济带平均分高 0.497 分；2015 年，社会保障水平得分比珠江－西江经济带最高分低 4.116 分，比珠江－西江经济带平均分高 0.524 分。这说明整体上百色市社会保障水平得分与珠江－西江经济带最高分的差距有扩大趋势，与珠江－西江经济带平均分的差距逐渐拉大。

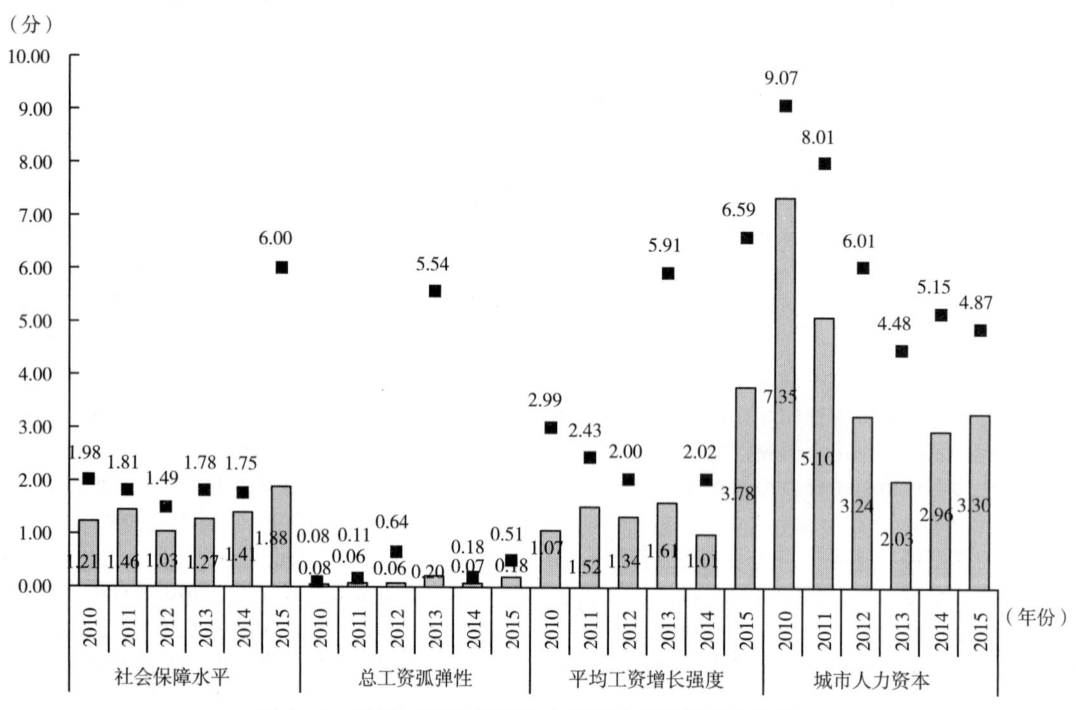

图 6－9　2010～2015 年百色市生活水平指标得分比较 1

2010 年，百色市总工资弧弹性得分比珠江－西江经济带最高分低 0.026 分，比珠江－西江经济带平均分低 0.010 分；2011 年，总工资弧弹性得分比珠江－西江经济带最高分低 0.051 分，与珠江－西江经济带平均分不存在差距；2012 年，总工资弧弹性得分比珠江－西江经济带最高分低 0.572 分，比珠江－西江经济带平均分低 0.073 分；2013 年，总工资弧弹性得分比珠江－西江经济带最高分低 5.341 分，比珠江－西江经济带平均分低 0.425 分；2014 年，总工资弧弹性得分比珠江－西江经济带最高分低 0.111 分，比珠江－西江经济带平均分低 0.032 分；2015 年，总工资弧弹性得分比珠江－西江经济带最高分低 0.332 分，比珠江－西江经济带平均分高 0.026 分。这说明整体上百色市总工资弧弹性得分与珠江－西江经济带最高分的差距有扩大趋势，与珠江－西江经济带平均分的差距逐渐增加。

2010 年，百色市平均工资增长强度得分比珠江－西江经济带最高分低 1.918 分，比珠江－西江经济带平均分低 0.264 分；2011 年，平均工资增长强度得分比珠江－西江经济带最高分低 0.911 分，比珠江－西江经济带平均分高 0.600 分；2012 年，平均工资增长强度得分比珠江－西江经济带最高分低 0.662 分，比珠江－西江经济带平均分高 0.275 分；2013 年，平均工资增长强度得分比珠江－西江经济带最高分低 4.306 分，比珠江－西江经济带平均分低 0.381 分；2014 年，平均工资增长强度得分比珠江－西江经济带最高分低 1.016 分，比珠江－西江经济带平均分高 0.004 分；2015 年，平均工资增长强度得分比珠江－西江经济带最高分低 2.819 分，比珠江－西江经济带平均分高

1.539分。这说明整体上百色市平均工资增长强度得分与珠江－西江经济带最高分的差距波动增加，与珠江－西江经济带平均分的差距波动增加。

2010年，百色市人力资本得分比珠江－西江经济带最高分低1.719分，比珠江－西江经济带平均分高1.180分；2011年，城市人力资本得分比珠江－西江经济带最高分低2.910分，比珠江－西江经济带平均分高0.253分；2012年，城市人力资本得分比珠江－西江经济带最高分低2.772分，比珠江－西江经济带平均分低0.001分；2013年，城市人力资本得分比珠江－西江经济带最高分低2.453分，比珠江－西江经济带平均分低0.331分；2014年，城市人力资本得分比珠江－西江经济带最高分低2.191分，比珠江－西江经济带平均分低0.552分；2015年，城市人力资本得分与珠江－西江经济带最高分低1.569分，比珠江－西江经济带平均分高0.154分。这说明整体上百色市人力资本得分与珠江－西江经济带最高分的差距波动缩小，与珠江－西江经济带平均分的差距波动减小。

由图6－10可知，2010年，百色市职工工资相对增长率得分比珠江－西江经济带最高分低0.827分，比珠江－西江经济带平均分低0.096分；2011年，职工工资相对增长率得分比珠江－西江经济带最高分低1.099分，比珠江－西江经济带平均分低0.114分；2012年，职工工资相对增长率得分比珠江－西江经济带最高分低0.207分，比珠江－西江经济带平均分低0.037分；2013年，职工工资相对增长率得分比珠江－西江经济带最高分低5.398分，比珠江－西江经济带平均分低0.628分；2014年，职工工资相对增长率得分比珠江－西江经济带最高分低1.736分，比珠江－西江经济带平均分低0.265分；2015年，职工工资相对增长率得分比珠江－西江经济带最高分低1.359分，比珠江－西江经济带平均分低0.113分。这说明整体上百色市职工工资相对增长率得分与珠江－西江经济带最高分的差距波动上升，与珠江－西江经济带平均分的差距波动增加。

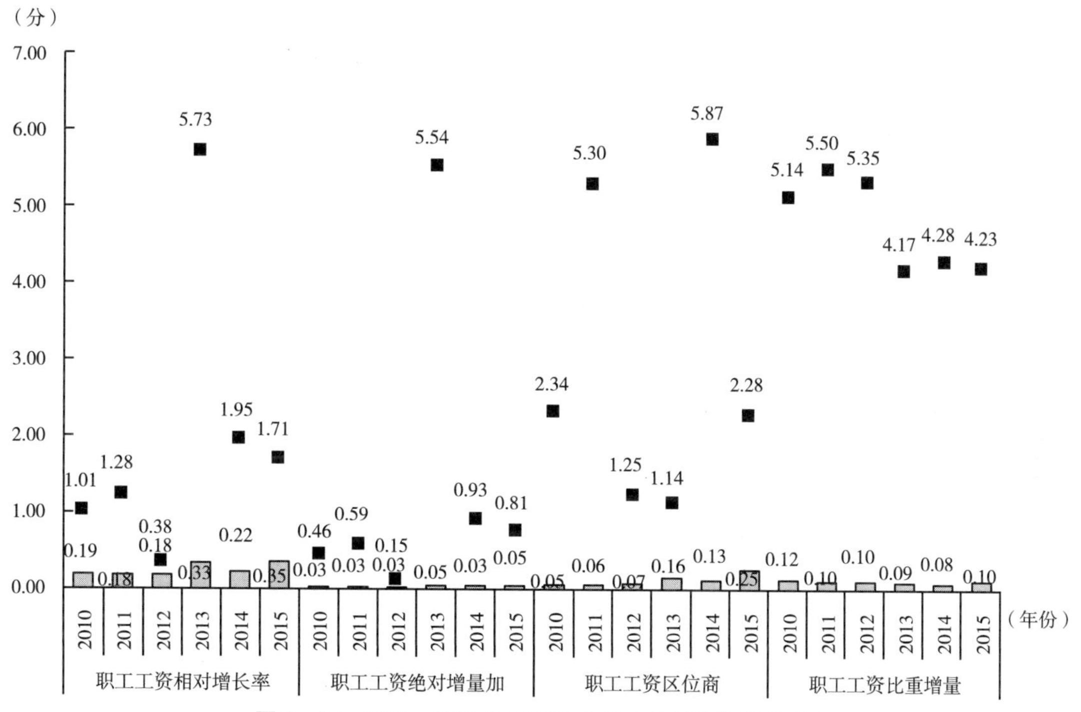

图6－10 2010～2015年百色市生活水平指标得分比较2

2010年，百色市职工工资绝对增量加权指数得分比珠江－西江经济带最高分低0.425分，比珠江－西江经济带平均分低0.046分；2011年，职工工资绝对增量加权指数得分比珠江－西江经济带最高分低0.565分，比珠江－西江经济带平均分低0.063分；2012年，职工工资绝对增量加权指数得分比珠江－西江经济带最高分低0.116分，比珠江－西江经济带平均分低0.024分；2013年，职工工资绝对增量加权指数得分比珠江－西江经济带最高分低5.494分，比珠江－西江经济带平均分低0.574分；2014年，职工工资绝对增量加权指数得分比珠江－西江经济带最高分低0.891分，比珠江－西江经济带平均分低0.138分；2015年，职工工资绝对增量加权指数得分比珠江－西江经济带最高分低0.759分，比珠江－西江经济带平均分低0.139分。这说明整体上百色市职工工资绝对增量加权指数得分与珠江－西江经济带最高分的差距波动扩大，与珠江－西江经济带平均分的差距波动上升。

2010年，百色市职工工资区位商得分比珠江－西江经济带最高分低2.284分，比珠江－西江经济带平均分低0.265分；2011年，职工工资区位商得分比珠江－西江经济带最高分低5.233分，比珠江－西江经济带平均分低0.545分；2012年，职工工资区位商得分比珠江－西江经济带最高分低1.186分，比珠江－西江经济带平均分低0.212分；2013年，职工工资区位商得分比珠江－西江经济带最高分低0.985分，比珠江－西江经济带平均分低

0.238分；2014年，职工工资区位商得分比珠江－西江经济带最高分低5.746分，比珠江－西江经济带平均分低0.876分；2015年，职工工资区位商得分比珠江－西江经济带最高分低2.029分，比珠江－西江经济带平均分低0.285分。这说明整体上百色市职工工资区位商得分与珠江－西江经济带最高分的差距波动缩小，与珠江－西江经济带平均分的差距波动增加。

2010年，百色市职工工资比重增量得分比珠江－西江经济带最高分低5.018分，比珠江－西江经济带平均分低0.593分；2011年，职工工资比重增量得分比珠江－西江经济带最高分低5.401分，比珠江－西江经济带平均分低0.620分；2012年，职工工资比重增量得分比珠江－西江经济带最高分低5.244分，比珠江－西江经济带平均分低0.621分；2013年，职工工资比重增量得分比珠江－西江经济带最高分低4.080分，比珠江－西江经济带平均分低0.607分；2014年，职工工资比重增量得分比珠江－西江经济带最高分低4.205分，比珠江－西江经济带平均分低0.629分；2015年，职工工资比重增量得分比珠江－西江经济带最高分低4.126分，比珠江－西江经济带平均分低0.598分。这说明整体上百色市职工工资比重增量得分与珠江－西江经济带最高分的差距波动缩小，与珠江－西江经济带平均分的差距波动增加。

二、百色市城市生活环境质量综合评估与比较

（一）百色市城市生活环境质量评估指标变化趋势评析

1. 城镇公园用地动态变化

根据图6－11分析可知，2010～2015年百色市城镇公园用地指数总体上呈现波动下降的状态。这种状态表现为2010～2015年间城市在该项指标上总体呈现下降趋势，但在个别年份存在上下波动的情况，并非连续性下降状态。这就意味着在评估的时间段内，虽然指标数据存在较大的波动变化，但是其评价末期数据值低于评价初期数据值。百色市的城镇公园用地动态变化指数末期低于初期的数据，降低30个单位左右，并且在2011～2012年间存在明显下降的变化，这说明百色市城镇公园用地情况处于不太稳定的下降状态。

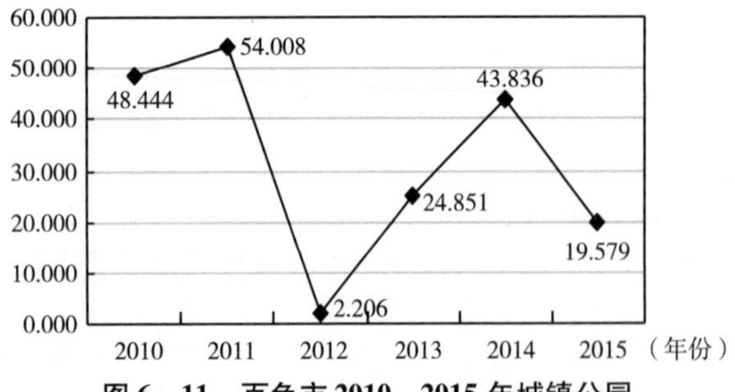

图6－11 百色市2010～2015年城镇公园用地动态变化变化趋势

2. 供水能力延展指数

根据图6－12分析可知，2010～2015年百色市供水能力延展指数总体上呈现波动保持的状态。波动保持型指标意味着城市在该项指标上虽然呈现波动状态，在评价末期和评价初期的数值基本保持一致，该图可知百色市供水能力延展指数数值保持在4.331～5.128。虽然百色市供水能力延展指数存在过最低值，其数值为4.331，但百色市在供水能力延展指数上总体表现也是相对平稳，说明该地区经济发展能力及活力持续又稳定。

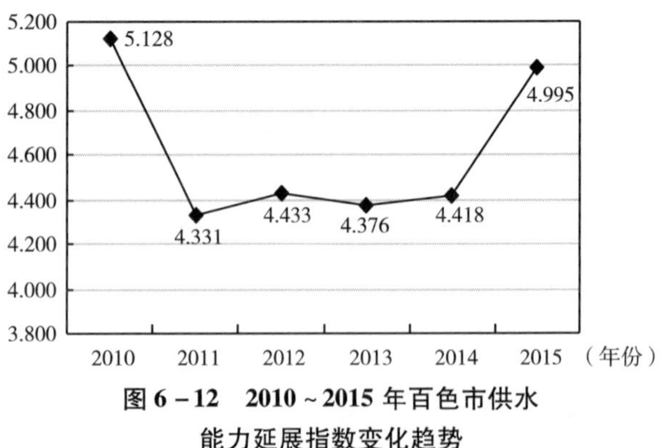

图6－12 2010～2015年百色市供水能力延展指数变化趋势

3. 城市供气能力

根据图6－13分析可知，2010～2015年百色市供气能力总体上呈现波动保持的状态。波动保持型指标意味着城市在该项指标上虽然呈现波动状态，在评价末期和评价初期的数值基本保持一致，该图可知百色市供气能力数值保持在23.398～28.127。虽然百色市供气能力存在过最低值，其数值为23.398，但百色市在供气能力上总体表现相对平稳，说明该地区经济发展能力及活力持续又稳定。

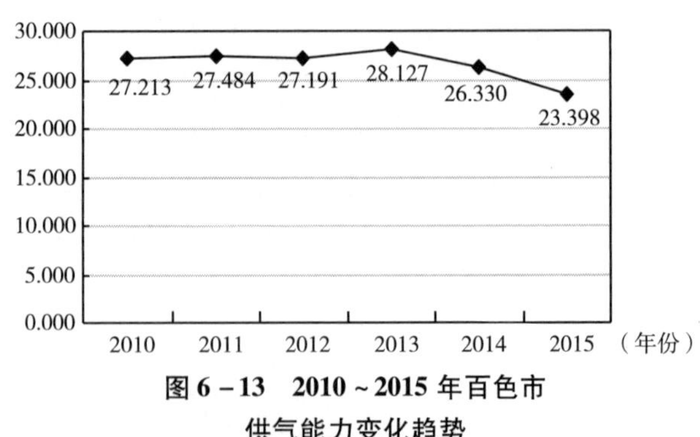

图6－13 2010～2015年百色市供气能力变化趋势

4. 城市供电强度

根据图6－14分析可知，2010～2015年百色市的供电强度总体上呈现波动上升的状态。2010～2015年间城市在该项指标上存在较多波动变化，总体趋势为上升趋势，但在个别年份出现下降的情况，指标并非连续性上升。波动上升型指标意味着在评估期间，虽然指标数据存在较大波动变化，但是其评价末期数据值高于评价初期数据值。通

过折线图可以看出，百色市的供电强度指标不断提高，在2015年达到6.853，相较于2010年上升1个单位左右，说明百色市的供电强度整体发展水平较高，电力资源丰富，对外部资源的吸引力较强。

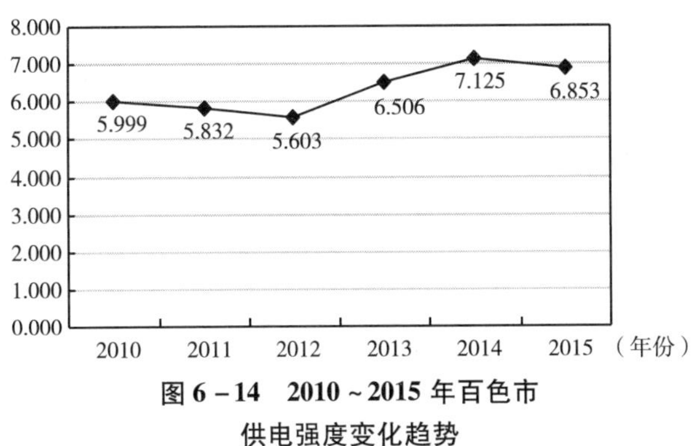

图6-14　2010~2015年百色市供电强度变化趋势

5. 城市供气密度

根据图6-15分析可知，2010~2015年百色市供气密度指数总体上呈现波动下降的状态。这种状态表现为在2010~2015年间城市在该项指标上总体呈现下降趋势，但在个别年份间存在上下波动的情况，并非连续性下降状态。这就意味着在评估的时间段内，虽然指标数据存在较大的波动变化，但是其评价末期数据值低于评价初期数据值。百色市的供气密度指数末期低于初期的数据，降低5个单位左右，并且在2010~2011年间存在明显下降的变化，这说明百色市供气密度情况处于不太稳定的下降状态。

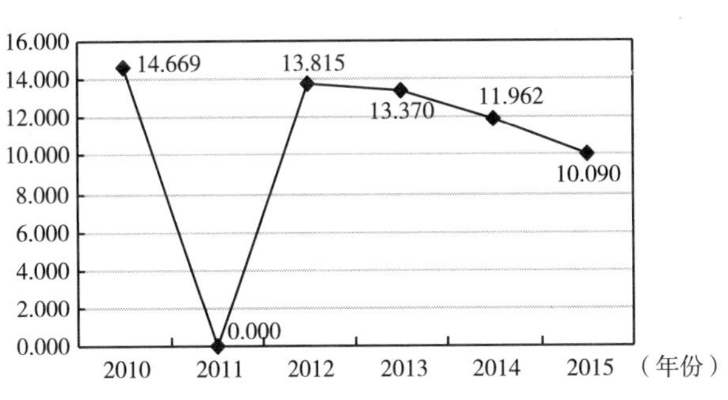

图6-15　2010~2015年百色市供气密度变化趋势

6. 城市用电承载力ES

根据图6-16分析可知，2010~2015年百色市的城市用电承载力ES总体上呈现波动下降的状态。2010~2015年间城市在该项指标上总体呈现下降趋势，但在评估期间存在上下波动的情况，指标并非连续性下降状态。波动下降型指标意味着在评估期间，虽然指标数据存在较大波动变化，但是其评价末期数据值低于评价初期数据值。如图所示，百色市用电承载力ES指标处于不断下降的状态中，2010年此指标数值最高，为5.670，到2015年，下降至3.160。分析这种变化趋势，可以得出百色市居民生活发展的水平处于劣势，潜在的经济发展水平不断下降，城市的发展活力不足。

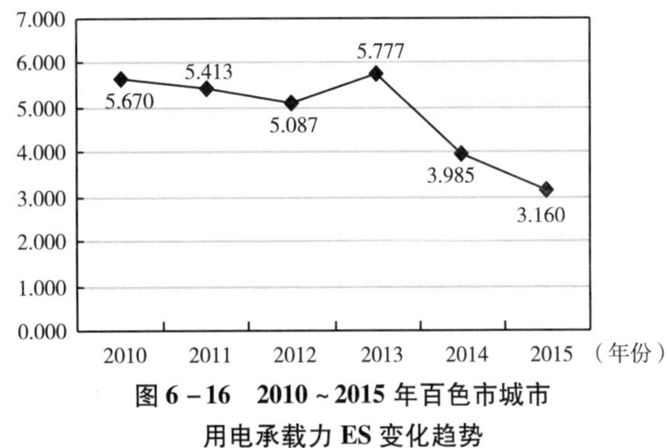

图6-16　2010~2015年百色市城市用电承载力ES变化趋势

7. 城市通信流强度

根据图6-17分析可知，2010~2015年百色市的通信流强度总体上呈现持续上升的状态。处于持续上升型的指标，不仅意味着城市在各项指标数据上的不断增长，更意味着城市在该项指标以及居民生活质量整体上的竞争力优势不断扩大。对于百色市来说，城市通信流强度这个三级指标的上升幅度较大，从2010年的1.459上升至2015年的3.925，这样的上升趋势说明城市发展的城市通信流强度较高，其进行城市通信的方式比较丰富，城市的经济社会发展活力充沛。

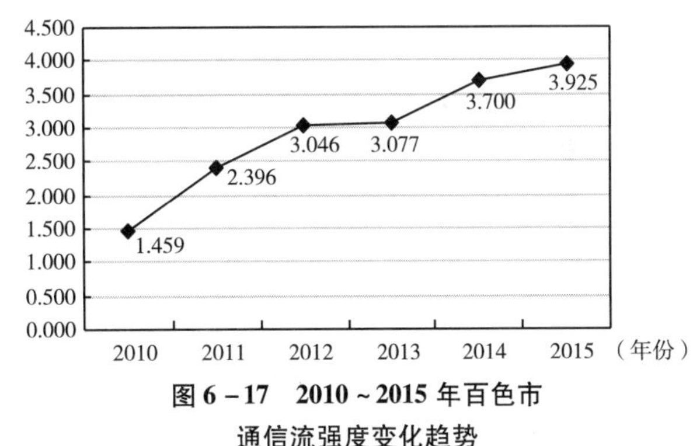

图6-17　2010~2015年百色市通信流强度变化趋势

8. 城市通信倾向度

根据图6-18分析可知，2010~2015年百色市通信倾向度总体上呈现波动下降的状态。2010~2015年间城市在该项指标上总体呈现下降趋势，但在评估期间存在上下波动的情况，指标并非连续性下降状态。波动下降型指标意味着在评估期间，虽然指标数据存在较大波动变化，但是其评价末期数据值低于评价初期数据值。该图可知百色市通信倾向度数值保持在32.542~43.919。即使百色市通信倾向度存在过最低值，其数值为32.542，但百色市在通信倾向度上总体表现为波动下降，说明该地区经济发展能力及活力有所降低。

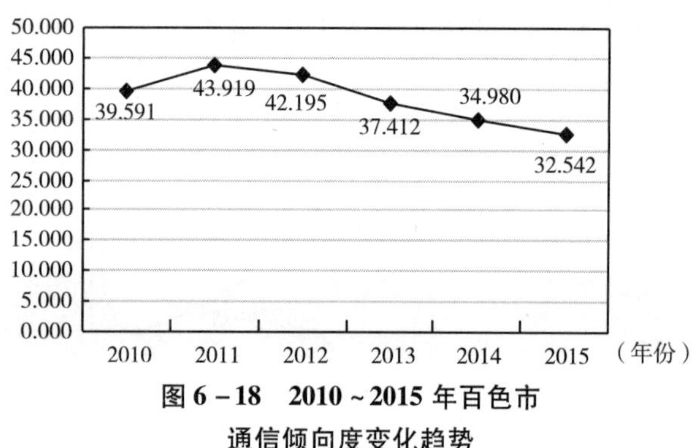

图6－18　2010～2015年百色市通信倾向度变化趋势

9. 城市通信职能规模

根据图6－19分析可知，2010～2015年百色市通信职能规模总体上呈现波动保持的状态。波动保持型指标意味着城市在该项指标上虽然呈现波动状态，在评价末期和评价初期的数值基本保持一致，该图可知百色市通信职能规模数值保持在11.356～20.194。虽然百色市通信职能规模存在过最低值，其数值为11.356，但百色市在通信职能规模上总体表现相对平稳，说明该地区经济发展能力及活力持续又稳定。

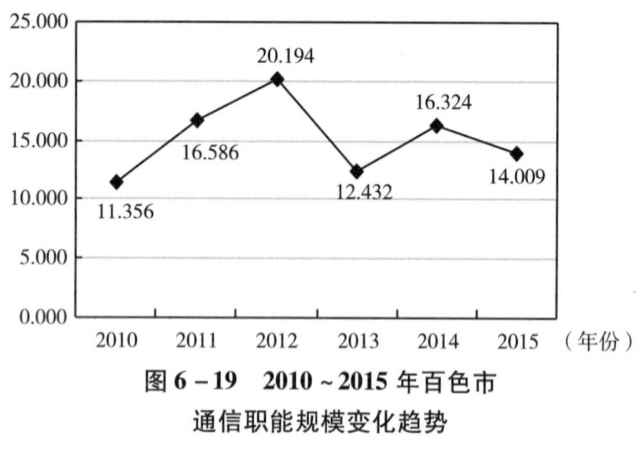

图6－19　2010～2015年百色市通信职能规模变化趋势

10. 城市通信职能地位

根据图6－20分析可知，2010～2015年百色市通信职能地位总体上呈现波动保持的状态。波动保持型指标意味着城市在该项指标上虽然呈现波动状态，在评价末期和评价初期的数值基本保持一致，该图可知百色市通信职能地位数值保持在0.909～4.007。虽然百色市通信职能地位存在过最低值，其数值为0.909，但百色市在通信职能地位上总体表现相对平稳，说明该地区经济发展能力及活力持续又稳定。

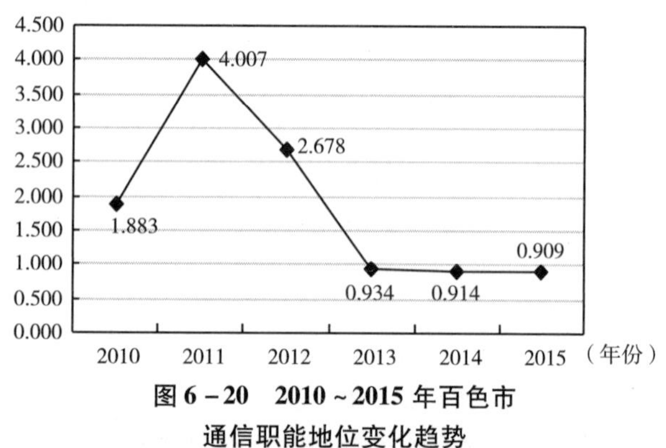

图6－20　2010～2015年百色市通信职能地位变化趋势

（二）百色市城市生活环境质量评估结果

根据表6－4对2010～2012年间百色市生活环境质量得分、排名、优劣度进行分析。2010年百色市生活环境质量排名处在珠江－西江经济带第5名，2011年百色市生活环境质量排名处在第6名，2012年百色市生活环境质量排名处在第8名，说明百色市生活环境综合发展水平较于珠江－西江经济带其他城市较低。对百色市的生活环境质量得分情况作出分析，发现百色市生活环境综合得分持续下降，变动幅度较大，说明百色市生活环境较不稳定。2010～2012年间百色市的生活环境质量在珠江－西江经济带中处于中势地位，说明百色市的生活环境质量较低，居民生活质量有待提升，需提供较优质的生产生活基础条件。

表6－4　2010～2012年百色市生活环境各级指标的得分、排名及优劣度分析

指标	2010年			2011年			2012年		
	得分	排名	优劣度	得分	排名	优劣度	得分	排名	优劣度
生活环境	9.163	5	优势	9.152	6	中势	6.722	8	中势
城镇公园用地动态变化	3.196	3	优势	3.381	3	优势	0.122	11	劣势
供水能力延展指数	0.243	3	优势	0.204	11	劣势	0.249	8	中势
城市供气能力	1.514	4	优势	1.544	5	优势	1.643	4	优势
城市供电强度	0.351	6	中势	0.335	6	中势	0.332	6	中势
城市供气密度	0.840	7	中势	0.000	11	劣势	0.825	8	中势
城市用电承载力 ES	0.321	6	中势	0.300	6	中势	0.287	6	中势
城市通信流强度	0.077	6	中势	0.133	7	中势	0.177	7	中势
城市通信倾向度	2.444	7	中势	2.849	5	优势	2.768	3	优势
城市通信职能规模	0.083	7	中势	0.176	7	中势	0.179	7	中势
城市通信职能地位	0.094	7	中势	0.229	7	中势	0.140	7	中势

对百色市生活环境的三级指标进行分析，其中城镇公园用地动态变化得分排名呈现出波动下降的发展趋势。对百色市城镇公园用地动态变化的得分情况进行分析，发现百色市的城镇公园用地动态变化得分波动下降，说明百色市的城镇公园用地减少，城市规模不断缩小。

供水能力延展指数的综合发展水平得分排名呈现出波动下降的趋势。对百色市供水能力延展指数的得分情况作出分析，发现百色市在供水能力延展指数上的得分波动上升，说明百色市的供水能力延展指数存在提升的空间，城市的供水管道发展水平在不断提高。

城市供气能力得分排名呈现出波动保持的趋势。对百色市供气能力的得分情况作出分析，发现百色市在供气能力上的得分持续上升，百色市的供气能力有所上升，但仍需加大供气力度以提供居民更优质的基础设施服务。

城市供电强度得分排名呈现出持续保持的趋势。对百色市的供电强度的得分情况作出分析，发现百色市在供电强度上的得分持续下降，说明百色市在推进供电建设方面的力度减小，城市活力有降低趋势。

城市供气密度得分排名呈现波动下降的趋势。对百色市的供气密度的得分情况进行分析，发现百色市的供气密度的得分波动保持，分值变动幅度较大，城市的供气承载力的平稳性仍有待提升。

城市用电承载力 ES 得分排名呈现出持续保持的趋势。对百色市的用电承载力 ES 的得分情况作出分析，发现百色市在用电承载力 ES 上的得分持续下降，说明2010～2012 年间百色市的用电承载力 ES 存在减弱态势，城市用电的整体密度、容量范围也在不断缩小。

城市通信流强度得分排名呈现出波动下降的趋势。对百色市的通信流强度的得分情况作出分析，发现百色市在通信流强度上的得分持续上升，分值变动幅度较小，说明 2010～2012 年间百色市的通信要素流动强度的变化较为稳定，并存在提升的空间。

城市通信倾向度得分排名呈现出持续上升的趋势。对百色市的通信倾向度的得分情况作出分析，发现百色市在通信倾向度上的得分波动上升，说明 2010～2012 年间百色市的通信外向强度上有较大的提升空间。

城市通信职能规模得分排名呈现出持续保持的趋势。对百色市的通信职能规模的得分情况作出分析，发现百色市在通信职能规模上的得分持续上升，说明百色市在通信水平方面具有发展潜力，存在一定的提升空间。

城市通信职能地位得分排名呈现出持续保持的趋势。对百色市通信职能地位的得分情况作出分析，发现百色市在通信职能地位上的得分先升后降。

根据表 6－5 对 2013～2015 年间百色市生活环境质量得分、排名、优劣度进行分析。2013 年百色市生活环境质量排名处在珠江－西江经济带第 6 名，2014 年百色市生活环境质量排名处在第 4 名，2015 年百色市生活环境质量排名处在第 8 名，说明百色市生活环境综合发展水平较于珠江－西江经济带其他城市较低且波动。对百色市的生活环境质量得分情况作出分析，发现百色市生活环境综合得分波动下降，变化幅度较大，说明百色市生活环境质量的稳定性有待提升。2013～2015 年间百色市的生活环境质量在珠江－西江经济带中保持中势地位，说明百色市的生活环境质量较低，需提供具有一定优势的生产生活基础条件。

表 6－5　2013～2015 年百色市生活环境各级指标的得分、排名及优劣度分析

指标	2013 年			2014 年			2015 年		
	得分	排名	优劣度	得分	排名	优劣度	得分	排名	优劣度
生活环境	7.413	6	中势	8.287	4	优势	6.229	8	中势
城镇公园用地动态变化	1.414	8	中势	2.639	3	优势	1.179	10	劣势
供水能力延展指数	0.209	5	优势	0.214	8	中势	0.240	3	优势
城市供气能力	1.539	3	优势	1.584	3	优势	1.388	4	优势
城市供电强度	0.385	5	优势	0.431	5	优势	0.417	5	优势
城市供气密度	0.724	7	中势	0.702	7	中势	0.572	9	劣势
城市用电承载力 ES	0.324	5	优势	0.230	7	中势	0.192	8	中势
城市通信流强度	0.168	8	中势	0.203	7	中势	0.212	7	中势
城市通信倾向度	2.517	4	优势	2.138	7	中势	1.897	5	优势
城市通信职能规模	0.088	8	中势	0.101	8	中势	0.088	7	中势
城市通信职能地位	0.045	8	中势	0.045	8	中势	0.044	7	中势

对百色市生活环境的三级指标进行分析，其中城镇公园用地动态变化得分排名呈现出波动下降的发展趋势。对百色市城镇公园用地动态变化的得分情况进行分析，发现百色市的城镇公园用地动态变化得分波动下降，说明百色

市的城镇公园用地减少，城市规模存在缩小态势。

供水能力延展指数的综合发展水平得分排名呈现出波动上升的趋势。对百色市供水能力延展指数的得分情况作出分析，发现百色市在供水能力延展指数上的得分波动保持，说明百色市的供水管道发展较为合理，但供水能力延展指数仍存在较大的提升空间。

城市供气能力得分排名呈现出波动下降的趋势。对百色市的供气能力的得分情况作出分析，发现百色市在供气能力上的得分波动下降，说明百色市的供气能力存在减弱趋势，城市基础设施有待完善。

城市供电强度得分排名呈现出持续保持的趋势。对百色市的供电强度的得分情况作出分析，发现百色市在供电强度上的得分波动上升，说明百色市在推进供电建设方面的力度较强，城市供电能力具备一定的优势，城市活力存在增强趋势。

城市供气密度得分排名呈现波动下降的趋势。对百色市的供气密度的得分情况进行分析，发现百色市的供气密度的得分持续下降，说明城市用气总量减少，城市供气密度小，供气承载力减弱。

城市用电承载力 ES 得分排名呈现出持续下降的趋势。对百色市的用电承载力 ES 的得分情况作出分析，发现百色市在用电承载力 ES 上的得分持续下降，说明2013～2015 年间百色市的用电承载力 ES 有待提升。

城市通信流强度得分排名呈现出波动上升的趋势。对百色市的通信流强度的得分情况作出分析，发现百色市在通信流强度上的得分持续上升，说明 2013～2015 年间百色市的通信要素流动强度增强，但仍存在提升的空间。

城市通信倾向度得分排名呈现出波动下降的趋势。对百色市的通信倾向度的得分情况作出分析，发现百色市在通信倾向度上的得分持续下降，说明 2013～2015 年间百色市的通信倾向强度发展较不合理，在城市的通信倾向强度的提高上应该付出更大的努力。

城市通信职能规模得分排名呈现出波动上升的趋势。对百色市的通信职能规模的得分情况作出分析，发现』百色市在通信职能规模上的得分先升后降，说明百色市所具备的通信水平存在一定的提升空间。

城市通信职能地位得分排名呈现出波动上升的趋势。对百色市通信职能地位的得分情况作出分析，发现百色市在通信职能地位上的得分波动保持，说明百色市虽然在通信能力方面不具备一定的优势，但存在提升空间。

对 2010～2015 年间百色市生活环境及各三级指标的得分、排名和优劣度进行分析。2010 年百色市生活环境综合得分排名处在珠江－西江经济带第 5 名，2011 年百色市生活环境综合得分排名处在第 6 名，2012 年百色市生活环境综合得分排名处在第 8 名，2013 年百色市生活环境综合得分排名处在第 6 名，2014 年百色市生活环境综合得分排名处在第 4 名，2015 年百色市生活环境综合得分排名处于第 8 名。2010～2015 年百色市生活环境综合得分排名处于珠江－西江经济带中游区，在城市生活环境上位于中势地位，说明百色市生活环境质量发展较之于珠江－西江经济带的其他城市不具有一定的竞争优势。对百色市的生活环境质量得分情况进行分析，发现百色市的生活环境综合得分呈现波动下降的发展趋势，2010～2012 年间百色市的生活环境得分呈持续下降的趋势，在2013～2015 年百色市的生活环境综合得分呈先升后降的发展趋势，说明百色市生活环境质量虽然变动较不稳定。

从表 6－6 中百色市生活环境基础指标的优劣度结构来看，在 10 个基础指标中，指标的优劣度结构为 0.0∶40.0∶40.0∶20.0。

表 6－6　　2015 年百色市生活环境指标的优劣度结构

二级指标	三级指标数	强势指标		优势指标		中势指标		劣势指标		优劣度
		个数	比重（%）	个数	比重（%）	个数	比重（%）	个数	比重（%）	
生活环境	10	0	0.000	4	40.000	4	40.000	2	20.000	中势

（三）百色市城市生活环境质量比较分析

图 6－21 和图 6－22 将 2010～2015 年百色市生活环境质量与珠江－西江经济带最高水平和平均水平进行比较。从生活环境质量的要素得分比较来看，由图 6－21 可知，2010 年，百色市城镇公园用地动态变化得分比珠江－西江经济带最高分低 3.401 分，比珠江－西江经济带平均分高 0.715 分；2011 年，城镇公园用地动态变化得分比珠江－西江经济带最高分低 1.934 分，比珠江－西江经济带平均分高 1.170 分；2012 年，城镇公园用地动态变化得分比珠江－西江经济带最高分低 2.405 分，比珠江－西江经济带平均分低 1.207 分；2013 年，城镇公园用地动态变化得分比珠江－西江经济带最高分低 1.372 分，比珠江－西江经济带平均分低 0.139 分；2014 年，城镇公园用地动态变化得分比珠江－西江经济带最高分低 0.937 分，比珠江－西江经济带平均分高 0.763 分；2015 年，城镇公园用地动态变化得分比珠江－西江经济带最高分低 2.044 分，比珠江－西江经济带平均分低 0.788 分。这说明整体上百色市城镇公园用地动态变化得分与珠江－西江经济带最高分的差距有缩小趋势，与珠江－西江经济带平均分的差距逐渐增加。

2010 年，百色市供水能力延展指数得分比珠江－西江经济带最高分低 0.015 分，比珠江－西江经济带平均分高 0.016 分；2011 年，供水能力延展指数得分比珠江－西江经济带最高分低 0.119 分，比珠江－西江经济带平均分低 0.028 分；2012 年，供水能力延展指数得分比珠江－西江经济带最高分低 5.359 分，比珠江－西江经济带平均分低 0.519 分；2013 年，供水能力延展指数得分比珠江－西江经济带最高分低 0.124 分，比珠江－西江经济带平均分低 0.020 分；2014 年，供水能力延展指数得分比珠江－西江经济带最高分低 0.020 分，比珠江－西江经济带平均分低 0.007 分；2015 年，供水能力延展指数得分比珠江－西江经济带最高分低 0.058 分，比珠江－西江经济带平均分高 0.034 分。这说明整体上百色市供水能力延展指数得分与珠江－西江经济带最高分的差距有扩大趋势，与珠江－西江经济带平均分的差距逐渐增加。

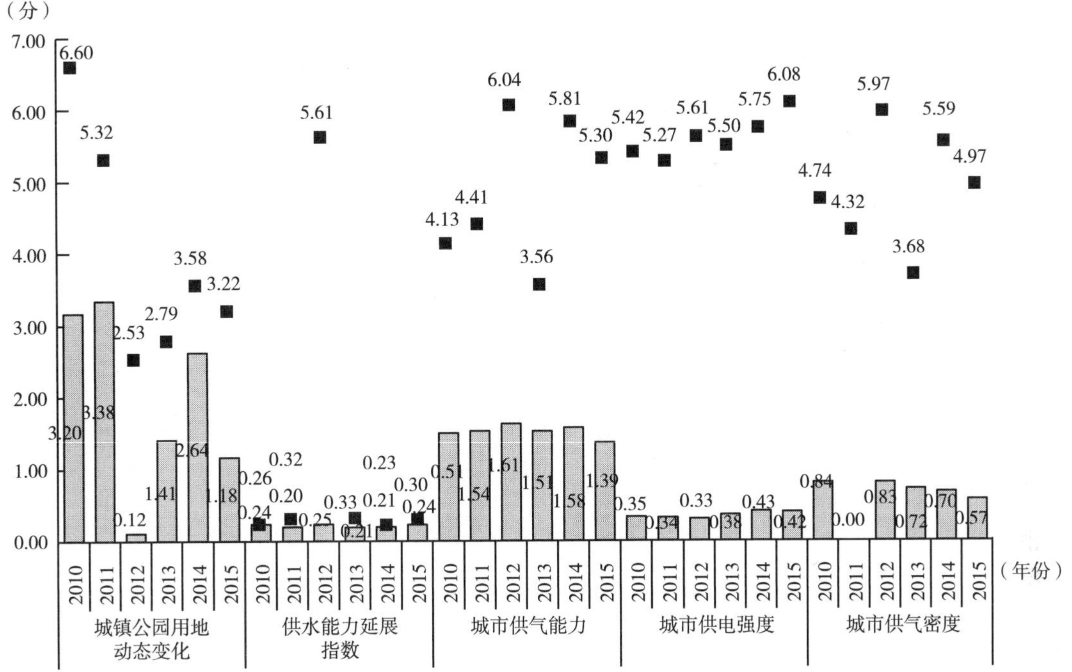

图 6－21 2010～2015 年百色市生活环境质量指标得分比较 1

2010 年，百色市供气能力得分比珠江－西江经济带最高分低 2.614 分，比珠江－西江经济带平均分高 0.292 分；2011 年，城市供气能力得分比珠江－西江经济带最高分低 2.868 分，比珠江－西江经济带平均分高 0.206 分；2012 年，城市供气能力得分比珠江－西江经济带最高分低 4.400 分，比珠江－西江经济带平均分高 0.134 分；2013 年，城市供气能力得分比珠江－西江经济带最高分低 2.017 分，比珠江－西江经济带平均分高 0.430 分；2014 年，城市供气能力得分比珠江－西江经济带最高分低 4.227 分，比珠江－西江经济带平均分高 0.172 分；2015 年，城市供气能力得分比珠江－西江经济带最高分低 3.907 分，比珠江－西江经济带平均分低 0.088 分。这说明整体上百色市供气能力得分与珠江－西江经济带最高分的差距波动增加，与珠江－西江经济带平均分的差距波动缩小。

2010 年，百色市供电强度得分比珠江－西江经济带最高分低 5.066 分，比珠江－西江经济带平均分低 0.820 分；2011 年，城市供电强度得分比珠江－西江经济带最高分低 4.934 分，比珠江－西江经济带平均分低 0.800 分；2012 年，城市供电强度得分比珠江－西江经济带最高分低 5.274 分，比珠江－西江经济带平均分低 0.863 分；2013 年，城市供电强度得分比珠江－西江经济带最高分低 5.118 分，比珠江－西江经济带平均分低 0.799 分；2014 年，城市供电强度得分比珠江－西江经济带最高分低 5.317 分，比珠江－西江经济带平均分低 0.796 分；2015 年，城市供电强度得分比珠江－西江经济带最高分低 5.665 分，比珠江－西江经济带平均分低 0.829 分。这说明整体上百色市供电强度得分与珠江－西江经济带最高分的差距持续增加，与珠江－西江经济带平均分的差距波动增加。

2010 年，百色市供气密度得分比珠江－西江经济带最高分低 3.905 分，比珠江－西江经济带平均分低 0.549 分；2011 年，城市供气密度得分比珠江－西江经济带最高分低 4.320 分，比珠江－西江经济带平均分低 1.160 分；2012 年，城市供气密度得分比珠江－西江经济带最高分低 5.148 分，比珠江－西江经济带平均分低 0.586 分；2013 年，城市供气密度得分比珠江－西江经济带最高分低 2.958 分，比珠江－西江经济带平均分低 0.288 分；2014 年，城市供气密度得分比珠江－西江经济带最高分低 4.883 分，比珠江－西江经济带平均分低 0.518 分；2015 年，城市供气密度得分比珠江－西江经济带最高分低 4.397 分，比珠江－西江经济带平均分低 0.554 分。这说明整体上百色市供气密度得分与珠江－西江经济带最高分的差距波动增加，与珠江－西江经济带平均分的差距波动上升。

由图 6－22 可知，2010 年，百色市用电承载力 ES 得分比珠江－西江经济带最高分低 4.529 分，比珠江－西江经济带平均分低 0.733 分；2011 年，城市用电承载力 ES 得分比珠江－西江经济带最高分低 4.324 分，比珠江－西江经济带平均分低 0.715 分；2012 年，城市用电承载力 ES 得分比珠江－西江经济带最高分低 4.470 分，比珠江－西江经济带平均分低 0.724 分；2013 年，城市用电承载力 ES 得分比珠江－西江经济带最高分低 4.247 分，比珠江－西江经济带平均分低 0.663 分；2014 年，城市用电承载力 ES 得分比珠江－西江经济带最高分低 4.661 分，比珠江－西江经济带平均分低 0.806 分；2015 年，城市用电承载力 ES 得分比珠江－西江经济带最高分低 5.880 分，比珠江－西江经济带平均分低 1.033 分。这说明整体上百色市用电承载力 ES 得分与珠江－西江经济带最高分的差距波动上升，与珠江－西江经济带平均分的差距波动上升。

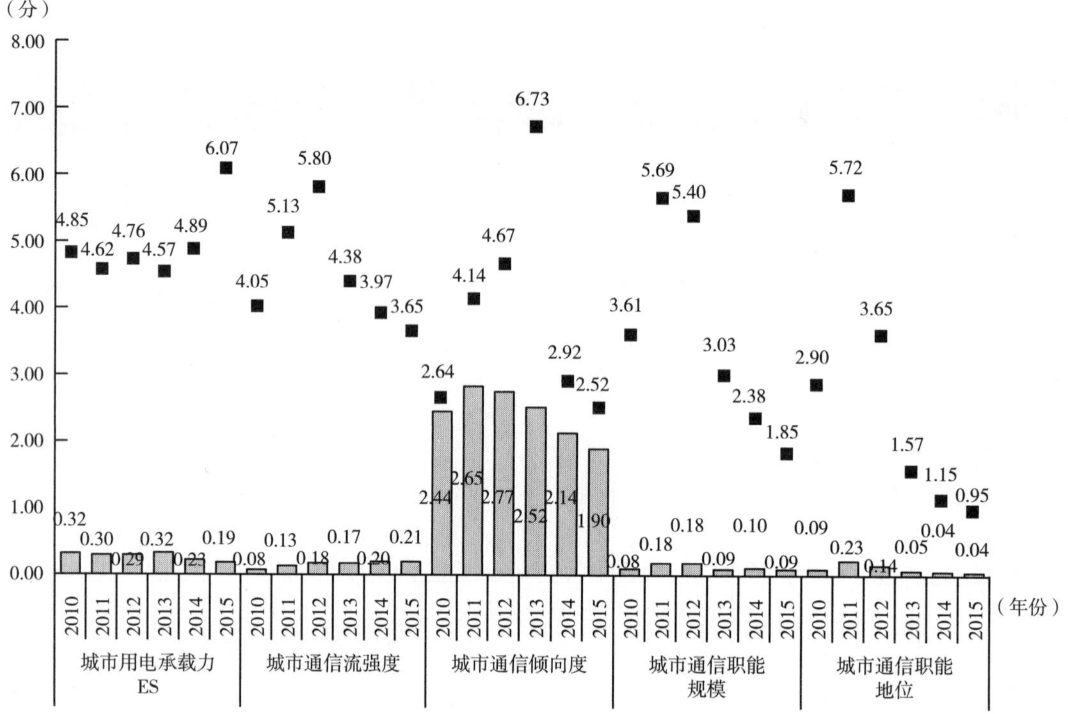

图 6－22　2010～2015 年百色市生活环境质量指标得分比较 2

2010 年，百色市通信流强度得分比珠江－西江经济带最高分低 3.969 分，比珠江－西江经济带平均分低 0.616 分；2011 年，城市通信流强度得分比珠江－西江经济带最高分低 4.993 分，比珠江－西江经济带平均分低 0.794 分；2012 年，城市通信流强度得分比珠江－西江经济带最高分低 5.626 分，比珠江－西江经济带平均分低 0.860 分；2013 年，城市通信流强度得分比珠江－西江经济带最高分低 4.208 分，比珠江－西江经济带平均分低 0.740 分；2014 年，城市通信流强度得分比珠江－西江经济带最高分低 3.767 分，比珠江－西江经济带平均分低 0.692 分；2015 年，城市通信流强度得分比珠江－西江经济带最高分低 3.439 分，比珠江－西江经济带平均分低 0.653 分。这说明整体上百色市通信流强度得分与珠江－西江经济带最高分的差距波动缩小，与珠江－西江经济带平均分的差距波动增加。

2010 年，百色市通信倾向度得分比珠江－西江经济带最高分低 0.200 分，比珠江－西江经济带平均分高 0.079 分；2011 年，城市通信倾向度得分比珠江－西江经济带最高分低 1.291 分，比珠江－西江经济带平均分低 0.034 分；2012 年，城市通信倾向度得分比珠江－西江经济带最高分低 1.906 分，比珠江－西江经济带平均分低 0.075 分；2013 年，城市通信倾向度得分比珠江－西江经济带最高分低 4.211 分，比珠江－西江经济带平均分低 0.182 分；2014 年，城市通信倾向度得分比珠江－西江经济带最高分低 0.786 分，比珠江－西江经济带平均分高 0.068 分；2015 年，城市通信倾向度得分比珠江－西江经济带最高分低 0.624 分，比珠江－西江经济带平均分高 0.188 分。这说明整体上百色市通信倾向度得分与珠江－西江经济带最高分的差距波动增加，与珠江－西江经济带平均分的差距波动增加。

2010 年，百色市通信职能规模得分比珠江－西江经济带最高分低 3.529 分，比珠江－西江经济带平均分低 0.518 分；2011 年，城市通信职能规模得分比珠江－西江经济带最高分低 5.517 分，比珠江－西江经济带平均分低 0.839 分；2012 年，城市通信职能规模得分比珠江－西江经济带最高分低 5.225 分，比珠江－西江经济带平均分低 0.809 分；2013 年，城市通信职能规模得分比珠江－西江经济带最高分低 2.941 分，比珠江－西江经济带平均分低 0.524 分；2014 年，城市通信职能规模得分比珠江－西江经济带最高分低 2.280 分，比珠江－西江经济带平均分低 0.460 分；2015 年，城市通信职能规模得分比珠江－西江经济带最高分低 1.759 分，比珠江－西江经济带平均分低 0.383 分。这说明整体上百色市通信职能规模得分与珠江－西江经济带最高分的差距波动缩小，与珠江－西江经济带平均分的差距波动减小。

2010 年，百色市通信职能地位得分比珠江－西江经济带最高分低 2.801 分，比珠江－西江经济带平均分低 0.411 分；2011 年，城市通信职能地位得分比珠江－西江经济带最高分低 5.491 分，比珠江－西江经济带平均分低 0.835 分；2012 年，城市通信职能地位得分比珠江－西江经济带最高分低 3.508 分，比珠江－西江经济带平均分低 0.543 分；2013 年，城市通信职能地位得分比珠江－西江经济带最高分低 1.529 分，比珠江－西江经济带平均分低 0.272

分；2014 年，城市通信职能地位得分比珠江 - 西江经济带最高分低 1.107 分，比珠江 - 西江经济带平均分低 0.223 分；2015 年，城市通信职能地位得分比珠江 - 西江经济带最高分低 0.906 分，比珠江 - 西江经济带平均分低 0.198 分。这说明整体上百色市通信职能地位得分与珠江 - 西江经济带最高分的差距波动缩小，与珠江 - 西江经济带平均分的差距逐渐减小。

三、百色市城市居民生活质量综合评估与比较评述

从对百色市居民生活质量评估及其 2 个二级指标在珠江 - 西江经济带的排名变化和指标结构的综合分析来看，2010 ~ 2015 年间，居民生活质量板块中上升指标的数量大于下降指标的数量，上升的动力大于下降的拉力，使得 2015 年百色市居民生活质量的排名呈波动下降，在珠江 - 西江经济带城市位居第 6 名。

（一）百色市城市居民生活质量概要分析

百色市居民生活质量在珠江 - 西江经济带所处的位置及变化如表 6 - 7 所示，2 个二级指标的得分和排名变化如表 6 - 8 所示。

表 6 - 7　　2010 ~ 2015 年百色市居民生活质量一级指标比较

指标	2010 年	2011 年	2012 年	2013 年	2014 年	2015 年
排名	5	5	8	9	5	6
所属区位	中游	中游	中游	下游	中游	中游
得分	19.235	17.661	12.765	13.141	14.196	16.112
经济带最高分	47.987	59.835	48.147	42.175	42.940	40.410
经济带平均分	21.581	21.372	19.326	19.203	18.685	19.309
与最高分的差距	-28.752	-42.174	-35.383	-29.034	-28.744	-24.298
与平均分的差距	-2.346	-3.711	-6.561	-6.062	-4.489	-3.197
优劣度	优势	优势	中势	劣势	优势	中势
波动趋势	—	持续	下降	下降	上升	下降

表 6 - 8　　2010 ~ 2015 年百色市居民生活质量二级指标比较

年份	生活水平		生活环境	
	得分	排名	得分	排名
2010	10.072	5	9.163	5
2011	8.509	3	9.152	6
2012	6.043	7	6.722	8
2013	5.728	10	7.413	6
2014	5.908	10	8.287	4
2015	9.883	5	6.229	8
得分变化	-0.190	—	-2.933	—
排名变化	—	0	—	-3
优劣度	中势	中势	中势	中势

（1）从指标排名变化趋势看，2015 年百色市居民生活质量评估排名在珠江 - 西江经济带处于第 6 名，表明其在珠江 - 西江经济带处于中势地位，与 2010 年相比，排名下降 1 名。总的来看，评价期内百色市居民生活质量呈现波动下降趋势。

在 2 个二级指标中，其中 1 个指标排名保持不变，为生活水平；1 个指标排名保持下降，为生活环境；这是百色市居民生活质量处于波动下降趋势的拉力所在。受指标排名升降的综合影响，评价期内百色市居民生活质量的综合排名呈波动下降，在珠江 - 西江经济带城市排名第 6 名。

（2）从指标所处区位来看，2015 年百色市居民生活质量处在中游区。其中，生活水平、生活环境均为中势指标。

（3）从指标得分来看，2015 年百色市居民生活质量得分为 16.112 分，比珠江 - 西江经济带最高分低 24.298 分，比珠江 - 西江经济带平均分低 3.197 分；与 2010 年相比，百色市居民生活质量得分下降 3.123 分，与当年最高分的差距缩小，与珠江 - 西江经济带平均分的差距扩大。

2015 年，百色市居民生活质量二级指标的得分均高于 6 分，与 2010 年相比，得分下降最多的为生活环境，下降 2.933 分；得分下降最少的为生活水平，下降 0.190 分。

（二）百色市城市居民生活质量评估指标动态变化分析

2010～2015年百色市居民生活质量评估各级指标的动态变化及其结构，如图6－23和表6－9所示。

从图6－23可以看出，百色市居民生活质量评估的三级指标中上升指标的比例大于下降指标，表明上升指标居于主导地位。表6－9中的数据说明，百色市居民生活质量评估的18个三级指标中，上升的指标有8个，占指标总数的44.444%；保持的指标有5个，占指标总数的27.778%；下降的指标有5个，占指标总数的27.778%。由于上升指标的数量大于下降指标的数量，且受变动幅度与外部因素的综合影响，评价期内百色市居民生活质量排名呈现波动下降，在珠江－西江经济带位居第6名。

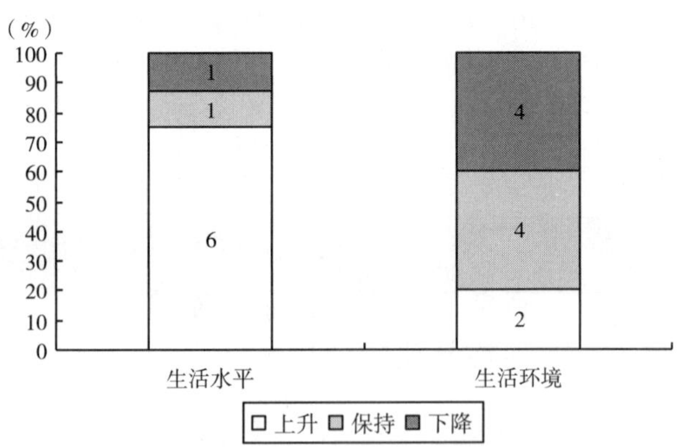

图6－23　2010～2015年百色市居民生活质量动态变化结构

表6－9　2010～2015年百色市居民生活质量各级指标排名变化态势比较

二级指标	三级指标数	上升指标		保持指标		下降指标	
		个数	比重（%）	个数	比重（%）	个数	比重（%）
生活水平	8	6	75.000	1	12.500	1	12.500
生活环境	10	2	20.000	4	40.000	4	40.000
合计	18	8	44.444	5	27.778	5	27.778

（三）百色市城市居民生活质量评估指标变化动因分析

2015年百色市居民生活质量板块各级指标的优劣势变化及其结构，如图6－24和表6－10所示。

从图6－24可以看出，2015年百色市居民生活质量评估的三级指标中强势和优势指标的比例大于劣势指标的比例，表明强势和优势指标处于主导地位。表6－10中的数据说明，2015年百色市居民生活的18个三级指标中，强势指标有1个，占指标总数的5.556%；优势指标为7个，占指标总数的38.889%；中势指标7个，占指标总数的38.889%；劣势指标为3个，占指标总数的16.667%；强势指标和优势指标之和占指标总数的44.444%，数量与比重均大于劣势指标。从二级指标来看，其中，生活水平的强势指标有1个，占指标总数的12.500%；优势指标为3个，占指标总数的37.500%；中势指标3个，占指标总数的37.500%；劣势指标为1个，占指标总数的12.500%；强势指标和优势指标之和占指标总数的50.000%，说明生活水平的强、优势指标居于有利地位。生活环境的强势指标有0个，占指标总数的0.000%；优势指标为4个，占指标总数的40.000%；中势指标4个，占指标总数的40.000%；劣势指标为2个，占指标总数的20.000%；强势指标和优势指标之和占指标总数的40.000%，说明生活环境的强势、优势指标未处于主导地位。由于强势、优势指标比重较小，百色市居民生活质量处于中势地位，在珠江－西江经济带位居第6名，处于中游区。

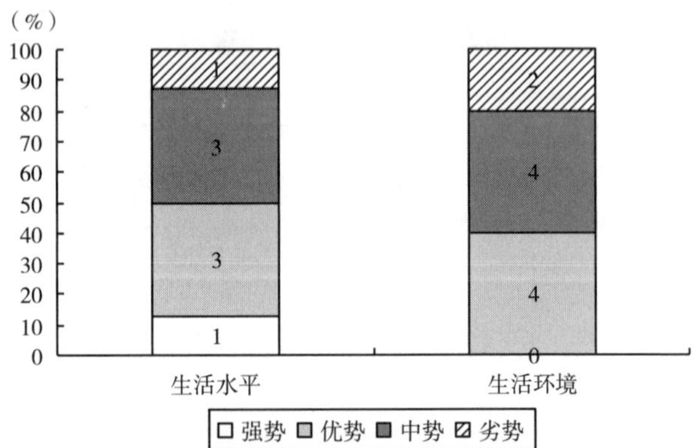

图6－24　2015年百色市居民生活质量优劣度结构

表6－10　2015年百色市居民生活质量各级指标优劣度比较

二级指标	三级指标数	强势指标		优势指标		中势指标		劣势指标		优劣度
		个数	比重（%）	个数	比重（%）	个数	比重（%）	个数	比重（%）	
生活水平	8	1	12.500	3	37.500	3	37.500	1	12.500	优势
生活环境	10	0	0.000	4	40.000	4	40.000	2	20.000	中势
合计	18	1	5.556	7	38.889	7	38.889	3	16.667	中势

为明确影响百色市居民生活质量变化的具体因素，以便于对相关指标进行深入分析，为提升百色市居民生活质量提供决策参考，表6－11列出居民生活质量指标体系中直接影响百色市居民生活质量升降的强势指标、优势指标、中势指标和劣势指标。

表6－11　2015年百色市居民生活质量三级指标优劣度统计

指标	强势指标	优势指标	中势指标	劣势指标
生活水平（8个）	平均工资增长强度（1个）	社会保障水平、总工资弧弹性、城市人力资本（3个）	职工工资相对增长率、职工工资比重增量、职工工资强度（3个）	职工工资绝对增量加权指数（1个）
生活环境（10个）	（0个）	供水能力延展指数、城市供气能力、城市供电强度、城市通信流强度（4个）	城市用电承载力ES、城市通信倾向度、城市通信职能规模、城市通信职能地位（4个）	城镇公园用地动态变化、城市供气密度（2个）

第七章　来宾市城市居民生活质量综合评估

一、来宾市城市生活水平综合评估与比较

（一）来宾市城市生活水平评估指标变化趋势评析

1. 社会保障水平

根据图 7-1 分析可知，2010~2015 年来宾市社会保障水平指数总体上呈现波动下降的状态。这种状态表现为 2010~2015 年间城市在该项指标上总体呈现下降趋势，但在个别年份存在上下波动的情况，并非连续性下降状态。这就意味着在评估的时间段内，虽然指标数据存在较大的波动变化，但是其评价末期数据值低于评价初期数据值。来宾市的社会保障水平指数末期低于初期的数据，降低 30 个单位左右，并且在 2013~2015 年间存在明显下降的变化，这说明来宾市社会保障水平情况处于不太稳定的下降状态。

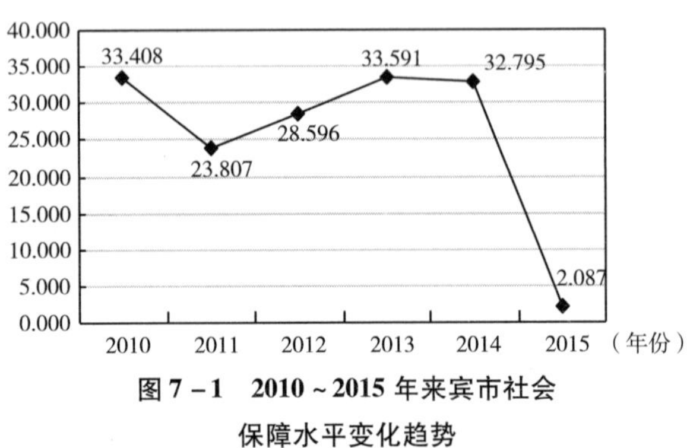

图 7-1　2010~2015 年来宾市社会保障水平变化趋势

2. 总工资弧弹性

根据图 7-2 分析可知，2010~2015 年来宾市总工资弧弹性总体上呈现波动保持的状态。波动保持型指标意味着城市在该项指标上虽然呈现波动状态，在评价末期和评价初期的数值基本保持一致，来宾市总工资弧弹性保持在 0.295~0.967。虽然来宾市总工资弧弹性存在过最低值，其数值为 0.295，但来宾市在总工资弧弹性上总体表现的也是相对平稳，说明该地区经济发展能力及活力持续又稳定。

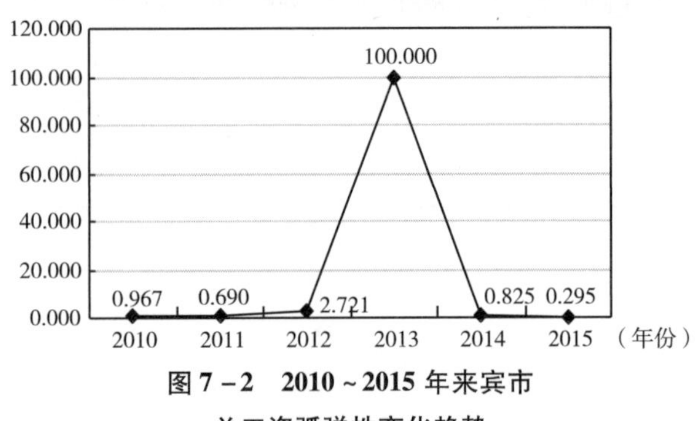

图 7-2　2010~2015 年来宾市总工资弧弹性变化趋势

3. 平均工资增长强度

根据图 7-3 分析可知，2010~2015 年来宾市平均工资增长强度指数总体上呈现波动下降的状态。这种状态表现为 2010~2015 年间城市在该项指标上总体呈现下降趋势，但在个别年份存在上下波动的情况，并非连续性下降状态。这就意味着在评估的时间段内，虽然指标数据存在较大的波动变化，但是其评价末期数据值低于评价初期数据值。来宾市的平均工资增长强度指数末期低于初期的数据，降低 23 个单位左右，并且在 2013~2015 年存在明显下降的变化，这说明来宾市平均工资增长强度情况处于不太稳定的下降状态。

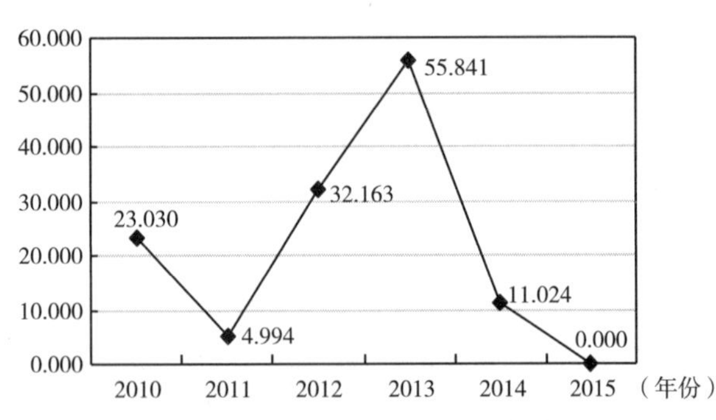

图 7-3　2010~2015 年来宾市平均工资增长强度变化趋势

4. 城市人力资本

根据图 7-4 分析可知，2010~2015 年来宾市的人力资本总体上呈现波动下降的状态。2010~2015 年间城市在该项指标上总体呈现下降趋势，但在评估期间存在上下波动的情况，指标并非连续性下降状态。波动下降型指标意味

着在评估期间，虽然指标数据存在较大波动变化，但是其评价末期数据值低于评价初期数据值。如图 7－4 所示，来宾市人力资本指标处于不断下降的状态中，2010 年此指标数值最高，为 87.972，到 2015 年时，下降至 30.153。分析这种变化趋势，可以得出来宾市居民生活发展水平有待提升，潜在经济发展水平不断下降，城市的发展活力不足。

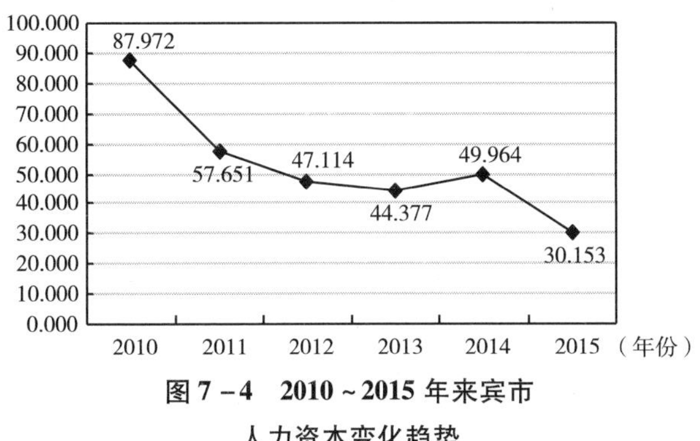

图 7－4　2010～2015 年来宾市人力资本变化趋势

5. 职工工资相对增长率

根据图 7－5 分析可知，2010～2015 年来宾市职工工资相对增长率总体上呈现波动保持的状态。波动保持型指标意味着城市在该项指标上虽然呈现波动状态，在评价末期和评价初期的数值基本保持一致，该图可知来宾市职工工资相对增长率数值保持在 3.444～5.359。虽然来宾市职工工资相对增长率存在过最低值，其数值为 3.444，但来宾市在职工工资相对增长率上总体表现相对平稳，说明该地区经济发展能力及活力持续又稳定。

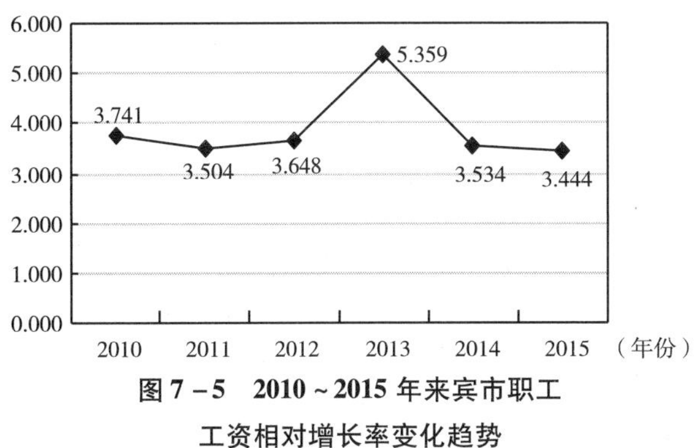

图 7－5　2010～2015 年来宾市职工工资相对增长率变化趋势

6. 职工工资绝对增量加权指数

根据图 7－6 分析可知，2010～2015 年来宾市职工工资绝对增量加权指数总体上呈现波动保持的状态。波动保持型指标意味着城市在该项指标上虽然呈现波动状态，在评价末期和评价初期的数值基本保持一致，该图可知来宾市职工工资绝对增量加权指数保持在 0.604～1.162。虽然来宾市职工工资绝对增量加权指数存在过最低值，其数值为 0.604，但来宾市在职工工资绝对增量加权指数上总体表现相对平稳，说明该地区经济发展能力及活力持续又稳定。

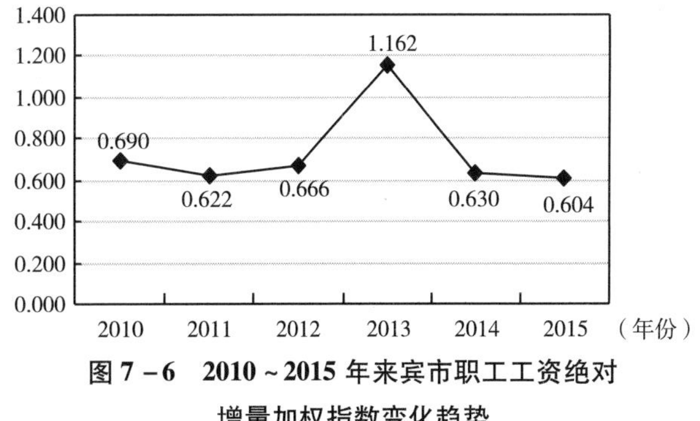

图 7－6　2010～2015 年来宾市职工工资绝对增量加权指数变化趋势

7. 职工工资比重增量

根据图 7－7 分析可知，2010～2015 年来宾市职工工资比重增量总体上呈现波动保持的状态。波动保持型指标意味着城市在该项指标上虽然呈现波动状态，在评价末期和评价初期的数值基本保持一致，该图可知来宾市职工工资比重增量数值保持在 0.039～2.632。虽然来宾市职工工资比重增量存在过最低值，其数值为 0.039，但来宾市在职工工资比重增量上总体表现相对平稳，说明该地区经济发展能力及活力持续又稳定。

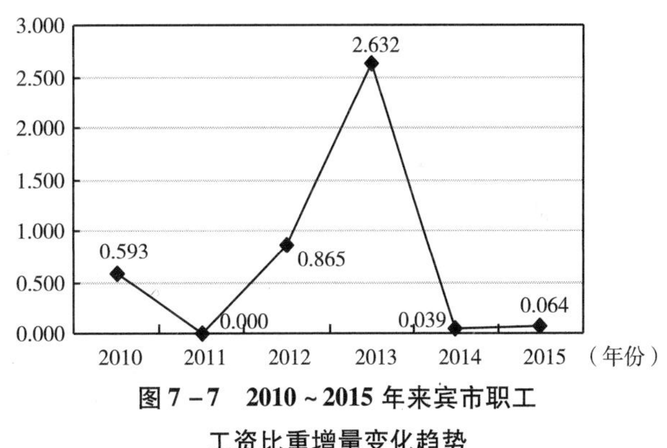

图 7－7　2010～2015 年来宾市职工工资比重增量变化趋势

8. 职工工资强度

根据图 7－8 分析可知，2010～2015 年来宾市的职工工资强度总体上呈现波动下降的状态。2010～2015 年间城市在该项指标上总体呈现下降趋势，但在评估期间存在上下波动的情况，指标并非连续性下降状态。波动下降型指标意味着在评估期间，虽然指标数据存在较大波动变化，但是其评价末期数据值低于评价初期数据值。如图所示，来宾市职工工资强度指标处于不断下降的状态中，2010 年此指标数值最高，为 0.766，到 2015 年，下降至最低点。分析这种变化趋势，可以得出来宾市居民生活发展的水平处于劣势，潜在经济发展水平不断下降，城市的发展活力不足。

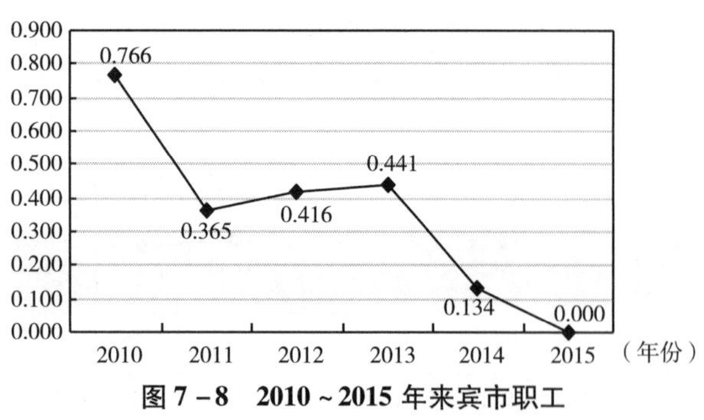

图7－8　2010～2015年来宾市职工工资强度变化趋势

（二）来宾市城市生活水平评估结果

根据表7－1对2010～2012年间来宾市生活水平得分、排名、优劣度进行分析。2010年来宾市生活水平排名处在珠江－西江经济带第4名，2011年来宾市生活水平排名处在第9名，2012年来宾市生活水平排名处在第5名，说明来宾市生活水平综合发展水平较于珠江－西江经济带其他城市较高但较波动。对来宾市的生活水平得分情况作出分析，发现来宾市生活水平综合得分波动下降，变动幅度较大，说明来宾市生活水平的稳定性有待提升。2010～2012年间来宾市的生活水平在珠江－西江经济带中处于中游区，说明来宾市的生活水平综合发展实力整体趋于减弱。

表7－1　2010～2012年来宾市生活水平各级指标的得分、排名及优劣度分析

指标	2010年			2011年			2012年		
	得分	排名	优劣度	得分	排名	优劣度	得分	排名	优劣度
生活水平	11.376	4	优势	6.346	9	劣势	6.887	5	优势
社会保障水平	1.750	2	强势	1.223	3	优势	1.486	1	强势
总工资弧弹性	0.045	10	劣势	0.032	11	劣势	0.128	2	强势
平均工资增长强度	1.275	6	中势	0.260	9	劣势	1.721	2	强势
城市人力资本	8.025	4	优势	4.617	7	中势	3.282	6	中势
职工工资相对增长率	0.179	10	劣势	0.166	11	劣势	0.174	9	劣势
职工工资绝对增量加权指数	0.032	10	劣势	0.029	11	劣势	0.031	9	劣势
职工工资比重增量	0.029	10	劣势	0.000	11	劣势	0.042	9	劣势
职工工资强度	0.042	11	劣势	0.020	11	劣势	0.023	11	劣势

对来宾市生活水平的三级指标进行分析，其中社会保障水平得分排名呈现出波动上升的发展趋势。对来宾市社会保障水平的得分情况进行分析，发现来宾市的社会保障水平得分波动下降，说明来宾市的社会公共保障事业的发展水平仍有待提高。

总工资弧弹性的综合发展水平得分排名呈现出波动上升的趋势。对来宾市总工资弧弹性的得分情况作出分析，发现来宾市在总工资弧弹性上的得分波动上升，说明来宾市的总工资增长速率存在提升的空间。

平均工资增长强度得分排名呈现出波动上升的趋势。对来宾市平均工资增长强度的得分情况作出分析，发现来宾市在平均工资增长强度上的得分波动上升，说明来宾市平均工资增长速率存在提升空间。

城市人力资本得分排名呈现出波动下降的趋势。对来宾市人力资本的得分情况作出分析，发现来宾市在人力资本上的得分持续下降，说明来宾市在推进城市人力资本建设方面的存在一定的提升空间。

职工工资相对增长率得分排名呈现波动上升的趋势。对来宾市职工工资相对增长率的得分情况进行分析，发现来宾市职工工资相对增长率的得分波动下降，分值变动幅度较小，说明城市的职工工资增长速率的平稳性有待提升。

职工工资绝对增量加权指数得分排名呈现出波动上升的趋势。对来宾市职工工资绝对增量加权指数的得分情况作出分析，发现来宾市在职工工资绝对增量加权指数上的得分波动保持，说明2010～2012年间来宾市的职工工资绝对增量加权指数较不稳定，但仍存在提升的空间。

职工工资比重增量得分排名呈现出波动上升的趋势。对来宾市职工工资比重增量的得分情况作出分析，发现来宾市在职工工资比重增量上的得分波动上升，分值变动幅度较大，说明2010～2012年间来宾市的职工工资的变化不稳定，但存在提升的空间。

职工工资强度得分排名呈现出持续保持的趋势。对来宾市职工工资强度的得分情况作出分析，发现来宾市在职工工资强度上的得分波动下降，变化幅度小，说明2010～2012年间来宾市的职工工资强度较于珠江－西江经济带其他城市较不合理。

根据表7－2对2013～2015年间来宾市生活水平的得分、排名和优劣度进行分析。2013年来宾市生活水平排名处在珠江－西江经济带第2名，2014年来宾市生活水平排名处在第6名，2015年其处于第11名，说明来宾市生活水平综合发展水平较于珠江－西江经济带其他城市较低。同时对来宾市的生活水平得分情况作出分析，发现来宾市生活水平综合得分持续下降，说明来宾市生活水平存在下降趋势。2013～2015年间来宾市的生活水平在珠江－西江经济带中从强势地位降至劣势地位，说明来宾市的生活水平综合发展实力整体趋于下降。

表7－2　2013～2015年来宾市生活水平各级指标的得分、排名及优劣度分析

指标	2013年			2014年			2015年		
	得分	排名	优劣度	得分	排名	优劣度	得分	排名	优劣度
生活水平	14.157	2	强势	6.177	6	中势	2.400	11	劣势
社会保障水平	1.775	1	强势	1.752	1	强势	0.125	11	劣势
总工资弧弹性	5.544	1	强势	0.039	11	劣势	0.014	10	劣势
平均工资增长强度	3.512	2	强势	0.595	9	劣势	0.000	11	劣势
城市人力资本	2.801	3	优势	3.571	7	中势	2.057	10	劣势
职工工资相对增长率	0.307	10	劣势	0.179	11	劣势	0.172	10	劣势
职工工资绝对增量加权指数	0.064	9	劣势	0.030	11	劣势	0.029	10	劣势
职工工资比重增量	0.129	10	劣势	0.002	11	劣势	0.003	11	劣势
职工工资强度	0.023	10	劣势	0.007	11	劣势	0.000	11	劣势

对来宾市生活水平的三级指标进行分析，其中社会保障水平得分排名呈现出波动下降的发展趋势。对来宾市社会保障水平的得分情况进行分析，发现来宾市的社会保障水平得分持续下降，说明城市在公共保障事业的方面的发展状况有待改善。

总工资弧弹性的综合发展水平得分排名呈现出波动下降的趋势。对来宾市总工资弧弹性的综合发展水平得分情况作出分析，发现来宾市的总工资弧弹性的综合发展水平得分持续下降，说明来宾市总工资弧弹性存在一定的提升空间。

平均工资增长强度得分排名呈现波动下降的趋势。对来宾市平均工资增长强度的得分情况进行分析，发现来宾市平均工资增长强度的得分持续下降，说明城市的平均工资增长强度变化幅度较大，平均工资增长强度存在较大的提升空间。

城市人力资本得分排名呈现出波动下降的趋势。对来宾市人力资本的得分情况作出分析，发现来宾市在人力资本上的得分波动下降，说明来宾市在推进城市人力资本建设方面存在提升空间。

职工工资相对增长率得分排名呈现出波动保持的趋势。对来宾市职工工资相对增长率的得分情况作出分析，发现来宾市在职工工资相对增长率上的得分持续下降，说明2013～2015年间来宾市的职工工资相对增长率的变化趋势较于珠江－西江经济带其他城市的合理性较低。

职工工资绝对增量加权指数得分排名呈现出波动下降的趋势。对来宾市职工工资绝对增量加权指数的得分情况作出分析，发现来宾市在职工工资绝对增量加权指数上的得分持续下降，说明2013～2015年间来宾市职工工资绝对增量加权指数较低，城市人口要素较为分散。

职工工资比重增量得分排名呈现出波动下降的趋势。对来宾市职工工资比重增量的得分情况作出分析，发现来宾市在职工工资比重增量上的得分波动下降，说明来宾市职工工资比重增量较低，但城市整体职工工资水平具备一定的发展潜力。

职工工资强度得分排名呈现出波动下降的趋势。对来宾市职工工资强度的得分情况作出分析，发现来宾市在职工工资强度上的得分持续下降，说明来宾市职工工资强度较于珠江－西江经济带其他城市处于劣势地位。

对2010～2015年间来宾市生活水平及各三级指标的得分、排名和优劣度进行分析。2010年来宾市生活水平综合得分排名处在珠江－西江经济带第4名，2011年来宾市生活水平的综合得分排名降至第9名，2012年来宾市生活水平的综合得分排名升至第5名，2013年来宾市生活水平的综合得分排名升至第2名，2014年来宾市生活水平的综合得分排名降至第6名，2015年来宾市生活水平综合得分排名处于珠江－西江经济带第11名。2010～2015年来宾市生活水平综合得分排名一直在珠江－西江经济带中游区和下游区波动，在城市生活水平上也是在中势和劣势之间波动，说明来宾市生活水平发展较之于珠江－西江经济带的其他城市极不具有竞争优势。对来宾市的生活水平得分情况进行分析，发现来宾市的生活水平综合得分呈现波动下降的发展趋势，2010～2012年间来宾市的生活水平得分先降后升的趋势，在2013～2015年来宾市的生活水平综合得分呈现持续下降的趋势，说明来宾市生活水平虽然变动较不稳定。

从表7－3中来宾市生活水平基础指标的优劣度结构来看，在8个基础指标中，劣势指标占据三级指标的所有比重，从整体来看，来宾市生活水平指标处于劣势地位。

表7－3　　2015年来宾市生活水平指标的优劣度结构

二级指标	三级指标数	强势指标		优势指标		中势指标		劣势指标		优劣度
		个数	比重（%）	个数	比重（%）	个数	比重（%）	个数	比重（%）	
生活水平	8	0	0.000	0	0.000	0	0.000	8	100.000	劣势

（三）来宾市城市生活水平比较分析

图7－9和图7－10将2010～2015年来宾市生活水平与珠江－西江经济带最高水平和平均水平进行比较。从生活水平的要素得分比较来看，由图7－9可知，2010年，来宾市社会保障水平得分比珠江－西江经济带最高分低0.226分，比珠江－西江经济带平均分高0.832分；2011年，社会保障水平得分比珠江－西江经济带最高分低0.589分，比珠江－西江经济带平均分高0.369分；2012年，社会保障水平得分与珠江－西江经济带最高分不存在差距，比珠江－西江经济带平均分高0.645分；2013年，社会保障水平得分与珠江－西江经济带最高分不存在差距，比珠江－西江经济带平均分高0.830分；2014年，社会保障水平得分与珠江－西江经济带最高分不存在差距，比珠江－西江经济带平均分高0.835分；2015年，社会保障水平得分比珠江－西江经济带最高分低5.871分，比珠江－西江经济带平均分低1.231分。这说明整体上来宾市社会保障水平得分与珠江－西江经济带最高分的差距有扩大趋势，与珠江－西江经济带平均分的差距逐渐拉大。

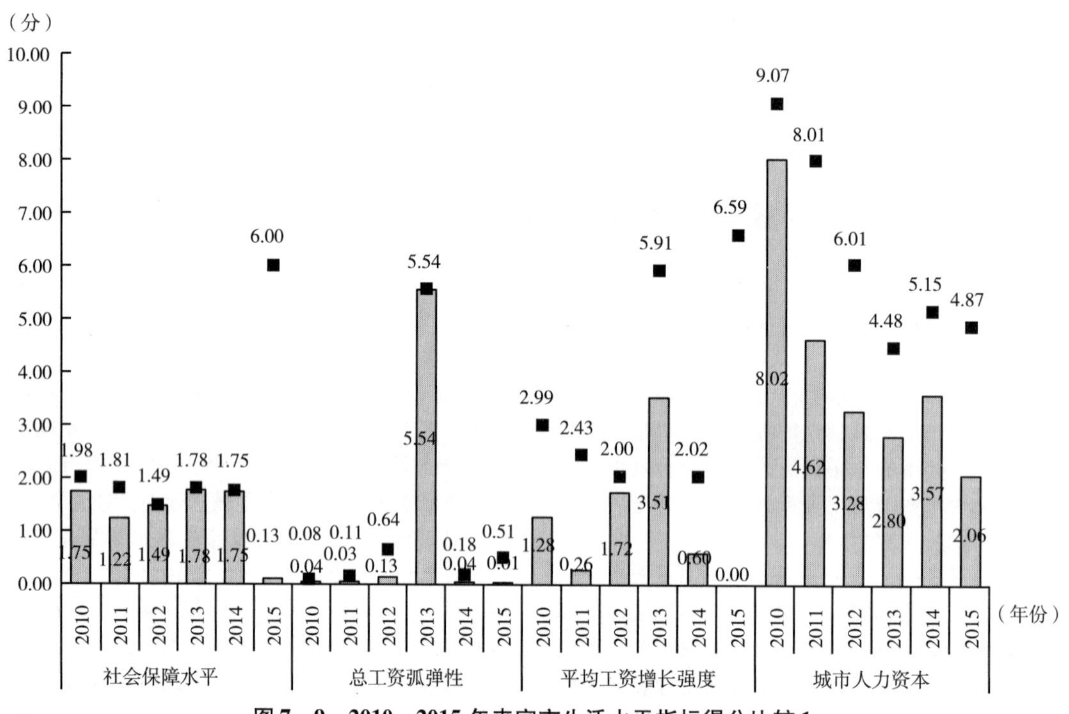

图7－9　2010～2015年来宾市生活水平指标得分比较1

2010年，来宾市总工资弧弹性得分比珠江－西江经济带最高分低0.031分，比珠江－西江经济带平均分低0.015分；2011年，总工资弧弹性得分比珠江－西江经济带最高分低0.077分，比珠江－西江经济带平均分低0.026分；2012年，总工资弧弹性得分比珠江－西江经济带最高分低0.508分，比珠江－西江经济带平均分低0.008分；2013年，总工资弧弹性得分与珠江－西江经济带最高分不存在差距，比珠江－西江经济带平均分高4.916分；2014年，总工资弧弹性得分比珠江－西江经济带最高分低0.143分，比珠江－西江经济带平均分低0.064分；2015年，总工资弧弹性得分比珠江－西江经济带最高分低0.499分，比珠江－西江经济带平均分低0.141分。这说明整体上来宾市总工资弧弹性得分与珠江－西江经济带最高分的差距有扩大趋势，与珠江－西江经济带平均分的差距逐渐增加。

2010年，来宾市平均工资增长强度得分比珠江－西江经济带最高分低1.715分，比珠江－西江经济带平均分低0.061分；2011年，平均工资增长强度得分比珠江－西江经济带最高分低2.173分，比珠江－西江经济带平均分低0.663分；2012年，平均工资增长强度得分比珠江－西江经济带最高分低0.277分，比珠江－西江经济带平均分高0.661分；2013年，平均工资增长强度得分比珠江－西江经济带最高分低2.402分，比珠江－西江经济带平均分高1.524分；2014年，平均工资增长强度得分比珠江－西江经济带最高分低1.428分，比珠江－西江经济带平均分低0.407分；2015年，平均工资增长强度得分比珠江－西江经济带最高分低 6.595 分，比珠江－西江经济带平均分低 2.236 分。这说明整体上来宾市平均工资增长强度得分与珠江－西江经济带最高分的差距波动增加，与珠江－西江经济带平均分的差距波动增加。

2010 年，来宾市人力资本得分比珠江－西江经济带最高分低 1.045 分，比珠江－西江经济带平均分高 1.854 分；2011 年，城市人力资本得分比珠江－西江经济带最高分低 3.391 分，比珠江－西江经济带平均分低 0.228 分；2012 年，城市人力资本得分比珠江－西江经济带最高分低 2.733 分，比珠江－西江经济带平均分高 0.039 分；2013 年，城市人力资本得分比珠江－西江经济带最高分低 1.678 分，比珠江－西江经济带平均分高 0.443 分；2014 年，城市人力资本得分比珠江－西江经济带最高分低 1.583 分，比珠江－西江经济带平均分高 0.057 分；2015 年，城市人力资本得分与珠江－西江经济带最高分低 2.808 分，比珠江－西江经济带平均分低 1.085 分。这说明整体上来宾市人力资本得分与珠江－西江经济带最高分的差距波动增加，与珠江－西江经济带平均分的差距波动减小。

由图 7－10 可知，2010 年，来宾市职工工资相对增长率得分比珠江－西江经济带最高分低 0.835 分，比珠江－西江经济带平均分低 0.104 分；2011 年，职工工资相对增长率得分比珠江－西江经济带最高分低 1.112 分，比珠江－西江经济带平均分低 0.128 分；2012 年，职工工资相对增长率得分比珠江－西江经济带最高分低 0.211 分，比珠江－西江经济带平均分低 0.041 分；2013 年，职工工资相对增长率得分比珠江－西江经济带最高分低 5.421 分，比珠江－西江经济带平均分低 0.652 分；2014 年，职工工资相对增长率得分比珠江－西江经济带最高分低 1.774 分，比珠江－西江经济带平均分低 0.302 分；2015 年，职工工资相对增长率得分比珠江－西江经济带最高分低 1.536 分，比珠江－西江经济带平均分低 0.290 分。这说明整体上来宾市职工工资相对增长率得分与珠江－西江经济带最高分的差距波动上升，与珠江－西江经济带平均分的差距波动增加。

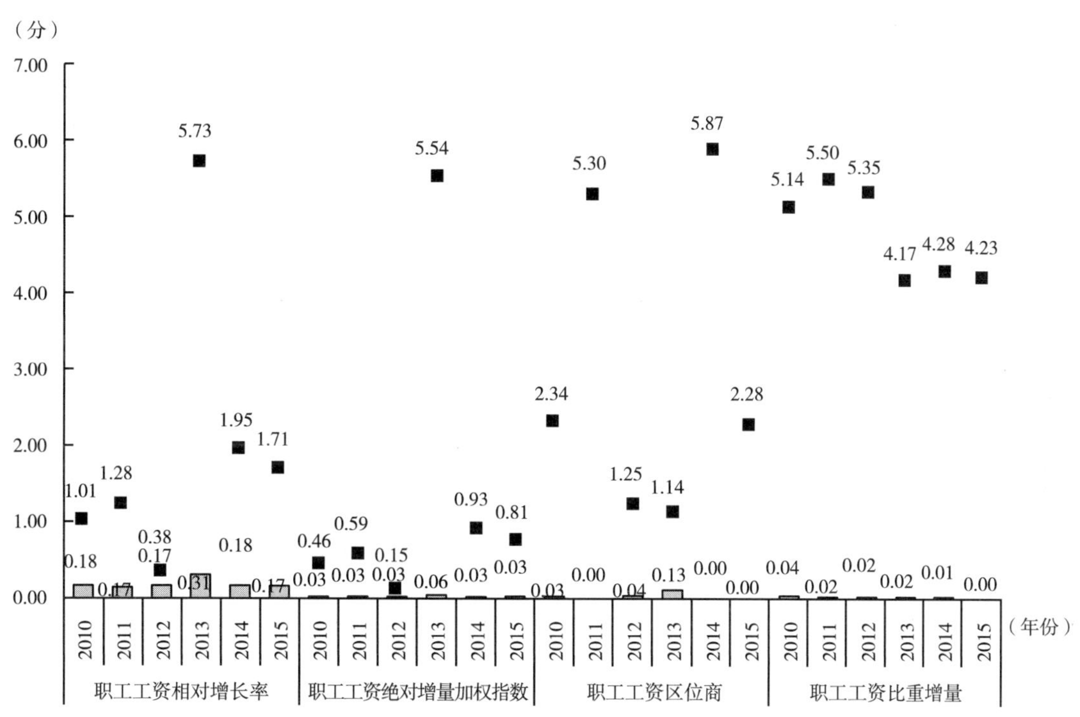

图 7－10 2010～2015 年来宾市生活水平指标得分比较 2

2010 年，来宾市职工工资绝对增量加权指数得分比珠江－西江经济带最高分低 0.423 分，比珠江－西江经济带平均分低 0.045 分；2011 年，职工工资绝对增量加权指数得分比珠江－西江经济带最高分低 0.566 分，比珠江－西江经济带平均分低 0.064 分；2012 年，职工工资绝对增量加权指数得分比珠江－西江经济带最高分低 0.115 分，比珠江－西江经济带平均分低 0.023 分；2013 年，职工工资绝对增量加权指数得分比珠江－西江经济带最高分低 5.477 分，比珠江－西江经济带平均分低 0.557 分；2014 年，职工工资绝对增量加权指数得分比珠江－西江经济带最高分低 0.895 分，比珠江－西江经济带平均分低 0.141 分；2015 年，职工工资绝对增量加权指数得分比珠江－西江经济带最高分低 0.777 分，比珠江－西江经济带平均分低 0.158 分。这说明整体上来宾市职工工资绝对增量加权指数得分与珠江－西江经济带最高分的差距波动扩大，与珠江－西江经济带平均分的差距波动上升。

2010 年，来宾市职工工资区位商得分比珠江－西江经济带最高分低 2.307 分，比珠江－西江经济带平均分低 0.288 分；2011 年，职工工资区位商得分比珠江－西江经济带最高分低 5.296 分，比珠江－西江经济带平均分低 0.607 分；2012 年，职工工资区位商得分比珠江－西江经济带最高分低 1.210 分，比珠江－西江经济带平均分低 0.236 分；2013 年，职工工资区位商得分比珠江－西江经济带最高分低 1.015 分，比珠江－西江经济带平均分低

0.268 分；2014 年，职工工资区位商得分比珠江－西江经济带最高分低 5.870 分，比珠江－西江经济带平均分低 1.000 分；2015 年，职工工资区位商得分比珠江－西江经济带最高分低 2.280 分，比珠江－西江经济带平均分低 0.536 分。这说明整体上来宾市职工工资区位商得分与珠江－西江经济带最高分的差距波动缩小，与珠江－西江经济带平均分的差距呈波动增加。

2010 年，来宾市职工工资比重增量得分比珠江－西江经济带最高分低 5.096 分，比珠江－西江经济带平均分低 0.671 分；2011 年，职工工资比重增量得分比珠江－西江经济带最高分低 5.480 分，比珠江－西江经济带平均分低 0.699 分；2012 年，职工工资比重增量得分比珠江－西江经济带最高分低 5.322 分，比珠江－西江经济带平均分低 0.700 分；2013 年，职工工资比重增量得分比珠江－西江经济带最高分低 4.144 分，比珠江－西江经济带平均分低 0.671 分；2014 年，职工工资比重增量得分比珠江－西江经济带最高分低 4.275 分，比珠江－西江经济带平均分低 0.699 分；2015 年，职工工资比重增量得分比珠江－西江经济带最高分低 4.227 分，比珠江－西江经济带平均分低 0.699 分。这说明整体上来宾市职工工资比重增量得分与珠江－西江经济带最高分的差距波动缩小，与珠江－西江经济带平均分的差距呈波动增加。

二、来宾市城市生活环境质量综合评估与比较

（一）来宾市城市生活环境质量评估指标变化趋势评析

1. 城镇公园用地动态变化

根据图 7－11 分析可知，2010～2015 年来宾市的城镇公园用地动态变化总体上呈现波动下降的状态。2010～2015 年间城市在该项指标上总体呈现下降趋势，但在评估期间存在上下波动的情况，指标并非连续性下降状态。波动下降型指标意味着在评估期间，虽然指标数据存在较大波动变化，但是其评价末期数据值低于评价初期数据值。如图所示，来宾市城镇公园用地动态变化指标处于不断下降的状态中，2010 年此指标数值最高，为 100.000，到 2015 年，下降至 19.276。分析这种变化趋势，可以得出来宾市城镇公园用地动态变化较大，城市的发展承载力有待提升。

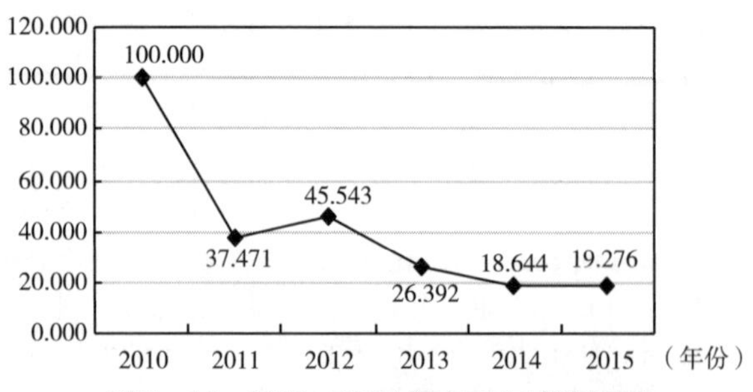

图 7－11　2010～2015 年来宾市城镇公园用地动态变化变化趋势

2. 供水能力延展指数

根据图 7－12 分析可知，2010～2015 年来宾市供水能力延展指数总体上呈现波动保持的状态。波动保持型指标意味着城市在该项指标上虽然呈现波动状态，在评价末期和评价初期的数值基本保持一致，该图可知来宾市供水能力延展指数数值保持在 3.998～9.097。虽然来宾市供水能力延展指数存在过最低值，其数值为 3.998，但来宾市在供水能力延展指数上总体表现相对平稳，说明该地区经济发展能力及活力持续又稳定。

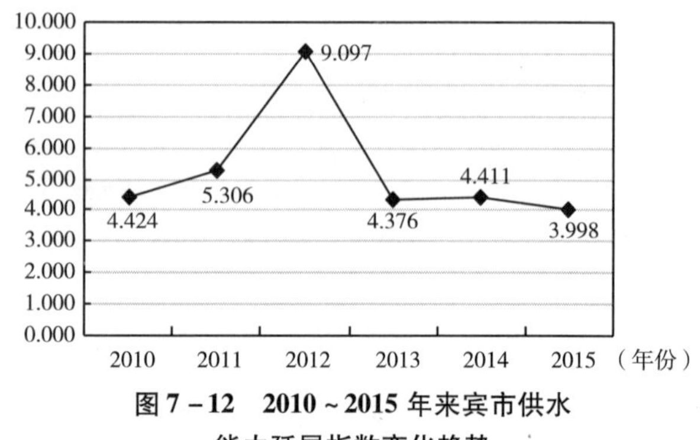

图 7－12　2010～2015 年来宾市供水能力延展指数变化趋势

3. 城市供气能力

根据图 7－13 分析可知，2010～2015 年来宾市供气能力指数总体上呈现波动下降的状态。这种状态表现为 2010～2015 年间城市在该项指标上总体呈现下降趋势，但在评估期间存在上下波动的情况，并非连续性下降状态。这就意味着在评估的时间段内，虽然指标数据存在较大的波动变化，但是其评价末期数据值低于评价初期数据值。来宾市的供气能力指数末期低于初期的数据，降低 16 个单位左右，并且在 2011～2012 年间存在明显下降的变化，这说明来宾市供气能力情况处于不太稳定的下降状态。

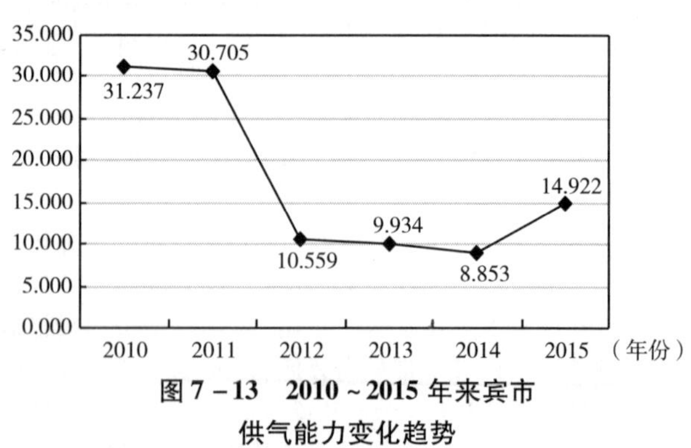

图 7－13　2010～2015 年来宾市供气能力变化趋势

4. 城市供电强度

根据图 7－14 分析可知，2010～2015 年来宾市的城市供电强度总体上呈现波动下降的状态。2010～2015 年间城市在该项指标上总体呈现下降趋势，但在评估期间存在上下波动的情况，指标并非连续性下降状态。波动下降型指

标意味着在评估期间，虽然指标数据存在较大波动变化，但是其评价末期数据值低于评价初期数据值。如图所示，来宾市供电强度指标处于不断下降的状态中，2010 年此指标数值最高，为 8.614，到 2015 年，下降至 6.202。分析这种变化趋势，可以得出来宾市居民生活发展的水平处于劣势，潜在经济发展水平不断下降，城市的发展活力不足。

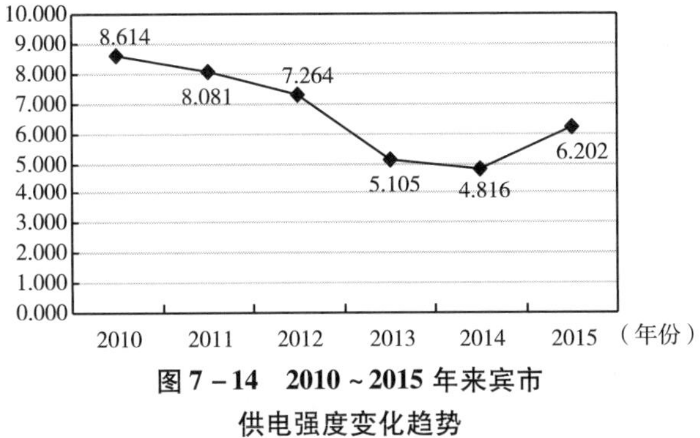

图 7-14　2010～2015 年来宾市供电强度变化趋势

5. 城市供气密度

根据图 7-15 分析可知，2010～2015 年来宾市的供气密度总体上呈现波动下降的状态。由折线图可以看出来宾市虽然在供气密度上持续下降，但是下降幅度不明显，数值保持在 14.582～22.678，这说明虽然来宾市供气密度比例在下降，但是总体上比较稳定，表现出来宾市的供气能力变幅不大，经济社会平稳发展。

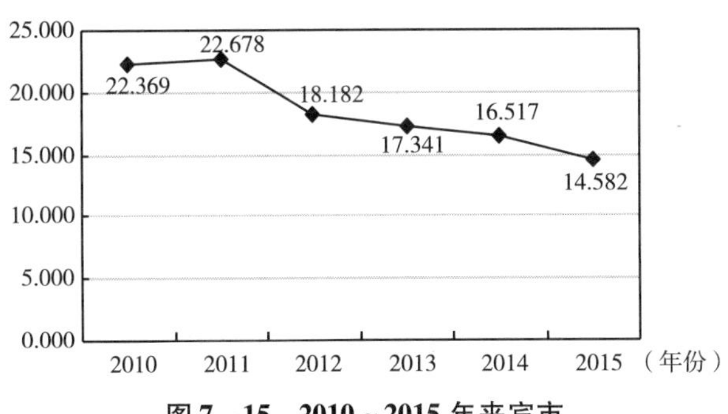

图 7-15　2010～2015 年来宾市供气密度变化趋势

6. 城市用电承载力 ES

根据图 7-16 分析可知，2010～2015 年来宾市用电承载力 ES 总体上呈现波动下降的状态。2010～2015 年间城市在该项指标上总体呈现下降趋势，但在评估期间存在上下波动的情况，指标并非连续性下降状态。波动下降型指标意味着在评估期间，虽然指标数据存在较大波动变化，但是其评价末期数据值低于评价初期数据值。该图可知来宾市用电承载力 ES 数值保持在 4.403～8.085。虽然来宾市用电承载力 ES 存在过最低值，其数值为 4.403，但来宾市在用电承载力 ES 上总体表现为波动下降，说明该地区经济发展能力及活力有所降低。

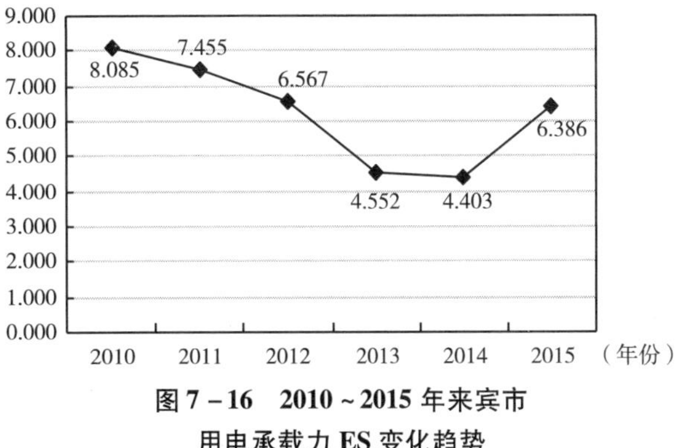

图 7-16　2010～2015 年来宾市用电承载力 ES 变化趋势

7. 城市通信流强度

根据图 7-17 分析可知，2010～2015 年来宾市的通信流强度总体上呈现波动上升的状态。2010～2015 年间城市在该项指标上存在较多波动变化，总体趋势为上升趋势，但在个别年份出现下降的情况，指标并非连续性上升。波动上升型指标意味着在评估期间，虽然指标数据存在较大波动变化，但是其评价末期数据值高于评价初期数据值。对于来宾市来说，城市通信流强度这个三级指标的上升幅度较大，从 2010 年的 0.245 上升至 2015 年的 1.201，这样的上升趋势说明城市发展的城市通信流强度较高，其进行城市通信的方式比较丰富，城市的经济社会发展活力充沛。

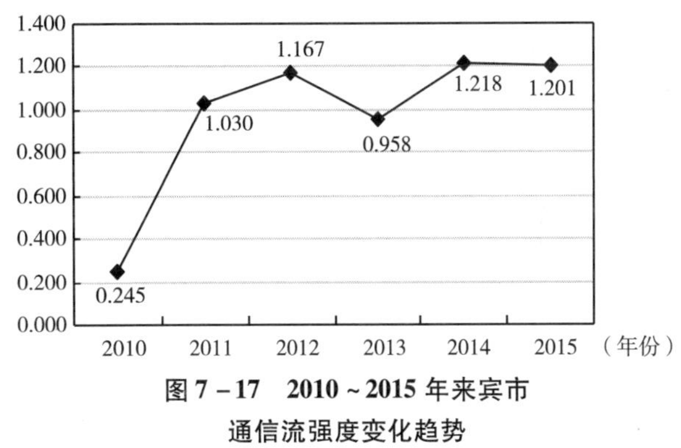

图 7-17　2010～2015 年来宾市通信流强度变化趋势

8. 城市通信倾向度

根据图 7-18 分析可知，2010～2015 年来宾市通信倾向度总体上呈现波动保持的状态。波动保持型指标意味着

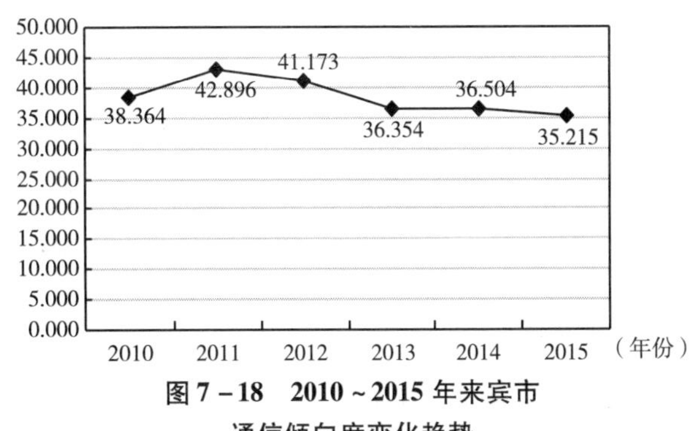

图 7-18　2010～2015 年来宾市通信倾向度变化趋势

城市在该项指标上虽然呈现波动状态，在评价末期和评价初期的数值基本保持一致，该图可知来宾市通信倾向度数值保持在35.215～42.896。虽然来宾市通信倾向度存在过最低值，其数值为35.215，但来宾市在通信倾向度上总体表现相对平稳，说明该地区经济发展能力及活力持续又稳定。

9. 城市通信职能规模

根据图7－19分析可知，2010～2015年来宾市通信职能规模总体上呈现波动保持的状态。波动保持型指标意味着城市在该项指标上虽然呈现波动状态，在评价末期和评价初期的数值基本保持一致，该图可知来宾市通信职能规模数值保持在11.356～20.194。虽然来宾市通信职能规模存在过最低值，其数值为11.356，但来宾市在通信职能规模上总体表现相对平稳，说明该地区经济发展能力及活力持续又稳定。

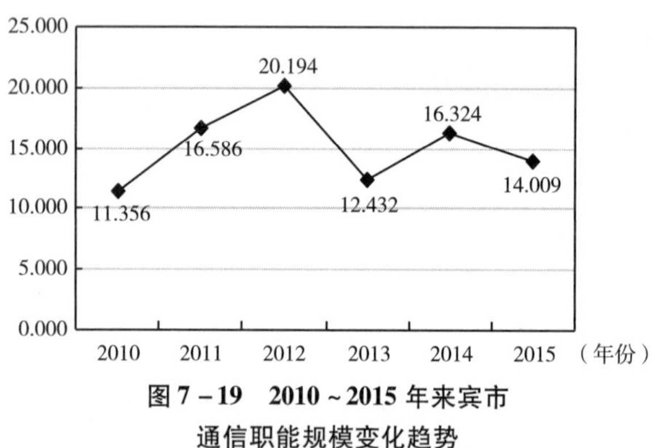

图7－19 2010～2015年来宾市通信职能规模变化趋势

10. 城市通信职能地位

根据图7－20分析可知，2010～2015年来宾市通信职能地位总体上呈现波动保持的状态。波动保持型指标意味着城市在该项指标上虽然呈现波动状态，在评价末期和评价初期的数值基本保持一致，该图可知来宾市通信职能地位数值保持在0.007～1.731。虽然来宾市通信职能地位存在过最低值，其数值为0.007，但来宾市在通信职能地位上总体表现也是相对平稳，说明该地区经济发展能力及活力持续又稳定。

图7－20 2010～2015年来宾市通信职能地位变化趋势

（二）来宾市城市生活环境质量评估结果

根据表7－4对2010～2012年间来宾市生活环境质量得分、排名、优劣度进行分析。2010年来宾市生活环境质量排名处在珠江－西江经济带第3名，2011年来宾市生活环境质量排名处在第5名，2012年来宾市生活环境质量排名处在第7名，说明来宾市生活环境综合发展水平较于珠江－西江经济带其他城市较低。对来宾市的生活环境质量得分情况作出分析，发现来宾市生活环境综合得分持续下降，变动幅度较大，说明来宾市生活环境较不稳定。2010～2012年间来宾市的生活环境质量在珠江－西江经济带中处于中势地位，说明来宾市的生活环境质量较低，居民生活质量有待提升，需提供较优质的生产生活基础条件。

表7－4 2010～2012年来宾市生活环境各级指标的得分、排名及优劣度分析

指标	2010年			2011年			2012年		
	得分	排名	优劣度	得分	排名	优劣度	得分	排名	优劣度
生活环境	13.196	3	优势	9.429	5	优势	8.422	7	中势
城镇公园用地动态变化	6.597	1	强势	2.346	4	优势	2.528	1	强势
供水能力延展指数	0.210	9	劣势	0.249	3	优势	0.510	2	强势
城市供气能力	1.738	3	优势	1.725	3	优势	0.638	8	中势
城市供电强度	0.504	5	优势	0.465	5	优势	0.431	5	优势
城市供气密度	1.280	4	优势	1.246	4	优势	1.086	5	优势
城市用电承载力ES	0.458	5	优势	0.414	5	优势	0.371	5	优势
城市通信流强度	0.013	10	劣势	0.057	10	劣势	0.068	11	劣势
城市通信倾向度	2.368	8	中势	2.783	7	中势	2.701	8	中势
城市通信职能规模	0.000	10	劣势	0.045	11	劣势	0.042	11	劣势
城市通信职能地位	0.029	10	劣势	0.099	11	劣势	0.048	11	劣势

对来宾市生活环境的三级指标进行分析，其中城镇公园用地动态变化得分排名呈现出波动保持的发展趋势。对来宾市城镇公园用地动态变化的得分情况进行分析，发现来宾市的城镇公园用地动态变化得分波动下降，说明来宾市的城镇公园用地减少，城市规模存在缩小趋势。

供水能力延展指数的综合发展水平得分排名呈现出波动上升的趋势。对来宾市供水能力延展指数的得分情况作出分析，发现来宾市在供水能力延展指数上的得分波动上升，说明来宾市的供水能力延展指数存在提升的空间，城市的供水管道发展水平在不断提高。

城市供气能力得分排名呈现出波动下降的趋势。对来宾市供气能力的得分情况作出分析，发现来宾市在供气能力上的得分持续下降，来宾市的供气能力有所减弱，需加大供气力度以提供居民更优质的基础设施服务。

城市供电强度得分排名呈现出持续保持的趋势。对来宾市的供电强度的得分情况作出分析，发现来宾市在供电强度上的得分持续下降，说明来宾市在推进供电建设方面的力度不断地减弱，城市活力有下降趋势。

城市供气密度得分排名呈现波动下降的趋势。对来宾市的供气密度的得分情况进行分析，发现来宾市的供气密度的得分持续下降，分值变动幅度较小，城市的供气承载力的平稳性仍有待提升。

城市用电承载力 ES 得分排名呈现出持续保持的趋势。对来宾市的用电承载力 ES 的得分情况作出分析，发现来宾市在用电承载力 ES 上的得分持续下降，说明2010～2012 年间来宾市的用电承载力 ES 存在减弱态势，城市用电的整体密度、容量范围也在不断缩小。

城市通信流强度得分排名呈现出波动下降的趋势。对来宾市的通信流强度的得分情况作出分析，发现来宾市在通信流强度上的得分持续上升，分值变动幅度较小，说明2010～2012 年间来宾市的通信要素流动强度的变化较为稳定，并存在提升的空间。

城市通信倾向度得分排名呈现出波动保持的趋势。对来宾市的通信倾向度的得分情况作出分析，发现来宾市在通信倾向度上的得分波动上升，说明 2010～2012 年间来宾市的通信外向强度上有较大的提升空间。

城市通信职能规模得分排名呈现出波动下降的趋势。对来宾市的通信职能规模的得分情况作出分析，发现来宾市在通信职能规模上的得分波动上升，说明来宾市在通信水平方面具有发展潜力，存在一定的提升空间。

城市通信职能地位得分排名呈现出波动下降的趋势。对来宾市通信职能地位的得分情况作出分析，发现来宾市在通信职能地位上的得分波动上升，说明来宾市在通信能力方面不具备一定的优势。

根据表 7－5 对 2013～2015 年间来宾市生活环境质量得分、排名、优劣度进行分析。2013 年来宾市生活环境质量排名处在珠江－西江经济带第 9 名，2014 年来宾市生活环境质量排名处在第 11 名，2015 年来宾市生活环境质量排名处在第 10 名，说明来宾市生活环境综合发展水平较于珠江－西江经济带其他城市相对较低。对来宾市的生活环境质量得分情况作出分析，发现来宾市生活环境综合得分波动下降，变化幅度较大，说明来宾市生活环境质量的稳定性有待提升。2013～2015 年间来宾市的生活环境质量在珠江－西江经济带中保持劣势地位，说明来宾市的生活环境质量有待提高，需提供具有一定优势的生产生活基础条件。

对来宾市生活环境的三级指标进行分析，其中城镇公园用地动态变化得分排名呈现出波动下降的发展趋势。对来宾市城镇公园用地动态变化的得分情况进行分析，发现来宾市的城镇公园用地动态变化得分波动下降，说明来宾市的城镇公园用地减少，城市规模存在缩小态势。

表 7－5　2013～2015 年来宾市生活环境各级指标的得分、排名及优劣度分析

指标	2013 年			2014 年			2015 年		
	得分	排名	优劣度	得分	排名	优劣度	得分	排名	优劣度
生活环境	6.249	9	劣势	5.693	11	劣势	5.952	10	劣势
城镇公园用地动态变化	1.501	4	优势	1.123	11	劣势	1.161	11	劣势
供水能力延展指数	0.209	5	优势	0.214	9	劣势	0.192	9	劣势
城市供气能力	0.543	8	中势	0.533	10	劣势	0.886	8	中势
城市供电强度	0.302	7	中势	0.291	7	中势	0.377	6	中势
城市供气密度	0.939	4	优势	0.970	4	优势	0.827	4	优势
城市用电承载力 ES	0.255	7	中势	0.254	6	中势	0.388	5	优势
城市通信流强度	0.052	11	劣势	0.067	11	劣势	0.065	11	劣势
城市通信倾向度	2.446	6	中势	2.231	5	优势	2.053	4	优势
城市通信职能规模	0.000	11	劣势	0.010	11	劣势	0.004	11	劣势
城市通信职能地位	0.000	11	劣势	0.000	11	劣势	0.000	11	劣势

供水能力延展指数的综合发展水平得分排名呈现出波动下降的趋势。对来宾市供水能力延展指数的得分情况作出分析，发现来宾市在供水能力延展指数上的得分波动下降，说明来宾市的供水管道发展较不合理，供水能力延展指数仍存在较大的提升空间。

城市供气能力得分排名呈现出波动保持的趋势。对来宾市的供气能力的得分情况作出分析，发现来宾市在供气能力上的得分波动上升，说明来宾市的供气能力存在增强趋势，城市基础设施有待完善。

城市供电强度得分排名呈现出波动上升的趋势。对来宾市的供电强度的得分情况作出分析，发现来宾市在供电强度上的得分波动上升，说明来宾市在推进供电建设方面的力度较强，城市供电能力具备一定的优势，城市活力存在增强趋势。

城市供气密度得分排名呈现持续保持的趋势。对来宾市的供气密度的得分情况进行分析，发现来宾市的供气密度的得分波动下降，说明城市用气总量减少，城市供气密度小，供气承载力减弱。

城市用电承载力 ES 得分排名呈现出波动上升的趋势。对来宾市的用电承载力 ES 的得分情况作出分析，发现来宾市在用电承载力 ES 上的得分波动上升，说明2013～2015 年间来宾市的用电承载力 ES 有所提升。

城市通信流强度得分排名呈现出持续保持的趋势。对来宾市的通信流强度的得分情况作出分析，发现来宾市在通信流强度上的得分波动上升，说明 2013～2015 年间来宾市的通信要素流动强度增强，但存在提升的空间。

城市通信倾向度得分排名呈现出波动上升的趋势。对来宾市的通信倾向度的得分情况作出分析，发现来宾市在通信倾向度上的得分持续下降，说明 2013～2015 年间来宾市的通信倾向强度发展较不合理，在城市的通信倾向强度的提高上应该付出更大的努力。

城市通信职能规模得分排名呈现出持续保持的趋势。对来宾市的通信职能规模的得分情况作出分析，发现来宾市在通信职能规模上的得分波动上升，说明来宾市所具备的通信水平存在一定的提升空间。

城市通信职能地位得分排名呈现出持续保持的趋势。对来宾市通信职能地位的得分情况作出分析，发现来宾市在通信职能地位上的得分持续保持，说明来宾市虽然在通信能力方面不具备一定的优势，存在提升空间。

对 2010～2015 年间来宾市生活环境及各三级指标的得分、排名和优劣度进行分析。2010 年来宾市生活环境综合得分排名处在珠江－西江经济带第 3 名，2011 年来宾市生活环境综合得分排名处在第 5 名，2012 年来宾市生活环境综合得分排名处在第 7 名，2013 年来宾市生活环境综合得分排名处在第 9 名，2014 年来宾市生活环境综合得分排名处在第 11 名，之后 2015 年来宾市生活环境综合得分排名处于第 10 名。2010～2015 年来宾市生活环境综合得分排名处于珠江－西江经济带下游区，在城市生活环境上位于劣势地位，说明来宾市生活环境质量发展较之于珠江－西江经济带的其他城市不具有一定的竞争优势。对来宾市的生活环境质量得分情况进行分析，发现来宾市的生活环境综合得分呈现波动下降的发展趋势，2010～2012 年间来宾市的生活环境得分呈持续下降的趋势，在 2013～2015 年来宾市的生活环境综合得分呈先降后升的发展趋势，说明来宾市生活环境质量虽然变动较不稳定。

从表 7－6 中来宾市生活环境基础指标的优劣度结构来看，在 10 个基础指标中，指标的优劣度结构为 0.0：30.0：20.0：50.0。

表 7－6　　2015 年来宾市生活环境指标的优劣度结构

二级指标	三级指标数	强势指标		优势指标		中势指标		劣势指标		优劣度
		个数	比重（%）	个数	比重（%）	个数	比重（%）	个数	比重（%）	
生活环境	10	0	0.000	3	30.000	2	20.000	5	50.000	劣势

（三）来宾市城市生活环境质量比较分析

图 7－21 和图 7－22 将 2010～2015 年来宾市生活环境质量与珠江－西江经济带最高水平和平均水平进行比较。从生活环境质量的要素得分比较来看，由图 7－21 可知，2010 年，来宾市城镇公园用地动态变化得分与珠江－西江经济带最高分不存在差距，比珠江－西江经济带平均分高 4.116 分；2011 年，城镇公园用地动态变化得分比珠江－西江经济带最高分低 2.969 分，比珠江－西江经济带平均分高 0.135 分；2012 年，城镇公园用地动态变化得分与珠江－西江经济带最高分不存在差距，比珠江－西江经济带平均分高 1.198 分；2013 年，城镇公园用地动态变化得分比珠江－西江经济带最高分低 1.285 分，比珠江－西江经济带平均分低 0.052 分；2014 年，城镇公园用地动态变化得分比珠江－西江经济带最高分低 2.453 分，比珠江－西江经济带平均分低 0.754 分；2015 年，城镇公园用地动态变化得分比珠江－西江经济带最高分低 2.062 分，比珠江－西江经济带平均分低 0.806 分。这说明整体上来宾市城镇公园用地动态变化得分与珠江－西江经济带最高分的差距有扩大趋势，与珠江－西江经济带平均分的差距逐渐减小。

2010 年，来宾市供水能力延展指数得分比珠江－西江经济带最高分低 0.048 分，比珠江－西江经济带平均分低 0.018 分；2011 年，供水能力延展指数得分比珠江－西江经济带最高分低 0.074 分，比珠江－西江经济带平均分高 0.018 分；2012 年，供水能力延展指数得分比珠江－西江经济带最高分低 5.098 分，比珠江－西江经济带平均分低 0.258 分；2013 年，供水能力延展指数得分比珠江－西江经

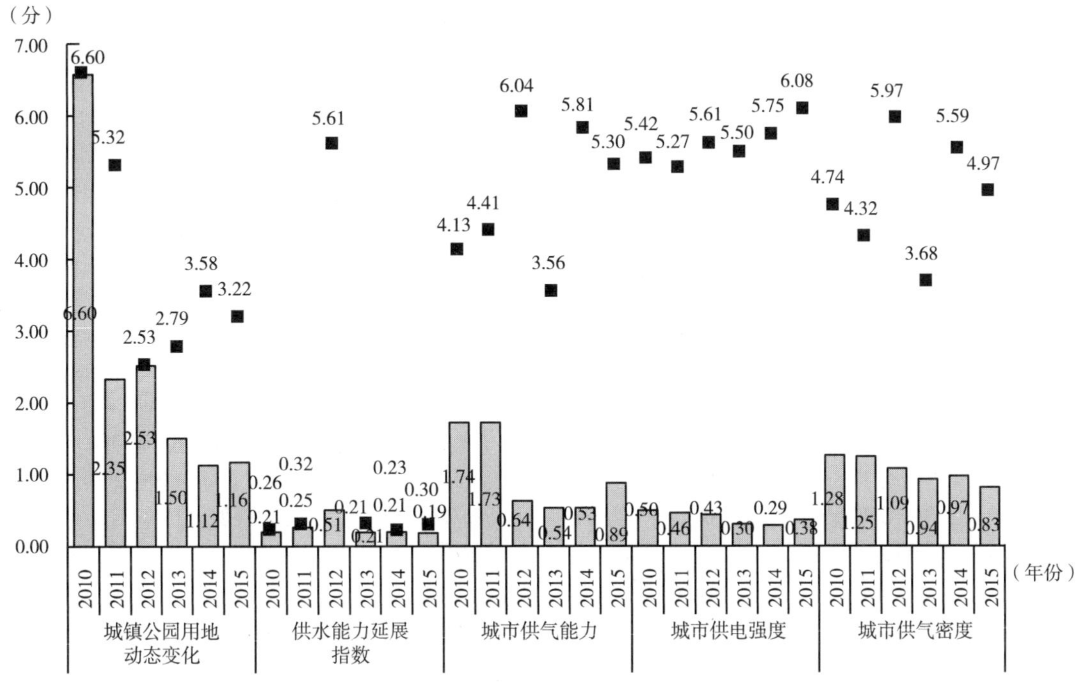

图 7－21　2010～2015 年来宾市生活环境质量指标得分比较 1

济带最高分低 0.124 分，比珠江－西江经济带平均分低 0.020 分；2014 年，供水能力延展指数得分比珠江－西江经济带最高分低 0.021 分，比珠江－西江经济带平均分低 0.007 分；2015 年，供水能力延展指数得分比珠江－西江经济带最高分低 0.105 分，比珠江－西江经济带平均分低 0.014 分。这说明整体上来宾市供水能力延展指数得分与珠江－西江经济带最高分的差距有扩大趋势，与珠江－西江经济带平均分的差距逐渐缩小。

2010 年，来宾市城市供气能力得分比珠江－西江经济带最高分低 2.390 分，比珠江－西江经济带平均分高 0.516 分；2011 年，城市供气能力得分比珠江－西江经济带最高分低 2.687 分，比珠江－西江经济带平均分高 0.387 分；2012 年，城市供气能力得分比珠江－西江经济带最高分低 5.406 分，比珠江－西江经济带平均分低 0.871 分；2013 年，城市供气能力得分比珠江－西江经济带最高分低 3.012 分，比珠江－西江经济带平均分低 0.565 分；2014 年，城市供气能力得分比珠江－西江经济带最高分低 5.279 分，比珠江－西江经济带平均分低 0.880 分；2015 年，城市供气能力得分比珠江－西江经济带最高分低 4.410 分，比珠江－西江经济带平均分低 0.591 分。这说明整体上来宾市城市供气能力得分与珠江－西江经济带最高分的差距波动增加，与珠江－西江经济带平均分的差距波动增加。

2010 年，来宾市供电强度得分比珠江－西江经济带最高分低 4.913 分，比珠江－西江经济带平均分低 0.667 分；2011 年，城市供电强度得分比珠江－西江经济带最高分低 4.805 分，比珠江－西江经济带平均分低 0.670 分；2012 年，城市供电强度得分比珠江－西江经济带最高分低 5.175 分，比珠江－西江经济带平均分低 0.764 分；2013 年，城市供电强度得分比珠江－西江经济带最高分低 5.201 分，比珠江－西江经济带平均分低 0.882 分；2014 年，城市供电强度得分比珠江－西江经济带最高分低 5.456 分，比珠江－西江经济带平均分低 0.935 分；2015 年，城市供电强度得分比珠江－西江经济带最高分低 5.704 分，比珠江－西江经济带平均分低 0.869 分。这说明整体上来宾市供电强度得分与珠江－西江经济带最高分的差距持续增加，与珠江－西江经济带平均分的差距波动增加。

2010 年，来宾市供气密度得分比珠江－西江经济带最高分低 3.464 分，比珠江－西江经济带平均分低 0.109 分；2011 年，城市供气密度得分比珠江－西江经济带最高分低 3.074 分，比珠江－西江经济带平均分高 0.085 分；2012 年，城市供气密度得分比珠江－西江经济带最高分低 4.887 分，比珠江－西江经济带平均分低 0.325 分；2013 年，城市供气密度得分比珠江－西江经济带最高分低 2.743 分，比珠江－西江经济带平均分低 0.073 分；2014 年，城市供气密度得分比珠江－西江经济带最高分低 4.615 分，比珠江－西江经济带平均分低 0.251 分；2015 年，城市供气密度得分比珠江－西江经济带最高分低 4.142 分，比珠江－西江经济带平均分低 0.299 分。这说明整体上来宾市供气密度得分与珠江－西江经济带最高分的差距波动增加，与珠江－西江经济带平均分的差距波动上升。

由图 7－22 可知，2010 年，来宾市用电承载力 ES 得分比珠江－西江经济带最高分低 4.392 分，比珠江－西江经济带平均分低 0.596 分；2011 年，城市用电承载力 ES 得分比珠江－西江经济带最高分低 4.210 分，比珠江－西江经济带平均分低 0.602 分；2012 年，城市用电承载力 ES 得分比珠江－西江经济带最高分低 4.386 分，比珠江－西江经济带平均分低 0.641 分；2013 年，城市用电承载力 ES 得分比珠江－西江经济带最高分低 4.316 分，比珠江－西江经济带平均分低 0.732 分；2014 年，城市用电承载力 ES 得分比珠江－西江经济带最高分低 4.637 分，比珠江－西江经济带平均分低 0.782 分；2015 年，城市用电承载力 ES 得分比珠江－西江经济带最高分低 5.684 分，比珠江－西江经济带平均分低 0.837 分。这说明整体上来宾市用电承载力 ES 得分与珠江－西江经济带最高分的差距波动上升，与珠江－西江经济带平均分的差距波动上升。

2010 年，来宾市通信流强度得分比珠江－西江经济带最高分低 4.033 分，比珠江－西江经济带平均分低 0.680 分；2011 年，城市通信流强度得分比珠江－西江经济带最高分低 5.068 分，比珠江－西江经济带平均分低 0.869 分；2012 年，城市通信流强度得分比珠江－西江经济带最高分低 5.735 分，比珠江－西江经济带平均分低 0.969 分；2013 年，城市通信流强度得分比珠江－西江经济带最高分低 4.324 分，比珠江－西江经济带平均分低 0.856 分；2014 年，城市通信流强度得分比珠江－西江经济带最高分低 3.903 分，比珠江－西江经济带平均分低 0.828 分；2015 年，城市通信流强度得分比珠江－西江经济带最高分低 3.586 分，比珠江－西江经济带平均分低 0.800 分。这说明整体上来宾市通信流强度得分与珠江－西江经济带最高分的差距波动缩小，与珠江－西江经济带平均分的差距波动增加。

2010 年，来宾市通信倾向度得分比珠江－西江经济带最高分低 0.275 分，比珠江－西江经济带平均分高 0.003 分；2011 年，城市通信倾向度得分比珠江－西江经济带最高分低 1.357 分，比珠江－西江经济带平均分低 0.100 分；2012 年，城市通信倾向度得分比珠江－西江经济带最高分低 1.973 分，比珠江－西江经济带平均分低 0.142 分；2013 年，城市通信倾向度得分比珠江－西江经济带最高分低 4.282 分，比珠江－西江经济带平均分低 0.253 分；2014 年，城市通信倾向度得分比珠江－西江经济带最高分低 0.693 分，比珠江－西江经济带平均分高 0.161 分；2015 年，城市通信倾向度得分比珠江－西江经济带最高分低 0.469 分，比珠江－西江经济带平均分高 0.344 分。这说明整体上来宾市通信倾向度得分与珠江－西江经济带最高分的差距波动增加，与珠江－西江经济带平均分的差距波动增加。

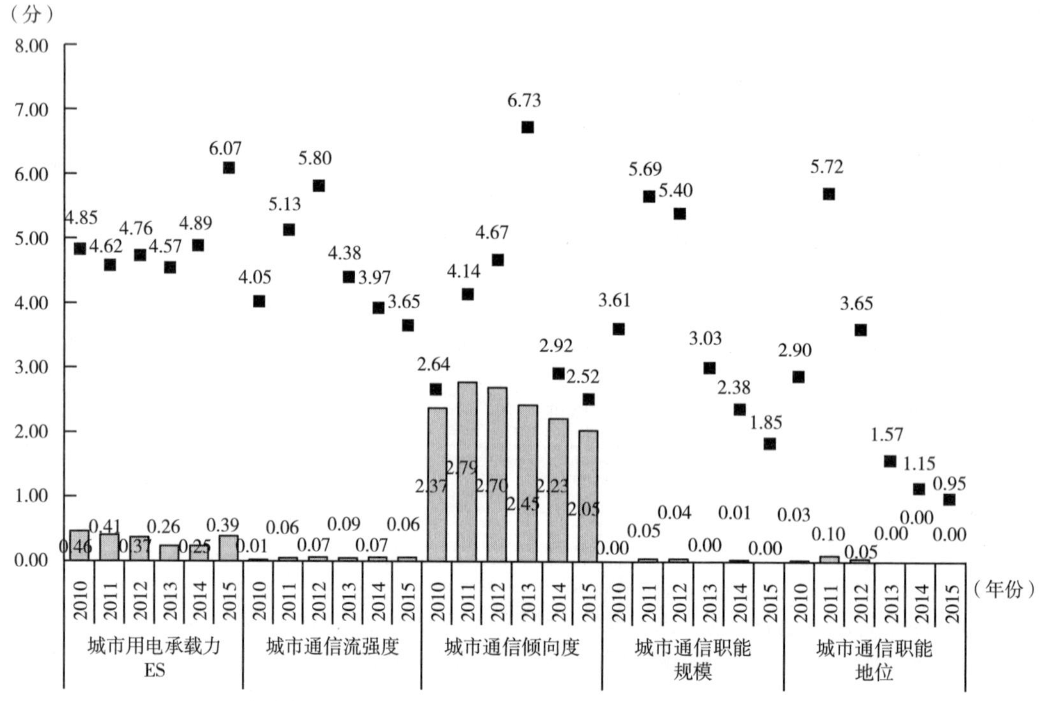

图 7－22　2010～2015 年来宾市生活环境质量指标得分比较 2

2010 年，来宾市通信职能规模得分比珠江－西江经济带最高分低 3.612 分，比珠江－西江经济带平均分低 0.601 分；2011 年，城市通信职能规模得分比珠江－西江经济带最高分低 5.648 分，比珠江－西江经济带平均分低 0.970 分；2012 年，城市通信职能规模得分比珠江－西江经济带最高分低 5.362 分，比珠江－西江经济带平均分低 0.946 分；2013 年，城市通信职能规模得分比珠江－西江经济带最高分低 3.028 分，比珠江－西江经济带平均分低 0.611 分；2014 年，城市通信职能规模得分比珠江－西江经济带最高分低 2.371 分，比珠江－西江经济带平均分低 0.551 分；2015 年，城市通信职能规模得分比珠江－西江经济带最高分低 1.843 分，比珠江－西江经济带平均分低 0.468 分。这说明整体上来宾市通信职能规模得分与珠江－西江经济带最高分的差距波动缩小，与珠江－西江经济带平均分的差距波动减小。

2010 年，来宾市通信职能地位得分比珠江－西江经济带最高分低 2.867 分，比珠江－西江经济带平均分低 0.477 分；2011 年，城市通信职能地位得分比珠江－西江经济带最高分低 5.621 分，比珠江－西江经济带平均分低 0.965 分；2012 年，城市通信职能地位得分比珠江－西江经济带最高分低 3.600 分，比珠江－西江经济带平均分低 0.635 分；2013 年，城市通信职能地位得分比珠江－西江经济带最高分低 1.574 分，比珠江－西江经济带平均分低 0.318 分；2014 年，城市通信职能地位得分比珠江－西江经济带最高分低 1.151 分，比珠江 - 西江经济带平均分低 0.267 分；2015 年，城市通信职能地位得分比珠江 - 西江经济带最高分低 0.949 分，比珠江 - 西江经济带平均分低 0.241 分。这说明整体上来宾市通信职能地位得分与珠江 - 西江经济带最高分的差距波动缩小，与珠江 - 西江经济带平均分的差距逐渐减小。

三、来宾市城市居民生活质量综合评估与比较评述

从对来宾市居民生活质量评估及其 2 个二级指标在珠江 - 西江经济带的排名变化和指标结构的综合分析来看，2010 ~ 2015 年间，居民生活质量板块中上升指标的数量小于下降指标的数量，上升的动力小于下降的拉力，使得 2015 年来宾市居民生活质量的排名呈波动下降，在珠江 - 西江经济带城市位居第 11 名。

（一）来宾市城市居民生活质量概要分析

来宾市居民生活质量在珠江 - 西江经济带所处的位置及变化如表 7 - 7 所示，2 个二级指标的得分和排名变化如表 7 - 8 所示。

表 7 - 7 2010 ~ 2015 年来宾市居民生活质量一级指标比较

指标	2010 年	2011 年	2012 年	2013 年	2014 年	2015 年
排名	3	6	6	3	10	11
所属区位	上游	中游	中游	上游	下游	下游
得分	24.573	15.775	15.309	20.406	11.869	8.353
经济带最高分	47.987	59.835	48.147	42.175	42.940	40.410
经济带平均分	21.581	21.372	19.326	19.203	18.685	19.309
与最高分的差距	-23.414	-44.060	-32.839	-21.769	-31.071	-32.057
与平均分的差距	2.991	-5.597	-4.017	1.203	-6.815	-10.956
优劣度	优势	中势	中势	优势	劣势	劣势
波动趋势	—	下降	持续	上升	下降	下降

表 7 - 8 2010 ~ 2015 年来宾市居民生活质量二级指标比较

年份	生活水平		生活环境	
	得分	排名	得分	排名
2010	11.376	4	13.196	3
2011	6.346	9	9.429	5
2012	6.887	5	8.422	7
2013	14.157	2	6.249	9
2014	6.177	6	5.693	11
2015	2.400	11	5.952	10
得分变化	-8.976	—	-7.244	—
排名变化	—	-7	—	-7
优劣度	优势	优势	中势	中势

（1）从指标排名变化趋势看，2015 年来宾市居民生活质量评估排名在珠江 - 西江经济带处于第 11 名，表明其在珠江 - 西江经济带处于劣势地位，与 2010 年相比，排名上升 8 位。总的来看，评价期内来宾市居民生活质量呈现波动下降趋势。

在 2 个二级指标中，其中 2 个指标排名均保持下降，为生活水平、生活环境，这是来宾市居民生活质量处于波动下降趋势的拉力所在。受指标排名升降的综合影响，评价期内来宾市居民生活质量的综合排名呈波动下降，在珠江 - 西江经济带城市排名第 11 名。

（2）从指标所处区位来看，2015 年来宾市居民生活质量处在下游区。其中，生活水平为优势指标，生活环境为中势指标。

（3）从指标得分来看，2015 年来宾市居民生活质量得分为 8.353 分，比珠江 - 西江经济带最高分低 32.057 分，比珠江 - 西江经济带平均分低 10.956 分；与 2010 年相比，来宾市居民生活质量得分下降 16.220 分，与当年最高分的差距扩大，与珠江 - 西江经济带平均分的差距扩大。

2015 年，来宾市居民生活质量二级指标的得分均高于 2 分，与 2010 年相比，得分下降最多的为生活水平，下降 8.976 分；得分下降最少的为生活环境，下降 7.244 分。

（二）来宾市城市居民生活质量评估指标动态变化分析

2010 ~ 2015 年来宾市居民生活质量评估各级指标的动态变化及其结构，如图 7 - 23 和表 7 - 9 所示。

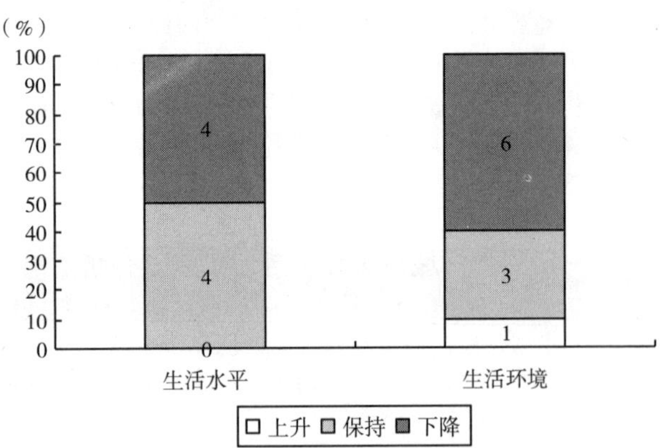

图 7－23　2010～2015 年来宾市居民生活质量动态变化结构

从图 7－23 可以看出，来宾市居民生活质量评估的三级指标中上升指标的比例小于下降指标，表明下降指标居于主导地位。表 7－27 中的数据进一步说明，来宾市居民生活质量评估的 18 个三级指标中，上升的指标有 1 个，占指标总数的 5.556%；保持的指标有 7 个，占指标总数的 38.889%；下降的指标有 10 个，占指标总数的 55.556%。由于上升指标的数量小于下降指标的数量，且受变动幅度与外部因素的综合影响，评价期内来宾市居民生活质量排名呈现波动下降，在珠江－西江经济带位居第 11 名。

表 7－9　2010～2015 年来宾市居民生活质量各级指标排名变化态势比较

二级指标	三级指标数	上升指标		保持指标		下降指标	
		个数	比重（%）	个数	比重（%）	个数	比重（%）
生活水平	8	0	0.000	4	50.000	4	50.000
生活环境	10	1	10.000	3	30.000	6	60.000
合计	18	1	5.556	7	38.889	10	55.556

（三）来宾市城市居民生活质量评估指标变化动因分析

2015 年来宾市居民生活质量板块各级指标的优劣势变化及其结构，如图 7－24 和表 7－10 所示。

从图 7－24 可以看出，2015 年来宾市居民生活质量评估的三级指标中强势和优势指标的比例小于劣势指标的比例，表明强势和优势指标未处于主导地位。表 7－10 中的数据说明，2015 年来宾市居民生活的 18 个三级指标中，强势指标有 0 个，占指标总数的 0.000%；优势指标为 3 个，占指标总数的 16.667%；中势指标为 2 个，占指标总数的 11.111%；劣势指标为 13 个，占指标总数的 72.222%；强势指标和优势指标之和占指标总数的 16.667%，数量与比重均小于劣势指标。从二级指标来看，其中生活水平的强势指标有 0 个，占指标总数的 0.000%；优势指标为 0 个，占指标总数的 0.000%；中势指标 0 个，占指标总数的 0.000%；劣势指标为 8 个，占指标总数的 100.000%；强势指标和优势指标之和占指标总数的 0.000%，说明生活水平的强、优势指标未居于主导地位。生活环境的强势指标有0 个，占指标总数的 0.000%；优势指标为 3 个，占指标总数的 30.000%；中势指标为 2 个，占指标总数的 20.000%；劣势指标为 5 个，占指标总数的 50.000%；强势指标和优势指标之和占指标总数的 30.000%，说明生活环境的强势、优势指标未处于主导地位。由于强势、优势指标比重较小，来宾市居民生活质量处于劣势地位，在珠江－西江经济带位居第 11 名，处于下游区。

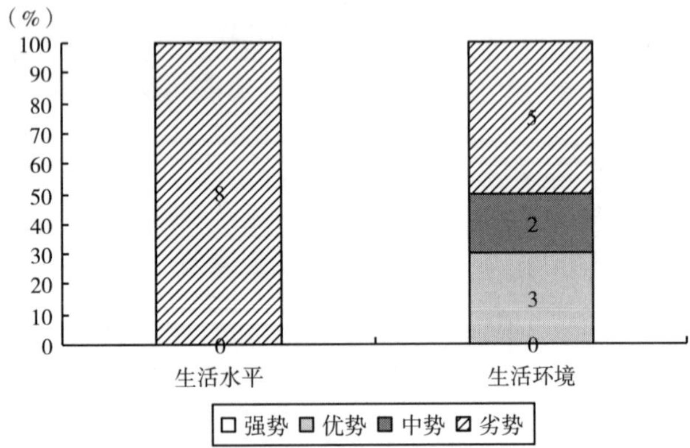

图 7－24　2015 年来宾市居民生活质量优劣度结构

表 7－10　2015 年来宾市居民生活质量各级指标优劣度比较

二级指标	三级指标数	强势指标		优势指标		中势指标		劣势指标		优劣度
		个数	比重（%）	个数	比重（%）	个数	比重（%）	个数	比重（%）	
生活水平	8	0	0.000	0	0.000	0	0.000	8	100.000	劣势
生活环境	10	0	0.000	3	30.000	2	20.000	5	50.000	劣势
合计	18	0	0.000	3	16.667	2	11.111	13	72.222	劣势

为明确影响来宾市居民生活质量变化的具体因素，以便于对相关指标进行深入分析，为提升来宾市居民生活质量提供决策参考，表 7－11 列出居民生活质量指标体系中直接影响来宾市居民生活质量升降的强势指标、优势指标、中势指标和劣势指标。

表 7－11　　2015 年来宾市居民生活质量三级指标优劣度统计

指标	强势指标	优势指标	中势指标	劣势指标
生活水平（8 个）	（0 个）	（0 个）	（0 个）	社会保障水平、总工资弧弹性、平均工资增长强度、城市人力资本、职工工资相对增长率、职工工资绝对增量加权指数、职工工资比重增量、职工工资强度（8 个）
生活环境（10 个）	（0 个）	城市供气密度、城市用电承载力 ES、城市通信流强度（3 个）	城市供气能力、城市供电强度（2 个）	城镇公园用地动态变化、供水能力延展指数、城市通信倾向度、城市通信职能规模、城市通信职能地位（5 个）

第八章　崇左市城市居民生活质量综合评估

一、崇左市城市生活水平综合评估与比较

（一）崇左市城市生活水平评估指标变化趋势评析

1. 社会保障水平

根据图 8－1 分析可知，2010～2015 年崇左市的社会保障水平总体上呈现波动上升的状态。2010～2015 年间城市在该项指标上存在较多波动变化，总体趋势为上升趋势，但在个别年份出现下降的情况，指标并非连续性上升。波动上升型指标意味着在评估期间，虽然指标数据存在较大波动变化，但是其评价末期数据值高于评价初期数据值。通过折线图可以看出，崇左市的社会保障水平指标不断提高，在 2015 年达到 100.000，相较于 2010 年上升 62 个单位左右，说明崇左市的经济社会整体发展水平较高，社会保障水平较好，对外部资源的吸引力较强。

图 8－1　2010～2015 年崇左市社会保障水平变化趋势

2. 总工资弧弹性

根据图 8－2 分析可知，2010～2015 年崇左市的总工资弧弹性总体上呈现波动上升的状态。2010～2015 年间城市在该项指标上存在较多波动变化，总体趋势为上升趋势，但在个别年份出现下降的情况，指标并非连续性上升。波动上升型指标意味着在评估期间，虽然指标数据存在较大波动变化，但是其评价末期数据值高于评价初期数据值。通过折线图可以看出，崇左市的总工资弧弹性指标不断提高，在 2015 年达到 4.241，相较于 2010 年上升 3 个单位左右，说明崇左市的经济社会整体发展水平较高，城市生活水平较好，对外部资源的吸引力较强。

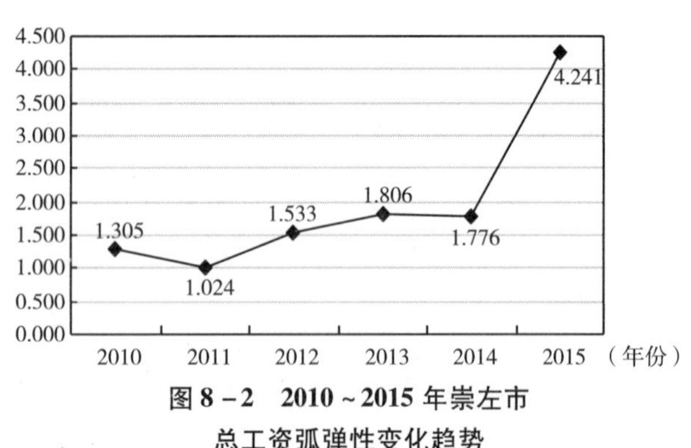

图 8－2　2010～2015 年崇左市总工资弧弹性变化趋势

3. 平均工资增长强度

根据图 8－3 分析可知，2010～2015 年崇左市平均工资增长强度总体上呈现波动上升的状态。2010～2015 年间城市在该项指标上存在一定的波动变化，总体趋势为上升趋势，但在个别年份出现下降的情况，指标并非连续性上升状态。波动上升型指标意味着在评价的时间段内，虽然指标数据存在较大的波动变化，但是其评价末期数据值高于评价初期数据值，最终稳定在 42.824。城市的平均工资增长强度越大，说明城市的经济发展水平越高，对于崇左市来说，其城市居民生活发展潜力也越来越大。

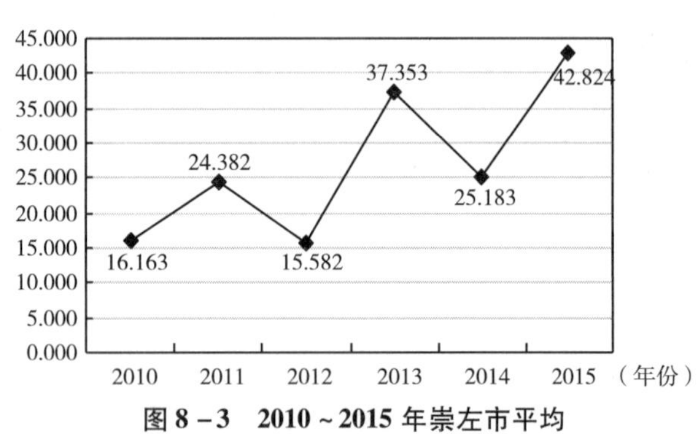

图 8－3　2010～2015 年崇左市平均工资增长强度变化趋势

4. 城市人力资本

根据图 8－4 分析可知，2010～2015 年崇左市人力资本指数总体上呈现波动下降的状态。这种状态表现为 2010～2015 年间城市在该项指标上总体呈现下降趋势，但在间存在上下波动的情况，并非连续性下降状态。这就意味着在评估的时间段内，虽然指标数据存在较大的波动化，但是其评价末期数据值低于评价初期数据值。崇左市的人力资

本指数末期低于初期的数据，降低 8 个单位左右，并且在 2010～2013 年间存在明显下降的变化，这说明崇左市人力资本情况处于不太稳定的下降状态。

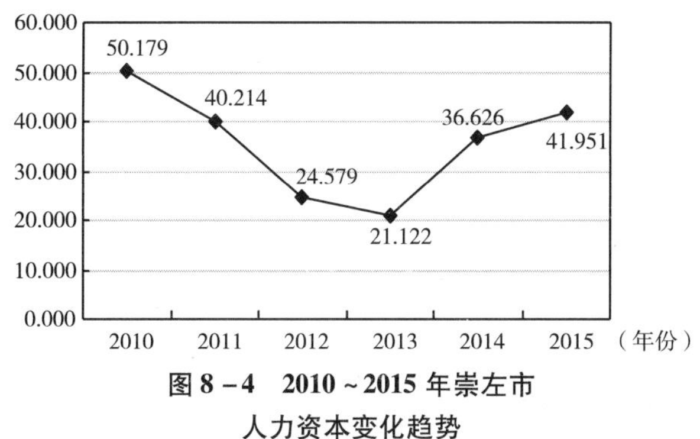

图 8－4　2010～2015 年崇左市人力资本变化趋势

5. 职工工资相对增长率

根据图 8－5 分析可知，崇左市 2010～2015 年的职工工资相对增长率总体上呈现波动上升的状态。2010～2015 年间城市在该项指标上存在较多波动变化，总体趋势为上升趋势，但在个别年份出现下降的情况，指标并非连续性上升。波动上升型指标意味着在评估期间，虽然指标数据存在较大波动变化，但是其评价末期数据值高于评价初期数据值。通过折线图可以看出，崇左市的职工工资相对增长率指标不断提高，在 2015 年达到 5.162，相较于 2010 年上升 1 个单位左右，说明崇左市的经济社会整体发展水平较高，城市生活水平较高，对外部资源的吸引力较强。

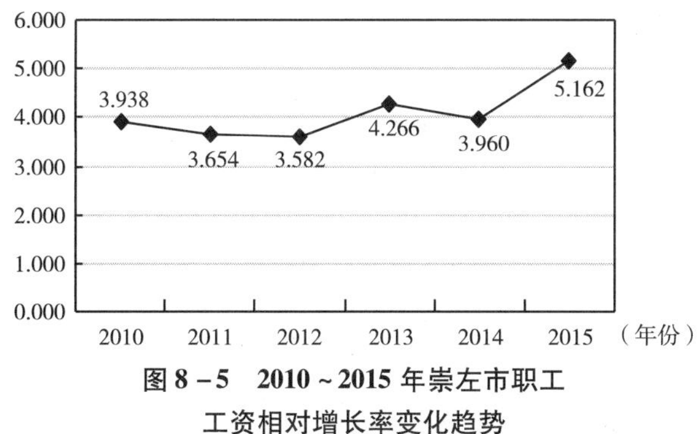

图 8－5　2010～2015 年崇左市职工工资相对增长率变化趋势

6. 职工工资绝对增量加权指数

根据图 8－6 分析可知，2010～2015 年崇左市的城镇公园用地总体上呈现波动上升的状态。2010～2015 年间城市在该项指标上存在较多波动变化，总体趋势为上升趋势，但在个别年份出现下降的情况，指标并非连续性上升。波动上升型指标意味着在评估期间，虽然指标数据存在较大波动变化，但是其评价末期数据值高于评价初期数据值。通过折线图可以看出，崇左市的职工工资绝对增量加权指数指标不断提高，在 2015 年达到 0.994，相较于 2010 年上升 1 个单位左右，说明崇左市的经济社会整体发展较高，城市生活水平较高，对外部资源的吸引力较强。

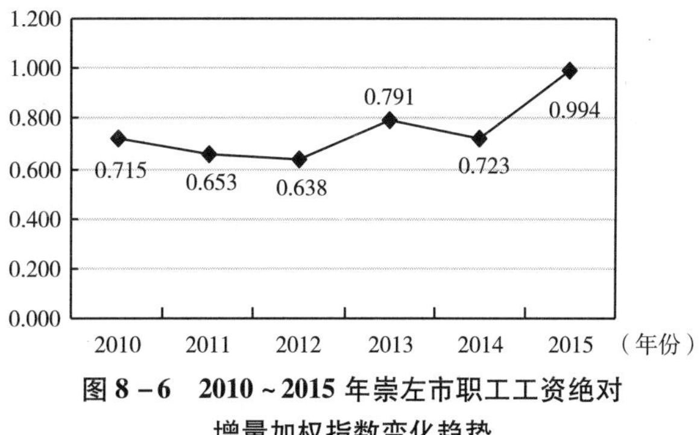

图 8－6　2010～2015 年崇左市职工工资绝对增量加权指数变化趋势

7. 职工工资比重增量

根据图 8－7 分析可知，2010～2015 年崇左市职工工资比重增量指数总体上呈现波动上升的状态。2010～2015 年间城市在该项指标上存在一定的波动变化，总体趋势上为上升趋势，但在个别年份出现下降的情况，指标并非连续性上升状态。波动上升型指标意味着在评价的时间段内，虽然指标数据存在较大的波动变化，崇左市 2012～2015 年大幅度上升，最后稳定在 2.343。随着城市的职工工资水平的升高，说明崇左市的居民生活发展水平也在提高。

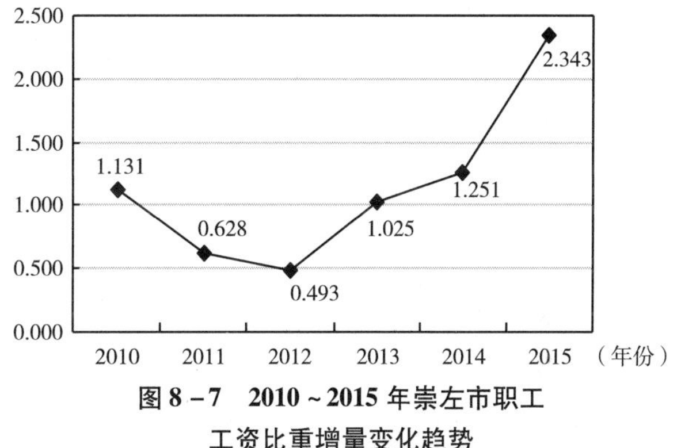

图 8－7　2010～2015 年崇左市职工工资比重增量变化趋势

8. 职工工资强度

根据图 8－8 分析可知，2010～2015 年崇左市职工工资强度总体上呈现波动下降的状态。2010～2015 年间城市在该项指标上总体呈现下降趋势，但在评估期间存在上下波动的情况，指标并非连续性下降状态。波动下降型指标意味

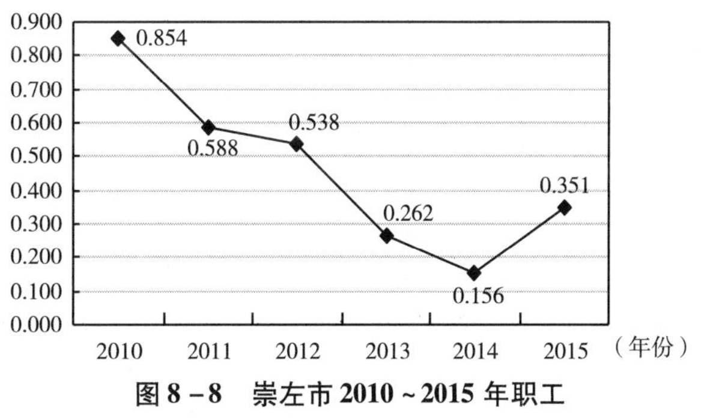

图 8－8　崇左市 2010～2015 年职工工资强度变化趋势

着在评估期间，虽然指标数据存在较大波动变化，但是其评价末期数据值低于评价初期数据值。该图可知崇左市职工工资强度数值保持在0.156～0.854。即使崇左市职工工资强度存在过最低值，其数值为0.156，但崇左市在职工工资强度上总体表现为波动下降，说明该地区经济发展能力及活力有所降低。

（二）崇左市城市生活水平评估结果

根据表8－1对2010～2012年间崇左市生活水平得分、排名、优劣度进行分析。2010年崇左市生活水平排名处在珠江－西江经济带第7名，2011年崇左市生活水平排名处在第8名，2012年崇左市生活水平排名处在第9名，说明崇左市生活水平综合发展水平较于珠江－西江经济带其他城市相对较低。对崇左市的生活水平得分情况作出分析，发现崇左市生活水平综合得分持续下降，变动幅度较大，说明崇左市生活水平的稳定性有待提升。2010～2012年间崇左市的生活水平在珠江－西江经济带中处于中游区，说明崇左市的生活水平综合发展实力整体趋于减弱。

表8－1　2010～2012年崇左市生活水平各级指标的得分、排名及优劣度分析

指标	2010年			2011年			2012年		
	得分	排名	优劣度	得分	排名	优劣度	得分	排名	优劣度
生活水平	7.832	7	中势	6.618	8	中势	4.269	9	劣势
社会保障水平	1.976	1	强势	1.812	1	强势	1.397	2	强势
总工资弧弹性	0.060	6	中势	0.047	8	中势	0.072	7	中势
平均工资增长强度	0.895	9	劣势	1.269	3	优势	0.834	9	劣势
城市人力资本	4.577	9	劣势	3.220	10	劣势	1.712	10	劣势
职工工资相对增长率	0.189	8	中势	0.174	10	劣势	0.171	11	劣势
职工工资绝对增量加权指数	0.033	9	劣势	0.030	9	劣势	0.030	11	劣势
职工工资比重增量	0.055	8	中势	0.034	10	劣势	0.024	11	劣势
职工工资强度	0.047	10	劣势	0.032	10	劣势	0.030	10	劣势

对崇左市生活水平的三级指标进行分析，其中社会保障水平得分排名呈现出波动下降的发展趋势。对崇左市社会保障水平的得分情况进行分析，发现崇左市的社会保障水平得分持续下降，说明崇左市的社会公共保障事业的发展水平仍有待提高。

总工资弧弹性的综合发展水平得分排名呈现出波动下降的趋势。对崇左市总工资弧弹性的得分情况作出分析，发现崇左市在总工资弧弹性上的得分波动上升，说明崇左市的总工资增长速率存在提升的空间。

平均工资增长强度得分排名呈现出波动保持的趋势。对崇左市平均工资增长强度的得分情况作出分析，发现崇左市在平均工资增长强度上的得分波动下降，说明崇左市平均工资增长速率存在提升空间。

城市人力资本得分排名呈现出波动下降的趋势。对崇左市人力资本的得分情况作出分析，发现崇左市在人力资本上的得分持续下降，说明崇左市在推进人力资本建设方面的存在一定的提升空间。

职工工资相对增长率得分排名呈现波动下降的趋势。对崇左市职工工资相对增长率的得分情况进行分析，发现崇左市在职工工资相对增长率的得分持续下降，分值变动幅度较大，说明城市的职工工资增长速率的平稳性有待提升。

职工工资绝对增量加权指数得分排名呈现出波动下降的趋势。对崇左市职工工资绝对增量加权指数的得分情况作出分析，发现崇左市在职工工资绝对增量加权指数上的得分波动保持，说明2010～2012年间崇左市的职工工资绝对增量加权指数较为稳定，但仍存在提升的空间。

职工工资比重增量得分排名呈现出波动下降的趋势。对崇左市职工工资比重增量的得分情况作出分析，发现崇左市在职工工资比重增量上的得分持续下降，分值变动幅度较大，说明2010～2012年间崇左市的城市职工工资的变化不稳定，但存在提升的空间。

职工工资强度得分排名呈现出持续保持的趋势。对崇左市职工工资强度的得分情况作出分析，发现崇左市在城市职工工资强度上的得分波动下降，变化幅度小，说明2010～2012年间崇左市的职工工资强度较于珠江－西江经济带其他城市较不合理。

根据表8－2对2013～2015年间崇左市生活水平的得分、排名和优劣度进行分析。2013年崇左市生活水平排名处在珠江－西江经济带第9名，2014年崇左市生活水平排名处在第8名，2015年其处于第3名，说明崇左市生活水平综合发展水平较于珠江－西江经济带其他城市较高。同时对崇左市的生活水平得分情况作出分析，发现崇左市生活水平综合得分持续上升，说明崇左市生活水平存在上升趋势。2013～2015 年间崇左市的生活水平在珠江－西江经济带中从劣势地位升至优势地位，说明崇左市的生活水平综合发展实力整体趋于上升。

表 8－2　　2013～2015 年崇左市生活水平各级指标的得分、排名及优劣度分析

指标	2013 年			2014 年			2015 年		
	得分	排名	优劣度	得分	排名	优劣度	得分	排名	优劣度
生活水平	5.780	9	劣势	6.126	8	中势	12.326	3	优势
社会保障水平	1.644	2	强势	1.747	2	强势	5.996	1	强势
总工资弧弹性	0.100	9	劣势	0.085	8	中势	0.202	3	优势
平均工资增长强度	2.350	4	优势	1.359	3	优势	2.824	5	优势
城市人力资本	1.333	10	劣势	2.618	10	劣势	2.862	8	中势
职工工资相对增长率	0.244	11	劣势	0.200	10	劣势	0.257	9	劣势
职工工资绝对增量加权指数	0.044	11	劣势	0.035	9	劣势	0.048	8	中势
职工工资比重增量	0.050	11	劣势	0.073	10	劣势	0.119	10	劣势
职工工资强度	0.014	11	劣势	0.008	10	劣势	0.019	10	劣势

对崇左市生活水平的三级指标进行分析，其中社会保障水平得分排名呈现出波动上升的发展趋势。对崇左市社会保障水平的得分情况进行分析，发现崇左市的社会保障水平得分持续上升，说明城市在公共保障事业的方面有良好的发展。

总工资弧弹性的综合发展水平得分排名呈现出持续上升的趋势。对崇左市总工资弧弹性的综合发展水平得分情况作出分析，发现崇左市的总工资弧弹性的综合发展水平得分波动上升，说明崇左市总工资弧弹性存在一定的提升空间。

平均工资增长强度得分排名呈现波动下降的趋势。对崇左市平均工资增长强度的得分情况进行分析，发现崇左市平均工资增长强度的得分波动上升，说明城市的平均工资增长强度变化幅度较大，平均工资增长强度存在较大的提升空间。

城市人力资本得分排名呈现出波动上升的趋势。对崇左市人力资本的得分情况作出分析，发现崇左市在人力资本上的得分持续上升，说明崇左市在推进土地用于人力资本建设方面存在提升空间。

职工工资相对增长率得分排名呈现出持续上升的趋势。对崇左市职工工资相对增长率的得分情况作出分析，发现崇左市在职工工资相对增长率上的得分波动上升，说明 2013～2015 年间崇左市的职工工资相对增长率的变化趋势较于珠江－西江经济带其他城市的合理性较低。

职工工资绝对增量加权指数得分排名呈现出持续上升的趋势。对崇左市职工工资绝对增量加权指数的得分情况作出分析，发现崇左市在职工工资绝对增量加权指数上的得分波动上升，说明 2013～2015 年间崇左市职工工资绝对增量加权指数较低，城市人口要素较为分散。

职工工资比重增量得分排名呈现出波动上升的趋势。对崇左市职工工资比重增量的得分情况作出分析，发现崇左市在职工工资比重增量上的得分持续上升，说明崇左市职工工资比重增量较低，但城市整体职工工资水平具备一定的发展潜力。

职工工资强度得分排名呈现出波动上升的趋势。对崇左市职工工资强度的得分情况作出分析，发现崇左市在职工工资强度上的得分波动上升，说明崇左市职工工资强度较于珠江－西江经济带其他城市处于劣势地位。

对 2010～2015 年间崇左市生活水平及各三级指标的得分、排名和优劣度进行分析。2010 年崇左市生活水平综合得分排名处在珠江－西江经济带第 7 名，2011 年崇左市生活水平的综合得分排名降至第 8 名，2012～2013 年崇左市生活水平的综合得分排名降至第 9 名，2014 年崇左市生活水平的综合得分排名处于第 8 名，2015 年崇左市生活水平综合得分排名处于第 3 名。2010～2015 年崇左市生活水平综合得分排名一直在中游区和上游区波动，在城市生活水平上也是在中势和优势之间波动，说明崇左市生活水平发展较之于珠江－西江经济带的其他城市具有竞争优势。对崇左市的生活水平得分情况进行分析，发现崇左市的生活水平综合得分呈现波动上升的发展趋势，2010～2012 年间崇左市的生活水平得分持续下降的趋势，在 2013～2015 年崇左市的生活水平综合得分呈现持续上升的趋势，说明崇左市生活水平虽然变动较不稳定。

从表 8－3 中生活水平基础指标的优劣度结构来看，在 8 个基础指标中，指标的优劣度结构为 12.5∶25.0∶25.0∶37.5。

表 8－3　　2015 年崇左市生活水平指标的优劣度结构

二级指标	三级指标数	强势指标		优势指标		中势指标		劣势指标		优劣度
		个数	比重（%）	个数	比重（%）	个数	比重（%）	个数	比重（%）	
生活水平	8	1	12.500	2	25.000	2	25.000	3	37.500	优势

（三）崇左市城市生活水平比较分析

图 8－9 和图 8－10 将 2010～2015 年崇左市生活水平与珠江－西江经济带最高水平和平均水平进行比较。从生活水平的要素得分比较来看，由图 8－9 可知，2010 年，崇左市社会保障水平得分与珠江－西江经济带最高分不存在差距，比珠江－西江经济带平均分高 1.059 分；2011 年，社会保障水平得分与珠江－西江经济带最高分不存在差距，比珠江－西江经济带平均分高 0.958 分；2012 年，社会保障水平得分比珠江－西江经济带最高分低 0.089 分，比珠江－西江经济带平均分高 0.556 分；2013 年，社会保障水平得分比珠江－西江经济带最高分低 0.131 分，比珠江－西江经济带平均分高 0.699 分；2014 年，社会保障水平得分比珠江－西江经济带最高分低 0.005 分，比珠江－西江经济带平均分高 0.829 分；2015 年，社会保障水平得分与珠江－西江经济带最高分不存在差距，比珠江－西江经济带平均分高 4.640 分。这说明整体上崇左市社会保障水平得分与珠江－西江经济带最高分的差距先增后减，与珠江－西江经济带平均分的差距逐渐拉大。

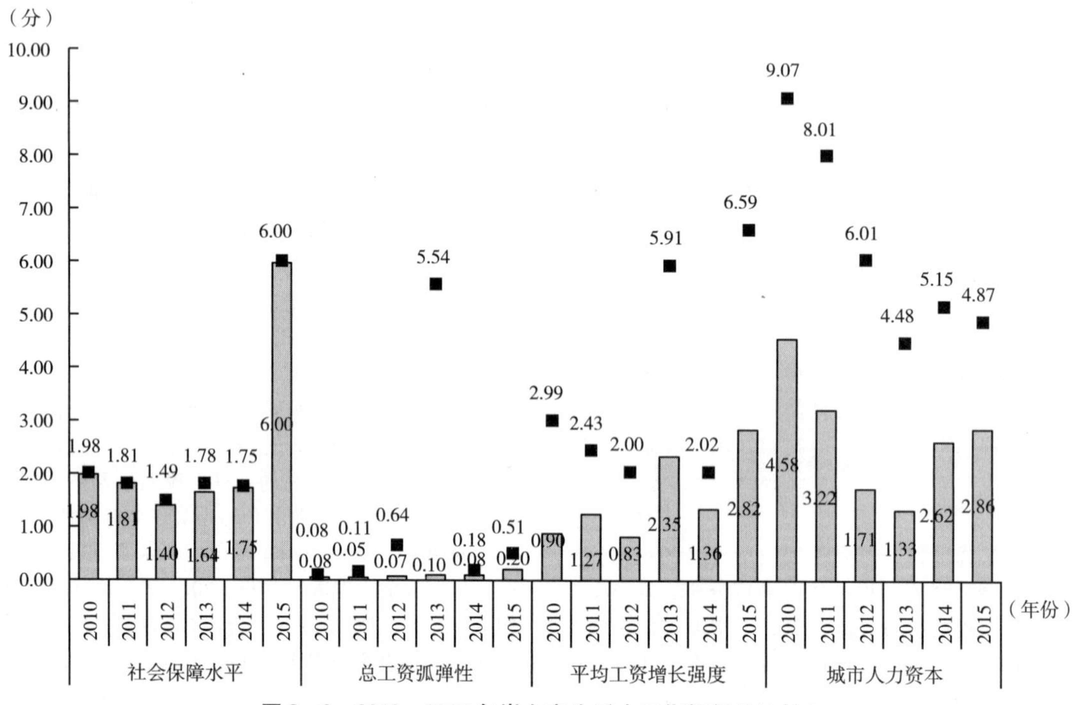

图 8－9　2010～2015 年崇左市生活水平指标得分比较 1

2010 年，崇左市总工资弧弹性得分比珠江－西江经济带最高分低 0.016 分，比珠江－西江经济带平均分高 0.001 分；2011 年，总工资弧弹性得分比珠江－西江经济带最高分低 0.062 分，比珠江－西江经济带平均分低 0.011 分；2012 年，总工资弧弹性得分比珠江－西江经济带最高分低 0.564 分，比珠江－西江经济带平均分低 0.064 分；2013 年，总工资弧弹性得分比珠江－西江经济带最高分低 5.444 分，比珠江－西江经济带平均分低 0.529 分；2014 年，总工资弧弹性得分比珠江－西江经济带最高分低 0.098 分，比珠江－西江经济带平均分低 0.018 分；2015 年，总工资弧弹性得分比珠江－西江经济带最高分低 0.311 分，比珠江－西江经济带平均分高 0.047 分。这说明整体上崇左市总工资弧弹性得分与珠江－西江经济带最高分的差距有扩大趋势，与珠江－西江经济带平均分的差距逐渐增加。

2010 年，崇左市平均工资增长强度得分比珠江－西江经济带最高分低 2.095 分，比珠江－西江经济带平均分低 0.442 分；2011 年，平均工资增长强度得分比珠江－西江经济带最高分低 1.164 分，比珠江－西江经济带平均分高 0.347 分；2012 年，平均工资增长强度得分比珠江－西江经济带最高分低 1.164 分，比珠江－西江经济带平均分低 0.227 分；2013 年，平均工资增长强度得分比珠江－西江经济带最高分低 3.565 分，比珠江－西江经济带平均分高 0.361 分；2014 年，平均工资增长强度得分比珠江－西江经济带最高分低 0.663 分，比珠江－西江经济带平均分高

0.357 分；2015 年，平均工资增长强度得分比珠江－西江经济带最高分低 3.771 分，比珠江－西江经济带平均分高 0.588 分。这说明整体上崇左市平均工资增长强度得分与珠江－西江经济带最高分的差距波动增加，与珠江－西江经济带平均分的差距波动增加。

2010 年，崇左市人力资本得分比珠江－西江经济带最高分低 4.492 分，比珠江－西江经济带平均分低 1.593 分；2011 年，城市人力资本得分比珠江－西江经济带最高分低 4.788 分，比珠江－西江经济带平均分低 1.624 分；2012 年，城市人力资本得分比珠江－西江经济带最高分低 4.303 分，比珠江－西江经济带平均分低 1.531 分；2013 年，城市人力资本得分比珠江－西江经济带最高分低 3.146 分，比珠江－西江经济带平均分低 1.024 分；2014 年，城市人力资本得分比珠江－西江经济带最高分低 2.536 分，比珠江－西江经济带平均分低 0.896 分；2015 年，城市人力资本得分与珠江－西江经济带最高分低 2.003 分，比珠江－西江经济带平均分低 0.280 分。这说明整体上崇左市人力资本得分与珠江－西江经济带最高分的差距波动缩小，与珠江－西江经济带平均分的差距波动减小。

由图 8－10 可知，2010 年，崇左市职工工资相对增长率得分比珠江－西江经济带最高分低 0.826 分，比珠江－西江经济带平均分低 0.095 分；2011 年，职工工资相对增长率得分比珠江－西江经济带最高分低 1.105 分，比珠江－西江经济带平均分低 0.120 分；2012 年，职工工资相对增长率得分比珠江－西江经济带最高分低 0.214 分，比珠江－西江经济带平均分低 0.044 分；2013 年，职工工资相对增长率得分比珠江－西江经济带最高分低 5.484 分，比珠江－西江经济带平均分低 0.714 分；2014 年，职工工资相对增长率得分比珠江－西江经济带最高分低 1.752 分，比珠江－西江经济带平均分低 0.281 分；2015 年，职工工资相对增长率得分比珠江－西江经济带最高分低 1.450 分，比珠江－西江经济带平均分低 0.204 分。这说明整体上崇左市职工工资相对增长率得分与珠江－西江经济带最高分的差距波动上升，与珠江－西江经济带平均分的差距波动增加。

2010 年，崇左市职工工资绝对增量加权指数得分比珠江－西江经济带最高分低 0.422 分，比珠江－西江经济带平均分低 0.044 分；2011 年，职工工资绝对增量加权指数得分比珠江－西江经济带最高分低 0.564 分，比珠江－西江经济带平均分低 0.063 分；2012 年，职工工资绝对增量加权指数得分比珠江－西江经济带最高分低 0.116 分，比珠江－西江经济带平均分低 0.024 分；2013 年，职工工资绝对增量加权指数得分比珠江－西江经济带最高分低 5.498 分，比珠江－西江经济带平均分低 0.578 分；2014 年，职工工资绝对增量加权指数得分比珠江－西江经济带最高分低 0.890 分，比珠江－西江经济带平均分低 0.137 分；2015 年，职工工资绝对增量加权指数得分比珠江－西江经济带最高分低 0.759 分，比珠江－西江经济带平均分低 0.139 分。这说明整体上崇左市职工工资绝对增量加权指数得分与珠江－西江经济带最高分的差距波动扩大，与珠江－西江经济带平均分的差距波动上升。

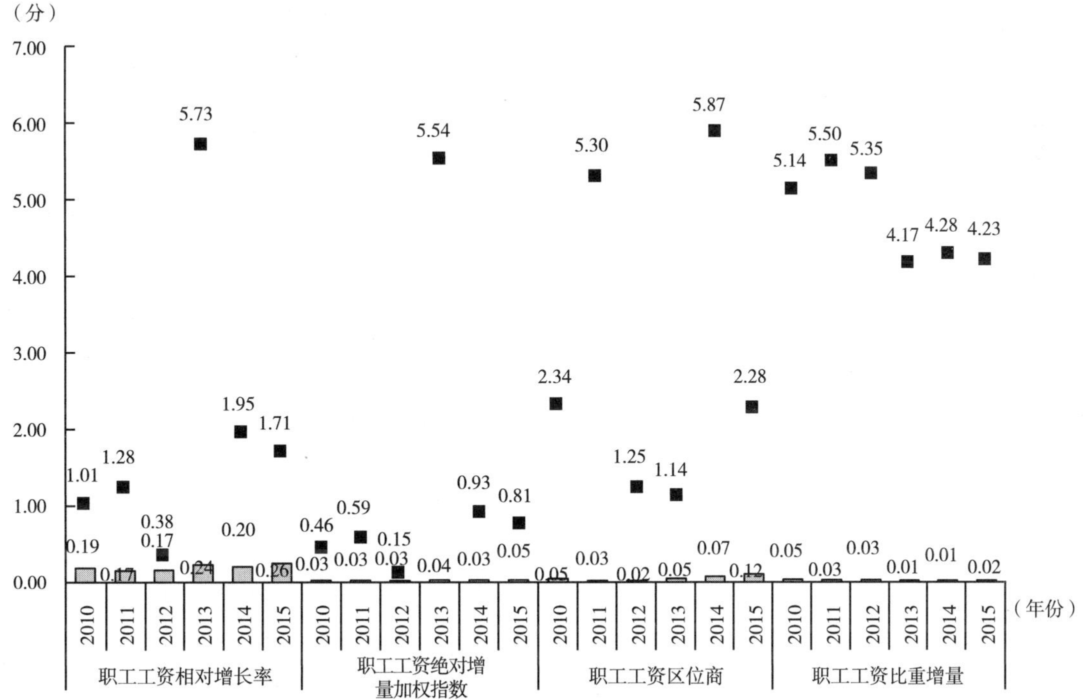

图 8－10　2010～2015 年崇左市生活水平指标得分比较 2

2010 年，崇左市职工工资区位商得分比珠江－西江经济带最高分低 2.281 分，比珠江－西江经济带平均分低 0.262 分；2011 年，职工工资区位商得分比珠江－西江经济带最高分低 5.262 分，比珠江－西江经济带平均分低 0.573 分；2012 年，职工工资区位商得分比珠江－西江经济带最高分低 1.228 分，比珠江－西江经济带平均分低

0.254分；2013年，职工工资区位商得分比珠江－西江经济带最高分低1.094分，比珠江－西江经济带平均分低0.347分；2014年，职工工资区位商得分比珠江－西江经济带最高分低5.798分，比珠江－西江经济带平均分低0.929分；2015年，职工工资区位商得分比珠江－西江经济带最高分低2.165分，比珠江－西江经济带平均分低0.420分。这说明整体上崇左市职工工资区位商得分与珠江－西江经济带最高分的差距波动缩小，与珠江－西江经济带平均分的差距波动增加。

2010年，崇左市职工工资比重增量得分比珠江－西江经济带最高分低5.091分，比珠江－西江经济带平均分低0.666分；2011年，职工工资比重增量得分比珠江－西江经济带最高分低5.468分，比珠江－西江经济带平均分低0.687分；2012年，职工工资比重增量得分比珠江－西江经济带最高分低5.315分，比珠江－西江经济带平均分低0.693分；2013年，职工工资比重增量得分比珠江－西江经济带最高分低4.154分，比珠江－西江经济带平均分低0.681分；2014年，职工工资比重增量得分比珠江－西江经济带最高分低4.274分，比珠江－西江经济带平均分低0.698分；2015年，职工工资比重增量得分比珠江－西江经济带最高分低4.208分，比珠江－西江经济带平均分低0.680分。这说明整体上崇左市职工工资比重增量得分与珠江－西江经济带最高分的差距波动缩小，与珠江－西江经济带平均分的差距波动增加。

二、崇左市城市生活环境质量综合评估与比较

（一）崇左市城市生活环境质量评估指标变化趋势评析

1. 城镇公园用地动态变化

根据图8－11分析可知，2010～2015年崇左市的城镇公园用地总体上呈现波动上升的状态。2010～2015年间城市在该项指标上存在较多波动变化，总体趋势为上升趋势，但在个别年份出现下降的情况，指标并非连续性上升。波动上升型指标意味着在评估期间，虽然指标数据存在较大波动变化，但是其评价末期数据值高于评价初期数据值。通过折线图可以看出，崇左市的城镇公园用地动态变化指标不断提高，在2015年达到53.514，相较于2010年上升30个单位左右，说明崇左市的经济社会整体发展水平较高，崇左市居民生活环境质量有所提高，对外部资源的吸引力较强。

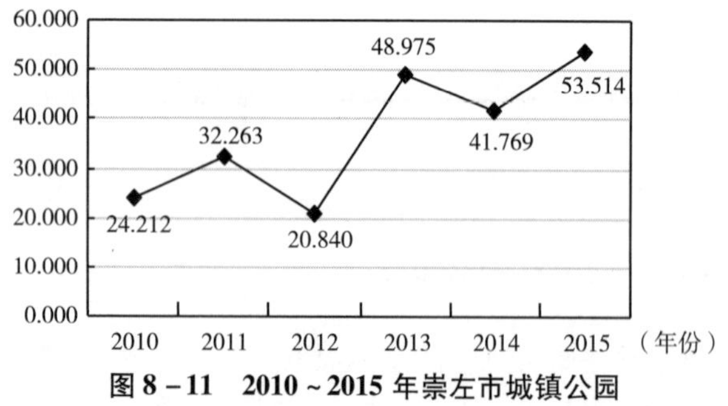

图8－11　2010～2015年崇左市城镇公园用地动态变化变化趋势

2. 供水能力延展指数

根据图8－12分析可知，2010～2015年崇左市的供水能力延展指数总体上呈现波动下降的状态。2010～2015年间城市在该项指标上总体呈现下降趋势，但在评估期间存在上下波动的情况，指标并非连续性下降状态。波动下降型指标意味着在评估期间，虽然指标数据存在较大波动变化，但是其评价末期数据值低于评价初期数据值。如图8－12所示，崇左市供水能力延展指数指标处于不断下降的状态中，2010年此指标数值最高，为4.380，到2015年时，下降至最低点。分析这种变化趋势，可以得出崇左市居民生活发展的水平处于劣势，潜在经济发展水平不断下降，城市的发展活力不足。

图8－12　2010～2015年崇左市供水能力延展指数变化趋势

3. 城市供气能力

根据图8－13分析可知，2010～2015年崇左市的供气能力总体上呈现波动上升的状态。2010～2015年间城市在该项指标上存在较多波动变化，总体趋势为上升趋势，但在个别年份出现下降的情况，指标并非连续性上升。波动上升型指标意味着在评估期间，虽然指标数据存在较大波动变化，但是其评价末期数据值高于评价初期数据值。通过折线图可以看出，崇左市的供气能力指标不断提高，在2015年达到12.098，相较于2010年上升4个单位左右，说

图8－13　2010～2015年崇左市供气能力变化趋势

明崇左市的经济社会整体发展水平较高，对外部资源的吸引力较强。

4. 城市供电强度

根据图 8-14 分析可知，2010~2015 年崇左市供电强度总体上呈现波动上升的状态。2010~2015 年间城市在该项指标上，存在一定的波动变化，总体趋势为上升趋势，但在个别年份出现下降的情况，指标并非连续性上升状态。波动上升型指标意味着在评价的时间段内，虽然指标数据存在较大的波动变化，但是其评价末期数据值高于评价初期数据值。崇左市在 2013~2015 年虽然出现下降的状况，但是总体上还是呈现上升的态势，最终稳定在 0.348。城市供电强度越大，说明城市的经济发展水平越高，对于崇左市来说，其城市居民生活发展潜力也越来越大。

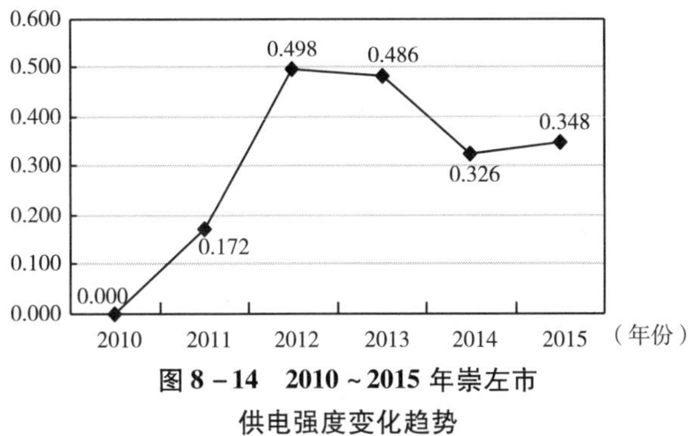

图 8-14　2010~2015 年崇左市供电强度变化趋势

5. 城市供气密度

根据图 8-15 分析可知，2010~2015 年崇左市供气密度指数总体上呈现波动下降的状态。这种状态表现为 2010~2015 年间城市在该项指标上总体呈现下降趋势，但在间存在上下波动的情况，并非连续性下降状态。这就意味着在评估的时间段内，虽然指标数据存在较大的波动化，但是其评价末期数据值低于评价初期数据值。崇左市的供气密度指数末期低于初期的数据，降低 1 个单位左右，并且在 2012~2014 年间存在明显下降的变化，这说明崇左市供气密度情况处于不太稳定的下降状态。

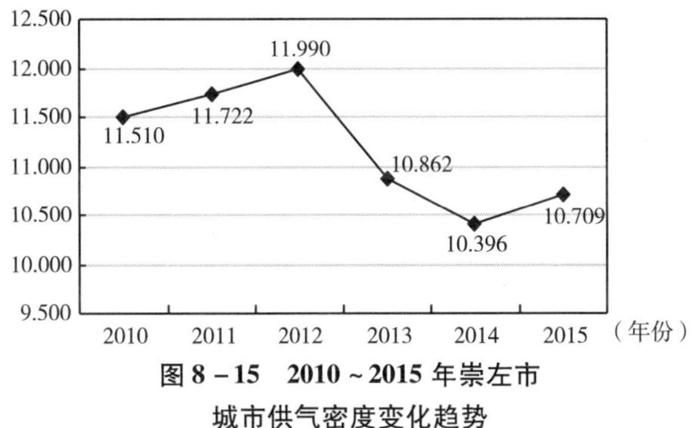

图 8-15　2010~2015 年崇左市城市供气密度变化趋势

6. 城市用电承载力 ES

根据图 8-16 分析可知，2010~2015 年崇左市用电承载力 ES 总体上呈现波动上升的状态。2010~2015 年间城市在该项指标上存在一定的波动变化，总体趋势为上升趋势，但在个别年份出现下降的情况，指标并非连续性上升状态。波动上升型指标意味着在评价的时间段内，虽然指标数据存在较大的波动变化，但是其评价末期数据值高于评价初期数据值。崇左市在 2012~2014 年虽然出现下降的状况，2014 年为 0.393，但是总体上还是呈现上升的态势，最终稳定在 0.543。城市用电承载力 ES 越大，说明城市的承载力越高，对于崇左市来说，其城市居民生活发展潜力也越来越大。

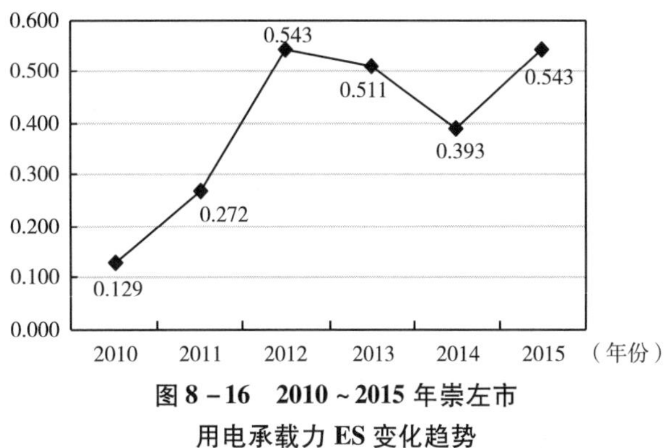

图 8-16　2010~2015 年崇左市用电承载力 ES 变化趋势

7. 城市通信流强度

根据图 8-17 分析可知，2010~2015 年崇左市的通信流强度总体上呈现波动上升的状态。2010~2015 年间城市在该项指标上存在较多波动变化，总体趋势为上升趋势，但在个别年份出现下降的情况，指标并非连续性上升。波动上升型指标意味着在评估期间，虽然指标数据存在较大波动变化，但是其评价末期数据值高于评价初期数据值。对于崇左市来说，城市通信流强度这个三级指标的上升幅度较大，从 2010 年的最低点上升至 2015 年的 1.718，这样的上升趋势说明城市发展的经济结构较合理，其进行城市通信的方式比较丰富，城市的经济社会发展活力充沛。

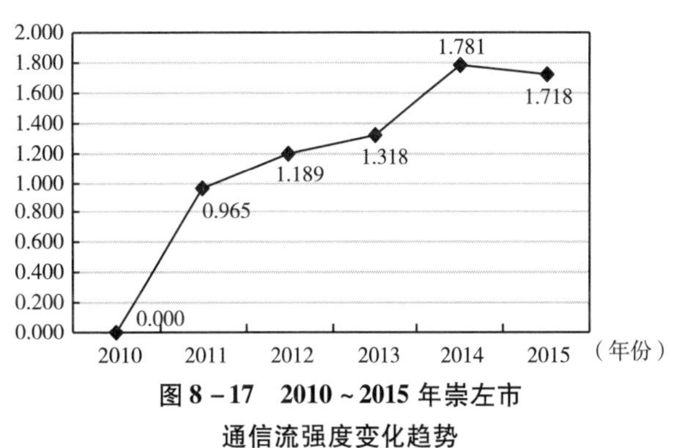

图 8-17　2010~2015 年崇左市通信流强度变化趋势

8. 城市通信倾向度

根据图 8-18 分析可知，2010~2015 年崇左市通信倾向度总体上呈现波动保持的状态。波动保持型指标意味着城市在该项指标上虽然呈现波动状态，在评价末期和评价初期的数值基本保持一致，该图可知崇左市通信倾向度数值保持在 29.270～40.401。即使崇左市通信倾向度存在过最低值，其数值为 29.270，但崇左市在通信倾向度上总体表现也是相对平稳，说明该地区经济发展能力及活力持续又稳定。

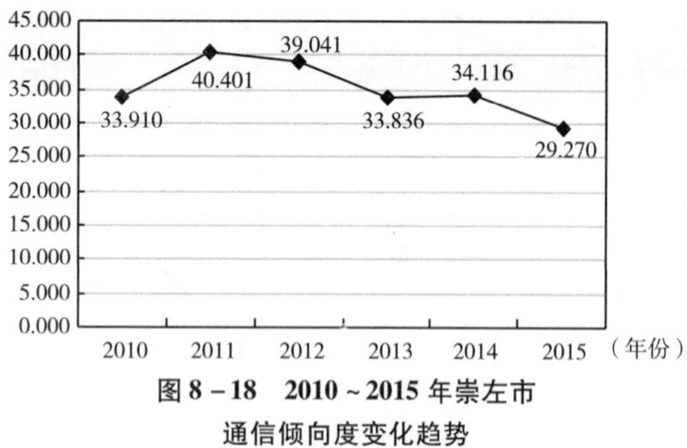

图 8－18 2010～2015 年崇左市通信倾向度变化趋势

9. 城市通信职能规模

根据图 8－19 分析可知，2010～2015 年崇左市通信职能规模总体上呈现波动下降的状态。波动保持型指标意味着城市在该项指标上虽然呈现波动状态，在评价末期和评价初期的数值基本保持一致，该图可知崇左市通信职能规模数值保持在 11.356～20.194。即使崇左市通信职能规模存在过最低值，其数值为 11.356，但崇左市在通信职能规模上总体表现的也是相对平稳，说明该地区经济发展能力及活力持续又稳定。

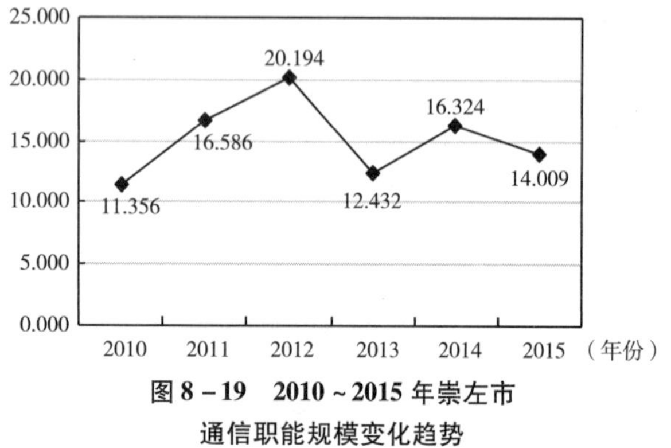

图 8－19 2010～2015 年崇左市通信职能规模变化趋势

10. 城市通信职能地位

根据图 8－20 分析可知，2010～2015 年崇左市通信职能地位总体上呈现波动下降的状态。这一类的指标在 2010～2015 年间城市在该项指标上总体呈现下降趋势，但在评估期间存在上下波动的情况，指标并非连续性下降状态。波动下降型指标意味着在评估期间，虽然指标数据存在较大波动变化，但是其评价末期数据值低于评价初期数据值。该图可知崇左市通信职能地位保持在 0.052～1.871。即使崇左市通信职能地位存在过最低值，其数值为 0.052，但崇左市在通信职能地位上总体表现的也是相对平稳，说明该地区经济发展能力及活力持续又稳定。

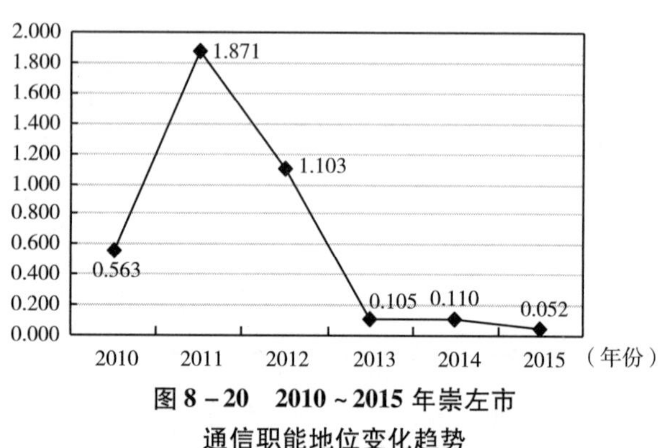

图 8－20 2010～2015 年崇左市通信职能地位变化趋势

（二）崇左市城市生活环境质量评估结果

根据表 8－4 对 2010～2012 年间崇左市生活环境质量得分、排名、优劣度进行分析。2010 年崇左市生活环境质量排名处在珠江－西江经济带第 10 名，2011～2012 年崇左市生活环境质量排名处在第 9 名，说明崇左市生活环境综合发展水平较于珠江－西江经济带其他城市较低。对崇左市的生活环境质量得分情况作出分析，发现崇左市生活环境综合得分波动上升，变动幅度较大，说明崇左市生活环境较不稳定。2010～2012 年间崇左市的生活环境质量在珠江－西江经济带中处于劣势地位，说明崇左市的生活环境质量较低，居民生活质量有待提升，需提供较优质的生产生活基础条件。

表 8－4 2010～2012 年崇左市生活环境各级指标的得分、排名及优劣度分析

指标	2010 年			2011 年			2012 年		
	得分	排名	优劣度	得分	排名	优劣度	得分	排名	优劣度
生活环境	5.049	10	劣势	6.376	9	劣势	5.597	9	劣势
城镇公园用地动态变化	1.597	8	中势	2.020	5	优势	1.157	9	劣势
供水能力延展指数	0.208	10	劣势	0.206	6	中势	0.225	10	劣势
城市供气能力	0.457	8	中势	0.647	8	中势	0.695	7	中势

续表

指标	2010 年			2011 年			2012 年		
	得分	排名	优劣度	得分	排名	优劣度	得分	排名	优劣度
城市供电强度	0.000	11	劣势	0.010	11	劣势	0.029	11	劣势
城市供气密度	0.659	9	劣势	0.644	8	中势	0.716	9	劣势
城市用电承载力 ES	0.007	11	劣势	0.015	11	劣势	0.031	11	劣势
城市通信流强度	0.000	11	劣势	0.053	11	劣势	0.069	10	劣势
城市通信倾向度	2.093	10	劣势	2.621	9	劣势	2.561	9	劣势
城市通信职能规模	0.000	11	劣势	0.053	10	劣势	0.056	10	劣势
城市通信职能地位	0.028	11	劣势	0.107	10	劣势	0.058	10	劣势

对崇左市生活环境的三级指标进行分析，其中城镇公园用地动态变化得分排名呈现出波动下降的发展趋势。对崇左市城镇公园用地动态变化的得分情况进行分析，发现崇左市的城镇公园用地动态变化得分波动下降，说明崇左市的城镇公园用地减少，城市规模不断缩小。

供水能力延展指数的综合发展水平得分排名呈现出波动保持的趋势。对崇左市供水能力延展指数的得分情况作出分析，发现崇左市在供水能力延展指数上的得分波动上升，说明崇左市的供水能力延展指数存在提升的空间，城市的供水管道发展水平在不断提高。

城市供气能力得分排名呈现出波动上升的趋势。对崇左市供气能力的得分情况作出分析，发现崇左市在供气能力上的得分持续上升，崇左市的供气能力有所上升，仍需加大供气力度以提供居民更优质的基础设施服务。

城市供电强度得分排名呈现出持续保持的趋势。对崇左市的供电强度的得分情况作出分析，发现崇左市在供电强度上的得分持续上升，说明崇左市在推进供电建设方面的力度不断地加大，城市活力有增强趋势。

城市供气密度得分排名呈现波动保持的趋势。对崇左市的供气密度的得分情况进行分析，发现崇左市的供气密度的得分波动上升，分值变动幅度较大，城市的供气承载力的平稳性仍有待提升。

城市用电承载力 ES 得分排名呈现出持续保持的趋势。对崇左市的用电承载力 ES 的得分情况作出分析，发现崇左市在用电承载力 ES 上的得分持续上升，说明2010～2012 年间崇左市的用电承载力 ES 存在增强态势，城市用电的整体密度、容量范围也在不断扩大。

城市通信流强度得分排名呈现出波动上升的趋势。对崇左市的通信流强度的得分情况作出分析，发现崇左市在通信流强度上的得分持续上升，分值变动幅度较小，说明 2010～2012 年间崇左市的通信要素流动强度的变化较不稳定，并存在提升的空间。

城市通信倾向度得分排名呈现出波动上升的趋势。对崇左市的通信倾向度的得分情况作出分析，发现崇左市在通信倾向度上的得分波动上升，说明 2010～2012 年间崇左市的通信外向强度上有较大的提升空间。

城市通信职能规模得分排名呈现出波动上升的趋势。对崇左市的通信职能规模的得分情况作出分析，发现崇左市在通信职能规模上的得分持续上升，说明崇左市在通信水平方面具有发展潜力，存在一定的提升空间。

城市通信职能地位得分排名呈现出波动上升的趋势。对崇左市通信职能地位的得分情况作出分析，发现崇左市在通信职能地位上的得分波动上升，说明崇左市在通信能力方面不具备一定的优势。

根据表 8－5 对 2013～2015 年间崇左市生活环境质量得分、排名、优劣度进行分析。2013 年崇左市生活环境质量排名处在珠江－西江经济带第 7 名，2014 年崇左市生活环境质量排名处在第 9 名，2015 年崇左市生活环境质量排名处在第 6 名，说明崇左市生活环境综合发展水平较于珠江－西江经济带其他城市较低且波动。对崇左市的生活环境质量得分情况作出分析，发现崇左市生活环境综合得分波动下降，变化幅度较大，说明崇左市生活环境质量的稳定性有待提升。2013～2015 年间崇左市的生活环境质量在珠江－西江经济带中保持中势地位，说明崇左市的生活环境质量有待提升，需提供具有一定优势的生产生活基础条件。

表 8－5　2013～2015 年崇左市生活环境各级指标的得分、排名及优劣度分析

指标	2013 年			2014 年			2015 年		
	得分	排名	优劣度	得分	排名	优劣度	得分	排名	优劣度
生活环境	6.701	7	中势	6.405	9	劣势	6.412	6	中势
城镇公园用地动态变化	2.786	1	强势	2.515	4	优势	3.223	1	强势

续表

指标	2013年			2014年			2015年		
	得分	排名	优劣度	得分	排名	优劣度	得分	排名	优劣度
供水能力延展指数	0.209	5	优势	0.212	10	劣势	0.000	11	劣势
城市供气能力	0.696	7	中势	0.817	6	中势	0.718	9	劣势
城市供电强度	0.029	11	劣势	0.020	11	劣势	0.021	11	劣势
城市供气密度	0.588	8	中势	0.610	8	中势	0.608	7	中势
城市用电承载力ES	0.029	11	劣势	0.023	11	劣势	0.033	10	劣势
城市通信流强度	0.072	10	劣势	0.098	10	劣势	0.093	10	劣势
城市通信倾向度	2.276	9	劣势	2.085	8	中势	1.706	7	中势
城市通信职能规模	0.010	10	劣势	0.020	10	劣势	0.008	10	劣势
城市通信职能地位	0.005	10	劣势	0.005	10	劣势	0.003	10	劣势

对崇左市生活环境的三级指标进行分析，其中城镇公园用地动态变化得分排名呈现出波动保持的发展趋势。对崇左市城镇公园用地动态变化的得分情况进行分析，发现崇左市的城镇公园用地动态变化得分波动上升，说明崇左市的城镇公园用地增加，城市规模存在扩大态势。

供水能力延展指数的综合发展水平得分排名呈现出持续下降的趋势。对崇左市供水能力延展指数的得分情况作出分析，发现崇左市在供水能力延展指数上的得分持续下降，说明崇左市的供水管道发展较不合理，但供水能力延展指数仍存在较大的提升空间。

城市供气能力得分排名呈现出波动下降的趋势。对崇左市的供气能力的得分情况作出分析，发现崇左市在供气能力上的得分波动上升，说明崇左市的供气能力存在减弱趋势，城市基础设施有待完善。

城市供电强度得分排名呈现出持续保持的趋势。对崇左市的供电强度的得分情况作出分析，发现崇左市在供电强度上的得分波动下降，说明崇左市在推进供电建设方面的力度较弱，城市供电能力不具备一定的优势，城市活力存在减弱趋势。

城市供气密度得分排名呈现波动上升的趋势。对崇左市的供气密度的得分情况进行分析，发现崇左市的供气密度的得分波动上升，说明城市用气总量增加，城市供气密度大，供气承载力增强。

城市用电承载力ES得分排名呈现出波动上升的趋势。对崇左市的用电承载力ES的得分情况作出分析，发现崇左市在用电承载力ES上的得分波动上升，说明2013～2015年间崇左市的用电承载力ES有待提升。

城市通信流强度得分排名呈现出持续保持的趋势。对崇左市的通信流强度的得分情况作出分析，发现崇左市在通信流强度上的得分波动上升，说明2013～2015年间崇左市的通信要素流动强度增强，存在提升的空间。

城市通信倾向度得分排名呈现出持续上升的趋势。对崇左市的通信倾向度的得分情况作出分析，发现崇左市在通信倾向度上的得分持续下降，说明2013～2015年间崇左市的通信外向强度发展较不合理，在城市的通信外向强度的提高上应该付出更大的努力。

城市通信职能规模得分排名呈现出持续保持的趋势。对崇左市的通信职能规模的得分情况作出分析，发现崇左市在通信职能规模上的得分波动保持，说明崇左市所具备的通信水平存在一定的提升空间。

城市通信职能地位得分排名呈现出持续保持的趋势。对崇左市通信职能地位的得分情况作出分析，发现崇左市在通信职能地位上的得分波动保持，说明崇左市虽然在通信能力方面不具备一定的优势，但存在提升空间。

对2010～2015年间崇左市生活环境及各三级指标的得分、排名和优劣度进行分析。2010年崇左市生活环境综合得分排名处在珠江－西江经济带第10名，2011～2012年崇左市生活环境综合得分排名处在第9名，2013年崇左市生活环境综合得分排名处在第7名，2014年崇左市生活环境综合得分排名处在第9名，之后2015年崇左市生活环境综合得分排名处于第6名。2010～2015年崇左市生活环境综合得分排名处于珠江－西江经济带中游区，在城市生活环境上位于中势地位，说明崇左市生活环境质量发展较之于珠江－西江经济带的其他城市不具有一定的竞争优势。对崇左市的生活环境质量得分情况进行分析，发现崇左市的生活环境综合得分呈现波动上升的发展趋势，2010～2012年间崇左市的生活环境得分呈先升后降的趋势，在2013～2015年崇左市的生活环境综合得分呈波动下降的发展趋势，说明崇左市生活环境质量虽然变动较不稳定。

从表8－6中生活环境基础指标的优劣度结构来看，在10个基础指标中，指标的优劣度结构为10.0∶0.0∶20.0∶70.0。

表 8-6　　2015 年崇左市生活环境指标的优劣度结构

二级指标	三级指标数	强势指标		优势指标		中势指标		劣势指标		优劣度
		个数	比重（%）	个数	比重（%）	个数	比重（%）	个数	比重（%）	
生活环境	10	1	10.000	0	0.000	2	20.000	7	70.000	中势

（三）崇左市城市生活环境质量比较分析

图 8-21 和图 8-22 将 2010~2015 年崇左市生活环境质量与珠江-西江经济带最高水平和平均水平进行比较。从生活环境质量的要素得分比较来看，由图 8-21 可知，2010 年，崇左市城镇公园用地动态变化得分比珠江-西江经济带最高分低 5.000 分，比珠江-西江经济带平均分低 0.884 分；2011 年，城镇公园用地动态变化得分比珠江-西江经济带最高分低 3.295 分，比珠江-西江经济带平均分低 0.191 分；2012 年，城镇公园用地动态变化得分比珠江-西江经济带最高分低 1.371 分，比珠江-西江经济带平均分低 0.173 分；2013 年，城镇公园用地动态变化得分与珠江-西江经济带最高分不存在差距，比珠江-西江经济带平均分高 1.233 分；2014 年，城镇公园用地动态变化得分比珠江-西江经济带最高分低 1.061 分，比珠江-西江经济带平均分高 0.639 分；2015 年，城镇公园用地动态变化得分与珠江-西江经济带最高分不存在差距，比珠江-西江经济带平均分高 1.256 分。这说明整体上崇左市城镇公园用地动态变化得分与珠江-西江经济带最高分的差距有缩小趋势，与珠江-西江经济带平均分的差距逐渐增加。

2010 年，崇左市供水能力延展指数得分比珠江-西江经济带最高分低 0.050 分，比珠江-西江经济带平均分低 0.020 分；2011 年，供水能力延展指数得分比珠江-西江经济带最高分低 0.117 分，比珠江-西江经济带平均分低 0.026 分；2012 年，供水能力延展指数得分比珠江-西江经济带最高分低 5.383 分，比珠江-西江经济带平均分低 0.543 分；2013 年，供水能力延展指数得分比珠江-西江经济带最高分低 0.124 分，比珠江-西江经济带平均分低 0.020 分；2014 年，供水能力延展指数得分比珠江-西江经济带最高分低 0.023 分，比珠江-西江经济带平均分低 0.009 分；2015 年，供水能力延展指数得分比珠江-西江经济带最高分低 0.297 分，比珠江-西江经济带平均分低 0.206 分。这说明整体上崇左市供水能力延展指数得分与珠江-西江经济带最高分的差距有扩大趋势，与珠江-西江经济带平均分的差距逐渐增加。

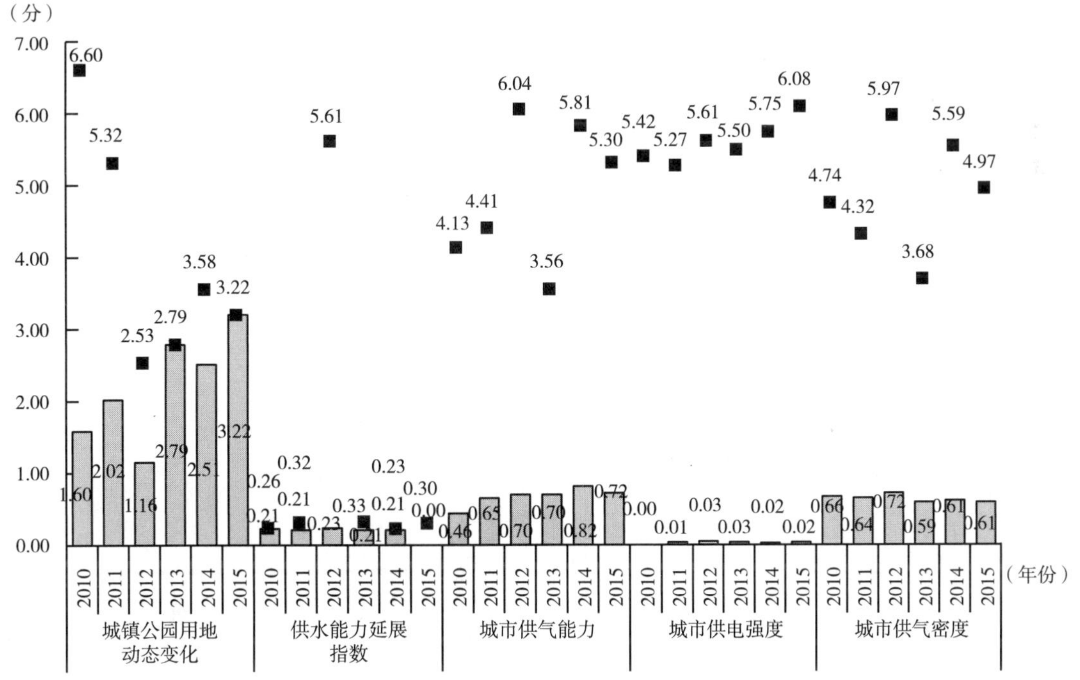

图 8-21　2010~2015 年崇左市生活环境质量指标得分比较

2010 年，崇左市供气能力得分比珠江-西江经济带最高分低 3.671 分，比珠江-西江经济带平均分低 0.764 分；2011 年，城市供气能力得分比珠江-西江经济带最高分低 3.766 分，比珠江-西江经济带平均分低 0.692 分；2012 年，城市供气能力得分比珠江-西江经济带最高分低 5.349 分，比珠江-西江经济带平均分低 0.814 分；2013 年，城市供气能力得分比珠江-西江经济带最高分低 2.859 分，比珠江-西江经济带平均分低 0.412 分；2014 年，城市供气能力得分比珠江－西江经济带最高分低 4.995 分，比珠江－西江经济带平均分低 0.596 分；2015 年，城市供气能力得分比珠江－西江经济带最高分低 4.577 分，比珠江－西江经济带平均分低 0.759 分。这说明整体上崇左市供气能力得分与珠江－西江经济带最高分的差距波动增加，与珠江－西江经济带平均分的差距波动缩小。

2010 年，崇左市供电强度得分比珠江－西江经济带最高分低 5.416 分，比珠江－西江经济带平均分低 1.171 分；2011 年，城市供电强度得分比珠江－西江经济带最高分低 5.259 分，比珠江－西江经济带平均分低 1.125 分；2012 年，城市供电强度得分比珠江－西江经济带最高分低 5.576 分，比珠江－西江经济带平均分低 1.165 分；2013 年，城市供电强度得分比珠江－西江经济带最高分低 5.474 分，比珠江－西江经济带平均分低 1.155 分；2014 年，城市供电强度得分比珠江－西江经济带最高分低 5.728 分，比珠江－西江经济带平均分低 1.207 分；2015 年，城市供电强度得分比珠江－西江经济带最高分低 6.060 分，比珠江－西江经济带平均分低 1.225 分。这说明整体上崇左市供电强度得分与珠江－西江经济带最高分的差距持续增加，与珠江－西江经济带平均分的差距波动增加。

2010 年，崇左市供气密度得分比珠江－西江经济带最高分低 4.085 分，比珠江－西江经济带平均分低 0.730 分；2011 年，城市供气密度得分比珠江－西江经济带最高分低 3.676 分，比珠江－西江经济带平均分低 0.516 分；2012 年，城市供气密度得分比珠江－西江经济带最高分低 5.257 分，比珠江－西江经济带平均分低 0.695 分；2013 年，城市供气密度得分比珠江－西江经济带最高分低 3.094 分，比珠江－西江经济带平均分低 0.424 分；2014 年，城市供气密度得分比珠江－西江经济带最高分低 4.975 分，比珠江－西江经济带平均分低 0.610 分；2015 年，城市供气密度得分比珠江－西江经济带最高分低 4.362 分，比珠江－西江经济带平均分低 0.519 分。这说明整体上崇左市供气密度得分与珠江－西江经济带最高分的差距波动增加，与珠江－西江经济带平均分的差距波动缩小。

由图 8－22 可知，2010 年，崇左市用电承载力 ES 得分比珠江－西江经济带最高分低 4.842 分，比珠江－西江经济带平均分低 1.047 分；2011 年，城市用电承载力 ES 得分比珠江－西江经济带最高分低 4.609 分，比珠江－西江经济带平均分低 1.000 分；2012 年，城市用电承载力 ES 得分比珠江－西江经济带最高分低 4.726 分，比珠江－西江经济带平均分低 0.981 分；2013 年，城市用电承载力 ES 得分比珠江－西江经济带最高分低 4.542 分，比珠江－西江经济带平均分低 0.958 分；2014 年，城市用电承载力 ES 得分比珠江－西江经济带最高分低 4.868 分，比珠江－西江经济带平均分低 1.013 分；2015 年，城市用电承载力 ES 得分比珠江－西江经济带最高分低 6.039 分，比珠江－西江经济带平均分低 1.192 分。这说明整体上崇左市用电承载力 ES 得分与珠江－西江经济带最高分的差距波动上升，与珠江－西江经济带平均分的差距波动上升。

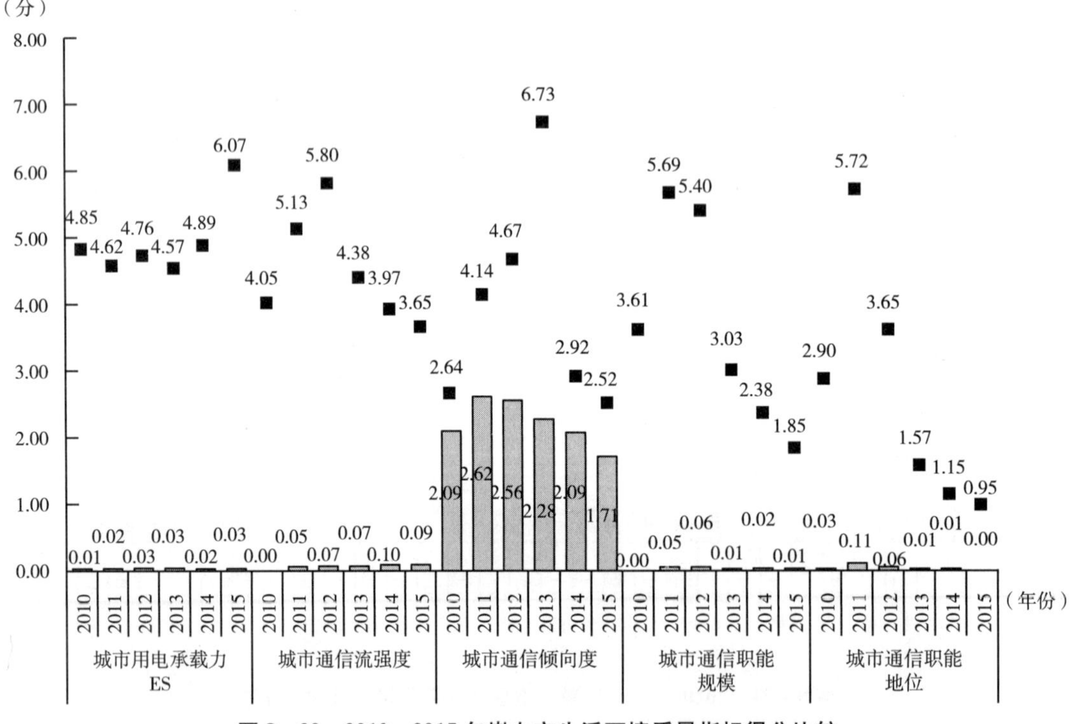

图 8－22　2010～2015 年崇左市生活环境质量指标得分比较

2010 年，崇左市通信流强度得分比珠江－西江经济带最高分低 4.046 分，比珠江－西江经济带平均分低 0.693 分；2011 年，城市通信流强度得分比珠江－西江经济带最高分低 5.072 分，比珠江－西江经济带平均分低 0.873 分；2012 年，城市通信流强度得分比珠江－西江经济带最高分低 5.733 分，比珠江－西江经济带平均分低 0.968 分；2013 年，城市通信流强度得分比珠江－西江经济带最高分低 4.304 分，比珠江－西江经济带平均分低 0.837 分；2014

年，城市通信流强度得分比珠江－西江经济带最高分低3.873分，比珠江－西江经济带平均分低0.797分；2015年，城市通信流强度得分比珠江－西江经济带最高分低3.558分，比珠江－西江经济带平均分低0.772分。这说明整体上崇左市通信流强度得分与珠江－西江经济带最高分的差距波动缩小，与珠江－西江经济带平均分的差距波动增加。

2010年，崇左市通信倾向度得分比珠江－西江经济带最高分低0.550分，比珠江－西江经济带平均分低0.272分；2011年，城市通信倾向度得分比珠江－西江经济带最高分低1.519分，比珠江－西江经济带平均分低0.262分；2012年，城市通信倾向度得分比珠江－西江经济带最高分低2.113分，比珠江－西江经济带平均分低0.282分；2013年，城市通信倾向度得分比珠江－西江经济带最高分低4.452分，比珠江－西江经济带平均分低0.422分；2014年，城市通信倾向度得分比珠江－西江经济带最高分低0.838分，比珠江－西江经济带平均分高0.015分；2015年，城市通信倾向度得分比珠江－西江经济带最高分低0.815分，比珠江－西江经济带平均分低0.002分。这说明整体上崇左市通信倾向度得分与珠江－西江经济带最高分的差距波动增加，与珠江－西江经济带平均分的差距波动缩小。

2010年，崇左市通信职能规模得分比珠江－西江经济带最高分低3.613分，比珠江－西江经济带平均分低0.601分；2011年，城市通信职能规模得分比珠江－西江经济带最高分低5.640分，比珠江－西江经济带平均分低0.962分；2012年，城市通信职能规模得分比珠江－西江经济带最高分低5.348分，比珠江－西江经济带平均分低0.932分；2013年，城市通信职能规模得分比珠江－西江经济带最高分低3.018分，比珠江－西江经济带平均分低0.602分；2014年，城市通信职能规模得分比珠江－西江经济带最高分低2.361分，比珠江－西江经济带平均分低0.541分；2015年，城市通信职能规模得分比珠江－西江经济带最高分低1.839分，比珠江－西江经济带平均分低0.464分。说明整体上崇左市城市通信职能规模得分与珠江－西江经济带最高分的差距波动缩小，与珠江－西江经济带平均分的差距波动减小。

2010年，崇左市城市通信职能地位得分比珠江－西江经济带最高分低2.867分，比珠江－西江经济带平均分低0.477分；2011年，城市通信职能地位得分比珠江－西江经济带最高分低5.613分，比珠江－西江经济带平均分低0.957分；2012年，城市通信职能地位得分比珠江－西江经济带最高分低3.590分，比珠江－西江经济带平均分低0.626分；2013年，城市通信职能地位得分比珠江－西江经济带最高分低1.569分，比珠江－西江经济带平均分低0.313分；2014年，城市通信职能地位得分比珠江－西江经济带最高分低1.146分，比珠江－西江经济带平均分低0.262分；2015年，城市通信职能地位得分比珠江－西江经济带最高分低0.947分，比珠江－西江经济带平均分低0.239分。这说明整体上崇左市通信职能地位得分与珠江－西江经济带最高分的差距波动缩小，与珠江－西江经济带平均分的差距逐渐减小。

三、崇左市城市居民生活质量综合评估与比较评述

从对崇左市居民生活质量评估及其二个二级指标在珠江－西江经济带的排名变化和指标结构的综合分析来看，2010～2015年间，居民生活质量板块中上升指标的数量大于下降指标的数量，上升的动力大于下降的拉力，使得2015年崇左市居民生活质量的排名呈波动上升，在珠江－西江经济带城市位居第4名。

（一）崇左市城市居民生活质量概要分析

崇左市居民生活质量在珠江－西江经济带所处的位置及变化如表8－7所示，2个二级指标的得分和排名变化如表8－8所示。

表8－7　　2010～2015年崇左市居民生活质量一级指标比较

指标	2010年	2011年	2012年	2013年	2014年	2015年
排名	10	9	9	10	8	4
所属区位	下游	下游	下游	下游	中游	中游
得分	12.882	12.994	9.866	12.481	12.531	18.739
经济带最高分	47.987	59.835	48.147	42.175	42.940	40.410
经济带平均分	21.581	21.372	19.326	19.203	18.685	19.309
与最高分的差距	-35.106	-46.841	-38.281	-29.694	-30.409	-21.671
与平均分的差距	-8.700	-8.378	-9.460	-6.722	-6.154	-0.570
优劣度	劣势	劣势	劣势	劣势	中势	优势
波动趋势	—	上升	持续	下降	上升	上升

表 8－8　2010～2015 年崇左市居民生活质量二级指标比较

年份	生活水平		生活环境	
	得分	排名	得分	排名
2010	7.832	7	5.049	10
2011	6.618	8	6.376	9
2012	4.269	9	5.597	9
2013	5.780	9	6.701	7
2014	6.126	8	6.405	9
2015	12.326	3	6.412	6
得分变化	4.494	—	1.363	—
排名变化	—	4	—	4
优劣度	劣势	劣势	劣势	劣势

（1）从指标排名变化趋势看，2015 年崇左市居民生活质量评估排名在珠江－西江经济带处于第 4 名，表明其在珠江－西江经济带处于优势地位，与 2010 年相比，排名上升 6 位。总的来看，评价期内崇左市居民生活质量呈现波动上升趋势。

在 2 个二级指标中，其中 2 个指标排名均保持上升，为生活水平、生活环境，这是崇左市居民生活质量处于波动上升趋势的动力所在。受指标排名升降的综合影响，评价期内崇左市居民生活质量的综合排名呈波动上升，在珠江－西江经济带城市排名第 4 名。

（2）从指标所处区位来看，2015 年崇左市居民生活质量处在中游区。其中，生活水平为劣势指标，生活环境为劣势指标。

（3）从指标得分来看，2015 年崇左市居民生活质量得分为 18.739 分，比珠江－西江经济带最高分低 21.671 分，比珠江－西江经济带平均分低 0.570 分；与 2010 年相比，崇左市居民生活质量得分上升 5.857 分，与当年最高分的差距缩小了，与珠江－西江经济带平均分的差距缩小了。

2015 年，崇左市居民生活质量二级指标的得分均高于 6 分，与 2010 年相比，得分上升最多的为生活水平，上升 4.494 分；得分上升最少的为生活环境，上升 1.363 分。

（二）崇左市城市居民生活质量评估指标动态变化分析

2010～2015 年崇左市居民生活质量评估各级指标的动态变化及其结构，如图 8－23 和表 8－9 所示。

从图 8－23 可以看出，崇左市居民生活质量评估的三级指标中上升指标的比例大于下降指标，表明上升指标居于主导地位。表 8－9 中的数据说明，崇左市居民生活质量评估的 18 个三级指标中，上升的指标有 11 个，占指标总数的 61.111%；保持的指标有 3 个，占指标总数的 16.667%；下降的指标有 4 个，占指标总数的 22.222%。由于上升指标的数量大于下降指标的数量，且受变动幅度与外部因素的综合影响，评价期内崇左市居民生活质量排名呈现波动上升，在珠江－西江经济带位居第 4 名。

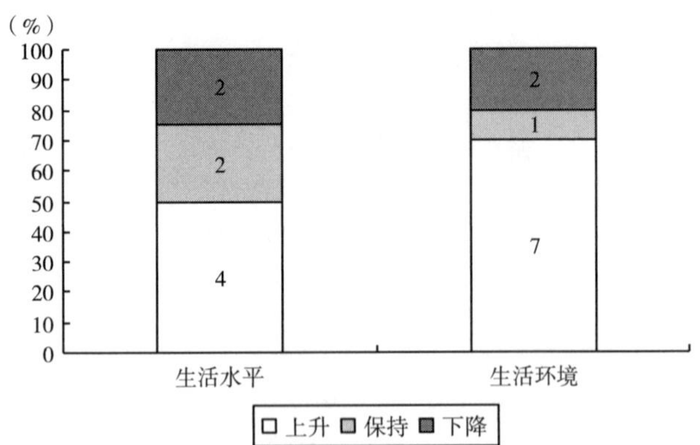

图 8－23　2010～2015 年崇左市居民生活质量动态变化结构

表 8－9　2010～2015 年崇左市居民生活质量各级指标排名变化态势比较

二级指标	三级指标数	上升指标		保持指标		下降指标	
		个数	比重（%）	个数	比重（%）	个数	比重（%）
生活水平	8	4	50.000	2	25.000	2	25.000
生活环境	10	7	70.000	1	10.000	2	20.000
合计	18	11	61.111	3	16.667	4	22.222

（三）崇左市城市居民生活质量评估指标变化动因分析

2015 年崇左市居民生活质量板块各级指标的优劣势变化及其结构，如图 8－24 和表 8－10 所示。

从图 8－24 可以看出，2015 年崇左市居民生活质量评估的三级指标中强势和优势指标的比例小于劣势指标的比例，表明强势和优势指标未处于主导地位。表 8－10 中的数据说明，2015 年崇左市居民生活质量的 18 个三级指标中，强势指标有 2 个，占指标总数的 11.111%；优势指标为 2 个，占指标总数的 11.111%；中势指标 4 个，占指标总数的 22.222%；劣势指标为 10 个，占指标总数的 55.556%；

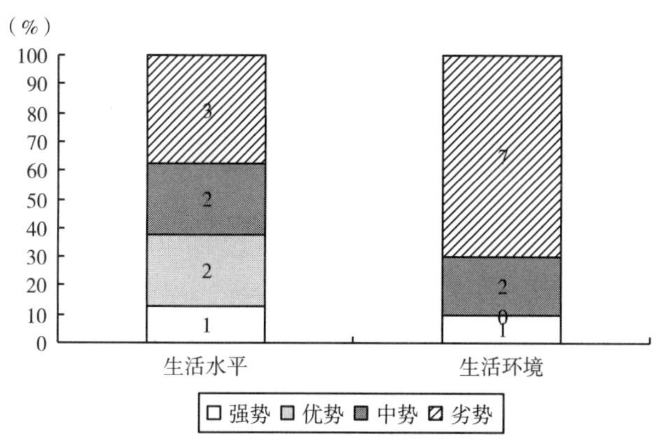

图 8-24　2015 年崇左市居民生活质量优劣度结构

强势指标和优势指标之和占指标总数的 22.222%，数量与比重均小于劣势指标。从二级指标来看，其中生活水平的强势指标有 1 个，占指标总数的 12.500%；优势指标为 2 个，占指标总数的 25.000%；中势指标 2 个，占指标总数的 25.000%；劣势指标为 3 个，占指标总数的 37.500%；强势指标和优势指标之和占指标总数的 37.500%，说明生活水平的强势、优势指标未居于主导地位。生活环境的强势指标有 1 个，占指标总数的 10.000%；优势指标为 0 个，占指标总数的 0.000%；中势指标 2 个，占指标总数的 20.000%；劣势指标为 7 个，占指标总数的 70.000%；强势指标和优势指标之和占指标总数的 10.000%，说明生活环境的强势、优势指标未处于主导地位。由于强势、优势指标比重较小，崇左市居民生活质量处于优势地位，在珠江－西江经济带居第 4 名，处于中游区。

表 8-10　2015 年崇左市居民生活质量各级指标优劣度比较

二级指标	三级指标数	强势指标		优势指标		中势指标		劣势指标		优劣度
		个数	比重（%）	个数	比重（%）	个数	比重（%）	个数	比重（%）	
生活水平	8	1	12.500	2	25.000	2	25.000	3	37.500	优势
生活环境	10	1	10.000	0	0.000	2	20.000	7	70.000	中势
合计	18	2	11.111	2	11.111	4	22.222	10	55.556	优势

为进一步明确影响崇左市居民生活质量变化的具体因素，以便于对相关指标进行深入分析，为提升崇左市居民生活质量提供决策参考，表 8-11 列出居民生活质量指标体系中直接影响崇左市居民生活质量升降的强势指标、优势指标、中势指标和劣势指标。

表 8-11　2015 年崇左市居民生活质量三级指标优劣度统计

指标	强势指标	优势指标	中势指标	劣势指标
生活水平（8 个）	社会保障水平（1 个）	总工资弧弹性、平均工资增长强度（2 个）	城市人力资本、职工工资绝对增量加权指数（2 个）	职工工资相对增长率、职工工资比重增量、职工工资强度（3 个）
生活环境（10 个）	城镇公园用地动态变化（1 个）	（0 个）	城市供气密度、城市通信流强度（2 个）	供水能力延展指数、城市供气能力、城市供电强度、城市用电承载力 ES、城市通信倾向度、城市通信职能规模、城市通信职能地位（7 个）

第九章　广州市城市居民生活质量综合评估

一、广州市城市生活水平综合评估与比较

（一）广州市城市生活水平评估指标变化趋势评析

1. 社会保障水平

根据图9-1分析可知，2010~2015年广州市社会保障水平总体上呈现波动保持的状态。波动保持型指标意味着城市在该项指标上虽然呈现波动状态，在评价末期和评价初期的数值基本保持一致，该图可知广州市社会保障水平数值保持在9.041~11.811。即使广州市社会保障水平存在过最低值，其数值为9.041，但广州市在社会保障水平上总体表现也是相对平稳，说明该地区经济发展能力及活力持续又稳定。

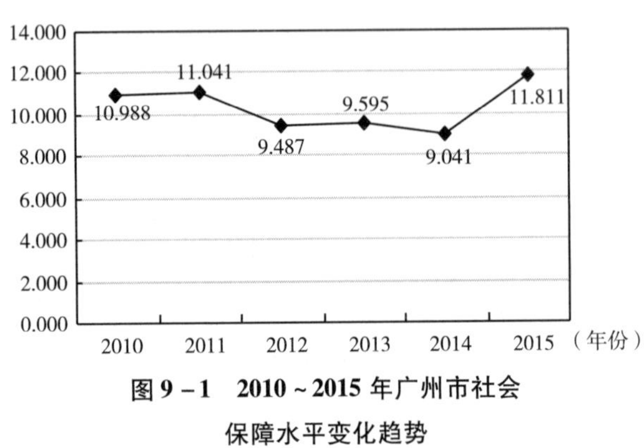

图9-1　2010~2015年广州市社会保障水平变化趋势

2. 总工资弧弹性

根据图9-2分析可知，2010~2015年广州市总工资弧弹性总体上呈现波动保持的状态。波动保持型指标意味着城市在该项指标上虽然呈现波动状态，在评价末期和评价初期的数值基本保持一致，该图可知广州市总工资弧弹性数值保持在1.004~2.950。即使广州市总工资弧弹性存在过最低值，其数值为1.004，但广州市在总工资弧弹性上总体表现也是相对平稳，说明该地区经济发展能力及活力持续又稳定。

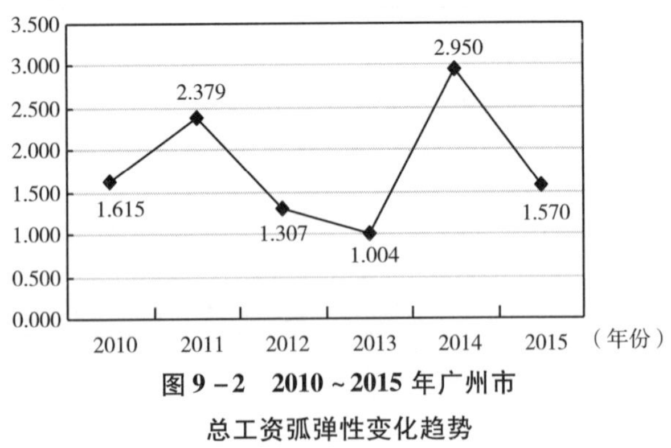

图9-2　2010~2015年广州市总工资弧弹性变化趋势

3. 平均工资增长强度

根据图9-3分析可知，2010~2015年广州市平均工资增长强度总体上呈现波动保持的状态。波动保持型指标意味着城市在该项指标上虽然呈现波动状态，在评价末期和评价初期的数值基本保持一致，该图可知广州市平均工资增长强度数值保持在0.118~16.431。即使广州市平均工资增长强度存在过最低值，其数值为0.118，但广州市在平均工资增长强度上总体表现也是相对平稳，说明该地区经济发展能力及活力持续又稳定。

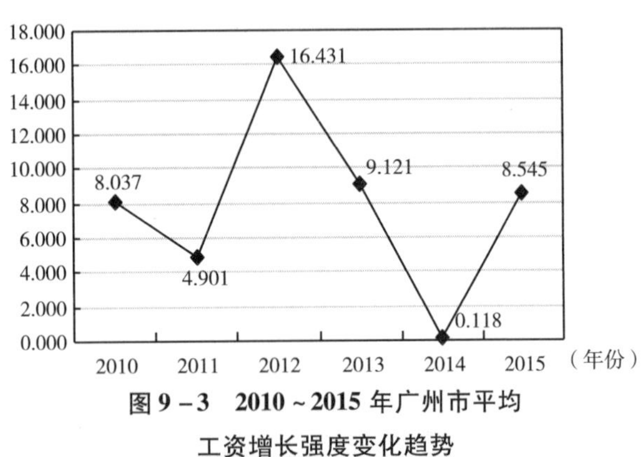

图9-3　2010~2015年广州市平均工资增长强度变化趋势

4. 城市人力资本

根据图9-4分析可知，2010~2015年广州市的人力资本总体上呈现波动下降的状态。2010~2015年间城市在该项指标上总体呈现下降趋势，但在评估期间存在上下波动的情况，指标并非连续性下降状态。波动下降型指标意味着在评估期间，虽然指标数据存在较大波动变化，但是其

评价末期数据值低于评价初期数据值。如图所示，广州市人力资本指标处于不断下降的状态中，2011 年此指标数值最高，是 100.000，到 2015 年时，下降至 54.209。分析这种变化趋势，可以得出广州市人力资本发展结构水平有待优化。

图 9－4 2010～2015 年广州市人力资本变化趋势

5. 职工工资相对增长率

根据图 9－5 分析可知，2010～2015 年广州市职工工资相对增长率总体上呈现波动上升的状态。2010～2015 年间城市在该项指标上存在一定的波动变化，总体趋势上为上升趋势，但在个别年份出现下降的情况，指标并非连续性上升状态。波动上升型指标意味着在评价的时间段内，虽然指标数据存在较大的波动变化，但是其评价末期数据值高于评价初期数据值。广州市在 2011～2012 年虽然出现下降的状况，2012 年是 8.080，但是总体上还是呈现上升的态势，最终稳定在 34.235。职工工资相对增长率越大，说明城市的经济发展水平越高，对于广州市来说，其城市居民生活发展潜力也越来越大。

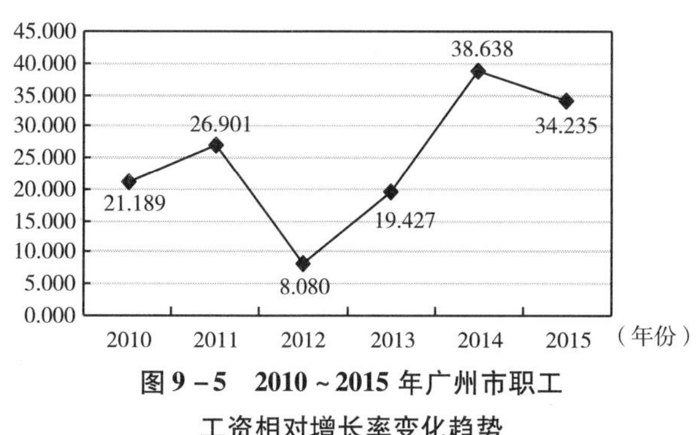

图 9－5 2010～2015 年广州市职工工资相对增长率变化趋势

6. 职工工资绝对增量加权指数

根据图 9－6 分析可知，2010～2015 年广州市职工工资绝对增量加权指数总体上呈现波动上升的状态。2010～2015 年间城市在该项指标上存在一定的波动变化，总体趋势上为上升趋势，但在个别年份出现下降的情况，指标并非连续性上升状态。波动上升型指标意味着在评价的时间段内，虽然指标数据存在较大的波动变化，但是其评价末期数据值高于评价初期数据值。广州市在 2011～2012 年虽然出现下降的状况，2012 年是 3.137，但是总体上还是呈现上升的态势，最终稳定在 16.830。职工工资绝对增量加权指数越大，说明城市的经济发展水平越高，对于广州市来说，其城市居民生活发展潜力也越来越大。

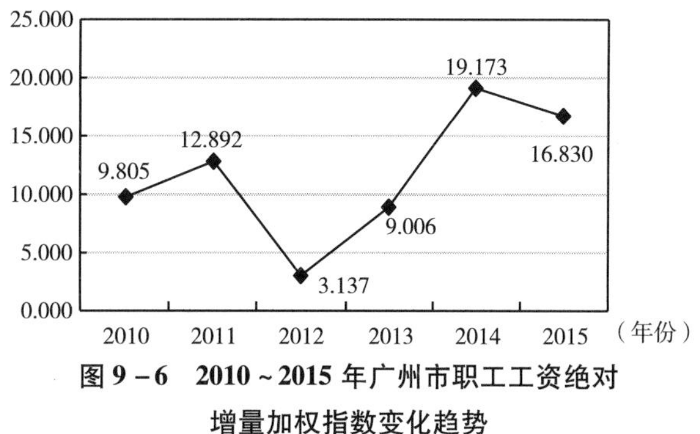

图 9－6 2010～2015 年广州市职工工资绝对增量加权指数变化趋势

7. 职工工资比重增量

根据图 9－7 分析可知，2010～2015 年广州市职工工资比重增量总体上呈现波动保持的状态。波动保持型指标意味着城市在该项指标上虽然呈现波动状态，在评价末期和评价初期的数值基本保持一致，该图可知广州市职工工资比重增量数值保持在 23.317～100.000。即使广州市职工工资比重增量存在过最低值，其数值为 23.317，但广州市在职工工资比重增量上总体表现也是相对平稳，说明该地区经济发展能力及活力持续又稳定。

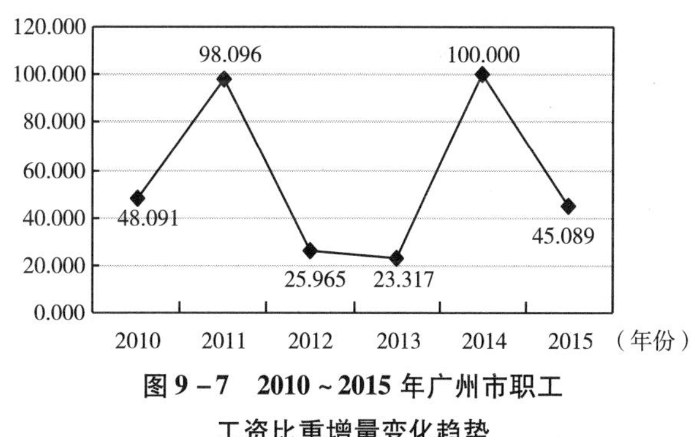

图 9－7 2010～2015 年广州市职工工资比重增量变化趋势

8. 职工工资强度

根据图 9－8 分析可知，2010～2015 年广州市职工工资强度总体上呈现波动下降的状态。2010～2015 年间城市在该项指标上总体呈现下降趋势，但在评估期间存在上下波动的情况，指标并非连续性下降状态。波动下降型指标意味着在评估期间，虽然指标数据存在较大波动变化，但是其评价末期数据值低于评价初期数据值。该图可知广州市职工工资强度数值保持在 78.469～100.000。即使广州市职工工资强度存在过最低值，其数值为 78.469，但广州市在职工工资强度上总体表现也是相对平稳，说明该地区经济发展能力及活力持续又稳定。

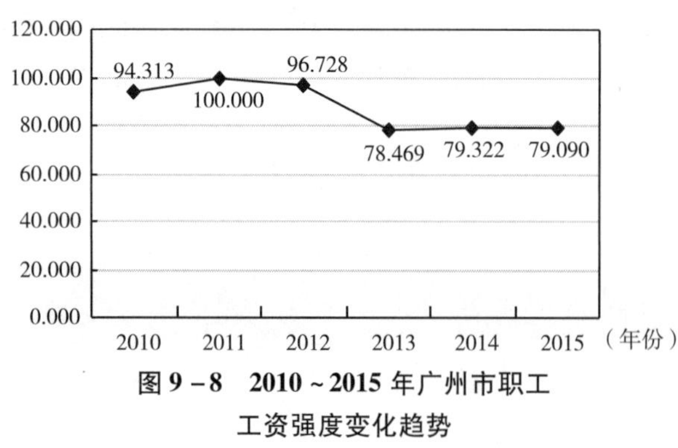

图9－8 2010～2015年广州市职工工资强度变化趋势

（二）广州市城市生活水平评估结果

根据表9－1对2010～2012年间广州市生活水平得分、排名、优劣度进行分析。2010～2012年广州市生活水平排名均处在珠江－西江经济带第1名，说明广州市生活水平综合发展水平较于其他城市相对较高且稳定。对广州市的生活水平得分情况作出分析，发现广州市生活水平综合得分波动下降，变动幅度较大，说明广州市生活水平较不稳定。2010～2012年间广州市的生活水平在珠江－西江经济带中均保持强势地位，说明广州市的生活水平综合发展水平整体趋于平稳。

表9－1 2010～2012年广州市生活水平各级指标的得分、排名及优劣度分析

指标	2010年			2011年			2012年		
	得分	排名	优劣度	得分	排名	优劣度	得分	排名	优劣度
生活水平	18.229	1	强势	21.608	1	强势	14.576	1	强势
社会保障水平	0.575	9	劣势	0.567	8	中势	0.493	9	劣势
总工资弧弹性	0.075	3	优势	0.109	1	强势	0.062	11	劣势
平均工资增长强度	0.445	10	劣势	0.255	10	劣势	0.879	7	中势
城市人力资本	8.190	3	优势	8.008	1	强势	6.015	1	强势
职工工资相对增长率	1.014	1	强势	1.278	1	强势	0.385	1	强势
职工工资绝对增量加权指数	0.455	1	强势	0.594	1	强势	0.146	1	强势
职工工资比重增量	2.336	1	强势	5.296	1	强势	1.251	1	强势
职工工资强度	5.138	1	强势	5.500	1	强势	5.345	1	强势

对广州市生活水平的三级指标进行分析，其中社会保障水平得分排名呈现出波动保持的发展趋势。对广州市社会保障水平的得分情况进行分析，发现广州市的社会保障水平得分持续下降，说明广州市的社会公共保障事业的发展水平仍有待提高。

总工资弧弹性的综合发展水平得分排名呈现出波动下降的趋势。对广州市总工资弧弹性的得分情况作出分析，发现广州市在总工资弧弹性上的得分波动下降，说明广州市的总工资增长速率存在提升的空间。

平均工资增长强度得分排名呈现出波动上升的趋势。对广州市平均工资增长强度的得分情况作出分析，发现广州市在平均工资增长强度上的得分波动上升，说明广州市平均工资增长速率存在提升空间。

城市人力资本得分排名呈现出波动上升的趋势。对广州市人力资本的得分情况作出分析，发现广州市在人力资本上的得分持续下降，说明广州市在推进人力资本建设方面存在一定的提升空间。

职工工资相对增长率得分排名呈现持续保持的趋势。对广州市职工工资相对增长率的得分情况进行分析，发现广州市职工工资相对增长率的得分波动下降，分值变动幅度较大，说明城市的职工工资增长速率的平稳性有待提升。

职工工资绝对增量加权指数得分排名呈现出持续保持的趋势。对广州市职工工资绝对增量加权指数的得分情况作出分析，发现广州市在职工工资绝对增量加权指数上的得分波动下降，说明2010～2012年间广州市的职工工资绝对增量加权指数不稳定，存在提升的空间。

职工工资比重增量得分排名呈现出持续保持的趋势。对广州市职工工资比重增量的得分情况作出分析，发现广州市在职工工资比重增量上的得分波动下降，分值变动幅度较大，说明2010～2012年间广州市的城市职工工资的变化不稳定，并存在提升的空间。

职工工资强度得分排名呈现出持续保持的趋势。对广州市职工工资强度的得分情况作出分析，发现广州市在职工工资强度上的得分波动上升，变化幅度小，说明2010～2012年间广州市的职工工资强度较于珠江－西江经济带其他城市相对合理。

根据表9－2对2013～2015年间广州市生活水平的得分、排名和优劣度进行分析。2013年广州市生活水平排名处在珠江－西江经济带第3名，2014～2015年其均处于第1名，说明广州市生活水平综合发展水平较于珠江－西江经济带其他城市较高。同时对广州市的生活水平得分情况作

出分析，发现广州市生活水平综合得分波动上升，说明广州市生活水平不断提高。2013～2015 年间广州市的生活水平在珠江－西江经济带中从优势地位升至强势地位，说明广州市的生活水平综合发展实力整体趋于平稳。

表 9－2　2013～2015 年广州市生活水平各级指标的得分、排名及优劣度分析

指标	2013 年			2014 年			2015 年		
	得分	排名	优劣度	得分	排名	优劣度	得分	排名	优劣度
生活水平	12.539	3	优势	18.816	1	强势	14.069	1	强势
社会保障水平	0.507	9	劣势	0.483	8	中势	0.708	7	中势
总工资弧弹性	0.056	11	劣势	0.141	3	优势	0.075	9	劣势
平均工资增长强度	0.574	9	劣势	0.006	11	劣势	0.564	9	劣势
城市人力资本	4.479	1	强势	5.154	1	强势	3.698	3	优势
职工工资相对增长率	1.113	2	强势	1.952	1	强势	1.707	1	强势
职工工资绝对增量加权指数	0.499	2	强势	0.925	1	强势	0.806	1	强势
职工工资比重增量	1.144	1	强势	5.872	1	强势	2.283	1	强势
职工工资强度	4.167	1	强势	4.282	1	强势	4.227	1	强势

对广州市生活水平的三级指标进行分析，其中社会保障水平得分排名呈现出持续上升的发展趋势。对广州市社会保障水平的得分情况进行分析，发现广州市的社会保障水平得分波动上升，说明城市在公共保障事业方面有良好的发展。

总工资弧弹性的综合发展水平得分排名呈现出波动上升的趋势。对广州市总工资弧弹性的综合发展水平得分情况作出分析，发现广州市的总工资弧弹性的综合发展水平得分在波动上升，说明广州市总工资弧弹性存在一定的提升空间。

平均工资增长强度得分排名呈现波动保持的趋势。对广州市平均工资增长强度的得分情况进行分析，发现广州市平均工资增长强度的得分波动下降，说明城市的平均工资增长强度变化幅度较大，平均工资增长强度的存在较大的提升空间。

城市人力资本得分排名呈现出波动下降的趋势。对广州市的人力资本的得分情况作出分析，发现广州市在人力资本上的得分波动下降，说明广州市在人力资本建设方面存在提升空间。

职工工资相对增长率得分排名呈现出波动上升的趋势。对广州市职工工资相对增长率的得分情况作出分析，发现广州市在职工工资相对增长率上的得分波动上升，说明 2013～2015 年间广州市职工工资相对增长率的变化趋势较于珠江－西江经济带其他城市较为合理。

职工工资绝对增量加权指数得分排名呈现出波动上升的趋势。对广州市职工工资绝对增量加权指数的得分情况作出分析，发现广州市在职工工资绝对增量加权指数上的得分波动上升，说明 2013～2015 年间广州市职工工资绝对增量加权指数较高，城市人口要素更为集中。

职工工资比重增量得分排名呈现出持续保持的趋势。对广州市职工工资比重增量的得分情况作出分析，发现广州市在职工工资比重增量上的得分波动上升，说明广州市职工工资比重增量较高，城市整体职工工资水平更具备优势。

职工工资强度得分排名呈现出持续保持的趋势。对广州市职工工资强度的得分情况作出分析，发现广州市在职工工资强度上的得分波动上升，说明广州市职工工资强度较于珠江－西江经济带其他城市处于强势地位。

对 2010～2015 年间广州市生活水平及各三级指标的得分、排名和优劣度进行分析。2010～2012 年广州市生活水平综合得分排名均处在珠江－西江经济带第 1 名，2013 年广州市生活水平的综合得分排名降至第 3 名，2014～2015 年广州市生活水平综合得分排名升至第 1 名。2010～2015 年广州市生活水平综合得分排名一直在珠江－西江经济带中游区和上游区波动，在城市生活水平上也是在优势和强势之间波动，说明广州市生活水平发展较之于珠江－西江经济带的其他城市极具竞争优势。对广州市的生活水平得分情况进行分析，发现广州市的生活水平综合得分呈现波动下降的发展趋势，2010～2011 年间广州市的生活水平得分保持上升的趋势，在 2011～2013 年则保持持续下降的趋势，之后 2013～2015 年广州市的生活水平综合得分呈现波动上升的趋势，说明广州市生活水平虽然变动较不稳定。

从表 9－3 中生活水平基础指标的优劣度结构来看，在 8 个基础指标中，指标的优劣度结构为 50.0：12.5：12.5：25.0。

表 9－3　　2015 年广州市生活水平指标的优劣度结构

二级指标	三级指标数	强势指标		优势指标		中势指标		劣势指标		优劣度
		个数	比重（%）	个数	比重（%）	个数	比重（%）	个数	比重（%）	
生活水平	8	4	50.000	1	12.500	1	12.500	2	25.000	强势

（三）广州市城市生活水平比较分析

图 9－9 和图 9－10 将 2010～2015 年广州市生活水平与珠江－西江经济带最高水平和平均水平进行比较。从生活水平的要素得分比较来看，由图 9－9 可知，2010 年，广州市社会保障水平得分比珠江－西江经济带最高分低 1.400 分，比珠江－西江经济带平均分低 0.342 分；2011 年，社会保障水平得分比珠江－西江经济带最高分低 1.245 分，比珠江－西江经济带平均分低 0.287 分；2012 年，社会保障水平得分比珠江－西江经济带最高分低 0.993 分，比珠江－西江经济带平均分低 0.348 分；2013 年，社会保障水平得分比珠江－西江经济带最高分低 1.268 分，比珠江－西江经济带平均分低 0.438 分；2014 年，社会保障水平得分比珠江－西江经济带最高分低 1.269 分，比珠江－西江经济带平均分低 0.435 分；2015 年，社会保障水平得分比珠江－西江经济带最高分低 5.287 分，比珠江－西江经济带平均分低 0.648 分。这说明整体上广州市社会保障水平得分与珠江－西江经济带最高分的差距波动在增加，与珠江－西江经济带平均分的差距逐渐增大。

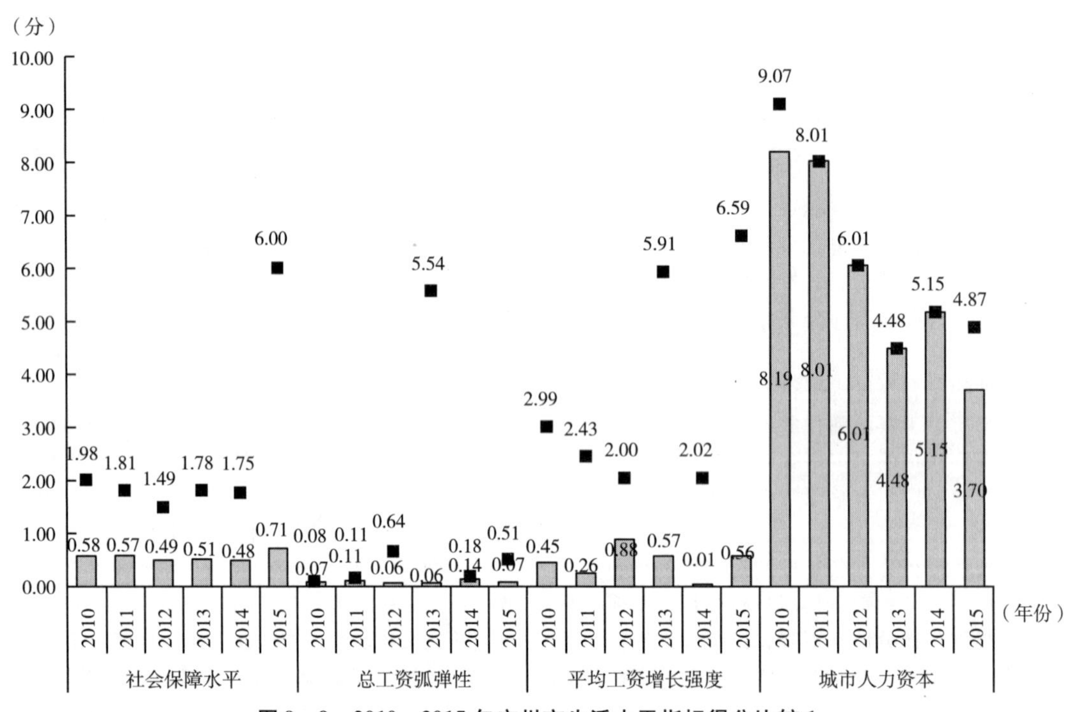

图 9－9　2010～2015 年广州市生活水平指标得分比较 1

2010 年，广州市总工资弧弹性得分比珠江－西江经济带最高分低 0.001 分，比珠江－西江经济带平均分高 0.015 分；2011 年，总工资弧弹性得分与珠江－西江经济带最高分不存在差距，比珠江－西江经济带平均分高 0.051 分；2012 年，总工资弧弹性得分比珠江－西江经济带最高分低 0.574 分，比珠江－西江经济带平均分低 0.075 分；2013 年，总工资弧弹性得分比珠江－西江经济带最高分低 5.489 分，比珠江－西江经济带平均分低 0.573 分；2014 年，总工资弧弹性得分比珠江－西江经济带最高分低 0.042 分，比珠江－西江经济带平均分高 0.038 分；2015 年，总工资弧弹性得分比珠江－西江经济带最高分低 0.438 分，比珠江－西江经济带平均分低 0.080 分。这说明整体上广州市总工资弧弹性得分与珠江－西江经济带最高分的差距波动增加，与珠江－西江经济带平均分的差距波动增大。

2010 年，广州市平均工资增长强度得分比珠江－西江经济带最高分低 2.545 分，比珠江－西江经济带平均分低 0.892 分；2011 年，平均工资增长强度得分比珠江－西江经济带最高分低 2.178 分，比珠江－西江经济带平均分低 0.667 分；2012 年，平均工资增长强度得分比珠江－西江经济带最高分低 1.119 分，比珠江－西江经济带平均分低 0.181 分；2013 年，平均工资增长强度得分比珠江－西江经济带最高分低 5.341 分，比珠江－西江经济带平均分低 1.415 分；2014 年，平均工资增长强度得分比珠江－西江经济带最高分低 2.016 分，比珠江－西江经济带平均分低 0.996 分；2015 年，平均工资增长强度得分比珠江－西江经济带最高分低 6.031 分，比珠江－西江经济带平均分低

1.673分。这说明整体上广州市平均工资增长强度得分与珠江－西江经济带最高分的差距波动扩大，与珠江－西江经济带平均分的差距波动增加。

2010年，广州市人力资本得分比珠江－西江经济带最高分低0.879分，比珠江－西江经济带平均分高2.020分；2011年，城市人力资本得分与珠江－西江经济带最高分不存在差距，比珠江－西江经济带平均分高3.164分；2012年，城市人力资本得分与珠江－西江经济带最高分不存在差距，比珠江－西江经济带平均分高2.771分；2013年，城市人力资本得分与珠江－西江经济带最高分不存在差距，比珠江－西江经济带平均分高2.122分；2014年，城市人力资本得分与珠江－西江经济带最高分不存在差距，比珠江－西江经济带平均分高1.640分；2015年，城市人力资本得分比珠江－西江经济带最高分低1.167分，比珠江－西江经济带平均分高0.556分。这说明整体上广州市人力资本得分与珠江－西江经济带最高分的差距波动增加，与珠江－西江经济带平均分的差距波动减小。

由图9－10可知，2010年，广州市职工工资相对增长率得分与珠江－西江经济带最高分不存在差距，比珠江－西江经济带平均分高0.731分；2011年，职工工资相对增长率得分与珠江－西江经济带最高分不存在差距，比珠江－西江经济带平均分高0.984分；2012年，职工工资相对增长率得分与珠江－西江经济带最高分不存在差距，比珠江－西江经济带平均分高0.170分；2013年，职工工资相对增长率得分比珠江－西江经济带最高分低4.615分，比珠江－西江经济带平均分高0.154分；2014年，职工工资相对增长率得分与珠江－西江经济带最高分不存在差距，比珠江－西江经济带平均分高1.472分；2015年，职工工资相对增长率得分与珠江－西江经济带最高分不存在差距，比珠江－西江经济带平均分高1.246分。这说明整体上广州市职工工资相对增长率得分与珠江－西江经济带最高分的差距波动保持，与珠江－西江经济带平均分的差距波动增加。

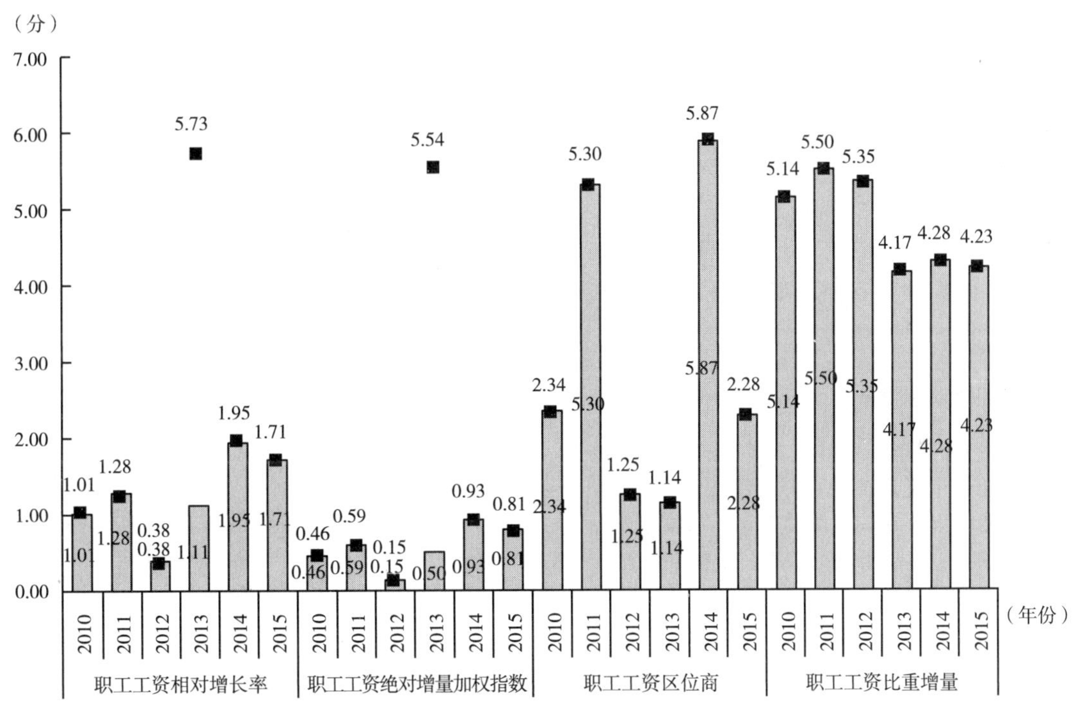

图9－10　2010～2015年广州市生活水平指标得分比较2

2010年，广州市职工工资绝对增量加权指数得分与珠江－西江经济带最高分不存在差距，比珠江－西江经济带平均分高0.378分；2011年，职工工资绝对增量加权指数得分与珠江－西江经济带最高分不存在差距，比珠江－西江经济带平均分高0.501分；2012年，职工工资绝对增量加权指数得分与珠江－西江经济带最高分不存在差距，比珠江－西江经济带平均分高0.092分；2013年，职工工资绝对增量加权指数得分比珠江－西江经济带最高分低5.042分，比珠江－西江经济带平均分低0.123分；2014年，职工工资绝对增量加权指数得分与珠江－西江经济带最高分不存在差距，比珠江－西江经济带平均分高0.753分；2015年，职工工资绝对增量加权指数得分与珠江－西江经济带最高分不存在差距，比珠江－西江经济带平均分高0.619分。说明整体上广州市职工工资绝对增量加权指数得分与珠江－西江经济带最高分的差距波动保持，与珠江－西江经济带平均分的差距波动增加。

2010年，广州市职工工资区位商得分与珠江－西江经济带最高分不存在差距，比珠江－西江经济带平均分高2.019分；2011年，职工工资区位商得分与珠江－西江经济带最高分不存在差距，比珠江－西江经济带平均分高4.688分；2012年，职工工资区位商得分与珠江－西江经济带最高分不存在差距，比珠江－西江经济带平均分高0.973分；2013年，职工工资区位商得分与珠江－西江经济带最高分不存在差距，比珠江－西江经济带平均分高0.747分；2014年，职工工资区位商得分与珠江－西江经济带最高分不存在差距，比珠江－西江经济带平均分高

4.869 分；2015 年，职工工资区位商得分与珠江－西江经济带最高分不存在差距，比珠江－西江经济带平均分高 1.745 分。说明整体上广州市职工工资区位商得分与珠江－西江经济带最高分的差距持续保持，与珠江－西江经济带平均分的差距波动缩小。

2010 年，广州市职工工资比重增量得分与珠江－西江经济带最高分不存在差距，比珠江－西江经济带平均分高 4.425 分；2011 年，职工工资比重增量得分与珠江－西江经济带最高分不存在差距，比珠江－西江经济带平均分高 4.781 分；2012 年，职工工资比重增量得分与珠江－西江经济带最高分不存在差距，比珠江－西江经济带平均分高 4.622 分；2013 年，职工工资比重增量得分与珠江－西江经济带最高分不存在差距，比珠江－西江经济带平均分高 3.473 分；2014 年，职工工资比重增量得分与珠江－西江经济带最高分不存在差距，比珠江－西江经济带平均分高 3.576 分；2015 年，职工工资比重增量得分与珠江－西江经济带最高分不存在差距，比珠江－西江经济带平均分高 3.528 分。说明整体上广州市职工工资比重增量得分与珠江－西江经济带最高分的差距持续保持，与珠江－西江经济带平均分的差距波动下降。

二、广州市城市生活环境质量综合评估与比较

（一）广州市城市生活环境质量评估指标变化趋势评析

1. 城镇公园用地动态变化

根据图 9－11 分析可知，2010～2015 年广州市城镇公园用地动态变化总体上呈现波动上升的状态。2010～2015 年间城市在该项指标上存在较多波动变化，总体趋势为上升趋势，但在个别年份出现下降的情况，指标并非连续性上升。波动上升型指标意味着在评估期间，虽然指标数据存在较大波动变化，但是其评价末期数据值高于评价初期数据值。该图可知广州市城镇公园用地动态变化数值保持在 25.290～84.897。即使广州市城镇公园用地动态变化存在过最低值，其数值为 25.290，但广州市在城镇公园用地动态变化上总体表现相对平稳，说明该地区居民生活发展能力及活力持续又稳定。

图 9－11 2010～2015 年广州市城镇公园用地动态变化变化趋势

2. 供水能力延展指数

根据图 9－12 分析可知，2010～2015 年广州市供水能力延展指数总体上呈现波动保持的状态。波动保持型指标意味着城市在该项指标上虽然呈现波动状态，在评价末期和评价初期的数值基本保持一致，该图可知广州市供水能力延展指数数值保持在 4.376～4.626。即使广州市供水能力延展指数存在过最低值，其数值为 4.376，但广州市在供水能力延展指数上总体表现也是相对平稳，说明该地区居民生活发展能力及活力持续又稳定。

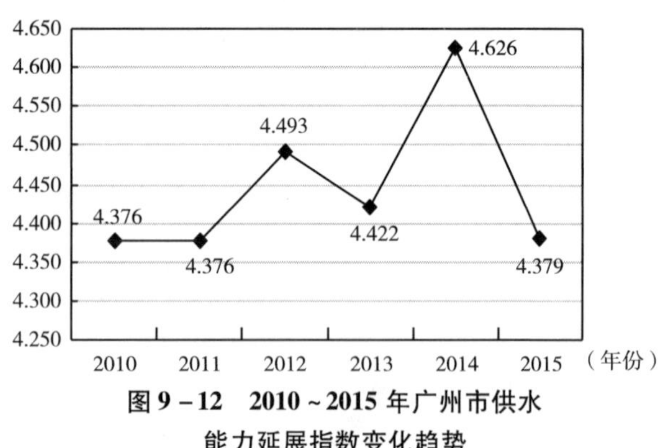

图 9－12 2010～2015 年广州市供水能力延展指数变化趋势

3. 城市供气能力

根据图 9－13 分析可知，2010～2015 年广州市供气能力总体上呈现波动上升的状态。2010～2015 年间城市在该项指标上存在一定的波动变化，总体趋势上为上升趋势，但在个别年份间出现下降的情况，指标并非连续性上升状态。波动上升型指标意味着在评价的时间段内，虽然指标数据存在较大的波动变化，但是其评价末期数据值高于评价初期数据值，最终稳定在 51.919。城市供气能力越大，说明城市的经济发展水平越高，对于广州市来说，其城市居民生活发展潜力也越来越大。

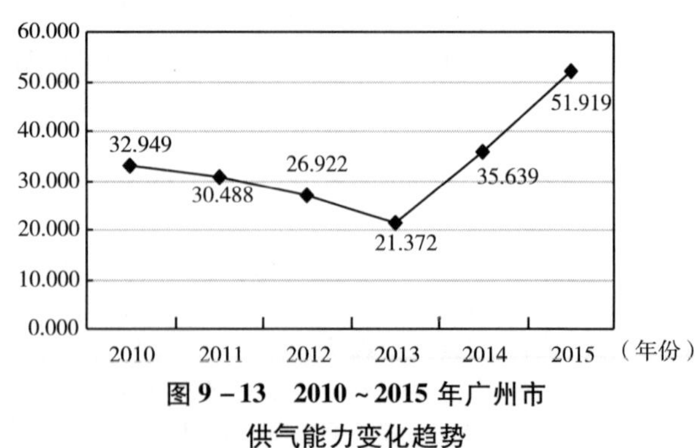

图 9－13 2010～2015 年广州市供气能力变化趋势

4. 城市供电强度

根据图 9－14 分析可知，2010～2015 年广州市供电强度总体上呈现波动上升的状态。2010～2015 年间城市在该项指标上存在一定的波动变化，总体趋势上为上升趋势，但在个别年份出现下降的情况，指标并非连续性上升状态。

波动上升型指标意味着在评价的时间段内，虽然指标数据存在较大的波动变化，但是其评价末期数据值高于评价初期数据值，最终稳定在100.000。城市供电强度越大，说明城市的经济发展水平越高，对于广州市来说，其城市居民生活发展潜力也越来越大。

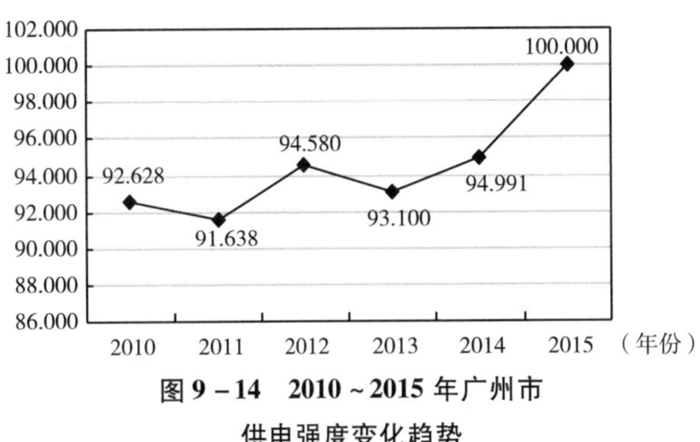

图 9－14　2010～2015 年广州市供电强度变化趋势

5. 城市供气密度

根据图 9－15 分析可知，2010～2015 年广州市供气密度指数总体上呈现波动下降的状态。这种状态表现为 2010～2015 年间城市在该项指标上总体呈现下降趋势，但在间存在上下波动的情况，并非连续性下降状态。这就意味着在评估的时间段内，虽然指标数据存在较大的波动化，但是其评价末期数据值低于评价初期数据值。广州市的供气密度指数末期低于初期的数据，降低 10 个单位左右，并且在 2010～2013 年间存在明显下降的变化，这说明广州市供气密度情况处于不太稳定的下降状态。

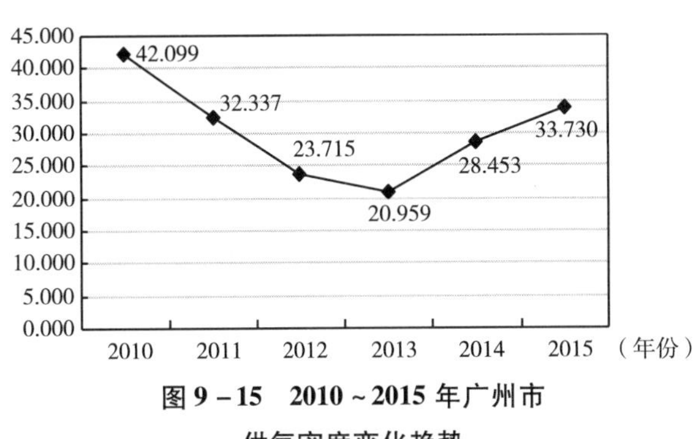

图 9－15　2010～2015 年广州市供气密度变化趋势

6. 城市用电承载力 ES

根据图 9－16 分析可知，2010～2015 年广州市的用电承载力 ES 总体上呈现波动上升的状态。2010～2015 年间城市在该项指标上存在较多波动变化，总体趋势为上升趋势，但在个别年份出现下降的情况，指标并非连续性上升。波动上升型指标意味着在评估期间，虽然指标数据存在较大波动变化，但是其评价末期数据值高于评价初期数据值。通过折线图可以看出，广州市的用电承载力 ES 指标不断提高，在 2015 年达到 100.000，说明广州市的经济社会整体发展水平较高，对外部资源的吸引力较强。

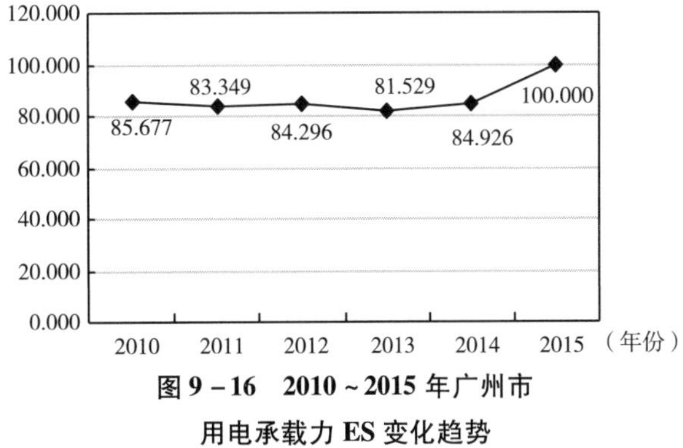

图 9－16　2010～2015 年广州市用电承载力 ES 变化趋势

7. 城市通信流强度

根据图 9－17 分析可知，2010～2015 年广州市通信流强度总体上呈现波动下降的状态。2010～2015 年间城市在该项指标上总体呈现下降趋势，但在评估期间存在上下波动的情况，指标并非连续性下降状态。波动下降型指标意味着在评估期间，虽然指标数据存在较大波动变化，但是其评价末期数据值低于评价初期数据值。该图可知广州市通信流强度数值保持在 67.731～100.000。即使广州市通信流强度存在过最低值，其数值为 67.731，但广州市在通信流强度上总体表现也是相对平稳，说明该地区经济发展能力及活力持续又稳定。

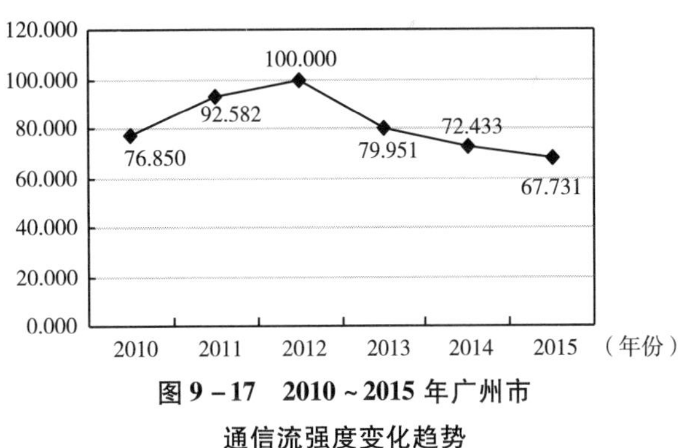

图 9－17　2010～2015 年广州市通信流强度变化趋势

8. 城市通信倾向度

根据图 9－18 分析可知，2010～2015 年广州市的通信倾向度总体上呈现波动下降的状态。2010～2015 年间城市在该项指标上总体呈现下降趋势，但在评估期间存在上下波动的情况，指标并非连续性下降状态。波动下降型指标意味着在评估期间，虽然指标数据存在较大波动变化，但是其评价末期数据值低于评价初期数据值。如图所示，广州市通信倾向度指标处于不断下降的状态中，2010 年此指标数值最高，是 39.872，到 2015 年时，下降至最低点。分析这种变化趋势，可以得出广州市通信倾向度发展水平有待提升。

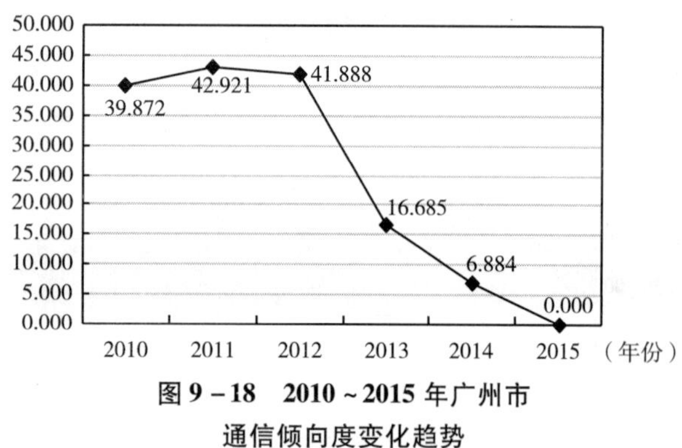

图9－18　2010～2015年广州市通信倾向度变化趋势

9. 城市通信职能规模

根据图9－19分析可知，2010～2015年广州市城市通信职能规模总体上呈现波动下降的状态。这种状态表现为在2010～2015年间城市在该项指标上总体呈现下降趋势，但在间存在上下波动的情况，并非连续性下降状态。这就意味着在评估的时间段内，虽然指标数据存在较大的波动化，但是其评价末期数据值低于评价初期数据值。广州市的通信职能规模末期低于初期的数据，降低35个单位左右，并且在2011～2015年间存在明显下降的变化，这说明广州市通信情况处于不太稳定的下降状态。

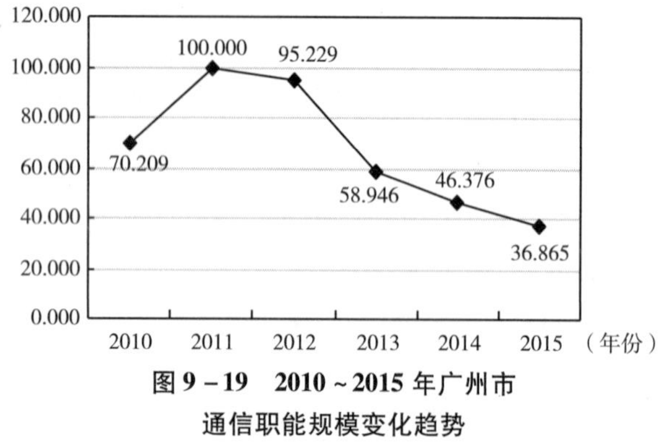

图9－19　2010～2015年广州市通信职能规模变化趋势

10. 城市通信职能地位

根据图9－20分析可知，2010～2015年广州市通信职能地位指数总体上呈现波动下降的状态。这种状态表现为在2010～2015年间城市在该项指标上总体呈现下降趋势，但在评估期存在上下波动的情况，并非连续性下降状态。这就意味着在评估的时间段内，虽然指标数据存在较大的波动化，但是其评价末期数据值低于评价初期数据值。广州市的通信职能地位指数末期低于初期的数据，降低40个单位左右，并且在2011～2015年间存在明显下降的变化，这说明广州市通信职能地位情况处于不太稳定的下降状态。

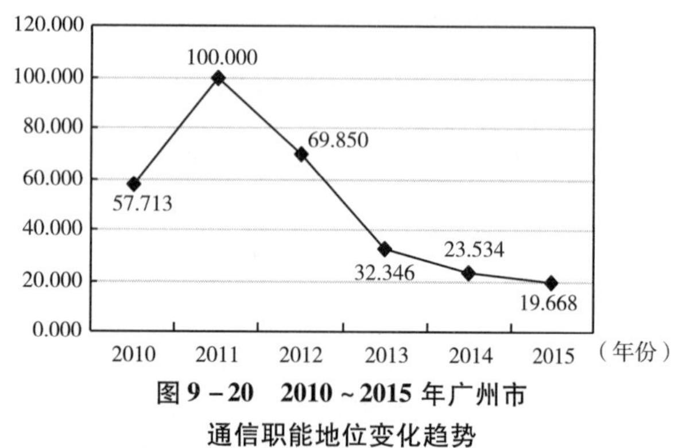

图9－20　2010～2015年广州市通信职能地位变化趋势

（二）广州市城市生活环境质量评估结果

根据表9－4对2010～2012年间广州市生活环境质量得分、排名、优劣度进行分析。2010～2012年广州市生活环境质量排名均处在珠江－西江经济带第1名，说明广州市生活环境综合发展水平较于珠江－西江经济带其他城市较高且稳定。对广州市的生活环境质量得分情况作出分析，发现广州市生活环境综合得分波动上升，变动幅度较大，说明广州市生活环境较不稳定。2010～2012年间广州市的生活环境质量在珠江－西江经济带中均保持强势地位，说明广州市的生活环境质量较高，居民生活质量更高，能够提供更优质的生产生活基础条件。

表9－4　2010～2012年广州市生活环境各级指标的得分、排名及优劣度分析

指标	2010年			2011年			2012年		
	得分	排名	优劣度	得分	排名	优劣度	得分	排名	优劣度
生活环境	29.759	1	强势	38.227	1	强势	33.571	1	强势
城镇公园用地动态变化	2.027	5	优势	5.315	1	强势	2.311	2	强势
供水能力延展指数	0.208	11	劣势	0.206	6	中势	0.252	7	中势
城市供气能力	1.833	2	强势	1.713	4	优势	1.627	5	优势
城市供电强度	5.416	1	强势	5.269	1	强势	5.606	1	强势
城市供气密度	2.409	2	强势	1.777	2	强势	1.417	3	优势
城市用电承载力ES	4.850	1	强势	4.624	1	强势	4.757	1	强势

续表

指标	2010 年			2011 年			2012 年		
	得分	排名	优劣度	得分	排名	优劣度	得分	排名	优劣度
城市通信流强度	4.046	1	强势	5.125	1	强势	5.802	1	强势
城市通信倾向度	2.461	4	优势	2.784	6	中势	2.748	4	优势
城市通信职能规模	3.613	1	强势	5.693	1	强势	5.404	1	强势
城市通信职能地位	2.896	1	强势	5.720	1	强势	3.648	1	强势

对广州市生活环境的三级指标进行分析，其中城镇公园用地动态变化得分排名呈现出波动上升的发展趋势。对广州市城镇公园用地动态变化的得分情况进行分析，发现广州市的城镇公园用地动态变化得分波动上升，说明广州市的城镇公园用地增加，城市规模不断扩大。

供水能力延展指数的综合发展水平得分排名呈现出波动上升的趋势。对广州市供水能力延展指数的得分情况作出分析，发现广州市在供水能力延展指数上的得分波动上升，说明广州市的供水能力延展指数存在提升的空间，城市的供水管道发展水平在不断提高。

城市供气能力得分排名呈现出持续下降的趋势。对广州市供气能力的得分情况作出分析，发现广州市在供气能力上的得分持续下降，说明广州市的供气能力有待提升，以提供居民更优质的基础设施服务。

城市供电强度得分排名呈现出持续保持的趋势。对广州市的供电强度的得分情况作出分析，发现广州市在人力资本上的得分波动上升，说明广州市在推进供电建设方面不断地提高，城市活力越来越强。

城市供气密度得分排名呈现先波动下降的趋势。对广州市的供气密度的得分情况进行分析，发现广州市的供气密度的得分持续下降，分值变动幅度较大，说明城市的供气承载力的平稳性有待提升。

城市用电承载力 ES 得分排名呈现出持续保持的趋势。对广州市的用电承载力 ES 的得分情况作出分析，发现广州市在用电承载力 ES 上的得分波动下降，说明2010～2012 年间广州市的用电承载力 ES 不断提高，城市用电的整体密度、容量范围也在不断提高。

城市通信流强度得分排名呈现出持续保持的趋势。对广州市的通信流强度的得分情况作出分析，发现广州市在通信流强度上的得分持续上升，分值变动幅度较大，说明 2010～2012 年间广州市的通信要素流动强度的变化较不稳定，并存在提升的空间。

城市通信倾向度得分排名呈现出波动保持的趋势。对广州市的通信倾向度的得分情况作出分析，发现广州市在通信倾向度上的得分波动上升，2010～2011 年的变化幅度较大，说明 2010～2012 年间广州市的通信外向强度上有较大的提升空间。

城市通信职能规模得分排名呈现出持续保持的趋势。对广州市的通信职能规模的得分情况作出分析，发现广州市在通信职能规模上的得分波动上升，说明广州市在通信水平方面具有优越性，也还有一定的提升空间。

城市通信职能地位得分排名呈现出持续保持的趋势。对广州市通信职能地位的得分情况作出分析，发现广州市在通信职能地位上的得分波动上升，说明广州市在通信能力方面具备较大的优势。

根据表 9－5 对 2013～2015 年间广州市生活环境质量得分、排名、优劣度进行分析。2013～2015 年广州市生活环境质量排名均处在珠江－西江经济带第 2 名，说明广州市生活环境综合发展水平较于其他城市较高且稳定。对广州市的生活环境质量得分情况作出分析，发现广州市生活环境综合得分波动上升，但变化幅度小，说明广州市生活环境质量较为稳定。2013～2015 年间广州市的生活环境质量在珠江－西江经济带中均保持强势地位，说明广州市的生活环境质量较高，能够提供更具优势的生产生活基础条件。

表 9－5　2013～2015 年广州市生活环境各级指标的得分、排名及优劣度分析

指标	2013 年			2014 年			2015 年		
	得分	排名	优劣度	得分	排名	优劣度	得分	排名	优劣度
生活环境	24.178	2	强势	24.124	2	强势	26.341	2	强势
城镇公园用地动态变化	1.487	5	优势	1.523	6	中势	2.536	4	优势
供水能力延展指数	0.212	4	优势	0.224	5	优势	0.210	8	中势
城市供气能力	1.169	4	优势	2.144	2	强势	3.081	2	强势
城市供电强度	5.502	1	强势	5.748	1	强势	6.082	1	强势

续表

指标	2013年			2014年			2015年		
	得分	排名	优劣度	得分	排名	优劣度	得分	排名	优劣度
城市供气密度	1.135	3	优势	1.671	2	强势	1.914	2	强势
城市用电承载力ES	4.571	1	强势	4.891	1	强势	6.072	1	强势
城市通信流强度	4.377	1	强势	3.970	1	强势	3.651	1	强势
城市通信倾向度	1.123	11	劣势	0.421	11	劣势	0.000	11	劣势
城市通信职能规模	3.029	1	强势	2.381	1	强势	1.847	1	强势
城市通信职能地位	1.574	1	强势	1.152	1	强势	0.950	1	强势

对广州市生活环境的三级指标进行分析，其中城镇公园用地动态变化得分排名呈现出波动上升的发展趋势。对广州市城镇公园用地动态变化的得分情况进行分析，发现广州市的城镇公园用地动态变化得分持续上升，说明广州市的城镇公园用地增加，城市规模不断扩大。

供水能力延展指数的综合发展水平得分排名呈现出持续下降的趋势。对广州市供水能力延展指数的得分情况作出分析，发现广州市在供水能力延展指数上的得分波动下降，分值较低，变动相差小，说明广州市的供水管道发展较不合理，供水能力延展指数存在较大的提升空间。

城市供气能力得分排名呈现出波动上升的趋势。对广州市的供气能力的得分情况作出分析，发现广州市在城市供气能力上的得分持续上升，说明广州市的供气能力越来越强，城市基础设施越发完善。

城市供电强度得分排名呈现出持续保持的趋势。对广州市的供电强度的得分情况作出分析，发现广州市在供电强度上的得分持续上升，说明广州市在推进供电建设方面不断地提高，城市供电能力具备优势，城市活力越来越强。

城市供气密度得分排名呈现波动上升的趋势。对广州市的供气密度的得分情况进行分析，发现广州市的供气密度的得分持续上升，说明城市用气总量高，城市供气密度大，供气承载力高。

城市用电承载力ES得分排名呈现出持续保持的趋势。对广州市的用电承载力ES的得分情况作出分析，发现广州市在用电承载力ES上的得分持续上升，说明2013～2015年间广州市的用电承载力ES不断提高。

城市通信流强度得分排名呈现出持续保持的趋势。对广州市的通信流强度的得分情况作出分析，发现广州市在通信流强度上的得分持续下降，说明2013～2015年间广州市的通信要素流动强度减弱，存在提升的空间。

城市通信倾向度得分排名呈现出持续保持的趋势。对广州市的通信倾向度的得分情况作出分析，发现广州市在通信倾向度上的得分持续下降，说明2013～2015年间广州市的通信外向强度发展极不合理，在城市的通信外向强度的提高上应该付出更大的努力。

城市通信职能规模得分排名呈现出持续保持的趋势。对广州市的通信职能规模的得分情况作出分析，发现广州市在通信职能规模上的得分持续下降，说明广州市所具备的通信水平存在一定的提升空间。

城市通信职能地位得分排名呈现出持续保持的趋势。对广州市通信职能地位的得分情况作出分析，发现广州市在通信职能地位上的得分持续下降，说明广州市虽然在通信能力方面具备较大的优势，但仍存在提升空间。

对2010～2015年间广州市生活环境及各三级指标的得分、排名和优劣度进行分析。2010～2012年广州市生活环境综合得分排名均处在珠江－西江经济带第1名，之后2013～2015年广州市生活环境综合得分排名均降至第2名。2010～2015年广州市生活环境综合得分排名一直处在珠江－西江经济带上游区，在城市生活环境上一直位于强势地位，说明广州市生活环境质量发展较之于珠江－西江经济带的其他城市极具竞争优势。对广州市的生活环境质量得分情况进行分析，发现广州市的生活环境综合得分呈现波动上升的发展趋势，2010～2011年间广州市的生活环境得分保持上升的趋势，在2011～2014年则保持持续下降的趋势，之后2014～2015年广州市的生活环境综合得分又呈现上升的趋势，说明广州市生活环境质量虽然变动较不稳定。

从表9－6中生活环境基础指标的优劣度结构来看，在10个基础指标中，指标的优劣度结构为70.0：10.0：10.0：10.0。

表9－6　2015年广州市生活环境指标的优劣度结构

二级指标	三级指标数	强势指标		优势指标		中势指标		劣势指标		优劣度
		个数	比重（%）	个数	比重（%）	个数	比重（%）	个数	比重（%）	
生活环境	10	7	70.000	1	10.000	1	10.000	1	10.000	强势

（三）广州市城市生活环境质量比较分析

图9－21和图9－22将2010～2015年广州市生活环境质量与珠江－西江经济带最高水平和平均水平进行比较。从生活环境质量的要素得分比较来看，由图9－21可知，2010年，广州市城镇公园用地动态变化得分比珠江－西江经济带最高分低5.571分，比珠江－西江经济带平均分低0.454分；2011年，城镇公园用地动态变化得分与珠江－西江经济带最高分不存在差距，比珠江－西江经济带平均分高3.104分；2012年，城镇公园用地动态变化得分比珠江－西江经济带最高分低0.216分，比珠江－西江经济带平均分高0.982分；2013年，城镇公园用地动态变化得分比珠江－西江经济带最高分低1.299分，比珠江－西江经济带平均分低0.066分；2014年，城镇公园用地动态变化得分比珠江－西江经济带最高分低2.053分，比珠江－西江经济带平均分低0.353分；2015年，城镇公园用地动态变化得分比珠江－西江经济带最高分低0.687分，比珠江－西江经济带平均分高0.569分。这说明整体上广州市城镇公园用地动态变化得分与珠江－西江经济带最高分的差距有缩小趋势，与珠江－西江经济带平均分的差距波动增大。

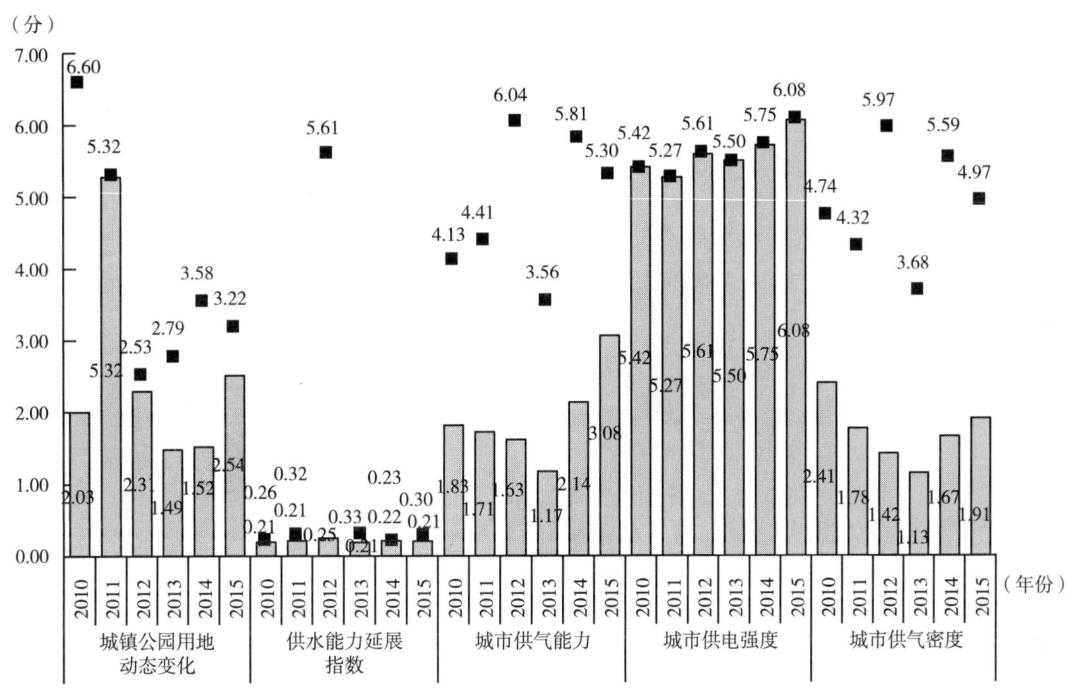

图9－21　2010～2015年广州市生活环境质量指标得分比较1

2010年，广州市供水能力延展指数得分比珠江－西江经济带最高分低0.050分，比珠江－西江经济带平均分低0.020分；2011年，供水能力延展指数得分比珠江－西江经济带最高分低0.117分，比珠江－西江经济带平均分低0.026分；2012年，供水能力延展指数得分比珠江－西江经济带最高分低5.356分，比珠江－西江经济带平均分低0.516分；2013年，供水能力延展指数得分比珠江－西江经济带最高分低0.121分，比珠江－西江经济带平均分低0.018分；2014年，供水能力延展指数得分比珠江－西江经济带最高分低0.010分，比珠江－西江经济带平均分高0.003分；2015年，供水能力延展指数得分比珠江－西江经济带最高分低0.087分，比珠江－西江经济带平均分高0.004分。这说明整体上广州市供水能力延展指数得分与珠江－西江经济带最高分的差距有扩大趋势，与珠江－西江经济带平均分的差距波动缩小。

2010年，广州市供气能力得分比珠江－西江经济带最高分低2.295分，比珠江－西江经济带平均分高0.612分；2011年，城市供气能力得分比珠江－西江经济带最高分低2.699分，比珠江－西江经济带平均分高0.375分；2012年，城市供气能力得分比珠江－西江经济带最高分低4.417分，比珠江－西江经济带平均分高0.118分；2013年，城市供气能力得分比珠江－西江经济带最高分低2.386分，比珠江－西江经济带平均分高0.061分；2014年，城市供气能力得分比珠江－西江经济带最高分低3.667分，比珠江－西江经济带平均分高0.732分；2015年，城市供气能力得分比珠江－西江经济带最高分低2.214分，比珠江－西江经济带平均分低1.604分。这说明整体上广州市供气能力得分与珠江－西江经济带最高分的差距波动缩小，与珠江－西江经济带平均分的差距波动增加。

2010年，广州市供电强度得分与珠江－西江经济带最高分不存在差距，比珠江－西江经济带平均分高4.246分；2011年，城市供电强度得分与珠江－西江经济带最高分不存在差距，比珠江－西江经济带平均分高4.134分；2012年，城市供电强度得分与珠江－西江经济带最高分不存在差距，比珠江－西江经济带平均分高4.411分；2013年，城市供电强度得分与珠江－西江经济带最高分不存在差距，比珠江－西江经济带平均分高

4.319 分；2014 年，城市供电强度得分与珠江－西江经济带最高分不存在差距，比珠江－西江经济带平均分高 4.521 分；2015 年，城市供电强度得分与珠江－西江经济带最高分不存在差距，比珠江－西江经济带平均分高 4.835 分。这说明整体上广州市供电强度得分与珠江－西江经济带最高分的差距持续保持，与珠江－西江经济带平均分的差距波动增加。

2010 年，广州市供气密度得分比珠江－西江经济带最高分低 2.335 分，比珠江－西江经济带平均分高 1.021 分；2011 年，城市供气密度得分比珠江－西江经济带最高分低 2.543 分，比珠江－西江经济带平均分高 0.616 分；2012 年，城市供气密度得分比珠江－西江经济带最高分低 4.557 分，比珠江－西江经济带平均分高 0.005 分；2013 年，城市供气密度得分比珠江－西江经济带最高分低 2.547 分，比珠江－西江经济带平均分高 0.123 分；2014 年，城市供气密度得分比珠江－西江经济带最高分低 3.914 分，比珠江－西江经济带平均分低 0.450 分；2015 年，城市供气密度得分比珠江－西江经济带最高分低 3.056 分，比珠江－西江经济带平均分低 0.788 分。这说明整体上广州市供气密度得分与珠江－西江经济带最高分的差距波动增加，与珠江－西江经济带平均分的差距波动缩小。

由图 9－22 可知，2010 年，广州市用电承载力 ES 得分与珠江－西江经济带最高分不存在差距，比珠江－西江经济带平均分高 3.796 分；2011 年，城市用电承载力 ES 得分与珠江－西江经济带最高分不存在差距，比珠江－西江经济带平均分高 3.609 分；2012 年，城市用电承载力 ES 得分与珠江－西江经济带最高分不存在差距，比珠江－西江经济带平均分高 3.745 分；2013 年，城市用电承载力 ES 得分与珠江－西江经济带最高分不存在差距，比珠江－西江经济带平均分高 3.584 分；2014 年，城市用电承载力 ES 得分与珠江－西江经济带最高分不存在差距，比珠江－西江经济带平均分高 3.855 分；2015 年，城市用电承载力 ES 得分与珠江－西江经济带最高分不存在差距，比珠江－西江经济带平均分高 4.847 分。这说明整体上广州市用电承载力 ES 得分与珠江－西江经济带最高分的差距持续保持，与珠江－西江经济带平均分的差距波动增加。

2010 年，广州市通信流强度得分与珠江－西江经济带最高分不存在差距，比珠江－西江经济带平均分高 3.354 分；2011 年，城市通信流强度得分与珠江－西江经济带最高分不存在差距，比珠江－西江经济带平均分高 4.199 分；2012 年，城市通信流强度得分与珠江－西江经济带最高分不存在差距，比珠江－西江经济带平均分高 4.765 分；2013 年，城市通信流强度得分与珠江－西江经济带最高分不存在差距，比珠江－西江经济带平均分高 3.468 分；2014 年，城市通信流强度得分与珠江－西江经济带最高分不存在差距，比珠江－西江经济带平均分高 3.075 分；2015 年，城市通信流强度得分与珠江－西江经济带最高分不存在差距，比珠江－西江经济带平均分高 2.785 分。这说明整体上广州市通信流强度得分与珠江－西江经济带最高分的差距持续保持，与珠江－西江经济带平均分的差距波动缩小。

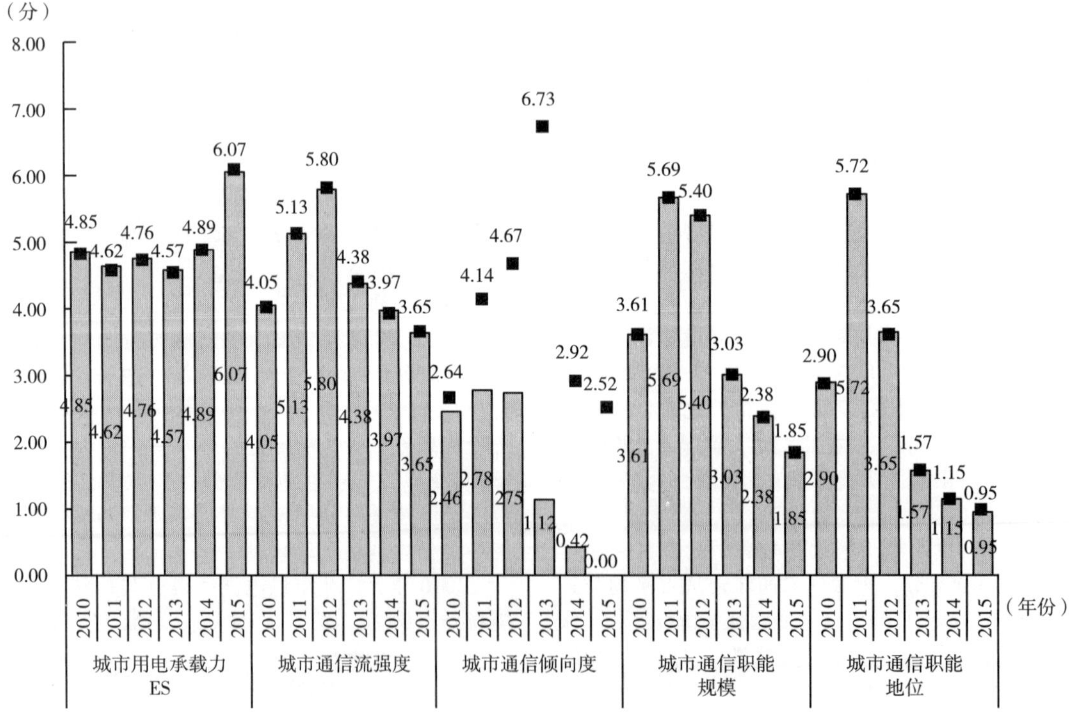

图 9－22　2010～2015 年广州市生活环境质量指标得分比较 2

2010 年，广州市通信倾向度得分比珠江－西江经济带最高分低 0.182 分，比珠江－西江经济带平均分高 0.096 分；2011 年，城市通信倾向度得分比珠江－西江经济带最高分低 1.356 分，比珠江－西江经济带平均分低 0.099 分；2012 年，城市通信倾向度得分比珠江－西江经济带最高分低 1.926 分，比珠江－西江经济带平均分低 0.095 分；2013 年，城市通信倾向度得分比珠江－西江经济带最高分低 5.605 分，比珠江－西江经济带平均分低 1.576 分；2014 年，城市通信倾向度得分比珠江－西江经济带最高分低 2.503 分，比珠江－西江经济带平均分低 1.650 分；2015 年，城市通信倾向度得分比珠江－西江经济带最高分低 2.522 分，比珠江－西江经济带平均分低 1.709 分。这说明整体上广州市通信倾向度得分与珠江－西江经济带最高分的差距波动增加，与珠江－西江经济带平均分的差距波动增大。

2010 年，广州市通信职能规模得分与珠江－西江经济带最高分不存在差距，比珠江－西江经济带平均分高 3.102 分；2011 年，城市通信职能规模得分与珠江－西江经济带最高分不存在差距，比珠江－西江经济带平均分高 4.678 分；2012 年，城市通信职能规模得分与珠江－西江经济带最高分不存在差距，比珠江－西江经济带平均分高 4.416 分；2013 年，城市通信职能规模得分与珠江－西江经济带最高分不存在差距，比珠江－西江经济带平均分高 2.417 分；2014 年，城市通信职能规模得分与珠江－西江经济带最高分不存在差距，比珠江－西江经济带平均分高 1.820 分；2015 年，城市通信职能规模得分与珠江－西江经济带最高分不存在差距，比珠江－西江经济带平均分高 1.375 分。这说明整体上广州市通信职能规模得分与珠江－西江经济带最高分的差距持续保持，与珠江－西江经济带平均分的差距波动缩小。

2010 年，广州市通信职能地位得分与珠江－西江经济带最高分不存在差距，比珠江－西江经济带平均分高 2.390 分；2011 年，城市通信职能地位得分与珠江－西江经济带最高分不存在差距，比珠江－西江经济带平均分高 4.656 分；2012 年，城市通信职能地位得分与珠江－西江经济带最高分不存在差距，比珠江－西江经济带平均分高 2.965 分；2013 年，城市通信职能地位得分与珠江－西江经济带最高分不存在差距，比珠江－西江经济带平均分高 1.256 分；2014 年，城市通信职能地位得分与珠江－西江经济带最高分不存在差距，比珠江－西江经济带平均分高 0.884 分；2015 年，城市通信职能地位得分与珠江－西江经济带最高分不存在差距，比珠江－西江经济带平均分高 0.708 分。这说明整体上广州市通信职能地位得分与珠江－西江经济带最高分的差距持续保持，与珠江－西江经济带平均分的差距先增加后持续缩小。

三、广州市城市居民生活质量综合评估与比较评述

从对广州市居民生活质量评估及其 2 个二级指标在珠江－西江经济带的排名变化和指标结构的综合分析来看，2010～2015 年间，居民生活质量板块中上升指标的数量大于下降指标的数量，上升的动力大于下降的拉力，使得 2015 年广州市居民生活质量的排名呈波动保持，在珠江－西江经济带位居第 1 名。

（一）广州市城市居民生活质量概要分析

广州市居民生活质量在珠江－西江经济带所处的位置及变化如表 9－7 所示，2 个二级指标的得分和排名变化如表 9－8 所示。

表 9－7　2010～2015 年广州市居民生活质量一级指标比较

指标	2010 年	2011 年	2012 年	2013 年	2014 年	2015 年
排名	1	1	1	2	1	1
所属区位	上游	上游	上游	上游	上游	上游
得分	47.987	59.835	48.147	36.717	42.940	40.410
经济带最高分	47.987	59.835	48.147	42.175	42.940	40.410
经济带平均分	21.581	21.372	19.326	19.203	18.685	19.309
与最高分的差距	0.000	0.000	0.000	－5.458	0.000	0.000
与平均分的差距	26.406	38.463	28.822	17.514	24.255	21.101
优劣度	强势	强势	强势	强势	强势	强势
波动趋势	—	持续	持续	下降	上升	持续

表 9－8　2010～2015 年广州市居民生活质量二级指标比较

年份	生活水平		生活环境	
	得分	排名	得分	排名
2010	18.229	1	29.759	1
2011	21.608	1	38.227	1
2012	14.576	1	33.571	1
2013	12.539	3	24.178	2
2014	18.816	1	24.124	2
2015	14.069	1	26.341	2
得分变化	－4.160	—	－3.417	—
排名变化	—	0	—	－1
优劣度	强势	强势	强势	强势

（1）从指标排名变化趋势看，2015 年广州市居民生活质量评估排名在珠江－西江经济带处于第 1 名；表明其在珠江－西江经济带处于强势地位，与 2010 年相比，排名处于稳定保持状态。总的来看，评价期内广州市居民生活质量呈现波动保持趋势。

在 2 个二级指标中，其中 1 个指标排名保持不变，为生活水平；1 个指标排名保持下降，为生活环境；这是广州市居民生活质量保持较为稳定的动力所在。受指标排名升降的综合影响，评价期内广州市居民生活质量的综合排名呈波动保持，在珠江－西江经济带排名第 1 名。

（2）从指标所处区位来看，2015 年广州市居民生活质量处在上游区。其中，生活水平、生活环境均为强势指标。

（3）从指标得分来看，2015 年广州市居民生活质量得分为 40.410 分，与珠江－西江经济带最高分不存在差距，比珠江－西江经济带平均分高 21.101 分；与 2010 年相比，广州市居民生活质量得分下降 7.577 分，与当年最高分的差距拉大，与珠江－西江经济带平均分的差距缩小。

2015 年，广州市居民生活质量二级指标的得分均高于 10 分，与 2010 年相比，得分下降最多的为生活水平，下降 4.160 分；得分下降最少的为生活环境，下降 3.417 分。

（二）广州市城市居民生活质量评估指标动态变化分析

2010～2015 年广州市居民生活质量评估各级指标的动态变化及其结构，如图 9－23 和表 9－9 所示。

从图 9－23 可以看出，广州市居民生活质量评估的三级指标中上升指标的比例大于下降指标，表明上升指标居于主导地位。表 9－9 中的数据说明，广州市居民生活质量评估的 18 个三级指标中，上升的指标有 4 个，占指标总数的 22.222%；保持的指标有 12 个，占指标总数的 66.667%；下降的指标有 2 个，占指标总数的 11.111%。由于上升指标的数量大于下降指标的数量，且受变动幅度与外部因素的综合影响，评价期内广州市居民生活质量排名呈现波动保持，在珠江－西江经济带位居第 1 名。

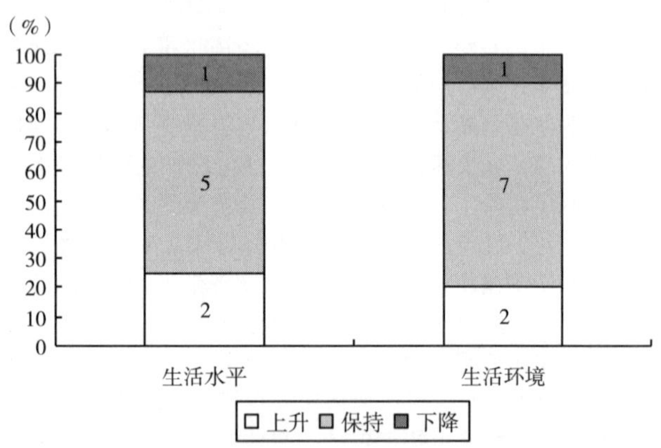

图 9－23　2010～2015 年广州市居民生活质量动态变化结构

表 9－9　2010～2015 年广州市居民生活质量各级指标排名变化态势比较

二级指标	三级指标数	上升指标		保持指标		下降指标	
		个数	比重（%）	个数	比重（%）	个数	比重（%）
生活水平	8	2	25.000	5	62.500	1	12.500
生活环境	10	2	20.000	7	70.000	1	10.000
合计	18	4	22.222	12	66.667	2	11.111

（三）广州市城市居民生活质量评估指标变化动因分析

从图 9－24 可以看出，2015 年广州市居民生活质量评估的三级指标中强势和优势指标的比例大于劣势指标的比例，表明强势和优势指标居于主导地位。表 9－10 中的数据进一步说明，2015 年广州市居民生活质量的 18 个三级指标中，强势指标有 11 个，占指标总数的 61.111%；优势指标为 2 个，占指标总数的 11.111%；中势指标 2 个，占指标总数的 11.111%；劣势指标为 3 个，占指标总数的 16.667%；强势指标和优势指标之和占指标总数的 72.222%，数量与比重均大于劣势指标。从二级指标来看，其中，生活水平的

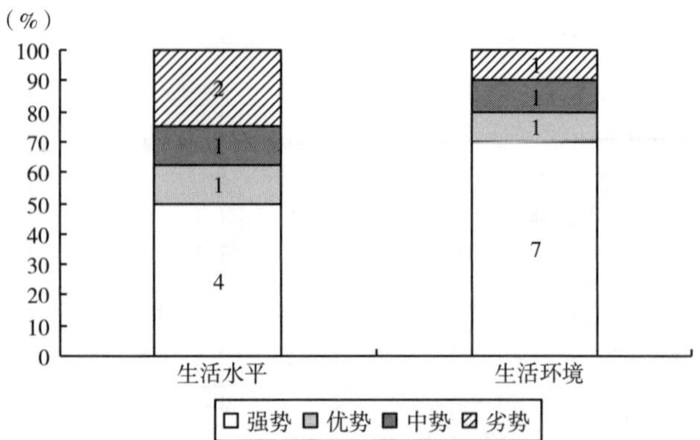

图 9－24　2015 年广州市居民生活质量优劣度结构

强势指标有 4 个，占指标总数的 50.000%；优势指标为 1 个，占指标总数的 12.500%；中势指标 1 个，占指标总数的 12.500%；劣势指标为 2 个，占指标总数的 25.000%；强势指标和优势指标之和占指标总数的 62.500%，说明生活水平的强、优势指标居于主导地位。生活环境的强势指标有 7 个，占指标总数的 70.000%；优势指标为 1 个，占指标总数的 10.000%；中势指标 1 个，占指标总数的 10.000%；劣势指标为 1 个，占指标总数的 10.000%；强势指标和优势指标之和占指标总数的 80.000%，说明生活环境的强、优势指标处于主导地位。由于强、优势指标比重较大，广州市居民生活质量处于强势地位，在珠江 - 西江经济带位居第 1 名，处于上游区。

表 9 - 10　　2015 年广州市居民生活质量各级指标优劣度比较

二级指标	三级指标数	强势指标		优势指标		中势指标		劣势指标		优劣度
		个数	比重（%）	个数	比重（%）	个数	比重（%）	个数	比重（%）	
生活水平	8	4	50.000	1	12.500	1	12.500	2	25.000	强势
生活环境	10	7	70.000	1	10.000	1	10.000	1	10.000	强势
合计	18	11	61.111	2	11.111	2	11.111	3	16.667	强势

为进一步明确影响广州市居民生活质量变化的具体因素，以便于对相关指标进行深入分析，为提升广州市居民生活质量提供决策参考，表 9 - 11 列出居民生活质量指标体系中直接影响广州市居民生活质量升降的强势指标、优势指标、中势指标和劣势指标。

表 9 - 11　　2015 年广州市居民生活质量三级指标优劣度统计

指标	强势指标	优势指标	中势指标	劣势指标
生活水平（8 个）	职工工资相对增长率、职工工资绝对增量加权指数、职工工资比重增量、职工工资强度（4 个）	城市人力资本（1 个）	社会保障水平（1 个）	总工资弧弹性、平均工资增长强度（2 个）
生活环境（10 个）	城市供气能力、城市供电强度、城市供气密度、城市用电承载力 ES、城市通信倾向度、城市通信职能规模、城市通信职能地位（7 个）	城镇公园用地动态变化（1 个）	供水能力延展指数（1 个）	城市通信流强度（1 个）

第十章　佛山市城市居民生活质量综合评估

一、佛山市城市生活水平综合评估与比较

（一）佛山市城市生活水平评估指标变化趋势评析

1. 社会保障水平

根据图 10－1 分析可知，2010～2015 年佛山市的社会保障水平总体上呈现波动上升的状态。2010～2015 年间城市在该项指标上存在较多波动变化，总体趋势为上升趋势，但在个别年份出现下降的情况，指标并非连续性上升。波动上升型指标意味着在评估期间，虽然指标数据存在较大波动变化，但是其评价末期数据值高于评价初期数据值。通过折线图可以看出，佛山市的社会保障水平指标不断提高，在 2015 年达到 5. 395，相较于 2010 年上升 2 个单位左右，说明佛山市的经济社会整体发展水平较高，对外部资源的吸引力较强。

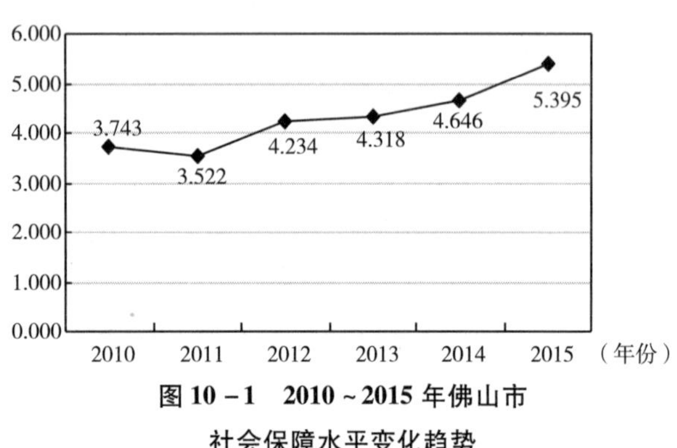

图 10－1　2010～2015 年佛山市社会保障水平变化趋势

2. 总工资弧弹性

根据图 10－2 分析可知，2010～2015 年佛山市总工资弧弹性总体上呈现波动保持的状态。波动保持型指标意味着城市在该项指标上虽然呈现波动状态，在评价末期和评价初期的数值基本保持一致，该图可知佛山市总工资弧弹性保持在 0. 603～13. 491。即使佛山市总工资弧弹性存在过最低值，其数值为 0. 603，但佛山市在总工资弧弹性上总体表现相对平稳，说明该地区经济发展能力及活力持续又稳定。

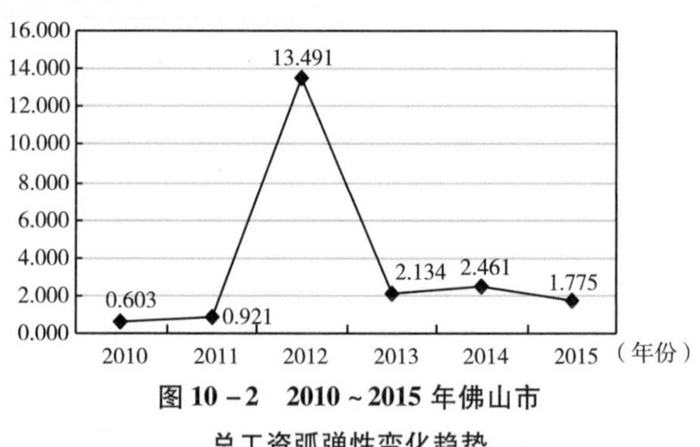

图 10－2　2010～2015 年佛山市总工资弧弹性变化趋势

3. 平均工资增长强度

根据图 10－3 分析可知，2010～2015 年佛山市平均工资增长强度总体上呈现波动上升的状态。2010～2015 年城市在该项指标上存在一定的波动变化，总体趋势为上升趋势，但在个别年份出现下降的情况，指标并非连续性上升状态。波动上升型指标意味着在评价的时间段内，虽然指标数据存在较大的波动变化，但是其评价末期数据值高于评价初期数据值。佛山市在 2012～2013 年虽然出现下降的状况，2013 年为 6. 617，但是总体上还是呈现上升的态势，最终稳定在 9. 580。城市的平均工资增长强度越大，说明城市的经济发展水平越高，对于佛山市来说，其城市居民生活发展潜力也越来越大。

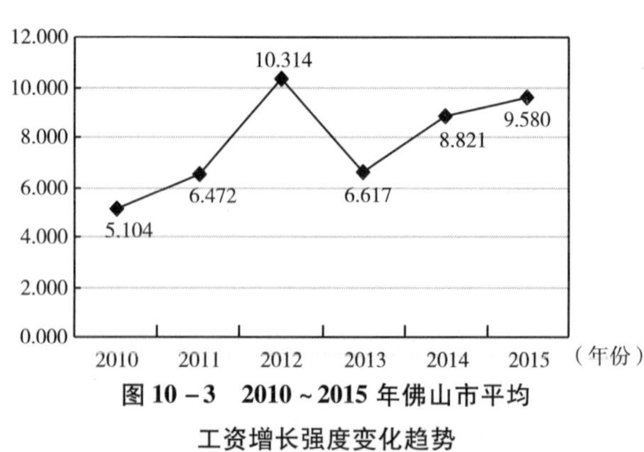

图 10－3　2010～2015 年佛山市平均工资增长强度变化趋势

4. 城市人力资本

根据图 10－4 分析可知，2010～2015 年佛山市人力资本总体上呈现波动保持的状态。波动保持型指标意味着城市在该项指标上虽然呈现波动状态，在评价末期和评价初

期的数值基本保持一致，该图可知佛山市人力资本数值保持在38.686～59.036。即使佛山市人力资本存在过最低值，其数值为38.686，但佛山市在人力资本上总体表现相对平稳，说明该地区经济发展能力及活力持续又稳定。

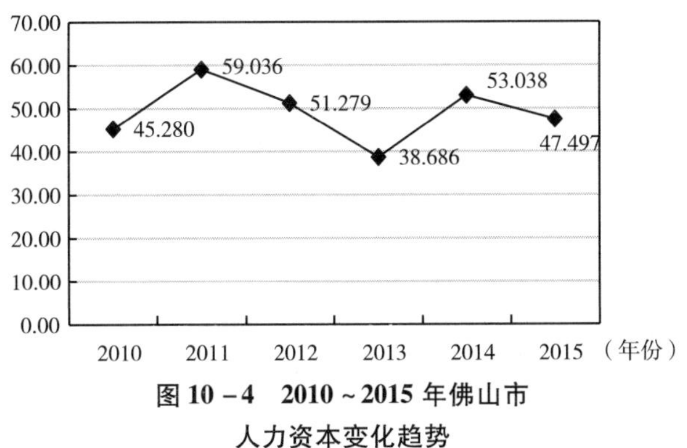

图10－4　2010～2015年佛山市人力资本变化趋势

5. 职工工资相对增长率

根据图10－5分析可知，2010～2015年佛山市职工工资相对增长率总体上呈现波动上升的状态。2010～2015年间城市在该项指标上存在一定的波动变化，总体趋势为上升趋势，但在个别年份出现下降的情况，指标并非连续性上升状态。波动上升型指标意味着在评价的时间段内，虽然指标数据存在较大的波动变化，但是其评价末期数据值要高于评价初期数据值。佛山市在2013～2014年虽然出现下降的状况，2014年为12.214，但是总体上还是呈现上升的态势，最终稳定在17.676。职工工资相对增长率越大，说明城市的经济发展水平越高，对于佛山市来说，其城市居民生活发展潜力也越来越大。

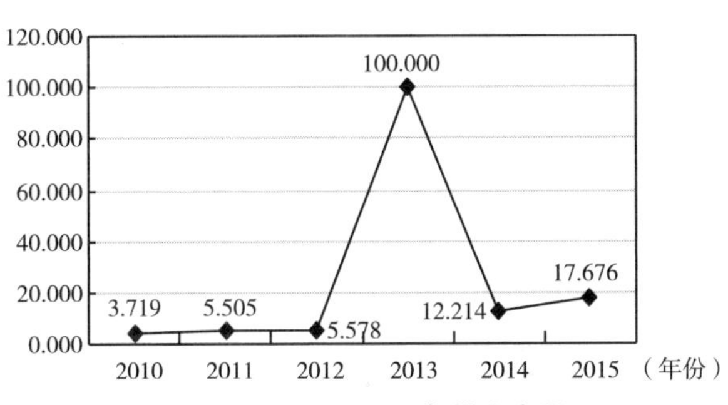

图10－5　2010～2015年佛山市职工工资相对增长率变化趋势

6. 职工工资绝对增量加权指数

根据图10－6分析可知，2010～2015年佛山市职工工资绝对增量加权指数总体上呈现波动上升的状态。2010～2015年间城市在该项指标上存在一定的波动变化，总体趋势为上升趋势，但在个别年份出现下降的情况，指标并非连续性上升状态。波动上升型指标意味着在评价的时间段内，虽然指标数据存在较大的波动变化，但是其评价末期数据值高于评价初期数据值。佛山市在2013～2014年虽然出现下降的状况，2014年为9.646，但是总体上还是呈现上升的态势，最终稳定在15.270。职工工资绝对增量加权指数越大，说明城市的经济发展水平越高，对于佛山市来说，其城市居民生活发展潜力也越来越大。

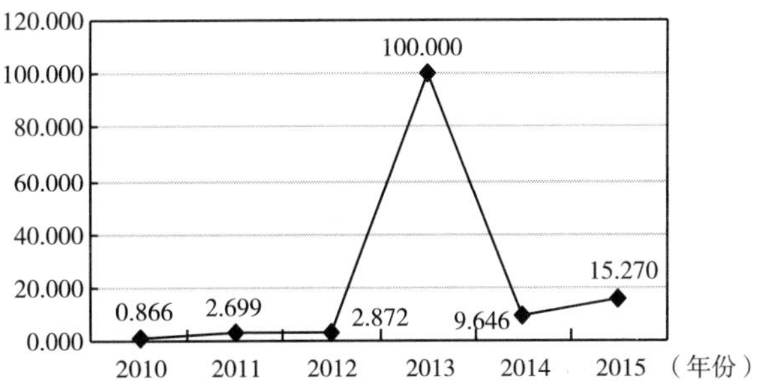

图10－6　2010～2015年佛山市职工工资绝对增量加权指数变化趋势

7. 职工工资比重增量

根据图10－7分析可知，2010～2015年佛山市的职工工资比重增量总体上呈现波动上升的状态。2010～2015年间城市在该项指标上存在较多波动变化，总体趋势为上升趋势，但在个别年份出现下降的情况，指标并非连续性上升。波动上升型指标意味着在评估期间，虽然指标数据存在较大波动变化，但是其评价末期数据值高于评价初期数据值。通过折线图可以看出，佛山市的职工工资比重增量指标不断提高，在2015年达到20.742，相较于2010年上升20个单位左右，说明佛山市的城市生活水平整体发展较高，对外部资源的吸引力较强。

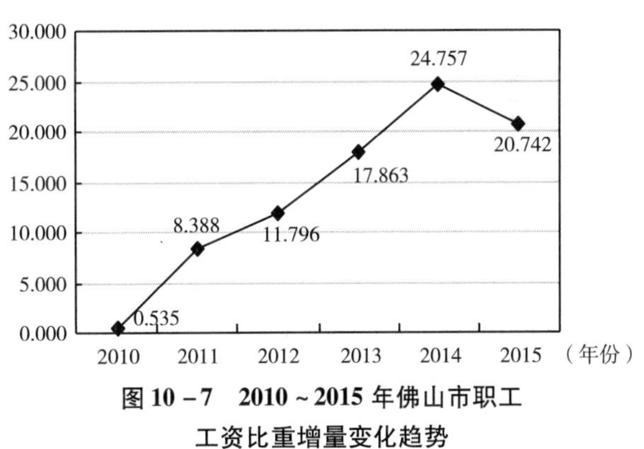

图10－7　2010～2015年佛山市职工工资比重增量变化趋势

8. 职工工资强度

根据图10－8分析可知，2010～2015年佛山市职工工资强度总体上呈现波动上升的状态。2010～2015年间城市在该项指标上存在一定的波动变化，总体趋势上为上升趋势，但在个别年份出现下降的情况，指标并非连续性上升状态。波动上升型指标意味着在评价的时间段内，虽然指标数据存在较大的波动变化，但是其评价末期数据值高于评价初期数据值，最终稳定在32.276。职工工资强度越大，说明城市的经济发展水平越高，对于佛山市来说，其城市居民生活发展潜力也越来越大。

图 10－8　2010～2015 年佛山市职工工资强度变化趋势

（二）佛山市城市生活水平评估结果

根据表 10－1 对 2010～2012 年间佛山市生活水平得分、排名、优劣度进行分析。2010 年佛山市生活水平排名处在珠江－西江经济带第 10 名，2011～2012 年佛山市生活水平排名均处在第 6 名，说明佛山市生活水平综合发展水平比珠江－西江经济带其他城市相对较低且不稳定。同时对佛山市的生活水平得分情况作出分析，发现佛山市生活水平综合得分波动上升，变动幅度不大，说明佛山市生活水平较为稳定。2010～2012 年间佛山市的生活水平在珠江－西江经济带中处于中势或劣势地位，说明佛山市的生活水平有待提升，以更好地满足居民物质生活需要和精神生活需要。

表 10－1　2010～2012 年佛山市生活水平各级指标的得分、排名及优劣度分析

指标	2010 年			2011 年			2012 年		
	得分	排名	优劣度	得分	排名	优劣度	得分	排名	优劣度
生活水平	5.611	10	劣势	6.822	6	中势	6.722	6	中势
社会保障水平	0.196	10	劣势	0.181	11	劣势	0.220	11	劣势
总工资弧弹性	0.028	11	劣势	0.042	10	劣势	0.636	1	强势
平均工资增长强度	0.283	11	劣势	0.337	8	中势	0.552	10	劣势
城市人力资本	4.131	10	劣势	4.728	6	中势	3.572	4	优势
职工工资相对增长率	0.178	11	劣势	0.262	2	强势	0.266	2	强势
职工工资绝对增量加权指数	0.040	6	中势	0.124	2	强势	0.134	2	强势
职工工资比重增量	0.026	11	劣势	0.453	2	强势	0.568	2	强势
职工工资强度	0.730	3	优势	0.696	3	优势	0.774	3	优势

对佛山市生活水平的三级指标进行分析，其中社会保障水平得分排名呈现出波动下降的发展趋势。对佛山市社会保障水平的得分情况进行分析，发现佛山市的社会保障水平得分波动上升，说明佛山市的社会公共保障事业的发展水平有待提高。

总工资弧弹性的综合发展水平得分排名呈现出持续上升的趋势。对佛山市总工资弧弹性的得分情况作出分析，发现佛山市在总工资弧弹性上的得分持续上升，说明佛山市的总工资增长速率得到较大的提升。

平均工资增长强度得分排名呈现出波动上升的趋势。对佛山市平均工资增长强度的得分情况作出分析，发现佛山市在平均工资增长强度上的得分持续上升，说明佛山市平均工资增长速率在不断提高。

城市人力资本得分排名呈现出持续上升的趋势。对佛山市人力资本的得分情况作出分析，发现佛山市在人力资本上的得分波动下降，说明佛山市在推进人力资本建设方面存在一定的提升空间。

职工工资相对增长率得分排名呈现波动上升的趋势。对佛山市职工工资相对增长率的得分情况进行分析，发现佛山市职工工资相对增长率的得分持续上升，分值变动幅度不大，说明城市的职工工资增长速率的提升较为稳定。

职工工资绝对增量加权指数得分排名呈现出波动上升的趋势。对佛山市职工工资绝对增量加权指数的得分情况作出分析，发现佛山市在职工工资绝对增量加权指数上的得分持续上升，说明 2010～2012 年间佛山市的职工工资绝对增量加权指数存在一定的提升空间。

职工工资比重增量得分排名呈现出波动上升的趋势。对佛山市职工工资比重增量的得分情况作出分析，发现佛山市在职工工资比重增量上的得分持续上升，分值变动幅度较大，说明 2010～2012 年间佛山市的城市职工工资的变化不稳定，工资水平存在一定的提升空间。

职工工资强度得分排名呈现出持续保持的趋势。对佛山市职工工资强度的得分情况作出分析，发现佛山市在城市职工工资强度上的得分波动上升，变化幅度较小，说明 2010～2012 年间佛山市的职工工资强度较于珠江－西江经济带其他城市相对合理。

根据表 10－2 对 2013～2015 年间佛山市生活水平的得分、排名和优劣度进行分析。2013 年佛山市生活水平排名处在珠江－西江经济带第 1 名，2014 年其生活水平降至第 3 名，2014 年其生活水平又降至第 6 名，说明佛山市生活水平综合发展水平较于珠江－西江经济带其他城市越来越低。对佛山市的生活水平得分情况作出分析，发现佛山市生活水平综合得分持续下降，说明佛山市生活水平不断降低。2013～2015 年间佛山市的生活水平在珠江－西江经济带中从强势地位降至优势地位，接着又从优势地位降至中势地位，说明佛山市的生活水平综合发展实力整体下降，发展较不合理。

表 10－2　　2013～2015 年佛山市生活水平各级指标的得分、排名及优劣度分析

指标	2013 年			2014 年			2015 年		
	得分	排名	优劣度	得分	排名	优劣度	得分	排名	优劣度
生活水平	17.188	1	强势	8.902	3	优势	8.669	6	中势
社会保障水平	0.228	11	劣势	0.248	11	劣势	0.323	10	劣势
总工资弧弹性	0.118	7	中势	0.117	4	优势	0.085	8	中势
平均工资增长强度	0.416	10	劣势	0.476	10	劣势	0.632	8	中势
城市人力资本	2.442	7	中势	3.791	6	中势	3.240	6	中势
职工工资相对增长率	5.728	1	强势	0.617	3	优势	0.882	2	强势
职工工资绝对增量加权指数	5.541	1	强势	0.465	2	强势	0.732	2	强势
职工工资比重增量	0.877	2	强势	1.454	3	优势	1.050	2	强势
职工工资强度	1.837	2	强势	1.733	2	强势	1.725	2	强势

对佛山市生活水平的三级指标进行分析，其中社会保障水平得分排名呈现出波动上升的发展趋势。对佛山市社会保障水平的得分情况进行分析，发现佛山市的社会保障水平得分持续上升，说明城市在公共保障事业的方面有良好的发展。

总工资弧弹性的综合发展水平得分排名呈现出波动下降的趋势。对佛山市总工资弧弹性的综合发展水平得分情况作出分析，发现佛山市的总工资弧弹性的综合发展水平得分在持续下降，说明佛山市总工资弧弹性有待提升。

平均工资增长强度得分排名呈现波动上升的趋势。对佛山市平均工资增长强度的得分情况进行分析，发现佛山市平均工资增长强度的得分持续上升，说明城市的平均工资增长强度不断提升，城市经济发展能力及城市活力不断扩大。

城市人力资本得分排名呈现出波动上升的趋势。对佛山市人力资本的得分情况作出分析，发现佛山市在人力资本上的得分波动上升，说明佛山市在人力资本建设方面存在提升空间。

职工工资相对增长率得分排名呈现出波动下降的趋势。对佛山市职工工资相对增长率的得分情况作出分析，发现佛山市在职工工资相对增长率上的得分波动下降，2013～2014 年分值变动幅度大，2014～2015 年分值变动幅度小，说明 2013～2015 年间佛山市的职工工资相对增长率变化较不稳定，存在较大的提升空间。

职工工资绝对增量加权指数得分排名呈现出波动下降的趋势。对佛山市职工工资绝对增量加权指数的得分情况作出分析，发现佛山市在职工工资绝对增量加权指数上的得分波动下降，2013～2014 年分值变动幅度大，2014～2015 年分值变动幅度小，说明 2013～2015 年间佛山市的职工工资相对增长率变化较不稳定，存在一定的提升空间。

职工工资比重增量得分排名呈现出波动保持的趋势。对佛山市职工工资比重增量的得分情况作出分析，发现佛山市在职工工资比重增量上的得分波动上升，说明佛山市职工工资比重增量存在提升的空间，城市整体职工工资水平更具备优势。

职工工资强度得分排名呈现出持续保持的趋势。对佛山市职工工资强度的得分情况作出分析，发现佛山市在职工工资强度上的得分持续下降，说明佛山市职工工资强度变化较不稳定，存在提升的空间。

对 2010～2015 年间佛山市生活水平及各三级指标的得分、排名和优劣度进行分析。2010～2012 年佛山市生活水平综合得分排名均处在珠江－西江经济带第 1 名，2013 年佛山市生活水平的综合得分排名降至第 3 名，2014～2015 年佛山市生活水平综合得分排名又升至第 1 名。2010～2015 年佛山市生活水平综合得分排名一直在珠江－西江经济带中游区和上游区波动，在城市生活水平上也是在优势和强势之间波动，说明佛山市生活水平发展较之于珠江－西江经济带的其他城市极具竞争优势。对佛山市的生活水平得分情况进行分析，发现佛山市的生活水平综合得分呈现波动下降的发展趋势，2010～2011 年间佛山市的生活水平得分保持上升的趋势，在 2011～2013 年则保持持续下降的趋势，之后 2013～2015 年佛山市的生活水平综合得分呈现波动上升的趋势，说明佛山市生活水平虽然变动较不稳定。

从表 10－3 生活水平基础指标的优劣度结构来看，在 8 个基础指标中，指标的优劣度结构为 50.0：0.0：37.5：12.5。

表 10－3　　2015 年佛山市生活水平指标的优劣度结构

二级指标	三级指标数	强势指标		优势指标		中势指标		劣势指标		优劣度
		个数	比重（%）	个数	比重（%）	个数	比重（%）	个数	比重（%）	
生活水平	8	4	50.000	0	0.000	3	37.500	1	12.500	中势

（三）佛山市城市生活水平比较分析

图 10－9 和图 10－10 将 2010～2015 年佛山市生活水平与珠江－西江经济带最高水平和平均水平进行比较。从生活水平的要素得分比较来看，由图 10－9 可知，2010 年，佛山市社会保障水平得分比珠江－西江经济带最高分低 1.780 分，比珠江－西江经济带平均分低 0.721 分；2011 年，社会保障水平得分比珠江－西江经济带最高分低 1.631 分，比珠江－西江经济带平均分低 0.673 分；2012 年，社会保障水平得分比珠江－西江经济带最高分低 1.266 分，比珠江－西江经济带平均分低 0.621 分；2013 年，社会保障水平得分比珠江－西江经济带最高分低 1.547 分，比珠江－西江经济带平均分低 0.717 分；2014 年，社会保障水平得分比珠江－西江经济带最高分低 1.504 分，比珠江－西江经济带平均分低 0.669 分；2015 年，社会保障水平得分比珠江－西江经济带最高分低 5.672 分，比珠江－西江经济带平均分低 1.032 分。这说明整体上佛山市社会保障水平得分与珠江－西江经济带最高分的差距波动在增加，与珠江－西江经济带平均分的差距波动增大。

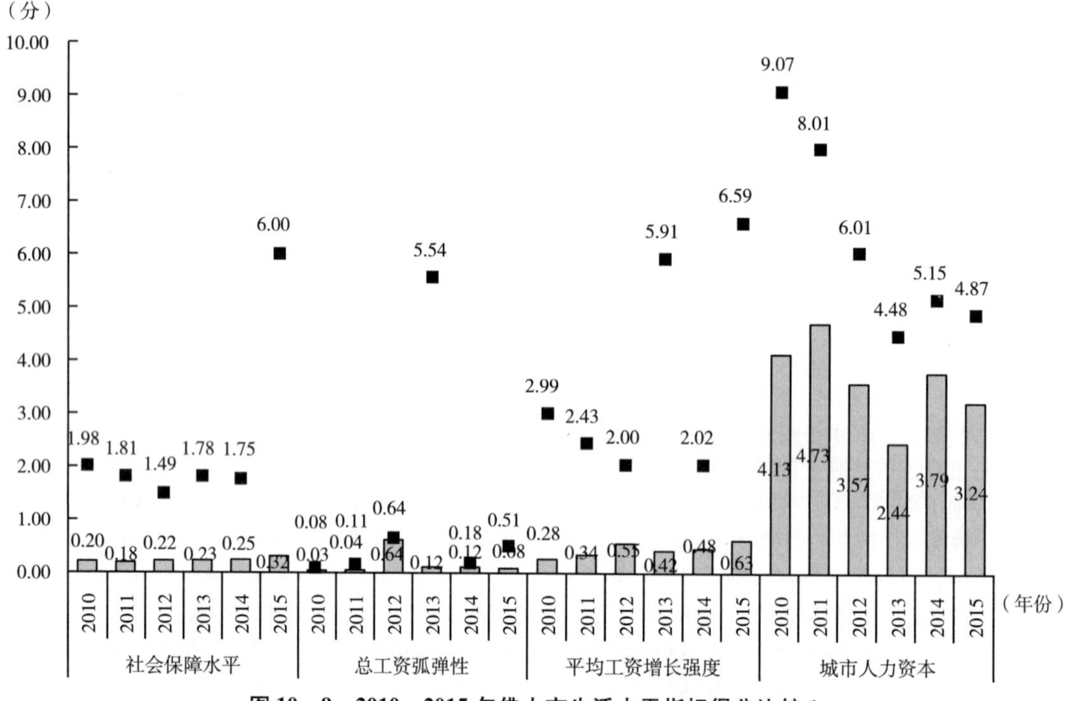

图 10－9　2010～2015 年佛山市生活水平指标得分比较 1

2010 年，佛山市总工资弧弹性得分比珠江－西江经济带最高分低 0.048 分，比珠江－西江经济带平均分高 0.032 分；2011 年，总工资弧弹性得分比珠江－西江经济带最高分低 0.067 分，比珠江－西江经济带平均分高 0.015 分；2012 年，总工资弧弹性得分与珠江－西江经济带最高分不存在差距，比珠江－西江经济带平均分高 0.499 分；2013 年，总工资弧弹性得分比珠江－西江经济带最高分低 5.426 分，比珠江－西江经济带平均分低 0.511 分；2014 年，总工资弧弹性得分比珠江－西江经济带最高分低 0.065 分，比珠江－西江经济带平均分高 0.014 分；2015 年，总工资弧弹性得分比珠江－西江经济带最高分低 0.428 分，比珠江－西江经济带平均分低 0.070 分。这说明整体上佛山市总工资弧弹性得分与珠江－西江经济带最高分的差距波动增加，与珠江－西江经济带平均分的差距波动增大。

2010 年，佛山市平均工资增长强度得分比珠江－西江经济带最高分低 2.707 分，比珠江－西江经济带平均分低 1.054 分；2011 年，平均工资增长强度得分比珠江－西江经济带最高分低 2.096 分，比珠江－西江经济带平均分低 0.586 分；2012 年，平均工资增长强度得分比珠江－西江经济带最高分低 1.446 分，比珠江－西江经济带平均分低 0.509 分；2013 年，平均工资增长强度得分比珠江－西江经济带最高分低 5.498 分，比珠江－西江经济带平均分低 1.573 分；2014 年，平均工资增长强度得分比珠江－西江经济带最高分低 1.547 分，比珠江－西江经济带平均分低 0.526 分；2015 年，平均工资增长强度得分比珠江－西江经济带最高分低 5.963 分，比珠江－西江经济带平均分低

1.605 分。这说明整体上佛山市平均工资增长强度得分与珠江－西江经济带最高分的差距波动扩大，与珠江－西江经济带平均分的差距波动增加。

2010 年，佛山市人力资本得分比珠江－西江经济带最高分低 4.939 分，比珠江－西江经济带平均分低 2.040 分；2011 年，城市人力资本得分比珠江－西江经济带最高分低 3.281 分，比珠江－西江经济带平均分低 0.117 分；2012 年，城市人力资本得分比珠江－西江经济带最高分低 2.443 分，比珠江－西江经济带平均分高 0.329 分；2013 年，城市人力资本得分比珠江－西江经济带最高分低 2.038 分，比珠江－西江经济带平均分高 0.084 分；2014 年，城市人力资本得分比珠江－西江经济带最高分低 1.363 分，比珠江－西江经济带平均分高 0.277 分；2015 年，城市人力资本得分比珠江－西江经济带最高分低 1.625 分，比珠江－西江经济带平均分高 0.098 分。这说明整体上佛山市人力资本得分与珠江－西江经济带最高分的差距逐渐缩小，与珠江－西江经济带平均分的差距波动减小。

由图10－10 可知，2010 年，佛山市职工工资相对增长率得分比珠江－西江经济带最高分低 0.836 分，比珠江－西江经济带平均分低 0.105 分；2011 年，职工工资相对增长率得分比珠江－西江经济带最高分低 1.017 分，比珠江－西江经济带平均分低 0.032 分；2012 年，职工工资相对增长率得分比珠江－西江经济带最高分低 0.119 分，比珠江－西江经济带平均分高 0.051 分；2013 年，职工工资相对增长率得分与珠江－西江经济带最高分不存在差距，比珠江－西江经济带平均分高 4.769 分；2014 年，职工工资相对增长率得分比珠江－西江经济带最高分低 1.335 分，比珠江－西江经济带平均分高 0.136 分；2015 年，职工工资相对增长率得分比珠江－西江经济带最高分低 0.826 分，比珠江－西江经济带平均分高 0.420 分。这说明整体上佛山市职工工资相对增长率得分与珠江－西江经济带最高分的差距波动缩小，与珠江－西江经济带平均分的差距波动增加。

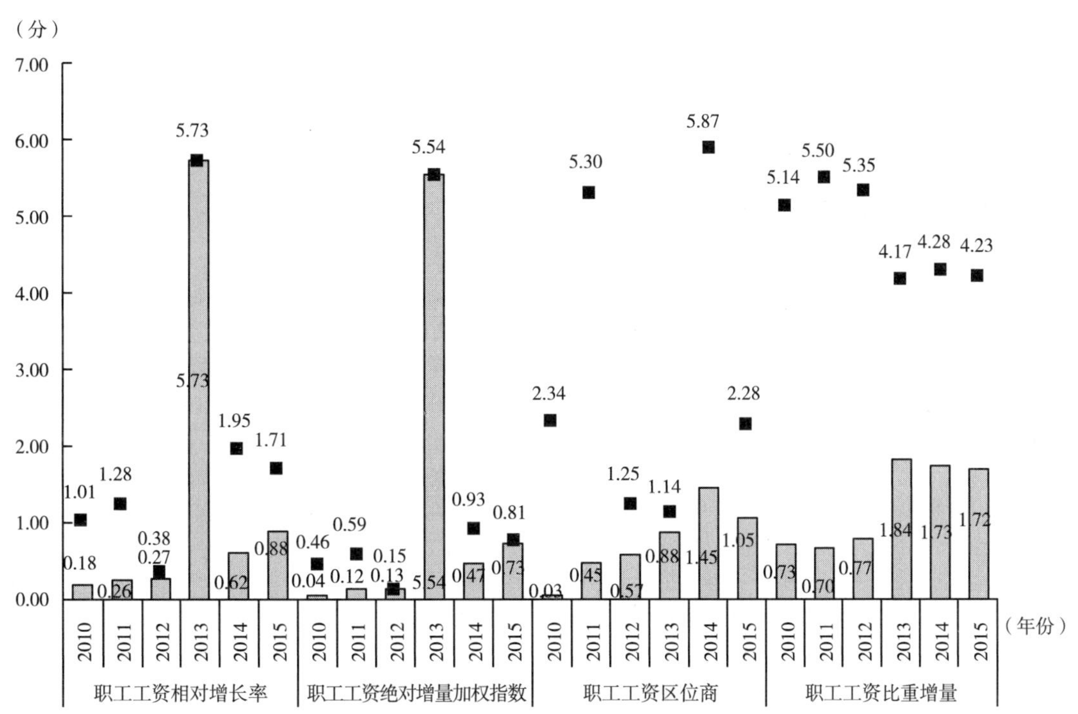

图 10－10　2010～2015 年佛山市生活水平指标得分比较 2

2010 年，佛山市职工工资绝对增量加权指数得分比珠江－西江经济带最高分低 0.415 分，比珠江－西江经济带平均分低 0.037 分；2011 年，职工工资绝对增量加权指数得分比珠江－西江经济带最高分低 0.470 分，比珠江－西江经济带平均分高 0.031 分；2012 年，职工工资绝对增量加权指数得分比珠江－西江经济带最高分低 0.012 分，比珠江－西江经济带平均分高 0.080 分；2013 年，职工工资绝对增量加权指数得分与珠江－西江经济带最高分不存在差距，比珠江－西江经济带平均分高 4.920 分；2014 年，职工工资绝对增量加权指数得分比珠江－西江经济带最高分低 0.460 分，比珠江－西江经济带平均分高 0.294 分；2015 年，职工工资绝对增量加权指数得分比珠江－西江经济带最高分低 0.075 分，比珠江－西江经济带平均分高 0.545 分。这说明整体上佛山市职工工资绝对增量加权指数得分与珠江－西江经济带最高分的差距波动缩小，与珠江－西江经济带平均分的差距波动增加。

2010 年，佛山市职工工资区位商得分比珠江－西江经济带最高分低 2.310 分，比珠江－西江经济带平均分低 0.291 分；2011 年，职工工资区位商得分比珠江－西江经济带最高分低 4.843 分，比珠江－西江经济带平均分低 0.155 分；2012 年，职工工资区位商得分比珠江－西江经济带最高分低 0.683 分，比珠江－西江经济带平均分高 0.291 分；2013 年，职工工资区位商得分比珠江－西江经济带最高分低 0.268 分，比珠江－西江经济带平均分高

0.479 分；2014 年，职工工资区位商得分比珠江－西江经济带最高分低 4.418 分，比珠江－西江经济带平均分高 0.451 分；2015 年，职工工资区位商得分比珠江－西江经济带最高分低 1.233 分，比珠江－西江经济带平均分高 0.512 分。这说明整体上佛山市职工工资区位商得分与珠江－西江经济带最高分的差距波动缩小，与珠江－西江经济带平均分的差距波动上升。

2010 年，佛山市职工工资比重增量得分比珠江－西江经济带最高分低 4.408 分，比珠江－西江经济带平均分高 0.018 分；2011 年，职工工资比重增量得分比珠江－西江经济带最高分低 4.805 分，比珠江－西江经济带平均分低 0.024 分；2012 年，职工工资比重增量得分比珠江－西江经济带最高分低 4.571 分，比珠江－西江经济带平均分高 0.052 分；2013 年，职工工资比重增量得分比珠江－西江经济带最高分低 2.330 分，比珠江－西江经济带平均分高 1.143 分；2014 年，职工工资比重增量得分比珠江－西江经济带最高分低 2.549 分，比珠江－西江经济带平均分高 1.027 分；2015 年，职工工资比重增量得分比珠江－西江经济带最高分低 2.502 分，比珠江－西江经济带平均分高 1.206 分。这说明整体上佛山市职工工资比重增量得分与珠江－西江经济带最高分的差距波动缩小，与珠江－西江经济带平均分的差距波动上升。

二、佛山市城市生活环境质量综合评估与比较

（一）佛山市城市生活环境质量评估指标变化趋势评析

1. 城镇公园用地动态变化

根据图 10－11 分析可知，2010～2015 年佛山市的城镇公园用地总体上呈现波动下降的状态。2010～2015 年间城市在该项指标上总体呈现下降趋势，但在评估期间存在上下波动的情况，指标并非连续性下降状态。波动下降型指标意味着在评估期间，虽然指标数据存在较大波动变化，但是其评价末期数据值低于评价初期数据值。如图所示，佛山市城镇公园用地动态变化指标处于波动下降的状态中，2010 年此指标数值最高，为 32.853，到 2015 年时，下降至 25.276。分析这种变化趋势，可以得出佛山市发展承载力有待增强。

图 10－11 2010～2015 年佛山市城镇公园用地动态变化变化趋势

2. 供水能力延展指数

根据图 10－12 分析可知，2010～2015 年佛山市供水能力延展指数总体上呈现波动保持的状态。此类型指标意味着城市在该项指标上虽然呈现波动状态，在评价末期和评价初期的数值基本保持一致，该图可知佛山市供水能力延展指数数值保持在 3.822～6.959。即使佛山市供水能力延展指数存在过最低值，其数值为 3.822，但佛山市在供水能力延展指数上总体表现相对平稳，说明该地区经济发展能力及活力持续又稳定。

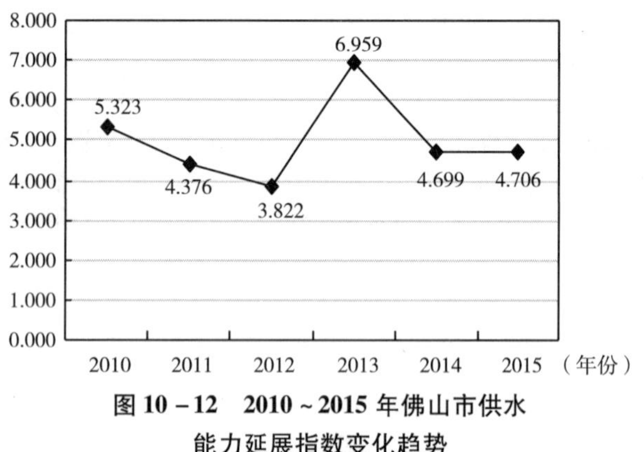

图 10－12 2010～2015 年佛山市供水能力延展指数变化趋势

3. 城市供气能力

根据图 10－13 分析可知，2010～2015 年佛山市供气能力总体上呈现波动上升的状态。2010～2015 年间城市在该项指标上存在一定的波动变化，总体趋势为上升趋势，但在个别年份出现下降的情况，指标并非连续性上升状态。波动上升型指标意味着在评价的时间段内，虽然指标数据存在较大的波动变化，但是其评价末期数据值高于评价初期数据值。佛山市在 2012～2013 年虽然出现下降的状况，2013 年为 64.989，但是总体上还是呈现上升的态势，最终稳定在 89.234。城市供气能力越大，说明城市的经济发展水平越高，对于佛山市来说，其城市居民生活发展潜力也越来越大。

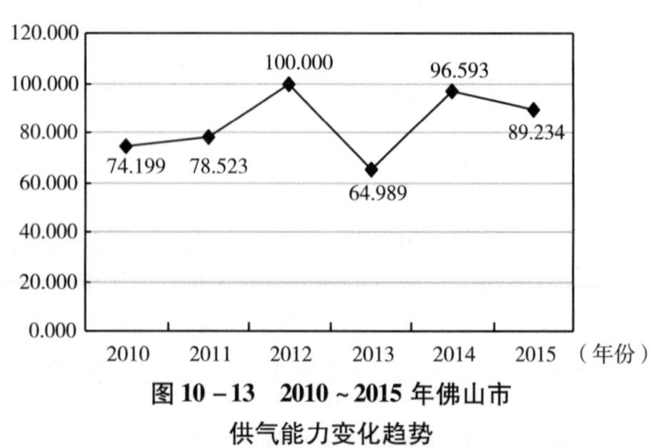

图 10－13 2010～2015 年佛山市供气能力变化趋势

4. 城市供电强度

根据图 10－14 分析可知，2010～2015 年佛山市供电强度总体上呈现波动保持的状态。波动保持型指标意味着城市

在该项指标上虽然呈现波动状态，在评价末期和评价初期的数值基本保持一致，该图可知佛山市供电强度数值保持在74.498～77.431。即使佛山市供电强度存在过最低值，其数值为74.498，但佛山市在供电强度上总体表现相对平稳，说明该地区经济发展能力及活力持续又稳定。

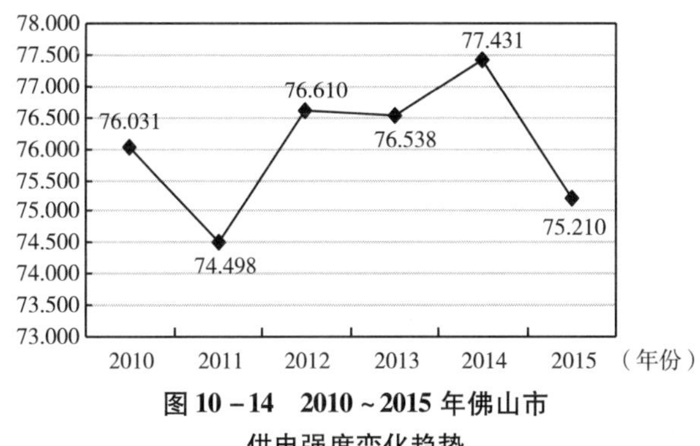

图 10－14　2010～2015 年佛山市供电强度变化趋势

5. 城市供气密度

根据图 10－15 分析可知，2010～2015 年佛山市供气密度总体上呈现波动保持的状态。波动保持型指标意味着城市在该项指标上虽然呈现波动状态，在评价末期和评价初期的数值基本保持一致，该图可知佛山市供气密度数值保持在68.010～100.000。即使佛山市供气密度存在过最低值，其数值为68.010，但佛山市在供气密度上总体表现相对平稳，说明该地区经济发展能力及活力持续又稳定。

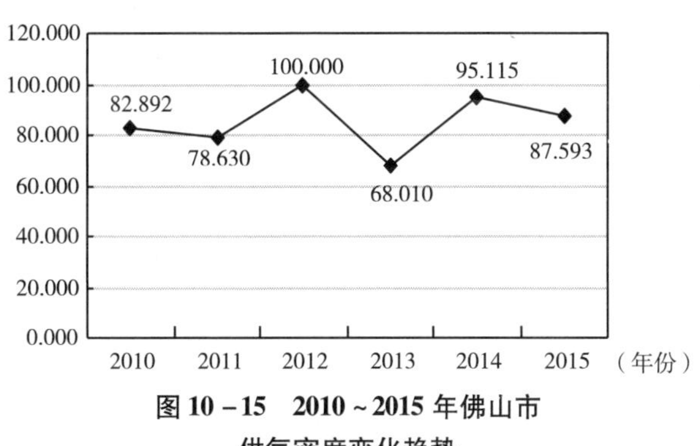

图 10－15　2010～2015 年佛山市供气密度变化趋势

6. 城市用电承载力 ES

根据图 10－16 分析可知，2010～2015 年佛山市的用电承载力 ES 总体上呈现波动上升的状态。2010～2015 年间城市在该项指标上存在较多波动变化，总体趋势为上升趋势，但在个别年份出现下降的情况，指标并非连续性上升。波动上升型指标意味着在评估期间，虽然指标数据存在较大波动变化，但是其评价末期数据值高于评价初期数据值。通过折线图可以看出，佛山市的城市用电承载力 ES 指标波动提高，在 2015 年达到 75.259，说明佛山市的经济社会整体发展水平较高，对外部资源的吸引力较强。

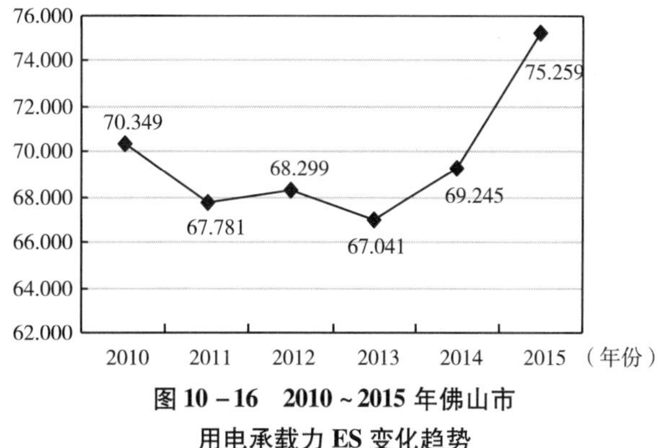

图 10－16　2010～2015 年佛山市用电承载力 ES 变化趋势

7. 城市通信流强度

根据图 10－17 分析可知，2010～2015 年佛山市的通信流强度总体上呈现波动上升的状态。2010～2015 年间城市在该项指标上存在较多波动变化，总体趋势为上升趋势，但在个别年份出现下降的情况，指标并非连续性上升。波动上升型指标意味着在评估期间，虽然指标数据存在较大波动变化，但是其评价末期数据值高于评价初期数据值。对于佛山市来说，城市通信流强度这个三级指标的上升幅度较大，从 2010 年的 40.598 上升至 2015 年的46.163，这样的上升趋势说明城市发展的经济结构较优化，其进行城市通信的方式比较丰富，城市的经济社会发展活力十分充沛。

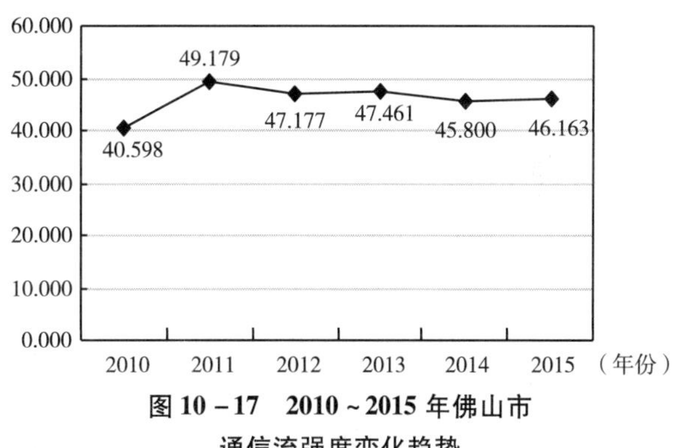

图 10－17　2010～2015 年佛山市通信流强度变化趋势

8. 城市通信倾向度

根据图 10－18 分析可知，2010～2015 年佛山市的通信倾向度总体上呈现波动下降的状态。2010～2015 年间城市在该项指标上总体呈现下降趋势，但在评估期间存在上下波动的情况，指标并非连续性下降状态。波动下降型指标意味着在评估期间，虽然指标数据存在较大波动变化，但是其评价末期数据值低于评价初期数据值。如图 10－18 所示，佛山市通信倾向度指标处于波动下降的状态中，2010 年此指标数值最高，为 42.825，到 2015 年时，下降至25.146。分析这种变化趋势，可以得出佛山市居民生活发展的水平有待提升，城市的发展活力不足。

图 10－18　2010～2015 年佛山市通信倾向度变化趋势

9. 城市通信职能规模

根据图 10－19 分析可知，2010～2015 年佛山市通信职能规模总体上呈现波动保持的状态。波动保持型指标意味着城市在该项指标上虽然呈现波动状态，在评价末期和评价初期的数值基本保持一致，该图可知佛山市通信职能规模数值保持在 27.443～42.269。即使佛山市通信职能规模存在过最低值，其数值为 27.443，但佛山市在通信职能规模上总体表现相对平稳，说明该地区经济发展能力及活力持续又稳定。

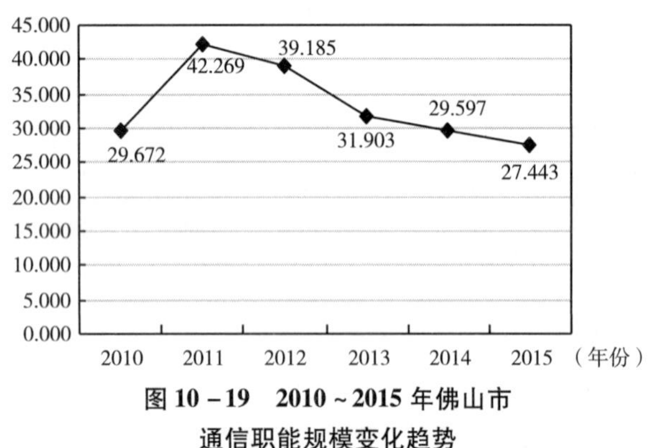

图 10－19　2010～2015 年佛山市通信职能规模变化趋势

10. 城市通信职能地位

根据图 10－20 分析可知，2010～2015 年佛山市通信职能地位指数总体上呈现波动下降的状态。这种状态表现为在 2010～2015 年间城市在该项指标上总体呈现下降趋势，但在期间存在上下波动的情况，并非连续性下降状态。这就意味着在评估的时间段内，虽然指标数据存在较大的波动化，但是其评价末期数据值低于评价初期数据值。佛山市的通信职能地位指数末期低于初期的数据，降低 10 个单位左右，并且在 2011～2015 年间存在明显下降的变化，这说明佛山市通信职能地位情况处于不太稳定的下降状态。

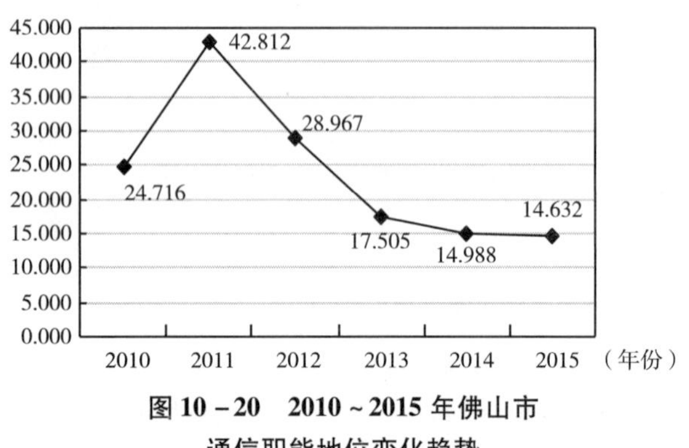

图 10－20　2010～2015 年佛山市通信职能地位变化趋势

（二）佛山市城市生活环境质量评估结果

根据表 10－4 对 2010～2012 年间佛山市生活环境质量得分、排名、优劣度进行分析。2010～2012 年佛山市生活环境质量排名均处在珠江－西江经济带第 2 名，说明佛山市生活环境综合发展水平较于珠江－西江经济带其他城市较高且稳定。同时对佛山市的生活环境质量得分情况作出分析，发现佛山市生活环境综合得分持续上升，递增幅度较为稳定，说明佛山市生活环境稳定性较高。2010～2012 年间佛山市的生活环境质量在珠江－西江经济带中均保持强势地位，说明佛山市的生活环境质量不断得到提高，居民生活质量不断提高，能够为居民提供更优质的生产生活基础条件。

表 10－4　2010～2012 年佛山市生活环境各级指标的得分、排名及优劣度分析

指标	2010 年			2011 年			2012 年		
	得分	排名	优劣度	得分	排名	优劣度	得分	排名	优劣度
生活环境	27.267	2	强势	29.250	2	强势	31.262	2	强势
城镇公园用地动态变化	2.167	4	优势	1.748	6	中势	1.442	4	优势
供水能力延展指数	0.253	2	强势	0.206	6	中势	0.214	11	劣势
城市供气能力	4.128	1	强势	4.412	1	强势	6.044	1	强势
城市供电强度	4.446	2	强势	4.284	2	强势	4.541	2	强势
城市供气密度	4.744	1	强势	4.320	1	强势	5.973	1	强势
城市用电承载力 ES	3.982	2	强势	3.760	2	强势	3.854	2	强势

续表

指标	2010 年			2011 年			2012 年		
	得分	排名	优劣度	得分	排名	优劣度	得分	排名	优劣度
城市通信流强度	2.137	2	强势	2.723	2	强势	2.737	2	强势
城市通信倾向度	2.643	1	强势	2.942	3	优势	2.720	7	中势
城市通信职能规模	1.527	2	强势	2.407	2	强势	2.224	2	强势
城市通信职能地位	1.240	2	强势	2.449	2	强势	1.513	2	强势

对佛山市生活环境的三级指标进行分析，其中城镇公园用地动态变化得分排名呈现出波动保持的发展趋势。对佛山市城镇公园用地动态变化的得分情况进行分析，发现佛山市的城镇公园用地动态变化得分持续下降，说明佛山市的城镇公园用地的增加变小，城市规模扩大减慢。

供水能力延展指数的综合发展水平得分排名呈现出持续下降的趋势。对佛山市供水能力延展指数的得分情况作出分析，发现佛山市在供水能力延展指数上的得分波动下降，说明佛山市的城市的供水管道发展水平有待提高。

城市供气能力得分排名呈现出持续保持的趋势。对佛山市供气能力的得分情况作出分析，发现佛山市在供气能力上的得分持续上升，说明佛山市的供气能力在不断提高，居民基础设施服务不断得到完善，城市经济发展越来越好，城市规模不断扩大。

城市供电强度得分排名呈现出持续保持的趋势。对佛山市的供电强度的得分情况作出分析，发现佛山市在供电强度上的得分波动上升，说明佛山市在推进供电水平建设方面稳定性有待提高。

城市供气密度得分排名呈现持续保持的趋势。对佛山市的供气密度的得分情况进行分析，发现佛山市的供气密度的得分波动上升，分值变动幅度较小，说明的城市供气密度的平稳性较为平稳，城市用气总量的密集程度在不断提高，城市供气承载力越来越大。

城市用电承载力 ES 得分排名呈现出持续保持的趋势。对佛山市的用电承载力 ES 的得分情况作出分析，发现佛山市在用电承载力 ES 上的得分波动下降，说明2010～2012 年间佛山市的用电承载力 ES 存在一定的提升空间，城市用电的整体密度、容量范围有待提高。

城市通信流强度得分排名呈现出持续保持的趋势。对佛山市的通信流强度的得分情况作出分析，发现佛山市在通信流强度上的得分持续上升，分值变动幅度较小，说明 2010～2012 年间佛山市的通信要素流动强度越来越强，对经济的影响力越来越高。

城市通信倾向度得分排名呈现出持续下降的趋势。对佛山市的通信倾向度的得分情况作出分析，发现佛山市在通信倾向度上的得分波动上升，呈现先升后降的趋势，说明 2010～2012 年间佛山市的通信外向强度上有较大的提升空间。

城市通信职能规模得分排名呈现出持续保持的趋势。对佛山市的通信职能规模的得分情况作出分析，发现佛山市在通信职能规模上的得分波动上升，呈现先升后降的趋势，说明佛山市在通信水平方面存在一定的提升空间。

城市通信职能地位得分排名呈现出持续保持的趋势。对佛山市通信职能地位的得分情况作出分析，发现佛山市在通信职能地位上的得分波动上升，分值变动幅度较大，说明佛山市在通信水平提升较不稳定，存在一定的提升空间。

根据表 10－5 对 2013～2015 年间佛山市生活环境质量得分、排名、优劣度进行分析。2013～2015 年佛山市生活环境质量排名均处在珠江－西江经济带第 1 名，说明佛山市生活环境综合发展水平较于珠江－西江经济带其他城市较高且稳定。对佛山市的生活环境质量得分情况作出分析，发现佛山市生活环境综合得分波动上升，变化幅度小，说明佛山市生活环境质量较为稳定。2013～2015 年间佛山市的生活环境质量在珠江－西江经济带中均保持强势地位，说明佛山市的生活环境质量较高，能够提供更具优势的生产生活基础条件。

表 10－5　2013～2015 年佛山市生活环境各级指标的得分、排名及优劣度分析

指标	2013 年			2014 年			2015 年		
	得分	排名	优劣度	得分	排名	优劣度	得分	排名	优劣度
生活环境	24.987	1	强势	28.468	1	强势	27.192	1	强势
城镇公园用地动态变化	1.551	3	优势	1.584	5	优势	1.522	7	中势
供水能力延展指数	0.333	1	强势	0.228	3	优势	0.226	5	优势
城市供气能力	3.555	1	强势	5.811	1	强势	5.295	1	强势

续表

指标	2013 年			2014 年			2015 年		
	得分	排名	优劣度	得分	排名	优劣度	得分	排名	优劣度
城市供电强度	4.524	2	强势	4.685	2	强势	4.574	2	强势
城市供气密度	3.682	1	强势	5.585	1	强势	4.969	1	强势
城市用电承载力 ES	3.759	2	强势	3.988	2	强势	4.570	2	强势
城市通信流强度	2.598	2	强势	2.510	2	强势	2.488	2	强势
城市通信倾向度	2.495	5	优势	1.823	10	劣势	1.466	9	劣势
城市通信职能规模	1.639	2	强势	1.520	2	强势	1.375	2	强势
城市通信职能地位	0.852	2	强势	0.733	2	强势	0.707	2	强势

对佛山市生活环境的三级指标进行分析，其中城镇公园用地动态变化得分排名呈现出持续下降的发展趋势。对佛山市城镇公园用地动态变化的得分情况进行分析，发现佛山市的城镇公园用地动态变化得分波动下降，说明佛山市的城镇公园用地增加变小。

供水能力延展指数的综合发展水平得分排名呈现出持续下降的趋势。对佛山市供水能力延展指数的得分情况作出分析，发现佛山市在供水能力延展指数上的得分持续下降，分值变动幅度较小，说明佛山市的供水管道发展较大的提升空间。

城市供气能力得分排名呈现出持续保持的趋势。对佛山市的供气能力的得分情况作出分析，发现佛山市在供气能力上的得分波动上升，说明佛山市的供气能力稳定性有待提升，并存在一定的提升空间。

城市供电强度得分排名呈现出持续保持的趋势。对佛山市的供电强度的得分情况作出分析，发现佛山市在供电强度上的得分波动上升，分值变动幅度较小，说明佛山市在推进供电建设方面提高较为稳定，城市供电能力具备优势，城市活力越来越强。

城市供气密度得分排名呈现持续保持的趋势。对佛山市的供气密度的得分情况进行分析，发现佛山市的供气密度的得分波动上升，说明城市用气总量高，城市供气密度大，供气承载力高，也还存在一定的提升空间。

城市用电承载力 ES 得分排名呈现出持续保持的趋势。对佛山市的用电承载力 ES 的得分情况作出分析，发现佛山市在用电承载力 ES 上的得分持续上升，说明2013～2015 年间佛山市的用电承载力 ES 不断提高，城市的整体密度、容量范围得到提升。

城市通信流强度得分排名呈现出持续保持的趋势。对佛山市的通信流强度的得分情况作出分析，发现佛山市在通信流强度上的得分持续下降，说明 2013～2015 年间佛山市的通信要素流动强度在减弱，存在提升的空间。

城市通信倾向度得分排名呈现出波动下降的趋势。对佛山市的通信倾向度的得分情况作出分析，发现佛山市在通信倾向度上的得分持续下降，说明 2013～2015 年间佛山市的通信外向强度不断减弱，在城市的通信外向强度的提高上佛山市应该付出更大的努力。

城市通信职能规模得分排名呈现出持续保持的趋势。对佛山市的通信职能规模的得分情况作出分析，发现佛山市在通信职能规模上的得分持续下降，说明佛山市所具备的通信水平存在一定的提升空间。

城市通信职能地位得分排名呈现出持续保持的趋势。对佛山市通信职能地位的得分情况作出分析，发现佛山市在通信职能地位上的得分持续下降，说明佛山市虽然在通信能力方面具备较大的优势，但仍存在提升空间。

对 2010～2015 年间佛山市生活环境及各三级指标的得分、排名和优劣度进行分析。2010～2012 年佛山市生活环境综合得分排名均处在珠江－西江经济带第 2 名，之后 2013～2015 年佛山市生活环境综合得分排名均升至第 1 名。2010～2015 年佛山市生活环境综合得分排名一直处在珠江－西江经济带上游区，在城市生活环境上一直位于强势地位，说明佛山市生活环境质量发展较之于珠江－西江经济带的其他城市极具竞争优势。对佛山市的生活环境质量得分情况进行分析，发现佛山市的生活环境综合得分呈现波动下降的发展趋势，说明佛山市生活环境质量稳定性有待提升，其生活环境水平存在一定的提升空间。

从表 10－6 生活环境基础指标的优劣度结构来看，在 10 个基础指标中，指标的优劣度结构为 70.0∶10.0∶10.0∶10.0。

表 10－6　2015 年佛山市生活环境指标的优劣度结构

二级指标	三级指标数	强势指标		优势指标		中势指标		劣势指标		优劣度
		个数	比重（%）	个数	比重（%）	个数	比重（%）	个数	比重（%）	
生活环境	10	7	70.000	1	10.000	1	10.000	1	10.000	强势

（三）佛山市城市生活环境质量比较分析

图 10－21 和图 10－22 将 2010～2015 年佛山市生活环境质量与珠江－西江经济带最高水平和平均水平进行比较。从生活环境质量的要素得分比较来看，由图 10－21 可知，2010 年，佛山市城镇公园用地动态变化得分比珠江－西江经济带最高分低 4.430 分，比珠江－西江经济带平均分低 0.314 分；2011 年，城镇公园用地动态变化得分比珠江－西江经济带最高分低 3.567 分，比珠江－西江经济带平均分低 0.463 分；2012 年，城镇公园用地动态变化得分比珠江－西江经济带最高分低 1.086 分，比珠江－西江经济带平均分高 0.112 分；2013 年，城镇公园用地动态变化得分比珠江－西江经济带最高分低 1.235 分，比珠江－西江经济带平均分低 0.002 分；2014 年，城镇公园用地动态变化得分比珠江－西江经济带最高分低 1.992 分，比珠江－西江经济带平均分低 0.292 分；2015 年，城镇公园用地动态变化得分比珠江－西江经济带最高分低 1.701 分，比珠江－西江经济带平均分低 0.444 分。这说明整体上佛山市城镇公园用地动态变化得分与珠江－西江经济带最高分的差距有缩小趋势，与珠江－西江经济带平均分的差距波动增加。

2010 年，佛山市供水能力延展指数得分比珠江－西江经济带最高分低 0.005 分，比珠江－西江经济带平均分高 0.025 分；2011 年，供水能力延展指数得分比珠江－西江经济带最高分低 0.117 分，比珠江－西江经济带平均分低 0.026 分；2012 年，供水能力延展指数得分比珠江－西江经济带最高分低 5.394 分，比珠江－西江经济带平均分低 0.553 分；2013 年，供水能力延展指数得分与珠江－西江经济带最高分不存在差距，比珠江－西江经济带平均分高 0.104 分；2014 年，供水能力延展指数得分比珠江－西江经济带最高分低 0.007 分，比珠江－西江经济带平均分高 0.007 分；2015 年，供水能力延展指数得分比珠江－西江经济带最高分低 0.071 分，比珠江－西江经济带平均分高 0.020 分。这说明整体上佛山市供水能力延展指数得分与珠江－西江经济带最高分的差距有扩大趋势，与珠江－西江经济带平均分的差距波动增加。

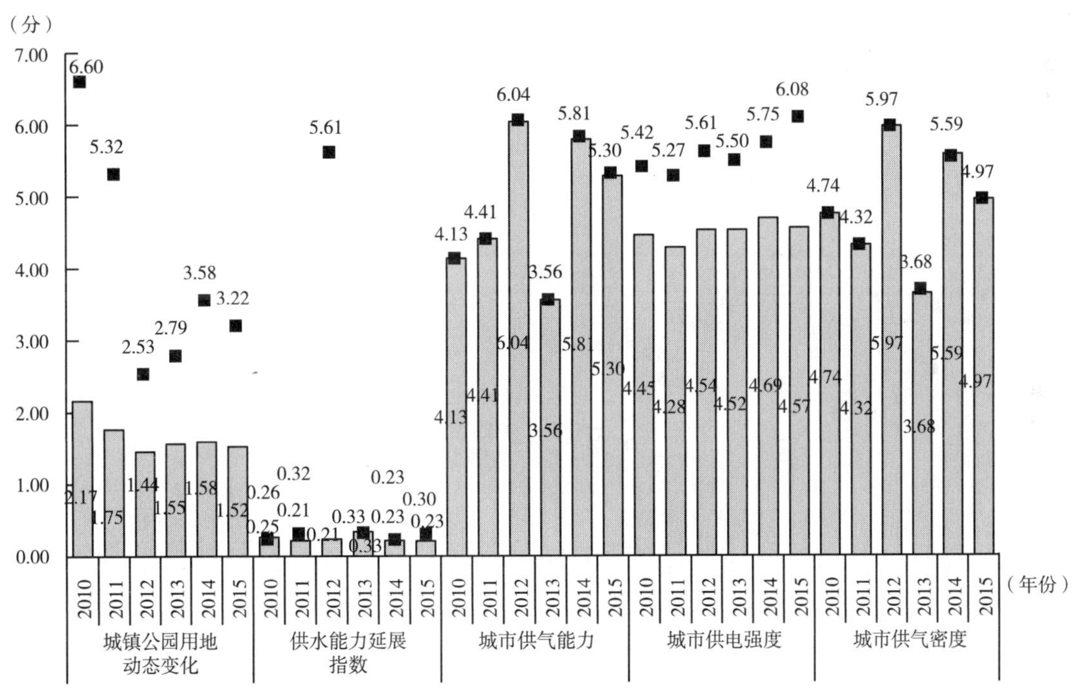

图 10－21 2010～2015 年佛山市生活环境质量指标得分比较 1

2010 年，佛山市供气能力得分与珠江－西江经济带最高分不存在差距，比珠江－西江经济带平均分高 2.906 分；2011 年，城市供气能力得分与珠江－西江经济带最高分不存在差距，比珠江－西江经济带平均分高 3.074 分；2012 年，城市供气能力得分与珠江－西江经济带最高分不存在差距，比珠江－西江经济带平均分高 4.535 分；2013 年，城市供气能力得分与珠江－西江经济带最高分不存在差距，比珠江－西江经济带平均分高 2.447 分；2014 年，城市供气能力得分与珠江－西江经济带最高分不存在差距，比珠江－西江经济带平均分高 4.399 分；2015 年，城市供气能力得分与珠江－西江经济带最高分不存在差距，比珠江－西江经济带平均分低 3.819 分。这说明整体上佛山市供气能力得分与珠江－西江经济带最高分的差距持续保持，与珠江－西江经济带平均分的差距波动增加。

2010 年，佛山市供电强度得分比珠江－西江经济带最高分低 0.971 分，比珠江－西江经济带平均分高 3.275 分；2011 年，城市供电强度得分比珠江－西江经济带最高分低 0.986 分，比珠江－西江经济带平均分高 3.149 分；2012 年，城市供电强度得分比珠江－西江经济带最高分低 1.065 分，比珠江－西江经济带平均分高 3.346 分；2013 年，城市供电强度得分比珠江－西江经济带最高分低 0.979 分，比珠江－西江经济带平均分高 3.340 分；2014

年，城市供电强度得分比珠江－西江经济带最高分低1.063分，比珠江－西江经济带平均分高3.459分；2015年，城市供电强度得分比珠江－西江经济带最高分低1.508分，比珠江－西江经济带平均分高3.328分。这说明整体上佛山市供电强度得分与珠江－西江经济带最高分的差距波动增加，与珠江－西江经济带平均分的差距波动增加。

2010年，佛山市供气密度得分与珠江－西江经济带最高分不存在差距，比珠江－西江经济带平均分高3.355分；2011年，城市供气密度得分与珠江－西江经济带最高分不存在差距，比珠江－西江经济带平均分高3.159分；2012年，城市供气密度得分与珠江－西江经济带最高分不存在差距，比珠江－西江经济带平均分高4.562分；2013年，城市供气密度得分与珠江－西江经济带最高分不存在差距，比珠江－西江经济带平均分高2.670分；2014年，城市供气密度得分与珠江－西江经济带最高分不存在差距，比珠江－西江经济带平均分低4.365分；2015年，城市供气密度得分与珠江－西江经济带最高分不存在差距，比珠江－西江经济带平均分低3.843分。这说明整体上佛山市供气密度得分与珠江－西江经济带最高分的差距持续保持，与珠江－西江经济带平均分的差距波动增加。

由图10－22可知，2010年，佛山市用电承载力ES得分比珠江－西江经济带最高分低0.868分，比珠江－西江经济带平均分高2.928分；2011年，城市用电承载力ES得分比珠江－西江经济带最高分低0.864分，比珠江－西江经济带平均分高2.745分；2012年，城市用电承载力ES得分比珠江－西江经济带最高分低0.903分，比珠江－西江经济带平均分高2.843分；2013年，城市用电承载力ES得分比珠江－西江经济带最高分低0.812分，比珠江－西江经济带平均分高2.772分；2014年，城市用电承载力ES得分比珠江－西江经济带最高分低0.903分，比珠江－西江经济带平均分高2.952分；2015年，城市用电承载力ES得分比珠江－西江经济带最高分低1.502分，比珠江－西江经济带平均分高3.344分。这说明整体上佛山市用电承载力ES得分与珠江－西江经济带最高分的差距波动上升，与珠江－西江经济带平均分的差距波动增加。

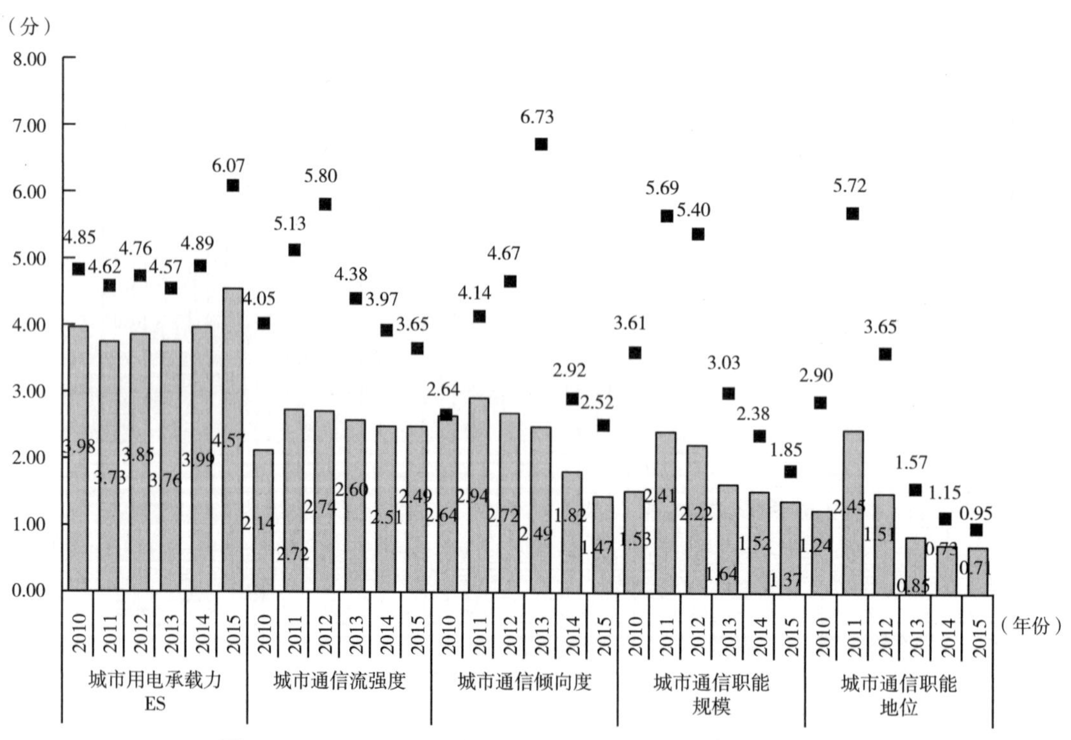

图10－22 2010～2015年佛山市生活环境质量指标得分比较2

2010年，佛山市通信流强度得分比珠江－西江经济带最高分低1.909分，比珠江－西江经济带平均分高1.445分；2011年，城市通信流强度得分比珠江－西江经济带最高分低2.403分，比珠江－西江经济带平均分高1.796分；2012年，城市通信流强度得分比珠江－西江经济带最高分低3.065分，比珠江－西江经济带平均分高1.700分；2013年，城市通信流强度得分比珠江－西江经济带最高分低1.779分，比珠江－西江经济带平均分高1.689分；2014年，城市通信流强度得分比珠江－西江经济带最高分低1.460分，比珠江－西江经济带平均分高1.616分；2015年，城市通信流强度得分比珠江－西江经济带最高分低1.162分，比珠江－西江经济带平均分高1.623分。这说明整体上佛山市通信流强度得分与珠江－西江经济带最高分的差距波动缩小，与珠江－西江经济带平均分的差距波动增加。

2010年，佛山市通信倾向度得分与珠江－西江经济带最高分不存在差距，比珠江－西江经济带平均分高0.279分；2011年，城市通信倾向度得分比珠江－西江经济带最高分低1.198分，比珠江－西江经济带平均分高0.059分；2012年，城市通信倾向度得分比珠江－西江经济带最高分低1.953分，比珠江－西江经济带平均分低0.122分；2013年，城市通信倾向度得分比珠江－西江经济带最高分低4.233分，比珠江－西江经济带平均分低0.204分；2014年，城市通信倾向度得分比珠江－西江经济带最高分低1.100分，比珠江－西江经济带平均分低0.247分；2015年，城市通信倾向度得分比珠江－西江经济带最高分低1.056分，比珠江－西江经济带平均分低0.243分。这说明整体上佛山市通信倾向度得分与珠江－西江经济带最高分的差距波动增加，与珠江－西江经济带平均分的差距呈波动缩小。

2010年，佛山市通信职能规模得分比珠江－西江经济带最高分低2.086分，比珠江－西江经济带平均分高0.926分；2011年，城市通信职能规模得分比珠江－西江经济带最高分低3.287分，比珠江－西江经济带平均分高1.391分；2012年，城市通信职能规模得分比珠江－西江经济带最高分低3.180分，比珠江－西江经济带平均分高1.236分；2013年，城市通信职能规模得分比珠江－西江经济带最高分低1.389分，比珠江－西江经济带平均分高1.027分；2014年，城市通信职能规模得分比珠江－西江经济带最高分低0.861分，比珠江－西江经济带平均分高0.959分；2015年，城市通信职能规模得分比珠江－西江经济带最高分低0.472分，比珠江－西江经济带平均分高0.903分。这说明整体上佛山市通信职能规模得分与珠江－西江经济带最高分的差距先增加后缩小，与珠江－西江经济带平均分的差距先增加后缩小。

2010年，佛山市通信职能地位得分比珠江－西江经济带最高分低1.656分，比珠江－西江经济带平均分高0.735分；2011年，城市通信职能地位得分比珠江－西江经济带最高分低3.271分，比珠江－西江经济带平均分高1.385分；2012年，城市通信职能地位得分比珠江－西江经济带最高分低2.135分，比珠江－西江经济带平均分高0.830分；2013年，城市通信职能地位得分比珠江－西江经济带最高分低0.722分，比珠江－西江经济带平均分高0.534分；2014年，城市通信职能地位得分比珠江－西江经济带最高分低0.418分，比珠江－西江经济带平均分高0.466分；2015年，城市通信职能地位得分比珠江－西江经济带最高分低0.243分，比珠江－西江经济带平均分高0.465分。这说明整体上佛山市通信职能地位得分与珠江－西江经济带最高分的差距先增加后缩小，与珠江－西江经济带平均分的差距先增加后缩小。

三、佛山市城市居民生活质量综合评估与比较评述

从对佛山市居民生活质量评估及其2个二级指标在珠江－西江经济带的排名变化和指标结构的综合分析来看，2010～2015年间，居民生活板块中上升指标的数量大于下降指标的数量，上升的动力大于下降的拉力，使得2015年佛山市居民生活质量的排名呈波动保持，在珠江－西江经济带城市中位居第2名。

（一）佛山市城市居民生活质量概要分析

佛山市居民生活质量在珠江－西江经济带所处的位置及变化如表10－7所示，2个二级指标的得分和排名变化如表10－8所示。

表10－7　**2010～2015年佛山市居民生活质量一级指标比较**

指标	2010年	2011年	2012年	2013年	2014年	2015年
排名	2	2	2	1	2	2
所属区位	上游	上游	上游	上游	上游	上游
得分	32.879	36.072	37.985	42.175	37.371	35.860
经济带最高分	47.987	59.835	48.147	42.175	42.940	40.410
经济带平均分	21.581	21.372	19.326	19.203	18.685	19.309
与最高分的差距	-15.108	-23.763	-10.163	0.000	-5.569	-4.549
与平均分的差距	11.297	14.700	18.659	22.972	18.686	16.552
优劣度	强势	强势	强势	强势	强势	强势
波动趋势	—	持续	持续	上升	下降	持续

表 10－8 2010～2015 年佛山市居民生活质量二级指标比较

年份	生活水平		生活环境	
	得分	排名	得分	排名
2010	5.611	10	27.267	2
2011	6.822	6	29.250	2
2012	6.722	6	31.262	2
2013	17.188	1	24.987	1
2014	8.902	3	28.468	1
2015	8.669	6	27.192	1
得分变化	3.057	—	-0.076	—
排名变化	—	4	—	1
优劣度	优势	优势	强势	强势

（1）从指标排名变化趋势看，2015 年佛山市居民生活质量评估排名在珠江－西江经济带处于第 2 名，表明为其在珠江－西江经济带处于强势地位，与 2010 年相比，排名处于稳定保持状态。总的来看，评价期内佛山市居民生活质量呈现波动保持趋势。

在 2 个二级指标中，其中 2 个指标排名保持上升，为生活水平、生活环境，这是佛山市居民生活质量处于波动保持趋势的原因所在。受指标排名升降的综合影响，评价期内佛山市居民生活质量的综合排名呈波动保持，在珠江－西江经济带城市排名第 2 名。

（2）从指标所处区位来看，2015 年佛山市居民生活质量处在上游区。其中，生活水平为优势指标，生活环境为强势指标。

（3）从指标得分来看，2015 年佛山市居民生活质量得分为 35.860 分，比珠江－西江经济带最高分低 4.459 分，比珠江－西江经济带平均分高 16.552 分；与 2010 年相比，佛山市居民生活质量得分上升 2.981 分，与当年最高分的差距缩小，与珠江－西江经济带平均分的差距扩大。

2015 年，佛山市居民生活质量二级指标的得分均高于 8 分，与 2010 年相比，得分上升最多的为生活水平，上升 3.057 分；得分下降最多的为生活环境，下降 0.076 分。

（二）佛山市城市居民生活质量评估指标动态变化分析

2010～2015 年佛山市居民生活质量评估各级指标的动态变化及其结构，如图 10－23 和表 10－9 所示。

从图 10－23 可以看出，佛山市居民生活质量评估的三级指标中上升指标的比例大于下降指标，表明上升指标居于主导地位。表 10－9 中的数据说明，佛山市居民生活质量评估的 18 个三级指标中，上升的指标有 7 个，占指标总数的 38.889%；保持的指标有 8 个，占指标总数的 44.444%；下降的指标有 3 个，占指标总数的 16.667%。由于上升指标的数量大于下降指标的数量，且受变动幅度与外部因素的综合影响，评价期内佛山市居民生活质量排名呈现波动保持，在珠江－西江经济带位居第 2 名。

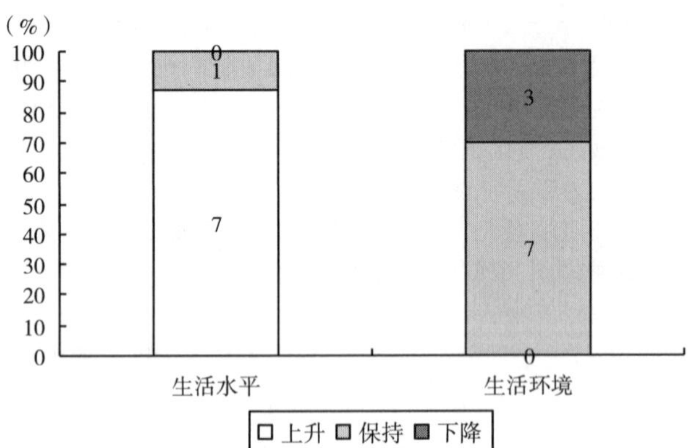

图 10－23 2010～2015 年佛山市居民生活质量动态变化结构

表 10－9 2010～2015 年佛山市居民生活各级指标排名变化态势比较

二级指标	三级指标数	上升指标		保持指标		下降指标	
		个数	比重（%）	个数	比重（%）	个数	比重（%）
生活水平	8	7	87.500	1	12.500	0	0.000
生活环境	10	0	0.000	7	70.000	3	30.000
合计	18	7	38.889	8	44.444	3	16.667

（三）佛山市城市居民生活质量评估指标变化动因分析

2015 年佛山市居民生活质量板块各级指标的优劣势变化及其结构，如图 10－24 和表 10－10 所示。

从图 10－24 可以看出，2015 年佛山市居民生活质量评估的三级指标中强势和优势指标的比例大于劣势指标的比例，表明强势和优势指标居于主导地位。表 10－10 中的数据进一步说明，2015 年佛山市居民生活质量的 18 个三级指标中，强势指标有 11 个，占指标总数的 61.111%；优势指标为1个，占指标总数的5.556%；中势指标4个，占指标总数的22.222%；劣势指标为2个，占指标总数的11.111%；强势指标和优势指标之和占指标总数的66.667%，数量与比重均大于劣势指标。从二级指标来看，其中，生活水平的强势指标有4个，占指标总数的50.000%；优势指标为0个，占指标总数的0.000%；中势指标3个，占指标总数的37.500%；劣势指标为1个，占指标总数的12.500%；强势指标和优势指标之和占指标总数的50.000%，说明生活水平的强、优势指标处于有利地位。生活环境的强势指标有7个，占指标总数的70.000%；优势指标为1个，占指标总数的10.000%；中势指标1个，占指标总数的10.000%；劣势指标为1个，占指标总数的10.000%；强势指标和优势指标之和占指标总数的80.000%，说明生活环境的强势、优势指标处于主导地位。由于强势、优势指标比重较大，佛山市居民生活质量处于强势地位，在珠江－西江经济带位居第2名，处于上游区。

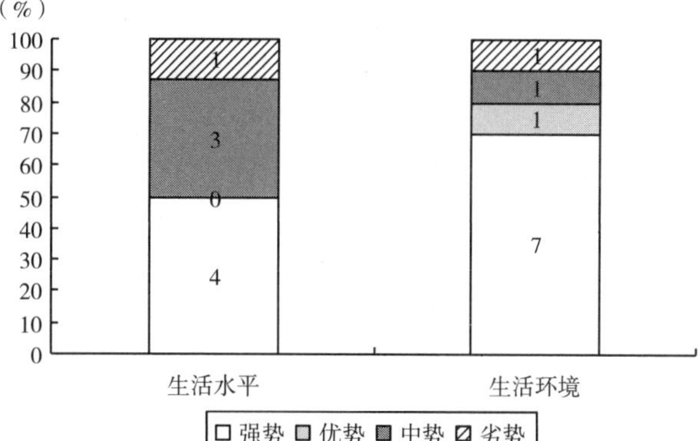

图10－24　2015年佛山市居民生活质量优劣度结构

表10－10　2015年佛山市居民生活质量各级指标优劣度比较

二级指标	三级指标数	强势指标		优势指标		中势指标		劣势指标		优劣度
		个数	比重（%）	个数	比重（%）	个数	比重（%）	个数	比重（%）	
生活水平	8	4	50.000	0	0.000	3	37.500	1	12.500	中势
生活环境	10	7	70.000	1	10.000	1	10.000	1	10.000	强势
合计	18	11	61.111	1	5.556	4	22.222	2	11.111	强势

为进一步明确影响佛山市居民生活质量变化的具体因素，以便于对相关指标进行深入分析，为提升佛山市居民生活质量提供决策参考，表10－11列出居民生活质量指标体系中直接影响佛山市居民生活质量升降的强势指标、优势指标、中势指标和劣势指标。

表10－11　2015年佛山市居民生活质量三级指标优劣度统计

指标	强势指标	优势指标	中势指标	劣势指标
生活水平（8个）	职工工资相对增长率、职工工资绝对增量加权指数、职工工资比重增量、职工工资强度（4个）	（0个）	总工资弧弹性、平均工资增长强度、城市人力资本（3个）	社会保障水平（1个）
生活环境（10个）	城市供气能力、城市供电强度、城市供气密度、城市用电承载力ES、城市通信倾向度、城市通信职能规模、城市通信职能地位（7个）	供水能力延展指数（1个）	城镇公园用地动态变化（1个）	城市通信流强度（1个）

第十一章　肇庆市城市居民生活质量综合评估

一、肇庆市城市生活水平综合评估与比较

（一）肇庆市城市生活水平评估指标变化趋势评析

1. 社会保障水平

根据图 11－1 分析可知，2010～2015 年肇庆市社会保障水平总体上呈现波动保持的状态。波动保持型意味着城市在该项指标上虽然呈现波动状态，在评价末期和评价初期的数值基本保持一致，肇庆市社会保障水平数值保持在 12.784～16.205。即使肇庆市社会保障水平存在过最低值，其数值为 12.784，但肇庆市在社会保障水平上总体表现相对平稳，说明该地区经济发展能力及活力持续又稳定。

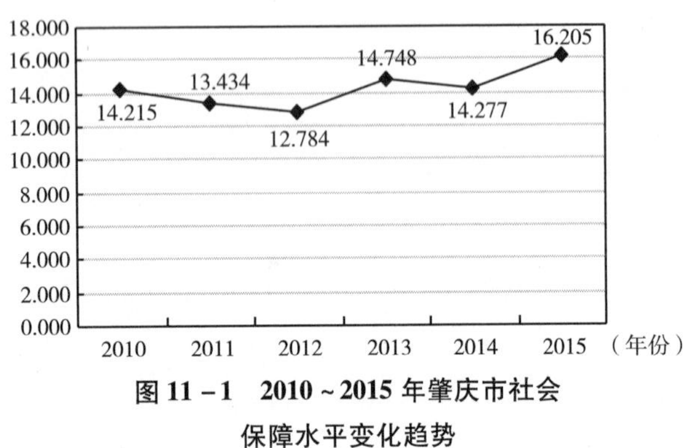

图 11－1　2010～2015 年肇庆市社会保障水平变化趋势

2. 总工资弧弹性

根据图 11－2 分析可知，2010～2015 年肇庆市总工资弧弹性总体上呈现波动上升的状态。2010～2015 年间城市在该指标上存在一定的波动变化，总体趋势为上升趋势，但在个别年份出现下降的情况，指标并非连续性上升状态。波动上升型指标意味着在评价的时间段内，虽然指标数据存在较大的波动变化，但是其评价末期数据值高于评价初期数据值。肇庆市在 2013～2014 年虽然出现下降的状况，2014 年为 1.952，但是总体上还是呈现上升的态势，最终稳定在 2.401。总工资弧弹性越大，说明城市的经济发展水平越高，对于肇庆市来说，其城市居民生活发展潜力也越来越大。

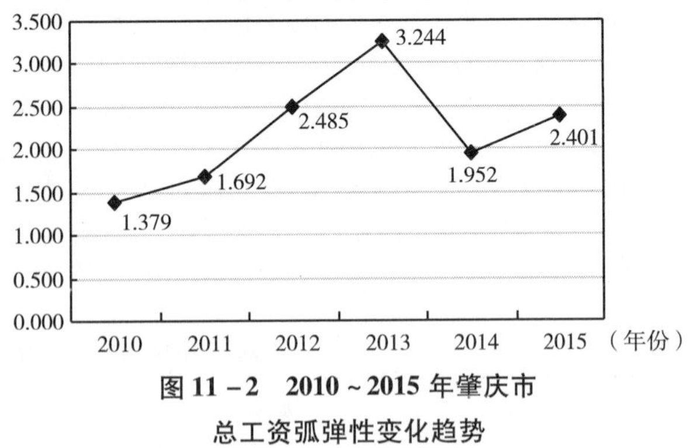

图 11－2　2010～2015 年肇庆市总工资弧弹性变化趋势

3. 平均工资增长强度

根据图 11－3 分析可知，2010～2015 年肇庆市平均工资增长强度指数总体上呈现波动下降的状态。这种状态表现为在 2010～2015 年间城市在该项指标上总体呈现下降趋势，但在评估期间存在上下波动的情况，并非连续性下降状态。这就意味着在评估的时间段内，虽然指标数据存在较大的波动变化，但是其评价末期数据值低于评价初期数据值。肇庆市的平均工资增长强度指数末期低于初期的数据，降低 5 个单位左右，并且在 2013～2014 年间存在明显下降的变化，这说明肇庆市平均工资增长强度情况处于不太稳定的下降状态。

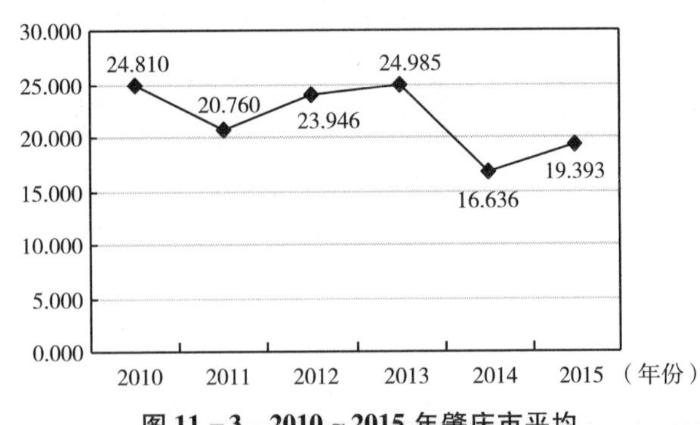

图 11－3　2010～2015 年肇庆市平均工资增长强度变化趋势

4. 城市人力资本

根据图 11－4 分析可知，2010～2015 年肇庆市人力资本指数总体上呈现波动下降的状态。这种状态表现为在 2010～2015 年间城市在该项指标上总体呈现下降趋势，但在评估期间存在上下波动的情况，并非连续性下降状态。

这就意味着在评估的时间段内，虽然指标数据存在较大的波动变化，但是其评价末期数据值低于评价初期数据值。肇庆市的人力资本指数末期低于初期的数据，降低7个单位左右，并且在2011～2013年间存在明显下降的变化，这说明肇庆市人力资本情况处于不太稳定的下降状态。

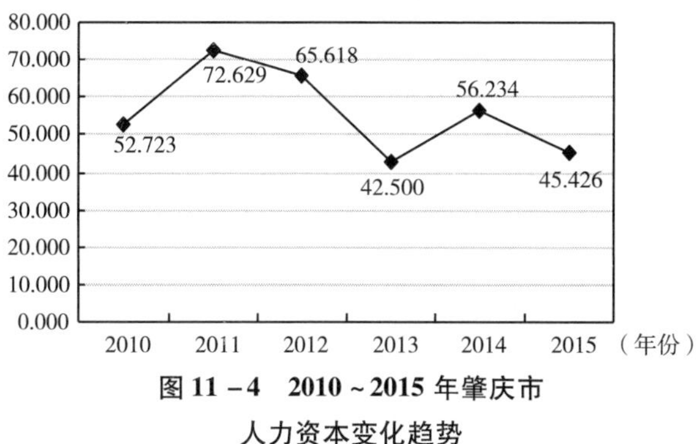

图11－4　2010～2015年肇庆市人力资本变化趋势

5. 职工工资相对增长率

根据图11－5分析可知，2010～2015年肇庆市职工工资相对增长率总体上呈现波动上升的状态。2010～2015年间城市在该项指标上存在一定的波动变化，总体趋势为上升趋势，但在个别年份出现下降的情况，指标并非连续性上升状态。波动上升型指标意味着在评价的时间段内，虽然指标数据存在较大的波动变化，但是其评价末期数据值高于评价初期数据值。在2013～2014年肇庆市虽然出现下降的状况，2014年为5.781，但是总体上还是呈现上升的态势，最终稳定在7.692。职工工资相对增长率越大，说明城市经济发展水平越高，对于肇庆市来说，其城市居民生活发展潜力也越来越大。

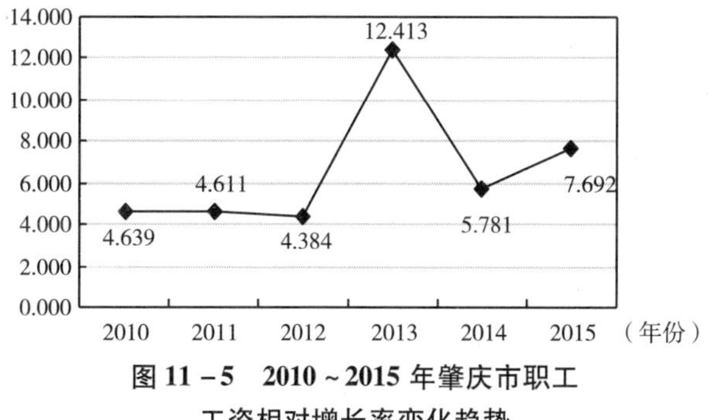

图11－5　2010～2015年肇庆市职工工资相对增长率变化趋势

6. 职工工资绝对增量加权指数

根据图11－6分析可知，2010～2015年肇庆市职工工资绝对增量加权指数总体上呈现波动上升的状态。2010～2015年间城市在该项指标上存在一定的波动变化，总体趋势为上升趋势，但在个别年份间出现了下降的情况，指标并非连续性上升状态。波动上升型指标意味着在评价的时间段内，虽然指标数据存在较大的波动变化，但是其评价末期数据值要高于评价初期数据值。肇庆市在2013～2014年虽然出现下降的状况，2014年为1.220，但是总体上还是呈现上升的态势，最终稳定在1.723。职工工资绝对增量加权指数越大，说明城市的经济发展水平越高，对于肇庆市来说，其城市居民生活发展潜力也越来越大。

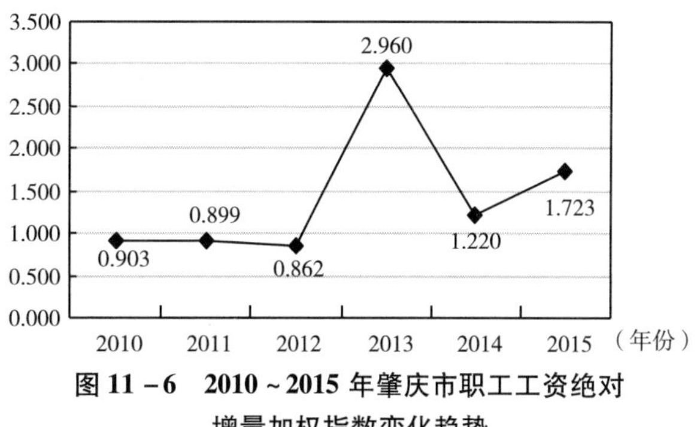

图11－6　2010～2015年肇庆市职工工资绝对增量加权指数变化趋势

7. 职工工资比重增量

根据图11－7分析可知，2010～2015年肇庆市职工工资比重增量指数总体上呈现波动上升的状态。2010～2015年间城市在该项指标上存在一定的波动变化，总体趋势为上升趋势，但在个别年份间出现下降的情况，指标并非连续性上升状态。波动上升型指标意味着在评价的时间段内，虽然指标数据存在较大的波动变化，肇庆市在2012～2013年大幅度上升，达到13.004，但是在2013～2014年又表现为下降的态势，最后稳定在6.063。城市的职工工资水平的升高，说明肇庆市的居民生活发展能力也在提高。

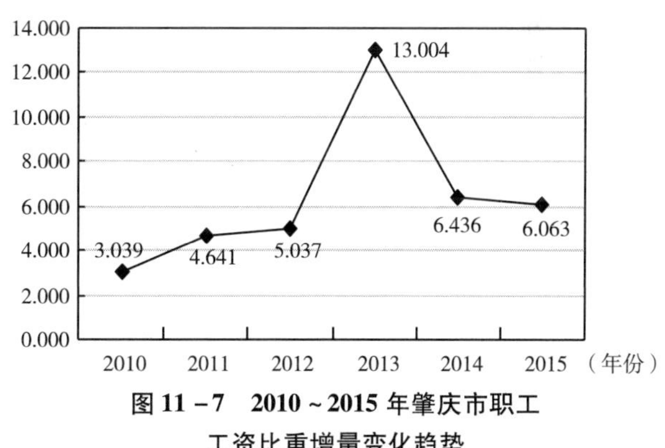

图11－7　2010～2015年肇庆市职工工资比重增量变化趋势

8. 职工工资强度

根据图11－8分析可知，2010～2015年肇庆市职工工资强度总体上呈现波动保持的状态。波动保持型指标意味着城市在该项指标上虽然呈现波动状态，在评价末期和评价初期的数值基本保持一致，该图可知肇庆市职工工资强度数值保持在4.386～5.773。即使肇庆市职工工资强度存在过最低值，其数值为4.386，但肇庆市在职工工资强度上总体表现相对平稳，说明该地区经济发展能力及活力持续又稳定。

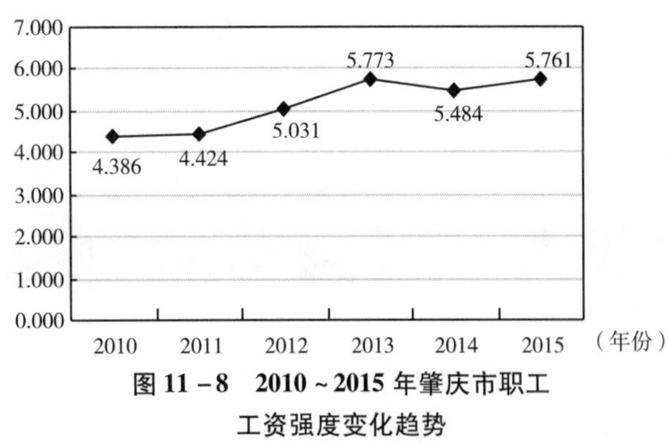

图 11－8　2010～2015 年肇庆市职工工资强度变化趋势

（二）肇庆市城市生活水平评估结果

根据表 11－1 对 2010～2012 年间肇庆市生活水平得分、排名、优劣度进行分析。2010 年肇庆市生活水平排名处在第 8 名，2011 年肇庆市生活水平排名升至第 4 名，2012 年肇庆市生活水平排名升至第 2 名，肇庆市的生活水平在珠江－西江经济带中从中势地位升至优势地位，再接着升至强势地位，说明肇庆市生活水平的综合发展水平较于珠江－西江经济带其他城市相比越来越具有优势。同时对肇庆市的生活水平得分情况作出分析，发现肇庆市生活水平综合得分波动下降，变动幅度较大，说明肇庆市生活水平较不稳定，在更好地满足居民物质生活需要和精神生活需要方面存在一定的提升空间。

表 11－1　2010～2012 年肇庆市生活水平各级指标的得分、排名及优劣度分析

指标	2010 年			2011 年			2012 年		
	得分	排名	优劣度	得分	排名	优劣度	得分	排名	优劣度
生活水平	7.642	8	中势	8.419	4	优势	7.404	2	强势
社会保障水平	0.744	6	中势	0.690	6	中势	0.664	8	中势
总工资弧弹性	0.064	5	优势	0.078	2	强势	0.117	3	优势
平均工资增长强度	1.374	5	优势	1.081	5	优势	1.282	4	优势
城市人力资本	4.809	7	中势	5.816	3	优势	4.571	2	强势
职工工资相对增长率	0.222	4	优势	0.219	4	优势	0.209	5	优势
职工工资绝对增量加权指数	0.042	4	优势	0.041	3	优势	0.040	4	优势
职工工资比重增量	0.148	4	优势	0.251	4	优势	0.243	5	优势
职工工资强度	0.239	5	优势	0.243	5	优势	0.278	5	优势

对肇庆市生活水平的三级指标进行分析，其中社会保障水平得分排名呈现出波动下降的发展趋势。对肇庆市社会保障水平的得分情况进行分析，发现肇庆市的社会保障水平得分持续下降，说明肇庆市的社会公共保障事业的发展水平有待提高。

总工资弧弹性的综合发展水平得分排名呈现出波动上升的趋势。对肇庆市总工资弧弹性的得分情况作出分析，发现肇庆市在总工资弧弹性上的得分持续上升，说明肇庆市的总工资增长速率较快，城市工资发展呈现上升趋势。

平均工资增长强度得分排名呈现出波动上升的趋势。对肇庆市平均工资增长强度的得分情况作出分析，发现肇庆市在平均工资增长强度上的得分波动下降，说明肇庆市平均工资增长速率有待提升，以提高地区经济发展能力及活力。

城市人力资本得分排名呈现出持续上升的趋势。对肇庆市人力资本的得分情况作出分析，发现肇庆市在人力资本上的得分波动下降，说明肇庆市在推进人力资本建设方面存有一定的提升空间。

职工工资相对增长率得分排名呈现波动下降的趋势。对肇庆市职工工资相对增长率的得分情况进行分析，发现肇庆市职工工资相对增长率的得分持续下降，分值变动幅度不大，说明城市的职工工资增长速率变化较为稳定，但城市职工工资有待提升。

职工工资绝对增量加权指数得分排名呈现出波动保持的趋势。对肇庆市职工工资绝对增量加权指数的得分情况作出分析，发现肇庆市在职工工资绝对增量加权指数上的得分持续下降，分值变动幅度小，说明 2010～2012 年间肇庆市的职工工资绝对增量加权指数变动较为稳定。

职工工资比重增量得分排名呈现出波动下降的趋势。对肇庆市职工工资比重增量的得分情况作出分析，发现肇庆市在职工工资比重增量上的得分波动上升，分值变动幅度较大，说明 2010～2012 年间肇庆市的职工工资虽然变化较不稳定，但工资水平得到提高。

职工工资强度得分排名呈现出持续保持的趋势。对肇庆市职工工资强度的得分情况作出分析，发现肇庆市在职工工资强度上的得分持续上升，说明 2010～2012 年间肇庆市经济发展越来越好，职工工资得到提升，人民生活水平得到提高。

根据表 11－2 对 2013～2015 年间肇庆市生活水平的得分、排名和优劣度进行分析。2013 年肇庆市生活水平排名处在珠江－西江经济带第7名，2014年其生活水平升至第5名，2015年其生活水平又降至第9名，说明肇庆市生活水平综合发展水平较于珠江－西江经济带其他城市较低。同时对肇庆市的生活水平得分情况作出分析，发现肇庆市生活水平综合得分持续下降，说明肇庆市的生活水平综合发展实力整体下降，发展较不合理，城市生活水平有待提高。

表11－2　2013～2015年肇庆市生活水平各级指标的得分、排名及优劣度分析

指标	2013年			2014年			2015年		
	得分	排名	优劣度	得分	排名	优劣度	得分	排名	优劣度
生活水平	7.033	7	中势	6.799	5	优势	6.545	9	劣势
社会保障水平	0.779	6	中势	0.763	5	优势	0.972	4	优势
总工资弧弹性	0.180	5	优势	0.093	6	中势	0.114	6	中势
平均工资增长强度	1.572	7	中势	0.898	7	中势	1.279	7	中势
城市人力资本	2.682	5	优势	4.020	4	优势	3.099	7	中势
职工工资相对增长率	0.711	3	优势	0.292	4	优势	0.384	4	优势
职工工资绝对增量加权指数	0.164	3	优势	0.059	5	优势	0.083	4	优势
职工工资比重增量	0.638	3	优势	0.378	4	优势	0.307	5	优势
职工工资强度	0.307	5	优势	0.296	5	优势	0.308	5	优势

对肇庆市生活水平的三级指标进行分析，其中社会保障水平得分排名呈现出持续上升的发展趋势。对肇庆市社会保障水平的得分情况进行分析，发现肇庆市的社会保障水平得分波动上升，说明城市的公共保障水平有一定的提高。

总工资弧弹性的综合发展水平得分排名呈现出波动下降的趋势。对肇庆市总工资弧弹性的综合发展水平得分情况作出分析，发现肇庆市的总工资弧弹性的综合发展水平得分在波动下降，说明肇庆市总工资弧弹性有待提升。

平均工资增长强度得分排名呈现持续保持的趋势。对肇庆市平均工资增长强度的得分情况进行分析，发现肇庆市平均工资增长强度的得分波动下降，说明城市的平均工资增长强度不断降低，城市经济发展能力及城市活力减弱。

城市人力资本得分排名呈现出波动下降的趋势。对肇庆市人力资本的得分情况作出分析，发现肇庆市在人力资本上的得分波动上升，说明肇庆市在人力资本建设方面存在一定的提升空间。

职工工资相对增长率得分排名呈现出波动下降的趋势。对肇庆市职工工资相对增长率的得分情况作出分析，发现肇庆市在职工工资相对增长率上的得分波动下降，变动幅度较大，说明2013～2015年间肇庆市的职工工资相对增长率变化较不稳定，城市职工工资存在一定的提升空间。

职工工资绝对增量加权指数得分排名呈现出波动下降的趋势。对肇庆市职工工资绝对增量加权指数的得分情况作出分析，发现肇庆市在职工工资绝对增量加权指数上的得分波动下降，说明2013～2015年间肇庆市的职工工资绝对增量加权指数减小，城市人口要素集中较不稳定。

职工工资比重增量得分排名呈现出持续下降的趋势。对肇庆市职工工资比重增量的得分情况作出分析，发现肇庆市在职工工资比重增量上的得分持续下降，说明肇庆市整体职工工资水平在下降，存在一定的提升空间。

职工工资强度得分排名呈现出持续保持的趋势。对肇庆市职工工资强度的得分情况作出分析，发现肇庆市在职工工资强度上的得分波动上升，变动幅度较小，说明肇庆市职工工资强度变化较为稳定，城市经济发展较好，居民生活水平较高。

对2010～2015年间肇庆市生活水平及各三级指标的得分、排名和优劣度进行分析。2010年肇庆市生活水平综合得分排名处在珠江－西江经济带第8名，2011年肇庆市生活水平综合得分排名升至第4名，2012年肇庆市生活水平综合得分排名升至第2名，2013年肇庆市生活水平的综合得分排名降至第7名，2014年肇庆市生活水平综合得分排名升至第5名，2015年肇庆市生活水平综合得分排名降至第9名。2010～2015年间肇庆市生活水平综合得分排名变动幅度大，说明肇庆市生活水平发展较之于珠江－西江经济带的其他城市优势低且不稳定。对肇庆市的生活水平得分情况进行分析，发现肇庆市的生活水平综合得分呈现波动下降的发展趋势，2010～2011年间肇庆市的生活水平得分保持上升的趋势，在2011～2015年则保持持续下降的趋势，说明肇庆市生活水平在不断下降，存在较大的提升空间。

从表11－3生活水平基础指标的优劣度结构来看，在8个基础指标中，指标的优劣度结构为0.0：62.5：37.5：0.0。

表 11－3　　2015 年肇庆市生活水平指标的优劣度结构

二级指标	三级指标数	强势指标		优势指标		中势指标		劣势指标		优劣度
		个数	比重（%）	个数	比重（%）	个数	比重（%）	个数	比重（%）	
生活水平	8	0	0.000	5	62.500	3	37.500	0	0.000	劣势

（三）肇庆市城市生活水平比较分析

图 11－9 和图 11－10 将 2010～2015 年肇庆市生活水平与珠江－西江经济带最高水平和平均水平进行比较。从生活水平的要素得分比较来看，由图 11－9 可知，2010 年，肇庆市社会保障水平得分比珠江－西江经济带最高分低 1.231 分，比珠江－西江经济带平均分低 0.173 分；2011 年，社会保障水平得分比珠江－西江经济带最高分低 1.122 分，比珠江－西江经济带平均分低 0.164 分；2012 年，社会保障水平得分比珠江－西江经济带最高分低 0.822 分，比珠江－西江经济带平均分低 0.177 分；2013 年，社会保障水平得分比珠江－西江经济带最高分低 0.996 分，比珠江－西江经济带平均分低 0.166 分；2014 年，社会保障水平得分比珠江－西江经济带最高分低 0.989 分，比珠江－西江经济带平均分低 0.155 分；2015 年，社会保障水平得分比珠江－西江经济带最高分低 5.024 分，比珠江－西江经济带平均分低 0.384 分。这说明整体上肇庆市社会保障水平得分与珠江－西江经济带最高分的差距波动增加，与珠江－西江经济带平均分的差距波动增大。

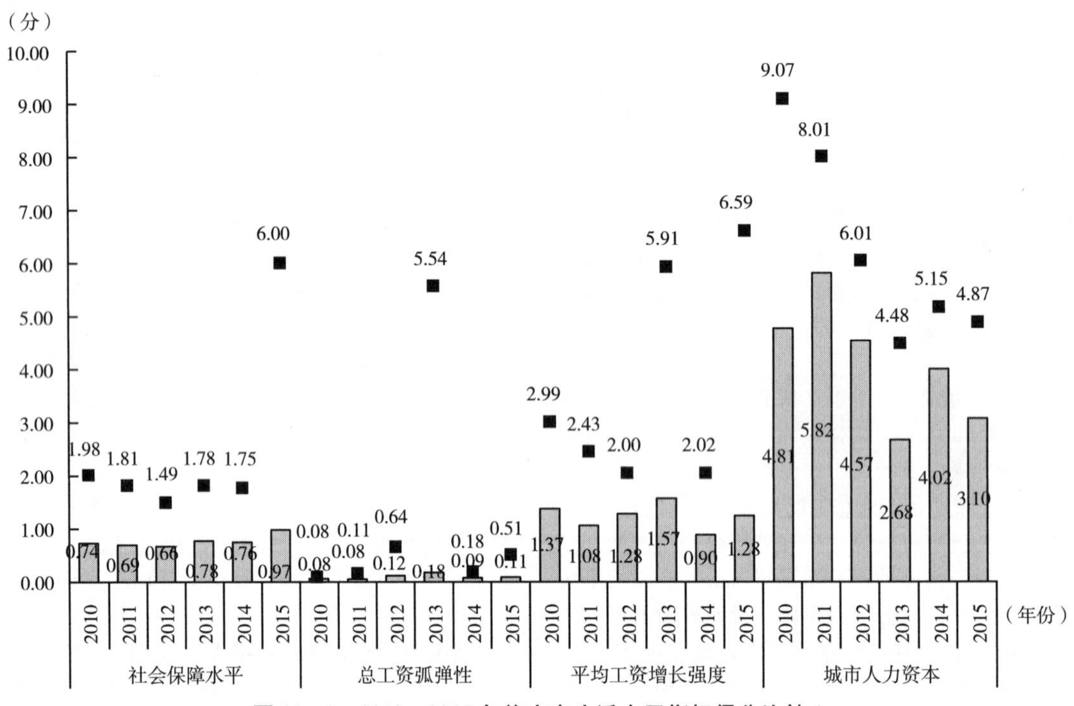

图 11－9　2010～2015 年肇庆市生活水平指标得分比较 1

2010 年，肇庆市总工资弧弹性得分比珠江－西江经济带最高分低 0.012 分，比珠江－西江经济带平均分高 0.004 分；2011 年，总工资弧弹性得分比珠江－西江经济带最高分低 0.031 分，比珠江－西江经济带平均分高 0.020 分；2012 年，总工资弧弹性得分比珠江－西江经济带最高分低 0.519 分，比珠江－西江经济带平均分低 0.019 分；2013 年，总工资弧弹性得分比珠江－西江经济带最高分低 5.365 分，比珠江－西江经济带平均分低 0.449 分；2014 年，总工资弧弹性得分比珠江－西江经济带最高分低 0.089 分，比珠江－西江经济带平均分低 0.010 分；2015 年，总工资弧弹性得分比珠江－西江经济带最高分低 0.399 分，比珠江－西江经济带平均分低 0.040 分。这说明整体上肇庆市总工资弧弹性得分与珠江－西江经济带最高分的差距波动增加，与珠江－西江经济带平均分的差距波动增大。

2010 年，肇庆市平均工资增长强度得分比珠江－西江经济带最高分低 1.616 分，比珠江－西江经济带平均分高 0.037 分；2011 年，平均工资增长强度得分比珠江－西江经济带最高分低 1.353 分，比珠江－西江经济带平均分高 0.158 分；2012 年，平均工资增长强度得分比珠江－西江经济带最高分低 0.717 分，比珠江－西江经济带平均分高 0.221 分；2013 年，平均工资增长强度得分比珠江－西江经济带最高分低 4.343 分，比珠江－西江经济带平均分低 0.417 分；2014 年，平均工资增长强度得分比珠江－西江经济带最高分低 1.125 分，比珠江－西江经济带平均分低

0.104 分；2015 年，平均工资增长强度得分比珠江－西江经济带最高分低 5.316 分，比珠江－西江经济带平均分低 0.958 分。这说明整体上肇庆市平均工资增长强度得分与珠江－西江经济带最高分的差距波动扩大，与珠江－西江经济带平均分的差距波动增加。

2010 年，肇庆市人力资本得分比珠江－西江经济带最高分低 4.260 分，比珠江－西江经济带平均分低 1.361 分；2011 年，城市人力资本得分比珠江－西江经济带最高分低 2.192 分，比珠江－西江经济带平均分高 0.972 分；2012 年，城市人力资本得分比珠江－西江经济带最高分低 1.444 分，比珠江－西江经济带平均分高 1.327 分；2013 年，城市人力资本得分比珠江－西江经济带最高分低 1.797 分，比珠江－西江经济带平均分高 0.325 分；2014 年，城市人力资本得分比珠江－西江经济带最高分低 1.134 分，比珠江－西江经济带平均分高 0.505 分；2015 年，城市人力资本得分比珠江－西江经济带最高分低 1.766 分，比珠江－西江经济带平均分低 0.043 分。这说明整体上肇庆市人力资本得分与珠江－西江经济带最高分的差距波动缩小，与珠江－西江经济带平均分的差距波动减小。

由图 11－10 可知，2010 年，肇庆市职工工资相对增长率得分比珠江－西江经济带最高分低 0.972 分，比珠江－西江经济带平均分低 0.061 分；2011 年，职工工资相对增长率得分比珠江－西江经济带最高分低 1.059 分，比珠江－西江经济带平均分低 0.075 分；2012 年，职工工资相对增长率得分比珠江－西江经济带最高分低 0.176 分，比珠江－西江经济带平均分低 0.006 分；2013 年，职工工资相对增长率得分比珠江－西江经济带最高分低 5.017 分，比珠江－西江经济带平均分低 0.248 分；2014 年，职工工资相对增长率得分比珠江－西江经济带最高分低 1.660 分，比珠江－西江经济带平均分低 0.189 分；2015 年，职工工资相对增长率得分比珠江－西江经济带最高分低 1.324 分，比珠江－西江经济带平均分低 0.078 分。这说明整体上肇庆市职工工资相对增长率得分与珠江－西江经济带最高分的差距波动增加，与珠江－西江经济带平均分的差距波动增大。

2010 年，肇庆市职工工资绝对增量加权指数得分比珠江－西江经济带最高分低 0.413 分，比珠江－西江经济带平均分低 0.035 分；2011 年，职工工资绝对增量加权指数得分比珠江－西江经济带最高分低 0.553 分，比珠江－西江经济带平均分低 0.052 分；2012 年，职工工资绝对增量加权指数得分比珠江－西江经济带最高分低 0.106 分，比珠江－西江经济带平均分低 0.014 分；2013 年，职工工资绝对增量加权指数得分比珠江－西江经济带最高分低 5.377 分，比珠江－西江经济带平均分低 0.458 分；2014 年，职工工资绝对增量加权指数得分比珠江－西江经济带最高分低 0.866 分，比珠江－西江经济带平均分低 0.113 分；2015 年，职工工资绝对增量加权指数得分比珠江－西江经济带最高分低 0.724 分，比珠江－西江经济带平均分低 0.104 分。这说明整体上肇庆市职工工资绝对增量加权指数得分与珠江－西江经济带最高分的差距波动增加，与珠江－西江经济带平均分的差距波动上升。

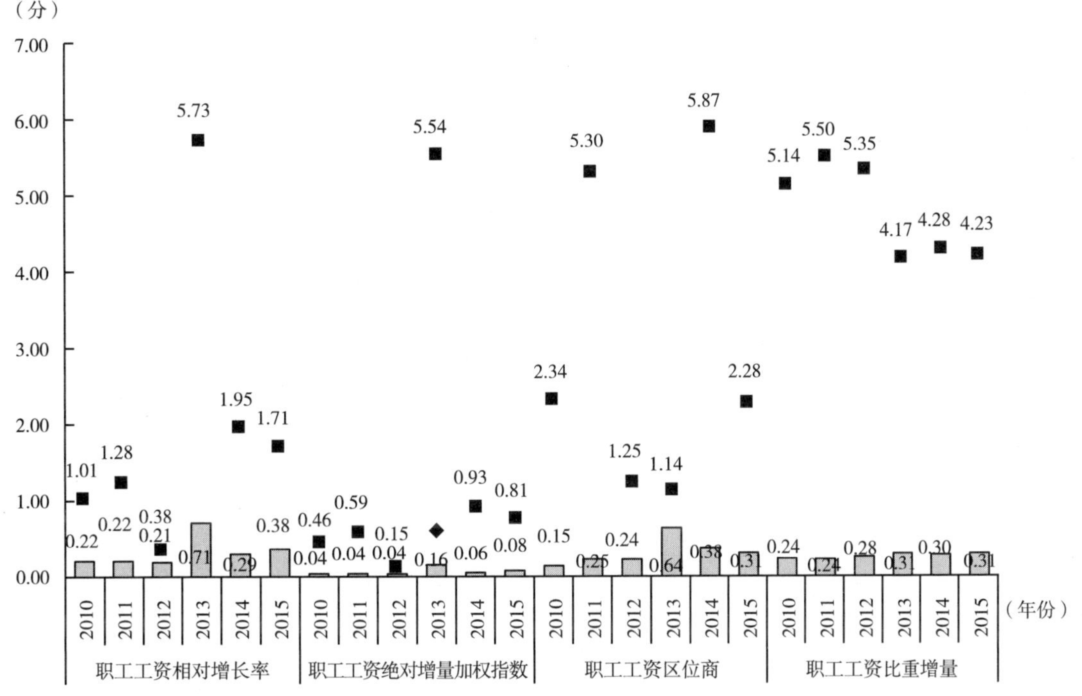

图 11－10 2010～2015 年肇庆市生活水平指标得分比较 2

2010 年，肇庆市职工工资区位商得分比珠江－西江经济带最高分低 2.188 分，比珠江－西江经济带平均分低 0.169 分；2011 年，职工工资区位商得分比珠江－西江经济带最高分低 5.045 分，比珠江－西江经济带平均分低 0.357 分；2012 年，职工工资区位商得分比珠江－西江经济带最高分低 1.009 分，比珠江－西江经济带平均分低

0.035分；2013年，职工工资区位商得分比珠江－西江经济带最高分低0.506分，比珠江－西江经济带平均分高0.241分；2014年，职工工资区位商得分比珠江－西江经济带最高分低5.494分，比珠江－西江经济带平均分低0.625分；2015年，职工工资区位商得分比珠江－西江经济带最高分低1.976分，比珠江－西江经济带平均分低0.232分。这说明整体上肇庆市职工工资区位商得分与珠江－西江经济带最高分的差距波动缩小，与珠江－西江经济带平均分的差距波动上升。

2010年，肇庆市职工工资比重增量得分比珠江－西江经济带最高分低4.899分，比珠江－西江经济带平均分低0.474分；2011年，职工工资比重增量得分比珠江－西江经济带最高分低5.257分，比珠江－西江经济带平均分低0.476分；2012年，职工工资比重增量得分比珠江－西江经济带最高分低5.067分，比珠江－西江经济带平均分低0.445分；2013年，职工工资比重增量得分比珠江－西江经济带最高分低3.861分，比珠江－西江经济带平均分低0.388分；2014年，职工工资比重增量得分比珠江－西江经济带最高分低3.986分，比珠江－西江经济带平均分低0.410分；2015年，职工工资比重增量得分比珠江－西江经济带最高分低3.919分，比珠江－西江经济带平均分低0.391分。这说明整体上肇庆市职工工资比重增量得分与珠江－西江经济带最高分的差距波动缩小，与珠江－西江经济带平均分的差距波动减小。

二、肇庆市城市生活环境质量综合评估与比较

（一）肇庆市城市生活环境质量评估指标变化趋势评析

1. 城镇公园用地动态变化

根据图11－11分析可知，2010～2015年肇庆市城镇公园用地总体上呈现波动上升的状态。2010～2015年间城市存在一定的波动变化，总体趋势为上升趋势，但在个别年份出现下降的情况，指标并非连续性上升状态。波动上升型指标意味着在评价的时间段内，虽然指标数据存在较大的波动变化，但是其评价末期数据值高于评价初期数据值，最终稳定在43.977。城镇公园用地动态变化指标数值越大，

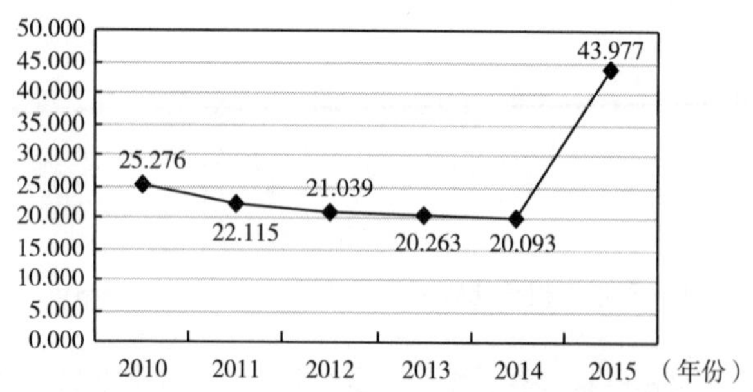

图11－11 2010～2015年肇庆市城镇公园用地动态变化趋势

说明城市的承载力越高，对于肇庆市来说，其城市居民生活发展潜力也越来越大。

2. 供水能力延展指数

根据图11－12分析可知，2010～2015年肇庆市供水能力延展指数总体上呈现波动保持的状态。波动保持型指标意味着城市在该项指标上虽然呈现波动状态，在评价末期和评价初期的数值基本保持一致，该图可知肇庆市供水能力延展指数数值保持在4.364～5.797。即使肇庆市供水能力延展指数存在过最低值，其数值为4.364，但肇庆市在供水能力延展指数上总体表现相对平稳，说明该地区经济发展能力及活力持续又稳定。

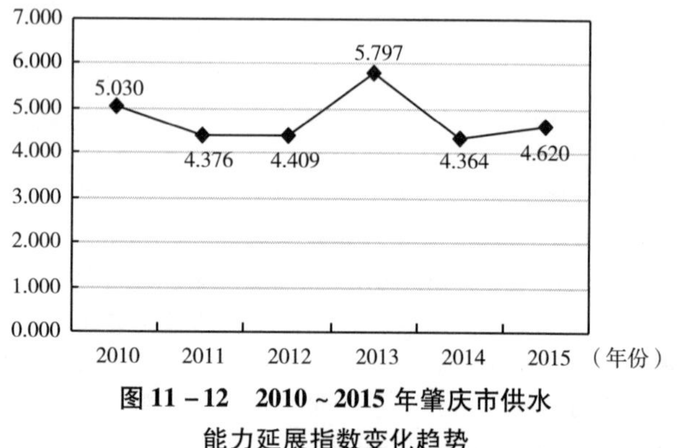

图11－12 2010～2015年肇庆市供水能力延展指数变化趋势

3. 城市供气能力

根据图11－13分析可知，2010～2015年肇庆市供气能力指数总体上呈现波动下降的状态。这种状态表现为在2010～2015年间城市在该项指标上总体呈现下降趋势，但在间存在上下波动的情况，并非连续性下降状态。这就意味着在评估的时间段内，虽然指标数据存在较大的波动化，但是其评价末期数据值低于评价初期数据值。肇庆市的供气能力指数末期低于初期的数据，降低10个单位左右，并且在2011～2013年间存在明显下降的变化，这说明肇庆市供气能力情况处于不太稳定的下降状态。

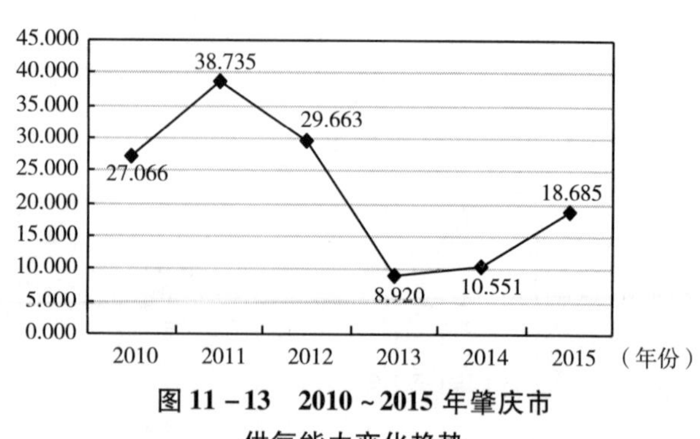

图11－13 2010～2015年肇庆市供气能力变化趋势

4. 城市供电强度

根据图11－14分析可知，2010～2015年肇庆市供电强度总体上呈现波动保持的状态。波动保持型指标意味着城

市在该项指标上虽然呈现波动状态，在评价末期和评价初期的数值基本保持一致，肇庆市供电强度数值保持在 3.714 ~ 5.265。即使肇庆市供电强度存在过最低值，其数值为 3.714，但肇庆市在供电强度上总体表现相对平稳，说明该地区经济发展能力及活力持续又稳定。

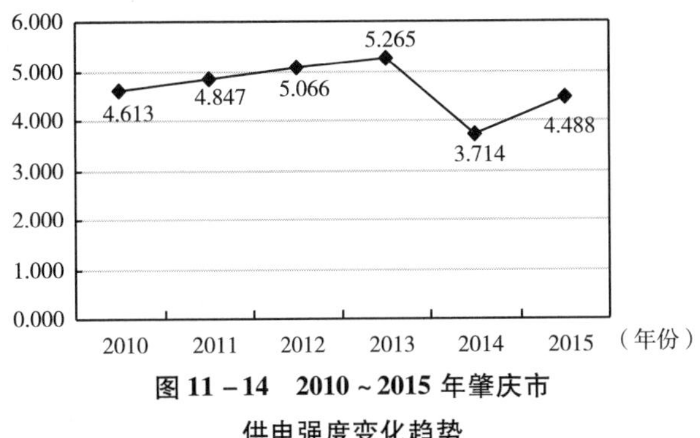

图 11 - 14　2010 ~ 2015 年肇庆市供电强度变化趋势

5. 城市供气密度

根据图 11 - 15 分析可知，2010 ~ 2015 年肇庆市的供气密度总体上呈现波动下降的状态。由折线图可以看出肇庆市虽然在供气密度上波动下降，但是下降幅度不明显，数值保持在 9.363 ~ 23.774，这说明虽然肇庆市供气密度比例在下降，但是总体上仍是比较稳定的，表现出肇庆市的供气能力变幅不大，经济社会平稳发展。

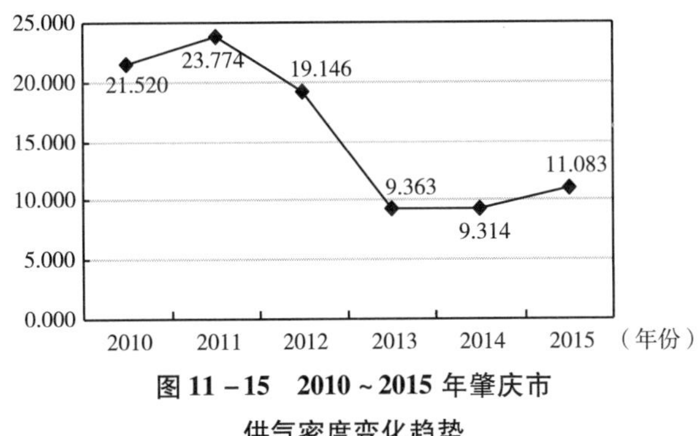

图 11 - 15　2010 ~ 2015 年肇庆市供气密度变化趋势

6. 城市用电承载力 ES

根据图 11 - 16 分析可知，2010 ~ 2015 年肇庆市用电承载力 ES 总体上呈现波动保持的状态。波动保持型指标意味着城市在该项指标上虽然呈现波动状态，在评价末期和评价初期的数值基本保持一致，肇庆市用电承载力 ES 数值保持在 3.249 ~ 4.691。即使肇庆市用电承载力 ES 存在过最低值，其数值为 3.249，但肇庆市在用电承载力 ES 上总体表现相对平稳，说明该地区经济发展能力及活力持续又稳定。

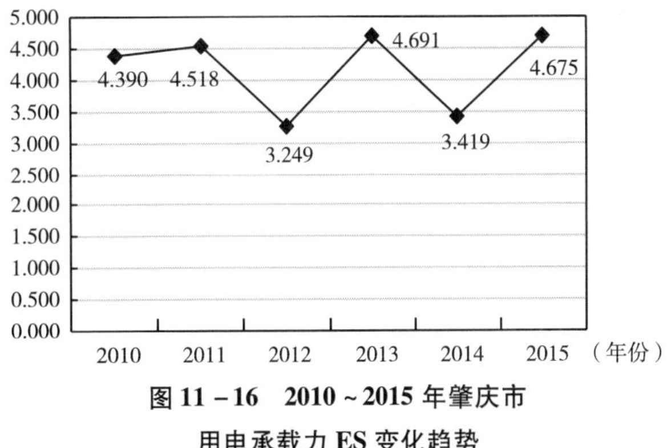

图 11 - 16　2010 ~ 2015 年肇庆市用电承载力 ES 变化趋势

7. 城市通信流强度

根据图 11 - 17 分析可知，2010 ~ 2015 年肇庆市的通信流强度总体上呈现持续上升的状态。处于持续上升型的指标，不仅意味着城市在各项指标数据上的不断增长，更意味着城市的在该项指标以及居民生活质量整体上的竞争力优势不断扩大。对于肇庆市来说，城市通信流强度这个三级指标的上升幅度较大，从 2010 年的 5.358 上升至 2015 年的 12.468，这样的上升趋势说明城市发展的城市通信流强度较高，其进行城市通信的方式比较丰富，城市的经济社会发展活力十分充沛。

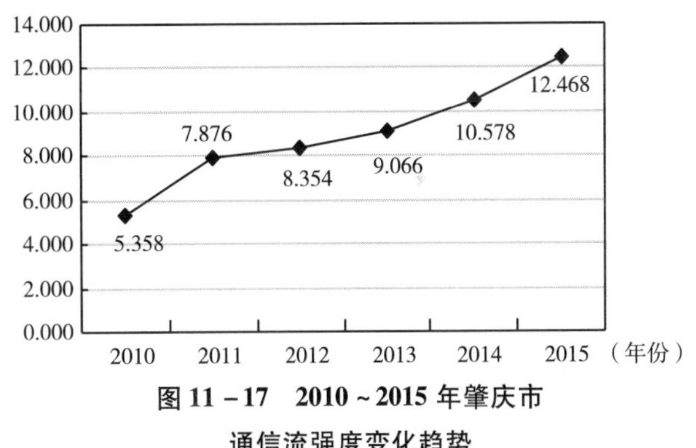

图 11 - 17　2010 ~ 2015 年肇庆市通信流强度变化趋势

8. 城市通信倾向度

根据图 11 - 18 分析可知，2010 ~ 2015 年肇庆市通信倾向度总体上呈现波动保持的状态。波动保持型指标意味着城市在该项指标上虽然呈现波动状态，在评价末期和评价初期的数值基本保持一致，肇庆市通信倾向度数值保持在 36.299 ~ 46.491。即使肇庆市通信倾向度存在过最低值，其数值为 36.299，但肇庆市在通信倾向度上总体表现相对平稳，说明该地区经济发展能力及活力持续又稳定。

9. 城市通信职能规模

根据图 11 - 19 分析可知，2010 ~ 2015 年肇庆市通信职能规模总体上呈现波动上升的状态。这一类型的指标为

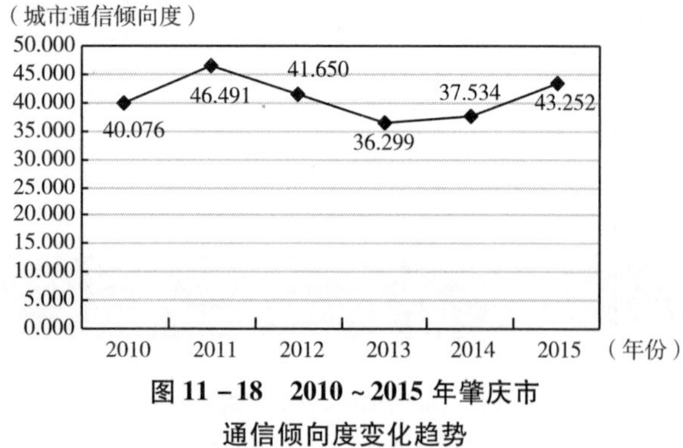

图 11－18　2010～2015 年肇庆市通信倾向度变化趋势

2010～2015 年间城市存在一定的波动变化，总体趋势为上升趋势，但在个别年份出现下降的情况，指标并非连续性上升状态。波动上升型指标意味着在评价的时间段内，虽然指标数据存在较大的波动变化，但是其评价末期数据值高于评价初期数据值。肇庆市在 2011～2013 年虽然出现下降的状况，2013 年为 6.870，但是总体上还是呈现上升的态势，最终稳定在 12.288。城市通信职能规模越大，说明城市的经济发展水平越高，对于肇庆市来说，其城市居民生活发展潜力也越来越大。

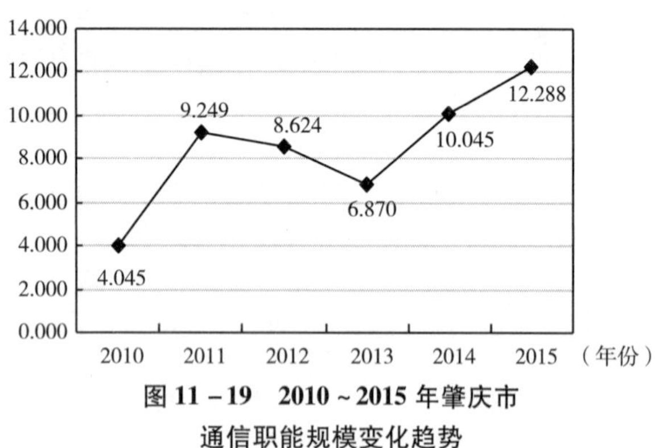

图 11－19　2010～2015 年肇庆市通信职能规模变化趋势

10. 城市通信职能地位

根据图 11－20 分析可知，2010～2015 年肇庆市通信职能地位总体上呈现波动上升的状态。2010～2015 年间城市在该项指标上存在较多波动变化，总体趋势为上升趋势，但在个别年份出现下降的情况，指标并非连续性上升。波动上升型指标意味着在评估期间，虽然指标数据存在较大波动变化，但是其评价末期数据值高于评价初期数据值。即使肇庆市通信职能地位存在过最低值，其数值为 3.766，但肇庆市在通信职能地位上总体表现波动上升，说明该地区经济发展能力及活力有所上升。

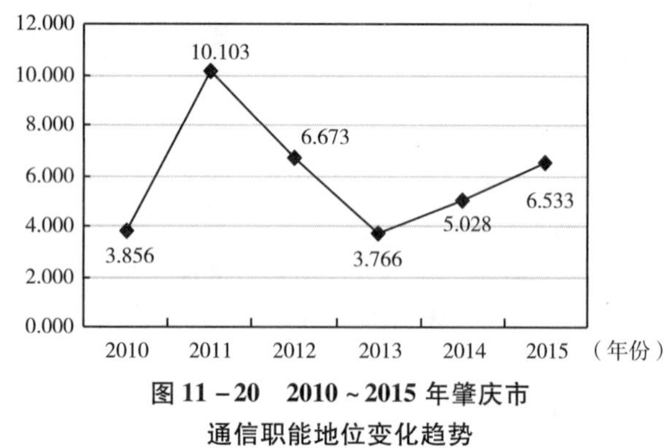

图 11－20　2010～2015 年肇庆市通信职能地位变化趋势

（二）肇庆市城市生活环境质量评估结果

根据表 11－4 对 2010～2012 年间肇庆市生活环境质量得分、排名、优劣度进行分析。2010 年肇庆市生活环境质量排名处在珠江－西江经济带第 6 名，2011 年肇庆市生活环境质量排名升至第 4 名，2012 年肇庆市生活环境质量排名降至第 6 名，说明肇庆市生活环境综合发展水平较于珠江－西江经济带其他城市较低。对肇庆市的生活环境质量得分情况作出分析，发现肇庆市生活环境综合得分波动上升，说明肇庆市生活环境不断改善。2010～2012 年间肇庆市的生活环境质量在珠江－西江经济带中处于优势或中势地位，说明肇庆市的生活环境存在较大的提升空间，以更好地提高居民生活质量，提供更优质的生产生活基础条件。

表 11－4　2010～2012 年肇庆市生活环境各级指标的得分、排名及优劣度分析

指标	2010 年			2011 年			2012 年		
	得分	排名	优劣度	得分	排名	优劣度	得分	排名	优劣度
生活环境	8.319	6	中势	10.159	4	优势	8.890	6	中势
城镇公园用地动态变化	1.668	7	中势	1.384	8	中势	1.168	7	中势
供水能力延展指数	0.239	4	优势	0.206	6	中势	0.247	9	劣势
城市供气能力	1.506	5	优势	2.177	2	强势	1.793	2	强势
城市供电强度	0.270	8	中势	0.279	7	中势	0.300	7	中势
城市供气密度	1.232	5	优势	1.306	3	优势	1.144	4	优势

续表

指标	2010 年			2011 年			2012 年		
	得分	排名	优劣度	得分	排名	优劣度	得分	排名	优劣度
城市用电承载力 ES	0. 248	8	中势	0. 251	8	中势	0. 183	8	中势
城市通信流强度	0. 282	5	优势	0. 436	5	优势	0. 485	5	优势
城市通信倾向度	2. 473	3	优势	3. 016	2	强势	2. 732	5	优势
城市通信职能规模	0. 208	5	优势	0. 527	5	优势	0. 489	5	优势
城市通信职能地位	0. 193	5	优势	0. 578	5	优势	0. 349	5	优势

对肇庆市生活环境的三级指标进行分析，其中城镇公园用地动态变化得分排名呈现出波动保持的发展趋势。对肇庆市城镇公园用地动态变化的得分情况进行分析，发现肇庆市的城镇公园用地动态变化得分持续下降，说明肇庆市的城镇公园用地的增加变小，城市经济活力减弱，城市规模的扩大在缩小。

供水能力延展指数的综合发展水平得分排名呈现出持续下降的趋势。对肇庆市供水能力延展指数的得分情况作出分析，发现肇庆市在供水能力延展指数上的得分波动上升，说明肇庆市的城市的供水管道的发展水平在不断提高。

城市供气能力得分排名呈现出波动上升的趋势。对肇庆市供气能力的得分情况作出分析，发现肇庆市在供气能力上的得分波动上升，说明肇庆市的供气能力在不断提高，居民基础设施服务不断得到完善，城市经济发展越来越好。

城市供电强度得分排名呈现出波动上升的趋势。对肇庆市的供电强度的得分情况作出分析，发现肇庆市在供电强度上的得分持续上升，分值递增幅度小，说明肇庆市在推进供电水平建设方面发展较为缓慢。

城市供气密度得分排名呈现波动上升趋势。对肇庆市的供气密度的得分情况进行分析，发现肇庆市的供气密度的得分波动下降，分值变动幅度较小，说明城市的供气密度稳定性有待提升，城市供气承载力有待提高。

城市用电承载力 ES 得分排名呈现出持续保持的趋势。对肇庆市的用电承载力 ES 的得分情况作出分析，发现肇庆市在用电承载力 ES 上的得分波动下降，说明2010～2012 年间肇庆市的用电承载力 ES 存在一定的提升空间，城市用电的整体密度、容量范围有待提高。

城市通信流强度得分排名呈现出持续保持的趋势。对肇庆市的通信流强度的得分情况作出分析，发现肇庆市在通信流强度上的得分持续上升，说明 2010～2012 年间肇庆市的通信要素流动强度不断提高，对经济的影响力越来越高。

城市通信倾向度得分排名呈现出波动下降的趋势。对肇庆市的通信倾向度的得分情况作出分析，发现肇庆市在通信倾向度上的得分波动上升，说明 2010～2012 年间肇庆市的通信外向强度上有较大的提升空间，其稳定性也有待提升。

城市通信职能规模得分排名呈现出持续保持的趋势。对肇庆市的通信职能规模的得分情况作出分析，发现肇庆市在通信职能规模上的得分波动上升，呈现先升后降的趋势，说明肇庆市在通信水平方面存在一定的提升空间。

城市通信职能地位得分排名呈现出持续保持的趋势。对肇庆市通信职能地位的得分情况作出分析，发现肇庆市在通信职能地位上的得分波动上升，分值变动幅度较大，说明肇庆市在通信水平提升较不稳定，存在一定的提升空间。

根据表 11－5 对 2013～2015 年间肇庆市生活环境质量得分、排名、优劣度进行分析。2013～2014 年肇庆市生活环境质量排名均处在珠江－西江经济带第 8 名，2015 年肇庆市生活环境质量排名升至第 4 名，说明肇庆市生活环境综合发展水平较于珠江－西江经济带其他城市其竞争力有所上升。同时对肇庆市的生活环境质量得分情况作出分析，发现肇庆市生活环境综合得分持续上升，说明肇庆市生活环境质量不断提高，城市的生产生活基础条件不断得到完善。2013～2015 年间肇庆市的生活环境质量在珠江－西江经济带中从中势地位升至优势地位，说明肇庆市的综合福利水平、实际居民生活环境比珠江－西江经济带其他城市得到较好发展。

表 11－5　2013～2015 年肇庆市生活环境各级指标的得分、排名及优劣度分析

指标	2013 年			2014 年			2015 年		
	得分	排名	优劣度	得分	排名	优劣度	得分	排名	优劣度
生活环境	6. 474	8	中势	6. 661	8	中势	9. 289	4	优势
城镇公园用地动态变化	1. 153	10	劣势	1. 210	9	劣势	2. 649	3	优势

续表

指标	2013 年			2014 年			2015 年		
	得分	排名	优劣度	得分	排名	优劣度	得分	排名	优劣度
供水能力延展指数	0.277	2	强势	0.212	11	劣势	0.222	6	中势
城市供气能力	0.488	9	劣势	0.635	8	中势	1.109	5	优势
城市供电强度	0.311	6	中势	0.225	8	中势	0.273	8	中势
城市供气密度	0.507	10	劣势	0.547	10	劣势	0.629	6	中势
城市用电承载力 ES	0.263	6	中势	0.197	8	中势	0.284	7	中势
城市通信流强度	0.496	5	优势	0.580	5	优势	0.672	5	优势
城市通信倾向度	2.442	8	中势	2.294	4	优势	2.522	1	强势
城市通信职能规模	0.353	5	优势	0.516	4	优势	0.616	4	优势
城市通信职能地位	0.183	5	优势	0.246	4	优势	0.315	4	优势

对肇庆市生活环境的三级指标进行分析，其中城镇公园用地动态变化得分排名呈现出持续上升的发展趋势。对肇庆市城镇公园用地动态变化的得分情况进行分析，发现肇庆市的城镇公园用地动态变化得分持续上升，说明肇庆市的城镇公园用地的增加变大，地区经济活力不断提升。

供水能力延展指数的综合发展水平得分排名呈现出波动下降的趋势。对肇庆市供水能力延展指数的得分情况作出分析，发现肇庆市在供水能力延展指数上的得分波动下降，分值变动幅度较小，说明肇庆市的供水管道发展存在一定的提升空间。

城市供气能力得分排名呈现出持续上升的趋势。对肇庆市的供气能力的得分情况作出分析，发现肇庆市在供气能力上的得分持续上升，说明肇庆市的供气能力不断加强，给居民提供的基础设施服务不断完善。

城市供电强度得分排名呈现出波动下降的趋势。对肇庆市的供电强度的得分情况作出分析，发现肇庆市在供电强度上的得分波动下降，分值变动幅度较小，说明肇庆市在推进供电建设方面提高较不稳定，城市供电能力减弱，存在一定的提升空间。

城市供气密度得分排名呈现先波动上升的趋势。对肇庆市的供气密度的得分情况进行分析，发现肇庆市的供气密度的得分持续上升，说明城市用气总量密集程度不断提高，城市供气密度不断增大。

城市用电承载力 ES 得分排名呈现出波动下降的趋势。对肇庆市的用电承载力 ES 的得分情况作出分析，发现肇庆市在用电承载力 ES 上的得分波动上升，说明2013～2015 年间肇庆市的用电承载力 ES 的提高较不稳定，城市的整体密度、容量范围的提升较不稳定。

城市通信流强度得分排名呈现出持续保持的趋势。对肇庆市的通信流强度的得分情况作出分析，发现肇庆市在通信流强度上的得分持续上升，说明 2013～2015 年间肇庆市的通信要素流动强度在不断加强，城市经济的影响力得到提升。

城市通信倾向度得分排名呈现出持续上升的趋势。对肇庆市的通信倾向度的得分情况作出分析，发现肇庆市在通信倾向度上的得分波动上升，说明 2013～2015 年间肇庆市的通信外向强度的稳定性有待提升。

城市通信职能规模得分排名呈现出波动上升的趋势。对肇庆市的通信职能规模的得分情况作出分析，发现肇庆市在通信职能规模上的得分持续上升，说明肇庆市所具备的通信水平不断提高，城市所具备的通信能力不断加强。

城市通信职能地位得分排名呈现出波动上升的趋势。对肇庆市通信职能地位的得分情况作出分析，发现肇庆市在通信职能地位上的得分持续上升，说明肇庆市的通信能力不断加强。

对 2010～2015 年间肇庆市生活环境及各三级指标的得分、排名和优劣度进行分析。2010 年肇庆市生活环境综合得分排名处在珠江－西江经济带第 6 名，2011 年肇庆市生活环境综合得分排名升至第 4 名，2012 年肇庆市生活环境综合得分排名降至第 6 名，2013～2014 年肇庆市生活环境综合得分排名均降至第 8 名，2015 年肇庆市生活环境综合得分排名升至第 4 名。2010～2015 年肇庆市生活环境综合得分排名一直处在珠江－西江经济带中游区，在城市生活环境上处于优势或中势地位，说明肇庆市生活环境质量发展较之于珠江－西江经济带的其他城市竞争优势较一般。对肇庆市的生活环境质量得分情况进行分析，发现肇庆市的生活环境综合得分呈现波动上升的发展趋势，说明肇庆市生活环境质量稳定性有待提升，其生活环境水平存在一定的提升空间。

从表 11－6 生活环境基础指标的优劣度结构来看，在 10 个基础指标中，指标的优劣度结构为 10.0∶50.0∶40.0∶0.0。

表 11－6　　2015 年肇庆市生活环境指标的优劣度结构

二级指标	三级指标数	强势指标		优势指标		中势指标		劣势指标		优劣度
		个数	比重（%）	个数	比重（%）	个数	比重（%）	个数	比重（%）	
生活环境	10	1	10.000	5	50.000	4	40.000	0	0.000	优势

（三）肇庆市城市生活环境质量比较分析

图 11－21 和图 11－22 将 2010～2015 年肇庆市生活环境质量与珠江－西江经济带最高水平和平均水平进行比较。从生活环境质量的要素得分比较来看，由图 11－21 可知，2010 年，肇庆市城镇公园用地动态变化得分比珠江－西江经济带最高分低 4.930 分，比珠江－西江经济带平均分低 0.813 分；2011 年，城镇公园用地动态变化得分比珠江－西江经济带最高分低 3.931 分，比珠江－西江经济带平均分低 0.826 分；2012 年，城镇公园用地动态变化得分比珠江－西江经济带最高分低 1.360 分，比珠江－西江经济带平均分低 0.162 分；2013 年，城镇公园用地动态变化得分比珠江－西江经济带最高分低 1.633 分，比珠江－西江经济带平均分低 0.400 分；2014 年，城镇公园用地动态变化得分比珠江－西江经济带最高分低 2.366 分，比珠江－西江经济带平均分低 0.666 分；2015 年，城镇公园用地动态变化得分比珠江－西江经济带最高分低 0.574 分，比珠江－西江经济带平均分高 0.682 分。这说明整体上肇庆市城镇公园用地动态变化得分与珠江－西江经济带最高分的差距有缩小趋势，与珠江－西江经济带平均分的差距波动缩小。

2010 年，肇庆市供水能力延展指数得分比珠江－西江经济带最高分低 0.019 分，比珠江－西江经济带平均分高 0.011 分；2011 年，供水能力延展指数得分比珠江－西江经济带最高分低 0.117 分，比珠江－西江经济带平均分低 0.026 分；2012 年，供水能力延展指数得分比珠江－西江经济带最高分低 5.361 分，比珠江－西江经济带平均分低 0.520 分；2013 年，供水能力延展指数得分比珠江－西江经济带最高分低 0.056 分，比珠江－西江经济带平均分高 0.048 分；2014 年，供水能力延展指数得分比珠江－西江经济带最高分低 0.023 分，比珠江－西江经济带平均分低 0.010 分；2015 年，供水能力延展指数得分比珠江－西江经济带最高分低 0.076 分，比珠江－西江经济带平均分高 0.016 分。这说明整体上肇庆市供水能力延展指数得分与珠江－西江经济带最高分的差距有扩大趋势，与珠江－西江经济带平均分的差距波动增加。

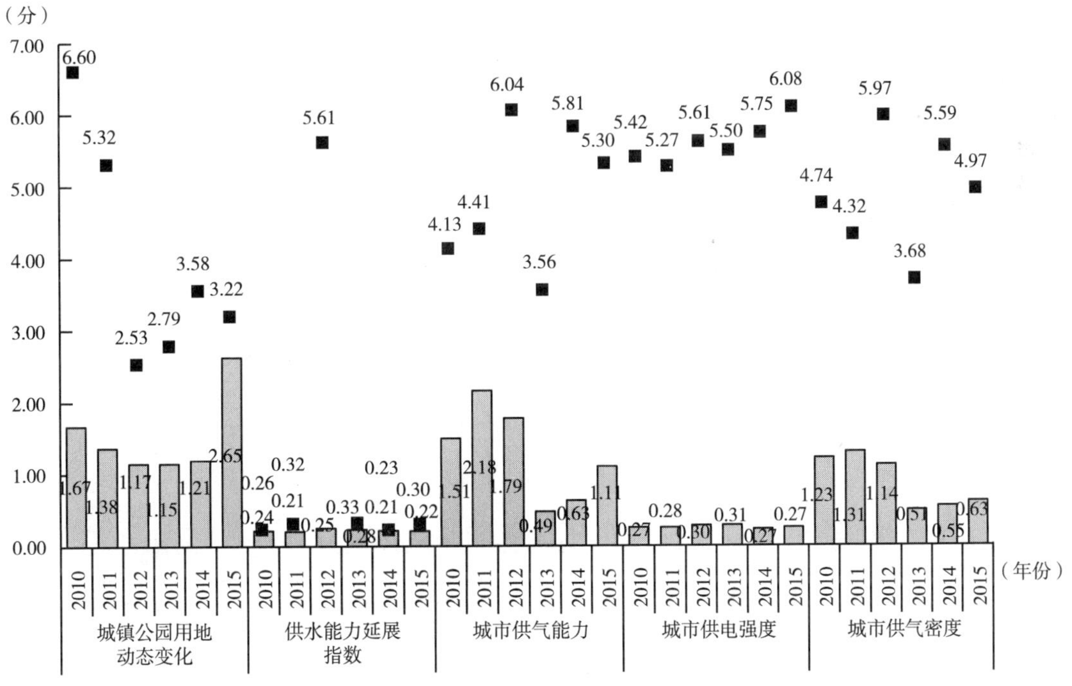

图 11－21　2010～2015 年肇庆市生活环境质量指标得分比较 1

2010 年，肇庆市供气能力得分比珠江－西江经济带最高分低 2.622 分，比珠江－西江经济带平均分高 0.284 分；2011 年，城市供气能力得分比珠江－西江经济带最高分低 2.236 分，比珠江－西江经济带平均分高 0.838 分；2012 年，城市供气能力得分比珠江－西江经济带最高分低 4.251 分，比珠江－西江经济带平均分高 0.284 分；2013 年，城市供气能力得分比珠江－西江经济带最高分低 3.067 分，比珠江－西江经济带平均分低 0.621 分；2014 年，城市供气能力得分比珠江－西江经济带最高分低 5.176 分，比珠江－西江经济带平均分低 0.778 分；2015 年，城市供气能力得分比珠江－西江经济带最高分低4.187分，比珠江－西江经济带平均分低0.368分。这说明整体上肇庆市供气能力得分与珠江－西江经济带最高分的差距波动增加，与珠江－西江经济带平均分的差距波动增加。

2010年，肇庆市供电强度得分比珠江－西江经济带最高分低5.147分，比珠江－西江经济带平均分低0.901分；2011年，城市供电强度得分比珠江－西江经济带最高分低4.991分，比珠江－西江经济带平均分低0.856分；2012年，城市供电强度得分比珠江－西江经济带最高分低5.306分，比珠江－西江经济带平均分低0.895分；2013年，城市供电强度得分比珠江－西江经济带最高分低5.191分，比珠江－西江经济带平均分低0.872分；2014年，城市供电强度得分比珠江－西江经济带最高分低5.523分，比珠江－西江经济带平均分低1.002分；2015年，城市供电强度得分比珠江－西江经济带最高分低5.809分，比珠江－西江经济带平均分低0.973分。这说明整体上肇庆市供电强度得分与珠江－西江经济带最高分的差距波动增加，与珠江－西江经济带平均分的差距波动增大。

2010年，肇庆市供气密度得分比珠江－西江经济带最高分低3.513分，比珠江－西江经济带平均分低0.157分；2011年，城市供气密度得分比珠江－西江经济带最高分低3.104分，比珠江－西江经济带平均分高0.146分；2012年，城市供气密度得分比珠江－西江经济带最高分低4.830分，比珠江－西江经济带平均分低0.268分；2013年，城市供气密度得分比珠江－西江经济带最高分低3.175分，比珠江－西江经济带平均分低0.505分；2014年，城市供气密度得分比珠江－西江经济带最高分低5.038分，比珠江－西江经济带平均分低0.674分；2015年，城市供气密度得分比珠江－西江经济带最高分低4.341分，比珠江－西江经济带平均分低0.497分。这说明整体上肇庆市供气密度得分与珠江－西江经济带最高分的差距波动增加，与珠江－西江经济带平均分的差距波动增加。

由图11－22可知，2010年，肇庆市用电承载力ES得分比珠江－西江经济带最高分低4.601分，比珠江－西江经济带平均分低0.805分；2011年，城市用电承载力ES得分比珠江－西江经济带最高分低4.373分，比珠江－西江经济带平均分低0.765分；2012年，城市用电承载力ES得分比珠江－西江经济带最高分低4.573分，比珠江－西江经济带平均分低0.828分；2013年，城市用电承载力ES得分比珠江－西江经济带最高分低4.308分，比珠江－西江经济带平均分低0.724分；2014年，城市用电承载力ES得分比珠江－西江经济带最高分低4.694分，比珠江－西江经济带平均分低0.839分；2015年，城市用电承载力ES得分比珠江－西江经济带最高分低5.788分，比珠江－西江经济带平均分低0.941分。这说明整体上肇庆市用电承载力ES得分与珠江－西江经济带最高分的差距波动扩大，与珠江－西江经济带平均分的差距波动增加。

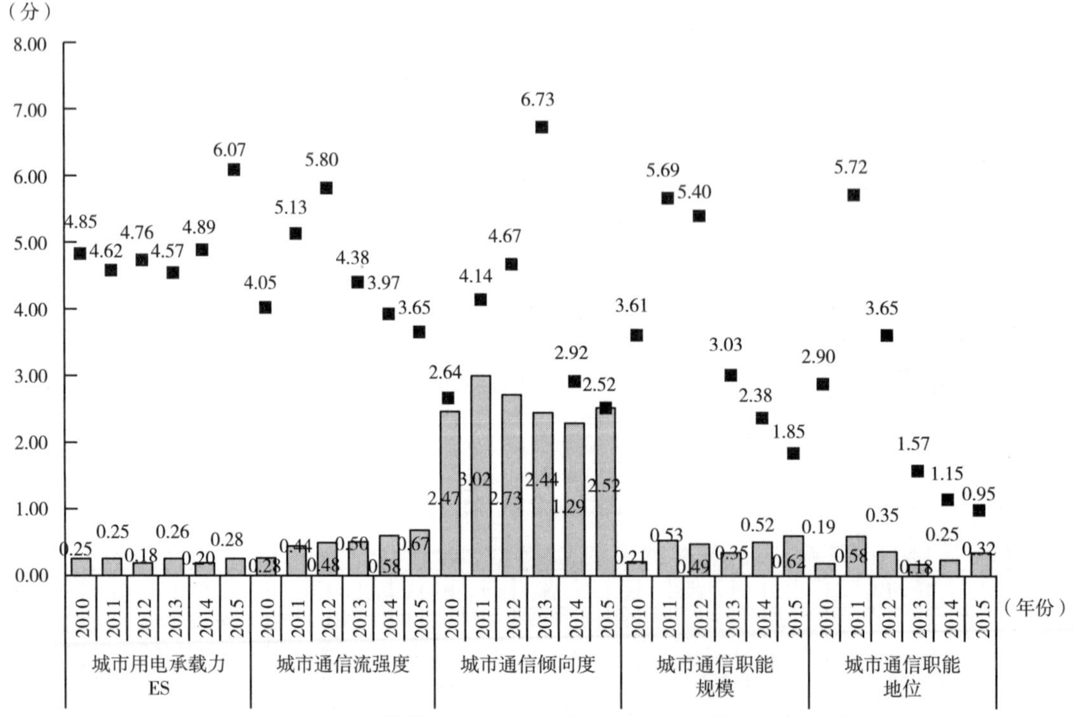

图11－22　2010～2015年肇庆市生活环境质量指标得分比较2

2010年，肇庆市通信流强度得分比珠江－西江经济带最高分低3.764分，比珠江－西江经济带平均分低0.411分；2011年，城市通信流强度得分比珠江－西江经济带最高分低4.689分，比珠江－西江经济带平均分低0.490分；2012年，城市通信流强度得分比珠江－西江经济带最高分低5.318分，比珠江－西江经济带平均分低0.552分；2013年，城市通信流强度得分比珠江－西江经济带最高分低3.880分，比珠江－西江经济带平均分低0.413分；2014

年，城市通信流强度得分比珠江－西江经济带最高分低3.390分，比珠江－西江经济带平均分低0.315分；2015年，城市通信流强度得分比珠江－西江经济带最高分低2.979分，比珠江－西江经济带平均分低0.193分。这说明整体上肇庆市通信流强度得分与珠江－西江经济带最高分的差距先增大后减小，与珠江－西江经济带平均分的差距先增大后减小。

2010年，肇庆市通信倾向度得分比珠江－西江经济带最高分低0.170分，比珠江－西江经济带平均分高0.109分；2011年，城市通信倾向度得分比珠江－西江经济带最高分低1.124分，比珠江－西江经济带平均分高0.133分；2012年，城市通信倾向度得分比珠江－西江经济带最高分低1.942分，比珠江－西江经济带平均分低0.111分；2013年，城市通信倾向度得分比珠江－西江经济带最高分低4.286分，比珠江－西江经济带平均分低0.257分；2014年，城市通信倾向度得分比珠江－西江经济带最高分低0.630分，比珠江－西江经济带平均分高0.224分；2015年，城市通信倾向度得分与珠江－西江经济带最高分不存在差距，比珠江－西江经济带平均分高0.813分。这说明整体上肇庆市通信倾向度得分与珠江－西江经济带最高分的差距先增大后减小，与珠江－西江经济带平均分的差距波动增大。

2010年，肇庆市通信职能规模得分比珠江－西江经济带最高分低3.405分，比珠江－西江经济带平均分低0.393分；2011年，城市通信职能规模得分比珠江－西江经济带最高分低5.167分，比珠江－西江经济带平均分低0.489分；2012年，城市通信职能规模得分比珠江－西江经济带最高分低4.915分，比珠江－西江经济带平均分低0.498分；2013年，城市通信职能规模得分比珠江－西江经济带最高分低2.676分，比珠江－西江经济带平均分低0.259分；2014年，城市通信职能规模得分比珠江－西江经济带最高分低1.865分，比珠江－西江经济带平均分低0.045分；2015年，城市通信职能规模得分比珠江－西江经济带最高分低1.231分，比珠江－西江经济带平均分高0.144分。这说明整体上肇庆市通信职能规模得分与珠江－西江经济带最高分的差距先增大后减小，与珠江－西江经济带平均分的差距波动缩小。

2010年，肇庆市通信职能地位得分比珠江－西江经济带最高分低2.702分，比珠江－西江经济带平均分低0.312分；2011年，城市通信职能地位得分比珠江－西江经济带最高分低5.142分，比珠江－西江经济带平均分低0.486分；2012年，城市通信职能地位得分比珠江－西江经济带最高分低3.299分，比珠江－西江经济带平均分低0.335分；2013年，城市通信职能地位得分比珠江－西江经济带最高分低1.391分，比珠江－西江经济带平均分低0.135分；2014年，城市通信职能地位得分比珠江－西江经济带最高分低0.906分，比珠江－西江经济带平均分低0.022分；2015年，城市通信职能地位得分比珠江－西江经济带最高分低0.634分，比珠江－西江经济带平均分高0.074分。这说明整体上肇庆市通信职能地位得分与珠江－西江经济带最高分的差距先增大后减小，与珠江－西江经济带平均分的差距波动缩小。

三、肇庆市城市居民生活质量综合评估与比较评述

从对肇庆市居民生活质量评估及其2个二级指标在珠江－西江经济带的排名变化和指标结构的综合分析来看，2010～2015年间，居民生活质量板块中上升指标的数量大于下降指标的数量，上升的动力大于下降的拉力，使得2015年肇庆市居民生活质量的排名呈波动保持，在珠江－西江经济带城市位居第7名。

（一）肇庆市城市居民生活质量概要分析

肇庆市居民生活质量在珠江－西江经济带所处的位置及变化如表11－7所示，2个二级指标的得分和排名变化如表11－8所示。

表11－7　2010～2015年肇庆市居民生活质量一级指标比较

指标	2010年	2011年	2012年	2013年	2014年	2015年
排名	7	4	5	7	7	7
所属区位	中游	中游	中游	中游	中游	中游
得分	15.961	18.578	16.293	13.507	13.459	15.834
经济带最高分	47.987	59.835	48.147	42.175	42.940	40.410
经济带平均分	21.581	21.372	19.326	19.203	18.685	19.309
与最高分的差距	－32.026	－41.258	－31.854	－28.668	－29.480	－24.576
与平均分的差距	－5.620	－2.795	－3.033	－5.696	－5.225	－3.475
优劣度	中势	优势	优势	中势	中势	中势
波动趋势	—	上升	下降	下降	持续	持续

表 11－8　　2010～2015 年肇庆市居民生活质量二级指标比较

年份	生活水平		生活环境	
	得分	排名	得分	排名
2010	7.642	8	8.319	6
2011	8.419	4	10.159	4
2012	7.404	2	8.890	6
2013	7.033	7	6.474	8
2014	6.799	5	6.661	8
2015	6.545	9	9.289	4
得分变化	－1.097	—	0.970	—
排名变化	—	－1	—	2
优劣度	中势	中势	优势	优势

（1）从指标排名变化趋势看，2015 年肇庆市居民生活质量评估排名在珠江－西江经济带处于第 7 名，表明其在珠江－西江经济带处于中势地位，与 2010 年相比，排名处于稳定保持状态。总的来看，评价期内肇庆市居民生活质量呈现波动保持趋势。

在 2 个二级指标中，其中 1 个指标排名保持上升，为生活环境；1 个指标排名保持下降，为生活水平；这是肇庆市居民生活质量保持较为稳定的动力所在。受指标排名升降的综合影响，评价期内肇庆市居民生活质量的综合排名呈波动保持，在珠江－西江经济带城市排名第 7 名。

（2）从指标所处区位来看，2015 年肇庆市居民生活质量处在中游区。其中，生活水平为中势指标，生活环境为优势指标。

（3）从指标得分来看，2015 年肇庆市居民生活得分为 15.834 分，比珠江－西江经济带最高分低 24.576 分，比珠江－西江经济带平均分低 3.475 分；与 2010 年相比，肇庆市居民生活质量得分下降 0.127 分，与当年最高分的差距缩小，与珠江－西江经济带平均分的差距缩小。

2015 年，肇庆市居民生活质量二级指标的得分均高于 5 分，与 2010 年相比，得分上升最多的为生活环境，上升 0.970 分；得分下降最多的为生活水平，下降 1.097 分。

（二）肇庆市城市居民生活质量评估指标动态变化分析

2010～2015 年肇庆市居民生活质量评估各级指标的动态变化及其结构，如图 11－23 和表 11－9 所示。

从图 11－23 可以看出，肇庆市居民生活质量评估的三级指标中上升指标的比例大于下降指标，表明上升指标居于主导地位。表 11－9 中的数据进一步说明，肇庆市居民生活质量评估的 18 个三级指标中，上升的指标有 6 个，占指标总数的 33.333%；保持的指标有 7 个，占指标总数的 38.889%；下降的指标有 5 个，占指标总数的 27.778%。由于上升指标的数量大于下降指标的数量，且受变动幅度与外部因素的综合影响，评价期内肇庆市居民生活质量排名呈现波动保持，在珠江－西江经济带位居第 7 名。

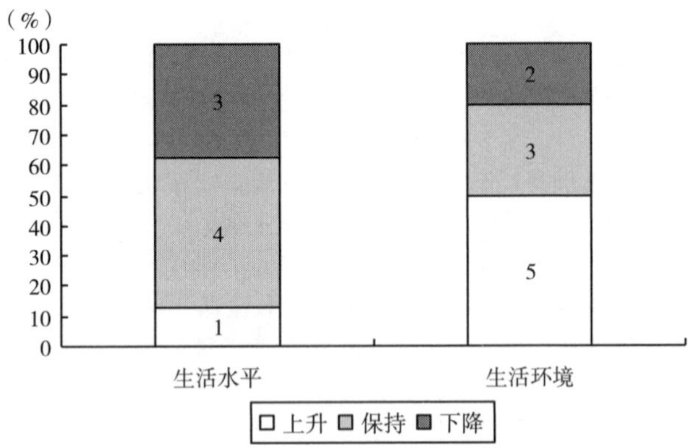

图 11－23　2010～2015 年肇庆市居民生活质量动态变化结构

表 11－9　　2010～2015 年肇庆市居民生活质量各级指标排名变化态势比较

二级指标	三级指标数	上升指标		保持指标		下降指标	
		个数	比重（%）	个数	比重（%）	个数	比重（%）
生活水平	8	1	12.500	4	50.000	3	37.500
生活环境	10	5	50.000	3	30.000	2	20.000
合计	18	6	33.333	7	38.889	5	27.778

（三）肇庆市城市居民生活质量评估指标变化动因分析

2015 年肇庆市居民生活质量板块各级指标的优劣势变化及其结构，如图 11－24 和表 11－10 所示。

从图 11－24 可以看出，2015 年肇庆市居民生活质量评估的三级指标中强势和优势指标的比例大于劣势指标的比例，表明强势和优势指标居于主导地位。表 11－10 中的数据进一步说明，2015 年肇庆市居民生活质量的 18 个三级指标中，强势指标有 1 个，占指标总数的 5.556%；优势指标为 10 个，占指标总数的 55.556%；中势指标 7 个，占指标总数的 38.889%；劣势指标为 0 个，占指标总数的 0.000%；强势指标和优势指标之和占指标总数的61.112%，数量与比重均大于劣势指标。从二级指标来看，其中，生活水平的强势指标有0个，占指标总数的0.000%；优势指标为5个，占指标总数的62.500%；中势指标3个，占指标总数的37.500%；劣势指标为0个，占指标总数的0.000%；强势指标和优势指标之和占指标总数的62.500%，说明生活水平的强势、优势指标居于主导地位。生活环境的强势指标有1个，占指标总数的10.000%；优势指标为5个，占指标总数的50.000%；中势指标4个，占指标总数的40.000%；劣势指标为0个，占指标总数的0.000%；强势指标和优势指标之和占指标总数的60.000%，说明生活环境的强势、优势指标处于主导地位。由于强势、优势指标比重较大，从整体来看，肇庆市居民生活质量处于中势地位，在珠江－西江经济带位居第7名，处于中游区。

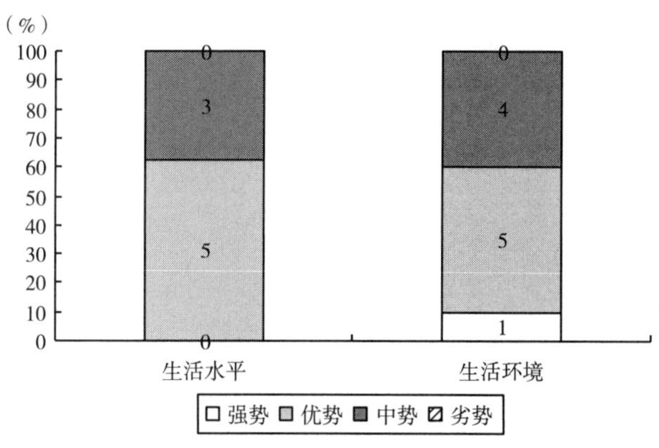

图11－24　2015年肇庆市居民生活质量优劣度结构

表11－10　2015年肇庆市居民生活质量各级指标优劣度比较

二级指标	三级指标数	强势指标		优势指标		中势指标		劣势指标		优劣度
		个数	比重（%）	个数	比重（%）	个数	比重（%）	个数	比重（%）	
生活水平	8	0	0.000	5	62.500	3	37.500	0	0.000	劣势
生活环境	10	1	10.000	5	50.000	4	40.000	0	0.000	优势
合计	18	1	5.556	10	55.556	7	38.889	0	0.000	中势

为进一步明确影响肇庆市居民生活质量变化的具体因素，以便于对相关指标进行深入分析，为提升肇庆市居民生活质量提供决策参考，表11－11列出居民生活质量指标体系中直接影响肇庆市居民生活质量升降的强势指标、优势指标、中势指标和劣势指标。

表11－11　2015年肇庆市居民生活质量三级指标优劣度统计

指标	强势指标	优势指标	中势指标	劣势指标
生活水平（8个）	（0个）	社会保障水平、职工工资相对增长率、职工工资绝对增量加权指数、职工工资比重增量、职工工资强度（5个）	总工资弧弹性、平均工资增长强度、城市人力资本（3个）	（0个）
生活环境（10个）	城市通信流强度（1个）	城镇公园用地动态变化、城市供气能力、城市通信倾向度、城市通信职能规模、城市通信职能地位（5个）	供水能力延展指数、城市供电强度、城市供气密度、城市用电承载力ES（4个）	（0个）

第十二章　云浮市城市居民生活质量综合评估

一、云浮市城市生活水平综合评估与比较

（一）云浮市城市生活水平评估指标变化趋势评析

1. 社会保障水平

根据图12－1分析可知，2010～2015年云浮市的社会保障水平总体上呈现持续上升的状态。2010～2015年间城市在该项指标上保持持续上升状态的指标。处于持续上升型的指标，不仅意味着城市在该项指标数据上的不断增长，更意味着城市在该项指标整体竞争力优势不断扩大。云浮市社会保障水平指标处于不断上升的状态中，2010年此指标数值最低，为19.578，到2015年时，上升至32.383。分析这种变化趋势，可以得出云浮市居民生活发展的水平不断提升，潜在经济发展水平不断上升，城市的发展活力较高。

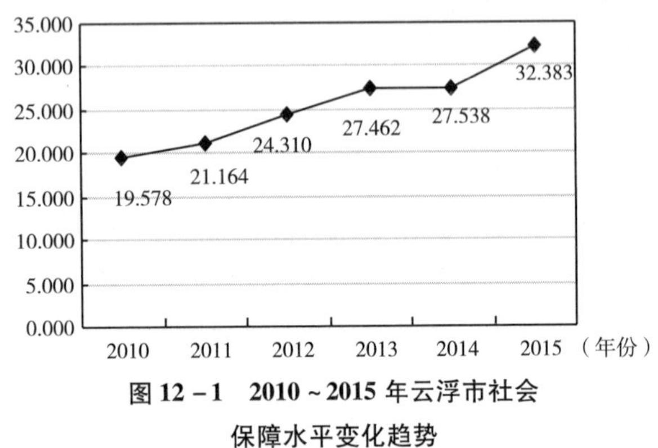

图12－1　2010～2015年云浮市社会保障水平变化趋势

2. 总工资弧弹性

根据图12－2分析可知，2010～2015年云浮市总工资弧弹性总体上呈现波动保持的状态。波动保持型指标意味着城市在该项指标上虽然呈现波动状态，在评价末期和评价初期的数值基本保持一致，云浮市总工资弧弹性数值保持在1.592～3.274。即使云浮市总工资弧弹性存在过最低值，其数值为1.592，但云浮市在总工资弧弹性上总体表现的也是相对平稳，说明该地区经济发展能力及活力持续又稳定。

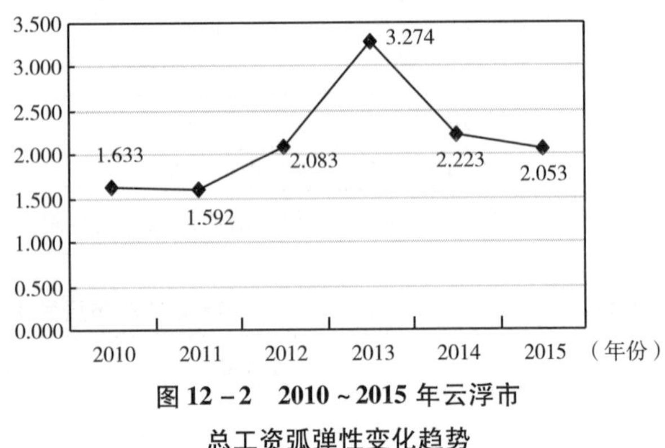

图12－2　2010～2015年云浮市总工资弧弹性变化趋势

3. 平均工资增长强度

根据图12－3分析可知，2010～2015年云浮市平均工资增长强度总体上呈现波动保持的状态。波动保持型指标意味着城市在该项指标上虽然呈现波动状态，在评价末期和评价初期的数值基本保持一致，云浮市平均工资增长强度数值保持在30.373～46.748。即使云浮市平均工资增长强度存在过最低值，其数值为30.373，但云浮市在平均工资增长强度上总体表现也是相对平稳，说明该地区经济发展能力及活力持续又稳定。

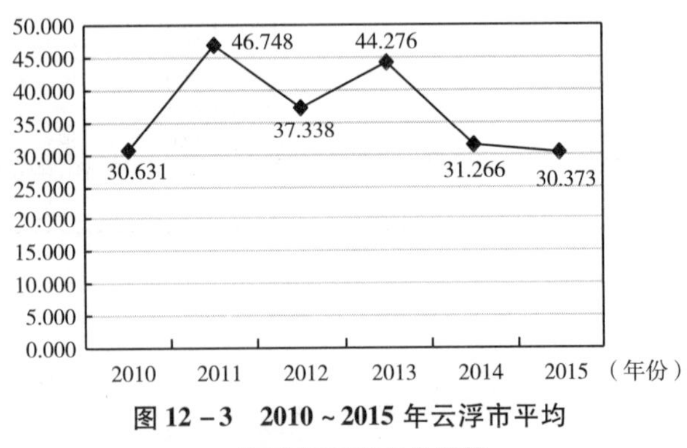

图12－3　2010～2015年云浮市平均工资增长强度变化趋势

4. 城市人力资本

根据图12－4分析可知，2010～2015年云浮市人力资本总体上呈现波动上升的状态。2010～2015年间城市在该项指标上存在一定的波动变化，总体趋势为上升趋势，但在个别年份出现下降的情况，指标并非连续性上升状态。波动上升型指标意味着在评价的时间段内，虽然指标数据

存在较大的波动变化，但是其评价末期数据值高于评价初期数据值。云浮市在 2011～2013 年虽然出现下降的状况，2013 年为 43.076，但是总体上还是呈现上升的态势，最终稳定在 48.676。城市人力资本越大，说明城市的经济发展水平越高，对于云浮市来说，其城市居民生活发展潜力也越来越大。

图 12－4　2010～2015 年云浮市人力资本变化趋势

5. 职工工资相对增长率

根据图 12－5 分析可知，2010～2015 年云浮市职工工资相对增长率总体上呈现波动上升的状态。2010～2015 年间城市在该项指标上存在较多波动变化，总体趋势为上升趋势，但在个别年份出现下降的情况，指标并非连续性上升。波动上升型指标意味着在评估期间，虽然指标数据存在较大波动变化，但是其评价末期数据值高于评价初期数据值。云浮市职工工资相对增长率数值保持在 3.887～7.156。即使云浮市职工工资相对增长率存在过最低值，其数值为 3.887，但云浮市在职工工资相对增长率上总体表现为波动上升，说明该地区经济发展能力及活力有所上升。

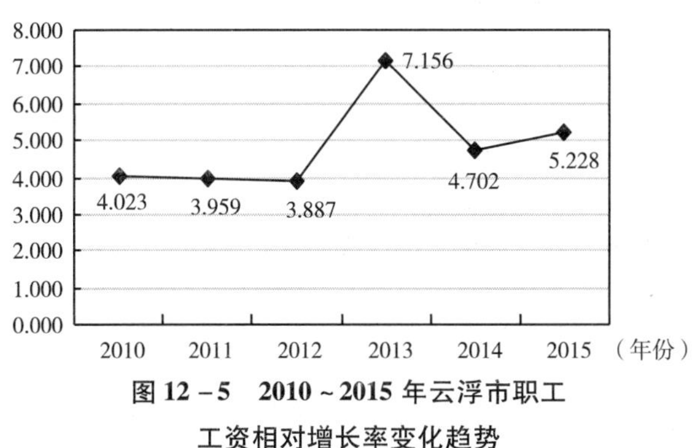

图 12－5　2010～2015 年云浮市职工工资相对增长率变化趋势

6. 职工工资绝对增量加权指数

根据图 12－6 分析可知，2010～2015 年云浮市职工工资绝对增量加权指数总体上呈现波动上升的状态。这一类型的指标在 2010～2015 年间城市存在一定的波动变化，总体趋势上为上升趋势，但在个别年份出现下降的情况，指标并非连续性上升状态。波动上升型指标意味着在评价的时间段内，虽然指标数据存在较大的波动变化，但是其评价末期数据值高于评价初期数据值。云浮市在 2013～2014 年虽然出现下降的状况，2014 年为 1.233，但是总体上还是呈现上升的态势，最终稳定在 1.497。职工工资绝对增量加权指数越大，说明城市的经济发展水平越高，对于云浮市来说，其城市居民生活发展潜力也越来越大。

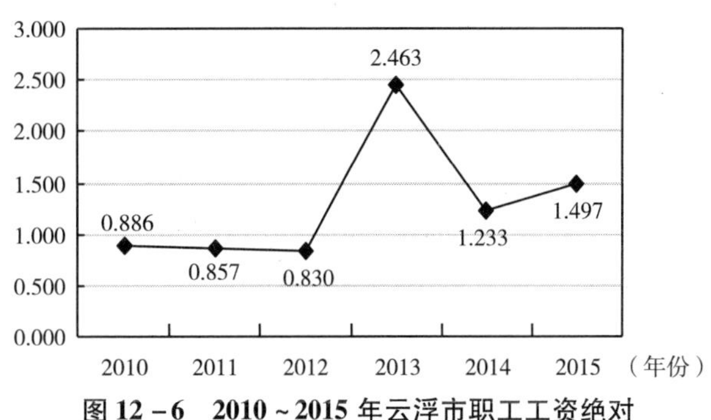

图 12－6　2010～2015 年云浮市职工工资绝对增量加权指数变化趋势

7. 职工工资比重增量

根据图 12－7 分析可知，2010～2015 年云浮市职工工资比重增量指数总体上呈现波动上升的状态。2010～2015 年间城市在该项指标上存在一定的波动变化，总体趋势为上升趋势，但在个别年份出现下降的情况，指标并非连续性上升状态。波动上升型指标意味着在评价的时间段内，虽然指标数据存在较大的波动变化，云浮市 2012～2013 年大幅度上升，一度达到 5.274，但是在 2013～2015 年又表现为下降的态势，最后稳定在 2.440。随着城市的职工工资水平的升高，说明云浮市的居民生活发展水平也在提高。

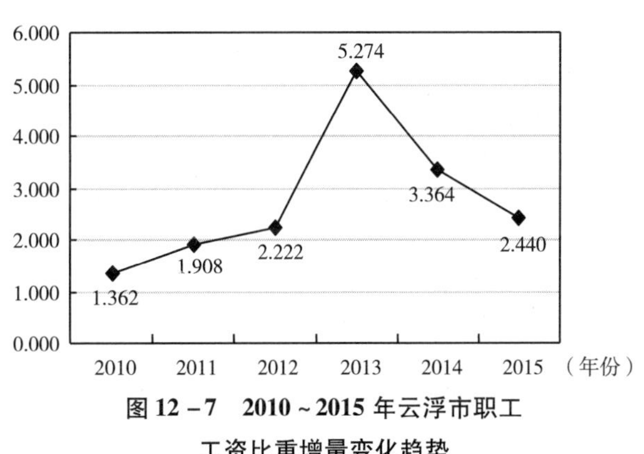

图 12－7　2010～2015 年云浮市职工工资比重增量变化趋势

8. 职工工资强度

根据图 12－8 分析可知，2010～2015 年云浮市职工工资强度总体上呈现波动保持的状态。波动保持型指标意味着城市在该项指标上虽然呈现波动状态，在评价末期和评价初期的数值基本保持一致，云浮市职工工资强度数值保持在1.481～1.907。即使云浮市职工工资强度存在过最低值，其数值为1.481，但云浮市在职工工资强度上总体表现也是相对平稳，说明该地区经济发展能力及活力持续又稳定。

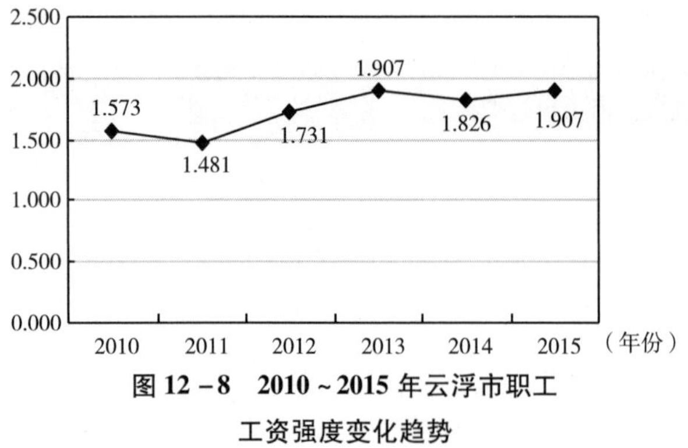

图12－8　2010～2015年云浮市职工工资强度变化趋势

（二）云浮市城市生活水平评估结果

根据表12－1对2010～2012年间云浮市生活水平得分、排名、优劣度进行分析。2010年云浮市生活水平排名处在珠江－西江经济带第11名，2011年云浮市生活水平排名升至第5名，2012年云浮市生活水平排名又升至第4名，云浮市的生活水平在珠江－西江经济带中从劣势地位升至优势地位，说明云浮市生活水平的综合发展水平较于珠江－西江经济带其他城市相比优势有所提高。对云浮市的生活水平得分情况作出分析，发现云浮市生活水平综合得分波动上升，变动幅度较大，说明云浮市生活水平虽然较不稳定，但在满足居民物质生活需要和精神生活需要方面不断提高。

表12－1　2010～2012年云浮市生活水平各级指标的得分、排名及优劣度分析

指标	2010年			2011年			2012年		
	得分	排名	优劣度	得分	排名	优劣度	得分	排名	优劣度
生活水平	5.565	11	劣势	8.231	5	优势	7.121	4	优势
社会保障水平	1.025	5	优势	1.087	4	优势	1.263	3	优势
总工资弧弹性	0.076	2	强势	0.073	3	优势	0.098	5	优势
平均工资增长强度	1.696	3	优势	2.433	1	强势	1.998	1	强势
城市人力资本	2.382	11	劣势	4.225	8	中势	3.335	5	优势
职工工资相对增长率	0.193	5	优势	0.188	6	中势	0.185	6	中势
职工工资绝对增量加权指数	0.041	5	优势	0.039	4	优势	0.039	6	中势
职工工资比重增量	0.066	5	优势	0.103	6	中势	0.107	6	中势
职工工资强度	0.086	7	中势	0.081	7	中势	0.096	7	中势

对云浮市生活水平的三级指标进行分析，其中社会保障水平得分排名呈现出持续上升的发展趋势。对云浮市社会保障水平的得分情况进行分析，发现云浮市的社会保障水平得分持续上升，说明云浮市的社会公共保障事业的发展水平不断提高。

总工资弧弹性的综合发展水平得分排名呈现出持续下降的趋势。对云浮市总工资弧弹性的得分情况作出分析，发现云浮市在总工资弧弹性上的得分波动上升，说明云浮市的总工资增长速率有一定的提高，城市工资发展有所上升。

平均工资增长强度得分排名呈现出波动上升的趋势。对云浮市平均工资增长强度的得分情况作出分析，发现云浮市在平均工资增长强度上的得分波动上升，说明云浮市平均工资增长速率的稳定性有待提高，以便更好地提高地区经济发展能力及活力。

城市人力资本得分排名呈现出持续上升的趋势。对云浮市人力资本的得分情况作出分析，发现云浮市在人力资本上的得分波动上升，说明云浮市在推进人力资本建设方面存有一定的提升空间。

职工工资相对增长率得分排名呈现波动下降的趋势。对云浮市职工工资相对增长率的得分情况进行分析，发现云浮市职工工资相对增长率的得分持续下降，分值变动幅度小，说明城市的职工工资增长速率变化较为稳定，但城市职工工资有待提升。

职工工资绝对增量加权指数得分排名呈现出波动下降的趋势。对云浮市职工工资绝对增量加权指数的得分情况作出分析，发现云浮市在职工工资绝对增量加权指数上的得分波动下降，分值变动幅度小，说明2010～2012年间云浮市的职工工资绝对增量加权指数有待提升。

职工工资比重增量得分排名呈现出波动下降的趋势。对云浮市职工工资比重增量的得分情况作出分析，发现云浮市在职工工资比重增量上的得分持续上升，说明2010～2012年间云浮市的整体职工工资水平工资水平得到提高。

职工工资强度得分排名呈现出持续保持的趋势。对云浮市职工工资强度的得分情况作出分析，发现云浮市在职工工资强度上的得分波动上升，说明 2010～2012 年间云浮市经济发展不断提高，职工工资得到提升，城市经济不断发展。

根据表 12－2 对 2013～2015 年间云浮市生活水平的得分、排名和优劣度进行分析。2013 年云浮市生活水平排名处在珠江－西江经济带第 5 名，2014 年其生活水平升至第 4 名，2015 年其生活水平又降至第 7 名，说明云浮市生活水平综合发展水平较于珠江－西江经济带其他城市较低。同时对云浮市的生活水平得分情况作出分析，发现云浮市生活水平综合得分波动下降，说明云浮市的生活水平综合发展实力整体下降，发展较不合理，城市生活水平有待提高。

表 12－2　2013～2015 年云浮市生活水平各级指标的得分、排名及优劣度分析

指标	2013 年			2014 年			2015 年		
	得分	排名	优劣度	得分	排名	优劣度	得分	排名	优劣度
生活水平	8.043	5	优势	8.147	4	优势	7.921	7	中势
社会保障水平	1.451	3	优势	1.471	3	优势	1.942	2	强势
总工资弧弹性	0.182	4	优势	0.106	5	优势	0.098	7	中势
平均工资增长强度	2.785	3	优势	1.688	2	强势	2.003	6	中势
城市人力资本	2.719	4	优势	4.288	3	优势	3.321	4	优势
职工工资相对增长率	0.410	6	中势	0.238	5	优势	0.261	7	中势
职工工资绝对增量加权指数	0.136	4	优势	0.059	4	优势	0.072	6	中势
职工工资比重增量	0.259	6	中势	0.198	5	优势	0.124	8	中势
职工工资强度	0.101	6	中势	0.099	6	中势	0.102	6	中势

对云浮市生活水平的三级指标进行分析，其中社会保障水平得分排名呈现出波动上升的发展趋势。对云浮市社会保障水平的得分情况进行分析，发现云浮市的社会保障水平得分持续上升，说明城市的公共保障事业发展水平有所提高，城市居民能够享受到更好的社会保障。

总工资弧弹性的综合发展水平得分排名呈现出持续下降的趋势。对云浮市总工资弧弹性的综合发展水平得分情况作出分析，发现云浮市的总工资弧弹性的综合发展水平得分在持续下降，说明云浮市的工资发展有待提升。

平均工资增长强度得分排名呈现波动下降的趋势。对云浮市平均工资增长强度的得分情况进行分析，发现云浮市平均工资增长强度的得分波动下降，说明城市的平均工资增长强度不断降低，城市经济发展能力及城市活力减弱。

城市人力资本得分排名呈现出波动保持的趋势。对云浮市人力资本的得分情况作出分析，发现云浮市在人力资本上的得分波动上升，说明云浮市在人力资本建设加强，并存在一定的提升空间。

职工工资相对增长率得分排名呈现出波动下降的趋势。对云浮市职工工资相对增长率的得分情况作出分析，发现云浮市在职工工资相对增长率上的得分波动下降，变动幅度较小，说明 2013～2015 年间云浮市的职工工资相对增长率变化较不稳定，城市职工工资存在一定的提升空间。

职工工资绝对增量加权指数得分排名呈现出波动下降的趋势。对云浮市职工工资绝对增量加权指数的得分情况作出分析，发现云浮市在职工工资绝对增量加权指数上的得分波动下降，说明 2013～2015 年间云浮市的职工工资绝对增量加权指数减小，城市人口要素集中较不稳定。

职工工资比重增量得分排名呈现出波动下降的趋势。对云浮市职工工资比重增量的得分情况作出分析，发现云浮市在职工工资比重增量上的得分持续下降，说明云浮市职工工资的变化量减小，整体职工工资水平在下降，职工工资比重增量存在一定的提升空间。

职工工资强度得分排名呈现出持续保持的趋势。对云浮市职工工资强度的得分情况作出分析，发现云浮市在职工工资强度上的得分波动上升，变动幅度小，说明云浮市职工工资强度变化较为稳定，城市经济发展一般，人民生活水平有待提高。

对 2010～2015 年间云浮市生活水平及各三级指标的得分、排名和优劣度进行分析。2010 年云浮市生活水平综合得分排名处在珠江－西江经济带第 11 名，2011 年云浮市生活水平综合得分排名升至第 5 名，2012 年云浮市生活水平综合得分排名又升至第 4 名，2013 年云浮市生活水平的综合得分排名降至第 5 名，2014 年云浮市生活水平综合得分排名升至第 4 名，2015 年云浮市生活水平综合得分排名降至第 7 名。2010～2015 年间云浮市生活水平综合得分排名变动幅度大，说明云浮市生活水平发展较之于珠江－西江经济带的其他城市优势较不稳定。对云浮市的生活水平得分情况进行分析，发现云浮市的生活水平综合得分呈现波动上升的发展趋势，说明云浮市生活水平整体上在不断上升，并存在较大的提升空间。

从生活水平基础指标的优劣度结构来看（见表12－3），在 8 个基础指标中，指标的优劣度结构为 12.5∶12.5∶75.0∶0.0。

表 12－3　2015 年云浮市生活水平指标的优劣度结构

二级指标	三级指标数	强势指标		优势指标		中势指标		劣势指标		优劣度
		个数	比重（%）	个数	比重（%）	个数	比重（%）	个数	比重（%）	
生活水平	8	1	12.500	1	12.500	6	75.000	0	0.000	中势

（三）云浮市城市生活水平比较分析

图 12－9 和图 12－10 将 2010～2015 年云浮市生活水平与珠江－西江经济带最高水平和平均水平进行比较。从生活水平的要素得分比较来看，由图 12－9 可知，2010 年，云浮市社会保障水平得分比珠江－西江经济带最高分低 0.951 分，比珠江－西江经济带平均分高 0.108 分；2011 年，社会保障水平得分比珠江－西江经济带最高分低 0.725 分，比珠江－西江经济带平均分高 0.233 分；2012 年，社会保障水平得分比珠江－西江经济带最高分低 0.223 分，比珠江－西江经济带平均分高 0.422 分；2013 年，社会保障水平得分比珠江－西江经济带最高分低 0.324 分，比珠江－西江经济带平均分高 0.506 分；2014 年，社会保障水平得分比珠江－西江经济带最高分低 0.281 分，比珠江－西江经济带平均分高 0.554 分；2015 年，社会保障水平得分比珠江－西江经济带最高分低 4.054 分，比珠江－西江经济带平均分高 0.586 分。这说明整体上云浮市社会保障水平得分与珠江－西江经济带最高分的差距波动增加，与珠江－西江经济带平均分的差距持续增大。

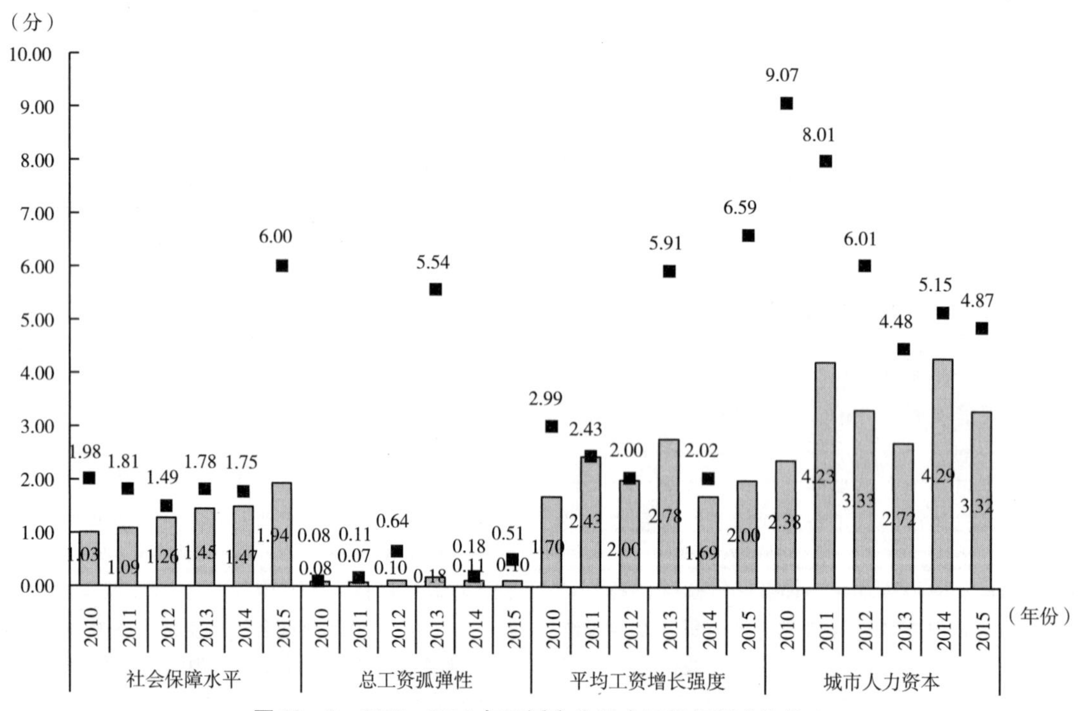

图 12－9　2010～2015 年云浮市生活水平指标得分比较 1

2010 年，云浮市总工资弧弹性得分与珠江－西江经济带最高分不存在差距，比珠江－西江经济带平均分高 0.016 分；2011 年，总工资弧弹性得分比珠江－西江经济带最高分低 0.036 分，比珠江－西江经济带平均分高 0.015 分；2012 年，总工资弧弹性得分比珠江－西江经济带最高分低 0.538 分，比珠江－西江经济带平均分低 0.038 分；2013 年，总工资弧弹性得分比珠江－西江经济带最高分低 5.363 分，比珠江－西江经济带平均分低 0.447 分；2014 年，总工资弧弹性得分比珠江－西江经济带最高分低 0.076 分，比珠江－西江经济带平均分高 0.003 分；2015 年，总工资弧弹性得分比珠江－西江经济带最高分低 0.415 分，比珠江－西江经济带平均分低 0.057 分。这说明整体上云浮市总工资弧弹性得分与珠江－西江经济带最高分的差距波动增加，与珠江－西江经济带平均分的差距波动增大。

2010 年，云浮市平均工资增长强度得分比珠江－西江经济带最高分低 1.294 分，比珠江－西江经济带平均分高 0.359 分；2011 年，平均工资增长强度得分与珠江－西江经济带最高分不存在差距，比珠江－西江经济带平均分高 1.511 分；2012 年，平均工资增长强度得分与珠江－西江经济带最高分不存在差距，比珠江－西江经济带平均分高 0.938 分；2013 年，平均工资增长强度得分比珠江－西江经济带最高分低 3.129 分，比珠江－西江经济带平均分高 0.796 分；2014 年，平均工资增长强度得分比珠江－西江经济带最高分低 0.335 分，比珠江－西江经济带平均分高

0.685 分；2015 年，平均工资增长强度得分比珠江－西江经济带最高分低 4.592 分，比珠江－西江经济带平均分低 0.233 分。这说明整体上云浮市平均工资增长强度得分与珠江－西江经济带最高分的差距波动扩大，与珠江－西江经济带平均分的差距先增加后缩小。

2010 年，云浮市人力资本得分比珠江－西江经济带最高分低 6.687 分，比珠江－西江经济带平均分低 3.788 分；2011 年，城市人力资本得分比珠江－西江经济带最高分低 3.783 分，比珠江－西江经济带平均分低 0.619 分；2012 年，城市人力资本得分比珠江－西江经济带最高分低 2.680 分，比珠江－西江经济带平均分高 0.092 分；2013 年，城市人力资本得分比珠江－西江经济带最高分低 1.761 分，比珠江－西江经济带平均分高 0.361 分；2014 年，城市人力资本得分比珠江－西江经济带最高分低 0.866 分，比珠江－西江经济带平均分高 0.774 分；2015 年，城市人力资本得分比珠江－西江经济带最高分低 1.545 分，比珠江－西江经济带平均分高 0.178 分。这说明整体上云浮市人力资本得分与珠江－西江经济带最高分的差距波动缩小，与珠江－西江经济带平均分的差距波动减小。

由图 12－10 可知，2010 年，云浮市职工工资相对增长率得分比珠江－西江经济带最高分低 0.822 分，比珠江－西江经济带平均分低 0.091 分；2011 年，职工工资相对增长率得分比珠江－西江经济带最高分低 1.090 分，比珠江－西江经济带平均分低 0.106 分；2012 年，职工工资相对增长率得分比珠江－西江经济带最高分低 0.200 分，比珠江－西江经济带平均分低 0.030 分；2013 年，职工工资相对增长率得分比珠江－西江经济带最高分低 5.318 分，比珠江－西江经济带平均分低 0.549 分；2014 年，职工工资相对增长率得分比珠江－西江经济带最高分低 1.715 分，比珠江－西江经济带平均分低 0.243 分；2015 年，职工工资相对增长率得分比珠江－西江经济带最高分低 1.447 分，比珠江－西江经济带平均分低 0.201 分。这说明整体上云浮市职工工资相对增长率得分与珠江－西江经济带最高分的差距波动增加，与珠江－西江经济带平均分的差距波动增大。

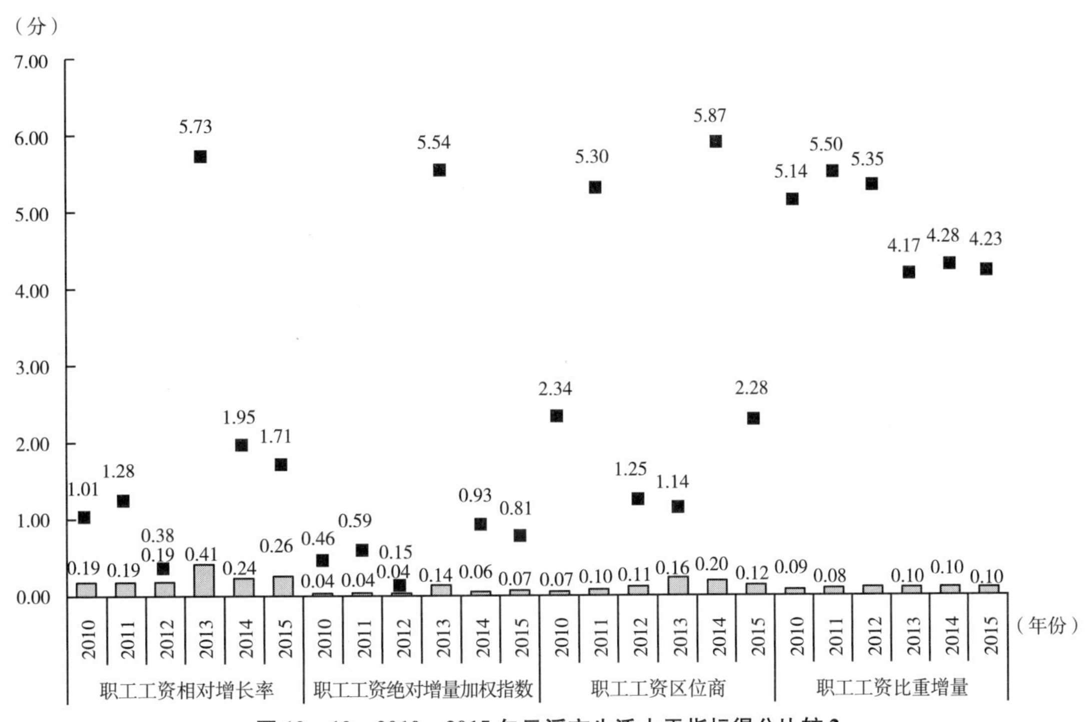

图 12－10　2010～2015 年云浮市生活水平指标得分比较 2

2010 年，云浮市职工工资绝对增量加权指数得分比珠江－西江经济带最高分低 0.414 分，比珠江－西江经济带平均分低 0.036 分；2011 年，职工工资绝对增量加权指数得分比珠江－西江经济带最高分低 0.555 分，比珠江－西江经济带平均分低 0.054 分；2012 年，职工工资绝对增量加权指数得分比珠江－西江经济带最高分低 0.015 分，比珠江－西江经济带平均分高 0.092 分；2013 年，职工工资绝对增量加权指数得分比珠江－西江经济带最高分低 5.405 分，比珠江－西江经济带平均分低 0.485 分；2014 年，职工工资绝对增量加权指数得分比珠江－西江经济带最高分低 0.866 分，比珠江－西江经济带平均分低 0.112 分；2015 年，职工工资绝对增量加权指数得分比珠江－西江经济带最高分低 0.115 分，比珠江－西江经济带平均分高 0.619 分。这说明整体上云浮市职工工资绝对增量加权指数得分与珠江－西江经济带最高分的差距波动增大，与珠江－西江经济带平均分的差距波动上升。

2010 年，云浮市职工工资区位商得分比珠江－西江经济带最高分低 2.270 分，比珠江－西江经济带平均分低 0.251 分；2011 年，职工工资区位商得分比珠江－西江经济带最高分低 5.193 分，比珠江－西江经济带平均分低 0.504 分；2012 年，职工工资区位商得分比珠江－西江经济带最高分低 1.144 分，比珠江－西江经济带平均分低 0.171 分；2013 年，职工工资区位商得分比珠江－西江经济带最高分低 0.885 分，比珠江－西江经济带平均分低

0.138 分；2014 年，职工工资区位商得分比珠江-西江经济带最高分低 5.674 分，比珠江-西江经济带平均分低 0.805 分；2015 年，职工工资区位商得分比珠江-西江经济带最高分低 2.160 分，比珠江-西江经济带平均分低 0.415 分。这说明整体上云浮市职工工资区位商得分与珠江-西江经济带最高分的差距波动缩小，与珠江-西江经济带平均分的差距波动上升。

2010 年，云浮市职工工资比重增量得分比珠江-西江经济带最高分低 5.052 分，比珠江-西江经济带平均分低 0.627 分；2011 年，职工工资比重增量得分与比珠江-西江经济带最高分低 5.419 分，比珠江-西江经济带平均分低 0.638 分；2012 年，职工工资比重增量得分比珠江-西江经济带最高分低 5.249 分，比珠江-西江经济带平均分低 0.627 分；2013 年，职工工资比重增量得分比珠江-西江经济带最高分低 4.066 分，比珠江-西江经济带平均分低 0.593 分；2014 年，职工工资比重增量得分比珠江-西江经济带最高分低 4.184 分，比珠江-西江经济带平均分低 0.608 分；2015 年，职工工资比重增量得分比珠江-西江经济带最高分低 4.125 分，比珠江-西江经济带平均分低 0.597 分。这说明整体上云浮市职工工资比重增量得分与珠江-西江经济带最高分的差距波动缩小，与珠江-西江经济带平均分的差距波动减小。

二、云浮市城市生活环境质量综合评估与比较

（一）云浮市城市生活环境质量评估指标变化趋势评析

1. 城镇公园用地动态变化

根据图 12-11 分析可知，2010~2015 年云浮市城镇公园用地总体上呈现波动上升的状态。2010~2015 年间城市在该项指标上存在一定的波动变化，总体趋势上为上升趋势，但在个别年份出现下降的情况，指标并非连续性上升状态。波动上升型指标意味着在评价的时间段内，虽然指标数据存在较大的波动变化，但是其评价末期数据值高于评价初期数据值，最终稳定在 35.301。城镇公园用地动态变化指标数值越大，说明城市的发展承载力越强，对于云浮市来说，其城市居民生活发展潜力也越来越大。

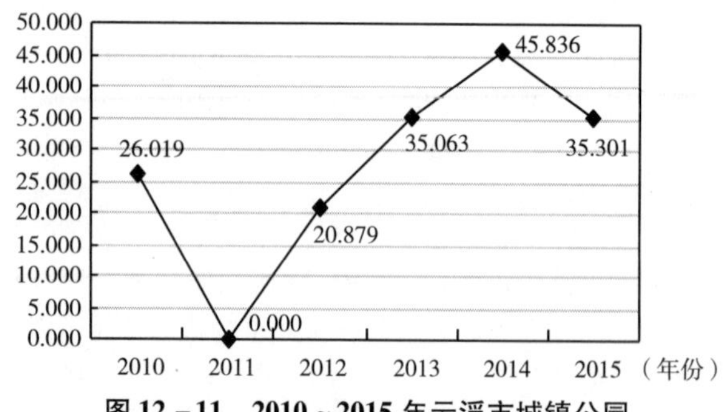

图 12-11 2010~2015 年云浮市城镇公园用地动态变化变化趋势

2. 供水能力延展指数

根据图 12-12 分析可知，2010~2015 年云浮市供水能力延展指数总体上呈现波动保持的状态。波动保持型指标意味着城市在该项指标上虽然呈现波动状态，在评价末期和评价初期的数值基本保持一致，云浮市供水能力延展指数数值保持在 3.640~100.000。即使云浮市供水能力延展指数存在过最低值，其数值为 3.640，但云浮市在供水能力延展指数上总体表现也是相对平稳，说明该地区经济发展能力及活力持续又稳定。

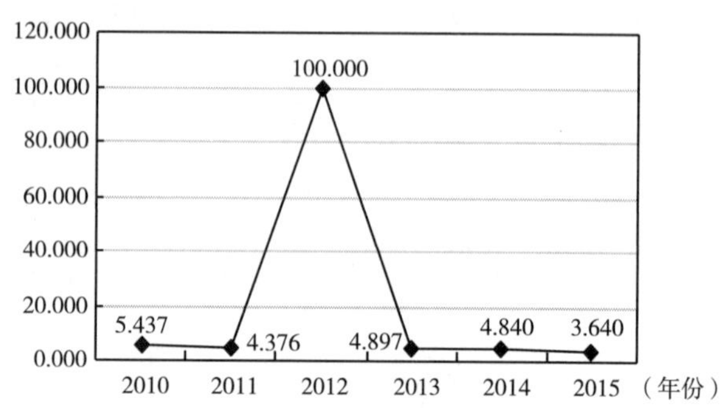

图 12-12 2010~2015 年云浮市供水能力延展指数变化趋势

3. 城市供气能力

根据图 12-13 分析可知，2010~2015 年云浮市供气能力总体上呈现波动上升的状态。2010~2015 年间城市存在一定的波动变化，总体趋势为上升趋势，但在个别年份出现下降的情况，指标并非连续性上升状态。波动上升型指标意味着在评价的时间段内，虽然指标数据存在较大的波动变化，但是其评价末期数据值高于评价初期数据值。云浮市在 2014~2015 年虽然出现下降的状况，但是总体上还是呈现上升的态势，最终稳定在 4.925。城市供气能力越大，说明城市的经济发展水平越高，对于云浮市来说，其城市居民生活发展潜力也越来越大。

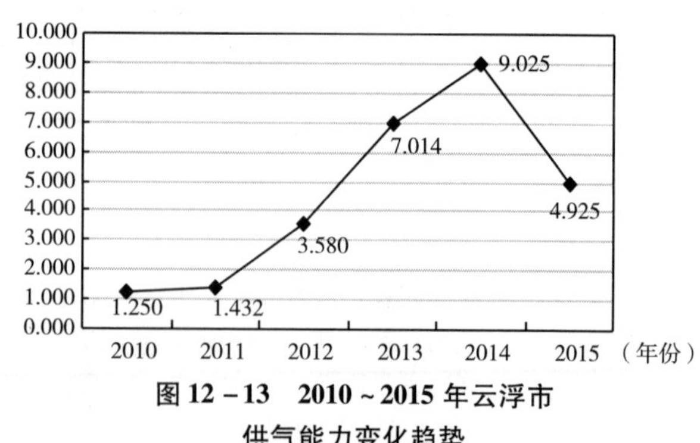

图 12-13 2010~2015 年云浮市供气能力变化趋势

4. 城市供电强度

根据图 12-14 分析可知，云浮市 2010~2015 年城市供电强度总体上呈现波动上升的状态。2010~2015 年间城市在该项指标上存在一定的波动变化，总体趋势上为上升趋势，但在个别年份出现下降的情况，指标并非连续性上

升状态。波动上升型指标意味着在评价的时间段内，虽然指标数据存在较大的波动变化，但是其评价末期数据值高于评价初期数据值。云浮市在2011～2012年虽然出现下降的状况，但是总体上还是呈现上升的态势，最终稳定在1.098。城市供电强度越大，说明城市的供电水平越高，对于云浮市来说，其城市居民生活发展潜力也越来越大。

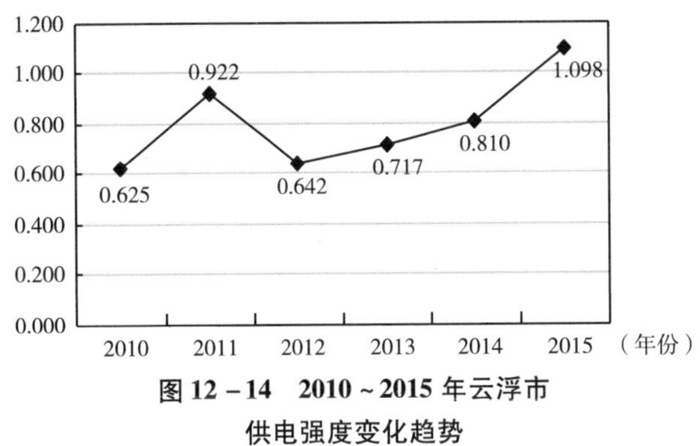

图12－14 2010～2015年云浮市供电强度变化趋势

5. 城市供气密度

根据图12－15分析可知，2010～2015年云浮市的供气密度总体上呈现持续下降的状态。由折线图可以看出云浮市虽然在供气密度上持续下降，但是下降幅度不明显，数值保持在1.998～5.374，这说明虽然云浮市供气密度比例在下降，但是总体上仍是比较稳定的，表现出云浮市的供气密度变化变幅不大，经济社会平稳发展。

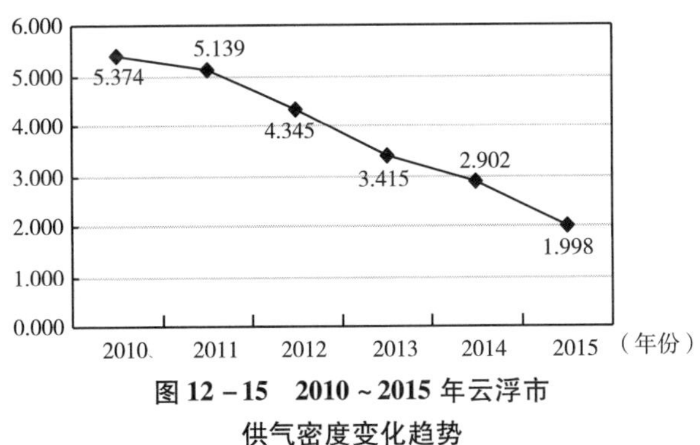

图12－15 2010～2015年云浮市供气密度变化趋势

6. 城市用电承载力ES

根据图12－16分析可知，2010～2015年云浮市用电承载力ES指数总体上呈现波动下降的状态。这种状态表现为在2010～2015年间城市在该项指标上总体呈现下降趋势，但在评估期间存在上下波动的情况，并非连续性下降状态。这就意味着在评估的时间段内，虽然指标数据存在较大的波动化，但是其评价末期数据值低于评价初期数据值。云浮市的用电承载力ES指数末期低于初期的数据，降低1个单位左右，并且在2014～2015年间存在明显下降的变化，这说明云浮市用电承载力ES情况处于不太稳定的下降状态。

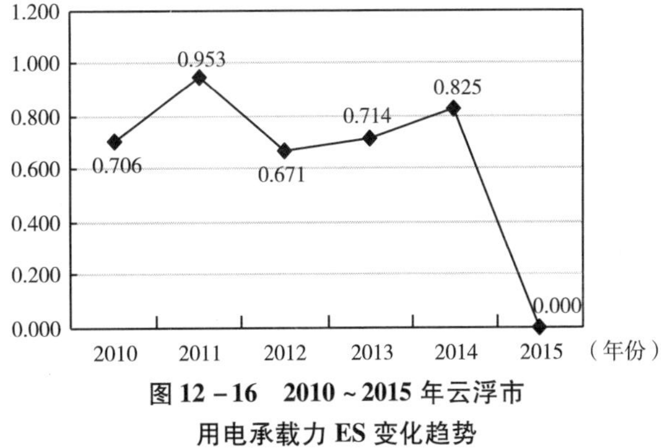

图12－16 2010～2015年云浮市用电承载力ES变化趋势

7. 城市通信流强度

根据图12－17分析可知，2010～2015年云浮市通信流强度总体上呈现波动上升的状态。2010～2015年间城市在该项指标上存在一定的波动变化，总体趋势上为上升趋势，但在个别年份出现下降的情况，指标并非连续性上升状态。波动上升型指标意味着在评价的时间段内，虽然指标数据存在较大的波动变化，但是其评价末期数据值高于评价初期数据值。云浮市在2013～2014年虽然出现下降的状况，2014年为2.682，但是总体上还是呈现上升的态势，最终稳定在2.368。城市通信流强度越大，说明城市的经济发展水平越高，对于云浮市来说，其城市居民生活发展潜力也越来越大。

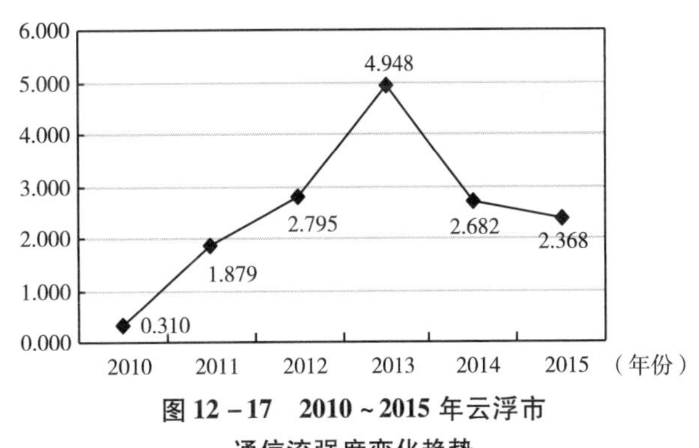

图12－17 2010～2015年云浮市通信流强度变化趋势

8. 城市通信倾向度

根据图12－18分析可知，2010～2015年云浮市通信倾向度总体上呈现波动保持的状态。波动保持型指标意味着城市在该项指标上虽然呈现波动状态，在评价末期和评价初期的数值基本保持一致，该图可知云浮市通信倾向度数值保持在36.499～100.000。即使云浮市通信倾向度存在过最低值，其数值为36.499，但云浮市在通信倾向度上总体表现也是相对平稳，说明该地区经济发展能力及活力持续又稳定。

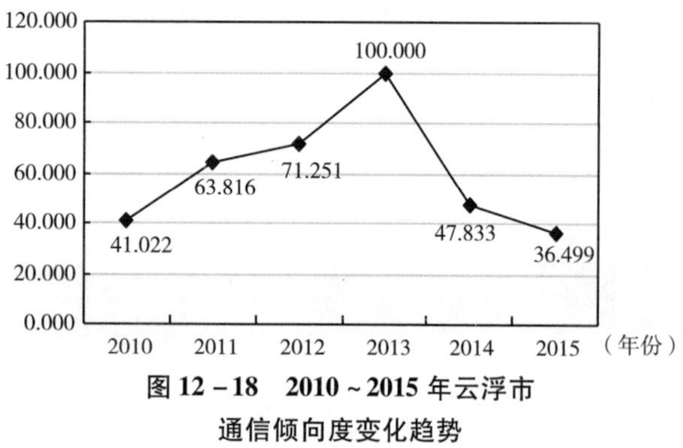

图 12－18　2010～2015 年云浮市通信倾向度变化趋势

9. 城市通信职能规模

根据图 12－19 分析可知，2010～2015 年云浮市通信职能规模总体上呈现波动上升的状态。2010～2015 年间城市在该项指标上存在较多波动变化，总体趋势为上升趋势，但在个别年份出现下降的情况，指标并非连续性上升。波动上升型指标意味着在评估期间，虽然指标数据存在较大波动变化，但是其评价末期数据值高于评价初期数据值。该图可知云浮市通信职能规模数值保持在 11.356～20.194。即使云浮市通信职能规模存在过最低值，其数值为 11.356，但云浮市在通信职能规模上总体表现也是相对平稳，说明该地区经济发展能力及活力持续又稳定。

图 12－19　2010～2015 年云浮市通信职能规模变化趋势

10. 城市通信职能地位

根据图 12－20 分析可知，2010～2015 年云浮市通信职能地位总体上呈现波动下降的状态。这种状态表现为在 2010～2015 年间城市在该项指标上总体呈现下降趋势，但在评估期间存在上下波动的情况，并非连续性下降状态。这就意味着在评估的时间段内，虽然指标数据存在较大的波动化，但是其评价末期数据值低于评价初期数据值。云浮市的通信职能地位末期低于初期的数据，降低 3 个单位左右，并且在 2011～2015 年间存在明显下降的变化，这说明云浮市的通信情况处于不太稳定的下降状态。

图 12－20　2010～2015 年云浮市通信职能地位变化趋势

（二）云浮市城市生活环境质量评估结果

根据表 12－4 对 2010～2012 年间云浮市生活环境质量得分、排名、优劣度进行分析。2010 年云浮市生活环境质量排名处在珠江－西江经济带第 9 名，2011 年云浮市生活环境质量排名升至第 8 名，2012 年云浮市生活环境质量排名升至第 3 名，说明云浮市生活环境综合发展水平较于珠江－西江经济带其他城市不断上升。同时对云浮市的生活环境质量得分情况作出分析，发现云浮市生活环境综合得分持续上升，说明云浮市生活环境不断改善。2010～2012 年间云浮市的生活环境质量在珠江－西江经济带中从劣势地位升至中势地位，接着又升至优势地位，说明云浮市的生活环境存在较大的提升空间，居民生活质量不断提高，生产生活基础条件不断完善。

表 12－4　2010～2012 年云浮市生活环境各级指标的得分、排名及优劣度分析

指标	2010 年			2011 年			2012 年		
	得分	排名	优劣度	得分	排名	优劣度	得分	排名	优劣度
生活环境	5.607	9	劣势	6.509	8	中势	13.446	3	优势
城镇公园用地动态变化	1.717	6	中势	0.000	11	劣势	1.159	8	中势
供水能力延展指数	0.258	1	强势	0.206	6	中势	5.608	1	强势
城市供气能力	0.070	11	劣势	0.080	11	劣势	0.216	11	劣势
城市供电强度	0.037	10	劣势	0.053	10	劣势	0.038	10	劣势
城市供气密度	0.308	11	劣势	0.282	10	劣势	0.260	11	劣势

续表

指标	2010 年			2011 年			2012 年		
	得分	排名	优劣度	得分	排名	优劣度	得分	排名	优劣度
城市用电承载力 ES	0.040	10	劣势	0.053	10	劣势	0.038	10	劣势
城市通信流强度	0.016	9	劣势	0.104	8	中势	0.162	8	中势
城市通信倾向度	2.532	2	强势	4.140	1	强势	4.674	1	强势
城市通信职能规模	0.336	4	优势	0.770	4	优势	0.760	4	优势
城市通信职能地位	0.295	4	优势	0.820	4	优势	0.531	4	优势

对云浮市生活环境的三级指标进行分析，其中城镇公园用地动态变化得分排名呈现出波动下降的发展趋势。对云浮市城镇公园用地动态变化的得分情况进行分析，发现云浮市的城镇公园用地动态变化得分波动下降，说明云浮市城镇公园用地动态变化存在较大的提升空间。

供水能力延展指数的综合发展水平得分排名呈现出波动保持的趋势。对云浮市供水能力延展指数的得分情况作出分析，发现云浮市在供水能力延展指数上的得分波动上升，说明云浮市的城市的供水管道的发展水平在不断提高。

城市供气能力得分排名呈现出持续保持的趋势。对云浮市供气能力的得分情况作出分析，发现云浮市在供气能力上的得分持续上升，说明云浮市的供气能力在不断提高，但仍有较大的提升空间。

城市供电强度得分排名呈现出持续保持的趋势。对云浮市的供电强度的得分情况作出分析，发现云浮市在供电强度上的得分波动上升，分值递增幅度较小，说明云浮市在推进供电水平建设方面发展较为缓慢，具有较高的发展潜力。

城市供气密度得分排名呈现波动保持的趋势。对云浮市的供气密度的得分情况进行分析，发现云浮市的供气密度的得分持续下降，分值变动幅度较小，说明城市的供气密度稳定性有待提升，城市供气承载力有待提高。

城市用电承载力 ES 得分排名呈现出持续保持的趋势。对云浮市的用电承载力 ES 的得分情况作出分析，发现云浮市在用电承载力 ES 上的得分波动下降，说明2010～2012 年间云浮市的用电承载力 ES 存在较大的提升空间，城市用电的整体密度、容量范围有待提高。

城市通信流强度得分排名呈现出波动上升的趋势。对云浮市的通信流强度的得分情况作出分析，发现云浮市在通信流强度上的得分持续上升，说明 2010～2012 年间云浮市的通信要素流动强度不断提高，对经济的影响力不断提高。

城市通信倾向度得分排名呈现出波动上升的趋势。对云浮市的通信倾向度的得分情况作出分析，发现云浮市在通信倾向度上的得分持续上升，说明 2010～2012 年间云浮市的通信外向强度上不断增强。

城市通信职能规模得分排名呈现出持续保持的趋势。对云浮市的通信职能规模的得分情况作出分析，发现云浮市在通信职能规模上的得分波动上升，说明云浮市在通信能力不断增强，通信水平不断提高。

城市通信职能地位得分排名呈现出持续保持的趋势。对云浮市通信职能地位的得分情况作出分析，发现云浮市在通信职能地位上的得分波动上升，分值变动幅度较大，说明云浮市在通信水平提升较不稳定，存在较大的提升空间。

根据表 12－5 对 2013～2015 年间云浮市生活环境质量得分、排名、优劣度进行分析。2013 年云浮市生活环境质量排名处在珠江－西江经济带第 3 名，2014 年云浮市生活环境质量排名降至第 7 名，2014 年云浮市生活环境质量排名又降至第 11 名，说明云浮市生活环境综合发展水平较于珠江－西江经济带其他城市其竞争力不断下降。同时对云浮市的生活环境质量得分情况作出分析，发现云浮市生活环境综合得分持续下降，说明云浮市生活环境质量不断降低，发展较不合理。2013～2015 年间云浮市的生活环境质量在珠江－西江经济带中从优势地位降至中势地位，接着又降至劣势地位，说明云浮市的综合福利水平、实际居民生活环境较之于珠江－西江经济带其他城市未得到良好的发展。

表 12－5　2013～2015 年云浮市生活环境各级指标的得分、排名及优劣度分析

指标	2013 年			2014 年			2015 年		
	得分	排名	优劣度	得分	排名	优劣度	得分	排名	优劣度
生活环境	10.780	3	优势	7.362	7	中势	5.448	11	劣势
城镇公园用地动态变化	1.995	2	强势	2.760	2	强势	2.126	5	优势
供水能力延展指数	0.234	3	优势	0.235	1	强势	0.175	10	劣势

续表

指标	2013 年			2014 年			2015 年		
	得分	排名	优劣度	得分	排名	优劣度	得分	排名	优劣度
城市供气能力	0.384	10	劣势	0.543	9	劣势	0.292	10	劣势
城市供电强度	0.042	10	劣势	0.049	10	劣势	0.067	10	劣势
城市供气密度	0.185	11	劣势	0.170	11	劣势	0.113	11	劣势
城市用电承载力 ES	0.040	10	劣势	0.048	10	劣势	0.000	11	劣势
城市通信流强度	0.271	6	中势	0.147	8	中势	0.128	9	劣势
城市通信倾向度	6.728	1	强势	2.924	1	强势	2.128	3	优势
城市通信职能规模	0.593	4	优势	0.330	5	优势	0.278	5	优势
城市通信职能地位	0.308	4	优势	0.156	5	优势	0.142	5	优势

对云浮市生活环境的三级指标进行分析，其中城镇公园用地动态变化得分排名呈现出波动下降的的发展趋势。对云浮市城镇公园用地动态变化的得分情况进行分析，发现云浮市的城镇公园用地动态变化得分波动上升，说明云浮市的城镇公园用地的增加变大，地区经济活力有所提升。

供水能力延展指数的综合发展水平得分排名呈现出波动下降的趋势。对云浮市供水能力延展指数的得分情况作出分析，发现云浮市在供水能力延展指数上的得分波动下降，分值变动幅度较小，说明云浮市的供水管道发展存在一定的提升空间。

城市供气能力得分排名呈现出波动保持的趋势。对云浮市的供气能力的得分情况作出分析，发现云浮市在供气能力上的得分波动下降，说明云浮市的供气能力有所下降，存在较大的提升空间。

城市供电强度得分排名呈现出波动保持的趋势。对云浮市的供电强度的得分情况作出分析，发现云浮市在供电强度上的得分持续上升，分值变动幅度较小，说明云浮市在推进供电建设方面提高较为稳定，城市供电能力在不断加强。

城市供气密度得分排名呈现持续保持的趋势。对云浮市的供气密度的得分情况进行分析，发现云浮市的供气密度的得分持续下降，说明城市用气总量密集程度不断降低，城市供气密度不断减小。

城市用电承载力 ES 得分排名呈现出波动下降的趋势。对云浮市的用电承载力 ES 的得分情况作出分析，发现云浮市在用电承载力 ES 上的得分波动下降，说明 2013～2015 年间云浮市的用电承载力 ES 有所下降，其存在较大的提升空间。

城市通信流强度得分排名呈现出持续下降的趋势。对云浮市的通信流强度的得分情况作出分析，发现云浮市在通信流强度上的得分持续下降，说明 2013～2015 年间云浮市的通信要素流动强度在不断下降，城市经济的影响力不断降低。

城市通信倾向度得分排名呈现出波动下降的趋势。对云浮市的通信倾向度的得分情况作出分析，发现云浮市在通信倾向度上的得分持续下降，说明 2013～2015 年间云浮市的通信外向强度有较大的提升空间。

城市通信职能规模得分排名呈现出波动下降的趋势。对云浮市的通信职能规模的得分情况作出分析，发现云浮市在通信职能规模上的得分持续下降，说明云浮市所具备的通信水平不断降低，城市所具备的通信能力有待加强。

城市通信职能地位得分排名呈现出波动下降的趋势。对云浮市通信职能地位的得分情况作出分析，发现云浮市在通信职能地位上的得分持续下降，说明云浮市的通信能力不断降低，城市对人力资源的吸引集聚能力有所下降。

对 2010～2015 年间云浮市生活环境及各三级指标的得分、排名和优劣度进行分析。2010 年云浮市生活环境综合得分排名处在珠江－西江经济带第 9 名，2011 年云浮市生活环境综合得分排名升至第 8 名，2012～2013 年云浮市生活环境综合得分排名均升至第 3 名，2014 年云浮市生活环境综合得分排名降至第 7 名，2015 年云浮市生活环境综合得分排名又降至第 11 名。2010～2015 年云浮市生活环境综合得分排名一直处在珠江－西江经济带中游区或下游区，在整体珠江－西江经济带城市中得分排名变动幅度大，说明云浮市生活环境质量发展水平极不稳定。对云浮市的生活环境质量得分情况进行分析，发现云浮市的生活环境综合得分呈现先上升后下降的发展趋势，说明云浮市生活环境质量稳定性有待提升，其生活环境水平存在较大的提升空间。

从生活环境基础指标的优劣度结构来看（见表 12－6），在 10 个基础指标中，指标的优劣度结构为 0.0：40.0：0.0：60.0。

表 12－6 **2015 年云浮市生活环境指标的优劣度结构**

二级指标	三级指标数	强势指标		优势指标		中势指标		劣势指标		优劣度
		个数	比重（%）	个数	比重（%）	个数	比重（%）	个数	比重（%）	
生活环境	10	0	0.000	4	40.000	0	0.000	6	60.000	劣势

（三）云浮市城市生活环境质量比较分析

图 12－21 和图 12－22 将 2010～2015 年云浮市生活环境质量与珠江－西江经济带最高水平和平均水平进行比较。从生活环境质量的要素得分比较来看，由图 12－21 可知，2010 年，云浮市城镇公园用地动态变化得分比珠江－西江经济带最高分低 4.881 分，比珠江－西江经济带平均分低 0.764 分；2011 年，城镇公园用地动态变化得分比珠江－西江经济带最高分低 5.315 分，比珠江－西江经济带平均分低 2.211 分；2012 年，城镇公园用地动态变化得分比珠江－西江经济带最高分低 1.369 分，比珠江－西江经济带平均分低 0.171 分；2013 年，城镇公园用地动态变化得分比珠江－西江经济带最高分低 0.791 分，比珠江－西江经济带平均分高 0.442 分；2014 年，城镇公园用地动态变化得分比珠江－西江经济带最高分低 0.816 分，比珠江－西江经济带平均分高 0.884 分；2015 年，城镇公园用地动态变化得分比珠江－西江经济带最高分低 1.097 分，比珠江－西江经济带平均分高 0.159 分。这说明整体上云浮市城镇公园用地动态变化得分与珠江－西江经济带最高分的差距有缩小趋势，与珠江－西江经济带平均分的差距波动缩小。

2010 年，云浮市供水能力延展指数得分与珠江－西江经济带最高分不存在差距，比珠江－西江经济带平均分高 0.030 分；2011 年，供水能力延展指数得分比珠江－西江经济带最高分低 0.117 分，比珠江－西江经济带平均分低 0.026 分；2012 年，供水能力延展指数得分与珠江－西江经济带最高分不存在差距，比珠江－西江经济带平均分高 4.840 分；2013 年，供水能力延展指数得分比珠江－西江经济带最高分低 0.099 分，比珠江－西江经济带平均分高 0.005 分；2014 年，供水能力延展指数得分与珠江－西江经济带最高分不存在差距，比珠江－西江经济带平均分高 0.014 分；2015 年，供水能力延展指数得分比珠江－西江经济带最高分低 0.123 分，比珠江－西江经济带平均分低 0.031 分。这说明整体上云浮市供水能力延展指数得分与珠江－西江经济带最高分的差距有扩大趋势，与珠江－西江经济带平均分的差距波动增加。

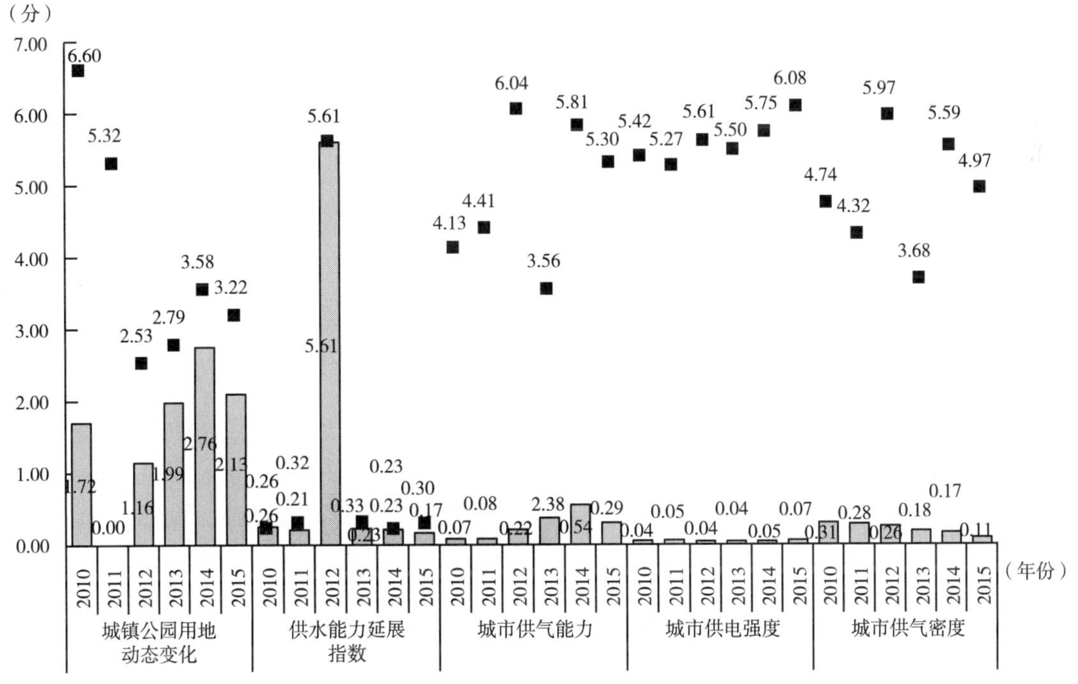

图 12－21 2010～2015 年云浮市生活环境质量指标得分比较 1

2010 年，云浮市供气能力得分比珠江－西江经济带最高分低 4.058 分，比珠江－西江经济带平均分低 1.152 分；2011 年，城市供气能力得分比珠江－西江经济带最高分低 4.332 分，比珠江－西江经济带平均分低 1.258 分；2012 年，城市供气能力得分比珠江－西江经济带最高分低 5.827 分，比珠江－西江经济带平均分低 1.293 分；2013 年，城市供气能力得分比珠江－西江经济带最高分低 3.171 分，比珠江－西江经济带平均分低 0.725 分；2014 年，城市供气能力得分比珠江－西江经济带最高分低 5.268 分，比珠江－西江经济带平均分低 0.869 分；2015 年，城市供气能力得分比珠江－西江经济带最高分低5.003分，比珠江－西江经济带平均分低1.184分。这说明整体上云浮市供气能力得分与珠江－西江经济带最高分的差距波动增加，与珠江－西江经济带平均分的差距波动增加。

2010年，云浮市供电强度得分比珠江－西江经济带最高分低5.380分，比珠江－西江经济带平均分低1.134分；2011年，城市供电强度得分比珠江－西江经济带最高分低5.216分，比珠江－西江经济带平均分低1.082分；2012年，城市供电强度得分比珠江－西江经济带最高分低5.568分，比珠江－西江经济带平均分低1.157分；2013年，城市供电强度得分比珠江－西江经济带最高分低5.460分，比珠江－西江经济带平均分低1.141分；2014年，城市供电强度得分比珠江－西江经济带最高分低5.699分，比珠江－西江经济带平均分低1.178分；2015年，城市供电强度得分比珠江－西江经济带最高分低6.015分，比珠江－西江经济带平均分低1.179分。这说明整体上云浮市供电强度得分与珠江－西江经济带最高分的差距波动增加，与珠江－西江经济带平均分的差距波动增大。

2010年，云浮市供气密度得分比珠江－西江经济带最高分低4.437分，比珠江－西江经济带平均分低1.081分；2011年，城市供气密度得分比珠江－西江经济带最高分低4.037分，比珠江－西江经济带平均分低0.878分；2012年，城市供气密度得分比珠江－西江经济带最高分低5.714分，比珠江－西江经济带平均分低1.152分；2013年，城市供气密度得分比珠江－西江经济带最高分低3.497分，比珠江－西江经济带平均分低0.827分；2014年，城市供气密度得分比珠江－西江经济带最高分低5.415分，比珠江－西江经济带平均分低1.050分；2015年，城市供气密度得分比珠江－西江经济带最高分低4.856分，比珠江－西江经济带平均分低1.013分。这说明整体上云浮市供气密度得分与珠江－西江经济带最高分的差距波动增加，与珠江－西江经济带平均分的差距波动缩小。

由图12－22可知，2010年，云浮市用电承载力ES得分比珠江－西江经济带最高分低4.810分，比珠江－西江经济带平均分低1.014分；2011年，城市用电承载力ES得分比珠江－西江经济带最高分低4.571分，比珠江－西江经济带平均分低0.962分；2012年，城市用电承载力ES得分比珠江－西江经济带最高分低4.719分，比珠江－西江经济带平均分低0.973分；2013年，城市用电承载力ES得分比珠江－西江经济带最高分低4.531分，比珠江－西江经济带平均分低0.947分；2014年，城市用电承载力ES得分比珠江－西江经济带最高分低4.843分，比珠江－西江经济带平均分低0.988分；2015年，城市用电承载力ES得分比珠江－西江经济带最高分低6.072分，比珠江－西江经济带平均分低1.225分。这说明整体上云浮市用电承载力ES得分与珠江－西江经济带最高分的差距波动增大，与珠江－西江经济带平均分的差距波动增加。

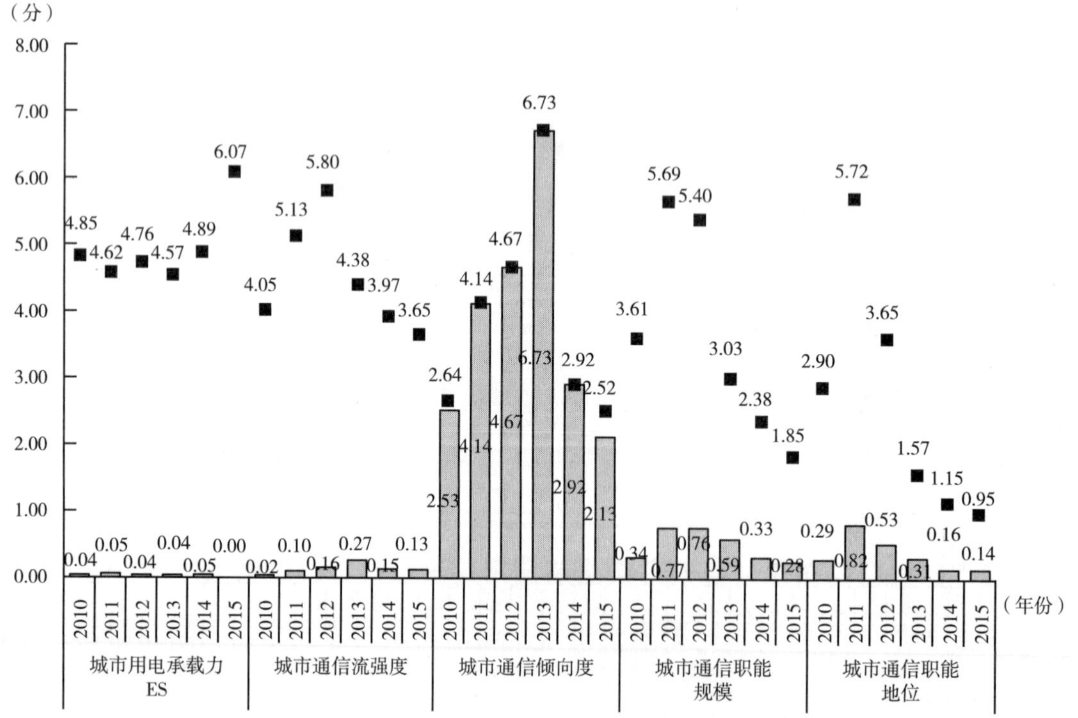

图12－22　2010～2015年云浮市生活环境质量指标得分比较2

2010年，云浮市通信流强度得分比珠江－西江经济带最高分低4.030分，比珠江－西江经济带平均分低0.676分；2011年，城市通信流强度得分比珠江－西江经济带最高分低5.021分，比珠江－西江经济带平均分低0.822分；2012年，城市通信流强度得分比珠江－西江经济带最高分低5.640分，比珠江－西江经济带平均分低0.875分；2013年，城市通信流强度得分比珠江－西江经济带最高分低4.106分，比珠江－西江经济带平均分低0.638分；2014年，城市通信流强度得分比珠江－西江经济带最高分低3.823分，比珠江－西江经济带平均分低0.748分；2015

年，城市通信流强度得分比珠江－西江经济带最高分低3.523分，比珠江－西江经济带平均分低0.737分。这说明整体上云浮市通信流强度得分与珠江－西江经济带最高分的差距先增加后缩小，与珠江－西江经济带平均分的差距波动增加。

2010年，云浮市通信倾向度得分比珠江－西江经济带最高分低0.111分，比珠江－西江经济带平均分高0.167分；2011年，城市通信倾向度得分与珠江－西江经济带最高分不存在差距，比珠江－西江经济带平均分高1.257分；2012年，城市通信倾向度得分与珠江－西江经济带最高分不存在差距，比珠江－西江经济带平均分高1.831分；2013年，城市通信倾向度得分与珠江－西江经济带最高分不存在差距，比珠江－西江经济带平均分高4.029分；2014年，城市通信倾向度得分与珠江－西江经济带最高分不存在差距，比珠江－西江经济带平均分高0.854分；2015年，城市通信倾向度得分比珠江－西江经济带最高分低0.394分，比珠江－西江经济带平均分高0.419分。这说明整体上云浮市通信倾向度得分与珠江－西江经济带最高分的差距波动增加，与珠江－西江经济带平均分的差距先增大后减小。

2010年，云浮市通信职能规模得分比珠江－西江经济带最高分低3.277分，比珠江－西江经济带平均分低0.266分；2011年，城市通信职能规模得分比珠江－西江经济带最高分低4.923分，比珠江－西江经济带平均分低0.245分；2012年，城市通信职能规模得分比珠江－西江经济带最高分低4.644分，比珠江－西江经济带平均分低0.227分；2013年，城市通信职能规模得分比珠江－西江经济带最高分低2.436分，比珠江－西江经济带平均分低0.019分；2014年，城市通信职能规模得分比珠江－西江经济带最高分低2.051分，比珠江－西江经济带平均分低0.230分；2015年，城市通信职能规模得分比珠江－西江经济带最高分低1.569分，比珠江－西江经济带平均分低0.194分。这说明整体上云浮市通信职能规模得分与珠江－西江经济带最高分的差距先增大后减小，与珠江－西江经济带平均分的差距波动缩小。

2010年，云浮市通信职能地位得分比珠江－西江经济带最高分低2.601分，比珠江－西江经济带平均分低0.211分；2011年，城市通信职能地位得分比珠江－西江经济带最高分低4.900分，比珠江－西江经济带平均分低0.244分；2012年，城市通信职能地位得分比珠江－西江经济带最高分低3.117分，比珠江－西江经济带平均分低0.153分；2013年，城市通信职能地位得分比珠江－西江经济带最高分低1.266分，比珠江－西江经济带平均分低0.010分；2014年，城市通信职能地位得分比珠江－西江经济带最高分低0.996分，比珠江－西江经济带平均分低0.112分；2015年，城市通信职能地位得分比珠江－西江经济带最高分低0.808分，比珠江－西江经济带平均分低0.100分。这说明整体上云浮市通信职能地位得分与珠江－西江经济带最高分的差距先增大后减小，与珠江－西江经济带平均分的差距波动缩小。

三、云浮市城市居民生活质量综合评估与比较评述

从对云浮市居民生活质量评估及其2个二级指标在珠江－西江经济带的排名变化和指标结构的综合分析来看，2010～2015年间，居民生活板块中上升指标的数量小于下降指标的数量，上升的动力小于下降的拉力，使得2015年云浮市居民生活质量的排名呈波动上升，在珠江－西江经济带城市位居第8名。

（一）云浮市城市居民生活质量概要分析

云浮市居民生活质量在珠江－西江经济带所处的位置及变化如表12－7所示，2个二级指标的得分和排名变化如表12－8所示。

表12－7　2010～2015年云浮市居民生活质量一级指标比较

指标	2010年	2011年	2012年	2013年	2014年	2015年
排名	11	8	3	4	4	8
所属区位	下游	中游	上游	中游	中游	中游
得分	11.172	14.739	20.567	18.823	15.509	13.369
经济带最高分	47.987	59.835	48.147	42.175	42.940	40.410
经济带平均分	21.581	21.372	19.326	19.203	18.685	19.309
与最高分的差距	-36.815	-45.096	-27.580	-23.352	-27.431	-27.041
与平均分的差距	-10.409	-6.633	1.241	-0.380	-3.176	-5.940
优劣度	劣势	中势	优势	优势	优势	中势
波动趋势	—	上升	上升	下降	持续	下降

表 12－8　2010～2015 年云浮市居民生活质量二级指标比较

年份	生活水平		生活环境	
	得分	排名	得分	排名
2010	5.565	11	5.607	9
2011	8.231	5	6.509	8
2012	7.121	4	13.446	3
2013	8.043	5	10.780	3
2014	8.147	4	7.362	7
2015	7.921	7	5.448	11
得分变化	2.356	—	－0.159	—
排名变化	—	4	—	－2
优劣度	中势	中势	优势	优势

（1）从指标排名变化趋势看，2015 年云浮市居民生活质量评估排名在珠江－西江经济带处于第 8 名，表明其在珠江－西江经济带处于中势地位，与 2010 年相比，排名上升 3 位。总的来看，评价期内云浮市居民生活质量呈现波动上升趋势。

在 2 个二级指标中，其中 1 个指标排名保持上升，为生活水平；1 个指标排名保持下降，为生活环境；这是云浮市居民生活质量处于波动上升趋势的动力所在。受指标排名升降的综合影响，评价期内云浮市居民生活质量的综合排名呈波动上升，在珠江－西江经济带城市排名第 8 名。

（2）从指标所处区位来看，2015 年云浮市居民生活质量处在中游区。其中，生活水平为中势指标，生活环境为优势指标。

（3）从指标得分来看，2015 年云浮市居民生活质量得分为 13.369 分，比珠江－西江经济带最高分低 27.041 分，比珠江－西江经济带平均分低 5.940 分；与 2010 年相比，云浮市居民生活质量得分上升 2.197 分，与当年最高分的差距缩小，与珠江－西江经济带平均分的差距缩小。

2015 年，云浮市居民生活质量二级指标的得分均高于 5 分，与 2010 年相比，得分上升最多的为生活水平，上升 2.356 分；得分下降最多的为生活环境，下降 0.159 分。

（二）云浮市城市居民生活质量评估指标动态变化分析

2010～2015 年云浮市居民生活质量评估各级指标的动态变化及其结构，如图 12－23 和表 12－9 所示。

从图 12－23 可以看出，云浮市居民生活质量评估的三级指标中上升指标的比例小于下降指标，表明下降指标居于主导地位。表 12－9 中的数据进一步说明，云浮市居民生活质量评估的 18 个三级指标中，上升的指标有 5 个，占指标总数的 27.778%；保持的指标有 3 个，占指标总数的 16.667%；下降的指标有 10 个，占指标总数的 55.556%。由于上升指标的数量小于下降指标的数量，且受变动幅度与外部因素的综合影响，评价期内云浮市居民生活质量排名呈现波动上升，在珠江－西江经济带位居第 8 名。

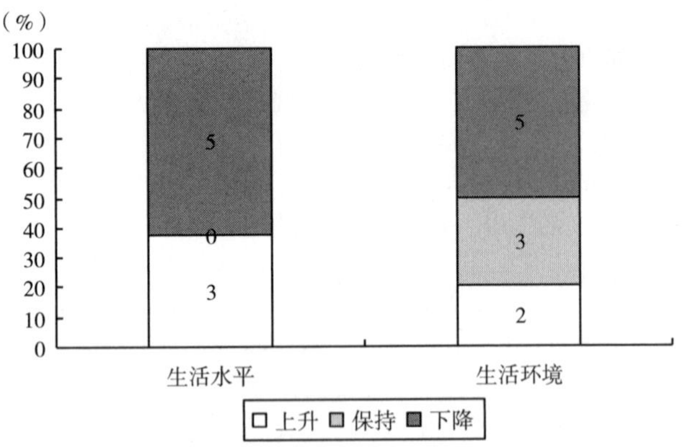

图 12－23　2010～2015 年云浮市居民生活质量动态变化结构

表 12－9　2010～2015 年云浮市居民生活质量各级指标排名变化态势比较

二级指标	三级指标数	上升指标		保持指标		下降指标	
		个数	比重（%）	个数	比重（%）	个数	比重（%）
生活水平	8	3	37.500	0	0.000	5	62.500
生活环境	10	2	20.000	3	30.000	5	50.000
合计	18	5	27.778	3	16.667	10	55.556

（三）云浮市城市居民生活质量评估指标变化动因分析

2015 年云浮市居民生活质量板块各级指标的优劣势变化及其结构，如图 12－24 和表 12－10 所示。

从图 12－24 可以看出，2015 年云浮市居民生活质量评估的三级指标中强势和优势指标的比例等于劣势指标的比例，表明强势和优势指标处于有利地位。表 12－10 中的数据进一步说明，2015 年云浮市居民生活的 18 个三级指标中，强势指标有 1 个，占指标总数的 5.556%；优势指标为 5 个，占指标总数的 27.778%；中势指标 6 个，占指标总数的 33.333%；劣势指标为 6 个，占指标总数的 33.333%；强势指标和优势指标之和占指标总数的 33.333%，数量与比重均等于劣势指标。从二级指标来看。其中，生活水平的强势指标有1个，占指标总数的12.500%；优势指标为1个，占指标总数的12.500%；中势指标6个，占指标总数的75.000%；劣势指标为0个，占指标总数的0.000%；强势指标和优势指标之和占指标总数的25.000%，说明生活水平的强、优势指标未居于主导地位。生活环境的强势指标有0个，占指标总数的0.000%；优势指标为4个，占指标总数的40.000%；中势指标0个，占指标总数的0.000%；劣势指标为6个，占指标总数的60.000%；强势指标和优势指标之和占指标总数的40.000%，说明生活环境的强、优势指标未处于主导地位。由于强、优势指标比重较小，云浮市居民生活质量处于中势地位，在珠江－西江经济带位居第8名，处于中游区。

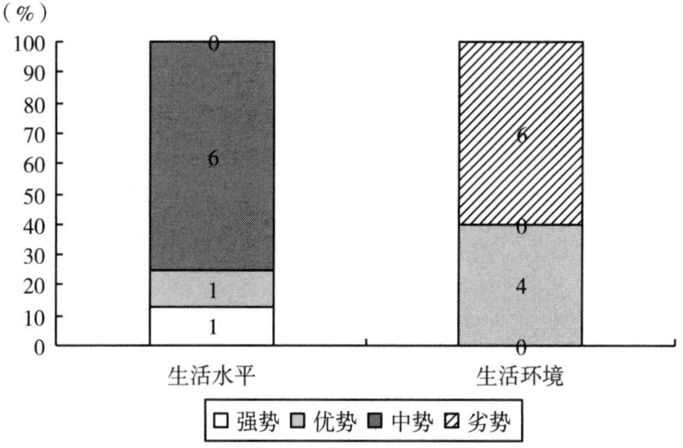

图12－24　2015年云浮市居民生活质量优劣度结构

表12－10　2015年云浮市居民生活质量各级指标优劣度比较

二级指标	三级指标数	强势指标		优势指标		中势指标		劣势指标		优劣度
		个数	比重（%）	个数	比重（%）	个数	比重（%）	个数	比重（%）	
生活水平	8	1	12.500	1	12.500	6	75.000	0	0.000	中势
生活环境	10	0	0.000	4	40.000	0	0.000	6	60.000	劣势
合计	18	1	5.556	5	27.778	6	33.333	6	33.333	中势

为进一步明确影响云浮市居民生活质量变化的具体因素，以便于对相关指标进行深入分析，为提升云浮市居民生活质量提供决策参考，表12－11列出居民生活质量指标体系中直接影响云浮市居民生活质量升降的强势指标、优势指标、中势指标和劣势指标。

表12－11　2015年云浮市居民生活质量三级指标优劣度统计

指标	强势指标	优势指标	中势指标	劣势指标
生活水平（8个）	社会保障水平（1个）	城市人力资本（1个）	总工资弧弹性、平均工资增长强度、职工工资相对增长率、职工工资绝对增量加权指数、职工工资比重增量、职工工资强度（6个）	（0个）
生活环境（10个）	（0个）	城镇公园用地动态变化、城市通信流强度、城市通信职能规模、城市通信职能地位（4个）	（0个）	供水能力延展指数、城市供气能力、城市供电强度、城市供气密度、城市用电承载力ES、城市通信倾向度（6个）

第十三章　珠江－西江经济带城市居民生活质量的现实研判和发展路径

居民生活质量评价指标是由1个一级指标、2个二级指标、18个三级指标组成的，涵盖生活水平和生活环境两方面，构成一个综合评价体系。居民生活综合竞争力的评价结果综合反映了每一个珠江－西江经济带城市的生活水平、生活环境两个方面的实力和发展水平在珠江－西江经济带所处的竞争地位。每一个方面的发展共同促进、共同影响每个珠江－西江经济带中居民生活质量的排名和变化趋势，并反映着一定的变化特征和发展规律。既包含珠江－西江经济带中每一个城市普遍存在的一般性规律，也包括不同城市特殊情况所决定的发展规律。

通过对珠江－西江经济带中11个城市的居民生活质量的评价，全面、可观的根据数据分析说明珠江－西江经济带各城市居民生活质量的发展水平差距以及其变化趋势，通过深刻认识以及把握这些规律特征，厘清居民生活质量变化的实质和内在的特性，有助于研究和发现提升居民生活质量的发展路径、方法和对策，同时对于指导珠江－西江经济带中各城市有效提升居民生活质量，并根据具体情况采取相应的对策措施具有重要意义。

一、提升居民生活质量，确保衡量指标协调发展

表13－1列出了2010～2015年珠江－西江经济带中各城市居民生活质量的排名及变化情况。从表中可以看到，2010～2015年，珠江－西江经济带中各城市居民生活质量（一级指标）的排名变化波动幅度较大，只有部分城市变化幅度较小。排名处于中上游的8个城市当中，有2个城市从2010～2015年一直处于上游区。中游区和上游区的变化幅度较大，5个中游区城市中只有2个城市始终处于同一个区段。居民生活质量排名变化在一定程度上说明，一个城市的竞争优势或劣势是多重因素长期积累、综合发展的结果。

表13－1　　珠江－西江经济带居民生活质量排名变化分析

地区	2010年	2015年	区段	地区	2010年	2015年	区段	地区	2010年	2015年	区段
广州	1	1	上游区	崇左	10	4	中游区	梧州	8	9	下游区
佛山	2	2		贵港	9	5		柳州	6	10	
南宁	4	3		百色	5	6		来宾	3	11	
				肇庆	7	7					
				云浮	11	8					

在2010～2015年间，居民生活质量综合竞争力整体排名变化幅度相对较大，有5个城市排名变化超过3名，排名变化最大的城市是来宾，排名下降了8名。另外来宾市二级指标的变化幅度同样很大，来宾市生活环境得分评定排名变化最大，排名下降了7名；其生活水平得分评定排名变化最大的柳州，排名下降7名。再如，2010～2015年，崇左的居民生活质量排名从第10名上升到第8名，随后又升至第4名，从二级指标来看，生活水平得分评定和生活环境得分评定分别上升4名，极大地提升其整体的排名，使得崇左最终居民生活质量持续上升。从以上的数据说明，居民生活质量是生活水平和生活环境这两个二级指标共同作用的结果，对各方面都要有足够重视，一个二级指标的变化会给一级指标带来一定程度影响，即使可能变化不太明显，但其短板会拖累整体竞争力进一步提升，导致整体居民生活质量下降，只有对每一个指标均有良好的表现，才可以促使整体发展水平处于优势地位。另外，也说明对二级指标乃至三级指标的分析十分重要，单纯的只对一级指标进行分析，很可能未能正确分析居民生活质量的内在影响因素和变化特征，其本质将可能被表面现象覆盖。通过同时对二级、三级指标加强分析，才能更深入地探究居民生活质量的本质特征及其变化的内在原因。所以在发展过程中，珠江－西江经济带各城市需全面关注居

民生活质量各个方面，实现各方面统筹协调发展、共同推进，对那些下降幅度比较大的指标需关注，这样有助于保持居民生活质量优势。

通过以上这些数据分析可以说明，居民生活质量名次的提升，是长期不断积累下来的结果，这绝不是偶然，次位的提高需要经过长期不懈努力奋斗，并逐步积累，形成一种全面、持续上升的趋势。通过这样的方式，即使一个城市某些年份遇到一些相对特殊的影响因素，致使城市居民生活质量排序短期受到特殊因素影响，但在往后的年份中综合实力排名将会慢慢恢复正常。当然，每个省份均需不断努力，奋起直追，处于上游区的城市再接再厉，努力保持居民生活质量优势；位处中下游区和下游区的城市更加努力，注重人口同就业协调发展，提升居民的生活质量；对那些处于下游趋势并处于区段边缘的城市来说，将采取有效措施扭转下降趋势，保证有利于居民生活质量优势的发展趋势。

二、发展与稳定并重，深化居民生活发展层次

2010～2015年，珠江－西江经济带城市居民生活质量的整体平均得分分别为21.581分、21.372分、19.326分、19.203分、18.685分和19.309分，呈逐年波动下降趋势，但均在20.000分左右波动。如果将居民生活质量水平的最高值100分视为理想标准的话，可看出珠江－西江经济带城市居民生活质量与理想状态相差较大，居民生活质量整体状况的提升仍需推进。

珠江－西江经济带居民生活质量发展水平整体较低是由于生活水平实力和生活环境质量水平较低而造成的。由表13－2可知，整个“十二五”中期，珠江－西江经济带广西地区居民生活平均得分均未超过20.000分。相对而言，广东地区居民生活质量得分较高，综合实力平均得分均超过20.000分。

表13－2　珠江－西江经济带两个省份板块城市居民生活平均得分及上游区城市个数

地区	平均得分（分）						上游区城市个数（个）					
	2010年	2011年	2012年	2013年	2014年	2015年	2010年	2011年	2012年	2013年	2014年	2015年
广西	18.485	15.124	12.799	14.287	13.750	15.275	1	1	0	1	1	1
广东	27.000	32.306	30.748	27.805	27.320	26.368	2	2	3	2	2	2

三、破除地域壁垒，全面弱化地域发展差异性

将珠江－西江经济带城市居民生活质量置于区域层面看，从东往西成阶梯状分布，居民生活质量依次下降，广西地区的城市居民生活质量水平相对广东地区来说较低，与广东地区的差距仍十分明显。表13－2列出了珠江－西江经济带城市居民生活质量平均得分及其处于上游区城市的个数。从该列表可以看出，从2010～2015年间，广东地区的城市居民生活质量平均得分都要高于广西地区10分左右，2013年广西地区低于广东地区13分左右，从2010～2015年的总体情况来看，广东地区的城市居民生活质量得分增长速度很快，并且处于上游区的城市个数较多，广东地区的4个城市中，2010～2012年有近50%的城市都处在上游区，这就说明广东地区居民生活质量较强；广西地区居民生活质量的平均得分相对广东地区较低，2010～2015年平均分在15.000分左右，且7个城市中只有1个城市进入了上游区，占比仅是30.3%，况且每年有6个左右城市位处中、下游区，说明广西地区居民生活质量水平较低。

今后，广东地区需持续巩固其在珠江－西江经济带中的优势地位，且广东地区还要继续努力争取所有城市在珠江－西江经济带中都能进入上游区。广西地区要加强居民生活建设的投入力度和发展力度，迎头赶上，提高居民生活效益，提升居民生活质量，争取广西地区有更多的城市进入中游区或上游区，逐渐缩小与广东地区在居民生活质量方面的差距，使在珠江－西江经济带中广西广东两个地区协同发展。

表13－3列出2015年珠江－西江经济带各城市居民生活质量三级指标优劣度结构，能够直观反映出居民生活质量指标优劣度以及结构对居民生活质量排名的影响。由表可知，上游区各城市强势和优势指标所占比重相比于中游区和下游区较高，综合排名在前2名的城市平均比重达到69.000%上下，上游区平均比重是68.000%左右，而中游区平均比重是40.000%左右，下游区平均比重是25.000%左右，通过数据可知，下游区和上游区相比较，差距仍很明显。一般来说，一个城市若是拥有较高比重的强势和优势指标，那么这个城市居民生活质量也会处在优势地位。当然，也有例外，例如柳州，其强势和优势指标所占比重为44.400%，这在下游区城市中所占比重很高，但柳州的劣势指标比重达到22.200%，所以极大拉低柳州的综合排名。崇左的状况同柳州的状况十分相似，崇左的强势和优势指标所占比重同其劣势指标比重都很高，分别为

22.200%和55.600%。因此，一个城市居民生活质量的发展，不仅要看强势和优势所占比重，也需要考虑劣势指标比重。在发展过程中，珠江－西江经济带各城市针对本市区的实际发展问题进行研判，改善其劣势指标比重，不断提升居民生活质量，保持居民生活质量的优势地位。

表13－3　2015年珠江－西江经济带各城市居民生活质量三级指标优劣度结构

地区	强势指标个数及其比重	优势指标个数及其比重	中势指标个数及其比重	劣势指标个数及其比重	强势和优势指标个数及其比重	综合排名	所属区位
广州	11 0.611	2 0.111	2 0.111	3 0.167	13 0.722	1	上游区
佛山	11 0.611	1 0.056	4 0.222	2 0.111	12 0.667	2	上游区
南宁	2 0.111	10 0.556	3 0.167	3 0.167	12 0.667	3	上游区
崇左	2 0.111	2 0.111	4 0.222	10 0.556	4 0.222	4	中游区
贵港	4 0.222	5 0.278	7 0.389	2 0.111	9 0.500	5	中游区
百色	1 0.056	7 0.389	7 0.389	3 0.167	8 0.444	6	中游区
肇庆	1 0.056	10 0.556	7 0.389	0 0.000	11 0.611	7	中游区
云浮	1 0.056	5 0.278	6 0.333	6 0.333	6 0.333	8	中游区
梧州	3 0.167	1 0.056	6 0.333	8 0.444	4 0.222	9	下游区
柳州	0 0.000	8 0.444	6 0.333	4 0.222	8 0.444	10	下游区
来宾	0 0.000	3 0.167	2 0.111	13 0.722	3 0.167	11	下游区

四、整合各方资源，多元化居民生活发展渠道

居民生活质量是多种因素共同影响的结果，得分评定的排名也是居民生活质量的直接体现。图13－1和图13－2分别显示了2010年和2015年珠江－西江经济带各城市生活水平得分评定和生活环境得分评定的对比情况。从图中可以看出，各城市生活水平得分评定和生活环境得分评定排名差距都较大，只有少数的城市得分排名相同，如广东地区的广州（2010年）；当然，也有部分城市两者的得分排名表现出较大差距，如梧州、来宾、佛山、云浮以及柳州（2015年）等。这充分说明生活水平得分评定并不能完全替代生活环境得分评定，这只是居民生活质量的基础部分之一。

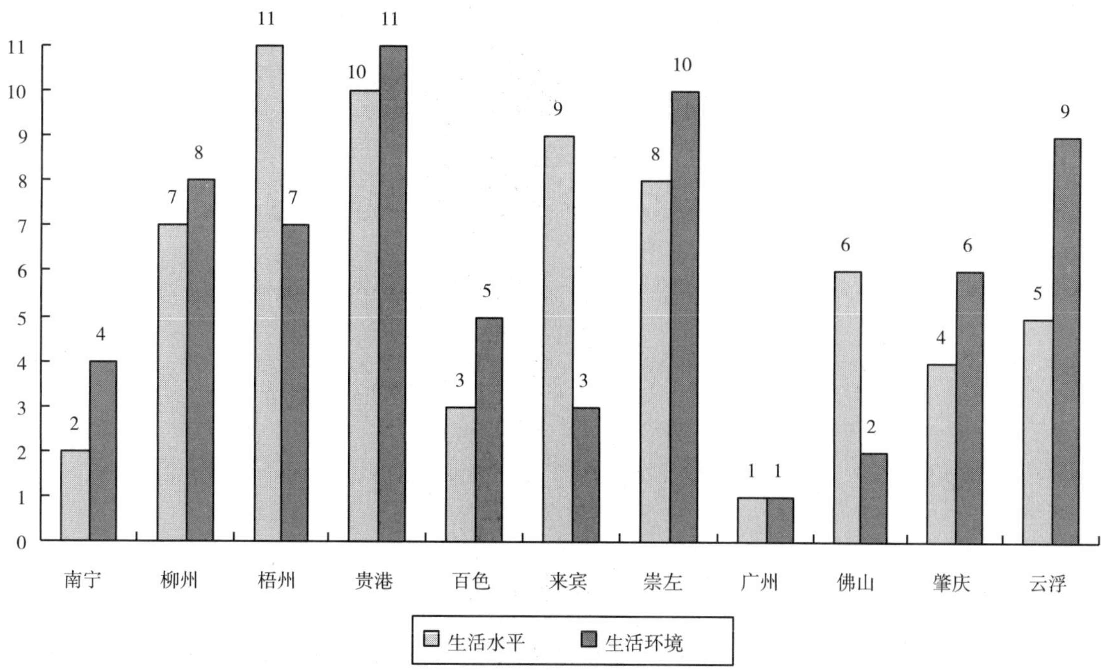

图 13－1 2010 年珠江－西江经济带各城市生活水平和生活环境得分排名对比

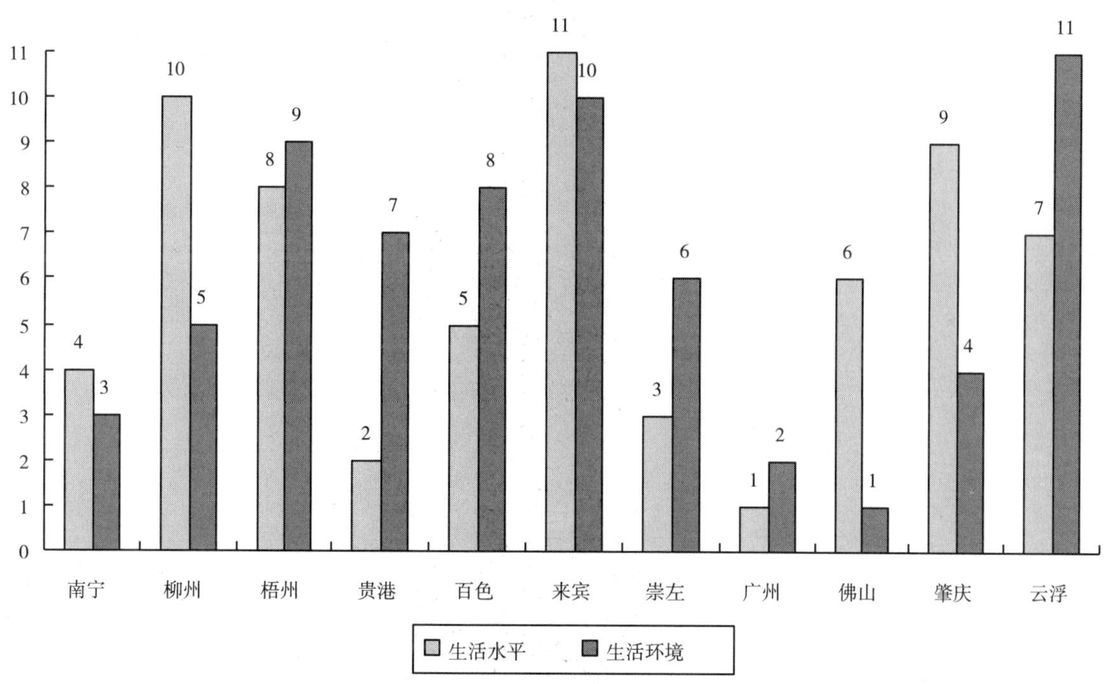

图 13－2 2015 年珠江－西江经济带各城市生活水平和生活环境得分排名对比

总之，居民生活质量是多种因素的综合作用的结果，反映了生活水平与生活环境的复杂关系。珠江－西江经济带各城市的生活、就业对居民生活产生的综合影响，通过生活水平和生活环境表现出来，所以生活水平得分评定和生活环境得分评定是居民生活质量的基础内容，也是居民生活质量的直接体现。

图 13－3 和图 13－4 分别显示了 2010 年和 2015 年珠江－西江经济带各城市生活水平得分和生活环境得分变化关系。从图 13－3 和图 13－4 中可以看出，珠江－西江经济带各城市生活水平得分和生活环境得分大致呈同向变化，呈线性关系，很多城市聚集在趋势线左右。这就说明，生活水平得分较高的城市，生活环境的得分也相对较高，2010 年和 2015 年趋势很接近，不论是处于上游区、中游区还是下游区，其生活水平得分评定排名升降与生活环境得分评定排名升降基本同方向变动，两者关系密切，而且可以看到生活水平得分评定以及生活环境得分评定位处上游区的城市，居民生活综合竞争力的排名绝大多数也处在上游地带；生活水平得分评定和生活环境得分评定处于中游区的城市，其居民生活质量排名也大多处在中游区；下游区情况也很相似。但是也存在特殊状况，例如佛山、贵港、

南宁就很大幅度地偏离趋势线，这就说明存在不一致的情况，也说明生活水平的得分对生活环境的得分有一定的影响，但同时也受其他因素影响。

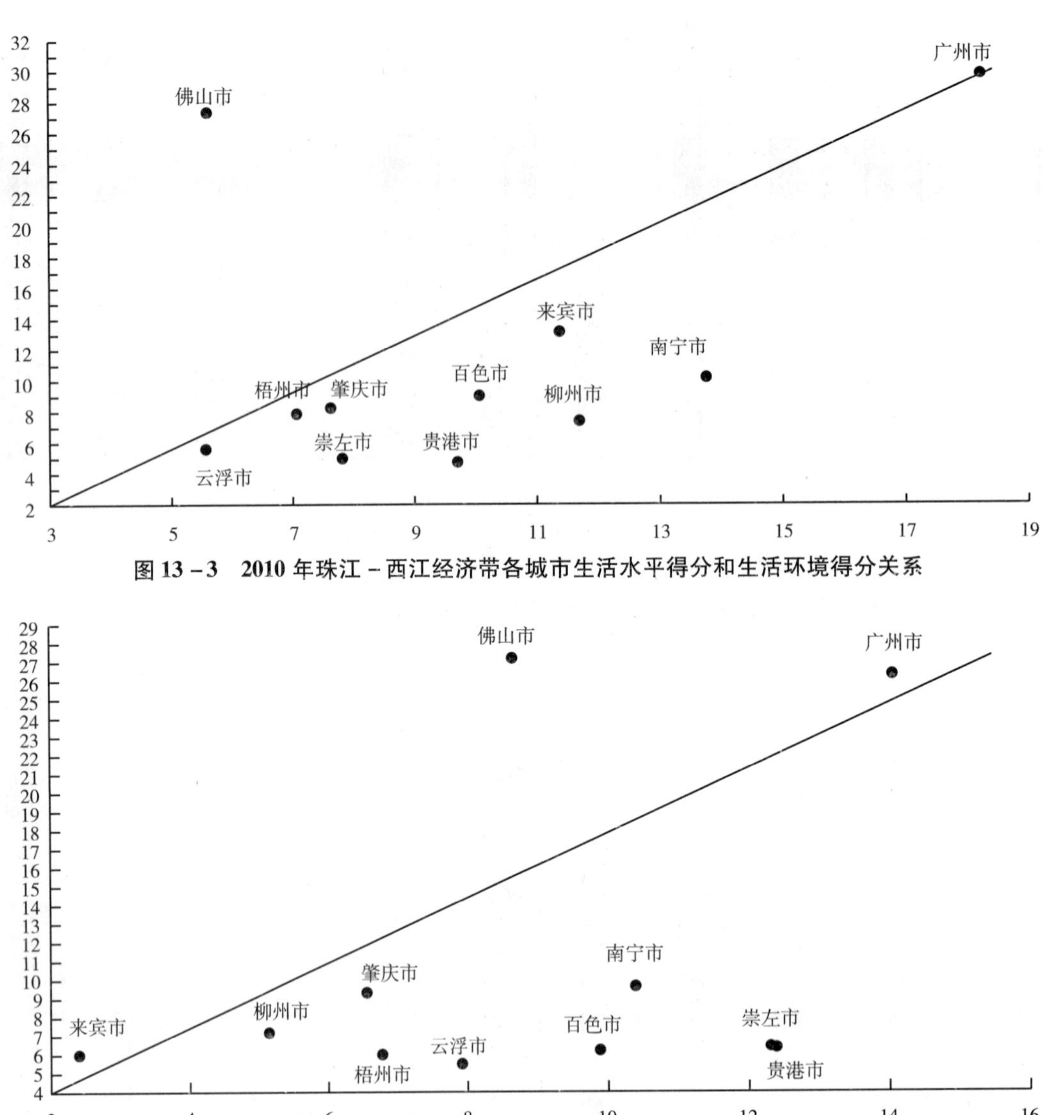

图 13－3　2010 年珠江－西江经济带各城市生活水平得分和生活环境得分关系

图 13－4　2015 年珠江－西江经济带各城市生活水平得分和生活环境得分关系

综合来看，生活水平和生活环境是促进居民生活质量提升的重要影响因素，这些因素对居民生活质量的影响作用显著。因此，珠江－西江经济带中每一个城市将大力提升居民生活质量，紧紧把握生活水平和生活环境这两个关键指标。特别是关键指标竞争力处于劣势地位的部分城市，更需进一步加强对这些关键指标的管理，降低关键指标对居民生活质量的不利影响，有效提升珠江－西江经济带城市整体居民生活质量。

第十四章　提升珠江-西江经济带城市居民生活质量的对策建议

一、提高生活水平

（一）推进城乡一体化建设

第一，拓展投资融资渠道。面对城市推进城乡一体化建设时所面临的资金短缺难题，通过"开源节流"解决此问题。一方面，"开源"就是打破传统单一的城市建设资金融资渠道，结合国家、当地的政策以及具体市情进行多渠道融资。这需要政府根据国家相关优惠政策，结合本地实际情况出台优惠政策，做好与投资方的协调服务工作，并通过一系列措施不断优化投资环境，大量吸纳社会资本。通过城乡一体化建设土地的"股权式"流转，实现对建设土地的收益增加，以此筹集城乡一体化建设的资金；建立城乡一体化建设投资融资公司，打造银、政、企等多方建设合作一体化平台；通过市场化运作方式，鼓励和吸收社会资本参与基础设施建设和配套服务的建设与经营；设立担保风险专项基金，调动银行贷款积极性，多管齐下解决城乡一体化发展过程中的融资难问题。另一方面，"节流"是强化投资管理，严格投资程序，严管投资项目，降本增效。由于各地区经济发展水平不一，政府所提供的资金有限，因而在使用过程中需要进行统一规划、合理利用。通过财政资金的统一使用、统一监管，根据项目的轻重缓急实现分期建设，努力进行高质量城乡一体化建设，利用有限的资金达到最佳的建设效果。

第二，多方有效引导农村劳动力就业。在城乡一体化建设过程中，对土地的征收将产生失地农民的安置问题，可以打破以往以金钱的方式一次性统一安置，积极探索和实践以"招工安置"和"土地入股"的安置。征地企业单位可以招收失地农民进入本单位参加工作，也可以允许失地农民以土地入股，每年能够从企业单位中获得一定的收益，从而使失地农民获得一些实质性的失地利益；政府和相关人力资源市场部门充分依据社会劳动需求，对失地农民进行有针对性的技能培训，使失地农民掌握一技之长，借此全面提升失地农村劳动力的就业竞争力，同时也快速实现农村人口城镇化的目标；结合市情制定对失地农民的优惠政策，降低创业"门槛"，调动失地农民自主创业的积极性，并在创业的过程中实现"自我安置"；继续调整城市产业结构，鼓励和引导农业转移人口在现代服务业发展过程中的创业与就业。

第三，发展以节能减排为重点的循环经济。面对严峻的生态文明建设压力，需要对城市各行各业的污染物进行普查，在全面普查了解现况之后，有针对性地制定准确、有效的生态环境保护方案，着重以各方面节能减排为工作中心发展循环经济；严格依照相关政策落实产业管理工作，以政策为核心，加强对工业污染源的监管，严格打击排放超标污染物的违法排污行为；对有条件的企业要求全部安装废水、废气自动检测设备；对污染特别严重的企业，政府要严格监控；对无法按标排放、对环境破坏比较大的企业，一律实行停产治理；加快淘汰工艺设备比较落后、资源消耗大、污染严重的企业。环保部门通过定期监督并指导街道、社区工业向产业聚集区集中，认真制定并依照相关制度定期开展环境影响评价工作，严格禁止环境污染企业转移农村地区，或者将城市污染物运往农村进行处置，防控工厂企业排放污水向农村蔓延。在生态文明建设过程中，引导城市工业企业全面实施"零污染"生产，将"循环经济""低碳经济"等理念贯穿于统筹城乡一体化建设。

第四，进一步推动农村土地流转工作的有序开展。现代农业发展的迫切要求是处理好农村土地流转工作，这也是统筹城乡一体化发展的关键一步，涉及农民持续增收和维护农村稳定等问题。处理好农村土地流转，需要引起地方政府的高度重视，通过农村土地流转方式的创新，实践出一套既具有特色又符合市情的流转模式，推动农村土地流转工作又好又快发展。通过加大对农村土地流转有关部门的培训力度，提高基层工作人员业务素质提高，让基层工作人员能够真正达到懂流转、会流转、能指导、守职责的要求；完善和规范流转程序，加强对农村土地流转当地的实际情况的调研和指导，进一步完善和健全各种流转模式，并将其形成更规范化的办法条例；建立农村土地流转交易价格制度，完善流转过程中引发的利益冲突协调机制，以充分维护好流转各方的合法利益；对于农村土地流转价格的建立，建议以经济、社会等综合效益为前提，以可持续发展为指导思想，尽可能全面地考虑农村土地转让方的报价标准、转让土地的选择价值和其他潜在的外部性问题；根据实际情况的差异性，建立更多元化的价格体系，例如地区差价、等级价格、功能差价和质量差价等；严控流转程序，监督并规范整个流转过程，避免农村土地流转的随意性，建立和完善一套流转合同订立制度。

（二）提高居民消费水平

第一，加快我国国有企业的改革。提高社会消费水平的根本途径是提高社会经济效益、实现城镇职工收入的稳定提高。对城镇居民来说，其收入的来源主要是工资报酬。完成我国国有企业资产调整，提高职工生产效率、创新产品附加值，进而提高职工工资报酬，才能实现城镇居民收入总量的提高，从而促进社会消费水平的进一步提高。此外，改善城镇居民生活水平的同时，提倡居民的合理消费，提高资源利用率，合理有效配置资源，减少资源浪费。政府在政策层面也支持和鼓励合理消费，加快实施涉及居民消费支出的各项改革措施，以减少居民对各项消费的不确定性，从而保证居民理性进行各项消费。

第二，完善居民收入分配制度。改革和完善现有居民收入分配制度，是提高社会消费水平的途径。通过完善居民收入分配制度，持续提高低收入者的收入水平，尤其是提高城镇职工收入水平；灵活运用各项财政政策，建立分等级的居民工资增长机制，逐步扭转城镇居民收入滞后于社会经济发展现状的情况；确保城镇居民最低工资和其他保障资金的发放落至实处；加快收入货币化进程，实现城镇保障性住房的分配与监督、低收入居民的生活保障金分配与监督、城镇居民公费医疗的使用与监督等制度改革；利用税收制度调节收入分配现状，加强所得税征管工作，适时开征遗产税、赠予税、股息税等新税种，防止收入差距继续扩大。

第三，加大政府财政对农业生产资金的支出，发展优质高效农业，提高农民的农业生产性收入。通过引导财政资金在稳定农产品收购价格、农业基础设施建设、农业科技推广、建立农业社会化服务体系、农产品结构调整等方面予以重点支持。具体而言，在农产品收购价格方面予以财政支持，待市场经济条件成熟后再逐步取消价格保护；为农业基础设施建设提供有力支持，提升水利基础设施等抗御自然灾害的能力；在提供农业科学技术、改进高耗低效种养模式、引进优良品种、发展绿色农业和特色农业、开展农业科教和旅游相结合等方面加大投资力度，在发展经济的同时注重生态效益；引导农民按照市场需求及时调整农产品结构，促进农产品市场的稳定发展；建立和完善农产品服务网络，实现生产者和消费者直接联系，减少中间环节，提高农民收入，加快农产品市场流通，缩短产品到商品的转化过程。

第四，加快小城镇建设与发展。通过对小城镇基础设施建设的投入，引导乡镇企业由分散走向集中以形成聚集效应，通过充分发挥其规模优势并提高其市场竞争力；促进城乡要素的流动，吸引大量民间投资、专业技术人才、吸收先进管理经验，为乡镇企业的第二次腾飞提供有力的保证；引导小城镇建设为劳动密集型的第三产业发展创造条件，为解决农村剩余劳动力的农业转移人口就业提供广阔空间。

第五，完善相应配套措施，扩大农村居民的消费需求。通过尽快全面实现税制改革，切实减轻农民的经济负担；大力改善农村电力设施、通信设施及生活用水设施等基础设施，为农村居民创造良好的消费环境；针对农村居民的消费特点，调整产品结构，增加产品的有效供给；进一步完善社会保障体系，建立覆盖农村居民的社会保险制度和基本生活保障制度。

（三）促进社会公平

第一，完善促进社会公平需要的利益表达机制。通过利用制度创新，增强和完善竞争机制，进一步改善代表和选民之间的关系，畅通表达途径；运用规范并且正当的服务平台为公共政策决策过程把关；有效完善公众利益诉求民主化、科学化的基本制度；推动社会组织建设进程。

第二，以现代社会公平理念完善社会政策体系。通过遵循公平的理念，维护社会成员的基本生活状态和基本权利，确保社会成员在参与社会事务时更加平等，消除一些社会隔离和一些社会的边缘化现象，实现社会融合和社会的稳定发展；维护社会成员基本权利，为社会成员提供基本的义务教育和职业培训，确保社会成员形成基本生存和发展能力。

第三，严格规范政策的制定及执行工作。在政策制定过程中，需要充分考虑地方以及有关群体对政策执行的反映情况。不仅考虑地方政府同相关部门利益以及行为的变化，更要考虑政策调节对象对政策的态度及其可能作出的反映。为有效提高政策可操作性，需要配合操作性强的实验办法，并建立健全相关监督机制。

（四）加快推进重点领域制度创新

第一，健全公平开放透明的市场规则，建立公平竞争审查制度，实现商品和要素自由流动、各类市场主体公平有序竞争。通过系统清理地方保护和部门分割政策，消除跨部门、跨行业、跨地区销售商品、提供服务、发展产业的制度障碍，严禁对外地企业、产品和服务设定歧视性准入条件；消除各种显性和隐性行政性垄断，加强反垄断执法，制定保障各类市场主体依法平等进入自然垄断、特许经营领域的具体办法，规范网络型自然垄断领域的产品和服务。

第二，加大服务业对内对外开放力度。通过加快推进公立教育、医疗、养老、文化等事业单位分类改革，尽快将生产经营类事业单位转为企业；创新公共服务供给方式，合理区分基本与非基本公共服务，政府重在完善基本公共服务供给，扩大向社会购买基本公共服务的范围和比重，鼓励和吸引社会资本参与公共服务领域并提供个性化多样化服务；全面放宽民间资本市场准入，降低准入“门槛”，取消各种不合理前置审批事项；积极扩大服务业对外开放，对外资实行准入前国民待遇加负面清单管理模式，分领域逐步减少、放宽、放开对外资的限制；按照服务性质而不是所有制性质制定服务业发展政策，保障民办与公办机构在资格准入、职称评定、土地供给、财政支持、政府采购、监督管理等各方面公平发展。

第三，加强助推新兴领域发展的制度保障，加快推进适应新产业、新业态发展需要的制度建设。通过调整完善有利于新技术应用、个性化生产方式发展、智能微电网等新基础设施建设，“互联网＋”广泛拓展、使用权短期租赁等分享经济模式发展的配套制度；建立健全有利于医养结合等行业跨界融合以及三次产业融合发展的政策和制度安排；在新兴领域避免出台事前干预性或限制性政策，建立企业从设立到退出全过程的规范化管理制度以及适应从业人员就业灵活、企业运营服务虚拟化等特点的管理服务方式，最大限度地简化审批程序，为新兴业态发展创造宽松环境。

第四，加快推进人口城镇化相关领域改革。通过加快户籍制度改革，释放农业转移人口消费潜力；督促各地区制定具体可操作的户籍制度改革措施，鼓励各地区放宽落户条件，逐步消除城乡区域间户籍壁垒；适时放开对吸收高校毕业生落户的限制，加快取消地级及以下城市对农业转移人口及其家属落户的限制；加快推进城镇基本公共服务向常住人口全覆盖，完善社保关系转移接续制度和随迁子女就学保障机制；鼓励中小城市采取有效措施，支持农业转移人口自用住房消费。

（五）提高生活性服务业发展水平

第一，深化改革开放，优化发展环境。通过建立珠江－西江经济带统一、开放、竞争、有序的服务业市场，采取有效措施，切实破除行政垄断、行业垄断和地方保护，清理并废除生活性服务业中妨碍形成统一市场和公平竞争的规定和措施；进一步深化投融资体制改革，鼓励和引导各类社会资本投向生活性服务业；进一步推进行政审批制度改革，简化审批流程，取消不合理前置审批事项，加强事中事后监管；取消商业性和群众性体育赛事审批；健全并落实各类所有制主体统一适用的制度政策，切实解决产业发展过程中存在的不平等问题，促进公平发展；支持各地结合实际放宽新注册生活性服务业企业场所登记条件限制，为创业提供便利的工商登记服务；积极探索适合生活性服务业特点的未开业企业、无债权债务企业简易注销制度，建立有序的市场退出机制；扩大市场化服务供给，积极稳妥推进教育、文化、卫生、体育等事业单位分类改革，将从事生产经营活动的事业单位逐步转为企业，规范转制程序，鼓励其提供更多切合市场需求的生活性服务；加快生活性服务业行业协会商会与行政机关脱钩，推动服务重心转向企业、行业和市场，提升专业化服务水平；创建珠江－西江经济带服务业创新成果交易中心，加快创新成果转化和产业化进程；总结推广国家服务业综合改革试点经验，适应新形势新要求，开展新一轮试点示范工作，力争在一些重点难点问题领域取得突破；稳步推进电子商务进农村综合示范工程，开展拉动城乡居民文化消费试点工作，推动文化消费数字化、网络化发展；提升国际化发展水平，统一内外资法律法规，推进文化、健康、养老等生活性服务领域有序开放，提高外商投资便利化程度，探索实行准入前国民待遇加负面清单管理模式；支持具备条件的生活性服务业企业“走出去”，完善支持生活性服务业企业“走出去”的服务平台，提升知名度和美誉度，创建具有国际影响力的服务品牌；鼓励中华老字号服务企业利用品牌效应，带动中医药、中餐等产业开拓国际市场；增强境外投资环境、投资项目评估等方面的服务功能，为境外投资企业提供法律、会计、税务、信息、金融、管理等专业化服务。

第二，改善消费环境。通过营造全社会齐抓共管改善消费环境的有利氛围，形成企业规范、行业自律、政府监管、社会监督的多元共治格局；鼓励弹性作息和错峰休假，强化带薪休假制度落实责任，将落实情况作为劳动监察和职工权益保障的重要内容；推动生活性服务业企业信用信息共享，将有关信用信息纳入国家企业信用信息公示系统，建立和完善珠江—西江经济带的信用信息共享交换平台，实施失信联合惩戒，逐步形成以诚信为核心的生活性服务业监管制度；深入开展价格诚信、质量诚信、计量诚信、文明经商等活动，强化环保、质检、工商、安全监管等部门的行政执法，完善食品药品、日用消费品等产品质量监督检查制度；严厉打击居民消费领域乱涨价、乱收费、价格欺诈、制售假冒伪劣商品、剂量作弊等违法犯罪行为，依法查处垄断和不正当竞争行为，规范服务市场秩序；完善网络商品和服务的质量担保、损害赔偿、风险监控、网上抽查、源头追溯、属地查处、信用管理等制度，引入第三方检测认证等机制，有效保护消费者合法权益。

第三，加强生活性服务基础设施建设。通过加大对社会投资的引导，改造提升城市老旧生活性服务基础设施，补齐农村生活性服务基础设施短板，提升生活性服务基础设施自动化、智能化和互联互通水平，提高服务城乡的基础设施网络覆盖面，以健全高效的基础设施体系支撑生活性服务业加快发展和结构升级；围绕旅游休闲、教育文化体育和养老健康家政等领域，尽快组织实施重大工程项目建设；改善城市生活性服务业发展基础设施条件，鼓励社会资本参与大中城市停车场、立体停车库建设；在符合城市规划的前提下，充分利用地下空间资源，在已规划建设地铁的城市同步扩展地下空间，发展购物、餐饮、休闲等便民生活性服务；统筹体育设施建设规划和合理利用，推进企事业单位和学校的体育场馆向社会开放。

第四，完善服务质量标准体系，提升质量保障水平。通过健全以质量管理制度、诚信制度、监管制度和监测制度为核心的服务质量治理体系；规范服务质量分级管理，加强质量诚信制度建设，完善服务质量社会监督平台；加强认证认可体系建设，创新评价技术，完善生活性服务业重点领域认证认可制度；健全顾客满意度、万人投诉量等质量发展指标；加快实施服务质量提升工程和监测基础建设工程，规范集贸市场、餐饮行业、商品超市等领域计量行为，完善涉及人身健康与财产安全的商品检验制度和产品质量监管制度；健全标准体系，制订实施好国家服务业标准规划和年度计划；实施服务标准体系建设工程，加快家政、养老、健康、体育、文化、旅游等领域的关键服务标准研制；完善居住（小）区配套公共设施规划标准，为生活性服务业相关设施建设、管理和服务提供依据；积极培育生活性服务业标准化工作技术队伍；继续开展国家级服务业标准化试点，总结推广经验。

第五，加大财税、金融、价格、土地政策引导支持发展生活性服务业。通过创新财税政策，科学设计生活性服务业“营改增”改革方案，合理设置生活性服务业增值税税率；发挥财政资金引导作用，创新财政资金使用方式，大力推广政府和社会资本合作（PPP）模式，运用股权投资、产业基金等市场化融资手段支持生活性服务业发展；对免费或低收费向社会开放的公共体育设施按照有关规定给予财政补贴；推进政府购买服务，鼓励有条件的地区购买养老、健康、体育、文化、社区等服务，扩大市场需求；拓宽融资渠道，支持符合条件的生活性服务业企业上市融资和发行债券；鼓励金融机构拓宽对生活性服务业企业贷款的抵质押品种类和范围；在商业自愿、依法合规、风险可控的前提下，鼓励商业银行专业化开展知识产权质押、仓单质押、信用保险保单质押、股权质押、保理等多种方式的金融服务；发展融资担保，通过增信等方式放大资金使用效益，增强生活性服务业企业融资能力；探索建立保险产品保护机制，鼓励保险机构开展产品创新和服务创新；积极稳妥扩大消费信贷，将消费金融公司试点推广至整个珠江－西江经济带；完善支付清算网络体系，加强农村地区和偏远落后地区的支付结算基础设施建设；健全价格机制，在实行峰谷电价的地区，对商业、仓储等不适宜错峰运营的服务行业，研究实行商业平均电价，由服务业企业自行选择执行；深化景区门票价格改革，维护旅游市场秩序；研究完善银行卡刷卡手续费定价机制，进一步从总体层面降低餐饮等行业刷卡手续费支出；完善土地政策，发挥生活性服务业发展规划的引导作用，在土地利用总体规划和年度用地计划中充分考虑生活性服务业设施建设用地，予以优先安排；继续加大养老、健康、家庭等生活性服务业用地政策落实力度。

第六，推动生活性服务业从业人员职业化发展。通过制定相应领域的职业化发展规划，鼓励高等院校、中等职业学校增设家庭、养老、健康等生活性服务业相关专业，扩大人才培养规模；鼓励高等院校和职业院校采取与互联网企业合作等方式，对接线上线下教育资源，探索职业教育和培训服务新方式；依托各类职业院校、职业技能培训机构加强实训基地建设，实施家政服务员、养老护理员、病患服务员等家庭服务从业人员专项培训；鼓励从业人员参加依法设立的职业技能鉴定或专项职业能力考核，对通过职业技能鉴定并取得相应等级职业资格证书或专项职业能力证书的，按规定给予一次性职业技能鉴定补贴；鼓励和规范家政服务企业以员工制方式提供管理和服务，实行统一标准、统一培训、统一管理。

第七，完善生活性服务业法律法规，启动服务业质量管理立法研究。通过加强知识产权保护立法和实施工作，强化对专利、商标、版权等无形资产的开发和保护；以国民经济行业分类为基础，抓紧研究制定生活性服务业及其重点领域统计分类，完善统计制度和指标体系，明确有关部门统计任务；建立健全部门间信息共享机制，逐步建立生活性服务业信息定期发布制度。

二、提高生活环境质量

（一）建立良好城市生态环境

第一，合理控制城市化的规模与建设。以生态观念来规划和建设城市，使城市发展和生态承受力相适应；实现经济建设、城乡建设、环境建设三者的同步规划、同步实施、同步发展；突出城市的类型和特色以及城市类型不同，充分注意各自规划的特点，尤其对于名胜古迹和风景游览城市而言，规划时须保护风景或名胜文化特点；因地制宜规划城市形态，留出更多的绿色空间及公共空间，调节城市的自然景观，理顺城镇体系与国土规划、区域规划、土地利用规划的关系。

第二，加强城市生态环境的综合整治。通过加强城市化质量与安全的全面建设，综合整治大气污染、水污染、土壤污染、固体废弃物污染及城市噪音污染等城市生态环境的重点领域；提升城市绿化建设水平，促进建设山水、园林、生态城市与建设城市绿色空间体系的协同共进。

（二）提高生活舒适度、安全性和便利性

第一，发展居民家庭服务及健康服务，健全城乡居民家庭服务体系，推动家庭服务市场多层次和多形式发展，在供给规模和服务质量方面基本满足居民生活性服务需求。通过引导家庭服务企业多渠道和多业态提供专业化的生活性服务，推进规模经营和网络化发展，创建一批知名家庭服务品牌；整合、充实、升级家庭服务业公共平台，健全服务网络实现一网多能、跨区域服务，发挥平台对城乡生活性服务业的引导和支撑作用；完善社区服务网点，多方式提供婴幼儿看护、护理、美容美发、洗染、家用电器及其他日用品修理等生活性服务，推动房地产中介、房屋租赁经营、物业管理、搬家保洁、家用车辆保养维修等生活性服务规范化、标准化发展；鼓励在乡村建立综合性服务网点，提高农村居民生活便利化水平；围绕提升全民健康素质，逐步建立覆盖全生命周期、业态丰富、结构合理的健康服务体系；鼓励发展健康体检、健康咨询、健康文化、健康旅游、体育健身等多样化健康服务；积极提升医疗服务品质，优化医疗资源配置，取消对社会办医的不合理限制，加快形成多元化办医格局；全面发展中医药健康服务，推广科学规范的中医养生保健知识及产品，提升中医药健康服务能力，创新中医药健康服务技术手段，丰富中医药健康服务产品种类；推进医疗机构与养老机构加强合作，发展社区健康养老；支持医疗服务评价、健康管理服务评价、健康市场调查等第三方健康服务调查评价机构发展，培育健康服务产业集群；积极发展健康保险，丰富商业健康保险产品，发展多样化健康保险服务。

第二，提升养老服务体系建设水平。通过以满足日益增长的养老服务需求为重点，完善服务设施，加强服务规范；鼓励养老服务与相关产业融合创新发展，推动基本生活照料、康复护理、精神慰藉、文化服务、紧急救援、临终关怀等领域养老服务的发展；积极运用网络信息技术，发展紧急呼叫、健康咨询、物品代购等适合老年人的服务项目，创新居家养老服务模式，完善居家养老服务体系；加快推进养老护理员队伍建设，加强职业教育和从业人员培训；大力发展老年教育，支持各类老年大学等教育机构发展，扩大老年教育资源供给，促进养教结合；鼓励专业养老机构发挥自身优势，培训和指导社区养老服务组织和人员；引导社会力量举办养老机构，通过公建民营等方式鼓励社会资本进入养老服务业，鼓励境外资本投资养老服务业；鼓励探索创新，积极开发切合农村实际需求的养老服务方式。

第三，以游客需求为导向，丰富旅游产品，改善市场环境，推动旅游服务向观光、休闲与度假并重转变，提升旅游文化内涵和附加值。通过大力发展红色旅游，加强革命传统教育，弘扬民族精神；突出乡村特色，充分发挥农业的多功能性，开发一批形式多样、特色鲜明的乡村旅游产品；进一步推动集观光、度假、休闲、娱乐、海上运动于一体的滨海旅游和海岛旅游；丰富老年旅游服务供给，积极开发多层次、多样化的老年人休闲养生度假产品；引

导健康的旅游消费方式，积极发展休闲度假旅游、研学旅行、工业旅游，推动体育运动、竞赛表演、健身休闲与旅游活动融合发展；适应房车、自驾车等新兴旅游业态发展需要，合理规划配套设施建设和基地布局；开发线上与线下有机结合的旅游服务产品，推动旅游定制服务，满足个性化需求，深化旅游体验；开发特色旅游路线，加强国际市场营销，积极发展入境旅游；加强旅游纪念品在体现民俗、历史、区位等文化内涵方面的创意设计，推动特色旅游商品品牌建设。

第四，重视体育服务和文化服务。通过大力推动群众体育与竞技体育协同发展，促进体育市场繁荣有序，加速形成门类齐全、结构合理的体育服务体系；重点培育健身休闲、竞赛表演、场馆服务、中介培训等体育服务业，促进健康体育结合，推动体育旅游、体育传媒、体育会展等相关业态融合发展；以足球、篮球、排球三大球为切入点，加快发展普及性广、关注度高、市场空间大的运动项目；完善健身教练、体育经纪人等职业标准和管理规范，加强行业自律；推动专业赛事发展，丰富业余赛事，探索完善赛事市场开发和运作模式，实施品牌战略，打造一批国际性、区域性品牌赛事；利用自然人文特色资源，举办汽车拉力赛、越野赛等体育竞赛活动；推动体育产业联系点工作，培育一批符合市场规律、具有竞争力的体育产业基地；促进体育优势企业、优势品牌和优势项目着力提升文化服务内涵和品质，推进文化创意和设计服务等新型服务业发展，大力推进与相关产业融合发展；积极发展具有民族特色和地方特色的传统文化艺术，鼓励创造兼具思想性艺术性观赏性、人民群众喜闻乐见的优秀文化服务产品；加快数字内容产业发展，推动文化服务产品制作、传播、消费的数字化、网络化进程，推进动漫游戏等产业优化升级；深入推进新闻出版精品工程，鼓励民族原创网络出版产品、优秀原创网络文学作品等创作生产，优化新闻出版产业基地布局；积极发展移动多媒体广播电视、网络广播电视等新媒体、新业态；推动传统媒体与新兴媒体融合发展，提升先进文化的互联网传播吸引力；完善文化产业国际交流交易平台，提升文化产业国际化水平和市场竞争力。

第五，强化法律服务质量建设。通过加强民生领域法律服务，推进覆盖城乡居民的公共法律服务体系建设；大力发展律师、公证、司法鉴定等法律服务业，推进法律服务的专业化和职业化；提升面向基层和普通百姓的法律服务能力，加强对弱势群体的法律服务，加大对老年人、妇女和儿童等法律援助和服务的支持力度；支持中小型法律服务机构发展和法律服务方式创新；统筹城乡、区域法律服务资源，建立激励法律服务人才跨区域流动机制；加快发展公职律师、公司律师队伍，构建社会律师、公职律师、公司律师等优势互补、结构合理的律师队伍；规范法律服务秩序和服务行为，完善职业评价体系、诚信执业制度以及违法违规执业惩戒制度；强化涉外法律服务，着力培养一批通晓国际法律规则、善于处理涉外法律事务的律师人才，建设一批具有国际竞争力和影响力的律师事务所；完善法律服务执业权利保障机制，优化法律服务发展环境。

第六，加大对教育培训服务的力度。通过以提升生活性服务质量为核心，发展形式多样的教育培训服务，推动职业培训集约发展、内涵发展、融合发展、特色发展；广泛开展城乡社区教育，整合社区各类教育培训资源，引入行业组织等参与开展社区教育项目，为社区居民提供人文艺术、科学技术、幼儿教育、养老保健、生活休闲、职业技能等方面的教育服务，并规范发展秩序；大力加强各类人才培养，创新人才培养模式，坚持产教融合、校企合作、工学结合，强化专业人才培养；加快推进教育培训信息化建设，发展远程教育和培训，促进数字资源共建共享；鼓励发展股份制、混合所有制职业院校，允许以资本、知识、技术、管理等要素参与办学；逐步形成政府引导、以职业院校和各类培训机构为主体、企业全面参与的现代职业教育体系和终身职业培训体系。

（三）全面改善优化消费环境

第一，全面提高标准化水平。通过健全标准体系，加快制定和完善重点领域及新兴业态的相关标准，强化农产品、食品、药品、家政、养老、健康、体育、文化、旅游、现代物流等领域关键标准制修订，加强新一代信息技术、生物技术、智能制造、节能环保等新兴产业关键标准研究制定；提高国内标准与国际标准水平一致性程度；建立企业产品和服务标准自我声明公开和监督制度；整合优化珠江－西江经济带标准信息网络平台，加强检验检测和认证认可能力建设。

第二，完善质量监管体系。通过建立健全预防为主、防范在先的质量监管体系，全面提升监管能力、效率和精准度；在食品药品、儿童用品、日用品等领域建立全过程质量安全追溯体系；大力推广随机抽查机制，完善产品质量监督抽查和服务质量监督检查制度，广泛运用大数据开展监测分析，建立健全产品质量风险监控和产品伤害监测体系；实行企业产品质量监督检查结果公开制度，健全质量安全事故强制报告、缺陷产品强制召回、严重失信企业强制退出机制；完善商会、行业协会、征信机构、保险金融机构等专门机构和中介服务组织以及消费者、消费者组织、新闻媒体参与的监督机制。

第三，改善市场信用环境。通过推动建立健全信用法律法规和标准体系，加强违法失信行为信息的在线披露和共享；加快构建守信激励和失信惩戒机制，实施企业经营异常名录、失信企业“黑名单”、强制退出等制度，推进跨地区、跨部门信用奖惩联动；引导行业组织开展诚信自律等行业信用建设；全面推行明码标价、明码实价，依法严惩价格欺诈、质价不符等价格失信行为。

第四，健全消费者权益保护机制。通过推动完善商品和服务质量的相关法律法规，推动修订现行法律法规中不利于保护消费者权益的条款；强化消费者权益司法保护，扩大适用举证责任倒置的商品和服务范围；完善落实消费领域诉讼调解对接机制，探索构建消费纠纷独立非诉第三方调解组织；健全公益诉讼制度，适当扩大公益诉讼主体范围；加快建立跨境消费者权益保护机制；完善和强化消费领域惩罚性赔偿制度，加大对侵权行为的惩处力度；严厉打击制售假冒伪劣商品、虚假宣传、侵害消费者个人信息安全等违法行为；充分发挥消费者协会等社会组织在维护消费者权益方面的作用；构建珠江－西江经济带城市消费者维权服务网络信息平台，加强对消费者进行金融等专业知识普及工作。

第五，强化消费基础设施网络支撑。通过适应消费结构、消费模式和消费形态变化，系统构建和完善基础设施体系；加快新一代信息基础设施网络建设，提升互联网用户普及率和网络接入覆盖率，加快网络提速降费；推动跨地区跨行业跨所有制的物流信息平台建设，在城市社区和村镇布局建设共同配送末端网点，提高“最后一公里”的物流配送效率；加快旅游咨询中心和集散中心、自驾车房车营地、旅游厕所、停车场等旅游基础设施建设，大力发展智能交通，推动从机场、车站、客运码头至主要景区交通零距离换乘和无缝化衔接，开辟跨区域旅游新路线和大通道；对各类居住公共服务设施实行最低配置规模限制，加快大众化全民健身和文化设施建设，推进城乡社区公共体育健身设施全覆盖；加快电动汽车充电设施、城市停车场的布局和建设；合理规划建设通用机场、邮轮游艇码头等设施。

第六，拓展农村消费市场。通过优化农村消费环境，完善农村消费基础设施，大幅降低农村流通成本，充分释放农村消费潜力；统筹规划城乡基础设施网络，加大农村地区和小城镇基础设施升级改造力度，加快信息、环保基础设施建设，完善养老服务和文化体育设施；加快县级公路货运枢纽站场和乡镇综合运输服务站建设；完善农产品冷链物流设施，健全覆盖农产品采收、产地处理、贮藏、加工、运输、销售等环节的冷链物流体系；支持各类社会资本参与涉农电商平台建设，促进线下产业发展平台和线上电商交易平台结合；发挥小城镇连接城乡、辐射农村的作用，提升产业、文化、旅游和社区服务功能，增强商品和要素集散能力；鼓励有条件的地区规划建设特色小镇。

第七，积极培育国际消费市场。通过依托中心城市和重要旅游目的地，培育面向全球旅游消费者的国际消费中心；鼓励有条件的城市运用市场手段以购物节、旅游节、影视节、动漫节、读书季、时装周等为载体，提升各类国际文化体育会展活动的质量和水平，鼓励与周边国家（地区）联合开发国际旅游线路，带动文化娱乐、旅游和体育等相关消费；畅通商品进口渠道，稳步发展进口商品直销等新型商业模式；加快出台增设口岸进境免税店的操作办法；扩大72小时过境免签政策范围，完善和落实境外旅客购物离境退税政策。

（四）创新并扩大有效供给，改善生活环境

第一，推动“大众创业万众创新”蓬勃发展。通过加强政策系统集成，完善创业创新服务链条，加快构建有利于创业创新的良好生态，鼓励和支持各类市场主体创新发展；依托国家创新型城市、国家自主创新示范区、战略性新兴产业集聚区等创业创新资源密集区域，构建产业链、创新链与服务链协同发展支持体系，打造若干具有世界影响力的创业创新中心；加快建设大型共用实验装置以及数据资源、生物资源、知识和专利信息服务等科技服务平台；发展众创、众包、众扶、众筹等新模式，支持发展创新工场和虚拟创新社区等新型孵化器，积极打造孵化与创业投资结合、线上与线下结合的开放式服务载体，为新产品、新业态、新模式成长提供支撑；健全知识、技术、管理、技能等创新要素按贡献参与分配的机制；发展知识产权交易市场，规范知识产权保护体系建设，加大侵权惩处力度，建立知识产权跨境维权救援机制。

第二，鼓励和引导企业加快产品服务升级。通过引导企业更加积极主动适应市场需求变化，支持企业通过提高产品质量、维护良好信誉、打造知名品牌，培育提升核心竞争力；支持企业应用新技术、新工艺、新材料，加快产品升级换代、延长产业链条；支持企业运用新平台、新模式，提高消费便利性和市场占有率；鼓励企业提升市场分析研判、产品研发设计、市场营销拓展、参与全球竞争等能力；优化产业组织结构，培育一批核心竞争力强的企业集团和专业化中小企业；激发和保护企业家精神，鼓励企业家勇于创新、追求卓越。

第三，适度扩大先进技术装备和日用消费品进口。通过积极扩大珠江－西江经济带发展急需的新技术引进和关键设备、零部件引进；适度增加适应消费升级需求的日用消费品进口；积极解决电子商务在境内外发展的技术、政策等问题，加强标准、支付、物流、通关、计量检测、检验检疫、税收等方面的国际协调，创新跨境电子商务合作方式。

第四，鼓励企业加强质量品牌建设。通过推行企业产品质量承诺和优质服务承诺标志与管理制度，在教育、旅游、文化、网络消费等重点领域开展服务业质量提升专项行动；实施品牌价值提升工程，加大“中国精品”培育力度，丰富品牌文化内涵，积极培育发展珠江－西江经济带地理标志商标和经济带知名品牌；保护和传承中华老字号，振兴发展珠江－西江经济带区域的民族传统文化；完善品牌维权与争端解决机制；引导企业健全商标品牌管理体系，鼓励品牌培育和运营专业服务机构发展，培育优质形象的品牌与企业。

（五）培养良好的维护生活环境价值观

培养良好的维护生活环境价值观，提高居民保护生活环境的积极性和参与性。新《环境保护法》增加环保信息公开与居民参与其中的内容，以此让居民便于通过地方政府公布的环境保护信息监督其工作的成效，同时也促进居民主动参与环境保护。我国环境保护监管体系主要包括以下内容：一是相关环境保护单位内部上级部门对下级部门的直接监管；二是通过群众和媒体等环境保护单位外部的间接监管。前一种监管方式主要建立在拥有一套完善的法律条例、健全的机构设置作为前提，而后一种方式容易受多方面客观因素的制约，例如在农村地区新闻媒体影响的强度有限等。但创新点在于如果能够建立居民对环境保护的参与机制，逐渐将居民变成监督政府在环境保护工作中的主力军，将具有重要的现实意义。由于居民对于城市环境感受最深刻，对于良好环境的需求最强烈，居民对环境保护进行监督可有效的减少污染物，还可以提高社会参与，提高居民整体上保护环境的意识。政府对居民保护环境、

对生活环境进行监督的行为提供一定的物质或精神奖励，最大限度地提高居民的积极性，营造保护环境、监督生活环境的社会风气。同时，媒体也可以对损坏生态环境的行为进行及时播报与披露，通过舆论充分起到环境保护监督作用；及时更新城市环境保护信息、政策、治理成果等，公开当地环境保护主要机构和执法主体，将对应的岗位职责、工作程序等信息进行公开，为居民真正参与环境监管提供切实的可行条件。

参考文献

[1] 安海燕、张树锋:《农民工社会资本对生活满意度影响研究》,载《中国农业资源与区划》2015 年第 4 期。

[2] 蔡银莺、朱兰兰:《生计资产差异对农民生活满意度的影响分析——以成都市双流县和崇州市为例》,载《华中农业大学学报》(社会科学版) 2015 年第 1 期。

[3] 陈世香、谢秋山:《居民个体生活水平变化与地方公共服务满意度》,载《中国人口科学》2014 年第 1 期。

[4] 陈轶、刘涛、朱锐、陈文宇、程婷婷、蔡跃:《基于模糊评价法的农民集中居住区居民满意度研究——以南京市浦口区为例》,载《地域研究与开发》2015 年第 6 期。

[5] 成前、王鸿儒、倪志良:《户籍改革、财政支出责任与农村居民生活满意度》,载《财政研究》2017 年第 5 期。

[6] 党云晓、张文忠、余建辉、谌丽、湛东升:《北京居民主观幸福感评价及影响因素研究》,载《地理科学进展》2014 年第 10 期。

[7] 党云晓、余建辉、张文忠、李业锦、谌丽、湛东升:《北京居民生活满意度的多层级定序因变量模型分析》,载《地理科学》2016 年第 6 期。

[8] 佟金萍、陈国栋、杨足膺、柏楚:《居民消费水平对生活碳排放的门槛效应研究》,载《干旱区资源与环境》2017 年第 1 期。

[9] 傅辰昊、周素红、闫小培、古杰:《中国城乡居民生活水平差距的时空变化及其影响因素》,载《世界地理研究》2015 年第 4 期。

[10] 高顺成:《城镇化质量评价指标体系分析》,载《地域研究与开发》2016 年第 3 期。

[11] 郭瑞斌、薛东前、暴向平、高艳:《西安市主城区客观生活质量空间格局研究》,载《人文地理》2015 年第 5 期。

[12] 郭英之、姜静娴、李雷、陈勇、彭兰亚:《旅游发展对中国旅游成熟目的地居民生活质量影响的感知研究》,载《旅游科学》2007 年第 2 期。

[13] 郭英之、叶云霞、李雷、姜静娴、彭兰亚:《中国旅游热点居民生活质量感知评价关联度的实证研究》,载《旅游学刊》2007 年第 11 期。

[14] 何学欢、胡东滨、马北玲、粟路军:《旅游地社会责任对居民生活质量的影响机制》,载《经济地理》2017 年第 8 期。

[15] 和红、王硕:《不同流入地青年流动人口的社会支持与生活满意度》,载《人口研究》2016 年第 3 期。

[16] 胡荣华、陈琰:《农村居民生活满意度统计分析——以江苏为例》,载《中国农村经济》2012 年第 1 期。

[17] 胡荣华、陈琰:《农村居民生活满意度的影响因素分析》,载《统计研究》2012 年第 5 期。

[18] 黄春燕:《粮食价格对城镇居民生活的影响:作用机理与实证检验》,载《农业技术经济》2015 年第 9 期。

[19] 黄聿明、许传志、常魏、邵瑞丽、李天禄、万崇华:《云南省傣族居民生活质量及影响因素分析》,载《中国公共卫生》2011 年第 2 期。

[20] 蒋青:《城镇居民生活质量及其影响因素》,载《财经科学》2004 年第 1 期。

[21] 黎春娴:《新农保背景下农村老年人的社会支持与生活满意度研究》,载《华南农业大学学报》(社会科学版) 2013 年第 4 期。

[22] 兰蓝、殷宇轩、储灏、李春燕、刘毅:《长宁县国家级健康县城建设中居民生活环境现况调查》,载《现代预防医学》2014 年第 6 期。

[23] 李丹、李玉凤:《新生代农民工市民化问题探析——基于生活满意度视角》,载《中国人口·资源与环境》2012 年第 7 期。

[24] 李相荣、汤榕:《宁夏居民生命质量现状及影响因素分析》,载《中国公共卫生》2017 年第 10 期。

[25] 廖青虎、陈通、孙钰:《城市文化资本对城市居民生活水平的影响——基于北京市的实证研究》,载《北京理工大学学报》(社会科学版) 2015 年第 4 期。

[26] 林曾、王晓磊：《主观成就心态对居民生活满意度的影响研究——以 CSSR2014 数据为例》，载《中国地质大学学报》（社会科学版）2016 年第 5 期。

[27] 林林、郭建国、相静、韩春蕾、贾改珍、胡乃宝：《山东省农村外出务工人员生活满意度调查及影响因素分析》，载《现代预防医学》2012 年第 14 期。

[28] 刘丹、卢洪友：《中国农村社会保障的居民消费效应研究》，载《江西财经大学学报》2017 年第 5 期。

[29] 刘满芝、刘贤贤：《中国城镇居民生活能源消费影响因素及其效应分析——基于八区域的静态面板数据模型》，载《资源科学》2016 年第 12 期。

[30] 卢松、张捷：《古村落旅游社区居民生活满意度及社区建设研究——以世界文化遗产皖南古村落为例》，载《旅游科学》2009 年第 3 期。

[31] 卢言瑶、马海燕、陈晖、刘春娣、李清、秦大伟：《杭州市社区居民低碳生活方式与健康状况相关性研究》，载《现代预防医学》2012 年第 18 期。

[32] 鲁元平：《安格斯·迪顿对幸福经济学的贡献》，载《经济学动态》2015 年第 11 期。

[33] 罗小锋：《农村计划生育与农民生活满意度研究》，载《人口研究》2012 年第 3 期。

[34] 马丹：《社会网络对生活满意度的影响研究——基于京、沪、粤三地的分析》，载《社会》2015 年第 3 期。

[35] 卿石松、郑加梅：《工作让生活更美好：就业质量视角下的幸福感研究》，载《财贸经济》2016 年第 4 期。

[36] 石超、乔晓春：《中国人生活满意度的年龄－时期－队列效应分析》，载《人口与发展》2017 年第 4 期。

[37] 宋瑞：《时间、收入、休闲与生活满意度：基于结构方程模型的实证研究》，载《财贸经济》2014 年第 6 期。

[38] 宋瑞：《休闲与生活满意度：基于全国样本的实证分析》，载《中国软科学》2014 年第 9 期。

[39] 宋伟轩、白彩全、廖文强、周瑞：《长三角地区经济发展水平与居民生活质量耦合协调性研究》，载《长江流域资源与环境》2013 年第 11 期。

[40] 宋子千、蒋艳：《城市居民休闲生活满意度及其影响机制：以杭州为例》，载《人文地理》2014 年第 2 期。

[41] 孙涵、申俊、彭丽思、聂飞飞、於世为：《中国省域居民生活能源消费的空间效应研究》，载《科研管理》2016 年第 2 期。

[42] 田永霞、刘晓娜、李红、孙丹峰、涂宏汉、文化：《基于主客观生活质量评价的农村发展差异分析——以北京山区经济薄弱村为例》，载《地理科学进展》2015 年第 2 期。

[43] 王泳璇、王宪恩：《基于城镇化的居民生活能源消费碳排放门限效应分析》，载《中国人口·资源与环境》2016 年第 12 期。

[44] 韦惠兰、王光耀：《沙化土地治理区农户生活满意度及影响因素分析——基于甘肃省 12 县域调查数据》，载《干旱区资源与环境》2017 年第 4 期。

[45] 吴静：《城乡居民幸福测量的结构方程模型》，载《商业经济与管理》2009 年第 4 期。

[46] 相楠、徐峰：《城市居民生活用电影响因素和电力消费弹性研究》，载《中国人口·资源与环境》2017 年第 5 期。

[47] 向运华、姚虹：《城乡老年人社会支持的差异以及对健康状况和生活满意度的影响》，载《华中农业大学学报》（社会科学版）2016 年第 6 期。

[48] 邢占军、高红、王吉刚：《对我国居民政治生活质量评价的思考》，载《西北农林科技大学学报》（社会科学版）2014 年第 1 期。

[49] 徐小波、吴必虎：《历史街区旅游开发与居民生活环境发展研究——以扬州“双东”历史街区为例》，载《人文地理》2013 年第 6 期。

[50] 杨春江、李雯、逯野：《农民工收入与工作时间对生活满意度的影响——城市融入与社会安全感的作用》，载《农业技术经济》2014 年第 2 期。

[51] 杨卫丽、王兴中、张杜鹃：《城市生活质量与生活空间质量研究评介与展望》，载《人文地理》2010 年第 3 期。

[52] 张连城、赵家章、张自然：《高生活成本拖累城市生活质量满意度提高——中国 35 个城市生活质量调查报告（2012）》，载《经济学动态》2012 年第 7 期。

[53] 张亮、赵雪雁、张胜武、李定、侯彩霞：《安徽城市居民生活质量评价及其空间格局分析》，载《经济地理》2014 年第 4 期。

[54] 章平、刘启超：《居民收入、物价水平和消费结构对恩格尔系数的影响——来自深圳市的实证》，载《统计与决策》2017 年第 19 期。

[55] 张荣、张敏新：《基于 ELES 模型的苏北农村居民消费结构分析》，载《中国农业资源与区划》2017 年第 3 期。

[56] 张伟进、方振瑞、黄敬翔：《城乡居民生活水平差距的变化——基于经济周期视角分析》，载《经济学（季刊）》2015 年第 2 期。

[57] 张自然、袁富华、赵家章：《中国经济发展中的两个反差——中国 30 个城市生活质量调查报告》，载《经济学动态》2011 年第 7 期。

[58] 赵丹、黄莉鳗：《失地农民生活满意度及影响因素》，载《西北农林科技大学学报》（社会科学版）2014 年第 3 期。

[59] 赵奉军：《城市让生活更美好——户籍身份变动与居民生活满意度》，载《中国农村观察》2016 年第 4 期。

[60] 赵俊红、方敏：《城市居民休闲体育参与和休闲体育满意度与生活质量的关系》，载《体育与科学》2013 年第 4 期。

[61] 郑睿臻、张惠：《我国城市化与居民生活用能消费的动态关系分析》，载《干旱区资源与环境》2016 年第 9 期。

[62] 周瑞瑞、米文宝、李俊杰、杨瑞：《宁夏县域城镇居民生活质量空间分异及解析》，载《干旱区资源与环境》2017 年第 7 期。

[63] 周婷、马月伟、吴梦、康夏夏、覃方铭、牛安逸：《世界自然遗产边缘带居民生活满意度——以四川夹金山脉大熊猫栖息地为例》，载《地域研究与开发》2016 年第 3 期。

[64] 周长城、徐鹏：《社会地位与生活体验对政府工作满意度的影响——以中国村镇居民为例》，载《国家行政学院学报》2014 年第 4 期。

[65] 朱迪：《市场竞争、集体消费与环境质量——城镇居民生活满意度及其影响因素分析》，载《社会学研究》2016 年第 3 期。

[66] 朱兰兰、蔡银莺：《耕地保护补偿区农民生活满意度分析》，载《华南农业大学学报》（社会科学版）2014 年第 1 期。

[67] Alvisa Palese, Carolina Del Favero, Ranieri Antonio Zuttion, Barbara Ferrario, Sandra Ponta, Luca Grassetti, Elisa Ambrosi, Inactive Residents Living in Nursing Homes and Associated Predictors: Findings From a Regional-Based, Italian Retrospective Study. *Journal of the American Medical Directors Association* , Vol. 17, Issue 12, December 2016, pp. 1099－1105.

[68] Alvisa Palese, Giulio Menegazzi, Annarita Tullio, Maria Zigotti Fuso, Mark Hayter, Roger Watson, Functional Decline in Residents Living in Nursing Homes: A Systematic Review of the Literature. *Journal of the American Medical Directors Association*, Vol. 17, Issue 8, 2016, pp. 694－705.

[69] Brian K. Hensel, Debra Parker-Oliver, George Demiris, Marilyn Rantz, A Comparison of Video-Based Resident-Family Communication in a Nursing Home and a Congregate Living Facility. *Journal of the American Medical Directors Association*, Vol. 10, Issue 5, June 2009, pp. 342－347.

[70] Chia-Fen Tsai, Wen-Chen Ouyang, Liang-Kung Chen, Chung-Fu Lan, Shinn-Jang Hwang, Cheng-Hung Yang, Tung-Ping Su, Depression is the Strongest Independent Risk Factor for Poor Social Engagement Among Chinese Elderly Veteran Assisted-living Residents. *Journal of the Chinese Medical Association*, Vol. 72, Issue 9, September 2009, pp. 478－483.

[71] Chi-Hsin Sally Chen, Tzu-Hsuen Yuan, Ruei-Hao Shie, Kuen-Yuh Wu, Chang-Chuan Chan, Linking Sources to Early Effects by Profiling Urine Metabolome of Residents Living Near Oil Refineries and Coal-Fired Power Plants. *Environment International*, Vol. 102, May 2017, pp. 87－96.

[72] Diem T. Pham, Hang M. Nguyen, Thomas G. Boivin, Anna Zajacova, Snehalata V. Huzurbazar, Harold L. Bergman, Predictors for Dioxin Accumulation in Residents Living in Da Nang and Bien Hoa, Vietnam, Many Years after Agent Orange Use. *Chemosphere*, Vol. 118, January 2015, pp. 277－283.

[73] E. Lindroos, S. Jyväkorpi, H. Soini, S. Muurinen, R. K. T. Saarela, K. H. Pitkala, M. H. Suominen, Swallowing Difficulty and Nutrient Intakes Among Residents in Assisted Living Facilities in Helsinki. *European Geriatric Medicine*, Vol. 8, Issue 3, July 2017, pp. 228－233.

[74] Heather H. Keller, Natalie Carrier, Susan E. Slaughter, Christina Lengyel, Catriona M. Steele, Lisa Duizer, Jill Morrison, K. Stephen Brown, Habib Chaudhury, Minn N. Yoon, Alison M. Duncan, Veronique Boscart, George Heckman, Lita Villalon, Prevalence and Determinants of Poor Food Intake of Residents Living in Long-Term Care. *Journal of the American Medical Directors Association*, Vol. 18, Issue 11, November 2017, pp. 941－947.

[75] Iin Kurnia Hasan Basri, Darlina Yusuf, Tur Rahardjo, Siti Nurhayati, Devita Tetriana, Dwi Ramadhani, Zubaidah Alatas, Sofiati Purnami, Teja Kisnanto, Yanti Lusiyanti, Mukh Syaifudin, Study of γ-H2AX as DNA Double Strand Break Biomarker in Resident Living in High Natural Radiation Area of Mamuju, West Sulawesi. *Journal of Environmental Radioactivity*, Volume 171, May 2017, pp. 212 –216.

[76] Irene Petrosillo, Robert Costanza, Roberta Aretano, Nicola Zaccarelli, Giovanni Zurlini, The Use of Subjective Indicators to Assess How Natural and Social Capital Support Residents' Quality of Life in a Small Volcanic Island. *Ecological Indicators*, Vol. 24, January 2013, pp. 609 –620.

[77] Jack R. Hudkins, Stephen D. Helmer, R. Stephen Smith, General Surgery Resident Practice Plans: A Workforce for the Future? *The American Journal of Surgery*, Vol. 198, Issue 6, December 2009, pp. 798 –803.

[78] Jason Prior, Phil Hubbard, Tapan Rai, Using Residents' Worries About Technology As a Way of Resolving Environmental Remediation Dilemmas, *Science of The Total Environment*, Vol. 580, February 2017, pp. 882 –899.

[79] Jennifer A. Palmer, Victoria A. Parker, Dan Berlowitz, A. Lynn Snow, Christine W. Hartmann, Resident Choice: A Nursing Home Staff Perspective on Tensions and Resolutions. *Geriatric Nursing*, In press, corrected proof, Available online 10 November 2017.

[80] John Schnelle, Dan Osterweil, Denise Globe, Angela Sciarra, Paul Audhya, Arie Barlev, Chronic Kidney Disease, Anemia, and the Association Between Chronic Kidney Disease-Related Anemia and Activities of Daily Living in Older Nursing Home Residents. *Journal of the American Medical Directors Association*, Vol. 10, Issue 2, February 2009, pp. 120 –126.

[81] Kyungmi Kim, Muzaffer Uysal, M. Joseph Sirgy, How Does Tourism in a Community Impact the Quality of Life of Community Residents? *Tourism Management*, Vol. 36, June 2013, pp. 27 –540.

[82] Lauren R. Bangerter, Katherine Abbott, Allison Heid, Karen Eshraghi, Kimberly Van Haitsma, Using Spontaneous Commentary of Nursing Home Residents to Develop Resident-Centered Measurement Tools: A Case Study. *Geriatric Nursing*, In press, corrected proof, Available online 31 May 2017.

[83] Li Renfang, Sun Luping, Guo Sidai, The Stepwise Pricing Mechanism Research of Residents' Living Power. *Energy Procedia*, Vol. 5, 2011, pp. 1371 –1376.

[84] Liu Wen Tao, Survey of the Critical Issue of the Public Housing Privacy to Influence on Residents' Living Condition in Hong Kong. *HBRC Journal*, In press, corrected proof, Available online 18 December 2016.

[85] Marie Cooke, Helen Emery, Rachel Brimelow, Judy Wollin, The Impact of Therapeutic Massage on Adult Residents Living with Complex and High Level Disabilities: A Brief Report. *Disability and Health Journal*, Vol. 9, Issue 4, October 2016, pp. 730 –734.

[86] Marina Buswell, Claire Goodman, Brenda Roe, Bridget Russell, Christine Norton, Rowan Harwood, Mandy Fader, Danielle Harari, Vari M. Drennan, Jo Rycroft Malone, Michelle Madden, Frances Bunn, What Works to Improve and Manage Fecal Incontinence in Care Home Residents Living With Dementia? A Realist Synthesis of the Evidence. *Journal of the American Medical Directors Association*, Vol. 18, Issue 9, September 2017, pp. 752 –760.

[87] Mary M. Ball, Michael L. Lepore, Molly M. Perkins, Carole Hollingsworth, Mark Sweatman, "They Are the Reason I Come to Work": The Meaning of Resident-Staff Relationships in Assisted Living. *Journal of Aging Studies*, Vol. 23, Issue 1, January 2009, pp. 37 –47.

[88] Matthew K. McNabney, Chiadi Onyike, Deirdre Johnston, Lawrence Mayer, Constantine Lyketsos, Jason Brandt, Adam Rosenblatt, Quincy Samus, The Impact of Complex Chronic Diseases on Care Utilization Among Assisted Living Residents, *Geriatric Nursing*, Vol. 35, Issue 1, January-February 2014, pp. 26 –30.

[89] Medet Yolal, Dogan Gursoy, Muzaffer Uysal, Hyelin (Lina) Kim, Sıla Karacaoğlu, Impacts of Festivals and Events on Residents' Well-Being. *Annals of Tourism Research*, Vol. 61, November 2016, pp. 1 –18.

[90] Rachel C. Shelton, Elaine Puleo, Gary G. Bennett, Lorna H. McNeill, Roberta E. Goldman, Karen M. Emmons, Racial Discrimination and Physical Activity Among Low-Income-Housing Residents. *American Journal of Preventive Medicine*, Vol. 37, Issue 6, December 2009, pp. 541 –545.

[91] Riitta K. T. Saarela, Seija Muurinen, Merja H. Suominen, Niina N. Savikko, Helena Soini, Kaisu H. Pitkälä, Changes in Malnutrition and Quality of Nutritional Care Among Aged Residents in All Nursing Homes and Assisted Living Facilities in Helsinki

2003-2011. *Archives of Gerontology and Geriatrics*, Vol. 72, September 2017, pp. 169 – 173.

[92] Robbert J. J. Gobbens, Anita Krans, Marcel A. L. M. van Assen, Validation of an Integral Conceptual Model of Frailty in Older Residents of Assisted Living Facilities. *Archives of Gerontology and Geriatrics*, Vol. 61, Issue 3, November-December 2015, pp. 400 – 410.

[93] Salvatore Bimonte, Valeria Faralla, Does Residents' Perceived Life Satisfaction Vary with Tourist Season? A Two-Step Survey in a Mediterranean Destination. *Tourism Management*, Vol. 55, August 2016, pp. 199 – 208.

[94] Sedigheh Moghavvemi, Kyle M. Woosnam, Tanuosha Paramanathan, Ghazali Musa, Amran Hamzah. The Effect of Residents' Personality, Emotional Solidarity, and Community Commitment on Support for Tourism Development. *Tourism Management*, Vol. 63, December 2017, pp. 242 – 254.

[95] Tara J. Sharpp, How Caregivers Provide for the Health Care of Residents with Dementia in Assisted Living Facilities. *Alzheimer's & Dementia*, Vol. 5, Issue 4, Supplement, July 2009, P. 235.

[96] Veerle Decalf, Anja Huion, Marie-Astrid Denys, Candy Kumps, Mirko Petrovic, Karel Everaert, Circadian Variation in Post Void Residual in Nursing Home Residents with Moderate Impairment in Activities of Daily Living. *Journal of the American Medical Directors Association*, Vol18, Issue 5, May 2017, pp. 433 – 437.

[97] Y. Chen, G. Sun, X. Guo, S. Chen, Y. Sun, Factors Affecting the Quality of Life Among Chinese Rural General Residents: a Cross-Sectional Study. *Public Health*, Vol. 146, May 2017, pp. 140 – 147.

[98] Yuhuan Sun, Jixia Shang, Factors Affecting the Health of Residents in China: A Perspective Based on the Living Environment. *Ecological Indicators*, Vol. 51, April 2015, pp. 228 – 236.

[99] Zeng-Xian Liang, Tak-Kee Hui, Residents' Quality of Life and Attitudes Toward Tourism Development in China. *Tourism Management*, Vol. 57, December 2016, pp. 56 – 67.

[100] Zhibin Lin, Ye Chen, Raffaele Filieri, Resident-Tourist Value Co-Creation: The Role of Residents' Perceived Tourism Impacts and Life Satisfaction. *Tourism Management*, Vol. 61, August 2017, pp. 436 – 442.

后　记

近1000万字的《珠江－西江经济带城市发展研究（2010～2015）》（10卷本）经过我们研究团队一年多时间的通力合作最终完成了。

呈现给读者的这10卷本著作是课题组多年来对珠江－西江经济带城市研究的全面整合和更进一步的深入探讨。既从理论上探讨了城市综合发展水平的内涵和内在机制，也对珠江－西江经济带城市综合发展现状进行了全面评估。其中既包括课题组的独特思考和创新，也传承了前人在珠江－西江经济带各方面研究所奠定的基础。由于珠江－西江经济带发展规划从真正实施至今已有三年多，而规划实施之后经济带各城市发展得如何？规划实施效果是否明显？城市各方面发展成效还有很多内容值得挖掘，研究永无止境，课题组也将持续关注珠江－西江经济带城市综合发展水平，追踪珠江－西江经济带城市发展规划的实施成效。

回首这10卷本著作的创作过程，我的内心五味杂陈，心中充满了感谢。

首先要感谢广西师范大学副校长林春逸教授对这10卷本著作的大力支持，没有您的帮助我们的课题研究走不到今天。

其次要感谢广西师范大学珠江－西江经济带发展研究院对这10卷本著作的立项，并从前期构思、数据收集到成果完成给予大力支持。感谢广西师范大学的徐毅教授在此之中为我们做的大量无私的工作。

再次要感谢经济科学出版社的李晓杰编辑及其编辑团队，是你们在出版过程中的辛勤工作以及给我们的帮助与支持才让这10卷本著作能够按时付梓。

最后要感谢研究团队的每一位成员，在我们一起经历的三百多个日日夜夜中，我们利用暑假和寒假之时，以及平时工作学习之余全身心的投入才取得了如此的成果，这10卷本著作凝结了我们研究团队的每一位成员的智慧和劳动。

感谢每一位帮助过我们的人。

由于我们的学识有限，在这10卷本著作中难免存在疏漏与不足，我们真诚地希望读者能够提出批评指正，以使我们能够完善自身研究的缺陷与不足，在学术道路上能有进一步提升。